U0555329

瓯歌三集

——《温州读书报》文选

温州市图书馆 编
卢礼阳 主编

文汇出版社

目录

001	序	李天纲
001	**追念师友**	
003	《味镫存稿》序	叶永烈
006	姨婆蔡笑秋	马邦城
009	陈竺同先生的书箱	董 苗
012	我与冰心的交往	李文郑
016	心缘何时了	沈克成
021	回忆父亲的民盟情怀	王则楚
024	《永嘉县城区全图》背后的亲情	陈寿楠
026	忆高平叔先生	张晓夫
030	回忆张一纯	降大任
033	回忆戴学正老师	瞿光辉
036	先生虽逝，风范长在	
	——读《吴明允先生传略》琐忆	吴耀东
039	师恩难忘	
	——怀念赵瑞蕻先生	石 湾
045	墨池坊时代的胡今虚先生	宋乐稣
049	洒向人间是大爱	
	——忆莫洛先生	夏海豹
052	回乡情何怯	
	——琦君叶落归根的怅然与无奈	冯强生
059	周汝昌乡情乡思二三事	由国庆

064	一段封存的记忆	
	——纪念母亲	杨卫民
071	忆徐规先生	王 来
073	怀念吴小如先生	朱则杰
077	怀念周干先生	张声和
081	难忘杨奔先生	潘一钢
084	外公的抗战回忆	张永谦
086	《生命的火花》背后	马邦城
089	哀悼老伴张钧孙	戴若兰
092	诗人总有通向永恒的船票	
	——悼念余光中先生	刘克敌
096	怀念同窗好友卢声亮	温端政
099	思念大姐项绿绮	项茂荷
107	忆"提携人"陈梦熊兄	柳和城
110	悲情洛地	沈不沉
114	我心目中的黄宝琦老师	郑元明
118	"语神"温端政传奇	
	——读《回首人生》	卢润祥
122	沙河先生,我的胡子上挂满了悲伤	彭国梁
126	"对床夜话"约未践 至今思之一泫然	
	——怀念傅璇琮先生	顾志兴
132	云水山房访邵公	子 张
135	一个明白人走了	向继东
138	忆董楚平先生	徐宏图
142	蓬莱弱水路三千	
	——怀念林冠夫先生	朱则杰
148	情同手足的同学	
	——追忆石湾	王春南

154	黄胜仁的文史缘	金　陵
157	怀念老友高信	武德运
161	想念钦鸿先生	张家鸿
164	邮箱里的褚钰泉先生	沈　迦
168	子晋江山又一星	
	——读许宗斌"数星星"文史著述感言	张润秀
175	学问和思想	
	——缅怀叶世祥兄	周维强

177	**专栏集萃**	
179	**夏里札记**	
179	洪迈读《汉书》百遍	王春南
185	褒贬《后汉书》	王春南
190	三读《水经注》	王春南
193	**禁书杂谭**	
193	关于《查太莱夫人的情人》的被查禁	朱　正
196	两篇文章　两场风波	王春南
199	《失落的尊严》一度失落	石　湾
205	**我的第一本书**	
205	《百科全书编纂求索》	黄鸿森
210	《心理的单间》是怎样炼成的	智效民
215	《百姓知情　天下太平》	
	——那个生机勃发的时代	刘平清
219	《静生生物调查所史稿》	胡宗刚
224	《陈寅恪的家族史》	张求会
229	**字里乾坤**	
229	几许专家尚解诗	马斗全
231	说"使君与操"之用典	马斗全

233	使君与操	
	——《汉语大词典》二版补目	陈增杰
236	"楠溪江"应是"楠溪港"	沈克成
239	温州方言"屙"与"污""秽"之辨	魏太迟

242　图书馆纪行

242	风送滕王阁	刘时觉
245	樱花时节武昌行	
	——湖北图书馆读书记	刘时觉
248	平湖秋月映孤山	刘时觉
252	六十五年上浙图	余凤高

258　百堂话书

258	低调李国涛	董国和
261	闲话《国子监》之"奇"	董国和
264	孙犁为何最喜欢《光荣》	董国和

268　振羽书话

268	野旷每留残照久	
	——韦力《书魂寻踪》读札	雷　雨
271	倾尽平生读观堂	
	——陈鸿祥《王国维传》读札	雷　雨
274	空留纸上声自远	
	——《听蛙楼话书》读札	雷　雨

277　旧书新语

277	孙犁精心耕耘的一块园地	
	——读《天津日报·文艺增刊》创刊号	罗文华
280	津沽名镇走出的红学大师	
	——读周汝昌《曹雪芹小传》毛边本	罗文华
283	名刊始自津城出	
	——读《红楼梦学刊》创刊号	罗文华

287	鹤见祐辅随笔两种	桑　农

292　我的签名本

292	夏承焘师改名的签名本	孙崇涛
295	黄宗江随性的签名本	孙崇涛
300	书话大家姜德明	沈文冲
304	追忆陈辽先生二三事	沈文冲
307	丁景唐先生与毛边书事	沈文冲
312	思想家气质的人文学者	周维强
314	梦断香消四十年	
	——张扬先生题签《第二次握手》	赵倚平

319　温州老版本

319	《意德土访问录》	方韶毅
321	《红与黑》	方韶毅
324	《国耻纪念象棋新局》	张春校
326	朱维之与《中国文艺思潮史略》	韦　泱
329	《小马过河》	李传新

331　书里书外

333	谭其骧的儒学观	向继东
339	"胡焕庸线"八十年了	韩三洲
342	往事恰如碑石	张晓夫
346	严秀的杂文	林伟光
350	罗建：糊涂的"封建"	周　实
353	有关江小燕的信	周　实
359	储安平：理性与情感	魏邦良
364	前辈当年：《柴德赓来往书信集》	周维强
370	郑孝胥日记中的五四及相面	刘克敌

372	国共方面军统帅之高下差异	
	——读《胡宗南先生日记》	经盛鸿
374	《夏鼐日记》里的张一纯先生	韩石山
379	《师门五年记》书外的故事	韩三洲
384	王统照之于吴伯箫	子 张
387	朱自清《白水漈》一文逸事	叶芃生
390	朱自清推崇诗人鲁藜	李树德
392	重访胡衡忱故里	陈文辉
396	徐菉的新津情结	朱晓剑
398	王伯祥先生藏书之处理	张学义
401	钱基博捐赠华中师大藏品的下落	胡春晖
404	宋春舫及其"褐木庐"	汪应泽
407	潮打空城寂寞回	
	——《走近姚灵犀》	王成玉
410	《查泰莱夫人的情人》两种版本的比较	安武林
415	金凤仪译《屠格涅夫散文诗》读后	金城濠
418	印度的"糖物"	闻 中
421	现代温州学术的激流与潜流	
	——读《豂蒙楼散稿》	张元卿
425	"草莽治学者"的起死回生之路	
	——张乘健《籀园慧月》读后	张元卿
429	败仗何以值得研究与铭记	
	——读《温州莲花心抗战史研究》	张元卿
437	温州抗战纪念碑原址重建是上策	周保罗
441	抗日烽火话当年	郑征庄
444	那时在"康乐"读书	张维藩
453	回忆半个世纪前的"小小"球队	王国俊
456	1959年,我读过的民办小学	沈智毅

460	我与清华国学院的版权纠纷	刘显曾
467	一个老文化人的商道文本	钱志鹏
470	傅国涌的一个梦想：石梁书院	滕万林
473	子张的"清谷书荫"	宫　立
475	读《瞿光辉诗选》	徐　达
478	住雁荡万峰顶	吴常云
481	"童心与发现"	
	——读王则柯老师的《我的学生时代》	钟　东
486	古典戏剧的守门人	鲍广丽
489	文学青年梦	余寿权
493	诗书双骄	
	——爱书如命的叶良中	吴　军
496	我的第一本课外书	曹凌云
499	三溪区图书室始末	徐高发
502	公园山旧书店	陈以周
505	株洲年会日记	吴昕孺
519	天津年会日记	吴昕孺
525	张掖年会散记	吴昕孺
531	诸暨·民间·书人	
	——第十五届全国民间读书年会走笔	子　张
535	郑州年会日记	吴昕孺
541	关于"读书报"的遐想	顾志兴
544	融融的暖意	子午源
546	善于利用图书馆的学者	
	——读刘时觉《图书馆纪行》	陈福季
549	文章也不是越多越好	何　频
552	读钱穆《师友杂忆》	黄　硕
554	2018 馆员年度书单	张志清　陈　谊等

563　辑佚考订

565	谢灵运咏楠溪诗辨伪	朱则杰
567	谢灵运永嘉山水诗地名小考	潘猛补
576	曹豳"号东畎"辨正	陈增杰
578	汤显祖"林下一人"匾题款辨疑	陈国忠
581	曾经有座回鹘山	沈洪保
584	禅街？蝉街？	夏新天
586	景山公园地名小识	王长明
590	景山上的那一排墓	吴旭东
593	《李贽全集注》误读"醋交"	尧育飞
597	孙锵鸣与苏州紫阳书院	张小宇
600	杭州寻书记	陈光熙
603	陈黻宸和瑞安心兰书社	谢作相
605	《西北种族史》作者小考	易永谊
609	半年县长来裕恂	孙伟良
612	刘半农？刘半九	张国功
616	施蛰存请朋友吃鲈鱼	陈福康
620	也说说施蛰存请吃鲈鱼	朱金顺
623	再谈施蛰存请吃鲈鱼	陈福康
625	续谈施蛰存请吃鲈鱼	朱金顺
627	朱自清的一篇佚跋	赵国忠
630	给吴伯箫的一封信	张期鹏
634	谢泳旧英文辞典的补充	赵倚平

637　籀园书声

639	回忆我的父亲与祖父 ——孙宝麟先生访谈	鲁方平　张永苏等

653	一座丰碑	
	——纪念梅老	沈克成
657	梅冷生先生指导我读书	陈朱鹤
660	忆梅先生与古籍库房	郁小鸥
663	化作春花落报端	
	——缅怀宗鉴	吴　军
666	故乡的杜鹃花	
	——金江先生藏书整理后记	章亦倩
670	父亲与温图的书缘	郑任钊
674	记忆和联想	
	——由陈寿楠先生的资料工作引起的	朱树人
678	生命有期，星熠无限	
	——怀念丁宁老师	白　洋
682	我与图书馆的点滴记忆	沙开胜
684	《利玛窦中国札记》中的温州人	陈瑞赞
687	做清醒的存在者	黄莲莲
689	瓯风于我	陈伟玲
692	宁澹轩里谈"四对"	何　泽
695	读《周武壮公遗书》	卢礼阳
698	报小心胸大	董国和
701	**编后记**	卢礼阳

序

说起温州,很多人想到的是"做生意",这是几十年"温州模式"给人们的刻板印象,是偏见。学过一点哲学和历史的人都知道,温州是大有文化的地方。宋代温州有"永嘉学派",近代还有一群"经学家""新学家",在上海、杭州、北京都很活跃。温州的教育水平高,人才很多,不亚于苏、松、常、杭、嘉、湖,我有例子。我"文革"后考入复旦大学历史系学习,任课老师中最多的是温州籍。李春元(瑞安人)老师给我们上世界古代史,赵克尧老师(瓯海人)上中国古代史,许道勋老师(平阳人)上"经学史",都是温州人。李春元老师是周谷城教授的学生,做过我们7914级班主任。历史系最重要的温州籍教授是周予同先生,和周谷城先生并称"二周",分为"西周"(住沪西)谷老、"东周"(住复旦)予老。周予同先生是瑞安人,经学史大家,当过复旦大学副教务长、历史系主任。周先生还是上海历史研究所的创所副所长,当年和中国社科院历史所互为掎角之势。可惜"文革"受迫害深,卧床不起,没有给我们上课。

近代以来,温州人会读书,出现了一大批读书人。温州不是省府城市,没有赶上1905年前后那一波大学设立潮。国立、省立大学堂既未开设,传教士苏慧廉无暇开办大学,孙诒让、项湘藻、项崧等人主持的学计馆、方言馆也没能升级成高等学校。于是,勤奋的温州学子就游走全国,在各地就学谋职,以至于后来有说法是"无温不成学",还有"温州籍数学家""温州大学校长"等现象。胡适编排早期北大的门户,认为在桐城派、章门弟子之外,还有一个以陈黻宸为首的"温州学人圈"。陈黻宸是北大哲学门最早开设"中国哲学史"的教授,冯友兰先生听过他的课,还有过回忆。有这些根据,我和项宇在《兴文教以开风气　尊先贤以继传统》(《温州日报》,2017年11月24日)文章里说:"温州地区的现代化,并非是从1980年代才开始,而是早在一百多年前,就由一大批乡贤人士举办新式文化、教育、市政、产业事业肇端的。简单地讲,就是由孙衣言、孙锵鸣、孙诒让、宋恕、陈黻宸、项氏兄弟等倡导而来的。"在生意人走向全国、全世界之前,温州的文化人已经游走在上海、杭州、南京、北京,乃至东京,留学东洋、西洋。我们今天谈温州,只说经济是不够的,还要说说它的文化底蕴。

温州人爱乡土,有时候也稍嫌它偏居一隅,不便出入。其实,温州风水相当好,成为"东南邹鲁"不是没有原因。瓯江、飞云江东注大海,虽然短促,但从西、北、南部广大山区带出大量沃土,成就了一片不大不小的温瑞平原。温瑞平原是两江共生的三角洲,和其他浙、闽、台东南丘陵三角洲相比,温瑞平原幅员大、人口多,维持了好几个港口。勤奋的温州先人,凿通了瓯江、飞云江之间的塘河,舟楫往来。和江南各地一样,温瑞平原也有"夜航船"。内河航运把今天的温州、乐清、瑞安、平阳四地的河口三角洲连为一体,通江达海,连山入岭,扩展了三角洲的财富和人文资源。江阴人高宾在弘治十一年(1498)任瑞安知县,他在《题瑞安》中称:"百雉城安海上涂,风光全不减三吴。四时人享鱼盐利,二季田收早晚租。门有通渠居有竹,市无游女肆无哺。若教人肯追前辈,邹鲁芳称也不孤。"

这位常州同乡写瑞安,写到了好处。温州人勤劳,围海造田不说,在明代就开始种双季稻;温州人有品,食有鱼不说,还有文人气,临水筑室,修园读书,居有竹。1989年夏天,我第一次来温州,是被经管系研究生同学冯正虎带着来考察"温州模式"。冯同学祖籍温州,领着办了一个上海企业发展研究所,让大家来看乡镇企业的发展。我们心里想的是一个到处破墙开店做生意的场面,然而看到的不是忙碌、喧嚣,而是那种安逸、恬淡。经济率先恢复以后,温州人改善生活，街上的海鲜面已经做得有滋有味。弄堂口读报、看书的长者，不比上海少。哪怕是历经"文革"摧残，传说中的"海滨邹鲁"的气息仍然可以感受到。

温瑞文风重振，即所谓"永嘉学派"复兴，正是在清末同光年间开始的。瑞安孙衣言、孙锵鸣兄弟后先进士及第，且与曾国藩、李鸿章幕府有密切的联系。甲午战争以后，孙诒让、项氏兄弟率先在瑞安和温州全境举办新学，方言馆学外语，学计馆学数学，大有成就。不少温瑞人士带着讲求变法的新派学问，顺着曾、李幕府的渠道，进入上海、杭州、南京、北京的洋务事业，在讲求"新学"的教育机构，人尤其多。清末民初，温州"得风气之先"，在文教领域非常突出，人才活跃度在省内超过杭州、绍兴。宋恕教课于上海龙门、求志书院，陈黻宸以教育家出长省谘议局。清末"东瓯三杰"（宋恕、陈黻宸、陈虬）之后，民国初年又有一大批受他们影响的学子，如"瑞安十才子"洪锦龙、薛钟斗、周予同、李笠、宋慈抱、李孟楚、伍叔傥、郑剑西、许达初、陈逸人涌现出来。我们这一代人比较熟悉的文化人，如郑振铎、夏承焘、朱维之、戴家祥、苏渊雷、夏鼐、赵超构、赵瑞蕻、黄宗江、南怀瑾也都是温州人。复旦大学前几任的校长苏步青、副校长谷超豪，都是温籍数学家。"不为五斗折腰身，归去来兮赋辞新"（苏步青《颂陶小咏》），数学家的诗句，也洋溢着东瓯文坛之遗风。

2017年11月，瑞安项氏后裔项宇博士邀请我来温州，参与孙锵鸣等地方先贤的纪念活动。再来温州，谈话的背景中有近代历史、思想和文化，就直接触摸到了温州律动着的文脉，感受到在上海不常有的一种地方精神。那一次，与《瓯风》杂志同人喝茶聊天，听大家畅谈温瑞掌故，真切地感受到瓯风荡漾下的文化气息。2010年，几位当地学人复刊《瓯风》，近年又得新人加入，延续了1933年瓯风社（刘绍宽、王理孚、黄迂、高谊、池志澂、林损、孙孟晋、梅冷生、陈闳慧、李笠、李翘、宋慈抱、陈谧、张宋庼、陈准、林庆云等）的《瓯风杂志》（1934—1935）。这份名单呈现出一个地方学人团体的延续性和民间性。这两种地方特性,温州有,其他城市却未必有。和当年《瓯风杂志》弘扬"永嘉固有学术"一样,当代《瓯风》"立足温州,关注瓯越,打捞历史,温故知新"。浓郁的乡土意识和清晰的地方认同,和"世界温州人"(有"世界温州人博物馆")观念如此融合,像足了我们经常说的"全球-地方主义"(Glocalism),舒服自然。《瓯风》出刊至今,每年两册,已经超过了前辈的出刊数。不知道全国有多少学人刊物可称"民间",我觉得《瓯风》足以当之。瓯风氤氲之下的这一群学人,接续着东瓯文脉,传承着永嘉之学。

最近更有惊喜!卢礼阳先生把他主编的《瓯歌三集》传给我们看,又令我感受到了温州文化圈的浓郁氛围。原来在《瓯风》之外,居然还有一个《瓯歌》系列!《瓯歌三集》是温州图书馆办《温州读书报》文章选粹,已有《瓯歌》《瓯歌二集》两次结集,现在编到了"三集"。全稿拜读一过,了解到很多原来如此的实情,再一次感佩于温州学人们对地方学脉的坚守和执着。《温州读书报》是1997年创刊的,每月出刊,坚持不懈,从不间断。最近看到的刊物,仍然是几十年前朴实无华的民间报刊的样子。大概是用了市图书馆很少的经费,四开对折,天然去雕饰,密密麻麻,印上来的都是值得阅读的好文章。《瓯歌三集》的文章,一如从前,全没有地方刊物不得已的吟风弄月感性文字,都是有关地方文献、人物、事件的研读、追忆和纪念,且都很有意思。例如,起首第一篇就是去年刚刚故去的叶永烈《〈味镫存稿〉序》,是为他的岳父杨悌(平阳人)编的文集序言。我们熟悉叶永烈的科普和口述历史著作,在上海也有一些邂逅和交谈,一次还在朋友召宴时见到。不承想他岳父是留日回国,研究《资治通鉴》的文史学者。这一层翁婿关系,正是温州文脉的传承,说明了叶先生科学与人文相通的原因。

《瓯歌三集》中降大任的《回忆张一纯》读来也是饶有兴味。张一纯(1913—1967),瑞安人,1935年从上海大夏大学史地系毕业,先后在上海新亚中学和温州、平阳等中学任教。1943年又曾任教于福建协和大学历史系。1950年代转到山西大学史地系任讲师。我们读书的时候,在中西交通史课程的参考书目录上见过他的著述《〈经行记〉笺证》(中华书局1962年版),其他一概不知。自《夏鼐日记》出版后,山西学者韩石山先生把这位"历史系的活字典"先生的生平大略查证清楚了。降大任先生的文章则是把自己老师记录得活灵活现,栩栩如生。"张一纯先生身量不高,黑黑瘦瘦的样子,两眼却炯炯有神。平时有点衣衫不整,有时甚至裤腿上绽开了缝,他似乎也不在乎。据说张先生是讲究美食,不顾及衣装整洁的。"活脱脱大学里面温州籍教授的形象。张一纯先生在"文革"混乱中死于车祸,亦属非命,令人扼腕。

石湾的《师恩难忘》怀念南大中文系赵瑞蕻教授、杨苡夫妇,也是情真意切。赵瑞蕻先生是温州城区人,著名翻译家,我们那一代人读的《红与黑》就是他的译本。赵先生出温州求学,由上海大夏而天津南开,抗战中在长沙、昆明、蒙自并入西南联大,遇见曾在母校省立十中(温州中学)教书的朱自清先生。得到前辈的教诲,赵先生矢志文学,发起"南湖诗社",顺利成长为翻译家。王来《忆徐规先生》,回忆"文革"后入学杭州大学,与徐规先生交往的经历。徐规,平阳人,师从陈垣先生长子陈乐素,在历史系治宋史。徐先生在面试中凭口音认出温州同乡,积极鼓励他继承永嘉学风,从事学术研究。孙崇涛的《我的签名本》写自己在杭州大学中文系承学夏承焘先生的故事。从夏先生喜欢改名字说起,很多趣闻是第一次听说。夏先生温州人,孙先生瑞安人,两人在杭大校园里留下关于家乡的佳话。1982年"文革"已然过去,夏先生执意要把"承焘"改为"晴涛",虽然符合乡音,但内中酸楚只有通过这两位经历了阴霾的温州人交谈才能知晓。另外,大学里的文史哲学者,结合自己的求学、治学经验,从这些文章中能读出很多东西。一个感受就是:学府里面的师生授受,既是一种现代教育的学脉传承,却也自然而然地洋溢着一种乡谊乡情。

近年来,有幸在温州问学访友时结识卢礼阳、洪振宁等先生。礼阳兄原籍邻郡金华永康，大学是农林水产专业，毕业后分配温州工作。2001年以后，转至温州图书馆，苦心孤诣，发奋治学，从事地方文献研究，卓然成家。礼阳兄与编辑室同人编《温州读书报》很用心，联系的读书人多，投稿的作者也多。许多在上海和各地熟悉的朋友，如已故的陈梦熊先生、褚钰泉先生，都在《瓯歌三集》中出现，读来也是一番触动，一番伤感。限于篇幅，不能详细叙述。一定要说的话就是感谢礼阳兄等图书馆人这么多年的坚守和努力，给我们留下了这一段段或带苦涩或含温情或有惊醒的文字！这些文字，应该是能够激活记忆，启发心智，重焕热情，砥砺前行的那种。

匆匆草此，先表敬意，再行祝贺，又充为序。夥矣，壮矣！瓯风氤氲中的人文精神。

李天纲
2021年4月2日，于上海阳光新景

追念师友

《味镫存稿》序

叶永烈

一个个潇洒遒劲的毛笔字,写在花笺上。字美文美,《味镫存稿》是我的岳父杨悌先生留下的散文遗著。

这些散文是他在不同时期陆陆续续、零零散散写下的,却在庚寅年集中抄录。他在每一篇文末,都写下重新抄录的时间——从庚寅年十月初七(1950年11月16日)起,到庚寅年十二月十九日(1951年1月26日),在这两个多月时间里,紧锣密鼓般全部端端正正抄毕。他似乎已经预感到余日不多。仅仅过了两个月——1951年3月27日,六十九岁的他就离开了人世!

他在书前写着"录《味镫存稿》文共陆拾篇于永嘉虞师里之读鉴楼"。永嘉,即今日温州。读鉴楼是他的书斋。鉴,指《资治通鉴》。他以毕生精力研究《资治通鉴》,著有专著《通鉴事纬》,一百四十五万字,于1999年由安徽文艺出版社出版。

岳父毕业于日本中央大学法科,回国之后曾任浙江省高等检察厅首席检察官。书生意气、为人耿直的他,很难适应尔虞我诈、钩心斗角的旧官场,毅然决定辞官回乡执教,埋头著述。他的座右铭是:"官场一时红,文章千古在。"他写下数十种著作。他还数十年如一日记录所见所闻,写下《结一阁日记》《竹霁庐日记》《寄石山房日记》《可庐日记》多卷。他的书法别具一格。到了晚年,诗文难换逗鸡之粮,为了维持生计,只得卖字为生。

岳父去世时,留下一大堆手稿。在当时,虽然这些遗著无问世之望,但是岳母视为珍宝。每年江南梅雨季节过后,岳母总是将夫君的遗稿在夏日的阳光下曝晒,以防发霉。年复一年,年年如斯。她还在存放手稿的木箱中放了樟脑丸，以防虫蛀。

1965年，形势趋紧，岳母预感到风暴即将来临，趁春节内兄回家，商定把这批遗稿捐赠给浙江省文物管理委员会。1965年3月19日她把遗稿二十五册寄往杭州。此外，还把家藏线装本《资治通鉴》《前汉书》《后汉书》等二百多册捐赠给温州市文物管理委员会。在那场浩劫到来之后，家徒四壁，岳父的一批残稿皆遭"铁扫帚"扫荡，岳母亦被"扫地出门"而病重离世。

终于雨过天晴。我和内兄多方寻找那批珍贵遗稿。经过与浙江省文物管理委员会联系，方知手稿移交至浙江省图书馆古籍部保存。1985年我致函浙江省图书馆古籍部。该部回函，称"由于时间久远，几易其人，情况不明"。此后多次致函，无果。直至1998年年初，经该部徐永明先生细心寻找，终于在西湖孤山之巅的善本书库——青白山居，发现岳父遗稿与《文澜阁四库全书》等善本书放在一起。我和妻闻讯当即赶往杭州。浙江省图书馆古籍部出示我的岳母当年的亲笔捐赠函，说明家属无法取回原稿，但该部可以提供一份复印件。经过三天复印，我拖着满满一箱复印稿回到上海。

我细细拜读岳父遗稿，最为喜欢的是《味镫存稿》。这六十篇散文，写山水，写名胜，写亲情，写名人，读来格外亲切，而且颇具文史价值。在内兄、内侄完成《通鉴事纬》一书的校勘、出版之后，我着手《味镫存稿》的整理工作。岳父的散文是用文言文写就，无标点，而且内有许多生僻汉字，得益于陈盛奖君的认真工作，把这些散文录入电脑，并加标点。林勇先生则热心推动此书的出版工作。经过多年努力，收集到岳父诸多书法作品以及二十首诗，都收入此书之中。

岳父的四部日记，只存书目，文稿俱已散失，甚为可惜。他乃温州名儒刘绍宽的表弟，又是儿女亲家。刘绍宽留下的一百五十万字的日记，于2018年2月由中华书局分五册出版，引起学术界的关注，被誉为"记录半世纪温州风云的乡土文献"。刘绍宽日记中有一百八十三处写及杨悌，作为附录收入《味镫存稿》。

我还约请相关人士写回忆杨悌的文章,也一一收入附录。

岳父原有多册相集,历经劫难竟荡然无存。所幸当年妻曾寄过一帧照片给俄罗斯友人斯维坦小姐。经与斯维坦联系,寄回这帧照片,作为作者照片得以收入书中。

同为作家,深知著书之不易。终于为老丈人编好了散文集,我也了却了一桩夙愿。

《味镫存稿》得以出版,使我记起一句西方格言:"笔写下来的,斧头砍不掉。"

2018 年 7 月 13 日于上海沉思斋

2020 年 5 月号,总第 276 期

姨婆蔡笑秋

马邦城

蔡笑秋是我祖母蔡墨笑的姐姐,我叫她姨婆。祖母很早就去世了,姨婆没有生儿育女,一直把大伯与我爸当儿子看待,我们跟姨婆很亲近,关系密切如同一家人。

姨婆孤身一人住在温州,一次不慎被三轮车撞伤了腿,大伯就让二姐前去服侍,顺便让她在那儿学国画。这样一来,我们去温州看姨婆的机会就更多了,几乎每年暑假或寒假都要去一趟。我记得那是20世纪60年代初,姨婆就住在松台山脚的工艺美术研究所内,居室东首紧挨温州艺雕厂,西首隔壁住着叶玉昶先生,北面另一幢房子里住着平阳同乡苏昧朔先生。我小时候很调皮,经常从房间窗台上爬出去,穿过天井跑到苏先生那边去玩。

姨婆已是八十岁高龄,每天仍坚持画画,我喜欢静静地站在一旁,看她在一张大书桌上研墨、调色、作画。"文革"初期,学校停课,我无所事事,一度也曾跃跃欲试想学国画。那是个"知识越多越反动"的特殊年代,中华传统文化都成了"四旧",姨婆与研究所里好多同人遭到了批斗冲击,她大概怕将我引入"歧途",始终没有答应。为谋生计,后来我改随蔡渭溪先生学做标本,并进了瞿溪标本厂,姨婆很是替我高兴,还说要好好谢谢蔡先生。

20世纪70年代初,"羽毛画"作为新兴的工艺品十分畅销。1972年6月,瞿溪标本厂派我带人去青岛学艺,好回来搞羽毛画创作。羽毛画是利用禽鸟羽毛剪贴而成的、半立体浮雕式的工艺画屏,必须先绘好图样再按图制作。我虽不会绘画,却在这方面有着得天独厚的条件,因为姨婆是温州知名女画家,二姐马晓昀又是温州画帘厂的画师,她俩都擅长画花鸟,有两人做靠山、后盾,便使我也有了十足的底气。

青岛学习归来后,厂里由我全权负责试产。我在第一时间就去找姨婆帮忙。看到我从青岛带回的羽毛画样品,姨婆目光中流露出惊奇的神色,欣喜之情溢于言表,啧啧称赞道:"羽毛画的立体感强,比平面的画帘要好看多了,尤其是用羽毛贴成的小鸟、白鹤,简直就跟真的一样!"对于我的请求,她满口答应,并且很快就同二姐一起,为我设计出好几幅羽毛画的图样来。

不过,羽毛画图样毕竟与国画有所区别,除了画面美观外,还要求构图简洁,制作方便,省工省料,有些东西只能通过实际操作,才能有切身的感悟与体验。嗣后,我又拿图纸去找姨婆商量修改,每一次她都不厌其烦,耐心倾听,欣然接受我的建议。一位年近九旬的老人,还能够如此支持孙辈创业,着实让我感动不已。

经过一番筹备,瞿溪标本厂的羽毛画开始投入批量生产。当时,厂里没人会写毛笔字,我曾学过书法,加上年轻,初生牛犊不畏虎,于是就自告奋勇,包揽了全厂所有羽毛画上的题款。让我印象至深的是有一次,姨婆问羽毛画上的题款是谁写的,我实言相告。她听了微微一笑,夸我有胆气,说她的书法就不行,一般都是请别人代为题款,久而久之,就越发不敢在画作上题字了。还说书法是靠练出来的,要我继续大胆地练,不要像她那样……临了,还特意送我一本曾耕西老先生亲书的王禹偁《待漏院记》字帖,让我带回去好好练习。

"文革"初期,古书碑帖都被当作"四旧"破掉了,姨婆送我的这本字帖,就显得弥足珍贵。我也开始明白老人家的良苦用心,她是在不伤害我自尊的前提下,委婉曲折地提醒:你的那些羽毛画题款还稚嫩得很,充其量只能算"勇敢"之作,是难登大雅之堂的。在姨婆的激励下,我回瞿溪后倒是认认真真地学过一段时间书法,拿父亲的话说,后来羽毛画上的题款与过去相比,总算有了点"帖气"。可惜我改行后,没能将书法进行到底。如今四十多年过去了,那本姨婆转赠我的字帖，一直珍藏着。

  我从青岛回来才一年多时间，姨婆因一次偶感风寒而卧床不起，以致永远离开了我们。那是1973年的寒冬，在凄风苦雨中，我与父亲、大伯、二姐等人一起送走了画家姨婆。天堂并不遥远，多少年过去了，姨婆的音容笑貌依然在我的面前闪现，我好像看到她还在那张大书桌前潜心作画，桌前花瓶中插着一剪腊梅，正幽幽地吐露着芳香……

2016 年 4 月号，总第 227 期

陈竺同先生的书箱

董 苗

我的父亲董每戡与陈竺同先生一生相交,从师生到战友,从同学到同事,加之还是温州同乡,志同道合,情谊匪浅。

1921年父亲十四岁时进入温州教会办的艺文中学学习;1925年二十七岁的陈竺同先生到艺文中学教书,比父亲大九岁,这是他们第一次交集,有短暂的师生之谊。就是在这一年,"五卅惨案"发生,全国上下愤慨,温州青年学子上街游行抗议却遭到学校当局的阻拦和压制,学生群情激愤,陈先生等人率学生脱离英国人办的艺文中学,另行寻址组建瓯海公学,父亲也积极参与其中。

⊙陈竺同照片
（张 真提供）

不久,父亲离开温州前往上海,进入上海大学读书,自此别过。但他们在大革命的洪流中不约而同地加入了中国共产党。"四一二事变"之后,父亲受指派回家乡温州重建中共党组织并开展农民运动,又与陈先生会合在一起。由于叛徒出卖,党组织遭受毁灭性打击。他们的名字同时出现在1928年1月9日的《申报》第九版所登通缉名单《温属共产党人通信录》之中,第一人董丐丐(温州木朸巷二号曾宅)即父亲(父亲当时化名董丏丏,报登误为董丐丐,地址是三姑父曾小周家),第十一人陈啸秋(温州小南门外陈成记)即陈竺同先生(当时名经,字啸秋;后来改名竺同,不知是否与他研究印度文化有关,印度古称天竺)。之后,他们逃亡日本躲避通缉,一同进入东京日本大学研究院学习,陈先生攻读文化史,父亲攻读戏剧,师生之谊上再添同学之情。

父亲在1929年底回国后投身左翼文化运动,加入"左联";陈先生1930年回国后任教于复旦大学、中国公学。父亲在1932年也在中国公学教过书,复增同事之情。抗日战争爆发之后,父亲奔走在湘、贵、川之间,陈先生远赴粤、桂,从此天各一方。

日月如梭。1953年,全国高等学校院系调整,湖南大学撤销,父亲同杨荣国、何竹淇、汪梧封、陈则光等教授被调往广州中山大学,与陈先生又成同事。10月间,我们全家到了广州,起初并未入住珠江南岸康乐园中山大学校内,而是被安顿在市区惠福西路一座由五层教学楼改成的宿舍内,每层的三户人家都是住一间带长黑板的大教室,教室中间用木板墙隔成两间房。我家住在四楼中间,刚从广西奉调过来的陈竺同先生住在二楼。我每天去惠福西路小学上课,都要从陈先生门口经过,总看见微胖的陈老先生捧着一个扁平的壶坐在那里,父亲告诉我那壶里装的不是茶而是老酒,所以印象特深。讵料,陈先生盛年夭折,在1955年就撒手西归,传说与他的嗜酒有关,悲哉!

1958年9月,父亲因言获罪,准备回到我母亲胡蒂子的故乡长沙"自谋生活",遂从陈竺同夫人处购得八只棕色大书箱装满书籍离开广州。正方形的书箱,每只中间有隔板分成两格,箱门上有精致的小铜环拉手,堆码起来便成书架,无论是居家还是搬家都极为方便,陈先生遗留下来的八只书箱从此就日日夜夜跟我们相伴了!

1966年,"文化大革命"风暴席卷长沙,父母按照街道的要求把家中绝大部分书籍送到派出所封存,留下八只空书箱。在9月初接踵而来的二次抄家之后,家中一片狼藉,除了一张书桌和我的单人床之外,所有家具如双人床、沙发等统统拿走,甚至连父亲的眼镜都不能幸免,自此一贫如洗。但人总得生存下去,怎么办?母亲把八只空空如也的书箱平放摆齐,放上门板再铺上稻草就成了床,这张由书箱

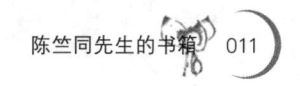

拼成的床竟让父母整整睡了十二年。

　　1979年5月,父母带着这装有衣被和杂物的书箱回到广州中山大学,书箱陪伴父亲走过最后九个月的日子。父亲辞世后,母亲又把书箱带回长沙。再后来家里请木匠做家具,书箱变成了书桌、书柜的板材,直到现在仍然与我依依相伴,而它的故主已然仙逝六十四载矣。

2019 年 4 月号,总 263 期

我与冰心的交往

李文郑

大约是1985年,人民教育出版社出版了作为高中语文阅读教材的《现代文选读》,作者大多是当代名作家。

1986年6月,由北京师院《中学语文教学》杂志副主编吕桂申老师动议,想约请这本阅读教材的作者们分别写一篇创作经过、体会之类的文章,作为高中师生阅读这本教材的导读。主要由吕老师和郑州《教学通讯》的一位林编辑向作家约稿,由我来收稿、抄写、整理。

真的没想到,此后很快就陆续收到了二十多位作家的回复,其中,冰心老人的稿件最有特点:一是没有用正经的方格稿纸,而是一张白纸,并且应该是随手拿来的白纸,尤其是不规则的,而非方方正正的白纸;二是用传统的格式竖写,而不是现在的普通格式横写;三是个人简介,显然是此前某书中用过的复印件——所以,给我的印象特别深刻。

正应了那句"好事多磨"的话吧,这本凝聚了众多作家和我们几人心血的书,终于在1989年年底出版了。待我见到书时,已经是1990年3月7日了!——从定稿到出书,整整三年哪!其间,还有部分作家几次来函询问此书的情况,我当然要及时逐一回复,如实向他们报告。

最后,出版社说:这书征订情况不好,只印了三千五百册(版权页上显示的也是这样),稿酬发不出,提出了以书抵酬的方案。我只得雇了辆车,把一堆书拉回了家。

为了给各位作家有个交代,我不敢怠慢,按字数多少,分给他们若干本书。又买来包装用的牛皮纸,抓紧时间包装,分别在包上写清楚地址,用自行车一趟一趟地送到邮局,当然,还要付邮寄费、挂号费。末了,我们三人各得了若干本书,算是编辑费了吧。

这年7月,为另外一本书的出版事宜,我趁暑假到了北京。事情办妥后,利用火车发车前的几个小时(半天多时间吧),我就想到去拜访冰心老人。

乘公交车,辗转到了中央民族学院(今中央民族大学),根据她留下的通信地址,我顺利地找到了某号楼某单元她家——她和丈夫吴文藻先生的住所。抬头间,看见门上贴了一张纸条:"医嘱谢客。"我心里想:冰心先生已经是九十岁的老人了,既然有"医嘱",应该是身体不大好。我这不速之客,这个时候上门,是不是有点唐突?但转念又想:轻易不来北京,更轻易来不到冰心先生家门口,如果就这么转身离开,恐怕机会就更难得了。

想到这里,我便上前敲门。开门的是一位中年女同志——后来得知,她是冰心先生的女儿、北京外国语大学教授吴青。我上前一步问道:"请问,这里是冰心先生家吗?"她轻声问:"有约吗?"我如实回答:"没有。我是从郑州来的,叫李文郑。前几天刚给她老人家寄过几本书。"她让我稍等,转身进去,片刻工夫,又出来,让我进了门,并叮嘱一句:"五分钟啊!"

我怀着朝圣一般的心情,轻轻走进这普普通通的旧楼里的普普通通的房间。经吴青老师的指点,先在客厅的一个大本子上登记了自己的有关信息,然后走进冰心先生的书房。环顾这普通而又不普通的书房,面积并不大,但整洁有条理,一阵书香扑面而来。

冰心老人在窗前宽大的书桌后的椅子上端坐着,衣着极为普通,面容和蔼慈祥。书桌上,卧着一只硕大的白猫。因为常常从各种书刊上看到老人家的照片,所以,我感觉她就像非常熟悉而亲切的邻家大娘一样,便上前几步,向她微微鞠了一躬,问候道:"老人家好啊!"

她让我坐在书桌一端的方凳上,平静地说:"前些年摔了一跤,导致骨折,有十年没下楼了。但其他方面还好。"

我发自内心地说:"祝您健康长寿!"

我如数家珍地列举曾经读过的《繁星》《春水》,尤其是《寄小读者》等,说:"这些作品,影响了几代人啊!"

她听了,却淡淡地说:"那都是过去的事了!"

我抬头看到迎面墙上,悬挂着那副很多文章里都提到过的冰心先生最为钟爱的梁启超亲笔书赠的对联:

世事沧桑心事定;
胸中海岳梦中飞。

上款:"冰心女士集定庵句索书"。下款:"梁启超,乙丑沐佛日。""定庵"即晚清著名诗人龚自珍,"乙丑"是1925年,当时正在美国留学的冰心集了龚自珍的名句为联,请表兄刘放园(曾任《晨报》编辑、东吴大学法学院教授)书写。刘放园却转给了梁启超,于是就有了这副梁启超书赠冰心的对联。她崇拜龚自珍的诗歌,崇敬龚自珍的为人,于是便集其诗中名句,请人题联。

因为时间有限,我拿出笔记本,请老人家为我写几句话。她略加思索,接过我递上的钢笔,写了这样一副对联:

知足知不足;
有为有弗为。

一边写,老人家还一边讲:"有些事要知足,如生活上、衣食住行、简陋朴素一点;有些事则不能知足,如学业上、修身养性上。有的事,一定要去做,如爱国;那些违背道德的事,就坚决不能做。"

随后落款道:"敬录先祖子修公自勉词。文郑先生正。"最后署名

"冰心",在写日期"七七.一九九〇"时,她脱口而出道:"今天是抗战纪念日啊!"

后来才知道,这副对联今天仍然悬挂在她福州故居的廊下。

不知不觉,二十多分钟过去了。为了老人的健康,我起身告辞,恋恋不舍地离开了这普通而又不普通的房间。

二十五年过去了,冰心老人也于十六年前作古。但这短短的一副对联,一直作为我的座右铭,并将永远铭记于心!

2015 年初夏于郑州散漫斋

2015 年 10 月号,总 221 期

心缘何时了

沈克成

今年是王老敬身先生一百一十周年诞辰,为了不能忘却的纪念,我该写篇文章,来缅怀这位温州诗坛泰斗、铮铮铁骨的文化老人。

那是20世纪70年代,在我为前途而苦苦挣扎的时候,生活中出现了一位相知王熙丽。她比我低一届,是全校闻名的才女,出身于书香门第,其母陈华鬘30年代初毕业于上海法学院,温州第一位女律师,家母挚友;其父王敬身是温州诗坛耆宿,1949年前曾当过蒋鼎文将军的侍从秘书,反右时就因为点赞几句温州"头号右派"刘景晨的气节,被戴上了"漏网历史反革命"的帽子,害得她姐妹仨都考不上大学。她写得一手好字,又会作画,也会弹琵琶,我的女儿小时候就曾经跟她学过琵琶,可惜女儿不争气,到最后竟把琵琶丢弃在床底下。后来,她好不容易在温州画帘厂谋得个画工的职业,却在"文革"时成了被整的对象,连工人也当不成。那时候我在印刷厂当工人,工余时间在市业余科技大学教日语,她一直在听我的课。

记得是1977年下半年,她领了位长者到印刷厂里看我,这位长者叫郑愈,刚从内蒙古大学退休,回乐清老家探亲,是位名教授。他见我们俩这么用功,颇为欣赏,说了一大堆勉励的话,并告诉我,他少年时曾在东京帝国大学读书,跟郭沫若同桌,他的许多同学现在都是日本名流。国家教育部有意向,欲请他发挥余热,去日本当督学,负责指导和督促公派留日的学生。郑老勉励我们好好把日语学好,待他去了日本,一定设法为我们寻找一个去日本深造的机会。当时我的日语已有一定基础,只需在听力上多花点功夫;熙丽刚刚起步,但她决心很大,跟随郑老到内蒙古大学去,郑老给她找了个在艺术系和日语系旁听的机会。可惜只读了一年多一点点,郑老突然因病去世,一切美梦均成泡影。熙丽从内蒙古回来后情绪十分低落,感到前程一片渺茫,她跟我说,国内没有她的立身之地,唯一的出路只有在国外找个老公了。果然,有人为她介绍了位从台湾出去的西班牙华侨,虽然年纪比她大十来岁,但毕竟是读书人,她愿意。临出国时,她悄悄跟我说:"我先去看看,如果好,你也来吧。"

　　想不到老天庇佑她,她真的找着了个好老公,没多久,她把自己的姐姐、妹妹、弟弟都带到西班牙去,自己还在瓦伦西亚开了间不小的中餐馆。她一边做生意,一边入艺术学院进修,跟从当地的艺术家学画,才艺有了很大的长进。大概在她赴西两年后,她给我寄来封聘书,上面盖着中国领事馆的公证签章,意思是聘请我到她店里工作。她嘱我尽快去申领护照,待护照到手后马上寄给她。当时,国内对出境控制很严,想不到我拿着她这张聘书去公安局顺利无阻,很快就拿到了棕面本本。当时我已是三个孩子的父亲,我跟妻子商量时,她并没有反对,但似乎也不很赞成,只是说我走了,三个孩子怎么办。1985年5月,我收到了熙丽寄来的一个文件袋,市公安局也同时寄来了一张"批准出境通知书",据说这叫"倒签证",是她向西班牙外交部办妥了签证,就不需我再跑西班牙驻华使领馆了,也就是说她已为我办好了所有去西班牙的手续,只待我把何时动身的日期告知她了。那一次她还同时为王绍基办好了手续。王绍基是熙丽弟弟左峰的少年好友,当时在温州二中教音乐。绍基特意来找我,我们约好一起走,路上好有个照应。想不到这时候母亲很严肃地提出了反对意见,而且态度非常坚决。母亲在家庭中享有绝对权威,她是绝不允许我争辩的。她的理由只有一个:"你的家在温州,你的根在这里。只有在自己的土地上站住了脚跟,你才可以考虑到外边去发展,否则,你永远不会有出息。我不愿意自己的儿子是软骨头,做逃兵!"

　　煮熟的鸡蛋就这样飞了,妻子当然是暗中高兴,只是不明说罢了。我觉得深深对不起熙丽,有一次她回温探亲,提起这件事,我向她表示深深歉意,既让她费心,又让她破费,她只是轻轻说了一句:"你以为我会让你来洗碗?!"她是个虔诚的佛教徒,长年累月吃素,而且乐于助人,化缘行善。她说她已关掉了餐馆,不再赚钱了,正专心一意跟"番人"学油画,想探索一条国画和西洋画结合的路子。

没想到那一次谈话竟成了最后的诀别。不到一年,我从叶国传处接到了噩耗——熙丽因患胃癌不治身亡,她的夙愿——去法国举办个人画展——最后没有实现。她没有生育,最后连骨灰也没有运回,我除了存有她给我的一张照片,就没有什么值得纪念的东西了。这是我一生中所遇见的一位令人刻骨铭心的薄命才女。

熙丽父亲王敬身先生是个宁死不折腰的中国文人,典型的硬骨头,因而在那个荒唐的岁月里必然会吃不少苦。再加之师母1977年就撒手而去,因而精神总是不很舒畅。他对子女们极其严厉,还经常以我为例子来训斥孩子,说我怎么怎么用功,说我怎么怎么争气,说我在永强中学代课时,为了不落下晚上的课,下午放学后骑自行车赶回温州,第二天摸黑又要骑四十多里路返回寺前街。

王老有四个女儿一个儿子,儿子最争气,古文的功底最扎实,也写得一手好字,当时初中毕业考不上高中,好不容易在华侨中学找了个语文代课教师的工作,拨乱反正后考上中山大学研究生,毕业后去了西班牙,又继续到美国读博。王老最小的女婿叫余杰,毕业于杭大俄语系,分配到文成中学教英语。他挖空心思想调回温州,以便照顾家庭,好不容易跟当时的温州师专英语科主任李成华挂上了钩。师专有意向调他,一次李老师来王家找余杰,刚好他不在家,王老得知来意后,竟然说了这么句话:"你是要老师,还是要余杰?如果你要余杰,我可以转告;如果你要老师,我向你推荐一位比余杰好的人给你。"王老所推荐的就是我,于是李老师找到了我,要我去试教,要我先兼两个文科班的"公共外语"。余杰好不容易接上的线,竟被岳父大人给搅黄了,他只得另起炉灶,调到华侨中学教了几年书,后来也随着妻子全家迁往西班牙了。而我呢,那时候我已调到技校教英语,因为学校不同意我在外兼课,师专的课只教了不到两个学期也被迫停掉了。那时候两伊战争刚结束,李成华老师被北京派到伊拉克当翻译(他毕业于北大阿语系),我跟温州师专的联系就此中断了。

王老待人宽严有济,对于好学者总是谆谆教导,百般呵护;对于那些华而不实者,则经常不留情面,将其骂得狗血淋头。王老对我赞赏有加,我也对他万分尊敬,只是平时不大敢去他家嘘寒问暖,因为他太严厉了,他的女儿们个个怕他,我自然就更怕他了。再说他擅长古诗词和中医,而我当时一门心思学外语,古文功底并不好,我怕受他的奚落。记得他曾公开跟我说及一位以新诗名闻全国的诗人,对其评价竟是"狗屁"!

后来,王老的小儿子跟唐湜老的小女儿阿丁好上了,他们一有空就往永强找骆运启和董昭寿两位学长玩。他们俩的婚姻竟然遭到了两家的反对,理由很简单,两个家庭都被整得太苦了,做父母的怕孩子们会像他们一样遭罪……始料不及的是做子女的不仅不理解可怜父母心,竟然决定私奔以示反抗。他们先跑到骆老师家待了两天,然后去了杭州,并给我寄来封信,托我把他们的决定告诉唐老和王老。接到信后,我中午即找到了唐老,并把唐老约出来,把阿丁的决定告诉唐老,只见唐老像木头一样没有一点表情,不说同意也没说反对。当时唐老正在翻译《罗密欧与朱丽叶》,我劝慰他说,阿丁就是受到你的熏陶……当天晚上我又赶去松台山麓王老家。出乎意外的是,唐师母带着大儿子、大女儿已先到一步兴师问罪来了,只见王老躺在床上,不时叹着长气,不时摇着蒲扇,床上的一顶蚊帐已被撕得粉碎。唐师母一边哭一边骂,王老却一声不吭。因为双方都是我的老师,作为晚辈,我没有发言权,当时也根本容不得我插话,只能跟熙丽她们站在旁边,偶尔上前劝上几句,但根本无济于事。说真的,我当时的感情是完全站在王老一边的。我为王老鸣不平,我觉得王老太受冤屈了。从那次后,王老家我去少了,我总觉得无颜见王老,做晚辈的没有保护好长者。后来,熙丽去了西班牙,情况发生了翻天覆地的变化，王老一家也终于从贫民窟搬到了黎明侨村，可惜好日子没过上几年，王老就走了，比熙丽先走了一步。

顺便提上一句，王绍基去了西班牙后，洗过盆碗，在马路边拉过小提琴，吃了不少苦，现在已成了腰缠万贯的侨领、3E 国际集团的总裁。

2015 年 7 月号，总 218 期

回忆父亲的民盟情怀

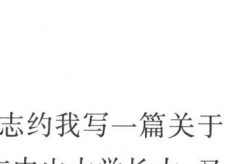

王则楚

《群言》要出一期广东民盟的专刊,省盟的同志约我写一篇关于中大民盟老盟员之间来往的回忆文章。我虽然在中山大学长大,又在父亲(王季思)身边,好像理所当然应该会比别的人有更多的了解,但其实根本不是那么回事,因为我那时还太小。因此,只能就能想起的事情,写点真实的东西。

1947年,父亲从浙江的之江大学到广州的中山大学工作,因为他支持了之江大学学生运动,被当局解聘;而且中山大学当时相比之江大学也是高一个层次的重点大学。能够被中大聘用,除了刘节先生的推荐之外,与民盟的负责人王越先生的支持也是分不开的。父亲到广州之后,地下党领导请求父亲担保营救被捕学生赖春泉,我想与他们从王越同志那里了解了父亲有关。

王越先生是陶行知先生的学生,又在中大工作,后来还担任教务长,是中大民盟负责领导的盟内党员,他的中共党员的身份,直到"文革"才公开。他和父亲的关系,应该是父亲入盟的重要原因。中大党委在反右之前,应该是由冯乃超同志直接领导统战工作。父亲在《永怀与深思——悼念冯乃超同志》一文里写道:"解放后乃超同志在上级党的领导下,广泛团结知识界人士,为党的统一战线和文化宣传做了卓有成效的工作,从来不自以为有功,更没有透过别人。"小时候常常看到父亲拜访冯乃超先生,父亲也常常带我们去王越先生家里。当然,我们只知道东南区15号王越先生家门前的台湾草地很好玩儿,围墙的樱桃特别甜,并不知道他们具体谈的是什么。反正我们小孩是一起踢足球的伙伴。

自觉进行思想改造,是老一辈知识分子20世纪50年代碰到的第一个问题。与中共通力合作做好工作是民盟中大组织的主要任务。父亲说:"思想改造运动中,乃超同志的政策水平和工作作风留给中大师生极其深刻的印象。他反复强调启发教师们的自觉,提倡教师之间的互助,和风细雨地展开批评和自我批评,运动发展比较正常。"这些党委指导意见,对中大民盟的发展和团结起了非常大的作用。中大民盟在这段时期迎来了大发展,许多著名学者加入了民盟,父亲担任系主任的中文系,詹安泰、商承祚等都是这段时间入盟的。父亲在文章里写道:"当时,中南教育部一位副部长,到广州来视察,对中大全体教师作关于知识分子思想改造问题的报告,说投鼠不能忌器,如果老鼠躲在器里不肯出来(这比喻一些旧中大教师凭仗自己的学术成就不肯坦白交代问题),就连器把它打碎。乃超同志没有同意他的看法,还在当天晚上的党组会议上对他提出温和而中肯的批评,使他在武汉所推行的种种粗暴的做法没有被带到中山大学来。"

父亲与中大的老教授们也是这段时间最多来往,我就亲自见过父亲和好友们畅饮而归。最近发现在父亲给别人的诗的抬头铃有一枚印章"净瓶将军之印",大哥讲,"家父爱喝酒,他在浙大的几个好友也好吃好喝,故家父自号净瓶将军"。1994年我调回广州工作,在家里碰到吴宏聪先生来商量民盟的工作,他也说起父亲那个时候得到一笔《西厢五剧注》的稿费,常常邀好友去吃喝。1956年中秋附近,父亲与詹安泰、董每戡还有另一位教授,四人要了一只小艇,从中大码头划到黄埔岛再回来,吟诗作对,对酒当歌,大醉而归,甚是畅快。

中大的盟员互相之间也有非常活跃的文体活动,例如京剧票友之间常常互相聚在一起唱戏,有谢文通教授和夫人、董每戡教授和夫人、蒋湘泽先生等等。网球也是中大盟员爱好的活动,我父亲、郭刁萍教授、江静波先生都是主力。打麻将也是经常的事。每每活动的时候,就商量盟务。

"文革"到来前夕,父亲和中大党委委员,同样是温州人的连珍先生叙谈,都感到一种比反右还要厉害的风暴即将来临。果然,在"文革"中,冯乃超先生、连珍先生都和父亲一样成了"牛鬼蛇神"。

我1985年加入民盟,同年参加了民盟五届和六届之间的全国代表大会,随后担任蚌埠市民盟副主委和安徽省民盟常委。我回广州想看望住在我们马岗顶家附近的广东民盟主委端木正,父亲给我约了时间,还吩咐我不要谈太久,他很忙。端木正先生见了我就说:"我是安徽安庆人,却让你到安徽工作了,辛苦了。"那个时候,民盟的工作主要从平反冤假错案转到"做好事、做实事,出主意、想办法"的社会服务工作上来。他说:"民盟办学的事你父亲比我更清楚,那个业余大学,还有中文系的刊授大学,你父亲都亲力亲为,你姜海燕阿姨也是盟员,很出力的。"

我在担任民盟广州市专职副主委和民盟广东省委专职副主委后,多次探访过王越先生,请教过中大民盟的事情。印象至深的是我父亲担任广州市民盟主委的事,因为没有任何记录说明父亲在广州民盟里做过些什么。王越老明确回答,因为广东民盟和广州民盟的主要领导都被打成"右"派了,尽管你父亲在北京编写《中国文学史》,但不得不让他兼任。

从这些回忆,理出了一条主线:民盟是与中共一条心的,这个合作的初心,中共和民盟都不会忘记。还是那句话:民盟日子不好过的时候,也一定是党内健康力量不好过的时候。

2020年8月号,总第279期

《永嘉县城区全图》背后的亲情

陈寿楠

2014年,由温州市政协文史委编、中国文史出版社出版的《温州百年风云》(1876—1978),无疑是我市盛世修志、编史的又一重大成果。承蒙该书副主编黄瑞庚先生厚爱,惠赠一册。捧读之余,竟有意外惊喜。书中不仅收录了我家三代人的几幅照片,还收录了我大舅黄伯蕴于20世纪30年代供职于温州瓯海关时与英籍税务司马多隆夫妇游雁荡途经清江渡时的合影。

此外,最让我震撼与惊异的是:该书封三以八开大的版面,首次披露了我二舅黄聘珍早年所作的《永嘉县城区全图》。正是这份尘封八十多年的《全图》,勾起了我儿时的记忆与暮年无尽的追念。

黄聘珍(1907—1984),温州人,又名仲铮、中任,出生于朔门城内永宁巷一个殷实的家庭。黄家老门牌为永宁巷58号,即今天的93号。这座晚清时所建的三进青砖结构大宅院和位于信河街八字桥的老字号黄增甡南货店,都是黄家祖传的产业。黄家大院,前门在永宁巷,后门在七枫巷,足见面积之大。

二舅早年就读于附近海坛山脚下一所教会办的艺文中学,与著名戏剧家董每戡是同龄同学。我母亲黄文琴是他的大妹。

20世纪40年代初,他在上海大利贸易商行做温州土产南屏纸(温州土话叫草纸)、花纱布生意。回到温州后,从事钱庄工作,先后在润余钱庄(东门行前街)、咸孚钱庄(铁井栏)、和昌钱庄(大南门虞师里)供职。新中国成立后,钱庄歇业,入蛟翔巷国营富华布厂任会计。1967年退休。1984年病逝,享年七十七岁。

我小时候听母亲讲起,二舅在上海时,曾在一家画片公司工作过。

对这段工作经历,时隔七八十年,现已无人知其详情。我曾多次去永宁巷专访几位表弟并电话联系在杭的表妹,遗憾的是,他们也都一问三不知。最近,我在自家杨柳巷旧居找出了当年我二舅送给我的一套小型八条屏由画虎大师张善孖画的印制品。我一看,是上海三一画片公司出品的。由此,我推测二舅在沪时有可能就在这家公司工作过。

印象中的二舅,中等身材,一派书生气度。性格内向,沉静寡言,做事低调,不张扬。勤于习字,并以书法见长。

二舅绘就《永嘉县城区全图》,正是"风华正茂"的时候。《全图》1925年秋月由温州美本公记印务公司初版,彩色石印,图49厘米×66厘米(现藏上海图书馆)。1928年秋再版(现藏浙江图书馆),1933年三版(现藏绍兴市图书馆)。三个版本,"在地物表现上均有差别,及时反映1925年到1933年间温州城市的发展。此图内容丰富,印制华美,是该时期流行的温州城市地图"。从1925年到1933年,几年间连续再版,作为一个非科班出身、名不见经传的商界员工,能在地图绘制领域一举成功,实属少见。

"一张地图就是一部历史。"《永嘉县城区全图》在温州地图学史上极具价值。据我所知,这张地图分别收入《浙江古旧地图集》(中国地图出版社2011年版)和作为《温州通史》首部专题集的《温州古旧地图集》(上海书店出版社2014年版),备受学界关注。

一位学者如是评价:"这张图的珍贵,在记录了当时温州城内工商业的发展。记录的是辛亥革命以来温州发展实业,改善民生,推进近代化的历程。""温州人发展民营经济,商会、行业协会特别发达,从这张图上可以找到其中些许的文化痕迹。"(见洪振宁《民国〈永嘉县城区全图〉解读》,载《温州日报》2014年5月1日,风土副刊)

为了追寻本图作者黄聘珍先生这段逝去的历史、这段难忘的背后亲情的记忆,为了致敬作者,我作为他的唯一外甥,且年近九旬,有责任就自己记忆所及略做记述,以为纪念。

忆高平叔先生

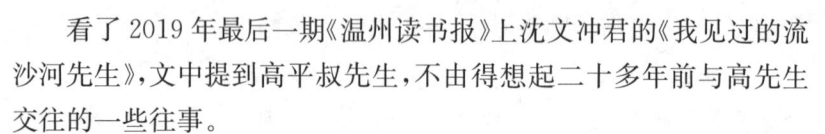

张晓夫

看了2019年最后一期《温州读书报》上沈文冲君的《我见过的流沙河先生》，文中提到高平叔先生，不由得想起二十多年前与高先生交往的一些往事。

1993年，为纪念蔡元培先生一百三十周年诞辰和庆祝北京大学建校一百周年，所在出版社决定编辑出版十八卷本《蔡元培全集》。《全集》成立工作委员会，其中有时任全国人大常务委员会副委员长的丁石孙前校长。谦和热忱的丁校长当仁不让，自领重要的协调工作，表示有何困难随时都可找他。具体的编辑任务主要落在高平叔先生肩上。《全集》所有篇目的考订审定、题解的撰写、部分别人无法代笔的注释，均由高平叔先生一人完成。由此，作为全集责任编辑的我，与高平叔先生书信往来频繁，也曾多次去天津子牙河畔葆节楼，向高先生当面请教。随后五年间，与高先生由初识到相知，再由相知而成忘年之交。

去高先生府上因请教的事较多，上午完成不了，高先生非要留我吃中饭不可。说是中饭，实是高先生常年不变的一日三餐：一包速冻水饺加几片番茄。说实在话，我是很不喜欢这过于简单的午餐，但又不敢拂逆老人一片热忱，恭敬不如从命。本想请他老人家去附近餐馆，根据当时社里的财务规定，可以用公款招待作者。但我此时已知高先生的脾气，他用一种殉道者的宗教牺牲精神，以生命相托，从事研究宣传蔡元培先生的事业。浪费时间于吃饭这类小事，他会感到痛心疾首，因此也就不敢造次。坐在饭桌前，将一碗淡而无味的水饺，硬着头皮张大喉咙不及细嚼，吞下去。但在日后，有着一种充满诗意的回忆,味胜太羹。

交往日深,我也渐渐了解高先生的一些前尘往事。

高先生早年(20世纪30年代),由叔父引荐,认识了蔡元培先生,并得蔡先生的信任,要其收集散见于各处的著述。高先生一口承诺,竟成此后六十年孜孜矻矻的目标。

高先生原本的专业是经济学。抗战时期,在国民政府经济部,专研利用外资问题,有多本专著和一些论文,实为我国这一领域的开创者,其成就和地位其实远在当今如日中天的那些经济学家之上。1944年,高先生到纽约,为国立北平研究院筹办经济研究所。尽管事务繁忙,高先生不忘嘱托,利用业余时间,搜集整理有关蔡先生的资料。此时,同在纽约的胡适,多次与高先生商议整理搜集蔡先生遗著。胡适还向高先生建议,要特别重视书信,认为这是了解蔡先生的政治思想和学术主张的重要资源,并答应将自己所藏的蔡先生给他的全部信件,待回国后悉数交与高先生。由于时局变迁,天地玄黄,此事最后未能完成。胡藏书信,最终由南京中国第二历史档案馆收藏,得到馆领导的支持帮助,高先生住宿馆内,将这些书信抄录,收于集中。1948年冬,高先生由美国到中国香港,创办国际经济所,也就是今日商务部经济研究所的前身,并任所长。同时参与创办华润公司,帮助解放区筹措运输急需物资。新中国成立后,高先生仍任经济所所长。但在1960年,被下放到贵州凯里,真正的穷乡僻壤。"文革"期间,备受折磨,苦不堪言。直到1977年,在贵州退休后,经教育部特批,至天津南开大学任兼职教授。

在这漫长的岁月里,不管是烽火连天的战乱时期,还是形同流放的艰难日子,高先生从未放弃那神圣的承诺。刚到南开,滕维藻校长希望高先生重操旧业,从事国际经济研究,为南开这一优势专业添薪助力。高先生只得敬谢不敏,决定用余生全力从事蔡元培研究。

初到天津,高平叔先生孑然一身。妻子张奇女士罹患肺癌离世,独子以天远在美国从事科研,回国后在北京航空航天大学工作。此时，天津有关方面甚为开明，对其伸出援手，指派一名高中毕业即入伍的解放军战士帮助高先生处理日常杂务。这名年轻战士上午按时到达高先生寓所，誊抄资料，查找书刊，邮寄文稿，晚上回到军营。开始，战士有点疑惑不解，从未见过一个年已七旬的老人，竟然把全部精力倾注到为兑现自己早年的承诺上，心无旁骛，生无他求，真的是"焚膏油以继晷，恒兀兀以穷年"。一段时间下来，他了解了这位老人的全部人生追求就在让人们记住蔡先生——这位民族伟人的崇高精神和历史贡献。高先生以自己的言行证明他自己就是这种精神的继承者。十多年后，这名战士成了一家颇具规模企业的老总。高先生在1998年底去世时，他还特地写了一篇满怀深情的文章，回忆在高家的见闻。

1998年3月，北京大学与浙江教育出版社联合在人民大会堂浙江厅举行蔡元培先生一百三十周年诞辰暨《蔡元培全集》出版座谈会。高平叔先生应邀参加，并作了发言。会议还有一个插曲。座谈会原定于上午十时召开，不料作为主宾的丁石孙先生因临时接通知，须先出席全国人大常委会委员长会议。因此座谈会主要成员如中央统战部部长刘延东、新闻出版总署署长于友先、蔡先生的亲属和高先生等，在作为休息室的江西厅耐心等待，座谈会延后将近两个小时，待委员长会议结束才举行。此时的高先生虽年近九十，却情绪饱满，始终不见倦容，发言时声音铿锵，顿挫有力。两个月后，北京大学庆祝建校百年，作为活动之一，举行蔡元培国际学术研讨会，因此得以与高先生再次相见。会议期间，高先生见到了不少故交旧友，显得很是兴奋且愉悦，他还约我一起去看望未能赴会、早年与其一同从美国归来的周有光先生。

谁也想不到，短短数月之后，高先生却在天津寓所溘然去世。虽然从年龄上来讲，高先生可以说是仙逝；从学术研究上来讲，也可以说是成就卓然，不负自己六十年前的承诺，足可告慰蔡先生，告慰历史。但从高先生个人的研究计划来看，着实使人遗憾。虽然他主持编辑完成了十八卷本的《蔡元培全集》,独立撰稿的四卷本《蔡元培年谱长编》亦已出版,在海内外学界产生很大影响,但原定由人民教育出版社出版的《蔡元培大传》永远无法完成,用他自己早年因战乱而散失苦心搜集的资料时说的话,即是抱恨终天。

对于高先生我有着自己的纪念方式。凡去上海,只要时间允许,我在拜谒华山路蔡先生故居后,即顺道去不远处的静安公园。那里有蔡先生的坐像,照壁上镌刻着高先生撰写的生平事迹,睹文思人,以此寄托我对高先生的敬念。

2020 年 5 月 5 日于杭州

2020 年 9 月号,总 280 期

回忆张一纯

降大任

回忆起我的大学生活,总觉得没有什么可怀念的,因为自己在那段时日里没有学到什么东西。这倒不怪当时的授课教授、讲师没有更多地传道、授业、解惑,而是由于20世纪60年代政治运动不断,什么革命化、搞社教及至十年"文革",而我又不属于"红五类"出身,常常是成为班里的"运动员",挨整不断,哪里还敢专心学业!但是,也不能说山西大学历史系里没有几位良师,让我至今印象深刻。比如张一纯先生,虽然没有给我亲授课业,但他的博学和特立独行确实是极富个性特征的。

张一纯先生身量不高,黑黑瘦瘦的样子,两眼却炯炯有神。平时有点衣衫不整,有时甚至裤腿上绽开了缝,他似乎也不在乎。据说张先生是讲究美食,不顾及衣装整洁的。他对学生说,平时一定要吃好,保证身体健康,衣着打扮嘛,可以不必计较。现在想来,20世纪60年代,普遍遭逢饥馑时期,挣点工资可不要先顾肚子,哪里能考虑衣装打扮呢?就这样,张先生只好优先考虑饮食之道吧。

张先生在当时不善交游,似乎也不多与历史系的先生们来往,课余往往只见他在校内踽踽独行,像是一只孤雁,默默前行。我的朋友、上一届的杨光亮学兄一次要带我拜见张先生。他说,张一纯先生被人称历史系的活字典,学问很大,咱们不妨去拜访一下。我说,好,就相伴去了张家。到了张寓门前,敲门,问候,寒暄,张先生一脸慈祥和蔼的微笑,把我们迎进屋内。当时张先生不过五十岁吧,但看起来似六十多岁的老者。进门后一看,靠右首的墙边整整一排书架,满满的都是书籍,但几乎都是小册子,问后方知是一整套《丛书集成》。据称这套书历史系里只有张先生这一套,别处还没有。记得光亮兄问了一个专业问题,张先生首肯,便在书架上眼睛一扫,迅速抽出一本,翻开指着书上的一段话,说,你要问的这书上都有,你看!同时还介绍了相关的几种书目,让光亮兄去寻找,参考研究。当下,我就吃了一惊,这么多种书,张先生如此精熟,问什么问题,他随手就能找到答案,可见其博闻强记的功夫了得。他曾对光亮兄说:"你当学生的,课要上,讲义要学。但这是远远不够的,还要经常向老先生们请问,这才能学到真本领啊!"后来光亮兄照此问学,终成为有成就的晋阳文化学问家。张先生的教泽之深,可见一斑。后来,我得知张先生精通文献版本目录学,可见冰冻三尺非一日之寒也。

再后来,校内运动日繁,就没有机会也不敢去请教了。赶到"文革"风暴初来,张先生被划为"反动学术权威",七斗八斗,被扫进"历史垃圾堆",我等与他就不敢不疏远了。所幸,张先生久被系里边缘化,他为人低调,似乎在系中多他一个不多,少他一个不少。几经批斗,系负责人成为"斗批改"的重点,张先生不过陪着挨斗,靠边站,似乎无人顾及,算上躲过一劫。后来,突然听同学说,张一纯先生去世了。我听了一惊,急忙打听,原来是一次张先生去附近坞城路上街时,在路上遇到一辆电车跑偏方向,张先生侧身走避,已经躲到路旁的沟渠,无奈此电车随着惯性也朝偏向撞来,张先生避无可避,被碾压身亡。一代学人就这样同我们永别了,时年五十四岁。

我同张一纯先生的缘分就这样结束了。回想起来,我大学期间错过了这样一位良师,再想得到他的教益而无从,真是求学之路的大憾。但是我没有忘怀这位恩师,总想更多地了解他的生平业绩。在光亮兄的协助下,得到了当年山大历史系整理的一本《道德文章寄春秋》,书中收有一篇张先生的公子张路桥回忆其父的文章,算是弥补了遗憾。现将该文参照所闻撮要介绍如下:

张一纯(1913—1967),原名张崇,曾用名张煦,浙江瑞安县人。六七岁时就读于瑞安县一小学,后在瑞安中学、瓯海民立中学读书,其后又转入上海国立劳动大学附中学习。1933年考入上海大夏大学史地系。1935年毕业,先后在上海新亚中学、温州百景德助产学校、浙江省立温州中学、温州师范、平阳中学、济时中学等任教,主讲历史、地理等课程,一度任温州平阳中学教务主任。1943年8月至1945年9月,任福建协和大学历史系讲师。解放战争期间,返乡在瑞安中学、温州师范教史地。据悉与考古学大师夏鼐先生友善,得其提携,得专素业。但在1952年由其师、史学大家梁园东推荐,来山西任山西大学史地科讲师,继在山西大学历史系任教。

  青年时期的张一纯接受了五四以来新思潮的影响,读过当时进步刊物《响导》,对马克思、孙中山的学说表示敬仰。在上海求学期间半工半读,与进步学生多所交往,开始悉心社会科学和文艺的研究。大夏大学毕业后,曾由欧之怀师引荐至上海新亚中学任史地教师,其间一星期要担任二十四至二十八课时的繁重教学任务。1937年,在天津《大公报》发表文章,引起师友关注和好评。1938年任教时曾与同学自筹资金创办过《游击》半月刊。1949年后张一纯先生到华东革命大学浙江分校进修,思想学识有了进一步的提高,打开了他治学的新局面。进入山西大学历史系后,他教学认真,对学生循循善诱,授课生动活泼,旁征博引,对学生提问不厌其烦地解答,对登门求教者,更是热情指授,有问必答,极力相助,使之满意为止。

  张一纯先生治学严谨,对研究项目,必究根溯源,言必有据,考证精审。著作甚多,却未能珍惜,散佚实多。有为唐人杜环的《经行记》作《经行记笺证》(中华书局版)一书,为其代表作。曾致力于宋代永嘉学派代表人物叶适的研究,他竟从《永强族谱》中发现叶适之子所作《叶适墓碑记》,撰成《关于叶适墓碑记介绍》(见于《文史哲》1958年第4期)一文,补正《宋史·叶适传》的疏误。张一纯先生不愧为一代文献学宗师,一生从事教书育人的崇高事业,他的治学业绩和成果,是后人不应忘记的。

2015年2月号,总213期

回忆戴学正老师

瞿光辉

有一天礼阳兄问我最近写了点什么,我说想写写戴学正老师。他听后大感兴趣,催促我写出来,只是我迟迟没有成文,几乎叫他失望了——毕竟亲承謦欬已逾半个世纪了呀!

我在温州私立建华中学读初中时,戴学正老师给我们上了三年图画课。

"上美术课啰!"大家呼喊着离开平时的课堂,绕过几个旧庭院,到一所有点陈旧阴暗的大房子里去上课。仰头一看,大房子上面没有顶层板,一眼望去黑压压的瓦片,一点美感也没有。第一节课上,戴老师首先改正说,我们不是上美术课,而是上图画课。先生没有展开何谓美术、何为图画,但从先生的订正中我后来逐渐悟出美术的范围大得多,诸如雕塑、木刻、油画、篆刻,而我们接触到的只是画画儿,仅限于水彩、素描之类。

教室虽然陈旧、简陋,但比我们平时上课的教室大得多。我注意到教室墙脚放着一两个白色的石膏像,是西洋人的头像,而本地的破钵、破坛则摆放得错落有致,尤其是屋柱上挂着几个小玻璃框,里面放着用红色或蓝色铅笔单色画的树叶或破钵的素描,下角署着"学正画",显然这是出于老师的手笔,它们使我感悟画画并不神秘,也无需复杂的工具。每次上课前我总爱在这些画前驻足欣赏,令我跃跃欲试。

有一次上水彩写生课,先生先在课堂上讲了点有关理论,然后带我们来到操场要我们写生,写生对象竟是厕所。厕所有什么画头?当时令我百思不得其解。通过作画,我悟出生活中有许多美要我们去发现、去创造，戴老师不是将平凡得不能再平凡的一片树叶、一只破旧的瓦罐画出精彩的作品吗？

先生教画画，有时也讲点理论，画龙点睛式的，即使如此，愚拙的我也很少记住。有一次戴老师提问：画画、素描也好，水彩也罢，要特别注意表现光线，这在理论上叫什么？他在点名册上找了一会儿，便唤出我的名字。我站起来却答不出来。等了一会儿，先生才慢条斯理地说："这叫'辉点'，你名字中光辉的'辉'!"于是，我永远记住了，以后作画时就注意捕捉"辉点"。

除了画画，也有名作欣赏。一次欣赏达·芬奇的《最后的晚餐》，先生说达·芬奇生活的那时代正值欧洲文艺复兴时期，思想界强调人的作用而淡化神性，达·芬奇画《圣经》题材不能再在耶稣的头上画上光圈，否则几乎有点不合时宜。但画家是个虔诚的基督教徒，他虽然接受文艺复兴时期某些先进的思想，但他仍利用耶稣身后的一个半月形窗框，使人从远处望去仍隐隐约约看到耶稣头上的光辉，表达作者虔诚的信仰。

先生讲课很简练，点到即止，但给我深刻的印象。他的图画课内容很丰富，我跟他学过水彩、素描、手帕花样花式设计，印象很深的还有诗意画，他好像还在课堂上帮助我们欣赏《清明上河图》；在讲到王维时，他很欣赏王维的"诗中有画，画中有诗"。有一节课他在黑板上写出"暧暧远人村，依依墟里烟"（他的粉笔字富有中国传统书法的意味，）我知道这是我们刚刚在文学课上学到的陶渊明《归田园居》中的句子，他要我们用中国画的形式画出其诗意来。我画了，而且得了"5分"的最高分，毕业时的图画课成绩也是5分。在戴老师三年教导下，我似乎还蛮有画画的天分，但我患有高度近视，先天不足，也就没有以师为范，往这条路上摸，否则我还继续拜他为师，他一定会继续指导我，也许会摆弄出个画家什么的。因为我后来知道戴老师非常珍视人才。距今大约四十年前，他对一个身处逆境的学生写诗道："东瓯多俊彦，吾最爱张生。少岁已颖脱，遭忌事耘耕……"勉励他，"坚心复忍性，天地岂无情。愿子希前哲,志行励坚贞。芝兰在幽谷,芳香不为名。养我浩然气,大器原晚成。一旦风云际,扶摇万里程。"这位学生后来果成大器,没有辜负老师的期望。在他指导下成才的不在少数。

  我早就体会到戴老师服膺"诗中有画,画中有诗"。但我读先生自己的诗作在我退休之后,读后倍加仰慕,可叹先生早已到"白云"之间去了。

  一个好的画家或诗人心中总有诗情画意。戴老师有他的高足张如元手录的《涩柿斋诗集》行世。他服膺王维,如所作《竹林高士图》:"秋山静欲了,一径入深杳。对竹如晋人,周遭天地小",就深得王维的兴趣。又如《桐庐》:"富春光景似相知,画里兰亭足世师。此日吾来亲领略,果然草木尽华滋。"先生诗画俱佳,但生前很少有人见到,我见到他的作品也已在先生去世多年之后,在《温州已故书画名家作品选》中见到,甚是惊喜,画作是请"金庸道兄指谬"的,我不知道受赠者是否大名鼎鼎的金庸大侠。另一帧是在世界语者、我的朋友徐晋先生家看到的,画是先生弥留之际赠予徐晋的,此时先生已无力题款,只签上两个字"云叟"。画的是山水,有趣的是一片青山之下画了三个圈圈,我看不懂,经晋北兄指点说是骑自行车的人。古色古香的中国画中出现了现代交通工具颇有点诙谐,但盎然有生趣,令我久久难忘。这使我想起老师曾感叹说中国山水画画来画去都是青山绿水,难见现代气息;但山水画里出现发电站、铁塔之类又难以和谐,从此画中可见先生在探索创新之路。但在他壮年之时正值反右运动前后,思想禁锢,先生在画艺上并无多少建树。先生是有自知之明的,在《吴君永良为写肖像漫题》中云:"乞得吴生风带笔,写予癯貌栩如生。百年悬壁看人世,谁复重提云叟名。"但作为温州一代美术教育家,先生会永留在我们学生的心中。

2016 年 3 月 5 日

先生虽逝,风范长在
——读《吴明允先生传略》琐忆

吴耀东

几乎是一口气读毕《吴明允先生传略》,是女儿写父亲,大白话平铺叙述,也时见跌宕,时也章回般地引人。

吴明允先生一生耿倔,热血热肠。虽生长于传统农家,却上过大学见过世面。年轻时热血,任平阳县宜山区抗日救国青年团团长,1937年经中共平阳县委书记叶廷鹏介绍入党,1938年赴延安,1939年抗大毕业,后在新四军彭雪枫部工作。战争年代历生死,曾受伤曾被捕,曾入狱曾逃狱。十年间多次与组织失散又积极联系上,先后四次重新入党,颇具传奇。1949年后,因不谙上,坚持实事求是,一路下贬成右派,终被开除公职并判劳教。在劳改场服四年多的苦役后,侥幸得以回家务农。"文革"期间因身处农村,有惊无险,"文革"后恢复党籍,享离休待遇。吴明允先生的信仰追求,是那一代知识分子的信仰追求;后来的遭遇,也是那个时代正直知识分子的标配遭遇。

作者吴式超女士,不仅写父亲,附着写的母亲、阿爷阿娘也很出彩。怀悲悯叙写阿爷阿娘等底层农民的勤苦、质朴、节俭,大饥荒年代农民们的恓惶,传统农村对读书人的尊重……并无宏大叙事,只是具体细事、日常琐碎,却是一幅江南农村底层农民在百多年社会动荡时期的生活小长卷。

《传略》装帧简朴,具内涵风骨,作者叙中夹议也精到,是本很好读的书。《传略》也勾起我的一些回忆。20世纪60年代末,一日,一位小个儿、黝黑、精瘦硬朗的老农来找父亲。来人并无农民入城、寻人时的拘谨,我以为是有些经历的农村社队企业的人。父亲陪他出去，回来后于晚餐桌上说趣事：今天与朋友逛新华书店，朋友几次指着架上的英文版《毛泽东选集》要营业员取下来，营业员都施与白眼，后竟不耐烦地说：老伯伯，这本书里没有图画的。营业员以为这农民伯伯想看插图。父亲笑了，要营业员取书给自己，父亲虽然黑瘦，但架副眼镜，又曾多年教书，有斯文气。父亲将英文版《毛选》交给朋友，朋友捧书于旁看得入迷。营业员很惊讶，悄悄过来问父亲：这老师伯干什么的？父亲说，这位1949年前英语专科毕业，很厉害的。"文革"时文人多被批斗，落魄的很多，连我都看走了眼，营业员衣冠取人也平常，我并未觉很有趣。父亲又说，朋友想来温州会朋友，算算从金乡乘船去鳌江，转平阳，渡江至瑞安，再到温州，一路船费要五角多，于是慨然说，有这钞票，我到温州和朋友们喝老酒吧。于是一路步行到温州。金乡到温州百几十里路，步行而来省下五角钱，这让我印象深刻。后来这位朋友偶尔来温，都要来我家坐坐，我便跟着母亲称他明允先生，但很久不知其姓也不知其经历，只知是父亲劳改场相识结交的。明允先生离休后，常来温州会朋友，常来我家也常留便饭。

明允先生古道热肠，见我两兄弟大龄，便热心牵线，兄嫂婚姻因此而成。《传略》记一事，大饥荒时劳改犯艰难，有一次失火就烧死了二百四十二人。囚犯劳动强度大又吃不饱，个个奄奄一息。明允先生怕自己会毙命于此，与人相谋出逃。家人专程去劝阻：现不比当初，行一步要证明，食一饭要粮票，逃成功又如何生存？明允先生便息了念头。但同谋的吴行健决心坚定，临逃前明允先生将自己仅有的一元钱相赠。吴行健成功出逃，后右派改正执教师院，常与人提及"一元钱之恩"。书中提及的吴行健是我父亲，我从没听过这版本。我从小自亲友得知的版本是父亲出逃后，向路人说自己被小偷所窃，无路费回家，将身上衣服换得一元钱，因此度过难关，直至三年多后再次被捕。但我相信两个版本都是真实的，明允先生热肠，自会倾囊相助。当年极端环境中，一饭常能活人命，一元常能解人厄，父亲自然铭记此情！

　　父亲晚年，我曾问：明允先生也是右派？父亲觉我问得愚蠢，截然说：当然是！想想也是，老先生怎不会成右派？一生纯朴如孩童迂倔似书生，耄耋之年见不平还拔刀，还要反腐败，市里省里不行，直赴京城。怀揣给中央领导人的信，去找中纪委副书记刘锡荣。刘锡荣的父亲刘英，是地下党浙江省委书记，当年在平阳山门工作时，是明允先生老领导。刘的母亲丁魁梅，从事地下工作时，也曾在明允先生家中住过。刘锡荣主政温州时，对刘英当年的老部属，尤其是曾历坎坷的，都关照尊重，一直称明允先生为吴老。丁魁梅常来温小住，曾邀明允先生及当年老同事去做客叙旧。在京城，刘锡荣派车接明允先生去中纪委，收下材料嘱他回温。明允先生离开中纪委便被两位有关部门人员截拦（《传略》说是县驻京办人员），但没有为难他，尊称他为吴老，却搜走给曾庆红的信，然后押送他回温。当然，不是步行是乘飞机，且公家买单。

　　吴明允先生生于 1914 年 2 月，逝于 2013 年 2 月。比之许多右派的凄凉，明允先生虽历坎坷却能全身全家，子孙满堂，享百岁高寿，还是很幸运的。

2016 年 12 月号，总第 235 期

师恩难忘
——怀念赵瑞蕻先生

石 湾

9月12日,杨苡先生百岁诞辰(实岁九十九,按中国民间风俗,生日过九不过十),她女儿赵蘅在《北京青年报》上发表了《她是呼啸而来的奇女子》一文。文中提道:"妈妈隔不久就会叫我打电话问候她的老朋友。前时她明确说在北京她最惦记的有四个人:邵燕祥、袁鹰、姜德明、石湾。她经常说人要懂得感恩。邵燕祥帮她存过旧诗稿,袁鹰在她无端挨批判时去南京看望过她,这些她都一直记得。石湾作为南京大学的学子,对我爸非常敬重,这些年常去看我妈。"

⊙1997年10月4日,石湾与赵瑞蕻夫妇合影

⊙赵太太杨苡女士代赠的赵著《离乱弦歌忆旧游》扉页

我是1964年考进南京大学历史系的,因入校前就爱好文学,已有诗作发表,故就读于历史系后,课余仍痴迷于写作,加入了校文学社,正所谓"身在曹营心在汉"。为此在系里常遭白眼,批评我"专业思想不巩固"。好在头一学年我门门功课都得了五分(当时学苏联,五分即为满分),后来开明的系领导就以"文史不分家"为由,对我网开一面了。我加入南大文学社不久,就被推举为副社长兼诗歌、戏剧组组长,还具体负责墙报(南苑橱窗)《南大文艺》的编辑工作。文学社的成员,多半来自中文系。他们告诉我,中文系的教师,大多从事文学研究和理论批评,只有赵瑞蕻教授既搞文学研究和理论批评,还兼顾创作与翻译,是中国作家协会江苏分会诗歌散文组组长。于是,我就动了去赵先生家登门拜访、请他来当文学社辅导老师的念头。社长欣然赞同我的提议,并带我去拜访了赵瑞蕻教授。当时,赵先生夫人杨苡先生在南京师范学院(今南京师范大学)外文系任教,译有名著《呼啸山庄》,也还从事儿童文学及诗歌散文创作。赵先生热情接待了我,说他早就听中文系的同学讲,历史系出了个"校园诗人"叫石湾,并在报刊上读到过我的诗,觉得比他们中文系的同学写得还好……我受宠若惊,不知怎么感谢是好,慌忙把几首新写的诗递给赵先生,激动地说:"这是我最近的几首习作,请赵先生批评指教。"从那天开始,我每当有了新作,课余就登门向赵先生求教。他每次看过之后,给予我的都是热情的鼓励,从不直接指出我的习作有什么毛病和不足,该如何修改。而当我提出很想欣赏他的新作时,他又总是笑着应允:"好,我来朗诵一首给你听听。"

那时,赵先生的诗歌创作正处于巅峰期。给我印象最深的是,极富浪漫气质的他,创作态度却极其严肃认真,对自己的作品,每一首都反复推敲修改,似乎没有满意的时候。他的代表作《雨巷》和《梅雨潭的新绿》,最早都是发表在《雨花》上的,后来分别在《人民文学》和《人民日报》刊出的这两首同题诗,都是他从头至尾重写的稿本。《雨花》上发的《梅雨潭的新绿》是十八节七十二行,《人民日报》刊出的稿本,只有八节三十二行,他把一遍遍修改和重写的原稿提供给我看,并告诉我他为什么要这样一遍遍修改和重写,使我从中领悟到他作诗的激情、方法与技巧。尤其是那首怀念朱自清先生的《梅雨潭的新绿》,几乎是倾尽了他激情和心血。他告诉我,朱自清先生早先是他的母校浙江省立第十中学(温州中学前身)的国文教师,为十中写过一首有名的校歌,还教过他的二哥赵瑞雯。他九岁时,二哥曾拿出经朱先生用朱笔批改的作文簿给他看过,当他进十中后,就快乐地读到了朱先生《桨声灯影里的秦淮河》《背影》《荷塘月色》等散文代表作。印象最深刻的是《温州的踪迹》中的《绿》,他那时以及后来到仙岩游玩时,往往就想起朱先生的这篇名作来,感觉"梅雨潭闪闪的绿色招引着"他年轻的心灵。十分有幸的是,1937年底,他入由北京大学、清华大学和南开大学三校迁到长沙合组的国立临时大学文学院外文系继续读书时,见到了久仰的朱自清先生。因战争日紧,1938年2月临大开始西迁昆明、蒙自。到蒙自不久,他和二十几位爱好诗歌的同学成立了一个"南湖诗社",请朱自清先生和闻一多先生当了他们的导师。当朱自清先生得知他是温州人,而且毕业于其曾任教的温中时,很高兴,问了不少温州的情况,还兴致勃勃地谈到仙岩梅雨潭。朱先生鼓励他努力写新诗,并叮嘱他先把外语和外国文学学好,将来再回过头来研究中国文学,一定大有可为。因此,他觉得朱先生的诚挚教导对他后来的成长道路和发展方向极有影响,是他一生也难以忘怀的。言教不如身教,后来我才领悟到,他是用他的创作实践来指导我该怎样写诗!

赵先生不只是以这样特殊的方式给我开了"小灶",而且,他还为我这个非作协会员开了"后门",带我去参加省作协诗歌散文组每半月一次的创作交流会。与会的诗人、作家,像李进(省文联主席,笔名夏阳,电影《红色的种子》编剧)、臧云远、艾煊、鲍明路、沙白、忆明珠、官玺、孙友田……当时都已名扬全国。而我仅是一个未出校门的文学爱好者。好在这群作家、诗人都很热情,见身为组长的赵先生带着年轻弟子来参加省作协诗歌散文组的例会，从未介意。起初几次，我总是躲在会议室的后排角落，默默地听作家、诗人们朗读自己的新作，畅谈生活感受和创作心得。到后来，赵先生点我的名，鼓动我也当场朗诵自己的习作。有赵先生的激励与提携，我的胆气渐渐壮大起来，创作热情也随之高涨，以至在举行全市性的大型诗歌朗诵会时，也敢登台亮相了。假如没有赵先生如此热忱的指引和关照，作为一个历史专业的大学生，我是决计不会如此顺当地踏上文坛的。因此，当我大学毕业如愿以偿地被挑选到国家文化部门从事专业创作时，我最感念的母校老师就是敬爱的赵瑞蕻先生。

　　1979 年 7 月 14 日，赵先生从南京写信来，告诉我"这里正在商(量)出一个《诗刊》，省委宣传部已批准了"，"请你多写点诗，多寄点诗来"。遗憾的是，我走上专业创作岗位后并未能从事真正意义上的写作，先是下乡搞"四清"，后是"文革"折腾人，耽误了大好的青春年华。直至 1979 年秋，去第四次全国文代会上见赵先生时，大学毕业已十五载的我，在创作上仍无所建树，心里直觉得愧对他当年的一片栽培之恩。但赵先生没有责备我，更没有发一声叹息。他说："打倒了'四人帮'，文艺的春天来了！你要放开胆子去创作。视野可以宽一些，笔墨也应多几副，不只写诗，写剧本，还可以写散文、报告文学……"他知道，我的诗作无可回避地在"文革"中受到了假大空文风的影响，特意送给了我一本沈祖棻、程千帆选注的《古诗今选》(上册)。当时，古籍出版尚未复苏，这本《古诗今选》(上册)是南京大学中文系印制的，数量不多，相当珍贵。到了 1980 年 4 月，赵先生又特意给我补寄了刚印出的下册。显然，在这样历史转折的关头赠书给我，他是期望我从头学起，从古诗中汲取营养，一改"文革"诗风，开辟新的创作里程。

　　此后，每当我收到赵先生寄赠的书刊资料，我都感到，尽管我已走出校门许多年了，但他依然像我在校时那样，时刻注视着我在文学道路上留下的每一个脚印。他所给予我的关爱，胜过了母校任何一位老师。但是，他在我面前，始终不以师长自居。记得在他八十华诞时给我寄来的一首一百八十行的述怀长诗剪报时，竟然题了"石湾好友惠正"这样六个字，令我感到羞愧甚于感动，不禁热泪横流。我觉得，他能把一个亲手栽培的晚生后辈当作"好友"看待，这正是他作为师长的一种最令人折服的品格。

第四次文代会后不久，1980年，我便调入中国作家协会从事编辑工作，十余年间，编刊、做书、办报，忙得很少有喘息的机会，也就荒疏了写作，越来越觉得辜负了赵先生对我的教诲与期望。1994年，他和杨先生在报摊上发现了《作家文摘》，一期不落地读了大半年，才得知这张畅销的小报原来是我一手创办的。于是，赵先生写信给我："多年不见，至为想念……曾从一位老同学那里得知你现在创办《作家文摘》报，很有影响，销路极好，可喜可贺！"表述了他和杨先生的欣慰之情。由此，我与他俩的联系就多了起来。

1997年10月4日，闻讯他偕杨先生来京，在亲戚家小住，我即约了南大中文系毕业的两位校友一起去看望他和杨先生。一见面，他就和我紧紧拥抱。合影留念时，还嘱咐他儿子赵苏，一定要把我献给他的花束照上。他说他已八十有二，是最后一次来北京了，日程安排得很满，许多事要抓紧做，包括重译《红与黑》。多年来，他搜集到了世界各地多个语种的《红与黑》译本，进行了认真细致的比较研究，自信地说："待我的重译本完成之后，一定能成为国内最好的中译本。"这时，我不禁回想起60年代，他写《雨巷》和《梅雨潭的新绿》，诗发表后仍不断地加工修改，以至推倒重写，自己不满意决不罢休的情景，见他在艺术追求上永无止境的那冲劲一如当年，我觉得属虎的他依然充满生气，锐不可当，心态一点儿也没老。

在两个多小时的师生欢聚中，一起聊得最多的，是当时正被媒体热炒的他读西南联大外文系时的老师吴宓。从吴宓又谈起他们南湖诗社的导师朱自清、闻一多和沈从文。很有意味的是，朱自清、闻一多和沈从文都是西南联大国文系的老师，学外文的赵先生成为这三位名教授、名作家的高足,用他的话说,是"一种难得的幸运的机缘"。联想到赵先生与我这四十年的师生情谊,不也是这样"一种难得的幸运的机缘"吗?但没有想到的是,这次师生重逢竟是我与赵先生的永别!1999年2月15日(阴历除夕)晚八点多,赵蘅给我打来电话:"我爸爸在今天凌晨走了。爸爸在南京大学任教五十年,在京的学生很多,一下子通知不过来。妈妈说,应该先通知你……"

其实杨苡先生和赵蘅都知道,我当年在南大读的并非中文系,在校五年,我没有听过赵先生一堂课。然而,毕业几十年来,赵先生是母校唯一与我保持密切联系的老师。在我的心目中,他一直是我最尊敬的师长。也可以说,他是我文学上的一位引路人。为此,我通过礼仪电报,订制了一只大花篮,托请赵蘅在大年初五举行的赵先生追悼会上,呈献到他的灵台前,花篮缎带上的唁文是:"您永远活在我的记忆里。"

光阴似箭,赵先生逝世快二十年了。十九年来,尤其是在我2004年退休之后,几乎每年都要回母校教工宿舍去探望杨苡先生。杨先生一如既往把我当作好友看待,和蔼可亲、热情健谈。每次见面畅叙,我都从中深受教益。2008年,她把再版的赵先生遗著《离乱弦歌忆旧游》亲手赠送给我时,除在扉页上钤有赵先生的名章外,她还特意加贴了一张淡黄色的小纸,上题:"石湾老友指正,杨苡代。"接过赠书,捧在胸口,仿佛赵先生又与我亲切拥抱一样,心暖如初。这是多么难忘的珍贵情义啊!

2018年10月25日

2018年12月号,总259期

墨池坊时代的胡今虚先生

宋乐稣

我同胡今虚先生的交往，主要在20世纪90年代末至21世纪初十多年的日子里。由于工作与兴趣相近，多蒙他的指导与帮助，给我留下的记忆终生难忘。

大约90年代中期，胡先生从杭州退休回温州，担任市政协兼职文史委委员、鹿城区政协文史委副主任。那时，改革开放进入了一个上升的新阶段，文化教育的提升呼声甚高。他经常在各种会议上大声疾呼，讲人的培养、讲体制同人的关系，慷慨激昂。他多次在市政协会上力荐自学出身的中年学人张乘健调入温州师院，却多次因体制之故未成。他写了一篇数千字长文介绍张乘健从事文学评论研究的成就，后来以《大陆崛起的学人张乘健》在台湾温州同乡会会刊发表，最终在各界支持下完成了张乘健调职一事。似乎鲁迅曾经讲过一段关于斗士的话，他的性格如果从讲台观之，是堪称"斗士"的。

那时候鹿城区委、区政府同市政协、人大都在墨池坊一号同一个大院，我们时常见面，交流较多，觉得意气相投。有一次同文友金陵、张乘健抽空去拜访他。他家住高盈里三号，是个旧四合院。天井是宽敞的，可是走进里面，居然是一间只有不到十五平方米，黑洞洞堆满了旧书的小屋。一排书架摆在他的卧床内侧，一叠一叠地摞着。床边的一张写字台也堆着书，同文稿堆在一起，隔一叠挂出一张小纸张，上面写着"抗战时期""三十年代"之类的标志，入室门口的小台子摆着烧饭的锅。原来，我心目中知名的老作家就是在这样一个环境中工作生活的。那一天，我们一起去的人都没坐，因为根本没有"容膝"之地，只好站了一会儿。回家不久，我写了一篇《胡今虚先生的书房》发到《温州晚报》上。我在这篇文稿里讲到孔子评述颜回的话："一箪食，一瓢饮，在陋巷，人不堪其忧，回也不改其乐。"我深感，胡先生在对待思想文化上的态度执着，同他对物质生活的随意如此鲜明对立，实在令人惊叹！

1998年末温州市社会学研究所创办时，同时办了份内刊《江南视野》。可是那时编辑部（或者说整个研究所）只有三个青年人。我们邀请胡先生担任兼职责编，他强硬宣布：一不拿薪酬，二不挂虚名。他几乎隔日就守着当时位于温州大厦四楼的编辑部，或阅稿件，或指导年轻人，或参加编务会议，忙得不亦乐乎。

《江南视野》应当办成什么样的刊物？胡先生不主张单纯用反映温州社会经济发展的文稿，他希望多登一些回顾老温州历史的人和事的文章，多宣传温州的历史人文，他认为温州的气质是颇具人文气息的。最突出的一件事就是向我推荐马蹄疾这个人物。马蹄疾是20世纪中期文化界知名的鲁迅研究专家，原名陈宗棠，浙江绍兴人，自学出身。他的第一首诗作投给《温州日报》，在该诗发表第二天经人介绍在温州市鹿城机械厂打工，他虽然在温州时间仅有短短两年，却结下了同温州的不解之缘。直到1996年在沈阳病逝，马蹄疾仍不忘记温州有个与他志同道合的胡今虚。今虚先生提起此人此事已在马蹄疾病逝后五年的2001年，他建议邀请马蹄疾遗孀来温州做客，并召集马蹄疾生前几位相关的友人，如宋承先、余琳、金陵等见面。大家建议在《江南视野》的"人物春秋"开设一期专辑以纪念这位同温州有着深刻因缘的学人。在今虚先生的努力奔走之下，这个栏目共约到了八篇稿子，其中除了马蹄疾的妻子薛贵岚的纪念文稿，还有马蹄疾先生寄给温州好友宋承先与金陵的信，还有当时《温州日报》文学副刊编辑余琳先生的回忆文章。想不到我们一份小小的内刊居然把纪念马蹄疾这样的事办得如此丰富，也算了却了一份纪念这位海内知名的鲁迅学者的心愿。

瑞安人曾联松是国旗的设计者，这在今天可谓知者甚众，可是在曾联松逝世前后一段时间,温州人甚至温州文化圈对这位革命老人的一生却是所知不多。曾联松是胡今虚先生小学时同学,瑞中毕业后考入中央大学(南京大学前身),即投身抗日救亡运动。他是当时中央大学学生地下党的支部书记。以后他一直默默无闻地在上海经济领域工作。1949年7月,新中国成立前夕,新政协筹备会向全国公开征集国旗图案。曾联松虽不是专业美术设计出身,但他满怀一种革命胜利的自豪感,基于爱国热情而参加了国旗设计。结果在2992件应征稿件中,曾联松的设计稿脱颖而出,受到中央领导人的高度赞扬。曾联松1999年10月在上海病逝时,北京、上海等大城市都隆重作了报道。当时上海市政府、市委组织部,北京中国革命军事博物馆、天安门国旗护卫队战士都敬献了花篮。但是在家乡温州似乎十分平静。

2000年《江南视野》创办第二年,胡今虚先生向我提议要在10月号发专稿纪念这位革命老人。他先后约了林长丰《国旗猎猎昭忠魂》,叶琛、许世铮等《曾联松的少年与壮年》两篇文稿,前一篇稿侧重介绍国旗的设计过程及曾联松逝世前后党和国家有关部门对此的重视,后一篇稿实际上是曾联松的六位早年同学对他少年立志和投身革命活动的回顾。这六位作者包括胡今虚先生都是从那个革命洪流中走过来的,他们是一个时代的见证者。这篇六千余字的稿件实际上十分详尽记述了从20世纪20年代至中华人民共和国成立前夕,温州这批进步青年从接受革命思想到创办进步文学期刊、组建永嘉青年战时服务团到中央大学迁重庆后同温州的联系等全部史实。文章见刊时以叶琛、曾绳泽、胡今虚三人忆述,朱馥生、许世铮、林杰节录的名义刊发,实际上整篇文稿是由胡今虚先生一人统稿的。印象最深的是这篇稿子付排以后,胡今虚先生在稿边密密麻麻反复修订、反复誊清不下三次。这在今天电脑打字全民普及的时代实在不能想象。我一再让他在电脑排字后到电脑房改稿,可他坚持要全文誊抄。这时候他的目力已经很难完全看清文稿,他写在稿纸上的许多字往往我也很难认了。

  墨池坊的时代一晃已经过了十几个年头,老一代文化人的身影至今浮现在我的眼前,尤以胡今虚先生那种对事业的坚韧、执着,对友人的关切与爱成为至今一直支撑我的精神力量。

2020 年 3 月 18 日

2020 年 5 月号,总第 276 期

洒向人间是大爱
——忆莫洛先生

夏海豹

岁月飘忽，不知不觉间莫洛（马骅）先生离开我们已经两年多时间了。今年一入冬，雾霾天气便接踵而来，在一个久违的艳阳满窗的星期日上午，我乘机在书房里对自己的藏书做了一番梳理。在找到莫洛先生赠给我的三册著作外，还不经意间翻出了他过去写给我的三封信。睹物忆人，这是对莫洛先生的最好纪念。

20世纪80年代，我在温州师院中文系读书时，就慕名结识了莫洛先生，并经常登门向他请教有关文学与创作方面的问题。那是理想与激情澎湃的年代，坐落在九山湖畔的师院老校园里，莘莘学子都做着瑰丽的"文学梦"，我作为文学的"发烧友"，担任了九山文学社社长兼社刊《落霞湖》主编。我记得好像是胡兆铮老师第一次带我去见莫洛先生的，他住在百里东路的一座旧宿舍楼里，离师院不远，走路大约半小时。当时年已古稀、白发苍苍的老诗人十分热情，以大爱者的宽大情怀，不倦地教诲着一批批像我这样前去拜访、求知的青年文学爱好者，热切地期待着在文学百花园里开出更美丽的花束。马宅就像是温馨的"文学沙龙"，客人络绎不绝，经常高朋满座，每次去他家，我总会惊喜地遇到几位久闻其名的文艺界知名人士，有些人后来也成为我的师友，至今仍在交往着。

我在毕业后回到了瑞安，奔波于生活与工作，先在地方志办公室待过一阵子，后来又在宣传部编起了《新瑞安》小报，算是操起了文字生涯，并断断续续地坚持业余写作。每次去温州，或有事缠身，或来去匆匆，但我有空的话会去百里坊马宅拜访一下莫洛先生，并恳请老诗人为我们的小报写了几篇短小的散文诗稿。他曾签名赠送给我三本书，分别是《大爱者的祝福》（重庆出版社1983年版）、《梦的摇篮》（花城出版社1984年版）和《风雨三月》（1995年自费印行），前两本是散文诗集，后一本则专收反映和描写新四军苏北抗日民主根据地生活与战斗的诗歌作品。

如今保留下来的莫洛先生写给我的三封信，第一封写于1994年6月，他介绍温州农校绿溪文学社一名瑞安籍的同学来找我办事，体现了老诗人对温州大专院校文学社团工作的支持。出于对年轻人的爱心与提携，当我的文学作品集《云江静静流》出版时，莫洛先生特地写来了一幅字迹清秀的题词："作家用作品铺成的道路，不是通向名望和富贵，而是通向一代又一代人的心灵。"并于1994年8月9日给我写信："遵嘱已将题字写好，今寄奉，请收。字实在写得不行，但也无可如何。因未读大作清样，无法针对你的作品写几句话，只能如此写了。我想这样写还符合你的心愿，因那天你谈话就表明这样愿望。"

2000年3月，我在《瑞安报》发表了一篇关于莫洛先生的散文《玉树临风》，并把样报寄给他，这样，就有了他的第三封回信：

海豹同志：

惠寄《瑞安报》早收到，大作《玉树临风》也已拜读，很好，谢谢你！

我想请你费神写篇文章。平阳民进创办的《作文新圃》至今已出了十多年。我是该刊的顾问，"作家谈作文"栏由我约稿。《作文新圃》系双月刊，分小学版、中学版两种同时出版，像瑞安《小花朵》一样，面向初中、小学学生的。我想请你拨冗为"作家谈作文"栏撰写一篇，内容为谈谈自己少年时学习作文的心得、体会，字数1 000~1 500光景，行文尽可能通俗、浅显、易懂，因对象是高小学生或初中学生，要使他们便于接受才好。文末附一"作者简介"，你已出版著作数种，均应写上，"简介"约200字以内即可。因《作文新圃》急于要用,请你尽快赐稿,以便转寄。

又,俞海、三祝二位有机会见面否？一是请代为向他俩问候；二是请你转请他俩也能为"作家谈作文"赐稿,内容等等也请你转告。

读《玉树临风》大作,知道拙著《生命的歌没有年纪》和《我的歌朝人间飞翔》尚未赠你,便时我当检寄请教。

我因年老多病,很少出去,也很少写信。你稿子写好后请寄我处,由我转寄平阳《作文新圃》编者。我的通信地址为：温州市百里东路×-×号×室。邮编：325000。

顺祝

撰安

莫洛
2000.4.24

这封信充分体现了一位文学界老前辈的谦逊和对后学的关爱。虽然莫洛先生热情约稿,但人贵有自知之明,自己充其量只能算是一个文学爱好者,不敢妄称"作家",因为没有像样的作品问世,自然也就没有经验可谈,我自知未够写"作家谈作文"之类文章的资格,所以辜负了莫洛先生的期望,未敢应命去写那篇文章。事过多年,我还记得曾就此事向他写过一封推辞的短信。

"马首是瞻",这曾是莫洛先生在当代温州文人心中不可取代的位置,以真善美为前提的"大爱"是其诗文中常唱不衰的主题,而"大爱"更是他一生的践行与追求。他虽然已离开了我们,但阅读那些写在"绿叶上的诗",我们仍然沐浴着融融的爱意。

2013年12月20日

回乡情何怯
——琦君叶落归根的怅然与无奈

冯强生

> 岭外音书断,
> 经冬复历春。
> 近乡情更怯,
> 不敢问来人。

这是唐宋之问的《渡汉江》诗,写出久别故乡的游子思乡情切,归返家园时,一种内心恐慌胆怯的复杂情绪。

心思细腻的作家琦君先生,在离开大陆半个多世纪后,首次踏上家乡土地时的心情,何尝不是如此。

一

1949年1月,她将父亲在杭州的四千册藏书,捐给浙江大学,没再来温州,只是写信托人将瞿溪养心寄庐的五千多册藏书,悉数捐给温州籀园图书馆,即仓皇离杭赴台。以后在台的日子里,由于两岸隔绝敌对,不通音信,她将对家乡及亲人的缕缕思念,都寄寓在一篇篇温情脉脉的散文里。1987年,台湾开放居民回大陆探亲,她没有马上回乡。1990年,受全国政协邀请,她去了北京等地。1992年,她来到杭州,专程去千岛湖祭拜恩师夏承焘先生,在温亲属也只是赴杭同她见面。为何迟迟不来梦牵魂绕的家乡温州,成了我的一大疑问。

早在1986年,台湾当局宣布解除戒严前,琦君在美就已同大陆亲友通信,但是余悸未消,小心翼翼。她曾在信中说:"我对国内的亲族,如不先来信,我都不敢写信,生怕对你们不便。现收到来信,才敢回信。"她在给亲人的信中确实一直在絮叨如何回乡探望与祭拜。她信中说:"如不是大伯大妈,就根本不会有我这个人的存在。而大伯对我的天高地厚的恩,我竟一丝未报,自己却已古稀之年,看来将会含恨终生了。""二老的墓园,只因两次回大陆,却因种种原因未能回故乡祭扫,心中十二万分怅恨,年事日长,此愿不知能否得偿。"但琦君还是寄来自己省俭下来的美元,资助伯父创办的庙后小学。1994年,温州遭受特大台风灾害,琦君在美也奉捐一千美元。

二

家乡一直在等候她回来。三溪中学拆除作为教工宿舍的原长工楼后,部分老教师和政协委员强烈要求保护潘宅旧居,经区政协和台办协调,学校在文物部门支持下,决心修整潘宅主建筑养心寄庐,创办琦君文学馆。于是琦君夫妇和三溪中学校长何治权先生开始了密切的通信联系,并寄来个人保存的许多珍贵资料与一万美元现金,积极启动创办文学馆。可审批时出现了一点波折,哪个单位都不敢出面承担为台胞建馆的责任。最后,还是所在地瞿溪镇政府在姜化钧书记的支持下,大胆地做出同意建馆的批复,皆大欢喜。琦君也在积极做准备,她在给亲属的信中说:"提到回乡之事,我日日夜夜放在心中,健康日差,生怕无法回去,见不到亲人与乡友,此生岂不是白活了?""所以我必须振作起来,把回乡之事当一个大目标,所以现在任何应酬都推辞了,文学团体已定之外都不参加了,健康第一。否则若不能回去,太辜负了你们的心意。"2001年秋,一切准备就绪后,我借温州市政府召开海内外三胞联谊会的时机,以温州市政府名义,向琦君先生寄去了盖有市政府大印,并有市长签名的邀请书。

2001年10月18日晚,琦君在先生李唐基和儿媳陈丽娜的陪同下,终于踏上了久违半个多世纪的故土。欢迎的红横幅后面,坐在轮椅上的八十五岁高龄的琦君先生,捧着鲜花舒心地笑了。台办安排两位女同志二十四小时轮流值班,接应照料并限制媒体与闲人打扰,亲友也要经允许才可探望。后来我看到她早前给亲属的信中,写到回乡"生怕大张旗鼓,惊天动地很不好",或是"满城风雨",她想低调,担心回去不便,毕竟她是靠彼岸微薄的退休金与稿费生活。其时,她原著的电视剧《橘子红了》正在大陆热映。接下来的日程是文学馆预展,正式落成剪彩,老友、亲属、读者等集中见面叙谈会。祖籍庙后、瞿溪小学、河头老街、永嘉中学(现温州二中)、江心码头等熟悉的老地方,再次留下她的沧桑足迹。她祭拜了父母,见到了一起演《雷雨》的老同事和温州文友,当然也包括家乡领导的欢迎与探望。离温前的一个月明之夜,台办在泽雅山乡龙溪边的一家农家乐,为他们夫妇举办了特别的金婚宴。记得那一晚她高兴得像小孩,背童谣、诵民歌、唱瓯剧,情不自禁地手舞足蹈,仿佛回到童年。

三

忙碌后闲暇的一天,我陪琦君一行来到她的祖籍泽雅山区庙后村。为方便这次回乡,琦君特地提前一年做了两股人工髋关节手术,但行动仍是不便。当村民用铺着红毯的竹兜椅,将她抬上庙后小学所在的小山包,抬她走过安乐溪上的登云桥、高大的七寄树,在潘氏宗祠翻检族谱,找到了父母和自己的名字,也就是根的所在,她提笔写下了"崎云山水秀,庙后乡情亲"的题词。用餐时,一位老人在儿女的陪同下想进来,并递上一信,我匆匆一看,是说"文革""破四旧"中,指名道姓庙后小学某某烧毁其伯父灵柩,乡亲敢怒不敢言,天人共愤,夜间大雨倾盆,他们摸黑偷藏了骨灰……我立刻把信放进口袋,说一定转交。我深知这是琦君心中之痛,她在给亲属的信中说:"清明节过去已相当一段日子,旅居海外的游子,更是每逢佳节倍思亲,因而想念逝世多年的双亲,也即对我恩重如山的伯父母。我来美将十年,每日临睡前必和唐基都虔诚地向他们照片膜拜,如有新鲜水果,必先供佛与双亲,这一点是不会忘记的。"前些年,她在美国就不断地为家乡伯父伯母做坟埋骨之事费尽心思,作为侄女还有难言的苦衷,并不像将早夭的长春大哥移骨另葬公墓一事干脆。当时,我没把信交出去,只是事后婉转告之:潘鉴宗将军骨灰是夜已有乡亲捧回藏好,后来移葬到瞿溪上岩头墓中。我不想触动她的痛楚哀伤,也担心信中所指的人事,会在她的文章中留下痕迹。实际上,将高大沉重的红木棺材移到溪边点火烧毁,绝不是某个教师带领一群小学生红小兵所能为,全是那个疯狂年代乡村基层组织的"杰作"。

在温州的十一天,她感受了太多的亲情乡谊,体会到家乡政府对一位台胞作家的器重,以及人们对她作品的推崇与喜爱。对设立一年一度的琦君文学奖征文活动一事,她表态每年拿出一千美元作为奖励基金。她曾问我回乡定居的可行性,但一定的条件限制与彼岸退休金、医疗费持续确保等问题,又只能让她望而却步。

四

2002年1月5日,琦君、李唐基夫妇回去两个月后,从美国给我寄来一函,全文如下:

强生先生著席:

去年十月间回故乡,承全程陪伴,殷殷照拂,隆情厚谊,铭感万分。拜别后转赴台北,逗留十余日,回美后因旅途劳顿,头晕病再发,卧床多日才渐渐痊愈,今天才向您写信致谢,深感抱歉,请多多原谅。承惠赐大作,悬于壁间,亲友们无不赞赏欣羡不已。真是我们无上的光荣也。

在家乡的时日,由于太感奋,当时没有做笔记,如今回想起来,竟有点恍恍惚惚,满心后悔的是为何不多逗留些日子,向您多多领教。虽说是"客去主人安",但我这个老迈龙钟的"客",是否还能有体力、精神再回故乡呢?热切盼望的是大驾能来美,当竭诚伴游,把酒叙旧也。专此布臆,请恕词不达意,字不成形。

敬颂

新春潭福

琦君、唐基拜上

元月五日

琦君在给表弟周惠津先生的信中也写道:"你提醒我应当写一篇回乡感想,我现在脑子昏昏沉沉的,一点都写不出来,实在辜负了各方盛情接待的美意。照道理,我是应该写一篇还乡记表示深切的感谢的,可是现在脑子里一片模糊,不知从何写起啊!"现在想想,要求八十五岁高龄、历尽坎坷、身体衰弱的老人,再去写回归感想之类的文章,确也残酷。琦君一生颠沛流离,身世堪怜。从小失父失母失兄,伯父母培养她读书,抚养成人后,相继辞世,生活在有二娘、三娘、四娘的大家庭中,处境可想而知。她曾说"杭州的房子,在我心中留下的是很不愉快的印象,住在那房子里,没有一天心情是愉快的,使我青少年时代心情暗淡,每天心惊肉跳,在学校不愿回家。所以我后来一直住校,毕业后也在外工作不回家"。后来去台,又赴美,但"稿债及各方读者信债实在太重,没有喘息时间""脑子像车轮一般一直在转,弄得茶饭无心"。她说"一天常常要写七八千字,美国生活成本太高,我在此无工作,必须写文章贴补家用及房租支出","可惜现在每天为了对付稿债都来不及,写了字手又酸痛"。说回家乡之事"又怕国内有关文化单位知道,万一登报宣传,我台湾出版物就大受影响,晚年生活费都将无着落了。这是我迟迟不能下决心的原因","好好一个国家,分成海峡两岸,害我们善良老百姓遭此困难,言之伤心"!彼时,她已是七十好几的老人,远不如大陆作家协会的专业作家条件好。是的,压在琦君身上的感慨太多太重太复杂了,也许她还不知道,她日夜思念中的潘家旧宅，她笔下充满情趣的潘家大院，曾作为大地主收租院办过阶级斗争展览会，只能"欲说还休，却道天凉好个秋"！

五

几年后，琦君夫妇退掉美国新泽西州租住的公寓，返台居住。2006年初，瓯海教育参访团赴台，我让啸秋中学校长带去养心寄庐的全貌瓯塑镜框，专程拜访了琦君夫妇，不料竟成永诀，未过几月，琦君溘然辞世。琦君生前曾多次在不同场合情真意切地表达过身后叶落归根的愿望。琦君辞世后，李唐基先生对《亚洲周刊》记者表示，他将依琦君落叶归根的遗愿，把骨灰带回老家安葬。在台也就此事给我打过电话，还专程独自来温商讨归葬办法。其时我已从区台办退休，还是应邀参与协商。我意以建文化公园名义，尽快择址建坟，不在形式好坏，经费量力而行，名人墓地，以后会有机会和条件锦上添花。后来不知谁出馊主意，庙后小学被出租开饭店，小山包整出一条车道，开建三层楼，一层造坟，二层展馆，三层办公。可建到一半就被规划部门制止了，裸露的钢筋在风吹雨打中飘摇了好几年，还欠了债，最后由李唐基先生再寄来一万美元予以了结。直到2010年，区政协成立琦君文化联谊会，黄松柳、李芍两位副主席出面协调，接受同宗族人潘妙飞先生资助，拆掉烂尾建筑，修整庙后小学旧址为琦君纪念馆，边上建"琦思""君归"曲廊、文化公园及琦君之墓。然而，未等建好，李唐基先生年届九十高龄，住在台北养老院已不能主持家庭事务，直至亡故之后，他们夫妇的骨灰也只是葬在台北淡水金宝山公墓。可家乡庙后这边，在琦君纪念馆公园之侧，饰有石刻书本与大理石屏风，并题有"叶落归根"大字和详细生平的坟墓，面向安乐溪对岸潘氏宗祠，庄重典雅，却成了一座空坟，显示着悲剧的缩影与无奈。其间，琦君的近百箱书籍、文稿、信件、照片、重要文书、纪念文物等，也都捐给了位于台南的台湾文学馆。

写就此文时,我才得知琦君那次回乡,在她的提议下,叶云帆先生女婿陈文杰先生曾悄悄带她去了恩师夏公常讲的"春游天台,秋游雁荡"的北雁景区。在灵峰的夜幕中,她向陈文杰轻轻地吐露说:"想在雁荡住上半年,写出已构思好的一部小说。"这一消息,令人大感意外。想不到她对这次家乡之行的感受会如此真切实在,有太多的经历与感慨将会凝聚为一部小说。以祖国大陆现行体制,为著名作家创造条件,在风景区长住一段时日专心创作,是轻而易举之事。然而,我们失却了机会,文学史上也少了一部著名作家的乡土大作,令人懊悔不已。那年底,我到龄退出工作岗位,此事不能继续促成,也许是一种宿命的因缘。

　　作为人的个体存在,琦君的生命已烟消云散,但她的文学生命是永恒的,她的作品寓严密深广于平淡明朗之中,用圆通的方式,将对立的事物和情感圆融起来,达到一种境界的飞跃与提升,真正体现了夏承焘赠她的"留予他年说梦痕,一花一木耐温存"的内涵,可以说,这就是海峡两岸能够和平统一的重要思想文化基础。三溪中学的琦君文学馆、庙后山上的琦君纪念馆,和故里文化公园、墓地,她的作品将永远散发着人文光芒,照耀着芸芸众生的心灵。

2017 年 9 月 18 日初稿,9 月 25 日定稿
2017 年 10 月号,总 245 期

周汝昌乡情乡思二三事

由国庆

周汝昌(1918—2012),字禹言,号敏庵,后改字玉言,别署解味道人,1918年4月14日生于天津咸水沽。他自幼喜文慕学,丝竹粉墨,无所不涉。周汝昌初中毕业于觉民中学,高中先就读于南开中学,后毕业于天津工商学院附中(今天津实验中学),而后就学于北京燕京大学西语系本科、中文系研究院。

津沽乡贤周汝昌是学贯中西、造诣深厚的文化大师,他平生倾力于中国传统文化与艺术理论的探讨,在文化艺术上的贡献是多方面的。周汝昌先生是文化艺术史上不多见的在红学、诗词、文字学、书画、戏曲、音乐等诸多领域均有很高学术成就的典范人物。

在南开的青春时光

20世纪30年代中期南开高中的岁月对于周汝昌来说是"青春最好、风华正茂的人生丽景时光",难以忘怀。

据周汝昌在2004年夏日撰写的《南开忆旧》一文回忆,他的南开缘深得老姑丈影响。他的老姑丈在家乡津南咸水沽创办的高庄李氏小学堪称一流,闻名津沽。

周汝昌与黄裳同窗,情谊深厚。他们都喜欢听孟志荪老师讲授国文课。周汝昌记得老师用一口道地的津腔朗诵南唐国君李煜的词,而黄裳喜仿学老师,"下课后大声学那声调,抑扬顿挫,音韵铿锵,是我们课余的乐事和趣事"。在春秋天或夏日的晚饭后,周汝昌、黄裳常常沿着墙子河遛弯,"行一次则讨论乃至辩论,谈笑风生,旁若无人，主题最集中的就数《红楼梦》为第一位"。周汝昌也对南开菊展赞誉有加，并记得"醉舞霓裳"等名花，称"花种之富之美，不可胜言"。

心中的津沽民风

2003年新春佳节前夕，笔者曾专程赴京拜望周汝昌。周老的寓所无华朴实，满室的书卷清雅，让人领略着先生的学养风范。窗前的花草和书柜上贴满的贺年卡无不洋溢着春的气息。八十五岁高龄的周老精神矍铄，桑梓情深。故里津门日新月异的变化，特别是海河两岸综合开发改造工程的进展，让先生欣喜与挂念。

"随着海河改造的不断深入，天津天后宫将迎来她历史上很重要的一次扩建，这说明国家与民众对天后宫历史价值的重视。"周汝昌认为，天后宫扩建应保持历史的原貌，并再次谈及天后民俗文化的重要内涵。周老说，除了妈祖故乡湄洲第一祖庙外，北地祖庙就数天津了，建于元初，那时还没有"天津"这个地名呢。天津离不开海，离不开海河，缺少这二者，天后也就无法成为一种独特的民俗文化了。只就这一点来说，津沽天后宫的重要价值已不待烦言了。

此前，周汝昌曾著文说："天津一带的娘娘庙（天后宫）竟有二十多座之多。这使我这孤陋寡闻之人大吃一惊！"同时特别注明"惊"乃喜之异词。谈及此，周老不无深情地说，津沽的天后民俗文化传扬有着悠久的传统，一座城市有这么多座天后宫庙在中国也是罕见的。近时天津各界所付出的努力有目共睹。

周汝昌说，天后情结是中华民族文化的一种重要形式，绝非"迷信"或"小事一段"，非"热闹儿"等琐末认识所能正确估量的。"天后信仰实际上是津沽百姓世代传承、亿万人凝聚的心愿，也就成为一种精神力量。"

天津的发展得益于河海漕运的兴盛。周老说："我们的祖祖辈辈没离开漕运文化所带来的一切。我小时候在木船里长大，闻着木材的香气,往来于津京与关东山之间。"周先生安坐于藤椅间,深情地望着窗外和煦的阳光,进而说,"天津卫人供天后,其意义深刻呀。男人在河海谋生,北到辽吉,南至闽粤,靠船涉百险以运贩,他们的生命与水紧紧地连在一起。高超的航海技术之外,他们更需要天后的慈恩加护,这便是最大的精神支柱。"

天津人对天后民俗文化一往情深,以至于后来逐渐融入社会生活的诸多方面,并不断派生出"子孙""送生""痘疹""眼光""乳母"等数位慈者。周汝昌认为,天后不仅具有海神文化的特征,还关注着百姓的生死病痛、子孙后代的大事。旧时的医学欠发达,子孙成长、家庭进步无不与天后民俗有关。昔日的皇后娘娘出"五驾",五座凤轿出会巡幸,有专门的会道(路线),鼓乐齐鸣,好看得不得了。他特别强调,"巡"字已是皇家的级别了。

周汝昌对民俗文化的内涵有着独到的见解,他说,天后民俗寄托了百姓生活的安康,实质上是民族发展的大事。人民普遍心愿的精华凝聚在一起,便具有了神圣的力量与深刻的意义。如此并不等同于一尊泥塑的表面现象。大家敬仰妈祖的人格魅力,这一历史文化是不能割断的。

"民俗不是天上掉下来的,百姓这样想,这样做,这便是民俗文化的真正意义。"

挂记咸水沽高跷会

天津素有高跷之乡的美誉,卫派高跷早在明代就已出现,它以激情奔放、刚劲舒展、诙谐富趣而闻名,历史上的百余道高跷会遍布津沽各地,其中就有知名的古镇咸水沽高跷。

2012年4月13日,咸水沽的文化人士前往北京拜访了周汝昌。那天,九十五岁高龄的周先生谈笑风生,特别询问了故里咸水沽的同乐高跷会、法鼓会等民间花会的发展情况,他对乡友说,咸水沽高跷的唱腔是清代乾隆年间的古曲，很宝贵。

追溯周家与咸水沽民间文化艺术的情缘，还要从周汝昌的祖父周铜（字印章）说起。

周铜爱乐器，好听唱曲，也喜欢民俗演艺，常给各种耍会（花会）买行头、道具、乐器等，支持乡亲们自娱自乐。凡是乡镇的大型文艺活动，他总是带头倾囊赞助，如同乐高跷会的表演等。及至筹办学校，热心公益，薪火相传成家风。后来，当地百姓曾专门将"积善之家"的匾额送给了周家。

让周汝昌久久挂记的高跷表演在咸水沽具有深厚的民生基础，它不仅有高难度的舞蹈动作，又以优美动听的唱腔、唱词见长，风格独具，"海下文武高跷"便尤其闻名。

"海下"是旧年海河下游两岸的俗称，且咸水沽还有一条通往天津城的海大道。"文武"乃演技之分，演员像演戏一样连说带唱叫"文"，腿上、脚下的功夫曰"武"。另外，文高跷所用的木腿子稍长，二至五尺不等，而武高跷所用的腿子略短，常在二尺以下。

海下文武高跷距今已有近一百五十年的历史了，脱胎于老北洋村码头的同乐高跷会，它在20世纪40年代中期也叫过正忠高跷会。耄耋之年的李少鹏是海下文武高跷的第四代传人，他从十几岁起就在同乐高跷会学艺，直到六十多岁还能登台演出。李少鹏曾对媒体回忆称，当年都是师父口传心授，要真正练好文武高跷并不容易。特别是唱功，昔时没有文本和曲谱，且那唱腔又抑扬顿挫，文字古朴难懂，很多人可以学到精湛的舞蹈动作，但唱腔很少有人能比较完整地传承下来。

能文能武，凸显于一般的高跷会，这是海下文武高跷的最大特色。

先说武，动静相宜，刚柔并济，特别注重技巧的展示，仅劈叉就大致有搂地叉、盘腿叉、摔叉、抱腿叉等高难度动作。武高跷虽有火烈豪放的一面，但其中的柔美可称得上是更深层面的内涵。其表演动作粗而不野,柔而不媚,快如鸡啄米,慢似风摆柳,煞是好看。

再说最叫绝的唱。高跷会演艺多由头棒、卖豆鹦哥、青秆儿、渔翁、公子、双锣、双鼓等十几个角色组成,老少演员人人擅唱,独唱、合唱、对唱、帮唱等样样在行,全部唱曲多达四十段。唱词古朴文雅,曲口津腔津韵。所表演的内容涉及寓言神话、民间故事、民生百态等,其经典节目有《八仙庆寿》《渔樵耕读》《妈妈逛花园》等。比如一些节目需要数人同台表演,软硬功夫,唱舞结合,还要戏耍,可谓非比寻常。

生活也好,演艺也罢,难免会有波折,到了20世纪五六十年代,海下文武高跷的婉转唱腔基本失传,只剩下普通的舞蹈动作,人们逢年过节想欣赏一道完整的表演已非易事……

当周汝昌先生得知咸水沽高跷得以恢复并红红火火发展进步之时,非常欣喜、欣慰,他用了"石破天惊"一词来评价这一民间艺术的传承。如今,"海下文武高跷"已被列入第一批天津市市级非物质文化遗产名录(2007年6月)。津沽代有才人出,咸水沽的海下同善文武高跷、桥东高跷、永乐高跷、群乐高跷、长乐高跷等皆有上佳的表演,实乃幸事也。

2019 年 10 月号,总 268 期

一段封存的记忆
——纪念母亲

杨卫民

  这是一段我不想也不敢触碰的经历：没有自我，没有尊严；没有色彩，更没有幸福可言。我极力回避它，将其封存，束之高阁，一藏就是几十年。今天我终于蓄积了足够的勇气，战战兢兢地打开它，决定写出来，以此纪念我的母亲，并和那段岁月做一个告别。

  我的母亲周简，原名周樱莉，20世纪一十年代末出生于上海一个中产阶级家庭。外祖父周微元，三十多岁时经亲戚荐举由崇明赴上海震昌丝栈出任会计，后又兼任无锡振兴纺织厂驻沪办事处的主任。这是外祖父人生经历中最为辉煌的时期，他通过自己较强的经商能力，为家庭生活以及子女的成长和教育奠定了坚实的经济基础。母亲高中毕业于上海女子教会学校（当时上海的一所贵族学校），操一口较为流利的英语，写一手漂亮的楷字，很快就在警察局谋得一份文员工作。后辞职来到我祖父开的一家房地产中介所做事，1949年后做了小学教师，从此这份工作便成了她的终身职业。

  母亲和父亲相识相恋八年后步入婚姻殿堂，家安在思南路一栋小洋楼里。由于两人都忙于工作，无暇顾及家庭，于是一位叫"阿梅"的保姆来到我家，一干就是八年，我和大哥都是她一手带大的。那时在上海文联工作的父亲，事业上顺风顺水，母亲的教学业绩也很突出，家庭生活甜蜜而幸福。

  然而，天有不测风云，1957年反右运动开始了，我们家的生活在父亲被错划为右派后彻底地改变了。1959年，母亲毅然放弃上海的工作和优越的生活环境，陪伴父亲一起到黑龙江绥滨农场，后转到友谊农场四分场劳动改造，从此开始了她漫长而艰难、屈辱而抗争的一段生命历程。

　　我随父母到北大荒时只有四岁,但当时我们举家迁往四分场的一个场景时至今日还历历在目:那是一个阴冷的日子,昏黄的天底下,一辆简陋的马车载着父母和我们兄妹三人颠簸在坑坑洼洼的泥土道上。马脖子上挂着一串铃铛,随着跑动发出的叮当声,让我觉得甚是新奇,后来还跟着车把式学起了当地方言,全然不知父母亲当时的心情是何等沉重和茫然。

　　新家位于分场边缘区域的一座土房,里面的泥墙黑漆漆的,一铺大土炕占据了房间的三分之一。用水要到附近一口手压水井去挑,厕所也要自己在门前自留地里建造。这对于父母亲来说,无疑是一个巨大的挑战,特别是过惯了衣来伸手、饭来张口生活的母亲。但很快我们的家变样了,墙白了,房间明亮干净了,我敬佩父母亲有如此强大的内心,这么快就调整好心态,开始了新的生活。隔壁住着王叔一家,他的妻子长得膀大腰圆,人非常能干且心地善良。她教会我们做油饼、包饺子、擀面条、腌酸菜、熬糖稀……有了她的帮助,我们这家与当地格格不入的上海人渐渐融入他们的生活。

　　来到四分场不久,母亲被安排在当地一所中心小学任教。过硬的教学能力以及敬业的工作态度,让她很快在同行中脱颖而出。母亲所教班级的成绩始终名列前茅,故深得学校领导的赏识,也赢得了学生以及家长们的爱戴。

　　母亲工作起来常常是废寝忘食,无暇顾家。在我的记忆中,那时的她几乎每天都是早出晚归,似乎有做不完的事情。有一次下班后,母亲去家访,我和妹妹饿着肚子一直等到七点多才盼得母亲归来。此后大概又等了四十分钟,当母亲终于将一盆未发酵好而蒸出的硬馒头端上来时,我和妹妹居然吃得津津有味——姐俩饿疯了。

　　日复一日,年复一年,母亲的呕心沥血换来了学生的感恩戴德。记得那是一个冬天的傍晚,虽然外面冰天雪地,但房间内是暖洋洋的。由于是星期天,家里难得地热闹。这时,门外传来清脆的敲门声,推门而入的是一位军人,只见他"啪"地一个立正,恭恭敬敬地向母亲行了个军礼。那位军人和母亲聊了很久,话语间我了解到他是母亲的学生,曾经得到过老师的帮助,这次专程来感谢恩师。如此这般的例子,其实还有很多很多。这也让我对母亲的敬重感与日俱增。

现在回想起那段日子,虽然过得艰苦,但还算舒心。时间到了1966年,"文革"开始了,分场广播室的大喇叭每天不间断地传出口号声,让人心惊肉跳。民众人人自危,更何况戴着右派帽子的父亲和被称为资本家小姐的母亲。他们面对无休止的反省和交代,感到前所未有的恐惧,重压之下,父亲一夜白了头发,母亲夜不能寐。

"文革"开始后,全国各地的学校纷纷停课闹革命,这股风潮也波及母亲的单位。由于父亲的特殊身份,母亲受到了牵连。她不但要在学校教师大会上交代家庭情况,还要蒙受一些不明真相学生的侮辱。我的二叔杨作浩在回忆父亲的小传里有这样一段叙述:"'文化大革命'时期,在大嫂教书的学校里,她看到一个农民子弟很穷,就资助她,结果那个孩子称大嫂是资产阶级右派,要腐蚀农民子弟,一群人要她跪下,并且踩上一只脚,嫂子差一点不想活了。"要知道"文革"开始后,父亲的工资被降到只有八元生活费,我们全家的开销全靠母亲的六十二元工资来维持,但母亲的爱心资助换来如此结果,天理难容啊!

"文革"期间,父亲被批斗是常有的事情,但那次不同,母亲也被叫去"陪斗"。我和妹妹惊恐万分地待在家里,不敢喘大气,更不敢出门。不久,家里的小喇叭传来了批斗会的实况转播,先是此起彼伏的打倒父亲的口号声,平息了一段时间后,我清晰地听到了这样一段对话:

"周简,你老实交代,你是不是反革命?"

"我是革命的。"

"什么?你敢再说一遍!"

"我是革命的!"

当时会场上十分嘈杂,母亲的声音显得非常微弱,但一字一顿,铿锵有力,掷地有声。多少年过去了,"我是革命的"这句话依然如雷贯耳,在我的心中回荡。

那天夜晚寒冷异常。睡到半夜,我被母亲的哭声惊醒,她蜷缩在被窝里,用极其压抑的声音抽泣着、抽泣着,许久许久……终于,积聚在她心中的不解和委屈让她放声大哭,那撼人心魄的哭声让我刻骨铭心,永世难忘!

令我害怕的还有抄家一事,造反派大多会把时间选择在晚上。这些人一到家便翻箱倒柜,父亲的西装领带、母亲的旗袍、大量的文学书籍、父亲参加全国文代会时和国家领导人的合影以及父亲未出版的文稿,等等,全被抢劫一空。留下的是贴在门口的一副对联,全是侮辱性的言辞。

随着"文革"的升温,母亲的教师工作被剥夺了,她被发配到畜牧场,在那里干一些无关紧要的事情,每天按时上下班,日子看似平平淡淡,波澜不惊,实际上她受尽了一些人的羞辱和白眼。

长期的精神折磨,让母亲积郁成疾,五十三岁那年被查出患了乳腺癌。望着急剧瘦削下来的母亲,全家人悲痛万分。医生开具了去佳木斯治疗的证明,但此时最需要陪伴在母亲身边的父亲被告诫不能随之前往。于是,年仅十八岁的大哥和十三岁的我放下工作和学业,陪着母亲来到了佳木斯。让人没想到的是,由于父亲身份的特殊,许多医院拒绝了前来就医的母亲。人生地不熟的我们只能一家又一家地辗转求治。最后解放军第二附属医院收留了母亲。她的遭遇让一位老教授感同身受,亲自操刀为母亲做了乳腺切除手术。手术那天,大哥用颤抖的手签了字,我们兄妹俩开始了漫长的等待……那天的午餐是面条,我和大哥谁也没吃一口,就一直担心地等着,直到浑身缠满绷带、身上插了许多针管的母亲被推进病房,我们提着的那颗心才放了下来。

北大荒的生活条件非常匮乏,母亲心疼她的三个孩子这么小就受到牵连,所以在生活上尽其所能地给予我们较好的照顾。在那个计划经济年代,几乎买什么都要凭票证。为保证我们成长所需要的营养,母亲时常让住在上海的姨妈寄来香肠、鸭膀干,还有牛奶糖、拷扁橄榄等零食。她还用钱去跟人家换面粉、换鸡蛋、换肉票。有段时间还隔三岔五地拎回一袋被除去蛋黄的鸡蛋白,洗净红烧了给我们吃。

身为教师的母亲对子女的教育和关爱是春风化雨般的。她平时很注重对我们的综合素质培养,为我订阅了当时仅有的几本读物。印象最深刻的是《小朋友》《少年报》,还有《十万个为什么》,这些书刊一直陪着我读完了小学。

从小学到中学,我们的学业从未让母亲操过心,特别是大哥,他的成绩一直名列前茅,可惜在初中毕业后竟被校方明令禁止读高中,落寞的他只好哭着到连队去务农,无能为力的母亲为此心都碎了。相对而言,我比大哥要幸运些,初中毕业时,有关政策开始放宽,我得以顺利地完成高中学业。

时光荏苒,充满艰辛和屈辱的二十年时光在我们一家人的不离不弃、相依相伴中过去了。1977年的秋季——一个金色的季节,我们全家终于等来了父亲平反的文件。在我得知这个消息的刹那间,大脑一片空白,愣了几秒钟后,突然冲到了小仓房——一个放置杂物的地方,扶着墙壁号啕大哭,母亲没出来劝我。我知道,她的内心正在倒海翻江,她所忍受的一切怎一个难字了得。

父亲平反后,我们全家顿觉扬眉吐气。获得行动自由后的父亲和母亲一起带着我和妹妹重返上海,回到了曾经给过我们无数欢乐的地方。当我们来到曾经住过的小洋楼时,已是物是人非。我们隔着栅栏望着掩映在葱郁树木中的楼房,不禁感慨万分。在此期间,母亲走访了她的两个闺密,一位是她们学校的校花,我曾经看过她的照片,虽然无情的岁月在她脸上刻下了道道痕迹,但我依然能够从那满是皱纹的脸上捕捉到她当年的美丽;另一位的父亲曾是上海滩的大资本家,我们去她家拜访时,那整栋洋楼是政府刚刚归还的。

在上海逗留的那段时间里,最让母亲开心的是她终于和分隔了二十多年的舅舅和两个姨妈团聚了。母亲笑了,她笑起来很美很美。当然,那段时间对于我来说也是最舒心的日子,因为我见到了许多未曾照面的亲人:每天笑哈哈、一顿能吃光两大海碗面条的舅舅,烧得一手好菜(特别是红烧带鱼)的大姨妈,送给我一条漂亮灰色涤纶裤子的二姨妈,还有两位帅气的表哥和漂亮的表姐。

这之后,父亲开始和上海文联接洽返城事宜,但结果令人大失所望——他们无法解决我们全家回到上海后的一系列问题。最后,父亲一咬牙、一跺脚,带着我们回到了他的故乡——瑞安。

回到家乡后的父亲如鱼得水,颇有"老骥伏枥,志在千里"之胸怀,他好像要将其积攒了二十多年的力气全部用到家乡建设上去,但,他忽略了母亲的感受。母亲对瑞安是比较陌生的,她听不太懂瑞安话,不适应瑞安风俗,没有亲戚朋友,再加上"文革"的那段经历,使她不再相信任何人,不愿意与人交流。所以,晚年的母亲留给别人的印象总是冷冰冰的,拒人于千里之外。可是,有几人知道造就她如此性格的背后,是一段怎样的辛酸和屈辱的经历?

母亲七十三岁那一年,含辛茹苦了一辈子的她因癌细胞扩散,医生回天无术,在病床上痛苦挣扎了两个月后,离开了这个让她既留恋又不解和痛苦的人世,离开了她相濡以沫的老伴和让她牵挂一生的儿女。

记得母亲肝昏迷前的一刻,我坐在她的床前陪她说些什么,渐渐地,母亲的声音微弱了下来,她紧紧握着我的手,喃喃着:"咪咪,咪咪……"我说:"妈,我不是在这儿吗?"之后,母亲就好像睡着了一般,不再出声……

没有了母亲的日子,我就像一只断了线的风筝。万分痛苦的我怕听到"妈妈"的字眼,有时走在街上看到一个背影很像母亲的老人,会跟在她的后面走上一阵。这样的情形持续了十来年后,我才渐渐从中走了出来。

后记：2013年7月，施巨欢老师打来电话，让我为瑞安玉海文化研究会编辑的《瑞安名人录》写一篇父亲的传记。回忆父亲，让我想到了母亲，也带出了我的过去，而这是我最不想触碰的往事。思虑再三，我决定写出来。这个过程是痛苦的，中途，我几次哽咽，不得不停下敲打键盘的手；再次回忆母亲的离世，更是让我失声痛哭，但我坚持写完了这篇文章，用以告别我的过去，用以纪念我伟大而坚强、美丽而高贵的母亲。

完稿于2013年8月，修改于2017年3月
2018年2月号，总249期

忆徐规先生

王 来

《温州读书报》今年第四期（总第203期）刊登的回忆文章《文史到底不一家——问学徐规先生》，提到徐规先生对家乡学人求教的热情回应，引起了我的兴趣，也勾起了我对徐规先生的怀念。

20世纪80年代中期，我大学快毕业时，杭州大学刚成立的古籍研究所招收研究生，中文系动员学员报考，我也在受动员之列。其实，我只是喜欢乱翻书，从来也没想到"研究"，内心里很盼望早点毕业。但既然闲着也是闲着，就试图去听相关的课，也做了应考的准备。考试后，听说是英语不够格——这是我意料中的。但不知怎的，还可以参加面试。

面试的题目早已忘记了，但面试的过程出现了一个小插曲，我不会忘记。一位面目慈善的先生，在我面试结束时问："你是温州人吗？"他大概看出我有点惊讶，就说，你刚才面试的时候，有温州的口音（哦，是的。我普通话不准，说不定还不自觉地说出了温州话）。他说，我也是温州人，叫徐规，是历史系的。

面试回来后，我的一位学兄，主动问起我面试的情况，我把这个插曲跟他说了。他说，好啊，你应该去请教一下徐教授。

徐规先生就住在杭大教工宿舍。那时也没有电话预约，但我敲开徐先生家门时，他还认得我，非常客气。我记得他书房不是很大，但很整洁，印象最深的是，桌上有一本线装的《小畜集》。

他告诉我，暨南大学陈乐素教授委托杭大招一名宋史研究生，就从这次杭大古籍研究所招考的三个考生（也就是落选生）中产生。三人中我的成绩是最好的，正常发挥应该没问题。此外，说了一些鼓励的话。接着,徐先生就拉起了家常。他如数家珍地说出温州人中一些有名的学者,他们各自的特长和特点。有的我知道,有的却没听说过。他又谈起了温州刚刚被列为沿海开放城市的事。从他平和的谈话中,我深切感受到他对家乡、对家乡人的感情。

不久,我就参加了考试。再不久,就传来消息说,等候录取的通知。有一天,我在学校的操场上,不远处看到徐规先生朝我这边走来。我赶紧迎上去,徐先生对我说,暨南大学那边临时决定不招研究生了。对录取不录取,真心话,我没在意。倒是徐先生对我说的时候,我可以感受得到,他自己很不好意思,那仿佛是他有什么错似的,那一刻,我很感动,但也表达不出来。操场上的一幕,从此就留在我心里。

从那以后,我再也没有碰到徐规先生。但从那以后,我要是看到有关徐先生的消息,总是特别留意。他出版的《仰素集》我设法找来看,他为陈植锷先生(那次的谈话,徐先生就提到他)《石介事迹著作编年》写的序、他为周梦江先生(那次谈话同样提到周先生)研究叶适的著作写的序,我都认真看了。他的《王禹偁事迹著作编年》(在读此书的时候,我常常浮现在他的书房看到的《小畜集》的情景),则是文史互证的典型。当然,这与《文史到底不一家——问学徐规先生》一文提到的,徐规先生认为王十朋批评嵊县民间"无端戏大儒(孔子)"是文史混为一谈,不是一个概念。

多年以前,我在省城一家报纸上看到一篇对徐规先生的报道。说他经常放下自己手头的研究,悉心修改所带的研究生论文,甚至连标点符号也不放过。那时,学术界的浮躁之风已现,但我对这篇报道的真实性一点也不怀疑。我有时想,像徐先生这样的教授,现在和今后会不会越来越少?

2014 年 11 月号,总第 210 期

怀念吴小如先生

朱则杰

北京大学吴小如先生去世,已经一月有余。先生是我本科时代的老师,更是我从事清代诗歌研究的领路人。三年前先生九十大寿的时候,我曾经专门写过一篇《小如师教我写文章》,着重记述先生从文章写作角度对我的指导和教育。其他种种提携奖掖和忘年交往,此时又一起浮现在脑海中。

20世纪80年代开始,学者出书日益困难,年轻人更不容易。我到1991年,才以教材的名义在原浙江大学出版社正式出版第一本书《清诗鉴赏》。此前很久,就已经向先生请序,承先生欣然俯允。拙著内文,都只是单篇的鉴赏短稿。而先生的大序,除按惯例对笔者施与谬奖之外,还大量论及清代诗歌的特点,乃至当代鉴赏学的发展历史,具有重要的学术意义。可以这样说,读者买到此书,其他内容都可以不要,光有先生的这篇序文就很值了。这也就是通常所说的为拙著增光涨价。该序后来被先生收入所著《读书拊掌录》第一类《书评与书序》,即题作《朱则杰〈清诗鉴赏〉序》,读者得以读到的机会也更多了。

1995年,我在齐鲁书社自费出版一本论文集《清诗代表作家研究》,这次是请先生题写书名。先生用的是他最擅长的楷书,书于"乙亥暑中"。只是拙著在原浙江大学印刷厂印刷,封面制作效果欠佳。事后先生曾说:"拙书题签原迹似略有笔锋,印出后略病肥秃,好在旨在留一纪念,书之工拙可不计也。"(1996年2月11日函)我不懂书法,确实"不计""工拙",而只要出自先生的大笔,其意义就绝不只"留一纪念"而已了。

早在此前1984年,先生还曾经赐给我一幅楷书横轴,116厘米×33厘米,二十四行,行六字。正文为先生自作五言、七言律诗各一首:

> 兴到笔生春,诗肠几度新。
> 山明天际雪,月掩壁间尘。
> 胎息同今古,襟怀偶欠伸。
> 夜阑斟旧句,灯火倍情亲。

> 欲罢轻阴问柳丝,远山冥默送青迟。
> 关情南陌将维燕,遣兴中庭曳尾龟。
> 旅食一身牛马走,著书千卷死生期。
> 蓬门昼永思佳客,珍重春风啜茗时。

又跋语说:

> 则杰同学治清人诗,仆习诗亦自"同光体"入手。今录五、七律旧作各一首,未悉则杰以为何如。甲子小满,吴小如并书。

末尾钤有阴刻金文"吴同宝印"(先生本名)和阳刻篆体"小如"两枚方章。两首诗歌,现今都可见先生诗集《莎斋诗剩》,标题分别为《寄高庆琳》《居中关园偶题》。据诗集"编者按",这两首诗歌先生另外也还有书写,并收入《吴小如书法选》。不过经比对,前者系草书立轴,后者系楷书中堂,都不尽相同。但从这里,正见出先生对这两首诗歌的喜爱。先生书赠我这个当时刚读博士研究生的小门人,并特地在跋语中再一次指明我的研究方向,在我无疑是如获至宝,珍若拱璧。毕业后我来杭州工作,一分到稳定的住房,就托人代为装裱,悬挂在大厅而兼做书房、卧室的墙壁上,真所谓蓬荜生辉。

我在杭州近三十年，先生只在2002年11月上旬来过一次。当时先生在上海小公子家居住，杭州师范学院（今杭州师范大学）的汪少华先生于3日专程到上海接先生过来。4日晚上，先生即在杭州师范学院文一路本部给师生开讲座。5日晚上，则在合并之后的新浙江大学玉泉校区同样开讲座，题目都是《怎样阅读欣赏古典诗词》。又5日、6日的两个上午，我们陪先生分别游览灵隐和郭庄。6日下午送先生上列车，并由少华先生那边的研究生护送至上海。前后凡四天时间，先生都住在浙江大学的灵峰山庄，我还因此得以随时向先生当面请教各种问题，亲聆教诲，仿佛又回到了自己的本科时代。《小如师教我写文章》最后所说的"朝三暮四"典故云云，就发生在这个时候。此外还有很能体现先生高尚品德而目前碍于他人、不便在这里叙述的有关教导，容待将来再做补充。

我在杭州的这些年中，偶尔也为先生办过一些杂事。例如市区中山中路有一家百年老店"邵芝岩笔庄"，先生曾嘱我代购湖笔，记得有"中白云""小白云"等。又某次先生说喜欢某品牌的小笋干，我打听到该品牌在杭州无售，只在临安有一家门市部，因此专门去临安买了一纸箱，然后邮寄到北京。能够为先生做点什么，心里确实很高兴，只可惜这样的机会太少了。

2004年起，我因为参加国家《清史》修纂，承担其中的《典志·文学艺术志·诗词篇》，所以有机会经常到北京出差。每次进京，总要去北京大学，正常情况也一定去拜访先生，既是看望，也是讨教。其中某次，还正巧碰上先生在家里给北京各高校的一群青年教师讲授杜甫诗歌。直到2009年3月最近的一次"文学艺术志"纂修工作会议，我在7日上午拜访过先生，那以后就都只能从网络和书刊上瞻仰先生的近影，或者从电话中聆听先生的声音了。

从1979年算到如今，先生对我的关怀持续了将近四十年，并且一再形之于文字。前述之外，例如1991年先生在所著《古典诗文述略》的《重版后记》中说："这本小书的未完成部分……读者却不妨别觅他人著作来阅读,依然可以得到一个较完整的概貌。如……即将在江苏古籍出版社出版的《清代诗歌史》(作者朱则杰,现任浙江大学中文系副教授)等……"这是为当时尚未正式出版的拙著(后改名《清诗史》)预先做宣传。又2002年先生为中华书局而撰的《〈文史知识〉廿年》一文,在总结《文史知识》的办刊特点时说:"第二,这份刊物……十分注意吸收和发掘年轻的新秀。就我所知,现任浙江大学中文系教授的朱则杰博士,他读本科时最早的习作,就是发表在《文史知识》上的。"这同样也是为我做宣传。即使如《小如师教我写文章》最后提到的先生在《慎加"按语"》一文中批评拙作《两个陈琮是一人——陈琮生年及诗集》,换一个角度来看,又何尝不是对我的成长寄予深切的期望。可以说,我自从从事清代诗歌研究以来,就始终没有离开先生过。

上个月11日晚上,本科时代的班长岑献青同学发来手机短信,第一时间告诉我先生去世的消息。此前一个月,我还领到先生嘱托中国人民大学文学院国剧研究中心张一帆先生寄赐的《莎斋诗剩》,刚刚读完不久。虽然随着自己年龄的增大,对人世间的生老病死日渐看得通达,预料先生总会有这一天,但真的面对事实,还是不禁有许多伤感。因为先生本身是一位高明的诗人,我辈不好意思班门弄斧,创作正式的挽诗,所以只就当时听到消息一事,写成一首《闻小如师逝世》。现在把它抄在这里,作为本文的结束:

  深夜京中电信传,不祥预感起联翩。
  果然此去些时刻,已报往升兜率天。
  一代宗师增史册,几多领域失高贤?
  今宵料是难成寐,细数恩情卅四年。

2014年6月中旬写于杭州玉泉

怀念周干先生

张声和

周干先生以九十六岁高龄走了,我很怀念他。

十年前我在《温州读书报》发过一篇叫《读书人难老》的文章(收入《瓯歌》,远东出版社2011年9月版,314~316页),写的是周干、马允伦、萧耘春三位老先生,他们都是我老家平阳的读书人。我和温图的礼阳先生几乎每年春天都要一起去看他们,那时他们都七八十岁了,还是那样健康,过着读书写字的生活。我很是感慨:"读书人难老。"现在这三位"难老"的老先生的其中两位已经走了。但他们高寿,晚年过得很幸福,身后留下了丰厚的知识财富。

20世纪90年代中期,我在平阳县政协文史委工作,瑞安和乐清

⊙1992年1月,周干先生出席温州市政协文史工作会议期间,与马允伦(中)、胡珠生(左)两先生合影。

等地政协文史委同志很羡慕我们平阳，说平阳文史委阵容很强，都是有深厚文史功力的老同志。当时平阳政协聘任的文史委委员有黄庆生、郑立于、张和光、周干、游寿澄、黄瑞淦、孔庆杭、蔡启东等一批老先生。周干先生是老学者，兼任了县政协文史委副主任。我是由县志办编修完《平阳县志》后，调到县政协工作的，周干先生是县志副主编，所以我就与比我大三十多岁的周干先生两度同事，坐的是两对面的办公桌，我很尊重他。现在翻阅在平阳县政协文史委我们共同编辑的文史资料，看看我与他老人家的合影，有些事值得回忆。

周干先生是平阳获副研究员职称最早的学者，1983年中华书局就出版他的专著《子产》。在平阳师范教书时曾经与吴良祚研究平阳金钱会起义，发表论文。他任《平阳县志》副主编时，负责《沿革》《大事记》等篇目的编纂。

我觉得他是非常认真的人。每天上班时，手提袋里总是要带上自己写文章要用的参考书。我问他，把参考书放在办公室里，或是放在家里多方便？他回答说："在家里和办公室里都要用到这些书。"就这样，我与他一起工作很多年，总是见他袋子里装着书带来带去的。20世纪80年代我在县志办工作时，借着老先生多的条件，开始学作古诗词，曾问周干先生借阅过"平水韵"工具书。他带给我的那本书翻得很旧，却很平整，书面是用旧的画报纸包起来的。后来我到他家里，看见他的书架上好多书是用牛皮纸包的，这让我真实体会到，真正的读书人是爱书的。他家的旧书架上有这么多书，但只要你问到什么资料，都能随手找到，说明这些被包了书皮的资料书和工具书，使用频率是很高的。编《平阳县志》的建置是要下功夫的，他是参考了大量的资料写成的，条目严谨细致。他退休之后，先后参与了《平阳县志》《平阳地名志》《平阳地方文献丛书》《平阳文史资料》的编纂，这些文献是地方文化的基础资料，影响是大的，周干先生从中起到很大的推动作用。在平阳县志办工作时，我与他还担任《浙江古今名人大词典》编委，为此书提供了大量平阳方面的资料。

周干先生也是很勤力又仔细的人。大概是二十年前,在省里工作的徐宏图先生,与一位叫康豹的外国学者找上我们,说要搞平阳民俗的课题,周干先生与我同样承担了任务。由于我刚到平阳科协任上,没有完成调研和撰写任务。周干先生却以八十来岁的高龄完成了《平阳县城关的庙会与醮会》,想想他老人家,对照自己,真有点惭愧。他是最早一批的中华诗词学会的会员,那时我刚作诗,经他修改才放心。他呢,在修改诗的时候,要将我的诗稿抄一下,再在抄稿上改,生怕弄坏了别人的稿子。这种做法真叫人感动。我在报社、广播、政协、地方志等单位工作时,几十年中看(编)他的稿,那细细长长的字体,就如阅读周干先生人的形象,清瘦而干净,真是一手漂亮的文人字。

他家住县城坡南,每天都走路,而且要爬坡,有时还买米在肩上背。他是会干活又做学问的人。有些人说自己只做学问,家务从来不干,连高压锅也不会打开,我说,那是迂腐。那年,周干先生八十六岁高龄了,还亲自照顾生病卧床的老伴,比起年轻同志,自己生活还要雇保姆,差距太大了。有一次到他家时,他已经亲手煮好了红枣汤来等我们了。虽是刚吃过中饭,我还是津津有味地喝完有点焦味的红枣汤(他说熬焦了)。

我喜欢到周干先生家去坐坐,听着他静静地说事。周干先生住在平阳坡南街的一条僻静的小巷子里,小桥流水,矮墙上有花草,没有城市的喧嚣。城南街改造后,成为古城记忆的去处,我回家时经常要和朋友去走走,总要顺路看看他。他从不激动,没有高声话语,没有大笑,也不随便批评他人。有意思的是,我见他在开会的时候总是闭着眼睛,甚至有鼾声,但听到与他有关联的事,他就会马上应答。

周先生与同年代的文化人交往很好,在他家墙壁上有苏渊雷、张鹏翼、吴鹭山的诗与字,我读不下来的时候,他会对我做释疑。他说:"苏渊雷先生写字抄诗的时候从不考虑字写得怎样,请苏先生写字,他很随意,'东南古刹巡礼'的长幅就是当着我的面抄写下来的,这是珍贵的文人字。"周干先生就是这样轻轻说话,静静表达,但他的言行还是深深留在我的记忆里。

2018 年 5 月号,总第 252 期

难忘杨奔先生

潘一钢

1987年秋末,在飘着浓郁玉兰花香的墨池坊文联小院中的一间小会议室里,坐了陈又新、吕人俊、沈国鋆等市文联负责人,那天还邀了已离休的郁宗鉴、吴孟前等前辈。开会的目的,是为成立温州民间文学"三集成"的编辑班子而讨论人选。那年,全国各地都在挖掘、抢救民间文化遗产,上下动员,层层建立班子,还要普查到每个乡村街道,称得上是"史无前例"。为搞定温州"三集成"的编辑人选,与会人员进行了反复认真的讨论。最后会上推荐了侯百朋、邱国鹰、杨秉正、胡崇刚等行家。会议快结束时,吴孟前先生忽然站起来,很正式地说:"漏了一个大才子,苍南的杨奔。"

那时,我正年轻,第一次听到了这个陌生的名字。

很快,编辑人员全齐了,并在市区柴桥巷的原地区招待所开了一次全市的编辑工作会议。我干的是杂务,除了拟通知稿,还要给与会的每个人寄发通知,同样也给杨奔先生寄去了一封。开会当天,我第一次真正见到他。他一进会场,就静静地坐在角落里,满头银发,一脸的淡然,不言语,不与人套近乎,也不做笔记什么的。在我最初的印象里,感觉此先生有点孤傲,怕日后难以接触。

20世纪80年代时,人们还流行写信,工作上的事,大都通过写信联系,诸如寄些审读的稿件、简报等等,那时分工让杨奔先生负责全市的谚语审阅,我与他同一个组,时常会写信与他联系。其回信也是寥寥几行,简洁明了。80年代人们干事的热情高,尤其下面搞普查搜集的,挖掘出来的资料极多,要去伪存真,要去糟粕,要归类,叫人忙得不亦乐乎。有回稿子多,怕寄丢了,我便送到他家里去。他是苍南张家堡人,那时正居住在新建的龙港农民城内。

从温州到龙港,过去没有高速,起早出门,一路走走停停,到了已是午后,从车站出来,沿着那时龙港最繁华的人民路,走了半天,才找到他家。见了我,先生也没说什么,便埋头翻起稿子来。这一翻,便过了好一会儿,他转头见我还一直站着,便淡然一笑,说:"坐吧!"我抽了张椅子坐下后,这时他也不翻稿子了,询问了一些工作情况,便与我闲聊了起来,话题是天南海北,无所不谈,记得还谈到了叶永烈。好像说,叶称其是他的文学引路人,他总感觉有点过誉了,给他向来平淡无所求的生活带来了一点儿压力,他说自己只不过是做了该做的分内事。他的那种淡然,顿时叫人肃然起敬。那天我们一聊,竟聊了两个多小时,我很少搭上话,默默地听着他在说,他说话的语气总是缓缓的,不见激情,像是小河的水一般,在慢慢地流淌着。他是一个喜欢喝点酒的人,末了,他还微笑着对我说:"来点白酒如何?"我便连忙摇头说,待会儿还要乘车赶回温州。

那天之后,我算是真正认识了杨奔先生,温良谦和中有着一种难得的坦荡与大气。这之后,我们来往信件多了,大都是工作上的事。信依旧还是那么简约,读着时,却能品味出他的认真、仔细,其字里行间蕴含着的满是真诚。最让我惶恐的是,他居然在信中称我为兄,这虽是传统的称谓礼节,但对于我这样的无名小字辈,实不敢当。

让我印象最深的,是一个夏天的午后,记得那天太阳火辣辣地热,文联院内那株玉兰树上,知了在不停歇地鼓噪着。此刻,杨先生却顶着热头忽然来到墨池坊找我,未喝上我泡给他的茶,就捉了我的手,欣然地说:"走,我带你去一个地方坐坐。"我丈二和尚摸不着头脑,随他而去。穿街过巷,很快就来到了五马街一百附近的一条小弄堂内。推门进去,是满屋的人,大家一见是杨奔先生来了,统统站了起来问好,这刻,先生的脸上一片粲然,流露出了一种宽厚和慈祥。后来我才知道,今天是他的学生们聚会,还特地邀请了他过来。看样子,这些学生都比我年长十来岁,不难看出他们对先生的那种感情,满是敬爱。

先生虽热心地带上了我,但我不愿去惊扰他们师生间的美好团圆,便跟杨奔先生再三说明,悄悄地退了出来。

杨奔先生去世至今,将近有十七个年头了,尽管岁月流逝,但与杨奔先生这一段来往的旧事,永久地留了下来,成了我一种很难忘的记忆。

2020 年 7 月号,总第 278 期

外公的抗战回忆

张永谦

抗战,是凝聚在中国人心头的一部血泪史,刚刚聆听了抗战烈士后裔邱先生的演讲,原谅我,哽咽得不能自已。

各位嘉宾,下午好！我是律师张永谦,来自浙江光正大律师事务所,与作者王长明是湖北荆州的同乡。长明兄是荆州松滋人,松滋大家不一定熟悉,但松滋的"白云边"酒常在央视做广告,可能更有名,它取自李白的诗句:"且就洞庭赊月色,将船买酒白云边。"

我是荆州石首人。温州籍的抗日名将、被日军称为"支那猛将"的朱炎晖将军,在武汉保卫战中躺在担架上指挥战斗,英勇负伤,在撤离至石首的藕池口后因伤重不治牺牲。石首藕池口沦陷后,据称,朱将军曾被日军开棺鞭尸,发泄仇恨。1949年后,藕池口因荆江分洪工程,在20世纪60年代被划入荆州公安县管辖。我曾在多年前,请我父亲向当地老人及藕池镇人民政府寻访朱将军墓地,可惜因年代久远,没有结果,家父也在半年前因病去世,甚是遗憾。

我的家乡,也曾被日军侵占。在我们当地,那时候大人吓唬小孩,不是说:"老虎来了！"而是说:"老东来了！""老东"是我们当地对日军的蔑称。老百姓为了躲避日军,称为"跑老东"。小的时候,常听老人们说起这一段苦难的历史。荆州地处江汉平原,只有长江大堤或者砖窑厂才是制高点,年少的我们,曾到这些历经战事的地方,寻找弹壳。作为生在新中国、长在红旗下的新一代,虽没有经历那一段苦难,但也在我们心里刻下了战争的烙印。

我外公曾是一名国军抗战老兵。其实这一段历史,年少的时候,我并不知晓,直到改革开放后,才从长辈的口中零星地听到一些东西。那时,我并没有意识到,口述也是历史。2012年1月,我回湖北探亲,专门问了八十六岁高龄的外公。在我的新浪微博中,记录了这样一段话:"我的外公,一名抗战老兵。原国军四十四军一〇五师四〇五团三营文书。1943年至1944年战斗在湖北公安、江陵,湖南常德、津市、沅陵等一带的抗日战场。他还记得他的团长杜方,营长肖奉章。"不久,我的同事黄璜在微博上@我,他说,据他考证,四十四军应该是一五〇师四五〇团。因我是事后微博记录,可能因年时久远,外公记忆误差,或我记录有误。当年这次访问没有录音录像,此后见面,外公因年迈老年痴呆,无法正常沟通交流,非常可惜。

这是我唯一一次当面询问外公这段历史,他简要地介绍了一些他的抗战历程。据推算,当年他大约十五六岁,四十四军一五〇师四五〇团所属部队进驻我的家乡,大都是四川人。我不知道当年他去当兵,是自愿还是被抓壮丁。因外公读过几年私塾,略通文字,他的职务是文书,他回忆了某次在长江上的战斗,日军用机枪扫射的情形。刚才王长明在介绍中,提到抗战中国军的营养与战斗力的关系,我可以补充一个细节。我外公提到,他们在抗战期间,每个月有两次吃肉的机会,分别是农历初一和十五。我曾听家人说,外公在世时,曾给中共中央总书记江泽民同志写信,书信的内容或答复与否,不得而知。2015年3月初,我外公因年迈去世,享年九十一岁。据我所知,外公至死没有得到任何官方承认或认可。

今天,在座的有温州关爱抗战老兵志愿者代表,还有像王长明先生、周保罗先生这样的抗战研究者,对各位为中国抗战史和抗战老兵的辛勤付出致以崇高的敬意,谢谢大家。

(本文系作者在《温州莲花心抗战史研究》新书分享会上的发言)

2019年1月26日

《生命的火花》背后

马邦城

20世纪50年代末至60年代初,浙江人民出版社出版了一套"浙江革命故事丛书",共十多册。该套丛书颇具影响力,许多学校都将其作为学生课外阅读书。迄今我仍记得好几本的书名与其中的内容,如《把中央指示带回来》《倔强的红小鬼》《浙东刘胡兰李敏》《与赤色群众在一起》,等等。

当时,我父亲马允伦在瑞中执教历史,他在50年代出版过《浙南金钱会起义》等好几本书,在瑞安小有名气。一次,领导找他谈话,要他编写一本瑞安革命斗争故事。父亲便去信与出版社联系,并附上一篇《蔡雄与"照胆报"》的故事,没想到出版社方面很是赞同支持,文章还被推荐发表在《浙江日报》上。

父亲信心大增,立即拟写提纲,并开展采访活动。记得当时主要采访对象是有瑞安"老革命"之称的郑贤塘,大家都管他叫"贤塘伯"。老人身材颀长,胸前飘一绺白须,相貌酷似越共领袖胡志明,我们小学生经常在西山烈士陵园听他讲革命故事。父亲与他交往密切,好几次我在家中看见他俩在一起倾谈。父亲告诉我说,郑老伯是第一次国内革命战争时期的老党员,当过瑞安首个工会的主席,阅历丰富,当年瑞安革命斗争发生过的大事,他几乎都知晓。

父亲总共搜集编写了林去病、蔡雄、陈卓如、李英才等十多位瑞安英烈的故事。除了郑贤塘老人,他还采访过上述烈士的遗孀、亲属与战友多人,并到高楼、湖岭,以及塘下的海安、驮山、肇平垟等处,实地考察走访。经过一年多时间的艰苦努力,终于完成十二万字的书稿,并将此书取名为《生命的火花》。

那段时间,父亲身体一直不好,经常胃痛,还患神经衰弱失眠症,平时教学又忙,有一次甚至昏倒在教室课堂上。书稿是他带病坚持写出来的,其中许多章节还是平阳的大伯帮助誊抄的。书稿送审后,出版社方面很满意,责任编辑还打过长途电话,就几处改动的地方征求父亲意见。不久,又告知书稿已通过终审,很快就会出版。果然,几天后,父亲在瑞安新华书店看到一本新出的故事书,背面赫然印着"《生命的火花》,马允伦著,即将出版"的预告。他兴奋莫名,以为这一下出书是铁板钉钉的事了。

谁知事情过去好几个月,却一直没有消息。后来出版社突然告知,根据上级要求丛书已暂停出版,还把厚厚一叠书稿清样给邮寄回来了。我看过那些书稿清样,上面留下编辑用毛笔蘸红水改过的道道痕迹。父亲大失所望,那位支持父亲写书的领导也扼腕叹息。父亲不甘心,利用暑期去杭州编写教材的机会,找到那位责任编辑,这才得知详情:原来丛书诸多内容牵涉红十三军,上面对此有不同看法,才下令暂停出书,不想正好让父亲赶上。他还不无惋惜地说,我们编辑也为此书花费了不少精力,如果早一两个月,肯定就出版了。他让父亲先将书稿保管好,等一有机会就给出。

然而世事难料,这本描写革命斗争故事的书稿,可谓命途多舛,不仅出版受挫,几年后还在"文革""破四旧"运动中遭殃。其时,红卫兵造反,父亲被打成"反动学术权威"遭批斗,连郑贤塘老人也蒙受"叛徒"之冤,被革命小将揪出来游街示众。那天,瑞安中学红卫兵来抄家,把父亲的藏书连同那本书稿在我家门口点火给烧毁了。本来瑞安革命英烈的斗争故事与"四旧"根本扯不上关系,但父亲哪敢申辩?因为其中好多史实出自郑贤塘老人之口,追究起来更加说不清。所以,只能眼睁睁地看着心血凝成的书稿化为灰烬。

粉碎"四人帮"后,瑞安县人武部要编"民兵革命斗争史",负责编写的赵三祝老师来找父亲。他提起那部书稿,并请父亲帮助提供瑞安第一支农民武装领导人陈卓如的有关史料。父亲奇怪,问他怎么知道这部书稿。原来,赵老师曾任县小教导主任,与我母亲陈春霞是同事。1962年,他受夏克西校长(系我父亲学生)之托,曾请父亲来校给师生作讲座,那次讲的就是陈卓如烈士的事迹。他还说父亲的讲座让人记忆犹新,尤其是陈卓如为躲避追兵,拿农民的箬笠一戴,挑着粪桶下山,与迎面上来的敌兵擦肩而过。敌人非但没认出,反而连喊"臭、臭",纷纷避开。那一段生动的情节,经父亲一说,感染了现场众多的师生。

当父亲告知书稿被毁的实情时,两人都不胜感叹。此时,父亲已调离瑞中去温州工作,后来得知,经过"文革"折腾,郑贤塘老人已过早离开了人世。岁月无情,当年那些被采访的当事人,大多老去,许多史料一旦被毁,就再也找不回来了,这个惨痛损失是难以弥补的,留下的只能是遗憾!

此次,得悉瑞安党史办在征集党史文章出书,我搜寻父亲的遗稿,总算找到三篇,其中两篇是郑贤塘老人口述、父亲编写的革命斗争小故事,因为在报刊上发过,才得以保存,另一篇就是当年刊发在《浙江日报》上的《蔡雄与"照胆报"》。借此机会,我写了这篇回忆,权当是对父亲那本"文革"中被毁的《生命的火花》书稿的一个纪念吧!

2018年2月号,总第249期

哀悼老伴张钧孙

戴若兰

钧孙与世长辞已有一周了。以多病之躯,能活到八十九岁高龄,对他自己来说,生命是漫长又是短暂的,已很满足。对我们家人来说,就是活到一百岁,仍然是不胜痛惜的。

我俩是少年同班同学,从青丝变白发,风风雨雨,相伴六十个春秋,回首往事,述不尽的牵丝。今天我站在他的遗像前,他微笑着凝视我,告诉我:"我仍站你的身旁,扶佑你,爱护你。"

他的座右铭"淡泊明志"四个大字,亲手写的,放在镜框里,天天看着。我俩相处的日子里,感悟到知足常乐是他生平的写照。

钧孙出身教育世家,从小跟祖父张棡学习《颜氏家训》,懂得学问颜师古、正气颜真卿,平时练习书法,总乐意写文天祥《正气歌》。受祖父教书育人的思想影响,先后受读瑞安简易师范学校、温州师范学

⊙温州市图书馆编、张钧孙整理《张棡日记》书影

校、浙江师范学院（即后来的杭州大学，现名浙江大学），十一年师范教育，使他成为一名良师，决心为教育事业奋斗终生。

我俩自瑞师毕业，校长胡今虚为前两名挣得瑞师附小两个名额。他自觉学识浅薄，只干了一个暑假，又考入省立温州师范学校，在校三年体弱多病，不宜参加地下革命斗争为憾，可他积极帮助党的工作，介绍同学去山底（浙南游击纵队）工作。1949年8月温师毕业，参加瑞安宣传部办的青训班学习，服从组织分配，接收瑞安丁田、董田、鲍田、塘下等小学，担任校长、教导主任之职。当选为瑞安县第一届人民代表。1953年报考浙江师范学院生物系，受读四年享受调干生待遇。1957年毕业，分配到温州第四中学任高中生物教师，无试用期。1960年服从组织调到温州市农业学校（地址在西山桥）任畜牧教师。1961年农校停办，仅留他一人在校清理物资，负责畜牧场工作。1962年4月受到不公平对待下放回乡劳动，我们的第三个孩子还没出世，家中一切重担，都由我一人来承担。这期间他在故乡汀田种过田，当过小学代课教师，义务创办夜农中，又靠国家培养他得来的知识，放到实践中去，到标本厂制作标本、采集昆虫、染色切片后教导学员，十八年来任劳任怨不亦乐乎，从一个生气蓬勃的青年，走向满头夹白的中年。

1979年11月，根据省有关择优录用社会闲散大学生文件精神，经地区人事局批准，重新吸收到农校（原农干校）工作，按期转为正式干部，1986年温州市委组织部批复：对张钧孙同志被处理期间的工龄予以连续计算。至1989年8月根据国务院〔1978〕104号文件规定，经学校研究并报市农经委批准，同意张钧孙退休，时年六十三岁。退休证上写的工龄两头算（除去大学四年调干不算工龄）共三十六年。他暗地高兴，"离休""退休"无所谓，留下清白比钱财更重要。他常常和我细语，努力把身体养好，多活一年，国家不知要付多少钱。省吃俭用，人家吃大鱼，我吃小鱼，多买一斤，营养同样丰富。

在农校十年，培训干部、建造校舍、布置设备，粗活重活一手抓，郭校长常以老同志相称，他觉得很惭愧。为节约学校开支，自己动手制作教具,不辞劳累带领学生观察田间杂草,制作植物标本,视学生如子女,关心他们学习、身心健康。有学生还记得生病时,是张老师延医煮药,定时送到床头;也有学生还记得,课余学习书法,是张老师手把手一竖一横教他。到今天喜看十年耕耘,桃李满园,个个成为国家栋梁以为乐。

退休后仍不肯闲着,当过市教育招待所食堂服务员,凭着一股痴气,早餐时为了多数人能够吃上一个鸭蛋,力阻一位来客拿着购物券独买二十个,他把自己岗位工作做好,不怕得罪人家。我经常提醒他,要管住自己的嘴。他又帮助编写《瓯海区志》农田水利调查、《温州市志》土地部分。

2003年起,怀着对祖父的热爱,三年内整编《杜隐园诗文辑存》。2006年起选编《杜隐园日记》七十多万字,完成后请教为《辑存》作序言的杭大徐规教授、温大刘水云教授、温师马锡鉴教授,得到各位教授的指点,又以三年时间,完成整编全部日记。2010年底列入"温州市图书馆馆藏日记丛刊"系列,我俩根据整编要求,又推倒重来。多年来他教会我认识祖父的行草笔法,我逐渐成为他的得力助手。我俩常常为了一个字切磋大半天。他不服老,还跟着女儿、女婿、孙儿辈学会网上查百度、改正错别字。到2013年已是风烛残年,知道自己岁月不多,夜以继日一丝不苟地坐在电脑桌前一字一字校对,努力做到少出差错,于2014年底完成三百万字的《张棡日记》交给市图书馆付中华书局出版。今天,他虽以看不到出版的一天为憾,但在临终前几个小时还看到图书馆两位同人来市中医院病榻前告诉他《张棡日记》的出版安排。这时候他只剩下一口气,心里还明白多年来的心血没有白费,对得起祖宗,对得起国家,给他莫大的安慰。

请安息吧!我会把你嘱咐的一切,教育子孙后代,努力完成你的未竟事业。

2016.03.29

诗人总有通向永恒的船票
——悼念余光中先生

刘克敌

2017年12月14日,一个阴冷的下午。我在昏昏欲睡之中百无聊赖地打开手机,忽然从微信中看到余光中先生去世的消息,我一下呆住了——怎么可能?余先生身体不是还好的吗?虽然听说不久前有点中风,还摔了一跤。可是冰冷的那行字提醒我,这不是幻觉。急忙浏览几个新闻网站,结果证实了这消息的真实无误,我顿时陷入悲伤。同时,当年和余光中先生的交往经历,也慢慢浮上心头。

那是1999年的冬天,我所在的山东科技大学因为和台湾中山大学有校际友好合作关系,校领导决定组织一个六人的小访问团赴台湾进行学术访问,主要日程是参加在高雄中山大学召开的一个国际学术会议。因为我们学校是以工科为主,文科算是边缘学科,照常规是不可能被考虑的,这次好像是特殊照顾,我才有机会加入访问团。所以同行的六人中,除我外全部是理工专业的教授,他们交谈起来自然十分融洽。我因为是第一次去台湾有些兴奋,也就没有感到和他们交往有什么专业障碍。不过到高雄后问题就来了,因为我们全体都要参加学术会议,而这个会议的议题好像是人力资源方面,我是全然不懂,这三天的会议如何坚持下来,我想都不敢想。无奈之下,我就向我们的代表团团长也是一位校领导提出,是否我只参加开幕式,然后我自己找中山大学的中文系(他们叫国文系)交流一下?我说著名诗人余光中先生就在中山大学任教,我仰慕他很久了,之前研究散文时也特别关注过他的作品,所以这次特别想拜访他。还有国文系的其他几位教师,可能的话我都想拜访。校领导十分理解我的想法,就请接待我们的中山大学有关部门代为安排。没想到很快他们就告知我,余光中先生已经同意见我,其他的也可以慢慢安排。这真是把我高兴坏了!同行的几位老师打趣说,看你的样子,好像比你听到评上教授的消息还高兴——当时我正申报正高职称,而且是在刚到台湾就得知已经评审通过了。

记得那是一个下午,三四点钟的样子,我到余光中先生在中山大学的研究室拜访。先生穿一件白色短袖衫,有些消瘦但神情矍铄。我记得还送给先生一点小礼物,好像是泰山石刻的几张拓片。余先生很开心地接过来,欣赏好一阵子,然后和我交谈起来。当时我正在从事陈寅恪学术思想方面的研究,对于诗歌创作其实并不怎么熟悉。但对余光中先生的诗歌和散文例外,当时几乎购买了所有在大陆能够买到的他的作品,更是在上课时多次向学生推荐和讲授余先生的作品,所以我问了很多关于诗歌创作以及余先生创作中的问题,先生都很热情地给我回答甚至不厌其烦地解释。至于具体问的什么,现在大都想不起来,只记得我问过关于散文《听听那冷雨》《记忆像铁轨一样长》等的创作动机,先生如何回答的却怎么也记不起来。本来当时记在一个小本子上的,可是这些年来几次搬家,早就找不到了。本来预计的拜访时间是一个小时,却不知不觉超过很多。最后,还是先生的一个助手提醒他接下来还有其他事情,我们的交谈才只好结束。临走前,我有些忐忑地说想和先生合影留念,余先生非常爽快地同意了,还取笑自己越来越矮了,其实我只比先生高一点点。最后,我邀请先生如果到大陆访问,一定到泰山看看,我会陪他,先生愉快地说:"好,我们海边见了泰山再见。"这"海边"的意思很简单——中山大学位于海边,而且有自己专属的长长的海滩,就凭这一点不知让多少台湾的大学艳羡不已呢。

大概先生这话说了也就是一年多一点,余先生真的到大陆访问了。他应该是到济南参加山东大学的一个什么学术活动,然后顺便到泰山游览。不过山大方面通知我们学校,他们计划是先陪余先生乘缆车到泰山极顶,然后再到我们学校吃顿便饭,再由我们陪同游览山下的岱庙。自然，这个任务非我莫属了。我当时想，虽然没有陪先生爬山，但这岱庙本就是泰山的一部分，我一定要讲解好，让先生不虚此行。当时我正准备和几位朋友做泰山文化方面的项目，所以对岱庙的历史比较熟悉，讲解起来应该没有什么困难。这岱庙是历代帝王在登泰山之前举行封禅大典和祭拜泰山神的地方。岱庙始建于汉代，其建筑布局与构建同皇宫一致，只是在规模上有所简化。岱庙与北京故宫、山东曲阜三孔、承德避暑山庄的外八庙并称中国四大古建筑群，所以通常只要是来爬泰山，就要游览岱庙。

　　再次看到余光中先生时，他一下就认出了我，我感觉先生气色很好，暗暗为先生高兴。在和先生吃饭前，我悄悄通知了我们学生会文学社团的几名诗歌爱好者，因为没有时间请先生讲座，只有简短地交谈几句。他们兴奋地跑过来，赶在饭前和余先生合影留念，然后七嘴八舌地抢着问余光中先生问题，有些问题在我看来十分幼稚，但余先生非常开心和耐心地回答，直到被催促离开——我以为，这应该成为这几名学生一生的美好回忆。

　　因为我们学校就在岱庙附近，饭后我们很快就来到岱庙。记得先生对岱庙内的巨幅壁画很有兴趣，观赏了很久。再就是对汉柏院那几株古老粗壮的柏树恋恋不舍，口中连连说道："这就是历史，这就是中国文化的根啊！"说到兴奋处，先生还模仿鲁智深倒拔杨柳的故事，搂住一棵较细的树，做出要拔出来的样子，让我们给他拍照，逗得我们大笑，周围的游人也都笑了起来。那一刹那，我分明看到了余先生的童心，也正是诗人的赤子之心。我忽然明白了为什么余先生能写出那么多脍炙人口的好诗，因为他的内心总是那样天真、单纯、坦诚而富有慈悲之怀、同情之心。我一下联想到先生的夫人范我存女士，记得上次拜访余先生时，他就说夫人是定期要到高雄当地的博物馆、图书馆等处做义工的，是完全没有报酬的工作，就是为了回馈社会、报答社会。记得先生说到这里时露出开心的笑容，那一刹那，我一下懂得了余先生和夫人，以及他们的四个女儿，他们一定是幸福的一家。

  岱庙并不大，因为行程紧张，余先生游览岱庙大概一个小时就结束了，然后还要到曲阜，余先生说一定要去拜见中国文人的老祖宗孔夫子。记得他还说祖国大陆才是中国文化的根基所在，几千年历史才成就了岱庙里那些参天的古树，还有泰山极顶的雄伟壮丽风光。

  分手的时候，看着先生那瘦小却坚定的身影，以及先生那愉快的笑容，我不知道什么时候再有机会见到他。但我知道，只要余光中先生的诗还在，先生的音容笑貌就在，先生就如同一直在我们身边，为我们指点祖国的大好河山，为我们朗诵那首不朽的《乡愁》。我一直以为，古人写乡愁，以李白的《静夜思》最佳，现代人写乡愁者，当以此首为冠。

  如今余光中先生虽然已经离去，但真正的诗人必然是不朽的，因为他们都有通往永恒的船票——那就是他们的伟大诗篇。

2018 年 1 月号，总 248 期

怀念同窗好友卢声亮

温端政

面对卢声亮、赵承梓和我的这张合照,引起了我对七十多年前我们同窗的回忆。照片中的卢声亮,目光坚定,似乎在沉思;赵承梓则目光炯炯,似乎在凝视什么。他们站在后面,我坐在中间,天真的面孔,显得比他们幼稚。

⊙高中同学卢声亮(左)与赵承梓(右),都是地下党员。

当时拍照并不像现在这样容易,需要到专门的摄影部找摄影师拍摄。我们为什么要拍这张照,什么时间拍,在哪个摄影部拍,都已经记不清了。其实,这些都并不重要,重要的是我们之间亲密友谊的见证。

卢声亮和我都是平阳县人,但他的老家在金乡镇灵峰村,我的老家在麻步,在当时交通不方便的情况下,觉得相距颇远。初中阶段,他就读温州中学初中部,我就读平阳县南雁初级中学,因此素不相识。我们是在1947年春同时考入温州中学高中部才认识的。他高高的身材、厚实的身躯、朴实的神态,吸引了我的注意。他学习成绩很好,课堂上老师提问他时,总能对答如流,我心里暗暗佩服。可那时我少言寡语,不多和同学往来,是他常常主动接近我。在他的引领下,我参加了温州中学生联合举行的"反饥饿、反内战、反迫害"大游行,沿途散发传单,高呼口号,群情激昂,声势浩大,给国民党当局沉重打击。

可是,没有多久,我发现卢声亮突然不见了。他走得非常匆忙,来不及和我们告别。后来我才知道,他是在中共地下交通员带领下,秘密通过敌人的封锁线,到瑞安湖岭山区的中共浙南特委机关工作。

卢声亮走后,赵承梓接受他的委托,引领我参加他和林锦润共同主持的党的外围组织——群峰读书会。赵承梓是乐清人,由于有共同的志趣,我们亲如手足。在读书会里,我们学习《新民主主义论》《大众哲学》和香港《群众》等书刊,还秘密阅读浙南地下党办的《浙南周报》。除分头自学外,还时常秘密集会,交流学习心得,开展批评和自我批评。当时正是温州中学四十六周年校庆,校学生自治会举办壁报比赛。我们读书会也参赛,壁报的大标题是《象牙塔外》。我们连夜写文章,精心编排,结果得了第一名。学校奖励一面锦旗,旗上绣着校长金嵘轩亲笔题写的"最优"两字。读书会全体成员高高兴兴地拍照留念。这张照片我一直保存着,温州中学九十周年校庆时,我复制了若干份分送读书会成员。遗憾的是,赵承梓在1949年前夕参加了浙南游击纵队,后转业到西安,参加建设西北金属结构厂,因积劳成疾,仅四十岁就英年早逝,未能见到这张照片。

我受读书会的影响,1948年暑期回到家乡麻步,把从各地学校回乡度假的同龄人召集在一起,阅读进步书刊,交流思想,抨击时局,很快就产生了影响。那时正是1949年前夕,白色恐怖笼罩社会,父亲怕我有危险,竭力反对我组织这些活动。晚上回家不让我吃饭,白天不让我出门,甚至快开学了也不让我上学。这时读书会派潘国良同学到我家动员我上学。父亲更感到问题严重,坚决阻止我继续上学。我只好孤单单地休学在家,苦苦地熬了一个学期。

1950年夏,我完成了高中阶段最后一个学期的学业,经温州中学副校长兼班主任、语文教师马骅先生的推荐,到温州市新华书店工作。1954年夏,组织批准我参加高考,被北京大学中文系录取。从此我走上了以语言学研究为主攻方向的学术道路。

1958年夏,从北京大学毕业后,我被分配到山西省忻县师范专科学校(今忻州师范学院前身)任教,1978年调到新筹建的山西省社会科学院。1983年,"所"改"院",任语言研究所所长兼《语文研究》主编。我身在北方,心系家乡。1983年,我发现侄女温小雁高中毕业后,一人到泰顺一所偏僻的小学任教,感到很不放心,便把她带到山西,介绍她到忻州师范学院中文系就读。1987年毕业后回老家平阳,因为她从小没有户口,不能安排工作。当时户口卡得很严,关口很多,一时难以办成。正在束手无策的时候,有人想起我和卢声亮是老同学。他时任温州市市长,只要我去求他,让他给平阳县领导打个招呼,问题很快就会解决。我想来想去,觉得这样做不妥,会给老同学添麻烦,让他为难。还是按照政策,一步一步来。最终还是补办了户口,安排了工作。

我从初中时代的老同学章志诚那里知道,中华人民共和国成立以后,卢声亮在担任温州市市长和市人大常委会主任的十年期间,坚持执政为民,全心全意为人民服务的宗旨,受到广大群众的拥护和爱戴。我为有这样的老同学而感到自豪。最大的遗憾是,七十多年前分手之后,一直无缘再见面,但我觉得年轻时代的友谊是最为诚挚的,也是最为难忘的,我相信我们彼此之间是心心相通的。现在,他比我先走一步,我作为后走者有责任追思往事,于是撰写此文。

2020年4月号,总275期

思念大姐项绿绮

项茂荷

我的大姐,由于父母早逝家庭衰败,小学毕业便不得已放弃学业。大姐身上似乎遗传了父亲那种渴求知识的基因,渴望读书,希望科学救国,用知识抗争动荡社会带来的厄运。她白天操持家务,晚上在微弱的油灯下,苦读着父亲留下的大量书籍,并借阅了许多进步刊物,孜孜不倦,博览群书,在书中获得了知识,也学到了新的进步思想。她继承了父亲忧国忧民的革命热情,正如她在1949年4月的一篇日记里所写的:"可怜的中国,自推翻清朝至今,未曾一日停止战争,死了多少无辜百姓,荒废了多少田园,外患内乱,何时才止,人民何时才能得救,才能安享。"她在家乡解放时的一篇日记中,又是这样写的:"在国民党腐败的政治控制之下,压得我们透不过气来,每天盼望着解放军来解救我们,这一天终于来了,黑暗中突然射进了一道阳光,我们的心也轻松地嘘了一口闷气。"她确实以一颗为国家、为他人着想的善良淳朴之心,投身于民族解放战争,在解放舟山战役中,付出了自己年轻的生命。

当年父亲放弃日本留学学业,毅然归国参加抗日队伍,壮志未酬,不幸去世。噩耗传来,我们家如雷轰顶,仿佛天要塌下来了,母亲因此忧郁成疾,不久也撒手人寰。家里只有年迈的爷爷、奶奶、守寡多年的伯母、堂姐和我们姐弟妹四人。爷爷也忧伤过度而卧床不起。当时大姐只十三岁,面对这样一个只有老弱病残的家,她擦干眼泪,毅然担负起侍候老人和照顾弟弟妹妹的责任。

大姐性格坚毅,有极强的责任感,父母去世后,她是我们的大姐,又像是我们的母亲。1949年前,凡是有亲人去世的,为了悼念死者,也为了寄托亲人的哀思,都要摆设灵堂祭奠,七天为一次,分"一七""三七""五七""七七"等。我的母亲去世时,由于舅舅们的要求,采用"七七"祭奠的方式,每到祭拜时,我们全家都哭成一团,十分凄惨!邻居们都来劝慰。记得在"头七"时,大人们都被劝止哭泣,我当时虽然只有五岁,但我也知道,我的妈妈再也不会回来了,我再也见不到疼我的妈妈了,所以躲在灵堂的角落,拼命地哭喊着:"妈妈啊,妈妈!"大姐发现我仍在哭喊,赶紧走过来,拉着我手,不断地安慰我:"妹妹,咱不哭了,不哭了哦。"她自己还泪流满面,却先伸手替我擦掉眼泪。我转身扑向大姐,大姐搂着我,二人互相抽泣了好一阵子,才止住了哭泣。从此每逢祭奠时,大姐总拉着我的手,让我站在她的身旁。只要她止住了哭泣,就会拉着我,离开祭拜场所。只要大姐在家,我就总是跟着她,连睡觉时她也常常会搂着我,让我先睡着,她才睡。她去"五甲"小学代课时,也带着我住在学校里。

一次我感冒发烧,几顿饭没吃好,无论大姐怎么哄,我总是摇头,弄得她毫无办法。后来她转身出去了,过一会儿回来,手里拿着一小块肉,对着我说:"妹妹,大姐给你蒸虾子酱肉吃,你可得好好地吃饭哦!"当时我听到有虾子酱肉吃,连连点头答应。大姐蒸好了虾子酱肉后,盛了一小碗饭,并招呼我,一定要把这碗饭吃下去!同时坐在我旁边,看着我一口一口地吃着。当我吃完饭后,抬头转向大姐时,惊呆了,只见她满脸的泪水,凝视一方,我扑向大姐,并急切地问:"大姐,你怎么了?你怎么了呀!"大姐好像突然醒悟过来,忙转头擦掉眼泪,哄着我说:"大姐看你吃饭了,高兴的。"这时大姐一边搂着我,一边说,"以后要听话,别总吓大姐,一定要好好地吃饭,这样你才能长高,大姐盼着你快快长大。"这情景深深地刻在了我那幼小的心坎里。亲情是无价的,也是无私的。我每时每刻都体会到它的存在。正由于它的存在,才使我在饱尝疾苦的人生道路上,一直走过来。在这满载着悲泣的记忆里,我思绪万千,难以言语。

我的大姐,有独立的个性,爱打抱不平,她疾恶如仇,同情弱者,若有不平之处，她会奋力为之抗争。1949年前，在那个权势主宰的社会里，穷苦的百姓就是生活在万丈深渊的苦海中。一次与我家隔一排房子的一家邻居，不知为何，与前来催缴田粮（即农业税）的一个政府工作人员发生口角。此人回去后又带来两个人，手里都拿铁棍，冲进那家，捣坏了许多家具，连中堂与房间的隔墙板，都被捅了好几个大洞，并抓走了女主人，关在临时牢房里。该邻居四处求救无果，后来不知听谁说，政府工作人员中有一人与大姐有一面之交，于是过来求大姐帮忙，交涉放人之事。当时我的祖母认为，未出嫁的姑娘，如此抛头露面，与礼教相违背，会被别人耻笑，所以决不允许。大姐也认为，如此大事，凭此一面之交，恐怕办不成事，反而延误时间，增加困难，劝他们赶快再找别人帮助解决。可邻居再三要求说，他们已无办法，被抓的人已两天水米未进了，送去的饭菜都被挡在门外，不许送进，如此下去要出人命。大姐考虑再三，不顾祖母的极力反对，想方设法先与他们拉近关系，用自己的钱买来水果、糖、茶点，请他们来家做客，招待他们，在谈话中，有意好言相劝。同时也托人上下周旋，据理力争，劝他们先放人。经过多次交涉，终于救出了女邻居。据说，放出来时，连路都走不了，是家人用门板抬回来的，后来那家邻居非常感谢大姐，把我们家当作亲戚常来常往。

在那个弱肉强食的社会里，我们的祖先，为自己的子孙后代，只要有点可能，必会省吃俭用，置买土地，供子孙后代轮换耕作，而在收获时，摆酒欢聚，表示本家族兴旺和强大，以免外族来欺侮。一次轮到我们远房一个大伯家摆酒，他欺侮我们父母去世得早，我哥还小，祖母年迈，而不通知我们家赴宴。大姐得知后，就去找那个大伯讲理，那个大伯竟狂妄地竖起小指说："我就欺侮你们家又如何？"大姐忍无可忍，大声责备他，并以我们项氏祖宗的遗训来斥责他："应该相互团结、相互帮助，不应欺负弱者，你这样做是违背祖宗意愿的。"族里在场的长辈们，都被大姐的正言厉色所感动，全都数落那个大伯的不对，迫使他当场认了错。据说从此以后，宗族内就再没有如此的事情发生了。真是地靠正气得以立,天靠正气成至尊。

自从我的大伯和父亲、母亲相继去世后,家里的经济状况一下子衰落了下来,全家人只靠爷爷的土地出租,勉强填饱肚子,生活非常艰难,我的三个姐姐(堂姐、大姐、二姐)小学毕业后,全失学在家。平时她们帮家里干些家务活、纺纱、手工合拢网线(织渔网的细线)和织渔网,赚一点可怜的手工钱。可大姐还是见缝插针,抽时间把父亲留下的两大书柜的书,不管读懂或读不懂,全都读了个遍,越读越觉得知识的可贵和读书的重要。大姐进校读书的愿望,与日俱增。正如她的日记《我的"梦想"》所说:"我幻想着自己已经在温州工作,而且还进温州中学做旁听生……或许有一日,我的幻想会实现,我总盼望能达到这求学的欲望,假使学校允许没有钱的孩子去听一些课,我愿于工作之余去听一些,愿上帝保佑我们中国,能使每一个失学的孩子分受一点功课。"她认为,只有在校读书,才能较快领会文化的内涵,提高文化素质,成为有用之才。

这时的大姐,虽然只有十六岁,已是一个亭亭玉立、眉清目秀、婀娜多姿的大姑娘了,吸引了众多男子的目光。窈窕淑女,君子好逑。上门说媒的人陆续不断,可都被大姐拒绝了。邻乡一个在校高中生,叫杨选青,非常爱慕大姐,多次求爱,并承诺供她上中学,待中学毕业后再结婚。大姐终于答应了他的求爱。能获得婚姻自主,又有上学的机会,大姐她非常高兴。她酷爱学习,成绩优良,在班里出类拔萃,对同学真挚友爱,赢得了同学们的信任,被推选为当时少有的女中队长(相当于现在的班长)。

可是好景不长,只读了三个学期,男方放弃了承诺,催着结婚。大姐再三要求与之商议,不允,并要挟说,若不答应,必即停止供给上学之费用。这时大姐认为,绝不能将自己的终身,交给一个言而无信的男人,她宁可玉碎,也不要瓦全。当时大姐和杨选青的思想观念也发生了重大的分歧,她在日记里写着:"你害我,想我终身坠入你的恶计,可是我理智醒了转来,它帮我认清了你,所以我走了出去,这或许加重你害人之心,但我宁被人致死地而不愿屈服在阵中。"大姐由于接触了新的思想观念,崇尚妇女解放,追求恋爱自由,在对方毁约与政见不同的情况下,不得已弃学回家。对方长辈和他们的亲戚,频繁到我们家中做老祖母的思想工作。老祖母一辈子是在旧社会中走过来的。她认为女大当嫁,理所当然,也劝大姐嫁了算了。对方又软硬兼施,逼大姐就范,说已选好结婚日期,到时候不管如何,花轿一定到家来迎娶。

　　大姐在这个时候,承受着来自各方的威逼利诱,内外夹攻,痛苦至极。她在日记中记着:"我又漂泊在风雨中,我恨、我怕、我哭,我更要大声地笑,疯了般地哭,天呀!我真要毁灭了,我受不了这种非人的宰割……我不相信命运,为什么它安给我这样多波折无爱情的命运呢?现在我多么多么需要一个人的专爱呵!可是社会到处是冷酷、无情,我再也找不到我所需的爱。"她焦思苦想,在走投无路之时,大姐表现出了她刚毅坚强的性格,最终战胜了懦弱。在无奈之中,选择了逃婚。她先离家到几个女同学家躲避,每天轮换一家,最后躲到三婆那里(三婆是我们外公三弟的遗孀,无儿无女,在瑞安的一个寺庙里修行,由于情况特殊,很少有人知道我们有此亲戚)。即使在那里,她也是过着担惊受怕的日子,她的日记中写道:"这几天的平静,可能是后几天的风波,我害怕、担心、恐惧,命运会赐给我些什么?在我面前替我布下了什么陷阱?我猜想!?猜想!?"在寺庙的一段日子里,尼姑们都非常同情她,关心她,尽力想法帮她能早点脱离此苦海,她们劝她离开这不平的世道,去修行,以免除痛苦。她日记中记着:"午后她们又劝我修行,不要顾恋红尘,修行能够修得旁世,修成正果还能做佛……为了这空洞的佛而这样苦恼自己,我至死也不愿意。人生是快乐的,今生也已够了,人生若是苦痛的,我怕有来生,躯壳若死,灵魂也就随之而灭,哪来什么灵魂托生他世……我要过着正常人的生活,我不梦想空洞的事情,我只把住现实,替大众服务。"我这苦难的大姐,以她坚韧的意志,终于躲过了一劫。

我的大姐性格直爽,待人和蔼、善解人意,邻里关系极好。邻居们闲时常来串门,看到姐姐在看书或写字,都非常羡慕,常感叹自己未能读书而做"睁眼瞎"。有时候还讨教一些常用字,如米、谷、斤、两等,姐姐都耐心回答她们。她们常羡慕地说,什么时候能有书读该有多好。大姐以亲身体会,感受到没有文化的痛苦,她爱她们的朴实,同情她们的憨厚,极力想帮她们,实现她们的愿望,于是与她们商议,开办免费家庭夜校。地点就在我们家中堂,四方桌,凳子由她们来回随身带,灯可用煤油灯,几个人合用,轮流自带。没有书,大姐为了省钱,用爷爷使用过的旧账本,利用账本的背面,让我的堂姐红叶、二姐紫霄、哥哥桦太一起,用墨笔抄写好,装订成课本,免费供给大家使用。内容是参照小学课本及日常用字编写的。学员们兴致高昂,非常认真,每天都是早到晚归,进步很快。消息很快便传开了,要求上学的人越来越多。于是大姐就找来了她的好友有仁、绍棠、兴中、棣平等人商议,如何能尽自己的力量,满足家乡人的要求,提高其文化水平,改变家乡落后的现状。他们都是这个地方上的知识青年,有的还是在校中学生,但都和大姐一样,深爱着自己的家乡,及家乡勤劳穷苦的人们,极其愿意努力为之付出。她日记中记着:"今晚先开夜校筹备会,共有十个人,晚上一直讨论到十点钟光景才回去,决定办正式夜校,书大家自编……"并推选大姐为校长,取名为同人夜校,地点还是在我们家的中堂,课桌借邻居暂不用的四方桌,凳子和灯暂用老办法,自己随身来回带。他们掏出自己仅有的钱,凑在一起,买来蜡纸、蜡笔和纸张,分工合作,准备了许多课本,除语文外,还有算术。后来还加上珠算、音乐、读报。除煤油灯外,其余全是免费的。课本内容参照了小学课本、民谣、儿歌、顺口溜等。开始时,来上学的大多是女青年,后来许多男青年也来了,再后来连上了年纪的人和失学的小孩也来了,最多时达到一百人。

正当夜校步入兴旺时期,却遭到地方恶霸不断捣乱。在那恶魔当道的社会,只要他们认为有油水可榨,决不手软,只要与民有利,必会受其祸害。一次,传来消息说:"这个夜校有共产党言论,要取缔,警察今晚要来抓人。"有着强烈责任心的大姐,当时就决定:今天先停课,教师们各自先回家躲避一下,她自己留下来顶着。但当时谁也不愿意走,大家关上大门、灭了灯,全都坐在天井里,无声地等候着,直至下半夜,没人来。第二天才知道,他们确实找不到证据,才不敢来。

这个夜校一共办了四期。在上学期间,未到天黑,就有三五成群的人,夹着课本、算盘,有的背着长凳,提着煤油灯,愉快地走向"学堂"。到了"教室"后,他们有的低头抄着课本,有的打着算盘,有的相互请教讨论着课本内容,貌似正规学校的莘莘学子,书生气十足。

夜校开始时,只有中堂前间,后扩大到中堂的后间,再后来连门头(即房子前面的走廊),都排满了桌子,挤满了人,特别是音乐课和读报课时,连天井里都站了不少人。有时候,大姐不知从哪里弄来钱,租了煤气灯,挂在中堂的屋梁下,照得全屋亮如白昼,这时候,真是书声琅琅,歌声嘹亮,屋内夜如昼,院外书声扬。整个大地,似乎沸腾了。正是一路走来,经风沐雨,终实至名归。

我的大姐,历经长久的磨炼,意志更加坚定。她更加深刻地认识到,我们国家的落后、贫穷、受欺、挨打的根本原因,是其不合理的社会制度,只有改变它,国家才能富强,才能不被欺辱挨打。她在1949年4月的一篇日记中呼吁:"同胞们!我们得和前进者并肩,切不可落伍,更不可自愚愚人,认清现在是什么样的一个世界。"她坚信,只有奋斗,才有民族之希望。在1949年5月家乡解放后,大姐毅然带着二姐紫霄和堂姐红叶投身于解放战争,走向解放全中国之路。在临走时还嘱咐她们的同人,有仁、绍棠等,要求他们排除万难,坚持办学。据说1949年后在当地政府的支持下,夜校搬到了七甲小学,又办了一期,人数发展到三百多人。后因教师们各自走向自己的工作岗位,不得不离开家乡而终止。

生活告诉我们,路是走出来的。我的大姐就是靠着自己拼搏走出来的路,她经历过黑夜,迎来了黎明的朝霞。虽然她早早地离我们而去,但她那洒着汗珠,坎坷而闪耀着光彩的路,使我难以忘怀,受用终身。

2018 年 8 月号,总 255 期
2018 年 10 月号,总 257 期

忆"提携人"陈梦熊兄

柳和城

屈指数来,陈梦熊兄去世已整整一年半了。孔夫子旧书网上梦熊兄原藏作者签名本和众多名家书札被拍卖,茅盾先生给他的一封书札拍至十七万余元!看了这些信息,五味杂陈,令人唏嘘。俗话说"人去楼空",此话不假。然而,另一句"人走茶凉",未必适用于梦熊兄,他依然留在朋友们的记忆中和谈话间。至少我是这样。

我认识梦熊兄是在1980年前后。当时业余爬格子,搞点鲁迅和现代文学研究,发表过几篇"豆腐块"。苦于缺人点拨,无甚进展。一位中学老同学此时已进入上海社会科学院工作,通过另一位熟人介绍我结识鲁迅研究专家陈梦熊。记得第一次见面是在社科院一间办公室内。他身材不高,头发微秃,饱经沧桑的脸上戴一副眼镜,这是我的第一印象。因事前他已看过我那几篇习作,也许认为我还不是"朽木",着实鼓励了一番。在专家面前我不免有些拘束,而他对我这个小弟弟,又是没有学历的业余"爬格"者,无半点架子。留下地址一看,原来彼此住所相隔不远,都属卢湾区。一回生,两回熟,很快成了老熟人。

因我从小得过小儿麻痹症,留有左腿残疾,行动不方便。梦熊兄来我家多,经常是下班来,谈上一两个小时。天南地北,海阔天空,谈书谈写作,也谈他的不幸遭遇。他不仅健谈,而且可称"海派"。他曾莫名其妙受"胡风案"牵连,坐牢一年多,藏书全被毁。"文革"中梦熊兄更惨,藏书先被窃,后被查抄,人被批斗,先前的书友"划清界限",不得不写"绝交信",等等。总之,为书而遭厄运。他对家庭变故也不忌讳,都因为那几场运动和他钟爱的书。遇上我们晚饭,我爱人邀他一起便饭,也不客气,有啥吃啥。他不喝酒,只是抽烟挺厉害,据称就是被关押期间养成的习惯。当时我老父亲还健在,梦熊兄有一段时间没来,他会惦记,问:"老陈怎么长远没来?"可见老陈的亲和力。

他的家我去过几回,地处上海人称为"下只角"的肇嘉浜路打浦桥地方,二层楼的房屋很破旧,楼梯摇摇晃晃的。"文革"后他又恢复购书,可惜屋子太小,只能把书藏于床底下,王蘧常先生戏称梦熊兄为"床书家"。后来知道,这是他第三个居所,以后还搬过四回家,折腾可不小。他第四处居所在虹口唐山路,时间不长,我没去过。第五、第六个住所我都去过,还留下过合影,屋子都不宽敞,只不过设施好一些罢了。交往中,我先是请他看几篇鲁迅研究文章,他不仅很快推荐到几家杂志发表,而且介绍我认识多位搞鲁研和现代文学的书友。古话说得好:"独学而无友,孤陋而寡闻。"至今保持联系的许多朋友,多数是通过梦熊兄直接或间接认识的。不少学术会议,我也沾光"亮相"。

我称梦熊兄为"提携人",有个重要原因,是他介绍我认识了张树年老先生,可以说改变了我下半生的命运。张老是著名出版家、商务印书馆元老张元济先生哲嗣。20世纪80年代初,张老正计划编著其父年谱。梦熊兄曾在出版社工作多年,出版界友人很多,大约从商务友人那里认识的张老。张老年纪大,需要几位助手,梦熊兄推荐我,引我见了张老。老实说,此前我对张元济及出版史知之甚少,张老耐心地取出一件件文献(当时大多未曾公开过),讲解给我听,让我拿回去抄写,还向我讲张菊老的奇闻逸事,有时梦熊兄也一起参加。后来正式组成年谱编写组,张老指定梦熊兄与张人凤兄(张菊老之孙)收集和整理材料,我执笔。上海出版局老局长宋原放先生很重视年谱的编著,我们编好一部分,先安排在《出版史料》杂志上刊登,征求意见,自1988年至1991年连载十期。《张元济年谱》全书1991年由北京商务印书馆出版。其间,我与梦熊兄合作撰写过两篇张元济研究的长文章。一篇题为《张元济的出版宗旨和他的教育思想》,刊登于

《上海大学学报》1988年第4期；另一篇题为《开辟草莱的出版家张元济》，收录于经济日报出版社1988年12月版《中国企业家列传》第二集。文章虽由我执笔，但都经过我俩认真讨论，发表时署名，梦熊兄坚持把我放在前面，尽管他是文学所专业人员，我什么都不是。利用编著年谱时掌握的材料，我还撰写过一批长短不一的"张研"与出版史文章，由此又扩展至藏书史、上海地方史和古籍领域。2009年，梦熊兄介绍我加入上海市作家协会，成为会员，我第一次有了"头衔"。

我从张元济先生和商务史料中知道孙毓修的名字，又从上海图书馆和上海辞书出版社图书馆查到不少孙氏文献，准备撰写《孙毓修评传》。梦熊兄知道后，把他1989年到无锡孙氏老家实地调查所得资料，无偿提供我使用。我的书出版后，孙氏后人就是凭梦熊兄调查所得线索，寻找到无锡孙巷孙蒋村孙氏老宅的。

2008年10月18日，在上海鲁迅纪念馆召开的郑振铎纪念会上，我见到梦熊兄已经坐在轮椅上，想不到这是最后一面了。

梦熊兄生于1930年，2014年9月18日去世，享年八十五岁。他曾写过一篇《我的藏书厄运》的文章（见《出版史料》2006年第2期），说："我一生曾有七次搬家，每次搬家，书刊都有损失。最严重的是从唐山路迁去梅陇十一村的一次，被窃大约有一二大纸箱之多……近年书友老瞿告诉我，他曾淘得盖有'熊融'藏书章的四本旧书，但不知道'熊融'是我的笔名，并且出示大江版《毁灭》和《古巴谚语印谱》两书……"如今被拍卖的大批盖有"熊融"藏书印的书刊以及书信，梦熊兄已无法目睹了，但愿它们有个好归宿，不要沦为还魂纸原料！

2016年4月1日于上海

2016年5月号，总228期

悲情洛地

沈不沉

9月7日从黄光利在微信朋友圈发的讣告得知,洛地因癌症晚期医治无效,已于6日晚与世长辞,终年八十六岁。就我个人而言,失去的是一位耿直豪爽、肝胆相照的朋友,但中国戏曲界从此失去了一位立论奇诡、自成一家、理崛辞新的精英人物。

我和洛地的相遇还真有点传奇性。1957年,我在上海《文艺月报》发表一首长诗《怀念你,绿色的边疆》,占了两个版面,翻过一页,是署名"洛地"的一首长诗《跳花灯》,语言隽永清新,颇具灵气,便萌生了想交朋友的想法。通过编辑部牵线,终于联系到了洛地。谁也没有料到,才通了一封信便大难临头,反右运动席卷整个中国,我和洛地都榜上有名,在劫难逃。

1982年冬,我在《浙江戏曲研究资料》发表了论文《魏良辅辨》,却未曾想到该刊的主编就是洛地,还给我寄来热情洋溢的信。1983年初夏,浙江省文化厅在普陀山举办拨乱反正后的首届戏剧座谈会,二十多年前被扫地出门的编剧、导演和演员欢聚一堂,那种惊喜、激动、痛哭流涕与欢歌笑语并存的场面很难用语言形容。我的一大收获,便是此时认识洛地。当晚举办了盛大的欢迎宴会,省文化厅副厅长钱法成和名编剧顾锡东在宴会上致辞,号召参加会议的剧作家们用诗词的形式来记述这一历史时刻,当晚我就填了一阕《沁园春》:"碧海天青,佛门香贵,高阁簟凉。喜名山荟萃,戏文子弟;禅楼欢聚,顾曲周郎。论剧神驰,谈诗肠热,好酒何妨醉一觞。流连处,是春风意气,秋水文章。　　酒酣互探行藏,问二十年间底事忙?道补天乏术,挥锄荒野;沉肩有力,挹汗农桑。两鬓飞霜,壮怀犹在,好揩铜琶唱大江。休嗟叹,且纵情一笑,力挽夕阳。"

1984年,我调回市文化局艺术研究室,接编《南戏探讨集》,同时还成为《中国戏曲志·浙江卷》温州条目的责任编辑。洛地则成为《中国戏曲音乐集成·浙江卷》主编,我和洛地的接触更显频繁。温州市文化局的经费极其困难,《南戏探讨集》的出版难以为继,省艺术研究所所长陈西斌要我与洛地商量,洛地同意由他主编的《浙江戏曲研究资料》专门为《南戏探讨集》出一辑。温州拟举办南戏学术研讨会,也因经费掣肘难以实施,经过洛地协调,陈西斌同意,省艺术研究所拨给七千元,终于在1987年成功举办温州市首届南戏学术研讨会。此次会议选举王季思为名誉会长,徐朔方为会长,洛地当选十二名干事之一。

20世纪90年代以前,省戏曲志总编史行(前文化厅长)每年都要召开一到两次会议,每次开会我都会与洛地见面,互相交换一些资讯,如他把胡忌发现的元刘埙关于"永嘉戏曲"的记载告诉我,我则把《杜隐园观剧记》中发现的刘埙《义犬传》告诉他。90年代以后,我和他都退出"江湖",碰面的机会相对减少,大多在一些学术会议上。有时我们就互相传递"伊妹儿",也经常电话问候,他每出新作,都要寄一本给我。

洛地性格孤傲,脾气暴烈,有事没事都要火冒三丈暴跳如雷,同事之间的关系比较紧张。但他是个一竿子到底的直性子,就像一个大炮仗,放完便归于寂静。当面吵得不可开交,过后便烟消云散,从不记仇。我们两个都不是省油的灯,有时也会脸红脖子粗,但过后一切如常,相处还算比较融洽。每次去杭州,他一定要我在他家嘬一顿,要是不遂他的愿,他马上就会面现不悦之色。也许就是他的脾气古怪,因而朋友不多,我倒成为他可以促膝长谈的少数几个朋友之一。他的夫人林颖宁患有更年期综合征,经常出现神不守舍的症状,洛地却能细心呵护,体贴入微。林颖宁去世后的十多年中,家里的灵堂一直存在。

洛地自20世纪80年代初开始钻研戏曲理论,三十多年来斩获颇多,已出版的著作有《词乐曲唱》《戏曲与浙江》《戏弄·戏文·戏曲》《中国戏曲音乐类种》《说破·虚假·团圆——中国民族戏剧艺术表现三维》《周传瑛昆剧生涯六十年》《魏良辅·汤显祖·姜白石——曲牌与曲唱的关系》《词体构成》《洛地戏曲论集》等。由以上作品结集的《洛地文集》已出版到第五集。此外,他主编的《中国戏曲音乐集成·浙江卷》共有十多个分卷,总字数在三百万以上。

在中国戏曲学术界,洛地是个特立独行标新立异的学者,他不拾前人牙慧,总是有着自己独特的见解,他的著作大都是与众不同的自说自话。正如他自己所说的:"洛地此生无缘立雪学界,只得自学自问自思自答。"他在《中国传统戏剧研究的缺憾》一文中,以敏锐的目光透视近百年来中国戏剧理论研究中的问题:如中国戏剧的起源应该是扮演而不是歌舞,为此他对王国维"歌舞演故事"的名言做出不同于一般的解释;又如,他认为戏剧的本义是扮演,中国戏剧的研究应该是戏剧的本体而不是曲腔,而当代的许多戏剧史实际上记述的都是曲腔史;再如,当代戏剧史往往偏重作家与作品的研究而忽视戏剧的结构与体制,等等,可谓独具只眼,针针见血。此外,他提出戏剧艺术表现三维:说破、虚假、团圆。六个字对戏剧艺术形态做了高度概括。

总之,洛地的戏曲理论大都发前人之所未发,确是"只此一家,别无分店"。学者们偶亦对洛地的一些观点私下议论,觉得某些论据的定义失之粗糙,不够精准,逻辑不够严密,但要提出反驳,又不知如何下手,因而迄今为止还没有人对洛地自说自话的理论提出补充或反驳。我认同洛地的某些观点,如"戏"和"曲"的关系是"文主乐从"以及宫调系统在曲牌应用中没有实际意义等。

洛地走了,中国戏曲学术界的各种会议上不会再听到他那一口浙江普通话的高谈阔论。我总觉得有一种遗憾拥堵心头:他是当代唯一全方位梳理中国戏曲史的学者,然则是非得失迄今无人评说,客套的说项并不代表真理。洛地的悲情也许就在于,当真理的检验还没有启动之前,他就匆匆撒手人寰了。

2015 年 9 月 16 日
2015 年 10 月号,总 221 期

我心目中的黄宝琦老师

郑元明

黄宝琦先生于2018年1月13日溘然仙逝,享年八十八岁。谨以本文纪念辛勤耕耘、桃李满园的黄宝琦老师。

1955年,我在温二中念初二,黄老师是我们班的地理课教师。那时候,温二中的教师大都是老教师,与同学们的交流不多;黄老师刚刚从浙江师专毕业,年轻英俊且热情洋溢,很快就与同学们打成了一片。

有一件事情给我的印象很深刻:讲解"苏联"一课的时候,除了莫斯科、列宁格勒等著名城市外,还讲到黑海的旅游城市"敖德萨"和北极圈里的不冻港"摩尔曼斯克"。可是那时候,我们都还是小孩子,记不住这些拗口的新名词。第二次上课的课堂提问,被提问的同学怎么也讲不出这两个城市的名字。黄老师没有生气,他仿佛自言自语地用带乐清口音的温州话说:麻糍买四个、麻糍买四个……声音渐渐变成了"摩尔曼斯克",全班同学哄堂大笑。黄老师没有笑,继续念下去,熬得杀、熬得杀……于是"敖德萨"也就出来了。这件事情我们记了几十年,现在仍然是老同学聚会时的一个话题。

还有一件事情也记忆犹新。那时候,学校里组织了不少课外兴趣小组,黄老师担任地理兴趣小组的指导老师。他指导我们测量海坦山的高度,从学校三号楼前的平地开始,第一个测量点定在图画教室前面的平台,然后一节节上去,经过好多次的转换,最后测得山顶离地面二十四点五米。不知为什么,这个数字我一直记得。四十多年后,我要在海坦山旁边买房子,房子是预售,买几楼好呢?我想到海坦山的高度,就选择了楼幢的第十层,这样,平视过去,眼前刚好是一片绿色的树木。

温二中毕业之后,我上大学,分配到铁路部门工作,直到"文革"结束后的1979年夏天,才调回温州,到母校当上了物理教师。这样,我由黄老师的学生变成了他的同事。那时候(20世纪80年代初)从高二开始,学生就分成文科班和理科班。温二中的文科班在全市独占鳌头,黄老师包揽了文科班的地理课教学,责任大压力重,可谓劳苦功高。那时候,全民掀起求知的热潮,出现了一批高复班,我也被高复班聘为物理教师。但是,我仅仅是一名新教师,对教高复班毫无经验,心中很是忐忑不安,于是就向黄老师求教。当时黄老师也兼任高复班的教学,他告诉我,高复班的同学已经学过了至少一轮,如果教师还是按照课本一步步地教学,不仅时间不够,同学们对"炒冷饭"也不感兴趣,教学效果肯定不好。所以,要求教师把教材真正"吃透",然后精选一批重点,在讲深讲透重点的同时,再把其余的内容也包含进去。他这个经验与陈立明先生(省首批特级教师,校物理教研组组长)的经验不约而同,我就按照这样的路子努力走下去,在高复班的教学中取得了一定的成绩。

那时候黄老师还兼任市地理学会会长,他带领学会同人配合经济建设的需要,认真进行地理考察和分析研究,编写发表了多篇考察资料。那时候的大罗山还处于原始状态,他带领地理学会率先发起并联合其他十三家协会组成了"大罗山旅游风景资源考察队"。经过一周的考察和一个多月的分析研究,编撰完成了《大罗山资源综合考察资料汇编》,为大罗山的建设和旅游开发打下了坚实的基础。1987年,市政府计划开发洞头岛,给市地理学会下达了"洞头县旅游资源开发可行性研究"课题委托书。黄老师带领考察队一行十二人再次前往洞头考察,并圆满完成了汇编报告《温州市洞头县旅游资源开发的可行性研究》。今天,大罗山和洞头县的发展引人注目,这固然是历史的机遇,但黄老师和地理学会同人们的努力,也是功不可没,值得牢记的。

1983年,由马骅先生担任主委的中国民主促进会温州市委员会开始筹建。马骅先生是黄老师大学时代的老师,他很看重黄老师,自然将黄老师列为首批发展对象。黄老师不负众望,在民进市委的部署下,积极与温二中党支部沟通并得到党支部的大力支持,先后在温二中发展了十多位优秀教师,率先建立了民进二中支部,黄老师被会员们推选为支部主任。黄老师以身作则,带头学习统战知识,及时与校领导和党支部交换信息,还每个月组织一次支部活动,会员们学习文件、交流工作和思想情况,或者外出参观、走访、取经。民进支部这一规范的运作方式赢得了校领导的赞赏,校长和党支部书记也多次参加民进支部的活动。1986年,民进市委会组织第一次评选,二中支部光荣地得到了"先进支部"的奖牌。据不完全统计,1987至1996年的十年间,温二中的民进会员至少获得了十次以上省、市级的劳动模范、教坛新秀、先进工作者等荣誉称号。黄老师先后被推选为省、市第八届人民代表,还担任鹿城区第二、三届政协副主席,由一名普通教师逐步迈向更宽阔的天地,持续不断地为社会做出新贡献。1983年夏天,马骅先生和黄老师介绍我参加民进组织,使我有幸成为这段历史的见证人之一。

1993年春天,黄老师刚从温二中退休,就听从民进市委会的指派,到民进职业中学担任校长。这对于黄老师又是一次新的挑战。在民进职中的三届九年任期里,黄老师严以律己,全身心地投入,培养了一支既有一定理论基础又有扎实动手能力的专业教师队伍,将民进职中建设成为"浙江省社会力量办学先进学校""温州市社会力量办学A级学校""温州市文明学校"。黄老师老当益壮,为学校、为民进教师群体做了大量的好事。

黄老师的身体一直是很好的,他住在水门头温二中宿舍,喜欢与夫人就近一起到瓯江边散步;我家住在陡门头,也喜欢到瓯江边散步慢跑打打太极拳。这样,我们经常见面,说说家长里短、谈谈国内国外的时事消息,这十余年来一直保持着相当紧密的联系。他知道我的膝关节不好、走路时有点痛,就积极向我推荐鸿茅药酒。他告诉我,年纪大了,夫人体弱多病,与其请保姆还不如物色一个好一些的养老院;还告诉我,打算过完春节就实现这个设想。

想不到的是,还不到春节,1月13日深夜,黄老师在起夜的时候突然跌倒,溘然逝世。消息传来,大家都十分震惊,纷纷在微信上寄托自己的哀思。据统计,仅仅原民进职中就有二十四位教师分七批到黄老师家祭奠。原民进职业中学规模不大,这二十四位教师已经囊括了黄老师担任校长期间聘任、现在仍然在温州生活的全部教师。一个人能够得到全体同人的尊敬和怀念,是很不容易的。

黄老师活得精彩,走得痛快。八十八岁高寿,无疾远行,真是前世修来的福分。

黄老师一路走好,我们永远怀念您!

2018年1月30日

2018年3月号,总250期

"语神"温端政传奇
——读《回首人生》

卢润祥

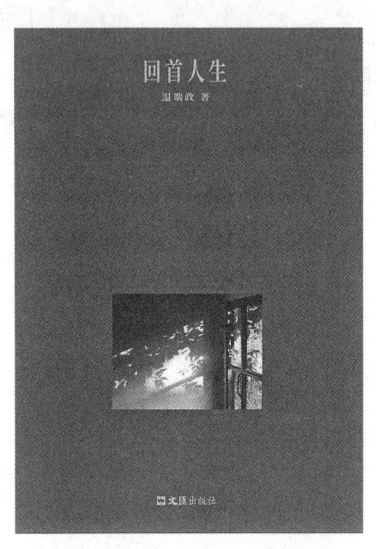

⊙《回首人生》书影

语言学家温端政先生出生在浙江省平阳县麻步镇雷渎村。少年时,体弱的他一直遭到病魔侵袭,但都转危为安。十二岁那年夏天手臂生了疔疮,痛得在地上打滚,这时,恰好有个乞丐上门,见此危急,就到附近山上采摘草药捣烂敷上,消退了肿痛。如果没有这如从天而降"神仙"般的行乞者及时相救,他可能会因病菌侵入心肺而不治,后果不堪设想。他高中时,理科成绩优秀,相反,文科比较一般,他因故没有参加高考,进入温州新华书店当营业员,提升为门市部主任、副经理等,历经当时种种运动风浪,均无碍而平安。1954年,他考上了北京大学中文系,有机会聆听语言学家王力、高名凯等名师的授课,毕业后任晋北师专老师,又因为有高人的相中而顺利地调到山西省社科院工作,参与筹备语言研究所,并担任了所长,创办《语文研究》杂志,主持"六五"哲学社会科学国家重点项目"山西省各县市方言志";又与人联合主持"七五"哲学社会科学国家重点项目《山西省方言通志》的编写,在全国语言学界影响颇大。

其时,我责编的《简明同义词典》印刷接近一百万册,《中国语文》

发表我写的书评，而《论"同中求异"》一文因《辞书研究》不便采用而改投《语文研究》被录用，我与温先生因而结识。

1979年《辞海》修订本出版了。出版社转型为专业的上海辞书出版社，同行们策划的《中国成语大辞典》受到读者欢迎，销量极佳。就在这时，我向编辑室主任提出了一个能与它配套的《中国俗语大辞典》的选题，很快顺利地获得通过。当时，我了解到温先生已有不少俗语著作出版，知名度较高，因此，我感到温先生应是这本俗语大典的最佳作者。在征得领导同意后，我到山西太原拜访，请他出山担任此书主编。对此，温先生欣然应允了。我们好像天生有缘，一见如故，第二天，温先生等邀我抽空游览了晋祠，在难老泉边还不忘记谈论词典工作，都想到怎么尽快组织起编写队伍的问题。翌日我回沪前，温先生陪同山西省委宣传部及社科院负责人到我住处探视，反映出领导层对这一词典编写项目的重视。经过温先生几年不懈的努力，包括编写会议的召开等，特别是确立此书的总体设计、收词与条目释义商榷等通信多达三百封，更密切了彼此间的了解和友谊！

不久，温先生等来沪改稿，处理初复审提出的几千条意见，他们就住在我社招待所，生活比较清苦。为此，我曾请他和助手共四人来家吃饭，温先生带来山西汾酒、老陈醋等赠我，大家无拘无束聊着家常，当然更多的是对词典工作甘苦的心得交流。约一个月后，温一行要离沪回到太原去了，彼此不禁依依惜别，我并回赠土产若干。

在我国俗语研究上，温先生作出了很大的贡献。首先是他能高度重视资料库建设，所制卡片达数万张，古今典籍达几千种，他把这作为编写工作中的重中之重。但更"神"的是对俗语的解释能深入其骨髓之中，将为一般人不易发现的深层含义发掘出来。我这里举些例子。【狗肉滚三滚，神仙站不稳】一般仅解释形容狗肉为美味佳肴，世间少有，这还不够，要指出：滚三滚，指肉熟透了。形容最有能耐的高人往往也经不住大诱惑。

又如【不在被中眠，安知被无边】原释为："指被子十分宽大，足以安眠。"后改为:"无边:形容被子宽大。喻事非亲历便不知。"

【人心是肉做的】原释为:"指人都有感情",后改为:"人的心肠都是软的。"

【吃得亏,做一堆】原释为:"人只要肯吃亏,就可和睦相处在一起",后改为:"只要肯吃亏,就可以成就许多事。"

深度的释义成果比较准确揭示了俗语的内在含义真谛,提升了条目的实用价值,正来源于温先生的科学的入骨的深思的探索精神!哲人说:世界上只有奋斗的人,上天才会赐予成功之剑! 温先生就是依靠"奋斗"两字走进了成功之门,他脱颖而出,成为我国当今一位知名的语言学家并非偶然。

再说,温先生对俗语的解释总是"知难而上"而从不轻言放弃。如有一条古谚:【猪来穷家,狗来富家,猫来孝家】这里的"猫来孝家"有点费解,很难解释,差点删了。后来他找到了明人江盈科《雪涛谈丛》一书,上面说:"盖穷家篱穿壁破,故猪来,非猪能兆穷也;富家饮馔丰,遗骨多,故狗来,非狗能兆富也;家多鼠虫为耗,故猫来,非猫能兆孝也。"原来,孝、耗古代字音相近,孝家,指耗子多的地方,是一种谐音相关的运用。

2000年初,他又被上海文艺出版社民间文化室《语海》(上、下册,本人忝为编委)一书聘为总审订。2002年应商务印书馆约请,主编与《新华字典》《新华词典》配套的《新华语典》,取得了成功。这一年同时在《辞书研究》上发表重要论文,提出"语词分立"的新主张,为汉语语汇学的创立提供了理论依据。2005年由商务印书馆出版《汉语语汇学》,构建了汉语语汇学的理论体系,使语汇学成为中国语言学新的分支学科。2006年主编《汉语语汇学教程》(商务版)作为大学教材,使语汇学有机会进入高校课堂。2012年4月,上海辞书出版社社长彭卫国与副总编陈崎等人专程到太原,聘他为辞书版《语海》三卷本的主编,此书至今已接近完成初稿,不久有望面世了。

温端政先生在方言的调查整理上也是成绩突出,主编有方言志约四十种。其他重要的语言工具书还有《谚海》和《古今俗语集成》《新华谚语词典》《新华惯用语词典》《新华歇后语词典》《中国谚语大辞典》《中国歇后语大辞典》《中国惯用语大辞典》《中国格言大辞典》等数十种之多。流年碎影，岁月如歌！回忆令人沉醉，怀旧不免唏嘘！近有机会读到温端政的《回首人生》一书，感触颇深，启示良多：追忆使人生更具兴味，而拳拳顾恋美好年华之并未虚度而自感欣慰。书中有青春的苦涩与朦胧、求学的勤勉与奋发有为、科研的艰辛探索、学术的丰硕成果，乃至初恋的热烈、爱情的曲折与甜美的收获，淋漓尽致，多姿多彩。他外表与普通人无异，质朴如工农。云淡风轻，从容平和，宠辱不惊而孜孜学术，往往在旅途中也是一支笔一本书制作资料卡，并思考探索，他的一生都在语海中上下求索！此身也仿佛融入了中国民间语言的大海之中。

温先生也是一位性情中人，一直没有忘记投身《中国俗语大辞典》工作的经历，甚至客气地不止一次来函说，是我对他的寻访促使他开始走上民间语言研究之路；他知道我喜欢写些文史小品，不仅亲自为我打印一些小文（那时我还不会用电脑），还不时寄来一些太原本地出版的文史书籍，如《老牛堂札记》《古小诗品味》《中国社会学家传略》等供我学习和参考。

《回首人生》是他传奇人生走向成功的一首进行曲，也是当今中国社会科学家不多的回忆录之一，文笔平实而优雅，某些地方还颇有点学术味，非常值得一读。

2017 年 9 月号，总 244 期

沙河先生，我的胡子上挂满了悲伤

彭国梁

成都的龚明德兄，多次盛情相邀，要我去成都走走，同时也去看看流沙河先生。我说好，我也一直想去。想去看看明德兄那数也数不清的民国版本，更想去沙河先生的家，看他写正体字，摆龙门阵。然后让他老人家看看，我的胡子是更长了，还是更漂亮了。可我就是懒。谁知这一懒就懒成了终生的遗憾，沙河先生忽然就走了，去了另外一个世界。

我与沙河先生的交往，其实并不多，共两次。

一次是1998年的夏天，在龚明德、冉云飞、鄢家发几位朋友的陪同下，到成都的大慈寺与沙河先生一起喝茶。我记得那天沙河先生的精神特别好，他说他差不多每个星期都要来这里喝茶，他还说当年杜甫来成都，第一站到的就是大慈寺。

第二次是2000年的秋天，沙河先生夫妇江南之行。龚明德兄特邀我与他一道前往陪同。那次的首站是南京，然后苏州、嘉兴、海宁、上海。也就是那次，我认识了董宁文、蔡玉洗、薛冰、徐雁、王稼句、范笑我、陈子善等。我多次在日记和文章中写道：那次的江南之行，改变了我后半生的人生轨迹，让我变成了一个地地道道的书虫。

也就是那次的江南之行，拉近了我和沙河先生之间的距离，让我觉得他除了可敬，更加可亲。我特别欣赏沙河先生的对联，那次江南之行给我印象最深的是在海宁。

在海宁，我们一起参观了徐志摩故居。在故居的一面墙上，沙河先生的一副对联占据了显要的位置。其联曰：

> 天空一片白云高，先生你在；
> 海上几声清韵远，后学我思。

在此对联下，我请明德兄为我和沙河先生拍了一张合影。此合影后收入我的一本书中。

在海宁，我们一行又一同拜访了百岁老人章克标先生。章先生为沙河先生题：一江春水向东流。沙河先生则为章先生题联：

> 二十世纪何其短；
> 百一人生这样长。

我写过沙河先生两篇文章，一篇《但求一见沙河师》、一篇《沙河先生的字》。这两篇文章分别收到了我的《感激从前》和《近楼书更香》两本集子中。在《沙河先生的字》一文中，我如实记录了沙河先生为章克标先生题联时的情形："当时我记得沙河先生写这幅字时，一脸的庄严和肃穆。桌子矮矮的，他是蹲着写的，沙河先生一笔一画地写着，那仿佛是对生命的一种敬畏。那一声感叹穿透了百年的沧桑啊。"

那次江南之行归来后，我收到了沙河先生寄来的一副对联：

> 醉乡浩渺长留地；
> 仕路崎岖短作程。

我那时还是能喝上几杯酒的，但感觉"仕路"二字似乎与我没有什么关系。当时想：沙河先生对我不会有什么误解吧？这分明是一种善意的提醒。其时我系《创作》杂志主编，到南京的那天，董宁文拿着一张《文学报》，上有一个整版，是我写一位诗人市长的。也许就是这篇文章的缘故，但我分明就是个见"仕路"就绕道的主啊！

2005年,我的近楼成了名副其实的书楼。在一楼和三楼均设有茶座。于是就想着在茶座的一面墙上高悬一匾,书"上茶"二字,以示风雅。找谁写呢?自然又想到了沙河先生。又是请龚明德兄代劳前往。没多久,就收到了沙河先生寄来的字:上茶!且有款识:"茶而曰上,表尊敬也;醒脑提神,助谈兴也;清香浮动,室生春也;岂唯解渴,更洗心也。"有意思的是,龚明德兄还帮我出主意,说不妨以沙河先生所书的"上茶"为题,再邀若干文化名人与书友,都来各抒己见。这样,就有了一个专题收藏。这个主意不错,我立马采纳。现在,近楼的墙上便挂满了文化名人与书友所赠的"上茶"字画。

再回到沙河先生的对联上来。

沙河先生仙逝,网上追思刷屏。曾以长篇手抄本《第二次握手》闻名于世,现隐居于浏阳的老作家张扬先生与人说道,当年沙河先生也曾赠他一联:

域内文章多拍马;
湘中子弟独燃犀。

又有我长沙广电的老领导易允武先生(已逝),曾在武汉大学读书时,极赏沙河先生《草木篇》之《白杨》《藤》《仙人掌》,便写下《月》《霜》《星》等宇宙诗章以对,刊于当年的《星星》诗刊。谁知飞来横祸,他因此牵扯进了《草木篇》的冤案之中,十九岁的他也成了右派,从此匍匐在社会底层二十一年。直到1978年,拨乱反正,社会逐渐清明,他方才抬起头来。抬起头,诗心不死。又开始撰写长诗《匍匐者的家史》,刊于复刊后的《星星》,广受好评。若干年后,又写《寻找星星》一文,刊于周实主编的《书屋》杂志。沙河先生收到他寄赠的刊物后,给易允武先生寄来一联:

潮停水落龙安在;

云淡天高雁自飞。

易允武先生如获至宝,请其弟易进装裱后,一直悬挂于客厅,朝夕相伴。为写此文,我与易进先生通话,想让他将此联拍照发我。谁知他说,其兄仙逝后,家里搞装修,此联不知去向。但愿哪天,此联又会在某个古玩市场冒出来,就是再高的价,他也要买回来。

东拉西扯,语无伦次。

最后得说说沙河先生送给我的几本书。他在《流沙河短文》的扉页上题:"胡子更长了吧?"在《再说龙及其他》的扉页上题:"胡子更漂亮了吗?"在《正体字回家》的扉页上,依然在问:"胡子更长了吧?"

沙河先生,我想告诉您,我现在的胡子更长了,也更漂亮了。可您却忽然离我们而去,我们忽然就阴阳两隔了,我的胡子上挂满了悲伤。

2019年11月30日于长沙近楼
2019年12月号,总271期

"对床夜话"约未践　至今思之一泫然
——怀念傅璇琮先生

顾志兴

2016年1月23日晚间,从在京的友人微信中获知傅先生逝世的噩耗,甚是惊疑。前不久曾和他通过电话,说是身体尚可,只是腿疾不良于行,很想来杭州,但不能成行,要我向有关邀请单位代为请假并表示谢意。怎么忽而驾鹤西去?不愿相信这是真的,但这毕竟是事实。当晚夜不成寐。

璇琮先生的主要学术活动和成就是在唐代文学研究和中华古籍整理方面,可以称得上其功至伟。我想说的是他在中国藏书史研究、著述方面的开拓和践行。我国第一部《中国藏书通史》就是在先生主持下于2001年完成的,填补了这一领域的空白。自20世纪80年代起,随着读书活动的兴起,传统的藏书研究也在复苏,其间的盟主是宁波的天一阁。记得1996年12月在宁波召开的"天一阁与中国藏书文化研讨会",会议期间就有人倡议编纂中国藏书通史,在小范围内酝酿过,正式启动是在1999年4月。记不清这是一次编委会议,还是作者会议,地点是在宁波的联谊宾馆,距天一阁不远,处在闹市而又安静。这次会议由傅璇琮先生主持,他谦虚地谈了对编中国藏书通史的想法,开会前将他的一部著作《濡沫集》题写了"志兴先生惠正,傅璇琮谨奉,一九九九,四,宁波"赠我。以前虽曾和他多次见面,但这次是近距离接触,我谈了对先生的仰慕之情,他也夸奖了我对浙江藏书的研究,但多属礼节性的话题。

我和先生真正相知相亲,是在《中国藏书通史》的撰写过程中。这次会议决定由我负责撰写这部书的明代编。我写书有个习惯,即征引文献,家中有文人别集的就按专集上的文字引用,但因撰写涉的范围很广，又怕忘记，所以先用各种选本上的文字，待得定稿前再集中去浙图古籍部找出有关文集一一核对，加以订正，并注明所引用版本及卷数等。我印象很深的是，他这个主编并非是挂名的，而是每章每节必细看，并与作者当面讨论，提出修改意见。他事先读了我的初稿，见我引用宋濂的《送东阳马生序》写的标注是《浦江县志》某卷，就提出了疑问，我向先生说明我的写作习惯，他笑笑说：这也是个办法，家里哪能什么书都有呀？

我在写"明代宫廷藏书的影响"一节时，初稿比较单薄，曾向傅先生请教。他建议不妨从《四库全书总目》检索一下有关资料。我一拍头说：怎么没有想到呢！在先生的启发与指点下，我查阅了有关史料，并细读了《总目》有关从《永乐大典》中辑出的书目，撰写了"南宋后不传之宋人文集，赖明宫廷藏书保存而得传世"和"清修《四库全书》所收宋人佚失别集多赖《永乐大典》辑出得以传世"两个子目，使这部分书稿内容得到充实，这实端赖先生之指点。如今翻检我的这部《总目》，有关部分的多种记号，如闻先生謦欬。在宁波联谊宾馆里修改书稿，倾心交谈先后至少有三四次。有一次谈到夜深了，第二天他回北京，我回杭州，互道晚安，无意中脱口而出：愿他日"对床夜话"。他说：对，异日"对床夜话"，再做畅谈。

自那以后的十余年间，我与璇琮先生的联系和文字缘更多了，这是一种缘分。2000年后宁波天一阁曾组织多次藏书文化讨论会，我都应邀与会，会间多次与先生相会。记得有一次穿插了一个小会，就是先生将其部分著作和手稿赠予天一阁收藏，他胸佩绢花作了简短的但热情洋溢的讲话，我对他热爱家乡、热爱天一阁的精神十分钦佩。

宁波是个文化之邦，积淀深厚。鄞州区邀同清华大学国学院联合在近年召开了两次学术讨论会，最终目的是整理宋代宁波学者王应麟的全集。会前先生都给我们来信，邀我与会，第一次会还指定我写一篇关于浙东藏书与浙东学术的论文。他邀我与会除了学术研究外,有机会见面也是目的之一。每次见面,他很忙,看望的人很多,会间也有闲聊,但"对床夜话"之约终未践。这两次会间,傅先生均与天一阁联系好,让大家去天一阁看看。我和他来天一阁较多,常常乘其他先生参观之际,在这个圣殿的园林里或漫步或小憩,聊聊天南地北。我们虽然地居京杭,但屈指算来这十来年几乎每年都有一次见面的机会。

我与璇琮先生的多次见面,有好几次是在杭州。记得大约是2004年前后,有一次我和杭州出版社副总编徐吉军先生一起在天一阁开会。那时杭州出版社计划将文澜阁《四库全书》影印出版,傅先生和中国社科院学部委员陈高华先生都是热心这件事的人,我们在天一阁会合,一起到杭州论证这一工程。我们四人同车从宁波到杭,一起在浙江图书馆的善本室浏览文澜阁《四库全书》的原抄本和丁丙抄本,以及民国间钱恂和张宗祥两位先生的补抄本。我记得很清楚,在浙图善本室看书时,我向馆员小苏打了个招呼:只是看书,不要惊动馆领导。结果馆长程小澜和古籍部主任丁红两位女士还是来了。我笑说还是惊动了你们。程馆长说:"两位大家来了,我们请也请不到,应该来看望的。傅先生还为我们一本书目作过序,更要当面感谢。"我们一起参与影印《四库全书》的论证,那时我撰著的《文澜阁与四库全书》一书刚好出版,就分赠两位先生求请指正。会间忙里偷闲,我们一起泛舟游览了西湖三潭印月,还合了影。今年得知傅先生仙逝,徐吉军先生和我合撰一则短文发表在《浙江学刊》上,同时刊出这帧照片以做纪念。

我那时已完成《浙江藏书史》的初稿,吉军是本书的审定人。我和他商量拟请璇琮先生赐序。我知道傅先生主要的名山事业和道德文章是唐代文学研究和中华古籍整理。但在20世纪七八十年代他已关注中国藏书史的研究。记得《中国藏书通史》第一次编委和作者会议上,他谈到当年编《学林漫录》就曾想到过这个问题,所以当徐吉军先生代我求序的时候,他慨然答应作序,但要求将全部书稿交他一阅始能动笔,这使我又一次感受到了先生严谨治学的风范。过了一段时间,傅先生寄来了序言的初稿,并附来一信,大意是序已完成,但总觉得收笔匆匆,意犹未尽,请吉军和我看看,似尚可补叙几句话。吉军对我说:顾老师,我看收笔还是你动手吧,傅先生的思路是很清楚的。既然如此,我就增写了一段民国时期以宁波为例谈浙江藏书的话。稿子重新寄回北京,得到傅先生的首肯。后来我们相遇,他对我说:你补得很好,正是我想说的话。那时事烦,总感到意犹未尽,这层意思你代我表达出来了,我们想到一起了。我说:哪里,哪里,我是貂尾狗续。

傅先生对中国藏书史研究的关心,我还可举出一件事来。2004年,他与南京大学徐雁教授合作,为河北教育出版社策划主编"书林清话文库",共收韦力等研究藏书的著作十二种。书前系以先生代序。这套书出版前,先生致我一信,说是有这么一套书,将由出版社直接寄下。阅后希望我撰一文交他,已约四五篇文章,将由《光明日报》发一专版,以推动藏书文化的研究。所以我一直以为,傅先生晚年对藏书史和藏书文化的研究和推动,在这个领域里是有功绩的,是他学术事业的一个重要部分。他逝后我读到的一些纪念文章似未见提及,我要特别说一下。

傅先生对杭州的文化建设事业也是十分关心的。应杭州市有关部门的约请,担任了《西湖通史》《西湖文献集成》《西湖全书》的顾问组成员,总顾问是全国人大常委会前委员长乔石。2013年《西湖通史》成稿后,有关方面正在考虑请谁作序的问题,这个想法传到我这里,我思考了一下,此序非傅先生莫属。这是因为,一是傅先生的学界声望;二是他主编过《中国藏书通史》和家乡的《宁波通史》,于通史编纂积累了经验;三是傅先生对杭州文化的热爱和关心。我的这个意见由有关同志转达到市委书记王国平同志那里,得到了首肯。我向傅先生转达了这个意向,得到他的慨诺。于是2013年11月间趁傅先生来杭的时机,杭州国际城市学研究中心副主任阮重晖和副研究馆员王露女士偕同我,到傅先生下榻的常青园拜访。阮重晖先生说适逢王国平同志外出开会,他受委托向傅先生请序。我知道傅先生作序的习惯,他要通读全稿而后动笔,就让王露准备有关材料,我则对全书写个提要性的介绍,供先生作序时参考。这样大约过了一个月,年底傅先生已撰好序文寄到王国平同志处。他的序文简明扼要,对通史的定位准确,于《西湖通史》而言不啻是锦上添花。序文先在国务院参事室的一份内刊上刊出,而后在《光明日报》上全文转载,引起了学界对国内首部名湖专史的关注。

据我所知,傅先生生前被聘为清华大学国学院的博士生导师,他对年轻人的培养是十分认真的,为他们选择研究的方向,修改论文,并尽可能帮助他们发表研究成果。清华大学国学院与宁波市鄞州区合作的王应麟专题研究,最终成果是整理出版王应麟全集。有些工作就是由他的研究生承担的。我记得2013年第二次王应麟学术讨论会的地点是新恢复的桃源书院,山中辟有傅先生的两间专室,收藏他的学术著作,介绍他的学术道路。会间傅先生送我一本由商务印书馆刚出版的《傅璇琮先生学术研究文集》。先生正要握笔题写赠语时,我说这书具有纪念意义(我计算了一下年份,大概含有庆祝先生八十寿诞的意思),我的外孙吴昊今年毕业于国际关系学院,旋即参加国考进入外交部工作,他学国际政治学,但对先生的道德文章十分敬仰,多次要我向先生要签名本,这书就请赠予他,请你写几句鼓励他的话吧!傅先生说:真的吗?搞外交很好,而又爱好中国文化更好。略一思索,就在书上题写了如下一段话:"谨供顾志兴先生参阅,并转呈吴昊同志。欲穷千里目,更上一层楼。互勉。傅璇琮谨奉。二〇一三年八月。"回来后我将这部书当作珍贵的礼物转送给我的外孙吴昊,交他珍藏,这是学术前辈对九〇后年轻一代的期望和鼓励。

2014年和2015年杭州国际城市学研究中心(杭州研究院)有两项活动,都盛情邀请先生与会,但皆因先生病腿不良于行而作罢,留下遗憾。2016年初我致先生信中,还请他在身体许可的情况下来杭走走。王露女士写了本《西湖景观题名文化研究》的专著,征得傅先生同意为之作序,先生家人来电嘱我写此书的提要供先生参考,以便作序。但我写好提要,正拟寄京之际,1月23日晚突然读到北京友人微信说是先生已于是日下午3点14分仙逝。我简直蒙了,这是真的吗?于是我思绪起伏,写下"对床夜话约未践,至今思之一泫然"这样一句话,如今成了这篇纪念先生文章的题目了。

2016年5月20日

2016年7月号,总230期

云水山房访邵公

子 张

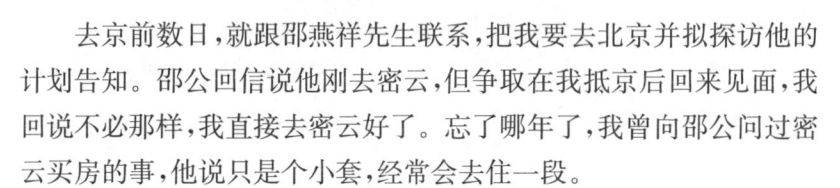

去京前数日,就跟邵燕祥先生联系,把我要去北京并拟探访他的计划告知。邵公回信说他刚去密云,但争取在我抵京后回来见面,我回说不必那样,我直接去密云好了。忘了哪年了,我曾向邵公问过密云买房的事,他说只是个小套,经常会去住一段。

邵公发邮件告诉我去密云的路线,从哪儿坐公交,怎么转车,怎么找地标,十分周详。我就按这个线索坐上了东直门发往密云的快车,一个多小时后到达密云,过马路,再换乘另一辆公交,又差不多一个小时,到了。

⊙2004年10月,在福建晋江出席蔡其矫诗歌研讨会期间,作者与邵燕祥合影。

一条环山公路，依山的一面是当地政府的院落，路南侧下方则是小区住宅楼，当时大约上午十时，朝阳正灿烂，头顶上的天一片深蓝，空气纯度甚高。沿着进入小区的路往前走，找到了邵公住的那座楼，原来是最东侧的单元，第四层，楼道已略显陈旧，墙上也有不少小广告。敲了几次门，无应答，正疑惑间，谢文秀先生却已从三楼走上来，我赶忙招呼。谢先生说，人在家里呢，可能听不见。

　　待进得门来，邵公果然在家。但因为在书房，加之耳背，故听不见敲门声，见我进来，始笑着走过来欢迎我，还跟谢先生解释何以没听见。谢先生忙着洗水果、沏茶，我就跟邵公坐在客厅沙发上开始聊天。他先问我吕剑的近况，我打开相机给他们看我拍的吕剑、赵宗珏照片，邵公说："赵宗珏没变样，吕剑好像胖了。"我说："可能脸上有点虚（浮肿），脑子很清楚，也认得我，就是说话有点困难。"邵公忙说："那可能是跟中风有关。"接着又谈论了一会儿我带去的《清谷书荫》，邵公觉得印得很好看，我遂怂恿他下次也加盟一本，他笑着说："书已杂七杂八出了一大堆，差不多了。"

　　另一本《献给历史的情歌》，是 1979 年编选，翌年由人文社出版的邵燕祥复出后第一本诗选集。邵公看到这本书，开玩笑说："你看这本书有点旧了，看来不少人借出来过。现在藏书界讲究的是'品相'，实则品相越好，可能看的人越少吧？"因这本书原是我过去单位图书馆的藏书，也许是注销品被我买下，也许是我借了未还扣钱了事，早记不清了，书后还有装借书卡的小牛皮纸袋。

　　邵公又新赠两本今年刚问世的书：江苏凤凰文艺出版社所出《一个戴灰帽子的人》，广东人民出版社所出《〈找灵魂〉补遗》。前书是邵公 1960 年到 1966 年这六七年间的个人回忆录；后书如书名所示，乃对过去那本广西师大版《找灵魂》的"补遗"，共收入 1947、1948、1967 三个年头所写，因为种种原因未收入集子的诗歌、小说和剧本。邵公特别提醒我注意 1967 年夏天写的四幕话剧剧本《二十七号岗》，在内封写道："子张：请注意书中一九六七年夏写的剧本，那是一块反映了'文革'初期一种社会思潮,又反映了我某种心迹(主要是反右前即为文反对官僚主义,反右中则'以反官僚主义为名反党反社会主义')的历史化石。"

说着说着,谢先生已经把饭做好,招呼我们过去用午餐了。我也只好放弃装好汉的想法,不客气地"客随主便",入席,又跟邵公、谢先生边吃边聊了些更轻松有趣的话题。不知怎么就说到了杭州的面食"片儿川",邵公解释:"川,实际上可能是氽字。片儿,说明这种面食当初大概不是面条,而是面片儿。"这才叫我恍然大悟,自来杭州十余年,一直解不开这"片儿川"三字,现在总算明白了。

还说到些杂七杂八的话题,这里且恕我少啰唆几句吧。

离开云水山房,邵公执意要送我到公交站,说顺便也出去走走。邵公虽进入耄耋之年,但我感觉除了有些耳背,腿脚还甚稳健。下楼梯、步行、爬坡,都一点不见老迈,语速虽慢,谈锋犹健,嘴里时时爆出警句和笑声。我们出门从右侧走,邵公说这是抄近道儿,他常走的。果然,穿过一个大院落,上了数十个大台阶,就到公路上了,眼看着一辆公交车快进站了,真巧!我都来不及多跟邵公说句告别的话,急急穿过公路,急急上车,坐下,这才回头向公路对面的邵先生招手作别⋯⋯

车到密云换公交,回到东直门,太阳还高着呢。

2015 年 1 月 10 日　杭州午山

2015 年 9 月号,总 220 期

一个明白人走了

向继东

有诗纪念鲁迅说:"有的人活着,他已经死了;有的人死了,他还活着。"其实,这用来说邵燕祥先生,也未尝不可。鲁迅是伟大的作家,其作品研究者多于牛毛,长盛不衰。邵燕祥先生首先是诗人,创造的人物形象当然不能与鲁迅同日而言,但邵燕祥的写作始于40年代,写作时间长达七十年,差不多经历了整个20世纪,人生命运大起大落,是历史的见证者、参与者。他的文字,包括打成右派后和"文革"中的交代材料都已结集出版了,如《沉船》《人生败笔》等。所以,要研究中国现代作家的心灵史、思想史,邵燕祥是一个最好的标本。对邵老的研究还没有开始,也许通过对他的研究,可找到打开20世纪历史的解码。所以,在我看来,邵老的研究会慢热的,也许到了21世纪,或是再久远一些,还会有人在邵老的文字中探寻。

想起来,我与邵老相交二十多年了。那时,我在湖南《湘声报》编文化副刊,主要发些思想和文史随笔之类的文字,作者大多是京沪的,包括吴祖光、龚育之、李慎之、李普、何家栋、邵燕祥、蓝英年、陈四益、牧惠、朱学勤、丁东、谢泳等。那天,赵总编突然找到我说:"老向,春节前我们去北京看看作者,联络联络吧。"这大约是1997年初,我和赵去了北京,通过丁东等友人的张罗,我们在北京全聚德聚了一次,记得参加者中有邵燕祥、蓝英年、朱正、牧惠、陈四益、王小波、丁东、李辉等一大群人。印象中,邵老给我写稿不少,并间或向我推荐新人新作。记得胡长清被判死刑后,我曾发过鄢烈山兄的一篇文章,邵老读过后,写了一篇《就胡长清案与鄢烈山商榷》的长文给我,发表后反响很大。此文其实也不是和鄢烈山抬杠,而是觉得意犹未尽,把讨论引向深入。那些年,我编发过邵老多少稿,没统计过,反正邵老是快手,隔三岔五就寄了稿子来。有时没版面,稿子压一压,他也没意见。当初是手写稿,发不出就退给他,后来通电邮了,发不出告他一声即可。他也从不因此有什么不快,因为他是深知媒体生态的。

  大概是1998年岁末,我要出一本小书,请邵老作序,他非常爽快地答应了。部分书稿样章寄去不到半个月,邵老就把序文寄来了。后来序文发表在1999年第五期《书屋》杂志上,他加了个标题:《一要活着,二要活得明白——序向继东著〈生活没有旁观者〉》。几年前,北京十月文艺出版社出版他的序跋集《一万句顶一句》,他又收录了此文,成书后让出版社寄了我一本。按时下行事规则,劳动他老人家一番,表示一下感谢也是应该的,但我好像没有,虽然去过他华威北里的家好几次,但都是君子之交。如今想来,我还欠着他老的一份人情啊。

  他序文中有这样一段话,至今我还记得:"……向继东是我的年轻朋友,他的写作,就属于在自己变明白的同时也帮助人变明白的事业。从懵懂到明白,不是一蹴而就,也不是一劳永逸的,今天在这个问题上明白了一点点,明天在那个问题上明白了一点点,就没白吃饭,没白活……"说实话,这二十多年来,我一直不敢忘记邵老的嘱咐和激励,总想"活得明白"点,不要"白吃饭"。因此无论做报人,还是做出版人,我始终抱定这一信念。做明白人,说起来容易,事实上要明辨是非,还真不是简单的事——这从当下微信群里的很多转帖就知道了。我想做个不"白吃饭"的人,这是我活着的起码标准。我不想说服谁,但我只想做自己。

  我这一路走来,承蒙邵老恩惠多多。做报人时,他给我写稿;做出版人后,他又给我书稿。十多年前,邵老出版了《找灵魂》,收录他各时期未结集过的作品,因为篇幅所限,还有部分文字未能收入。2013年冬,我受聘广东人民出版社,做了一套"百家小集",把他这本《〈找灵魂〉补遗》也收了进来。补遗的主要文字:一是1947

至 1948 年邵老发表在北平《经世日报》《平明日报》《华北日报》等文艺副刊上的诗文,二是邵老 1967 年写的四幕话剧《27 号岗》。这样的文字,当然有其时代的局限,然而这正是邵燕祥研究者不可或缺的文字。邵老还向我推荐了郭慕岳的书稿《被革命回忆录》。郭慕岳是他的中学同学,曾被划为右派,亲历种种。郭先生是银行职员出身,从未写过文章,所以书稿曾经邵老夫妇修改过。我还在做报人时他曾推荐给我,让我帮着找出路,我也喜欢这本书,可就是没有面世的机会。转到出版行业后,邵老又提起此书,可遗憾的是直到作者去世,此书最终没能正式出版,只有一个邵老作序的自印本。如今郭先生和邵老先后作古,书稿却还躺在我电脑里……

邵老说:"我从不敢以明白人自居,但不愿意糊涂下去,让人蒙在鼓里,让人牵着鼻子走……"邵老一生就是这么走过来的。如今邵老先我而去,留下的文字够我们好好琢磨了。琢磨透了,也许一切都明白了。

2020 年 9 月 25 日于羊城一隅

2020 年 11 月号,总 282 期

忆董楚平先生

徐宏图

董楚平(1934—2014),浙江玉环人,浙江省社科院历史所资深研究员,以研究《楚辞》《论语》和农民战争及吴越文化而闻名全国。早年求学与工作的大部分时间都在温州,仅在永强中学就执教了二十年,故称温州是他的第二故乡。我与他相识始于1985年春天,是通过我的同乡,太平天国研究专家、《浙江学刊》编辑部的吴良祚研究员的引见而认识他的。当时,他俩都在浙江省府大院内的社科院大楼办公,我在省戏曲志编辑部当责编,经常到社科院方志办联系工作或到该院图书馆查阅书刊,后来又被该院聘为高级职称评审委员会委员,因此与他俩见面的机会较多。

与董先生交往让我受益颇多,其中最令我感动与鼓舞的是他面对厄运坚强不屈、视学问为生命的进取精神。可以这样说,董先生的学问大多是在他的厄运中完成的。厄运有两种,一种是人为的,另一种是自身的,董先生兼而有之。碰到厄运,有人被厄运击倒,一蹶不振;有人在厄运中崛起,奋勇前进。董先生属于后者。

他首先遇到的是人为的厄运。1957年,他才二十三岁,就被错划为右派,先后被遣送到温州玻璃厂与瞿溪埭头村劳动改造,骨瘦如柴的他,也得与普通农民一样,挑着大粪下田。这突如其来的打击,对一个刚步入社会的青年人来说,要经受多大的考验才能挺住!可是他沉着、镇定,明知是被冤枉的,可又无法改变,那就采取"既来之则安之"的态度来对待它。

文心相通,他联想到了两千年前的屈原,岂不也是被冤枉而流放吗?屈原利用这个机会写作《离骚》《天问》等不朽诗篇,自己为什么不能为他的这些诗篇作译注呢？屈原的《楚辞》含义深沉，文字典雅，被许多人视为天书，自己能读懂吗？一连串的自问，产生了重读《楚辞》的强烈愿望，继而又萌发了译注《楚辞》的构想。不达目的决不罢休！为了贴近屈原，亲临其境，感同身受，他居然改名换姓，与屈原同名。

关于改名，或许很多人都知道，董先生原名叫昭寿，为了译注《楚辞》才改称"楚平"的。"楚"是指战国时代的楚国，屈原的祖国；"平"是屈原的本名，司马迁《史记·屈原列传》"屈原者，名平"可证；"原"是屈原的字号，另有"正则""灵均"等化名。

关于换姓，恐罕有人知。有一天我拿着以前在鳌江中学教书时写的《六方呼唤招国魂——屈原〈招魂〉新探》一篇习作去请教董先生，聊着聊着，又聊到他的改名换姓的话题上。他说："我以前只给人说过改名的事，从未说过换姓的事，与你有缘，就同你说了吧。"边说，边从抽屉里顺手抽出一篇《屈原〈九歌·东皇太一〉译注》的手稿，于篇名下赫然写上"懂楚平"三个字。原来他改"董"为"懂"，其意是说只有他才读懂楚国的屈原。后因百家姓里没"懂"字，故出版时仍用"董"字。其实，董、懂通假，不改也罢。经我这一揭秘，他会意地笑着说："可不要告诉他人呵，以免招来狂妄之讥呢！"

决心既定，经过十余年的努力，他终于完成了二十五万字的《楚辞译注》初稿，于1986年由上海古籍出版社出版，如今已出第三版，后来还与绍兴文理学院青年学者俞志慧教授合著《楚辞直解》，由浙江文艺出版社出版。同时完成的还有十多万字的《农民起义与平均主义》部分初稿，发表于《历史研究》《光明日报》等报刊，受到邓拓、孙正容等人的赞扬。后增补至二十七万多字，由方志出版社出版。听了他的诉说之后，我一面为他取得巨大的成就感到钦佩，一面又为他被这场厄运葬送了二十多年青春年华深表不平。他却说："事物总是两方面的，有失必有得。如果没有这场厄运，我也许想不到会去研究《楚辞》，更不会一头扎了进去，做起十分烦琐的译注来，即便做了，没有与屈原相似的遭遇，体会不到文本的微旨，也是做不好的。我倒要珍惜'右派'帽子带来的机会。"同时，厄运还带给他埋头做学问的大块时间，他说，"在玻璃厂与瞿溪劳动改造的两年半，是我一生读书最多、思想最自由的黄金时期。我要感谢逆境带给我的读书好机会。"他的这两段话，与我读初中时的语文老师，同样被错划为右派的陈镇波先生所说的话，几乎如出一辙！深知真正的学者是不受安危、毁誉所动摇，任何的厄运均阻挡不住他们追求学问的意志与步伐！

其次，董先生的自身厄运，几乎与生俱来。据他自己说，降生时连一声啼哭的反应也没有，医生看了束手无策，家里大人只好把他放在脚盆里，移出房间外，准备挨到天黑时扔到后山将其埋葬。幸好他家开了一爿小酒店，黄昏时，有个卖草药的江湖郎中来喝酒，看他奶奶眼眶里滚着泪珠，问明原因后，即自告奋勇上楼动起"手术"来。他的"手术刀"只是一枚针，这枚未经消毒的小针，往他的手指弯上轻轻地挑几下，他就哭了起来，终于死里逃生。小学毕业后，又由于健康问题未能直接升初中，需要再读一个学期，作为旁听生听课。这虽然又是一个厄运，然而有幸的是，班上来了一位好老师，这就是后来的北京商务印书馆资深编辑郭一民先生。郭先生毕业于西南联大，于1947年下半年回家探亲，在家乡玉环教了半年书。他的国文课不用国家规定的课本，而是自编讲义，选了鲁迅、冰心、胡适、徐志摩、闻一多等名家名篇，还自译了屠格涅夫的散文、英国作家哈代的诗与小说做教材，使少年的董先生视野大开，文学兴趣大增，为后来做学问打下了基础。1948年春，董先生终于以第八名的成绩考入浙江省立温州中学，即后来的温一中。1950年初又转入郑楼温州师范学校，1955年1月从温师毕业后，即长期从事历史教学，桃李满天下。1980年从永强中学上调至浙江省社科院历史所，更是如鱼得水，深入考古、文物、训诂诸领域，对古代的吴越文化做了全方位的考察与探索，于1988年完成出版了二十六万字的专著《吴越文化新探》，被新华社、《人民日报》等数十家媒体广泛推介，杨向奎先生称之为"研究中国古代文化不可缺少的著作"，从而奠定了他在学术界的地位。

可是厄运依然如影随形,至晚年仍不放过。2002年夏天,他开始患扩张性心肌病,研究工作被迫停顿了四年。直至2006年11月21日,浙江医院心内科主任沈法荣医师,以高超的技术,给他装了一只单腔起搏器,把他变成半个"机器人"才明显好转,可以继续研究孔子,完成那本未完的《论语钩沉》。于是,他又全力以赴地投入撰写,以致疏远了亲人与朋友。同时又深悔年轻时一度虚掷光阴,担心来日无多,百感交集,于2009年12月2日凌晨,写下《谢幕之歌》,诗以言志曰:"每一张落叶,都曾是盛夏的笑脸,每一根白发,都有过红嫩的童年。衰老使生命更加珍贵,寒菊还能有几天鲜艳?趁严冬还没有完全降临,多播下几颗麦种,献给未来的春天。"他夜以继日,分秒必争,至2011年底,完成了三十八万字的巨著《论语钩沉》,于次年10月由中华书局出版。在此期间,他还动员游修龄、蔡少榕、陈野、王心喜、顾志兴及我与他合撰《广义吴越文化通论》,他是主要撰稿人,计七十八万字,于2012年由中国社会科学出版社出版,成了最后一部专著。

  董先生大我十多岁,当是我的师辈,可他把我当作忘年交。出于厚爱,还常常对我过奖,曾夸我的习作《六方呼唤招国魂——屈原〈招魂〉新探》辨析深刻,可弥补他的《楚辞译注》"招魂"篇之不足;称由我撰写被他收入《广义吴越文化通论》的《越剧》篇,文笔清新,富有"越"味,堪称佳作。我自然愧不敢当!

  2014年11月2日,董先生在杭州病逝,享年八十岁。他的学生、复旦大学张爱萍教授通过微信告知噩耗,我刚好从杭州回温州平阳老家看望九十三岁的慈母,未能前往吊唁,深感遗憾!随即撰挽联一副以祭:"译注《楚辞》,不让王(逸)、洪(兴祖)、朱(熹)、蒋(骥)等辈;钩沉《论语》,谅超孔(安国)、马(融)、郑(玄)、包(咸)诸家。"祝先生一路走好!

2017年10月11日于杭州

蓬莱弱水路三千
——怀念林冠夫先生

朱则杰

中国艺术研究院红楼梦研究所研究员林冠夫先生，既是我的同乡前辈，更是我的一位恩师。

家乡浙江省永嘉县，以楠溪江流域为主体。县级之下的行政区划，几十年来经常在变化。先生的老家为碧莲区昆阳乡林山村，我的老家为沙头区古庙乡西垟村。我们的老家同处在楠溪江的中游，看地图直线距离相当近。依我所知，整个楠溪江流域出来从事古典文学研究的前辈，就只有先生一人。

"文化大革命"结束后，我侥幸考入北京大学中文系文学专业77级，于1978年2月28日到校。4月2日，即去拜访先生。当时的中国艺术研究院，坐落在什刹海附近的古建筑恭王府内，先生的宿舍也在那里。由于先生曾经一度列名"文革"中的某写作班子，当时还在"自我检查"期间，所以很少有朋友造访。对我这个同乡后学的出现，其喜悦之情可想而知。

如果说初次拜访先生，主要是缘于同乡情谊，那么后来的拜访，更多的则是因为学习。随着大学学业的进展，我的专业知识日渐增多，对古典文学研究的兴趣越来越大，拜访先生也越来越频繁。此时先生已经移居到了和平里，这正是我去得最多的地方。记不清有多少个星期六或者星期天的下午，我从中关村乘坐公交车到达和平里北街，找先生请教各种各样的问题。又每次都是在先生家里吃过晚饭——晚饭一般都是"下面条"，然后再原路返回学校。这样的往返，至少贯穿了我大半个大学时代。

关于学习的方式，其实主要就是通常所说的"聊天"。所聊的内容，五花八门，十分庞杂。如果非要用现在的眼光加以概括，那么大约涉及文学史的各种知识，学术界的研究现状，著名学者的治学道路，研究方向的选择，论著写作的方法，某些具体论著的得失，等等，总体上多与专业有关。聊天的主体，自然都是先生。每次随便提出一个话题，先生都会滔滔不绝，给出大量的回应，蕴含着无数的学理。如此日积月累，潜移默化，真是受益匪浅。

　　这种受益，按照我自己的体会，主要的倒不在具体知识的增长，而是在学术见识的提高。先生曾经谈过"才""学""识"三者的关系，大致说每个人的"才"也即才气，基本上是先天的；"学"也即具体的知识，是可以学起来的，但需要逐步积累，有一个时间上的限制，急它不来；而"识"也即见识，完全有可能超前提高。"才"和"学"固然可以促进"识"，而"识"更能够调动"才"和"学"。特别是当"才"和"学"相对固定的情况下，"识"的作用就更加显得重要。先生还说，"才"可以分为"上人之才""中人之才""下人之才"——"上人之才"不用学就足够聪明，稍微学学更加不得了，但这样的人毕竟很少；"下人之才"没法学，给他再好的条件都没有用，但这样的人也为数不多；而像我辈，都属于"中人之才"，如果主观上努力，客观上得法，那就有可能进步得快一些。因此，我感觉跟先生的"聊天"学习，从根本上来说就在于超前提高学术的见识。先生刚巧长我二十岁，虽然我在见识上永远不可能达到他的水平，但即使只能超前几年，那我的本科阶段也就可以赶得上研究生了。这正是我体会最深刻的。

　　当然，在各种具体的知识上，先生也给了我很多的指导。例如1980年11月末至12月初，我写了一篇吴伟业《秣陵春》与《红楼梦》关系的文章《"风月宝鉴"与"宜官宝镜"》，初稿只有四千字。先生说，好不容易发现一个好的题目，只写四千字太可惜了；四千字只能算是随笔，论文五六千字总要的。我说自己没有更多的内容可写，不知道怎样扩充。先生指着稿子告诉我，这里可以加写某种内容，又这里可以加写某种内容……至今仍然记得很清楚的,是其中谈到"风月宝鉴"与"宜官宝镜"同样都反映佛教思想的时候,先生说可以进一步联系到清初的时代风气,于是就有了"清初佛学大盛"这么一大段。二稿超过了八千字。先生鼓励我,帮我推荐给上海古籍出版社的《红楼梦研究集刊》,发表在次年10月出版的第七辑,成为我本科阶段正式发表的第二篇论文。

好像与这篇文章的修改有关或者相似,我在读书的过程中,一再见到"开阖"一词,但在很长一段时期内未能理解。先生告诉我,所谓"开阖",就是在写作的时候放得开,收得拢;吴伟业的"梅村体"歌行往往如此,写文章更是常用。说得再具体些,就是文章写到一定的地方,适当往外扩展延伸,这样总体上才会丰厚;但又必须拉回到主线上来,不然就变成散漫无归了。然而先生说归说,我仍然懵懵懂懂,感觉就是不能入脑。先生看我犯傻的样子,站起身来走到屋子中间,演示性地做了一个武术的动作。就在这一刹那,我猛然"顿悟",从此再也不觉得困惑了。这个细节,我同样至今记得很清楚,而且肯定终生不会忘记。

至于先生对我的提携,除了帮我推荐上面这篇文章以外,我在处女作《谈谈吴伟业歌行的艺术特色》基础上改写而成的《吴梅村歌行对唐人歌行的继承与发展》一文,也是最终由先生推荐,发表在《社会科学战线》1984年第3期的(另可参见拙著《清诗鉴赏·后记》)。那个时候,我已经离开北京,在苏州大学读硕士研究生了。

我的研究生阶段,主要是跟导师学习清代诗歌的具体知识。要说做学问的基本路子,大体上形成于本科阶段。这固然应当归功于学校众多老师尤其是几位关键性老师的教导,然而最主要的恰恰就是先生,并且偏偏是在学校之外。

不过,在做学问的具体方法上,表面看起来似乎我也有不尽遵循先生教导的。例如拙作《怀念金开诚先生》,曾叙及自己"在本科阶段,本来信奉'一篇论文定终身'的思想,没有想到在最后的毕业论文之前写文章","然而进行到第四个学期,也就是1979年的下学期",因了开诚师的指示,改为"干中学,学中干",从当时就开始陆续地写文章(见《文史知识》2009年第12期)。这里面提到的"一篇论文定终身",实际上就是先生的话,大意说他当初在复旦大学中文系读本科的时候,就因为毕业论文写得好,所以刘大杰先生主动招他做了研究生,由此决定了此后的"命运"。但是,先生这篇本科毕业论文曾经出示给我看过,研究唐人传奇,小楷精抄,厚厚一摞,篇幅大约有好几万字。这在今天看来,本身就当得一篇硕士学位论文。虽然它最后是一次性提交,但此前的准备、构思、撰写,肯定也是一个漫长的过程。而且,先生早在中学时代,就已经擅长写作,其中一篇寓言《梨树的遭遇》尤其著名,据说还曾经被翻译成多国文字。因此,先生所说的"一篇论文定终身",与我践行的"干中学,学中干",其实并不存在矛盾,两者在精神上是完全相通的。

关于做学问的基本路子和具体方法,大概不少人会以为从课堂上可以获得。这在一定程度上,自然是正确的。但事实上,学校里除了一般课程教学及偶然的讲座之类以外,通常不会有人堂而皇之地专门传授治学经验。我后来曾经尝试着向学生集中介绍些这方面的知识,效果也并不理想。分析其原因,可能主要是学生还没有多少做学问的经历,或者做学问还没有达到一定的阶段,体会不深,仅仅记了一份笔记去而已。所以,前面所说的"聊天",伴随着一个人的成长历程,适时解惑答疑,又逐步潜移默化,这确实是最为有效的一种学习方法。虽然它在总体上花费的时间好像过多,但实际上是非常值得的。先生之所以成为治学方面对我影响最大的老师,原因就在这里。至于我所见到的某些研究生,连跟导师最一般的接触都做不到,一个人闷着头瞎弄,那实在是太可悲了。

我的著作,细心的读者也许会看出这么一个特点——凡是题签、赐序,都请的是自己成长道路上几位关键性的老师。其中最早1991

年出版的《清诗鉴赏》,又1993年出版的《朱彝尊研究》,分别系先生题签、赐序,读者一定可以理解得很清楚了。

本科毕业之后,直到1998年母校百年大庆,我才重新回过一趟北京。那次恰巧是5月1日抵达,一下飞机就直奔先生的寓所,并且晚上就住在那里,第二天才去学校报到。先生招待我到店里吃烤鸭,坚持要由他付费,并说凡是大小几个人在一起,一定要由大者付费,这是一个"规矩",也就是我们的传统。过后我就这个问题请教吴小如先生,小如师也这样说;只有像多位小者集体宴请大者,这种情况下可以由小者付费。如此想来,好像现在的日本也还保留着这样的传统,其中自有道理。于是从那以后,我也更加自觉地养成了这个习惯。

再以后就是2004年8月,我到北京参加国家《清史》项目的招标座谈会,结束之后即于24日下午拜访先生。那次还带上了当时也在北京大学读书的女儿;只可惜女儿读的是理科,不然我一定会引导她像我一样长期去跟先生学习。

最后一次拜见先生,是2009年3月去北京参加《清史·典志·文学艺术志》编纂会议,7日下午返程上火车之前,地点定格在惠新北里甲2号中国艺术研究院职工宿舍楼二十层六室,这也正是我外地通信录上第一条所记的内容。

上个月的20日,中国艺术研究院文艺研究杂志社编审、我本科同专业下一个年级的同学赵伯陶兄,素知我与先生关系"非同一般",所以特地发来手机短信,同时配以网站消息,告诉我先生"因病医治无效,于2016年11月19日凌晨三点五十分在北京不幸逝世,享年八十一岁"。记得2010年12月22日冬至节,先生辗转托人送给我一把他与无锡工艺大师合作的紫砂壶,上面刻有手书《天台行三首》中的一首:

无端思绪正萦牵,岑寂寒斋年复年。

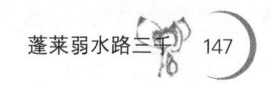

遥望南天难一语，蓬莱弱水路三千。

也许，先生真的升入蓬莱仙境了。写到这里，不禁泪如泉涌。

2016年12月上旬，杭州玉泉

2017 年 2 月号，总 237 期

情同手足的同学
——追忆石湾

王春南

石湾原名严儒铨，以笔名石湾行世。他是我1959至1964年读南京大学历史系本科时的同学。他是江苏武进（现为常州市武进区）人，我是江苏丹阳人，但我们两家相距不到十公里。我从老家到南京，有时会在沪宁铁路奔牛站与他不期而遇。我们之间近六十年的友谊，就是从奔牛站相逢开始的。

我们两人都出生于1941年，他比我小七个月。他身高肩宽，方面大耳，浓眉大眼。工作后外出，常被人误认为是央视主播赵忠祥。不了解他的人，谓其人清高，实际上他对相熟、相知的人是无话不谈的，待人友善、真诚。据他自己说，他在南大历史系学习时，"身在曹营心在汉"，痴迷于文学，常被班主任老师和同学们批评，说他"专业思想不巩固"，但他我行我素。毕业前就崭露头角，在《光明日报》《诗刊》上发表诗作。毕业后先后任职于中国戏曲研究院、文化部艺术局、北京京剧团、《新观察》杂志社、《中国作家》杂志社、作家出版社。曾任作家出版社副总编辑，创办了《作家文摘》报。诺贝尔文学奖得主莫言，当他还没有成名时，他的第一本书《透明的红萝卜》和第一个长篇《天堂蒜薹之歌》，都是石湾帮他出的。莫言尊石湾为"老师"，我则戏称石湾为"大师的老师"。

石湾在《莫言的第一本书》一文中回忆说：1985年，他在作家出版社提出出版一套"文学新星丛书"方案，列入第一辑的五位作者是阿城、王兆军、莫言、刘索拉、何立伟。总编辑从维熙采纳了他的方案。石湾第一次约莫言到作家出版社来的时候，莫言还不相信自己能出一本集子，当时他正就读于解放军艺术学院文学系。他问石湾："石湾老师，我真的可以编一本集子出版了吗?"石湾告诉他,你完全可以编一个很像样的集子了。一听此言,莫言高兴地笑了,眼睛眯成了一道缝。

石湾是很重感情的人,每年都要来南京,看望把他带上文学之路的恩师、南京大学中文系教授赵瑞蕻及夫人杨苡。赵教授谢世后,还每年来看望其夫人杨苡先生。同时与江苏省作协和南京市作协的文友会面。他与文友聚首时,往往邀我同去。

石湾给我的信及电子邮件,留存至今的很多。这些函件都饱含深情。

我们两人都写过关于奔牛镇的文章。2013年9月上旬,我把一千多字的短稿《难忘奔牛镇》发给石湾,请他过目。9月16日,他给我回了一封邮件:

> 读兄《难忘奔牛镇》后,我查了一下手头的《武进县志》,县志载苏东坡"终老于晋陵城厢(今常州市区)前北岸孙氏藤花旧馆"。去年秋,常州的文友曾陪我去看过藤花旧馆及苏东坡墓。关于奔牛及陈圆圆,我在网上搜索了一下,有不少资料,可供你参考。特附录如下(下略)。

为发这邮件,他查阅了《武进县志》,并在网上搜了陈圆圆的资料。邮件有好几千字,读了很受感动。遂将《难忘奔牛镇》一稿做了修改,特地在文末摘录了石湾邮件中的一段话。不久在《温州读书报》刊出。他写奔牛镇的文章则登载于《常州日报》。两篇不起眼的短文,对我们两人来说是有特殊意义的,说明我们都没有忘记奔牛镇,没有忘记在奔牛站相遇的学友。

2010年初,我将回忆录《序言》传给石湾,请他指教。3月21日,他回了一封长函:

> 回忆录的出版,自然要等待时机,在等待过程中,或许还能

有新的资料发现，不断充实修订，更经得起历史检验，也不是坏事……我写的一本名编传记，其中主要的一篇《萧也牧悲剧实录》，10万字，已在大型文学刊物《江南》上全文发表，全书去年6月完稿，上海某出版公司答应出版，合同也早就签了，说好在去年底出版，但直拖到春节前才告诉我审读意见，要我对《萧也牧悲剧实录》一文做修改，删减批左文字。我说已公开发表，文学界反响甚好，是否可以不改？但责编做不了主，我只得让步，删去千余字。未料仍未付排，说因是他们今年的重点书稿，已送刚退下来的总编再审读一遍。又一个月过去了，不知要审到何时。现在的出版社领导，谨小慎微，都是为保乌纱帽。我对责编说了，我在位时每年要审两千万字的稿子，签发六七十本书，平均每月审读六本书，在政治、政策方面的尺度把握，我心里是有数的。退下来之后，出版社几乎每年都有棘手的书稿委托我代审，我在社里也依然有发稿权，责编了好多本书，从接到书稿到出书，从未超过两个月。我原先把书稿交给某出版公司，为的是他们在编校质量上把得严，文字上不会出差错……该公司的人，我一个也不认识，只有由他们处置去了，我只是对责编说：请你们手下留情吧！

去年回母校聚会，我就想了，我们学历史的人，过去都以为，学了历史就是搞历史研究，从没想到，学历史的人，应该首先是会记录历史。司马迁的著作之所以叫《史记》，就是此意吧？去年，我参加一本书的研讨会，邵燕祥就说，如今出版的文学史，竟然读不到作家的故事，深感遗憾。由此我觉得，过去老师教我们写历史研究论文的那一套，未必是史家的正路。在我们的同学中间，想必有历史研究论文或专著的人不少，但能有几个读者？又有多少现实意义？你能留下一本有历史价值的回忆录，就不虚度此生了。经历是人生最大的财富，我想，我们能把我们这代知识分子的历史命运记录下来，就比同辈和同行有出息……我们把身体搞好,还有的可写哩……

我对石湾这封长函做了较多删节,实在不忍心,但又不能不删。如他仍健在,想必会谅解的。

2012年初,我将草书集(繁体字本)《序言》稿传石湾,请他批评。他于1月13日复函,这封情真意切的长函,令我感佩。他写道:

> 很为你出草书集而感到高兴!读了小序,更为你坚持不懈、锲而不舍的习书精神所感动。相形之下,我就很感惭愧了。我出身书香门第,父母的字都写得好,尤其是母亲,还会作诗与对联,对我影响很大。我伯父的字写得更好。我五六岁时,母亲就让我临伯父的字。因此,我曾在全乡小学的书法比赛中得过第一名。记得在南大时,美化寝室,咱们班上的好几个寝室墙上的"书法",是出自我手。可是,出校门之后,我再也没有练过字。成名之后,到地方上去采风,主人请我题字,实在推辞不掉,就靠童子功蒙混过关。有一年在山西,江苏的老作家海笑对我说,看来你小时候是练过字的,丢了实在可惜。等你退休了,到南京来,我帮你选几个字帖,你再好好练字。可等我退了休,心一直也静不下来。字帖我也买了,去台湾时还买了不少不用墨只用水的练字纸,仅试过一两回,就束之高阁了。去年《文学报》创刊三十周年、《人民政协报》搞纪念辛亥革命一百周年名人书画展,约我参展,我也推辞不掉,都勉强写了条幅。《文学报》还刊出了。我几十年来字无长进,但每次外出时题字,都坚持自拟诗句或作联。如纪念辛亥革命联为:"天下为公;地上共和。"前年三月三,在兰亭笔会上,我题的打油诗是:"惠风和畅三月三,诗友雅集会稽山。若问何景最难忘,曲水流觞咏新篇。"我曾写过一篇随笔,叫《字不离文》,认为攻书法,必须兼攻诗词歌赋。也不知道余生我还能静下心来攻书法否?这是一个未圆的梦!你的

小序,写得很好。我只是觉得阿拉伯数字除公元纪年外,还是统一用汉字为好。因这是一本书法集,在书法中用阿拉伯数字看上去是很别扭的。如序中的"九十几分",观感就没有开头一段的"十几年"那样舒服。还有两处小改,我都用红色标出了(详见附件),未知妥否,仅供参考。

我写过一篇题为《风雨不改真君子》的千字文,登在《齐鲁晚报》副刊,传给石湾,请他指正。他在邮件中直率地说,写得"干枯"。此文写的是,南大历史系陈恭禄、王绳祖两位教授,是教会办的金陵大学的同学,美籍教授贝德士的高足。1949年后,两人处境艰难,陈恭禄先生受冲击更多、更大。"文革"初,历史系召开大会,讨论剥夺陈恭禄先生一切权利,包括选举权,在场的只有王绳祖先生一人表示异议,他站起来大声说:"我反对。"我撰文,力求简洁。曾听人说,文学家把一句话变成十句话,哲学家把十句话变成一句话。我奉行的是,把十句话变成三句话,有时简省过头,文字不免干枯。石湾说得没有错。

石湾写过朱偰先生的文章。朱先生曾任江苏省文化局副局长,因反对拆毁南京城墙而被打成右派,打发到南京图书馆工作,"文革"中不堪凌辱而自尽。我听说石湾在为重印朱先生的著作而奔走,并在继续搜集他的资料,便于2009年10月7日,向石湾提供了如下一条材料:

2004年和2005年,我与另五位同志受某机关聘用,为其整理上世纪50年代末以来搜采的资料。我们六人将4 000多万字的资料过了一遍。我有幸读到了朱偰先生1964年写的《抗战后期蒋政权的专卖政策》一文,1.6万字。有关人员对此文有大段批语,指责朱先生"为蒋匪帮涂脂抹粉"。他的文章未获刊发。我在审稿单上签了意见,认为此文对研究抗战时期经济史很有价值，可以收入即将编辑出版的资料汇编中。后来书出了，没有能收进去。1964年有关人员对朱偰先生文章的批语是：

"本稿有不少篇幅不是史料而是分析议论。而立论基点又是放在'搞专卖为解决抗战经费'这一点上，这种议论为蒋匪帮涂脂抹粉，掩盖了四大家族掠夺剥削的实质。还有不少地方说明作者当时如何为'生产''消费者'设想，标榜自己是众醉独醒的'清官'。需要保存史料，删除上述两个方面。有的是大段叙述，可全删。有许多是夹叙在史料中的，需要仔细删剔。"

九年多以前，石湾还对自己的健康很有信心，哪知2017年6月查出癌症。病情危重时，还为一位失去双臂的女画家写文章，表示敬意和支持。并应《温州读书报》主编卢礼阳先生之约，写了追怀恩师赵瑞蕻教授的文章。与病魔抗争两年后，不幸于2019年6月3日晚11时离世。临终前曾流着泪对夫人童心说："我还有事没有做完。有些事，只有我知道，没有来得及写出来。"天妒英才，天不假年。友谊笃厚的朋友又走了一个，不禁为之叹息、唏嘘。

2019年6月10日

2019年7月号，总266期

黄胜仁的文史缘

金 陵

20世纪80年代中期,黄胜仁先生从电子局抽调到温州市委统战部,协助落实知识分子政策工作。时任部长陈国钧。黄胜仁毕业于杭州大学历史系,从军、入党、进企业、做文秘,涉足多个领域,社会阅历丰富,又肯为别人打抱不平。不久,陈国钧接替了刘展如的市政协主席职位,黄胜仁也来到了政协,充实健全了政协文史工作。办公地点设在仓后,借用工商联那幢带拱门的小洋楼。我与黄胜仁先生相处近二十年。我一直是个旁观者,欣赏着他的做事与为人,虽入不了门,却能从门外观之,不亦乐乎。

两年后,办公地点从仓后搬到墨池坊,大院门卫是虚设的,进出

⊙2002年11月29日,黄胜仁先生(右)出席《温州文献丛书》首发式。(沈不沉摄)

自由。他的办公室又在大院深处的底层，总敞开着，这对文史老人的出入倒甚方便。黄胜仁的房间不大，十来个平方米，门口由一排书架隔断，里边靠窗。一张桌，几把椅子。桌面上摆着红蓝墨水及蘸水笔。他的来往客人很多，我常见的有王思本、胡今虚、胡珠生、张宪文、叶云帆、周梦江、徐中业、陈步桂等。这些人都是他"三亲"史料写作队伍的成员。编辑部的陈步桂，系诗人陈仲陶的挚侄，曾撰文回忆郑振铎与他们家的来往，刊于1988年《温州文史资料》第四辑。另一位聘用者苏虹，原系《温州日报》编辑，反右，下放，劳改，留场，退休后在鹿城区政协帮忙，著有《旧温州轶事录》。

　　初期的印刷条件不好。为了省钱，编好的稿子都要送到福鼎去排印。排字、校对、印刷，来回折腾。至1998年他提前退休，任内编辑出版文史资料十余种。《温州文史资料》创刊号于1985年5月出版。至1997年共出版十一辑。涵盖大量温州人物、历史资料，如孙诒让、吴百亨、弘一、梅雨清回忆，温州一九四九年初期工商经济史料、宗教史料，日本关东地震时期温州华工史料，等等。

　　在征集的文化史料中，王思本忆温州和平解放，梅雨清忆籀园创办，王书之忆冒广生与《永嘉诗人祠堂丛刻》，百岁老人严琴隐自撰回忆录等，都是很有价值的第一手资料。此外，纪念金嵘轩百年诞辰的《瓣香集》，胡福畴、冯成勋合编，1987年。许思言逝世十周年纪念会编印的专辑《秉烛菊坛》，1997年。章左平捐赠书画文物纪念册《情系故土》，似可列入文史资料序列外编。《红薇诗草》只印了一百二十册，甚为珍贵。

　　1993年前后，日本学者仁木富美子，从《温州文史资料》第二辑洪特民的文章中，了解到20年代有七百多名温州华工在日本惨遭杀害的冤案。她通过上海的宋庆龄基金会，致信温州，称"愿为被残杀的赴日华工沉冤昭雪"。她只身来温，先后往瑞安、瓯海等地，深入山区村民家中了解真相，并把当年的真相公之于众。回日本后，又发起募捐，先后征集到三百三十万日元，用于温州蒙难华工纪念碑和温州山区教育基金。黄胜仁受陈国钧主席委托,全程参与调查,这才有了《东瀛沉冤》这本专辑,并获得当年浙江政协文史委系统优秀出版物荣誉。

另有一件值得记述的事。1998年春,黄胜仁收到民建界别政协委员蔡仲瑜转来上海章左平先生信,遂向市政协领导报告,称与蔡、章两位曾有一段文史缘。章左平是温籍上海老画家张红薇之孙。张红薇和她的外甥郑曼青,又是民国时驰名上海画坛的画家,其遗作堪称珍贵。以前章左平曾提及捐献书画事宜,未果。今重提出,希望能给予重视。黄向领导建议,第一接受捐赠,第二举办三代画展,第三出版画册。时值政协换届,副主席孙成堪调出,主席高忠勋与蒋云峰交接。又,文史委调入孙福华任主任,调入方嘉松专职从事文史工作。黄胜仁不便配合,遂提早退休。宁做鸡头,不当凤尾,不免与领导抵牾。

他对我这个文史爱好者比较直率,有不同意见,就当面指出。去年他看到我发贵报的一篇读书笔记,题目是《楚有湘累汉逐臣》,说看了三遍才知"小概"。那是生病以后,发不出声音了,于是用手比画着。第一,对王季思,直呼其名,很不尊重;第二,董每戡划为右派,乃历史公案,不能全归咎王季思;"文革"后,中央对右派问题的处理口径是,只摘帽,不平反,全国大体如此,中山大学也只能做到这一步。第三是什么,我记不清了。他说得头头是道,是一位知心者对我最后的表白。

庚子正月,时在2020年1月31日

2020年2月号,总第273期

怀念老友高信

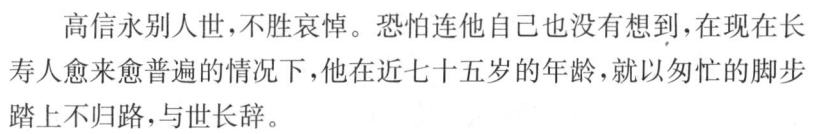

武德运

高信永别人世，不胜哀悼。恐怕连他自己也没有想到，在现在长寿人愈来愈普遍的情况下，他在近七十五岁的年龄，就以匆忙的脚步踏上不归路，与世长辞。

高信2011年得了脑膜瘤，随即做了手术。听说瘤子是良性的，手术做得也好，看来问题不大。病前他应邀编写家谱，并已着手准备。我也主笔编了一本家谱，刚刚印成，他知道后还索要一本参考。自他病后，我建议他家谱暂缓，其他想干的事也暂时搁置，集中休养一段时间恢复健康，他也赞同。过去两人一年见一两次面。自他做手术后都是我去他家，去的次数比过去多点。虽然我们都在西安南郊，但一个在东一个在西，联系也不十分方便，有时打电话去问候一下。他自做过手术后身体每况愈下，这三四年住了几次院。我每次打电话总有点提心吊胆，怕又去医院没有人接电话。一旦他或家人接上电话，我就放心了。去年12月中旬我准备去他家看望，一打电话，他老伴说住院了。几次想去医院探望，说在监护室，不让外人随便去，为了不干扰治疗，只好等着。想他会像过去一样，住几天医院就回家了。谁知12月28日上午就接到他老伴电话说："昨天晚上七点多高信走了！"我一下子不知说什么好。到见高信最后一面已经是在殡仪馆了。

回来以后，心情一直不能平静。从几十年的交谊来看，应该写点文字，但一提笔，总觉得高信怎么能不在了呢？夏天我还去过他家，当时高信听力不大好，交谈时要借助助听器。听力一衰退，有时他听不清对方谈话，就睁着眼睛不吭气，当时就觉得我们这一代都到了暮年，内心还有点伤感。我问他脑子咋样，他说前不久还写了一篇七八千字的文章。我听后还挺高兴，觉得笔耕不辍的高信又回来了。谁知这么快就撒手人寰！

　　高信本名李高信，笔名有几个，"高信"是他常用的笔名。他是陕西商县（今商洛市商州区）人，我们是同乡。与高信相识和交往的情况犹如昨日。屈指算来，我们相识已有四十年了。记得是1975年上半年，高信从商县给我来信，做了简单的自我介绍，并索要我在一刊物上连载的《鲁迅书话》一文。高信在报刊上经常发表文章，我已注意到，所以接到他的信，并不觉得陌生，当然按他的要求办。这年下半年他到西安办事后到我们学校（西北大学），我俩初次见面。两人都喜欢读书和写作，又同时喜读鲁迅著作，就有了共同语言。同时他还说到我的一位中学同学郭敏厚，大学毕业后分配到他所在中学教书，即是他的语文老师（《忆我三师》中最后一位，此文载于《书海小语》一书）。有共同认识的人，我们更觉得不生疏。当天我还陪同他参观了西北大学图书馆。此后我们一直没有中断联系。他1991年调来西安工作后联系就更方便了。一年总要见几次面，互有往来。从1975年至今已四十年。人生能有几个四十年？四十年情谊难忘怀！

　　思念高信，检视高信赠送的书籍，感慨良多。高信出了多少书，一口气说不完、说不全。最早是《鲁迅笔名探索》，1977年由黑龙江爱辉教师进修学校铅印成册，1980年10月由陕西人民出版社作为"鲁迅研究丛书"之一正式出版。也就是说在商县工作时高信就崭露头角。当时就有鲁迅研究论文在包括大学学报在内的刊物上发表，这时的高信不过三十岁。唐弢说得好："高信在商洛研究鲁迅，这正是商洛的光荣，是真正的事业。"后来高信又拓展到书话写作，出版了人称"高信四语"的《品书人语》（1988年）、《书海小语》（1990年）、《书斋絮语》（1991年）、《北窗书语》（1992年）。90年代以后，是高信的收获季节，书籍接二连三出版。掌握了电脑后，更是如虎添翼，硕果累累。他又出版了《常荫楼书话》(1998年)、《长安书声》(2005年)、《书房写意》(2009年),以及高信的"朝花夕拾"《商州故人》(2009年)。高信的写作面愈来愈宽。他对美术自幼就爱好,十多岁就发表过美术作品,对美术研究也颇有心得,出版了《鲁迅木刻形象百图》(1991年)、《鲁迅作品木刻插图选》(2000年)、《民国书衣掠影》(2010年)、《新连环画掠影》(2011年)以及蔡若虹、华君武画册等。其他还有什么,我说不清。

高信发表的文章、出版的书籍,数量可观,已有数百万字。社会影响如何呢?就我的印象来说,觉得高信涉猎面宽,既有学术研究,又有文学创作。其样式有文学评论、美术评论、散文、书话、学术随笔等多种。这些方面他都得心应手,左右逢源。其实文艺写作和学术研究,从根本上说是相通的。可以说高信是一个写作的多面手。就以后来的书话写作来说,他追求的是"着笔往昔,着眼现在,追求史料性和知识性与现实性的联姻"(《北窗书话·自序》)。由于早年进行鲁迅研究的锻炼,让我看,他的书话写作,以学术性为底蕴,视野开阔,议论精当,史料可信,文字雅洁,经得起时间的检验。高信可以说是学者型的作家,或者说是作家型的学者。所以说高信的书话写作,别具一格,受到读者好评,就连他写的美术类文章,也受到称赞。中国连环画研究会会长、中国连环画报出版社总编辑姜维朴评论高信的文章"资料充实准确,文笔畅达老到"。难怪商州作协主席王卫民说高信"是商州的文化或文学的名片"。来西安前高信破格晋升为正高职称,最后在陕西人民教育出版社以编审退休。他是中国作家协会会员,还担任陕西省鲁迅研究学会会长、三秦文化研究会副会长等,可谓实至名归。

高信取得的成就引人关注。在我眼中,高信是位商州才子。他能蜚声文坛,在全国有一定影响,确实不易。由于机缘关系,高信与大学的列车擦肩而过,但他并没有听凭命运摆布,而是以强烈的求知欲望走上自学之路,终于自学成才。说起来几十年与高信见过无数次面,交谈也很随意,但今天回忆起来,要说他怎样走过成才之路,我并不全面了解。是觉得来日方长,以后有的是时间,还是不愿引起辛酸的回忆,等等,反正两人在这方面谈得不多,今天却无法再弥补了。

2016年元月27日,写于高信逝世整一月之日

2016 年 3 月号,总 226 期

想念钦鸿先生

张家鸿

昨天晚上,从范笑我先生的博客里,知道了现代文学史专家钦鸿先生去世的消息,心中久久不能平静。从邮箱里找出了先生发来的所有邮件,一一阅读,往事如在目前。倒数第二封邮件是5月7日发来的,先生写道:"张家鸿先生,你好,来信收到。你的大作出版的信息我早就看到,很为你高兴。承你想起要送我一本,非常感谢。指正谈不上,拜读是幸。"这封邮件的发送时间距先生去世仅剩三个多月。想来先生彼时的身体状况,已经非常不好。

先生在病中,依然关注着我。我是因为书结识先生的。

我喜欢书,喜欢签名本。我读过先生的《书韵依旧》后,写过一篇两千来字的书评《打开一扇明亮的窗》,想把书评发给先生指正,又想把先生的书寄给他签名。先生于2013年9月21日回复道:"张家鸿先生:大函收悉。谢谢你的美意。我的联系方式见信末所附,你需要我为你购之书签字,自当遵命。只是我十月二日便要离南通去印尼开会,到月中才返回。寄书的话,请十月中旬以后再寄为宜。谢谢你为我的书写评论,便中请赐寄。祝好。钦鸿。"这是我与先生交谊的开始。先生的平易近人给我留下了深刻的印象。先生很忙,这是第二印象。我先把书评发给先生。先生后来告诉我,因为身体原因,未能去成印尼,仍在休养之中。还让我把书寄过去,如果有他别的书,也可以一并寄去,他会尽快题签寄回。

先生身体有恙?不想如此确定,又不能不记着"因为身体原因"这样的话语。这是先生给我的又一印象。

我很快就把《书韵依旧》寄给先生。《书韵依旧》是"纸阅读文库"

原创随笔系列第二辑之一,同辑的作者中有来新夏、高莽、黄岳年、曾波炎、程宝林诸位先生。书分"书林偶拾""读书随想"与"书人书事""书缘忆往"四部分,通通都是与书有关的文字,文字清雅,信息丰富,既有书中情趣,也有书外交谊,让人爱不释手。很快,我就收到了先生寄回的书,不是一本,是许多本。几本书,包装整齐,有棱有角,像一块厚厚的砖头。

先生在《书韵依旧》的扉页上为我题:"与书结缘,其乐无穷。愿读者也能分享此乐。应张家鸿君之嘱而题。钦鸿2013年10月于南通四风楼。"四风楼想必是先生的书斋名了。题签的末端,盖有先生的名章与书斋章。先生还赠我三本书,分别是先生所写的《文坛话旧续集》(上海远东出版社2009年2月版)、先生所编的《范泉文艺论稿》(中国戏剧出版社2004年6月版)与《范泉编辑手记》(中国文联出版社2004年5月版)。三本书上均有先生亲笔签名,笔迹潇洒,自成一格。

四本书,都成了我架上的珍藏。

2013年10月30日,先生在回复我的邮件中说:"我目前正逐渐恢复,应无大碍,请释念。"是的,先生的言语,让我忽然轻松了许多。

此后的一段时间里,我把先生的《文坛话旧续集》浏览了一遍,算不上精读,但是书中所涉内容都是我素来喜欢的。因了先生的著述,我开始读起范泉先生的儿童文学作品,如海豚出版社出版的《哈巴国》。这本作品集也是钦鸿先生编的。范泉先生的作品及成就为当下许多读者所了解,钦鸿先生厥功至伟。

先生的著述与编撰之功,让我受益颇多。

先生给我的最后一封电邮是5月13日发来的。先生写道:"你好。大著已经收到,非常感谢你的一片热忱。你如此年轻,文章已经写得相当不错,真是前途无量,兹预祝成功。钦鸿。"相比此前的所有邮件,最大的不同是,先生对我这个后生晚辈,头一次没有信件开头的称呼,有"你好"的问候。这是先生做人一向的标准,温文尔雅,喜欢结交天下爱书人。对于晚辈,先生也是如此。

虑及此,我心中甚是不安。再念到信中对我的鼓励之言,我更是愧疚于心。这份鼓励,我是终生不能忘记的。与先生结识时间,不长也不短,虽未曾谋面,但见《书韵依旧》勒口处的照片,有一份难得的亲切。照片中,先生满面笑容,想必正为写出一篇情理兼具的美文而高兴吧?

先生已去天国。我唯有以此简短的文字,提及与他有限交往中的点点滴滴,借此想念一位和蔼可亲的长者并感谢他一直以来对我的鼓励。我也相信,但凡喜欢先生的人,都会认可博尔赫斯说过的那句话吧,天堂里应当是图书馆的模样。

2015 年 11 月 30 日

2016 年 3 月号,总 226 期

邮箱里的褚钰泉先生

沈 迦

12月27日还收到褚钰泉先生的邮件：

沈迦兄：你好！

得知你又有新著出版，很为你高兴。我的地址是：上海定西路710弄95号503室，邮编：200052，手机：13162515006。

祝好！

钰泉

次日即快递出拙书《一条开往中国的船：赴华传教士的家国记忆》，但随后没有收到他的回复，其间心里也纳闷，以褚先生一贯的周到及谦和，似有点反常。1月14日早餐时刷朋友圈，竟然在陈丰老师的微信中读到他1月9日已去世的消息，心中被重重撞击了一下，原来27日的邮件竟是他与我的永别。

虽与褚先生认识有年，但从未见过面，平日联系就是通过邮件。好在近年没换过邮箱，今晨通过检索，翻出了与他往来的所有邮件。

我给他的第一封邮件写于2010年8月18日，当时刚从英国查询苏慧廉档案归来，那是第二次为苏慧廉去英国，其间还专程去剑桥大学图书馆阅读温州方言版《圣经》。旅行途中写了三篇小文章，总题为《英伦"寻宝"三记》。当时常请教南京的邵建老师，于是归来就把这篇小文发给他看，没想到他竟转给了褚钰泉老师。邵建老师那封邮件也在邮箱里，8月15日发我的："你的大作我刚才转给了《文汇读书周报》的前主编褚钰泉老师，他退休后某出版社请他主编一套

《悦读》,是一份连续出版物。已经出了十几本,反响颇好。你的这篇文字读来亦悦,因此推荐。何况你们都在上海,也许以后联系方便。"17日又有邮件来:"刚才收到褚先生的信,稿子近期用。褚先生要我稿子,我没有。正好用你的顶代,而且你的文字比我更'悦'读(我就是这样向褚先生推荐的)。因此你不用谢我,我有私心,呵呵。这是他的信箱,你们联系吧(chu4321@vip.sina.com)。建议剑河那张照片再补充一张。知道徐志摩的人都知道剑河,可没几人看过。你那张虽然有河,却是配角,因此补充一张较为完整的会更好。"于是18日就给褚先生去了邮件,并附了调整后的图片,没想到当天晚上就收到回复:

沈迦先生:你好!

能得到你的赐稿,很高兴。文章写得很好,可使读者增加不少见识。下一卷《悦读》计划在九月五日左右定稿,你修改后在此之前传我就行。最好文字和照片不要制在一起,分别传我,这样方便些。

《悦读》新的一卷(第十八卷)正在付梓,待印出后,我会寄上,请你指正。请告我你的联系地址。

祝好!

褚钰泉

今天查询邮件,重读,才发现这封邮件发出的时间是晚上11点59分,典型的老编辑工作时间。

《悦读》第十八卷出刊后,先生还来邮件(10月26日)告知:

沈迦兄:你好!

刊登你大作的新的一卷《悦读》已印出,我已给你寄上(寄澳门路),不知你近来是否在国内?能否收到?欢迎赐稿,盼能继续得到你的支持。

祝好!

钰泉

随后又陆续寄来样刊与稿费,老辈读书人的谦和与周到,可见一斑。我当然知道,在下仅是先生几十年编辑生涯中无数作者中的一个,想必他对每一个作者都是这样。

先生提掖,一直感念。2011年10月新写了篇《陈寅恪受聘牛津之缘起》,考证苏慧廉与陈寅恪在牛津汉学教授一职上承前启后的关系。文章甫就,即想到褚先生与《悦读》,邮投过去,也是当天便收回复:

沈迦兄:你好!

不知你的行踪,故无法送上《悦读》请你指教。今收到你的稿件,很为高兴。文章写得很扎实,可见兄疏理史料的功力。《悦读》可考虑刊用。不知兄处有否相关的图片,以便刊登时配用,这样版面可好看些。

祝好!

钰泉

这封邮件发出时间还是晚上11点56分,夜案编稿,许是他一生的习惯。据说,他主编《文汇读书周报》十六年,几乎每天都是九点进报社,一直待到深夜才回家。

《陈寅恪受聘牛津之缘起》后来刊登在《悦读》第二十五卷上。去年,新星出版社将我近年关于传教士与近代中国的小文结集为书,《英伦"寻宝"三记》与《陈寅恪受聘牛津之缘起》也都收入了。我在后记中,也特别鸣谢了包括褚先生在内的一众编辑。年底收到样书,即邮告先生,并与他确认邮寄地址,这也是此文开头他给我邮件的缘起。我不知道褚先生是哪天发病并住入医院,更不知他在最后的岁月里是否见到我这本小书,并见到这本小书里他当年编发的两篇小文。

近年客居海外,虽偶有回国,但也总是匆匆,当然更主要是自己的懒惰,竟没有去拜访道谢下褚先生,现在是后悔莫及。有个成语叫"缘悭一面",竟然用在与先生的交往上。

1月14日微信获悉先生去世消息后,即上网,想查更多的信息,也是在网上的一些文章中才知先生从《文汇读书周报》到《悦读》的艰难过程,中间的不得志及南下坚守,让我感动。很多怀念的文章里,都说到他对读书事业的坚守。"守"原是个平常的词,但前面加了个"坚",便读出了可贵。现在又把这词加在一个逝者身上,更陡增悲壮与力量。

网上的文章,写先生最详细的一篇是《在风雨中不随风而动——〈文汇读书周报〉原主编褚钰泉的风雨十六载》,看作者名字,竟是前几天刚认识的《深圳晚报》记者李福莹。于是即给她写了封邮件,聊表对先生的共同怀念。不一会儿即收到回复:"听闻褚钰泉老师去世的消息,心中一痛。多年前采访他的情景,立即浮现出来,当时这篇稿子还让我获得了一个新闻奖,想来恍如隔世。谢谢沈迦老师给我来信,让我们一起怀念褚钰泉老师。"

让我们一起怀念在风雨中坚守的读书人!

2016年1月19日上午于上海,窗外天寒地冻
2016年3月号,总226期

子晋江山又一星
——读许宗斌"数星星"文史著述感言

张润秀

"数星星"是散文大家、乐邑一代学人许君宗斌自创的文史景观概念。

许君文化工作后期二十多个年头都在"数星星"——盘点乐清的历史文化遗产,以一篇又一篇的文史散文、一册又一册的文史著述为中华文化的一方天空清点诗星、文星与政坛学界的明星、亮星……

宗斌君云殂于学思方壮之年,升腾为子晋江山文化天空中的又一颗星辰,学界仰望,深为痛惜。整整五个年头过去了,人们重归平静,继续追忆伴随宗斌君生发的诸多文化现象,解读其"数星星"式的文化史学景观。

⊙许宗斌著《雁荡山笔记》书影

许宗斌"数星星"的文化史学构想,较完整地披露在2012年面世的文史著作《昨夜星辰》:

>   文化也是一片天空。乐清的文化天空,在开始许多个世纪里近乎一片黑暗,偶尔出现一颗两颗星星,冷冷清清,不成气象。也偶尔有几颗客星闯进,轻轻地来了,轻轻地走了,不带走一片云彩。直到宋朝,特别是南宋以后,我们的文化天空才有了属于自己的星群。

这是他对自己所有文史著述宗旨的概括性描述。

《昨夜星辰》第一辑总题曰《数星星》,全是读书札记类的文化史作品。像是小时候的夏夜,躺在庭院的竹床上纳凉,放眼夜空数星星,习惯于"专挑大的、亮的星星数,数来数去数不清。数不清还是要数,一遍一遍地",终于在六十六岁时数落出乐清文化天空中五十多颗明亮的星星,初现乐邑文化星象图景。

第二辑名曰《星星数》。此"数"字取"命运"义,衍说的是"星星的命运"。收录的六篇文化大散文,其中有三篇副题为"雁山三臣"的旧作,实际写作时间为1994年。

如此上溯而下迄其离世,许君投身"数星星"历史文化事业,延续长达二十二个年头。恰是他学人生涯中最成熟的年华。

案头叠放着宗斌君有关乐清人文历史的几乎所有著述,大都有他的亲笔题签。只有这册遗作《昨夜风》,扉页将永远空白着,是乐清社科联同人连同新出版的《乐清文献丛书》第三辑数种等,年前打包快递过来的。

其中有三册,是宗斌当年特地赶到我与会的雁荡山宿地送我的,至今还似乎带着他的体温。他兴奋地坐在书桌前,题签留款,盖好印章,随即夹上一张事先准备好的绵纸,亲手递给我。

故土、故乡、故人,古诗、古文、古事。童真文心,诗性文笔,读来分外亲切温馨。

我以为,在乐清历史文化书系中,《昨夜风》是《昨夜星辰》《往来成古今》《驿边人语》等的姐妹篇,是许君"数星星"大业的提升终结版,其浓浓的书卷气息足以涵养现代文明。乐清文献丛书编辑部所拟《编后记》,提要钩玄,简明揭橥此一大著的内容、价值及其艺术特色,实有"序言"之庄重凝练:

> 这部著作是全面了解乐清本土文化(特别是精英文化)的权威文献,是作者数十年专注乡邦文化的学术结晶……在宏观构

架之下,更侧重于精研细说、钩沉缀联,可谓包罗巨细、剔抉无遗。其见解之精辟,堪为研讨特定时期、相关区域历史文化现象的学术方针。

此评洵非虚语也。全书九章,将乐邑古代文化的历史嬗变衍化,置于乐清立县一千六百多年的建制沿革、社会政治经济发展的宏大背景之下,精心勾画出乐邑文化发展的全景式图像。从本土精英文化到草根文化,从精英文化的沉寂期、萌芽期到辉煌期直至终结期的人文转型,跨越千数百年的沧桑风雨,历数乐清文化史上的文士名家与各种文化场景中的芸芸众生相。最后又单列"雁荡山历史文化"一章,彰显鲜明的地域特色。

我们有理由将其视为乐邑文化名家的别致小传,又可视其为另类的乐清文化史专著。有论者对散文体文化史写作不以为然,我则以为,文化史的写作本不必定于一尊,限于一格,不能只有教科书这一类型。许君腹笥甚富,又时时注入自己鲜明的史观、独立的见解,自有独树一帜的自信和风范。

数卷诗文证白头,春风撩我共时愁。
鹤影箫台总雅儒,浮生片语画征夫。

我2008年的读书感赋,试图概说许君的散文大家风貌,而憾于只能窥其万一。

许宗斌的学术结晶体《昨夜风》,是《乐清地域文化丛书》的扛鼎之作,是地域文化树林中的一棵参天大树。那些过往岁月的皱褶,一旦纳入作者的视野,略经浸润渲染,立马舒展出鲜活之气。这大致可归因于以下两个特点:

其一是史观明晰。基于作者较为全面的学识结构和史学修养,凡涉及历史人文,其历史叙述、历史解释、历史观点、历史结论诸项,井然有序,大体都能准确到位。这在其为巨星级别的王十朋、章纶、张璁、郭纯、陈一球、张云雷所作的专题考述中,表现得尤为充分。

其二是诗情饱满。宗斌君叙说人事,每多引诗为证。这固然是因为中国诗歌天生而有记录历史的功用,以诗证史读书法早已被史学家成功地运用于历史研究之中;更因为宗斌本人就是诗人,善解诗意,善于引诗以证明事件,补充和纠正历史记载之不足。当然,这也较切合乐邑的历史遗存书画少于文章、文章少于诗歌、词又少于诗的文化实际。

宗斌君说古论史,总带着平常人的平常心,少不了"同情之理解",故每每蒸腾出一股亲切的乡土气息和热肠古道。

许宗斌"数星星"式的文化事业更铺展于"乐清文献丛书""乐清地域文化丛书""乐清籍古典作家选集丛书"等的系列工程之中,最大力度地扩展乐清历史文化的学术增长点及其社会影响力。

他最后任职的乐清市社科联,为他提供了整合社会资源以合力"数星星"的最佳舞台。始自2007年发凡起例,十年来,四十多种数千卷的乡邦文献系列丛书相继面世。许君与社科联诸同人殚精竭虑,其投入之力度和出版业绩之巨且优,省内外瞩目。

文史哲一家,儒释道相通,诗书画并茂。在各种意识理念的碰撞融合中,乐清文化的发展轨迹渐次呈现,实乃历史之幸、文明之幸。

年前翻检《乐清文献丛书》第二辑之《林启亨集》,得知曾主讲梅溪书院的林启亨(1771—1856)不仅以组诗感念民生痛苦、揭露官府腐败,父子两人还数十年如一日,倾力于谢灵运太守当年行田的白石水利工程,不惜倾尽家财,率海滨同人"具牒公庭",以致"苍黄自顾,避债无台"。

近读吴小如先生校点的《耕心堂集》,检索到耕心堂主人曹志丹(1863—1912)"担道统,建功业",在辛亥革命期间"不暇计""一身之安危","独招二三同志,揭白旗,首倡光复";在学理上则倡言"近搜龟龄、五峰诸学说","合乎孔孟之真传,并旁通欧洲诸学",云云。

检读文献,清点星星,我不禁为乐清士风文脉的潜流暗涌而惊喜。在这支前赴后继的士人队伍中,我们看到了埋头苦干、舍身求法、为民请命的"中国脊梁"的身影!难怪钱志熙教授要向中国近代史料丛刊推荐《耕心堂集》这样的书,称它是"藏在深山人未识"的"稀见文献"。

我之认识、了解许宗斌,是从读他的书开始的。与他的结交,听他的"将令",也是以书为媒介的。我时时感佩于他无处不在的"士"的内在气质。

许君的"数星星"事业活跃于新旧世纪交替时期,这时期的文化变迁格局,或可借用冰心女士的暮年箴言——《无"士"则如何》有云:"前几年,不少领导人常说:无农不稳,无工不富,无商不活。其后,又有人加了一句:无兵不安。这些话都对,概括得也非常准确。可惜尚缺一个重要方面——无士怎样呢?"她的结论是:"无士不兴。"

"士"者,古代知识分子之通称。春秋时代,在金字塔形的社会构架中,王、诸侯、大夫以下的阶层就是"士"。社会学家费孝通先生在其名作《乡土中国》中,更称"士为四民之首"。在以"士农工商"简单社会分工为基础的农耕社会里,"士"称其首的根本原因,就在于"士"是整个国家机器的重要社会基础。在经历了20世纪80年代对文、史、哲、艺术的"文化批判"之后,中国社会于90年代进入了"学术反思"的新时期,既反思文化传统,也反思现实,反思所借鉴的西学。改革开放,文化复苏,饱学而沉浸本土传统文化的许君,正是在这个时间点上开始冷静地"数星星",寻寻觅觅,不离不弃,并招引同伴,终于在周边组构起庞大的"数星星"文化圈,以文化寻根弘扬地域传统文化。

此一豪举,无疑正是感应于时代的召唤。

作为离乡游子,我与许君相知订交,已到了其"数星星"生涯之后期。在断断续续的阅读乐清文史著作的过程中,我终于萌发了跟随宗斌君"数星星"的念想。已出的拙注本《王十朋选集》(全二册)与即将出的文学传记《梅溪诗传》以及若干篇关于乡邦文事的议论,即可归属于"听将令"的"遵命文学"。

我对宗斌君的敬慕感怀,也是基于他研究王十朋的成果为我的研读志趣铺垫了学理底气。《雁荡山笔记》中的《资深堂里周长官》《愿借龙湫水,一洗了堂碑》与《昨夜星辰》中的《何处是归程》诸篇,都是精研王十朋史事的文史精品。我曾称他是"乐邑文坛梅溪知己第一人"。

真要感谢宗斌君,他生前的奋力,为乐清市的"数星星"事业构建起一支瓯越地区数一数二的基本队伍。

以费孝通先生创立的"差序格局"概念观照之,作为学人灵魂的许宗斌,"以自己的地位作为中心,周围划出一个圈子","像石子一般投入水中……像水的波纹一样,一圈圈推出去,愈推愈远"。

在契合传统社会"差序格局"的同时,许宗斌的"数星星"也引进了现代社会的"团体格局"概念,如费氏比方的,"好像是一捆柴,几根成一把,几把成一扎,几扎成一捆,条理清楚,成团体状态"。

费先生的描述和分析所具有的学术张力,恰好用来验证当下乐清地域文化史研究的兴起、路径及其走向。近些年,有志于梳理、研究乐清地域历史文化的学者逐渐增多,与乐清成型更早些的当代诗人群体相互呼应着,已然蔚成大观。

当然,乐清之所以能结成这么广泛的文化圈,也离不开许宗斌个人独具的人格魅力。

他以小说发轫,本是艺界名流,其文心气场和感召力隐然于内敛的诗性文心。在"下海潮""商业潮"涌动、"炒股族""炒房族"并起之时,许宗斌舍弃行政职位,舍弃已得之文学声誉,自愿选择未必会扬名而注定会坐冷板凳的地域文化研究,坚守数十年,沉迷于发黄的书页,试图弥合宏大叙事与日常生活的裂缝,这要具备多大的能耐啊!

他的文学才气与学术自觉有广结人缘的潜在吸引力。他的"数星星"走的是一条由点到面、由个别到整体、由树木到森林,不断地生发学术增长点之路。

现如今,许宗斌已成为乐清、温州文史学界引人注目的人物。钱志熙教授称许宗斌是文坛"实力派""学者型作家","是具有影响力的领袖式人物"。从乐清出发走向文学高地的刘文起先生,则以"开天辟地""卓有成效""不可替代"三个断语涵盖许宗斌之于乐清文化的重要性。我以为一点也不为过。

诚然,像许宗斌这样的人才得之不易呀。读读卢礼阳先生披露的日记,可窥见宗斌一直生活在高负荷之中。宗斌实在是劳累过头了!

"昨夜星辰昨夜风,画楼西畔桂堂东。"这多么美好的意象,却一语成谶! 数星人的生命之舟随昨夜之风飘然离去了。

书比人长寿。我相信,宗斌君培育的这片郁郁葱葱的树木,已然汇入中华文化的"大森林"中。乐意走进这片大森林,乐意呼吸民族文明气息的,将不只是我们这些同辈人,也不限于他的子女亲属,应当还有众多的相识与不相识的年轻一代。相信多少年后,世人欲索前人心事、印证时代行踪、求得某些历史经验,等等,当不乏问津这套文献丛书者。

想我子晋江山,自立县一千六百余年来,从不缺乏栖居诗意和审美享受。请看,子晋遨游的夜空中新添的那颗星星,正满蓄光热,向人间传送温馨:

  今夜我们在海边数星星,
  星光下是一片和谐与安宁……
  啊,今夜多么美,今夜多么静,
  我们在海边陶醉地数星星……

我愿借情意荡漾的这首歌为"子晋江山又一星"虔诚祈祷!

2020 年 9 月 3 日于杭州西溪寓所,11 月 3 日删定

2020 年 11 月号,总 282 期

学问和思想
——缅怀叶世祥兄

周维强

世祥兄去世,转眼六年多了。

世祥生前执教温州大学人文学院,兼温州大学副校长之职,恬然治学,在中国现代文学、文艺学诸多领域,有精湛的研究。他的著述,比如《鲁迅小说的形式意义》,比如《20世纪中国审美主义思想研究》,都给了我许多有意义的知识。

《20世纪中国审美主义思想研究》一书,思虑缜密,胜义纷呈。

试举一二例子。比如关于中国现代审美主义思想的起源语境的探讨,世祥兄辨析了中国古代审美主义思想与中国现代审美主义思想的区别,在现代性视野中厘清了中国现代审美主义思想的起源语境,就大有新意。世祥在书中分析了具有代表性的刘小枫有关审美现代性的理论误读,然后追根溯源至传统与现代会合处的王国维,讨论了王国维如何混淆了孔子与康德的审美思想,王国维的这一个理路"所呈现的理论盲视……更预示了此后的中国美学对审美现代性问题本质的迟钝"。世祥在书中继续阐述:"对审美现代性的隔膜,使我们面对古今审美主义思想时往往被浮面的现象所迷惑而丧失了敏锐的辨别力。以审美的方式来回答、解决生命意义问题,只是古今中外形形色色的审美主义的重要面相,

⊙叶世祥著《20世纪中国审美主义思想研究》书影

而不是审美现代性的圭臬。不同的学者当然可以从不同的方面对审美现代性做出自己的理解,但对审美现代性的'现代'内涵的理解总该有一个逻辑前提。"世祥拈出"在现代意义上理解生命的复杂性"作为讨论审美现代性最基本的逻辑前提,确乎精准,正是在这一个地方,中国传统审美主义和现代审美主义发生了根本的分野,中国现代审美主义的起源也因此不可也不必往中国的传统去追溯。辨析了中国现代和传统的审美主义思想的区分之后,世祥"重构"了中国现代审美主义思想的起源的现实语境:近代稿酬制度及随之而来的文学商品化进程、现代文学制度的建立和现代公共领域的形成。著者所以做此"重构",是要真正在"现代"的意义上把握现代审美主义思想的内涵,"在审美创造和审美研究已然在严整的学科建制内成为一种职业的时候,现代审美主义不可能只是古代凌空蹈虚的审美情怀的现代翻版"。

再比如书中一个小小"细目",关于朱光潜和宗白华的美学思想现代品质。朱先生研西方美学,宗先生治中国文艺,通常以为朱是现代的,宗是传统的,世祥则以为刚好相反,朱在"人生艺术化"里以"魏晋人"的"采菊东篱"做底子,宗的"美学散步"则不是到现实人生之外去寻求审美救赎之途的"审美化生存",故宗较朱更具现代性。这也是一个颇有新意和深意的识见。

世祥兄先后在北京师范大学、北京大学和浙江大学念书,转益多师,学风醇正,所做的学问是"有思想的学问",所治的思想是"有学问的思想"。虽世故惊涛,世祥依旧恬于学问,精研深究,正是有为之年,不幸英年早逝。世祥兄生前曾申请到了国家社科基金重点项目"百年中国文学与媒介的互动共生关系研究",这是一个跨学科的有趣味的大题目、一个可以让世祥发挥更大才智的大题目、一个可以让我们从中汲取更多灵感的大题目,可惜刚刚申请获得,世祥兄就离世了。天不假年,奈何奈何。愿世祥兄在天之灵安息。

2019 年 8 月 6 日

2019 11 月号,总 270 期

专栏集萃

夏里札记

洪迈读《汉书》百遍

王春南

《容斋随笔》的作者、南宋洪迈说:"旧书不厌百回读。"他是这么讲,也是这么做的。在几十年间,他把皇皇巨著班固《汉书》读了百遍。《容斋随笔》云:"予自少时读班史,今六七十年,何啻百遍。"不但如此,还曾手书《资治通鉴》三遍。洪迈之后八百多年,不知有几人读《汉书》这样用功。

洪迈深爱《汉书》,把阅读《汉书》当作一种乐趣。他说:"班固著《汉书》,制作之工,如《英》《茎》《咸》《韶》,音节超诣,后之为史者,莫能及其仿佛,可谓尽善矣。"推崇班史,以至认为它尽善尽美,后来的史著,皆不能及。他把班固《汉书》比作四首高深玄妙的乐曲《英》《茎》《咸》《韶》,读《汉书》就像欣赏这几首乐曲,怪不得百读不厌。

《容斋随笔》中有大量的读《汉书》札记。此书五十多万字,收入一千二百三十二则随笔记录。据笔者初步统计,其中有一百八十则是读《汉书》札记。将这些札记细细琢磨,可以看出洪迈是怎样读《汉书》的。

读班史,跳出班史

洪迈读《汉书》,不囿于西汉史,能把班史放到古今历史的大背景下阅读。

读了《汉书》宰相传记,不但把这些宰相的事迹串并起来研

究,而且将汉朝宰相与唐朝宰相进行比较。他在《容斋随笔》中写道:

> 前汉宰相四十五人,自萧、曹、魏、丙之外,如陈平、王陵、周勃、灌婴、张苍、申屠嘉以高帝故臣,陶青、刘舍、许昌、薛泽、庄青翟、赵周以功臣侯子孙,窦婴、田蚡、公孙贺、刘屈氂以宗戚,卫绾、李蔡以士伍,唯王陵、申屠嘉及周亚夫、王商、王嘉有刚直之节,薛宣、翟方进有材,其余皆容身保位,无所建明。至于御史大夫,名为亚相,尤录录不足数……若唐宰相三百余人,自房、杜、姚、宋之外,如魏徵、王珪、褚遂良、狄仁杰、魏元忠、韩休、张九龄、杨绾、崔祐甫、陆贽、杜黄裳、裴垍、李绛、李藩、裴度、崔群、韦处厚、李德裕、郑畋,皆为一时名宰,考其行事,非汉诸人可比也。

洪迈将汉、唐宰相比较之后,得出结论:唐朝多名相,是汉朝宰相所不能比拟的。究其原因,乃唐朝重宰相,汉朝不甚重宰相。洪迈讲到了汉武帝时代的情况:"汉武帝天资高明,政由己出,故辅相之任,不甚择人,若但使之奉行文书而已。"汉相的角色没有唐相重要,难有表现的机会,故少名相。钱穆《中国历代政治得失》一书说得更清楚:"碰着一个能干有雄心的皇帝,矜才使气,好大喜功,常常要侵夺宰相的职权……汉武帝雄才大略,宰相便退处无权。外朝九卿,直接向内廷听受指令。"

洪迈读了《汉书·武帝纪》,联想到东汉光武帝,找出两位皇帝治盗法的不同。武帝治盗,越治越多,光武帝治盗,越治越少。原因在于汉武帝政策过于严苛,反而效果不佳,光武帝政策宽严得当,效果很好。

洪迈由《汉书》所写周亚夫(绛侯)的遭际,联想到北宋宰相寇准(莱公)的遭遇。汉文帝礼遇周亚夫,因袁盎进谗,遂对周亚夫起了疑心。宋真宗礼遇寇准,因王钦若进谗,便疏远寇准。佞臣三言两语,便能搞倒一位功臣。洪迈感叹说:"呜呼!绛侯、莱公之功,揭若日月,而盎与钦若以从容一言,移两明主意,讫致二人于罪斥,谗言罔极,吁可畏哉!"

就《汉书》中史事发抒议论

汉承秦制,秦朝一些严酷的法令也为西汉所继承。对西汉刑罚的苛严,洪迈多所指摘。西汉动辄灭族,视人命如草芥。晁错本是汉景帝的"智囊",向景帝献过削夺诸侯王封地的"削藩"之策。吴楚七国以诛晁错为名,起兵反叛时,景帝听从袁盎之言,将晁错及其父母、妻、子、兄弟不问老小全部处死。以为晁错一死,吴楚七国反叛便没了借口,就可消弭叛乱。主父偃和郭解本不该死,因有的官员主张严惩,两人均被灭族。洪迈批评说:"且偃、解两人本不死,因议者之言,杀之足矣,何遽至族乎?汉之轻于用刑如此!"西汉把灭族当儿戏,令其愤慨。他特别指出,汉景帝残忍好杀,在东宫时就杀了吴太子。汉武帝到了晚年,也变得残忍好杀。

洪迈批评西汉以言定罪。有人举报杨恽(司马迁外孙),廷尉(最高司法审判官)处理此案,查出杨恽致孙会宗信,"宣帝见而恶之"。于是廷尉判杨恽犯大逆不道之罪,处以腰斩,妻、子流放酒泉郡,与杨恽来往密切者孙会宗、张敞、韦玄成等免官。汉宣帝为何看了杨恽致孙会宗信便动怒呢?张晏认为信中的一首诗犯了大忌:"田彼南山,芜秽不治,种一顷豆,落而为萁。"影射朝廷荒乱,百官谄谀。洪迈指责张晏穿凿附会,认为触犯汉宣帝的,不是信中那首诗,而是"君父至尊亲,送其终也,有时而既"一句,涉及给皇帝送终,这是汉宣帝特别忌讳,不能容忍的。

洪迈还批评汉朝及后代的"腹非法"。张汤告颜异,说他见政令有不当,嘴上不说,心中讥笑,颜异因此被处死。此后便有了所谓"腹非法"("非"一作"诽")。这项法令非常荒谬:我虽没有抓住你的一言半语,但我认为你心里有罪恶的念头,我就可以定你的罪。后来曹操赐崔琰死,隋炀帝令薛道衡自尽,由头都是"腹非"。洪迈就此三件事发抒感慨:"古者置人于死地,必求其所以死。然固有无罪杀之,而必为之名者。"杀死一个无罪的人,一定要找一个借口,这借口就是"腹非"。"冤哉此三臣之死也!"洪迈为这三人的冤死愤愤不平。

给《汉书》挑毛病

洪迈将《汉书》纪、传、志、表对照阅读,发现"矛盾不同非一",尤以张释之传为甚。本传云张释之在文帝时十年不调,景帝时任廷尉,然而据《百官公卿表》,张释之未尝十年不调,景帝时未尝任廷尉。

西汉的宰相贡禹、薛广德、韦玄成、匡衡均有过失,而《汉书》避而不谈。洪迈说:"四人皆握妮自好,当优柔不断之朝,无所规救。衡专附石显,最为邪臣……皆不著其有过……然韦、贡之所以进用,皆阴附恭、显而得之。班史隐而不论。""握妮",气量狭小。恭指弘恭。班固提倡"实事求是",写《汉书》也是秉持这一原则的,但为上述四人立传,有违"实事求是"。

洪迈说,《汉书》评价魏相、萧望之、于定国失实。《汉书》云,魏相、萧望之是"贤公卿",于定国任廷尉时"执法公正"。洪迈不同意《汉书》的说法:"宣帝治尚严,而三人者,又从而辅翼之,为可恨也!"指出魏相、萧望之、于定国分别要对赵广汉、韩延寿、杨恽的死承担责任。

《汉书》写杜延年、杜钦有失误。杜延年是霍光下属,《汉书》称:"光持刑罚严,延年辅之以宽,议论持平,和合朝廷。"洪迈驳斥了这种说法:"予谓光以侯史吴之事,一朝杀九卿三人,延年不能谏。"《汉书》又称,当世善政,多出于杜钦。洪迈不以为然,说:"夫新莽盗国,权舆于凤,凤且退而复止,皆钦之谋。若钦者,盖汉之贼也,而谓当世善政出其手,岂不谬哉?"认为杜钦给王凤出了好些坏主意,王凤对王莽的篡位负有责任("权舆",起始也)。

洪迈还指出了《汉书》的重复和疏略：班固为夏侯胜、京房立了传，又在《儒林传》写夏侯胜、京房，近于重复。《儒林传》写张禹、彭宣、王骏、倪宽、龚胜、鲍宣、周堪、孔光、李寻、韦贤、玄成、薛广德、师丹、王吉、蔡谊、董仲舒、眭孟、贡禹、疏广、马宫、翟方进诸人，过于简略，仅仅记载姓名及师承谁。

给《汉书》颜师古注找错

唐朝颜师古固然是《汉书》的功臣，但洪迈给《汉书》颜师古注挑出好多瑕疵。

他说，谷永回答汉成帝问话时讲到"玉堂"，颜师古以为是嬖幸居住之所，此大谬，玉堂乃帝王燕游之地。

颜师古是北方人，不懂南方方言，注南方事物的读音有时出错。洪迈举出下面一例：淮南王刘安《谏武帝伐越书》曰"舆轿而隃领"，"轿"，颜师古注音"桥"，南方方言音"旗庙"反。

颜注往往不免冗繁。洪迈举例说：《项羽传》四次注"伯读霸"，无此必要。"相国何""相国参""太尉周勃""太尉亚夫"，读者明了，颜师古也不厌其烦地加注。

洪迈发现颜注误绛、灌为一人，指出这是受《楚汉春秋》的影响，《楚汉春秋》错了，颜师古也跟着错。

洪迈对《汉书》诸家注包括颜师古注，做了以下三条重要补充：

枚乘致吴王濞书，曰："夫以一缕之任，系千钧之重，上县无极之高，下垂不测之渊，虽甚愚之人犹知哀其将绝也。马方骇，鼓而惊之；系方绝，又重镇之。系绝于天，不可复结。坠入深渊，难以复出。"《汉书》诸家注包括颜师古注，都没有说明枚乘这段话的出处。洪迈说，出自《孔丛子》一书，枚乘略做改动。

《汉书》载萧何谏高祖语："夫能诎于一人之下，而信于万乘之上者,汤、武是也。"《汉书》诸家注包括颜师古注,都没有注明萧何此语出处。洪迈说,出自《六韬》:"太公曰:'……屈于一人之下,则申于万人之上,唯圣人能为之。'"

盖宽饶上书引《韩氏易传》曰:"五帝官天下,三王家天下,家以传子,官以传贤,若四时之运,成功者去。"对这段话的出处,诸家注释《汉书》,皆无一语。洪迈说,出自《说苑·至公篇》,蒋济《万机论》也有类似的话。并说皇帝的别称"官家",出典就是上述"五帝官天下,三王家天下"。

洪迈读《汉书》百遍,使我震惊。他读史有这么大的毅力,是我望尘莫及的。在他的影响下,我于去冬今春把《汉书》重读了一遍。

2018 年 10 月

2018 年 12 月号,总 259 期

褒贬《后汉书》

王春南

梁启超和胡适看法对立

对一本书，见仁见智，甚至众说纷纭，是很正常的。

关于《后汉书》，梁启超和胡适的看法可说大相径庭：梁启超推崇，胡适贬斥。我们先听听他们各自怎么说。

梁启超在《国学入门书要目及读法》一文中云："《史记》《汉书》《后汉书》《三国志》俗称四史，其书皆大史学家一手著述，体例精严，且时代近古，向来学人诵习者众，在学界之势力与六经诸子埒，吾辈为常识计，非一读不可。"认为《后汉书》与《史记》《汉书》《三国志》一样，是"大史学家一手著述，体例精严"，在学界的地位和影响堪比六经、诸子。

胡适在1930年9月12日日记中写道："《后汉书》的文字有很好的，如《马援传》之类；但大部分是很不高明的。其论断文字多迂腐，多不成文理。其中有许多传记全无史料价值。"胡适把《后汉书》贬得很低，以为书中大部分传记文字不高明，许多传记毫无史料价值可言。还指责《后汉书》的论断文字大都迂腐，没有条理。

我是读过一遍《后汉书》的，留下很好的印象，故而很难接受胡适对《后汉书》下的断语。为了辨明胡适和梁启超谁的观点更客观、公允一些，我于2018年4至7月，用了三个多月时间，第二次通读了《后汉书》。我读得很细，并做了笔记。读后对《后汉书》有了更进一步的认识，有可能就梁启超、胡适两人或褒或贬《后汉书》，谈谈我的看法。

《后汉书》多有精彩传记

胡适特别赞赏《后汉书》中的《马援传》。这篇传记的确很好,可说是《后汉书》传记中最出彩的。此传写马援的容貌、谈吐、韬略、武功,文字不亚于《史记》《汉书》。写马援从交趾返回京城,带了一车薏苡种仁(苡仁,可做中药),本想引进内地,加以推广,哪知仇家诬陷他,说他带回的是一车"文犀明珠",使马援蒙受不白之冤。由这起冤案,引出一个新的成语"薏苡明珠",意为无故受谤。"马革裹尸"的典故也出自《马援传》。这是一篇动人心魄的传记。

胡适欣赏的《后汉书》传记,还有几篇,篇名是什么,他没有言明,只说是"《马援传》之类"。就我的感受而言,《后汉书》的传记,有四十九篇打动了我,除了《马援传》,还有以下四十八人的传记。他们是:

刘玄、刘盆子、隗嚣、公孙述、邓禹、贾复、吴汉、窦宪、桓谭、郭伋、朱浮、梁冀、贾逵、班固、第五伦、胡广、袁安、陈宠、班超、班勇、王充、王符、庞参、桥玄、崔寔、杨震、杨彪、张纲、杜根、张衡、马融、蔡邕、李固、杜乔、张奂、张俭、窦武、何进、孔融、荀彧、皇甫嵩、董卓、袁绍、袁术、吕布、蔡伦、崔琦、赵壹。

因篇幅所限,不可能一一详述这些传记精粹所在,只能选择几篇,扼要叙述。

《邓禹传》:邓禹识见、谋略非凡。认清天下大势,功成身退,远离名势。教养子女,有子十三,各守一艺。

《刘玄传》:刘玄(更始帝)懦怯、平庸。诸将拥立他为天子,其人"素懦弱,羞愧流汗,举手不能言"。

《杨震传》:杨震正直、清廉。一位故吏夜怀金十斤馈赠他,说"暮夜无知者"。杨震答道:"天知,神知,我知,子知。何谓无知!"拒不接受。后因皇帝的舅舅、皇后的哥哥向他推荐人,他不用,遂遭忌恨,被逼自杀。其子杨秉也是廉吏,有人送他百万钱,他闭门不收。

《杨震传》附《杨彪传》:曹操杀死杨修后,见到杨修的父亲杨彪(杨震中子杨秉的孙子),问:你怎么这样瘦?杨彪回答说:"愧无日䃅先见之明,犹怀老牛舐犊之爱。"金日䃅有子二人,汉武帝所爱,以为弄儿。后弄儿长大,在殿下与宫人戏,金日䃅恶其淫乱,遂杀弄儿。杨彪的回答滴水不漏,让曹操抓不到把柄。若是杨彪稍稍露出一点怨气,曹操就不会放过他。

《窦宪传》:外戚窦宪弄权、骄横,导致窦氏覆灭。

《张纲传》:朝廷派"八使"巡视地方,考察官员,张纲是"八使"之一。他没有下去巡视,说:"豺狼当路,安问狐狸?"意为整肃贪腐、奸邪,要分轻重缓急。于是弹劾皇后的哥哥、专权的大将军梁冀,揭发了他15条罪状。

《吕布传》:陈登去见曹操,回来后,吕布对他说,你在曹操面前出卖了我。"登不为动容,徐对之曰:'登见曹公,言养将军譬如养虎,当饱其肉,不饱则将噬人。'公曰:'不如卿言。譬如养鹰,饥则为用,饱则扬去。'"后曹操包围下邳,吕布投降。吕布对曹操的"座上客"刘备说,你为我说一句话,把绑我的绳子松一松。曹操说:"缚虎不得不急。"乃命松绑。刘备说:"不可。明公不见吕布事丁建阳、董太师乎?"曹操点头赞同。丁建阳即丁原,有恩于吕布。吕布受董卓诱惑,杀死丁原。董太师即董卓,拔用吕布为骑都尉,"誓为父子",后董卓被吕布刺杀。刘备、曹操都深知吕布为人,吕布被缢杀。

《蔡伦传》:蔡伦有才学,发明造纸术,所造纸被称为"蔡侯纸"。早年正直,数犯龙颜。后卷入后宫纷争,不得善终。

《后汉书》的传记,也有内容空泛、文字平淡的,但这样的传记只占小部分。若是把《后汉书》的大部分传记都说成这样,就言过其实了。

以下传记的确水准较低:《窦融传》平淡;《苏竟传》单薄;《杨厚传》无稽;《王充传》过简;《周燮传》《黄宪传》《徐穉传》《姜肱传》《申屠蟠传》写五名处士,意义不大,无史料价值;《儒林列传》过于简略,其中《许慎传》仅八十余字;《费长房传》似神话故事,收入严肃的史学著作《后汉书》中,很不协调。

《后汉书》多有警辟议论

《后汉书》作者范晔不但是文章大家,而且史识甚高。他在书中就东汉历史上一些重要问题做出了或详或略、或深或浅的回答,这些问题主要包括:光武帝刘秀为何能中兴汉室;东汉前期治理国家为何较成功;东汉治理地方有何经验;东汉为何多良吏;宦官和外戚为何能庞然坐大;东汉王朝到后期已经很腐朽了,为何还能苟延残喘那么长时间;东汉覆亡的原因和教训是什么。本文不拟在这些问题上展开,仅就《后汉书》关于东汉前四朝的治理、皇太后垂帘听政和外戚专权的议论做些介绍。

《孝和帝纪·论》写道:

> 自中兴以后,逮于永元,虽颇有弛张,而俱存不扰,是以齐民岁增,辟土世广。偏师出塞,则漠北地空;都护西指,则通译四万。

"都护西指,则通译四万",指班超定西域五十余国,西濒海,四万里,皆重译贡献。光武帝、明帝、章帝、和帝都不折腾,政策有连续性,国内政治安定,经济发展。

《皇后纪》写道:

> 东京皇统屡绝,权归女主,外立者四帝,临朝者六后,莫不定策帷帟,委事父兄,贪孩童以久其政,抑明贤以专其威……终于陵夷大运,沦亡神宝。

垂帘听政的六位皇太后指章帝窦后、和帝邓后、安帝阎后、顺帝梁后、桓帝窦后、灵帝何后。她们一旦临朝称制,代行皇权,必定重用和依恃娘家人,导致外戚专政。东汉后期政治败坏,就是从这里开始的。

《邓禹传·论》写道:

> 汉世外戚,自东、西京十有余族,非徒豪横盈极,自取灾故,必于贻衅后主,以致颠败者,其数有可言焉。何则?恩非己结,而权已先之;情疏礼重,而柱性图之;来宠方授,地既害之;隙开势谢,谗亦胜之。

两汉外戚十有余族,包括西汉高祖吕后、昭帝上官后、宣帝霍后、成帝赵后、平帝王后,以及前面说到的东汉六位皇太后等家,都以满盈被诛。这十几族外戚被诛灭的很重要的一个原因,就是李贤等注所指出的:"承隆宠于先帝,不结恩于后主。"一朝天子一朝臣,一般来说,一朝天子有一朝得势的外戚,先帝宠信的外戚往往被后主除掉。

当然,胡适所说论断文字迂腐的情况,在《后汉书》中不是没有。如《皇后纪·论》仅仅谈论东汉皇后的谥号,在今人看来毫无意义。本纪和传记的《赞》,范晔自认为是佳构,今天的读者读了,会觉得不能说明任何问题,不过是赘笔。

尽管我佩服胡适的为人和学识,但我仍不得不说,他对《后汉书》的论断,下得未免过早、过匆促:在十几日之中,读了大半部书,就论起整部《后汉书》的优劣来。千虑尚有一失,何况没有把《后汉书》读完,就急于下结论。所以我不能赞同胡适对《后汉书》的评价,而以为梁启超的观点较妥帖。

2019 年 4 月号,总 263 期

三读《水经注》

王春南

北魏郦道元《水经注》，我先后读过三遍。每一次阅读，都饶有兴味。

我是学历史的，研究历史，须懂一点历史地理，为此，我于20世纪80年代，读了中国历史地理名著《水经注》。研究历史，须懂一点文学，为此，我于退休后不久，把文笔绚丽的《水经注》又读了一遍。七十二岁时，忆及唐太宗给身边大臣讲过蜀王因贪而亡国的故事，这个故事《水经注》也写到了，为了重温《水经注》中记述的历史事件、人物，以及神话传说、文物古迹等，我将史学价值很高的《水经注》读了第三遍。

《水经注》作为历史地理著作，写到了很多历史事件和历史故事发生的地点。如姜太公垂钓处、燕太子丹为荆轲送行处、张良会黄石公处、刘邦即位处、刘备三顾茅庐处、关羽斩颜良处、张飞遇害处，等等。书中既叙事件、故事，又写事件、故事发生地的环境，读来有真切感，犹如身临其境。读了《水经注》，回过头来重读《史记》《汉书》《后汉书》《三国志》等史书，当能加深对这些史书的理解。

《水经注》作为极富文学价值的一部著作，写景状物，辞藻丰赡华美，可以当作优美的散文作品来欣赏。如写阴山之下的军事要塞高阙：

　　山下有长城，长城之际，连山刺天，其山中断，两岸双阙，峨然云举，望若阙焉……故有高阙之名也……汉元朔五年，卫青将十万人，败右贤王于高阙，即此处也。

又如写砥柱至五户这一段黄河之水势：

  自砥柱以下，五户以上，其间一百二十里，河中竦石桀出，势连襄陆……其山虽辟，尚梗湍流，激石云洄，澴波怒溢，合有一十九滩。水流迅急，势同三峡，破害舟船，自古所患。

高阙要塞的险峻，黄河水流的磅礴，都充分地表达出来了。读到这些地方，不禁要击节称赏。

《水经注》作为历史著作，写到了一千二百五十二条水道所经地区的山陵、原隰、城邑、关津、建置沿革、历史事件与人物、神话传说、文物古迹等。很多事件、故事对今天的人们不无启发、教益。

《水经注》写到了蜀王因贪而亡国：

  来敏《本蜀论》云："秦惠王欲伐蜀，而不知道，作五石牛，以金置尾下，言能屎金。蜀王负力，令五丁引之成道。秦使张仪、司马错寻路灭蜀，因曰石牛道。"

秦惠王想灭蜀而不知道到蜀国怎么走，于是雕刻五头石牛，在每头石牛尾巴下挂黄金，说是石牛能拉黄金。蜀王贪图黄金，派五名力士将石牛拉回蜀国。沿着石牛走的路，秦兵灭了蜀国，唐太宗给大臣讲反贪，特地讲了这个故事。这个故事仍值得今天的人们牢牢记取。

《水经注》写到益州时，引用了汉献帝时左中郎将李固的一封信：

  故李固《与弟圉书》曰："固今年五十七，鬓发已白，所谓容身而游，满腹而去。周观天下，独未见益州耳。昔严夫子常言：'经有五，涉其四。州有九，游其八。'欲类此子矣。"

"容身而游""满腹而去"，典出《淮南子》，意为只求有存身之处，只求填饱肚子。严夫子即严忌,原姓庄,因避汉明帝讳,改姓严。严忌乃游说之士,以文辩著称,有"五经涉其四,九州游其八"之语。他称得上"行万里路"的典范。李固想学严忌,把九州中唯一没有去过的益州游一下。李固"容身而游,满腹而去"的达观生活态度,值得赞赏。

2014 年 5 月 24 日,南京
2014 年 6 月号,总 205 期

禁书杂谭

关于《查太莱夫人的情人》的被查禁

朱 正

历史唯物主义认为凡事都要用经济的原因来解释。我为什么要出版《查太莱夫人的情人》一书？唯一的目的就是想赚钱。出版业的人都知道：要有印数大的书才能赚钱。我们湖南人民出版社包括在职的和退休的一共一百多人，如果没有印数大的书，承受的经济压力是很大的。为了摆脱困境，我就同意出版《查太莱夫人的情人》了。我们以20世纪30年代饶述一的旧译本做翻印的底本发排，很快，1987年元旦前后书就印好了。果然有一个很大的印数：三十六万册。当时的场面真是壮观，订了货的书商把汽车停在印刷厂的门口等候。装订好一批就运走一批，很快就上了书店的货架。

又一个"很快"，出版这本书变成了一个"事件"。这又得用经济的原因来解释。武汉有一家新华书店，看到如此热销的市面，也想进点货来发卖，赚一点钱。可是当初他们收到我们社的征订单的时候没有回应，于是只好找我社发行科来商量了，没想到碰了个钉子。这时正是发行科最得意最亢奋的时候，答复说：当初我们发了征订单你怎么不订货呀？现在我们是按征订数开印的，没有多余的书给你们了。大约还奚落了几句。这事当时我完全不知道，就由发行科这么自作主张处理了。我想，假如发行科来问我了，我或者会反问能不能匀出一点书给他们，实在匀不出，也应该婉言回答，请他们稍等一等，添印了再给书。现在你不给书，还语带奚落，就闯祸了。这家新华书店的负责人一怒之下写信给有关部门。有关部门的领导做了批示"应坚决禁止"。他批示之后，国家出版局不敢急慢,即将这事立案,雷厉风行地查处了。当时我们社的情形就像突然遇到了一场大风暴一样,社里派人四处追回已发出去的书。

不但要禁书,还要处分相关的责任人。省出版局局长和分管出版的副局长受党内警告处分,社长受党内严重警告处分,我不是党员,受行政记大过处分。通知处分的时候,问我:对处分有什么意见?我回答:我只对这个处分没有登报有意见。

我这总编辑的职务也被免去了。从此我就从审稿、开会等等事务中解脱出来,全部时间都是我自己的了。这以后我写了好几本书。去年广东人民出版社请葛剑雄教授主编"当代学人精品丛书",其中就有一本"朱正卷"。如果我还是总编辑,怎么能写出这本相当费时费力的书呢?用"当代学人"这个称呼去换总编辑这个职务,我是很愿意的。

亡友褚钰泉兄对我说有读者好奇这件事,约我写了《〈查太莱夫人的情人〉和我》一文,在《悦读》第七卷刊出,后来我将这篇增补了一些材料拿到我担任编委的《新文学史料》又发表了一次(2009 年第 1 期)。2014 年亡友朱铁志兄为金城出版社主编"中国当代杂文精品大系",收有我的一本《中国有进步》,其中就收有《〈查太莱夫人的情人〉和我》一文,有兴趣的读者不妨找来看看。

2016 年我读到了当年经手处理此事的国家出版局局长宋木文写的《一个"出版官"的自述:出版是我一生的事业》一书,其中第六章第四节是《回顾〈查太莱夫人的情人〉一书的出版》,透露出了一些高层在处理此事时候的情况,许多是我当时不知道的。宋木文的书中说:

> 1987 年 4 月,朱正给胡乔木写信,汇报违纪出版《查太莱夫人的情人》的经过和要求,胡乔木看到中办转送朱正信后批示:"请将此信送中宣部文艺局、出版局,会同新闻出版署处理,《查》书可否在适当时期改出删节本。"这都促使我要找个时机与场

合,把我对劳伦斯及其作品的基本看法和政策性考虑公开讲出来。(第229页)

我完全忘记了那时为了这件事给胡乔木写过信。看他说得这么具体,那我是写过信的了。书中他还说:

> 深为我敬重的朱正总编辑这位出版界有学问有作为敢直言的资深名家,在《新文学史料》2009年第1期以《〈查太莱夫人的情人〉和我》为题发表文章,我读后从中感受到他对劳伦斯及其作品的深入研究,同时也感受到当年出这书"唯一的目的就是想赚钱"的真实情景,而他作为出版社的总编辑只能在那里感叹"我并没有最后拍板定案的权威"。这是实话实说,使我印象深刻。(第227~228页)

看来他能够理解我们出版这本书的原因,也对我有一点好感。不过啊,处理的时候并没有从宽发落的意思,该怎么办还是怎么办了。大约在他的地位只能这样办吧,也不必怨他。现在他已作古,但愿他的在天之灵得到安息。

2018年1月号,总248期

两篇文章　两场风波

王春南

这是二十六七年以前的事,已是历史了。两件事都与陈布雷日记有关。

江苏古籍出版社(后改为凤凰出版社)本打算在1991年出版中国第二历史档案馆整理的馆藏档案《陈布雷日记》。在书稿送出版社之前,社长高纪言布置我写一篇关于本社即将推出《陈布雷日记》的消息,要求在《人民日报》和《光明日报》刊出,以便在全国扩大影响。

为写这篇文章,我特地去中国第二历史档案馆采访编研部主任、负责整理陈布雷日记的方庆秋先生。在他的办公室,我看到书架上整整齐齐地排放着陈布雷全部日记的原件,顿时眼睛一亮。我请方先生介绍有关陈布雷日记的收藏、整理情况,学术价值和史料价值等。原来陈布雷日记在"文革"中被查抄,后辗转到了中国第二历史档案馆,成了该馆的馆藏。

他谈完以后,我问:"我能翻翻陈布雷日记吗?"他说:"可以。"我又说:"只看陈布雷的最后一篇日记。"他从书架上抽出最后一本日记交给我。我看了1948年11月11日下午到12日午夜陈布雷写的十件遗书。其中《十一月十一日杂记》我多看了两遍。看了陈布雷遗书,有了一个发现:国民党中央社当年宣称,陈布雷遗书在陈氏亡故后数日已全部公之于世,实际上,陈布雷治丧委员会公布陈布雷遗书时,在《十一月十一日杂记》上做了手脚,删去了整整一页四百多字。开头变成"人总有一死,死有重于泰山,有轻于鸿毛"。我为有了发现而暗自高兴。

回到办公室,很快写就一篇消息,并请社长高纪言过目。通过朋友老李、老杨的帮助,迅即在《人民日报》和《光明日报》刊登出来。这篇消息引起的反响出人意料。据说陈布雷的家人找到有关部门,要求收回"文革"中被抄走的陈布雷日记,并表示坚决不同意出版这部日记。有关部门发文,对陈布雷日记的归属、保藏做了规定,并叫停了《陈布雷日记》的出版。我写的这篇消息让《陈布雷日记》的出版泡了汤,真是好心办坏事。若不发这篇文章,或不到北京发这篇文章,《陈布雷日记》也就出版了。当然会遇到纠纷,但将陈布雷日记公开出版的目的达到了。事后,我和同事陈晓清去浙江杭州,找到陈布雷先生的长子(供职于浙江省卫生厅,时已退休),想说服他同意出版父亲的日记。他和夫人客气地接待了我们,至于日记的出版,他始终未松口。我留了一句话:如这日记可以出版了,务请交给江苏古籍出版社出。社长高纪言还派王家鼎去北京找陈布雷先生的小儿子(供职于中国日报社)商谈,也没有谈出结果。

《陈布雷日记》出版无望,我就想利用看到的资料,写一篇题为《陈布雷遗书之疑》的文章,将当年陈布雷治丧委员会公布陈布雷《十一月十一日杂记》时删去的一大段文字公之于世。这段文字是:

十一月十一日　星期四　晴　五十四度(华氏)
　　六时卅分醒,旋又蒙眬入睡,至八时十分始起。以昨晚睡眠不佳故频患头晕心跳之症,而目光之昏黯亦有加无已。病躯至此,对非常时期,决难有所贡献。俯仰人世,自溯平生,临此国运严重时期,乃真觉"百无一用"为对书生之确评也。牟宗山教授函徐佛观谓,我辈不能不饮此时代之苦汁……知虑枯拙已竭,如此虚生蹉跎……又无请献策画之用,泃不知此后岁月将如何度过矣。

想不到,这篇文章也引起了一场风波。文章发表后,给我看过陈布雷"绝笔"的方庆秋先生遇到了麻烦,有人举报他向《民国春秋》编辑王春南泄露机密档案。其实我看陈布雷的最后一篇日记时，中国第二历史档案馆正在加紧整理陈布雷日记，以尽快交江苏古籍出版社正式出版。方先生所以同意给我看，是因为我要撰写《陈布雷日记》即将出版的报道。我无意之中给方先生带来麻烦，二十六年过去了，至今仍愧疚于心。

据说几十年以前，台北就将陈布雷日记印了五十部（依据该日记的缩微胶卷印），在国民党高层分发。在海峡那边，民国史研究者想看陈布雷日记，可能不是太困难。在我们这里，民国史研究者翘首以盼的陈布雷日记，它的出版遥遥无期。日记原件，研究者是无缘一睹的。我能看到陈布雷最后一篇日记，算是幸运的。

2018 年 7 月 31 日

《失落的尊严》一度失落

石 湾

据十八届中纪委向十九大的工作报告提供的数字,五年间"中纪委经党中央批准立案审查的省军级以上党员干部及其他中管干部440人。其中,十八届中央委员、候补委员43人,中央纪委委员9人。全国纪检监察机关共接受信访举报1218.6万件(次),处置问题线索267.4万件,立案154.5万件,处分153.7万人,其中厅局级干部8 900余人,县处级干部6.3万人,涉嫌犯罪被移送司法机关处理5.8万人"。

这无疑是一份令人拍手称快的反腐战报。读罢,我不禁联想到1998年11月作家出版社出版的纪实文学《失落的尊严——惩腐备忘录》里,曾有这样一个数据:"到了1997年,高级干部的腐败案件继续加速增长。仅上半年受处分的领导干部中,厅局级便达一千六百七十三人,省部级干部七十八人。这半年时间,领导干部受查处的数字又超过了前面三年的总和。即平均每天有九名厅局级领导干部、每两天有一名省部级领导干部受处分。其发展蔓延之快,已达惊人程度。"《失落的尊严——惩腐备忘录》一书,当年是由我终审出版的,该书的第一章《本世纪末:反腐败形势严峻》中,第二个小标题即为"两天一个省部级高官被查,一天九个司局长落马"。为引起读者的关注,并起到某种警示作用,这句话连同"从59岁现象说到56岁现象""只有腐败能令我们亡党亡国""居高不下的腐败黑数""举报——人民群众的惩腐之剑"等该书的关键词,印在了封面上。出版界的同人想必记得,文学类图书的发行量在20世纪末很不景气。但没有想到的是,《失落的尊严》一书首印一万册,上市一个月,就告售罄,足见此书生逢其时,犹如为愈烧愈旺的反腐倡廉之火添了一把柴。

《失落的尊严》的作者黄苇町,是一位以研究隐形经济而著称的经济学家,曾任《红旗》杂志副总编辑,现为《求是》杂志研究员。其祖父黄松龄(1898—1972),是 1925 年加入中国共产党的老革命,曾任黄埔军校、武汉中央军事政治学校教官,中共湖北地下省委宣传部秘书长兼《长江》主编,中共江西省委秘书长兼省委宣传部长。40 年代赴延安,任中央财政经济部指导员、中央党务研究室财经组组长。新中国成立后,历任中共天津市委宣传部部长、高等教育部副部长兼中国人民大学副校长。1955 年被聘为中国科学院哲学社会科学部委员。中共中央高级党校政治经济学教研室顾问、国家计划委员会委员,致力于社会主义经济理论的研究。1980 年 12 月,黄松龄关于社会主义经济理论研究的资料和文章,由中央党校和天津社会科学院整理成了《黄松龄社会主义经济问题遗稿》,一些经济学家读后,发现其经济学思想和中共十一届三中全会的经济政策甚为吻合,不禁颇有感慨地说:"今天新经济学的发明权,应属于黄松龄!"令人意味深长的是,黄苇町特意以《一段祖孙间的对话》,做了《失落的尊严》一书的《引言》。

"爷爷,我还有点不明白,领袖说每个人的思想都打着阶级的烙印,你家是大地主,钱那么多,还有做官的,没有谁剥削你压迫你,怎么会想到参加革命呢?"这是《引言》一开头的问话。那时年逾古稀的黄松龄卧于病榻,回答不谙世事的毛头小伙黄苇町说:"孩子,你以为那时入党和现在一样吗?我大学毕业时,你高祖父花了一大笔钱给我在北洋政府里弄了个官职,当时升官发财是公认的个人出路。可是,国家民族没有出路,劳苦大众没有出路。袁世凯要做皇帝出卖国家主权,曹锟当总统搞贿选。下面更是贪官遍地,社会腐败到极点。下雪天,说不定哪儿就倒着冻死饿死的人,一场水灾旱蝗灾过后,不知多少人卖儿卖女。那时,当官发的是国难财,挣的是肮脏钱。正是这一切强烈的刺激,使我拒绝了家里的安排,走了另一条路。"

这段祖孙对话的二十八年后,黄苇町发现,"当初,正是对官吏贪赃纳贿、朋比为奸的黑暗现实的不满,许多爱国青年走上了革命道路。而今天,这些官场黑幕在有的地方又改头换面卷土重来了"。对此,他觉得"每一个正直的共产党人,都不能坐视不管。每个热爱党的人,也都不能把自己置身事外"。于是,他就萌动了写作《失落的尊严——惩腐备忘录》一书的念头。在写作的过程中,每当他想起二十八年前与爷爷的那段对话,冥冥中,仿佛在无际苍穹的深处,传来遥远而亲切的回声,爷爷奶奶在说:"我们知道。我们会帮助你的。"正因为如此,黄苇町才感觉到,他写这本书,是用爷爷奶奶那一辈老革命"在几十年历史风雨中形成的睿智和成熟"和"那入木三分的洞察力和判断力,帮助我解剖这一切,认识这一切的"。全书四十二万字,通过对大量案例的分析,深入剖析了党政干部的职务犯罪特点和规律,较为准确地把握了腐败分子的犯罪心理,揭穿其种种假面具,努力打开腐败这个隐蔽性极强的"黑箱",不仅为新时期这场方兴未艾的反腐败斗争提供了更多具有可操作的理论指导,而且,对"那些良知仍然没有泯灭的失足者"来说,也不失为一剂幡然省悟、自我救赎的良药。

作为终审者,我为出版社能得到这样一本厚重的深具社会效益的纪实作品而感到高兴。我问责任编辑那耘:"黄苇町是当红的经济学家,你怎么认识他?"那耘回答:"我原先也不认识黄苇町,他的这部书稿是一位朋友推荐来的。"我对那耘说:"像这样在权威部门工作的专家,书稿所引的资料均有出处,翔实可信,太好了。希望他以后有了新作,还能交给咱们社出版,你可得盯紧些啊!"……说实在的,当时我在社里分工负责非虚构作品的终审,常有如履薄冰之感,生怕万一有丁点儿失实而惹出事端来。因此,每终审一部书稿都慎而又慎,不敢有丝毫的疏忽。但没有想到的是,《失落的尊严》出版仅一个月后，那耘就接到了黄苇町的电话，说中纪委有关部门的同志告诉他，《失落的尊严》中有一处数字有误，希望重印时将"两天一个省部级高官被查，一天九个司局长落马"一句删去。那耘转告我时，正好首印的一万册已告售罄，于是，我当即让他按黄苇町来电的意思，将此书稿做了适当修改后于1999年2月12日重新下厂，准备加印。始料不及，第二天上午，中国作家协会负责人就给我社打来电话，过问此事，明确指示：立即通知印厂，暂停开机，听候处理。

1999年2月14日，社委会责成我就此事起草了一份报告，呈送中国作家协会党组、书记处，说明情况。报告首段表述如下：

> 《失落的尊严——惩腐备忘录》一书由我社于1998年11月正式出版。该书中"两天一个省部级高官被查，一天九个司局长落马"的提法，系作者黄苇町引用《南方周末》1998年3月20日第一版《腐败的增速》一文中的统计数字。后中纪委有关同志向黄苇町提出数字有误，黄苇町核对了有关文件后，于1999年2月初通知该书责编，我社立即予以改正，并于2月12日重新出片下厂，准备再版。2月13日上午，我们在接到中国作协负责人过问此书的电话后，社委会立即责成出版发行部通知印厂暂停开机。

我们在报告中明确表态："鉴于《失落的尊严》一书涉及案例数据较多，一时无法全部核实，我们已决定终止再版。"并表示"我们一定要从此事中汲取教训"，"认真检查工作，落实改进措施，唱响主旋律，打好主动仗，力争以一批优秀图书向国庆五十周年献礼"。我以为，此报告上呈之后，此事也就了结。未料，一周之后，新闻出版署图书司又来电话查问此事，指示"停止销售"此书，并要求我社就处理情况向图书司写一份检查报告。此任务自然又落在了我头上。于是，我就以给中国作协党组、书记处的报告做基础，在文字上稍做了些修改补充，即拟就递交新闻出版署图书司的检查报告。这份在打印稿上稍做修改的手稿，至今仍保留在我的手头。属于手迹部分，仅在第三自然段"鉴于《失落的尊严》一书涉及案例数据较多，一时无法全部核实，我们已决定终止再版"后面，加了一行回应图书司"停止销售"指示的文字："并已通知有关部门，存书下架停售，不再在媒体上刊登广告或予以宣传。"其实当时此书已告售罄，所谓"存书下架停售"，等同一句废话。但此报告的上呈，也等于宣告我社丢弃版权，不可能开机重印此书了。

出版界那些年有一个适得其反的现象：但凡是挨批或遭查封的图书，一旦消息传出，不法书商就有了可乘之机，往往一夜之间，盗版本就会遍布街头书摊，成了抢手货。《失落的尊严》奉命停印停发之后，倒是没有出现盗版本，但打电话来向我询问或索取此书的同行或文友持续不断。我只得如实相告："我社确实一本存书也没有了。但我相信，这是一本受读者欢迎的好书，只要反腐斗争还要进行下去，这本书稍做修订，一定会由别家出版社再版。"果然不出所料，1999年6月，《失落的尊严——惩腐备忘录》（修订本）就由世界知识出版社出版发行了。修订本的封面，基本上与初版本相仿，只是将书名和几行关键词由横排改成了竖排，再就是在删去封面上的"两天一个省部级高官被查，一天九个司局长落马"的同时，将正文中的这一小标题，改为"省部级高官多人被查，厅局长频繁落马"。全书共九章七十六个小标题，除此小标题做了修改外，其余均未做一字修改。修订本的开本与页码数也与初版本完全相同。显然，这个修订本，就是我社1999年2月12日重新下厂，准备加印的那个修订本。虽说在看到世界知识出版社的这一修订本时，我和那耘都对我社失落此书的版权深感遗憾，但想到只要反腐斗争还在路上，像《失落的尊严——惩腐备忘录》这样的作品就不会失去生命力，因而又感到宽慰。

反对腐败是党心民心所向。中共十八大以来，中央把党风廉政建设和反腐败斗争提到关系党和国家生死存亡的高度来认识,以一种壮士断腕的决绝气概,加大反腐败斗争力度,严肃查处腐败分子,取得了举世瞩目的战果。我深信,随着反腐斗争的胜利推进,也一定会有更多深受广大读者青睐的"惩腐备忘录"问世!

2016 年 1 月 17 日初稿,2018 年 3 月 26 日改定

2018 年 7 月号,总 254 期

我的第一本书

《百科全书编纂求索》

黄鸿森

我的第一本书是《百科全书编纂求索》，中国大百科全书出版社1994年出版。这是我在参加编辑《中国大百科全书》的过程中陆续写下文章的结集，收文四十五篇，凡十九万字，分为三部分：1) 百科全书编纂中的若干问题；2) 百科全书读稿拾零；3) 百科全书评介。因为是职务之作，还得从我的职业说起。

在改革开放时代到来之前，中国还没有出版过百科全书，我这里说的是指现代大型综合性百科全书。近代欧风东渐，西方的百科全书也传入中国，华夏知识精英为之心动，希望编出中国自己的百科全书，几经努力，均未成功。正所谓：回首前贤，百年百科梦。

⊙黄鸿森先生

"文革"结束后，翻译家、中央编译局副局长姜椿芳先生于1978年1月在中国社会科学院的《情况和建议》第二期发表了《关于编辑出版〈中国大百科全书〉的建议》，引起广泛反响。随之，中国科学院、中国社会科学院、国家出版事业管理局联署写了《请示报告》，呈报中共中央建议编辑出版《中国大百科全书》，经商定由中央主持意识形态工作的胡乔木同志担任中国大百科全书总编辑委员会主任，建立中国大百科全书出版社，由姜椿芳、朱语今、曾彦修主持筹备（姜氏后任总编辑）。中共中央于1978年5月28日批准《请示报告》，国务院于同年11月18日颁发了文件。中国大百科全书出版社成立了。

"文革"之前，我在北京编译社当翻译，"文革"中，单位被撤销，人员参加运动，后下放劳动。"四人帮"粉碎后，我无单位可回，北京市人事局准许自找工作。

我托朋友推荐，向中国大百科全书出版社求职。出版社负责罗致人才工作的副总编辑阎明复先生（后任中共中央书记处书记兼统战部部长）约见，交谈后就一锤定音："下定决心来参加百科全书事业，别的部门不要再去联系了。"这样一谈成功，我猜想大概是因为提供的简历中列有我翻译了《世界通史》《古巴地理》《近代史（第二卷）》等十几种出版物，加上推荐者的"说项"。求职成功，喜悦莫名。高兴的是，"文革"以来，十三年蹉跎岁月可以宣告结束了；尤其是，50年代自己曾经参加翻译《苏联百科辞典》，参考过《苏联大百科全书》，知道那是文化的宝库、知识的圣殿，期望我国也能编出百科全书，不期期望竟成现实，居然自己还能亲与盛事，去当一个百科编辑学徒。

1979年6月我到出版社报到，就上前线，被分配参加《中国大百科全书》首卷《天文学》的编辑工作。编辑部以特约编辑的名义，聘请了几位天文学家担任学科编辑和我们共同编书。同我搭配合作编书的是南京大学天文系教师宣焕灿先生，在专业上就可以随时请益了。我们共同审读条目释文，他主要在天文学上把关，我侧重于百科体例和文字表述上打磨，彼此切磋砥砺，颇著成效。在这段时间里我写了关于百科全书编纂第一篇文章，现在说说写作情况。

我早年读过点逻辑学著作，略知下定义是有规则的。译《苏联百科辞典》条目时，还没有"释义（定义）是辞书的灵魂"的观念，但对定义总是认真对待，力求准确表述。在编《天文学》卷过程中，发现有些条目的定义写得不够理想（按说，初次编百科全书，也是难免的），存在一些与逻辑学上和百科体例上对定义的要求不甚符合的情况,于是起草了一篇题为《百科全书的定义和定性叙述》的文章提出改进意见。写好初稿,即请宣焕灿先生过目,改正涉及天文学内容的疏失。

当时,出版社总编辑姜椿芳先生和副总编辑阎明复先生非常重视百科全书学术研究,多次号召百科同人大力编好百科全书,行有余力,还要写点文章,探索编纂理论,评介中外百科,总结实践经验,交流编书心得。社里创办了内部刊物《探索》作为同人园地。1980年5月出版的《探索》创刊号,就刊登了上述拙作。

上海辞书出版社出版的《辞书研究》是国内唯一的辞书学学术期刊,得知《中国大百科全书》首卷《天文学》即将出版,便约请《全书》姜椿芳总编辑组织一宗稿件以便刊载,为这艘辞书航母启碇出航庆贺。1980年12月,《天文学》问世。《辞书研究》1980年第四辑同月出版,在"大百科全书特辑"上刊出四篇文章:姜椿芳的《中国第一部百科全书》、于光远的《编好百科全书的几个问题》、金常政的《百科全书三题》、黄鸿森的《定义和定性叙述》。同时刊布四篇试写条:杨宪益的《荷马》、钱仲联的《韩愈》、季羡林的《罗摩衍那》、任江平的《地球自转》。我读后,愧喜交集。惭愧的是拙文水平有限,未免滥竽;欣喜的是,自1951年在天津《进步日报》发表过两篇文章之后,三十年来未为报刊撰稿,只是译些书稿。而今年届耳顺,居然还可作文,不免感到欣幸。

椿芳先生的鼓励,我自当引为鞭策。从此,在编辑《中国大百科全书》之中,有所见、有所闻、有所思、有所疑、有所议的时候,就做点资料积累工作,或做笔记,或做卡片。当某一事项或某一问题思考成就而且资料充分时候就着手整理成文,不外乎写论文、随笔、书评。稿件往往先在内部刊物《探讨》刊载,再寄报刊公开发表。编纂研究文章大多投给《辞书研究》和《编辑之友》,评介文章则投给《人民日报》《百科知识》《中国图书评论》等处。

我对百科全书编纂中若干环节,如定义、定性叙述、条目、标题、参见体系、检索渠道、交叉重复、历法纪年等问题逐一做了初步探讨。

我读了一些学科卷的条目表，觉得一些条目标题还不很妥当。问题在哪里？还得向国外百科全书请教，毕竟人家有经验。我随机抽查了《不列颠百科全书》第十五版和《苏联大百科全书》第二版各联系五百个条目标题，研究它们的词义、词性和构词方式。发现两种百科全书主要收两类条目：术语、专名。从而草成《百科全书的条目标题》一文，提出五性和七忌。五性是名词性、检索性、简明性、概括性、单义性。七忌是忌雷同、忌冗长、忌戴帽、忌水分、忌附件、忌混合、忌空格。各举实例说明。我对这两种国外百科全书的条目标题的结构做了统计，一个词的都占60％左右，两个词的都占30％左右，两者合计不低于占90％，所以相当简明。此文在出版社内刊《探讨》刊出后，即被《军事》卷编辑部内刊《军事卷通讯》转载。在《辞书研究》发表后，为《辞书学辞典》(学林出版社1992年版)改写成"条头设计"条目。至于"读稿拾零"部分，是用随笔体裁写读稿引起的想法。例如大科学家牛顿的生年有1642年和1643年两种说法，前者是按旧历，后者是按新历，两种说法都对。旧历是指儒略历，新历是指格雷果里历(即格里历)，我就循此介绍西方历法变迁的历史，写成一则历法知识小品。

1993年8月，历时十五年之久的《中国大百科全书》74卷全部出齐，全书1.3亿字，收条目78 022条，图片6.3万幅。《人民日报》赞为"铸就中华文化丰碑"。

此时，我觉得自己的百科全书编纂研究工作应该告一段落。整理积稿，中国大百科全书出版社于1994年给我出版了《百科全书编纂求索》，成为我的第一本著作。书出版后，承黄燕君先生在《辞书研究》1996年第4期发表书评《一份不可多得的百科全书编纂研究文献——介绍〈百科全书编纂求索〉》，得到肯定的评价。

大百科全书出版社是我的安身立命之地，多年工作铸成我的百科心结。离休后，又应邀返聘服役十五年，继续探索辞书编纂事宜，出版了《回顾和前瞻——百科全书编纂思考》(西藏人民出版社2008年版)、《当代辞书过眼录》(商务印书馆2013年版)两种文集。此是后话。

2018年10月12日写完　时年九十八岁

《心理的单间》是怎样炼成的

智效民

我的第一本书是《心理的单间》,其中收录了从1994年到1997年上半年所写的随笔近八十篇。从目录上看,因为没有分类,显得有些杂乱。这不仅对不起读者,就连自己也不好意思翻看。

去年年底,《温州读书报》编辑在微信上留言,让我回忆一下这本书的写作过程。新冠肺炎疫情期间,我才拿出来翻阅一遍,当年的情景又浮现在眼前。

我1946年出生于太原,到了十四五岁的时候,也想过长大以后去干什么。当时有"工农商学兵"的说法,于是我就沿着这个分类琢磨起来。

先说工人。尽管它排行第一,又是领导阶级,但我觉得不太合适。究其原因,不外有三:第一,我们家好几代都是读书人,从来没有出过一个工人;第二,我是个手脚不协调的人,往墙上钉个钉子,都能砸在自己手上;第三,工人的工作比较单调,许多人日复一日干一种活儿,对我来说难以忍受。

再说农民。从20世纪20年代开始,我们家就离开农村,从此再也没有回去。所以我觉得去农村务农,是根本不可能的事情。

至于商人和士兵,因为社会上有"无商不奸"和"好汉不当兵,好铁不打钉"的说法,所以这两个选项也被我排除在外。这样下来,学者就成了唯一的出路。

万万没有想到的是,1964年高中毕业以后,我因为"家庭出身问题"不能正常升学,遂下乡插队,让根本不可能的事成为可能。直到1971年,我才回城当了一名小学教员。回城之前父亲提醒我:"你不是不愿意当老师吗？"我的回答是："只要能回来，就是淘大粪我也认了！何况，我今天是小学老师，明天就可能是中学老师，后天还可能是大学老师。"这种莫名其妙的自信，让他老人家惊喜参半。

随后，我果然从小学调到中学，从中学调到机关，最后在四十岁的时候，终于从机关进入与大学相当的山西省社会科学院。

不久我在单位分到一套住房，与《晋阳学刊》的编辑丁东成为对门邻居。受他影响，我在1993年买了一台286电脑，在写文章的时候，由"笔耕"转为"机耕"。于是，我写了《换笔》和《"笔耕"与"机耕"》等文章，来表达自己的喜悦与思考。

我这个人在写文章时毛病很多，其中最主要的是思路杂乱，出手太慢。每当有个想法，拿起笔来以后总是不知道该怎样开头。开头以后，也是改来改去，很难清晰地表达自己的思想。即便是"换笔"以后，这种新八股的毛病也没有改掉。但是丁东正好相反，他每天早上起床以后，只用半个小时就完成了当天的写作计划。于是，每天上午正当我敲打键盘的时候，他就敲门进来，要和我下棋。这时，他看到我写不下去，便三下五除二帮我写好了。这种对文字的把握和处理能力，对我启发很大，写作速度也得到相应的提升。

除了丁东以外，谢泳对我的影响也很大。当时他是山西省作家协会所属《批评家》杂志的编辑，我们原来并不认识，后来听同事陈坪说，谢泳自费出书送给他一本。这本书是研究报告文学的，这本来不在我的兴趣之内，但其中关心政治的思考和清通直白的语言，让我获益匪浅。

丁东是1951年生人，谢泳是1961年生人，一个比我小五岁，一个比我小十五岁。所谓"吾师道也，夫庸知其年之先后生于吾乎？是故无贵无贱，无长无少，道之所存，师之所存也"，讲的就是这个道理。

除了《换笔》等随感之外，我写的文章大体分为两类：一类与读书有关，比较直接的有《说读书》《写作与交谈》《读与讲》《好书还愁没钱买》，等等；另一类与历史人物有关，包括胡适、丁文江、竺可桢、徐志摩、任鸿隽、陈衡哲、杨振声、陈寅恪、吴宓、陈序经、刘节、张伯驹、梁思成、林徽因等人,这对我后来研究"胡适和他的朋友们"打下了初步基础。还有一批清代人物,当时写这些文章,有反对贪腐、以史为鉴的用意。

文章写好以后,就该考虑发表的问题了。当时还没有电子邮件,我都是用针式打印机打印出来,再找自认为合适的报刊投寄过去。最初是从把握比较大的《太原晚报》开始,逐步向外拓展,最后走向全国。当时我们单位图书馆因为经费充足,订了许多报刊,这对我为文章寻找出路帮助很大。在此期间,我的文章先后发表在《读书》《文汇读书周报》《中华读书报》《东方》以及一些省市的报刊上。我原本是比较自卑的人,这让我逐渐自信起来。

因为我总是写随笔杂文,周围就会有说三道四的人。他们认为,山西社科院是学术单位,这里的研究人员就应该在学术期刊上发表论文,除此之外都是雕虫小技、歪门邪道。有人甚至在背地里说我只会在报纸上写"豆腐块",写不了大文章。

为此,我在《话说报屁股》中写道:"我国学者治学,本来就有写读书札记、学术随笔的好传统,这不仅是做学问的基础,而且也是很好的'报屁股'。近年来,出版界之所以争相出版五四以来一代学人的散文随笔,并深受读书界喜爱,就是因为他们在当年曾写过大量风格独特、趣味隽永的'报屁股'。从这些文章中,我们不难看出他们的人格、学问和情趣。奇怪的是,不知从何时起,'报屁股'反而为如今的一些学者不屑,所鄙夷了。结果呢,学术界竟出现了这么一种怪现象:写书比写论文容易,写大文章比写小文章容易。我揣测,这或许就是有些人虽不乏所谓专著,却不肯在'报屁股'上露脸的原因吧。"

经过一段时间的积累,同时也是为了堵住他们的嘴,我也开始写一些比较长的文章。正在这时,周实为创办《书屋》杂志,与王平在去北京的路上转道山西,与太原的朋友见了一面。随后,我写了《薄命如妾一书生——读潘汉年诗文选》给他们寄去,很快就刊登出来。

大约是1997年初,长春出版社计划出一套丛书,他们向丁东、谢泳约稿,两人应约之后,还把我推荐给责任编辑邓进。我得到消息以后,觉得手头的文章不够一本书,就又写了几篇,其中包括七千字左右的《漫话张奚若》。文章完成以后,我把它寄给《书屋》,又很快面世。后来这篇文章还获得《书屋》的首届读书奖,奖品是商务印书馆的一套"汉译名著"。

当时的《书屋》影响越来越大,有直追《读书》的势头。王元化先生看到《漫话张奚若》以后,曾打听智效民是何许人也,周围的人都不晓得。直到丁东去上海拜访他的时候,才介绍了我的情况。

王先生早年在清华园长大,对张奚若应该有些印象。后来他在《清园近思录》后记中写道:"最近,《书屋》发表了智效民《漫话张奚若》一文,对张做了简要介绍。文中十分风趣地提到张奚若和徐志摩的交往,说'一个是略带土气而又硬得出奇的北方老陕,一个是刚柔兼备却又风流倜傥的江南才子'。作者引用了徐对张的评语,说张是个'硬人',无论是说话还是写文章,都是直挺挺的。这一描述确实惟妙惟肖。"

说实话,《漫话张奚若》本来是急就章,后来能有如此反响,实在是出乎我的意料。

就在这一年5月,我们单位有一次评职称活动。由于指标有限,竞争比较激烈。当时评定的唯一标准,就是五年来在各种刊物上发表文章的字数。我在申报时计算了一下,满打满算不到三十万字。我们单位不大,每年都要公布一份"科研成果汇总"。根据这份材料,我觉得自己的成果应该是名列前茅。没想到结果出来以后,文章达到上百万字的有好几个,其中一个居然超过三百万字,每年平均六十多万字。这真是人有多大胆,地有多大产啊!难怪有人说:"就是吃了泻药,也拉不出这么多吧?"

那次评职称的负责人是副院长梁中堂,具体操作的是科研处长。当时梁知道我有一本书刚刚出版,还没有拿到样书,就建议我专程去长春一趟。我觉得这不符合我做人做学问的原则,就没有听从他的劝告。结果,我在评职称中被淘汰。

梁中堂是1965年的高中生,因为研究计划生育政策,提出"两胎加间隔"的主张,受到中央重视,让他在一个县进行试验。后来他从县委党校调到省委党校,又从省委党校调到省社科院分管科研工作。

梁是个务实的人,他上任以后,针对当时学术滑坡,科研人员不务正业的状况,制定了双稿酬政策。该政策规定,凡是在各种媒体上发表文章的人,院里都奖励同等金额的稿费。当时在全院范围内,因为我和马斗全发表的文章最多,所以是双稿酬政策的最大受益者。

后来我在评职称时遇到不公,这可能是一个因素。此外,还与我不愿意到处长那里"拜码头"有很大关系。

过去逛书店,特别羡慕那些能够出书的人。自从《心理的单间》出版以后,书店里也有了我的一席之地。但仔细一想,我已经步入知天命之年,虚荣心还这么强烈,实在是有辱斯文,愧对古训。

2020年6月号,总277期

《百姓知情 天下太平》
——那个生机勃发的时代

刘平清

忆旧，大概是人最普通不过的心理，特别是有了点年岁的人。古诗云，白头宫女在，闲坐说玄宗。梁启超也说过类似的话，少年人常思未来，老年人常思既往。现在自媒体发达，时不时地会冒出十万+的帖子，内容多是对改革开放初期80年代的怀念。在那个物质相对简陋的时代，没有互联网，没有微信，没有网购，但精神追求的丰富、社会思想的解放、政治的相对清明，整个中国呈现出的蓬勃向上的精神风貌，似乎真成为绝响。

其实不然。正如寒冬也会冒出"小阳春"一样，在中国时评界人的眼中，2002年到2007年，媒体特别是纸媒的时评之热，言论尺度之大、社会影响之巨，完全可以媲美今天被许多人津津乐道的80年代。那几年，堪称中国时政评论的黄金季。全国报纸，几乎没有不开设时评栏目或时评版的。全国各地时评专业队伍和业余写手，文章频频亮相各媒体，进而被各大网站转载。其势头一点也不比今天自媒体差到多少。记得当时的搜狐网站，就组织过年度的时评评选。

在中国，曾经纸媒的评论，主要是党委机关报的社论。"文革"时期，两报一刊（《人民日报》《解放军报》和《红旗》杂志）的社论，意味着代表中央的声音，是要组织学习的。20世纪80年代后，以晚报为代表的都市类媒体兴起，社会评论渐渐浮出水面。90年代后，特别是进入21世纪初，《南方周末》和《中国青年报》，一南一北，在深度报道引领潮流的同时，加大评论的力量，许多篇章风靡一时，传颂至今。新起的《南方都市报》《北京青年报》紧随其后，在二版黄金版位，开设评论专版。笔锋所及，国际国内、政治经济、文化社会、民生民主，无所不谈。时评,时政评论之谓也,成为新一轮都市类报纸和党报竞争的利器。

我当时在《广州日报》供职。大概 1997 年后,连续多年,《广州日报》广告总量执全国报业之牛耳,牢牢占据广州乃至广东市场;但社会上普遍认为,时政评论《广州日报》要比同城其他媒体如《南方日报》《南方都市报》《羊城晚报》等逊色许多。这一社会观感,给主持报业的高层以一定的压力。在此背景下,报社组建多年前撤销的理论评论部。我被抽调作为专职评论员。当时报社先从开设评论专栏入手,继而推出评论专版。几乎每个工作日,我都以"闻过"的笔名,撰写千字左右篇幅的时评。

这一写,就是三年多。关注的话题,除了当天最热门的全国新闻之外,更多地集中对广东特别是广州新发生的事情,评头论足。无论是当时的非典、广州禁摩(禁止摩托车)引发的社会震荡,还是官场、社会特别是诸如医患矛盾、农民工问题,城中村改造以及教育界存在的各种乱象,笔锋所及,几乎是无所不写。新闻报道有纪律,但只要把握好分寸,还是有很多东西可写的。客观地说,也产生了一定的社会影响力。

2005 年夏,在随同时任广州市委常委、宣传部部长陈建华同志外出调研中,他劝我把这几年的时评收集整理,出版一个小册子。不是清高,而是在内心中,总觉得,新闻和时政评论都是易碎品,过眼云烟而已,是否有灾梨祸枣出版成书的必要和价值?何况在内心中,总残存着一个小小的梦想,就是出书,也要出博士毕业论文,这才是正儿八经的学术著作。但迈入媒体大门,现实生活与学术渐行渐远。每每面对毕业论文,如同面对一幢多年的烂尾楼,有心而无力去修改补充完善;但如果没有后者,自己这一关根本没法过。另一方面,陈部长的建议,对我也充满诱惑。任何一个以写作为业的人,都有出版书的冲动。毕竟,与时效性要求很高的纸媒不同,这是另外一种存在传播的方式,更容易保存。

作家萧乾做过多年的编辑记者。他说过一段话,大意是要给易碎品的新闻注入一些时效更长的东西。潜移默化中,我深受此观点影响。体现在时评写作中,我基本上是不完全被新闻事件所局限,而是由此生发开去。新闻的触角(敏锐性)、文学的手法(表达方式)、哲学的思辨、历史的评述,如果可能,尽可能效仿梁启超"笔锋常带感情",这是我写时评时对自己提出的小小要求。在从那几年撰写的数百篇时评,汇集成册时,我给自己写了段评语:"这里虽没有什么惊人的词句,但回响着我们时代当下的声音,有呐喊,有讴歌,有批评,有辨析,有讽刺,有不平。虽涉及的是某一域或某一时的人和事,但落脚点是对转型社会各种光怪陆离景象的思索。从新闻出发,指向的却是广义的人生。生命有尽期,生活无答案。思索,则是通向寻找人生答案的基本路径。"从这一原则出发,我尽量挑选那些时效性不一定那么强,而是带有对人生思考性质的文章。为了增加书籍的厚重,还以"附录"的方式,或交代某篇文章写作的背景,或谈对时评写作的看法,或集中论述我对某个社会问题的认识。后者如《重建民族的共识与信心》《我们都是精神上的残疾人 不可救药》《我们时代的普遍焦虑》,基本上是万字长文。

最后我要说说书名。这是取自书中收录的一篇文章标题。这篇文章堪称"闻过"的成名作——之后,这个笔名才广为外界注意。这篇时评诞生于2003年初春,广州非典爆发之时。最开初几天,因为信息不透明,广州也是人心惶惶,传闻谣言四起,市场出现抢购风潮。好在春节刚过,广州市委市政府认识到问题的严重性,及时公布信息。我现在还记得,这篇时评是时任广州日报社总编辑薛晓峰的命题作文。非典爆发后,《南方都市报》每天都有一篇相关主题的社论,势头很猛。当时社会各界对政府部门封锁相关疫情信息,颇有怨言。《广州日报》作为市委机关报,当然不好在报上公开指责市委市政府,文章只能从非典信息公开前后的不同社会效果入笔,过渡到阐述"百姓知情"与"天下太平"之间的辩证关系,含蓄地批评了此前隐瞒信息的错误。回头来看,文章把握的"度"还不错,社会方方面面都能承受。

十七年过去了,中国在信息公开上确实有很大的进步。时代不同了,如果我们仍然对民众封锁那些并不属于涉及国家安全秘密的信息,就可能会影响乃至削弱相关政府部门的权威。

2020 年 7 月号,总 278 期

《静生生物调查所史稿》

胡宗刚

《静生生物调查所史稿》乃本人第一本书。该书起始于1997年，杀青于2002年，出版于2005年，历时九年方得修成正果，真可谓凡事开头难。

我供职于庐山植物园，1997年春节刚过，得主任王永高先生同意，以公差名义前往南京中国第二历史档案馆查阅有关庐山植物园的历史档案。早在20世纪90年代初期，我购得《南京第二历史档案馆馆藏简明目录》一册，知其中有静生生物调查所档案，而庐山植物园在1949年之前隶属于静生所，以为其中一定有关于庐山植物园的内容。其时，关于庐山植物园历史已有人研究，并在报刊上发表专文；但其文没有利用档案史料，对历史记述有不少盲点，故我甚愿前往南京一睹究竟，若干年后才获得机会。

1997年，我在庐山植物园服务已十八年之久，在图书室任助理馆员，雅爱文史，自修十余年，但独学无友，也未形成所谓研究方向，很是苦闷。为查阅第二历史档案馆档案，曾向几任园主任提出申请，均未得到许可。终于遇见一位开明的领导，很是幸运。此等机会对我而言，很是重要，让我能走上研究中国近现代生物学史之路。

抵达南京当天下午即前往中山东路之档案馆，出示介绍信。阅览室负责人对查档之目的反复询问，由于目的正当，同意调卷阅读。按阅览规定，只能抄写，不能复印，且还只能使用档案馆之纸张，每张收费一元；调档每卷收费五元。我在二档馆工作四天，以庐山植物园为范围，抄得两万余字，其内容均鲜为人知。最后一天是周五，在下午下班前，匆匆结束，并支付所发生的一切费用。记得当我走出档案馆时，信心满满，以为所获材料足可撰写一长文，投《中国科技史料》，应该适宜。在此之前，我并未在该刊发表过文章。

庐山植物园成立于1934年，当时名之为庐山森林植物园，经中国著名植物学家胡先骕提议，由静生所与江西省农业院合办。既然静生所档案中有关于植物园内容，那么另一主管机构江西省农业院也应有相关内容。返回庐山之后，向领导汇报南京所获，并提出往南昌江西省档案馆查阅请示。庐山距南昌较近，费用无多，又得同意。大约在四月间，在南昌三经路江西省档案馆查阅三天，进一步获得鲜为人知的材料。

对两处所得档案资料予以整理，夏日写出《胡先骕与庐山森林植物园创建始末》一文，即投《中国科技史料》。编辑部主任赵慧芝先生，著有《任鸿隽年谱》。任鸿隽曾为中华教育文化基金董事会干事长，静生所为该基金会事业之一。由于庐山植物园与中基会也有关联，拙文获得赵慧芝先生青睐，准予接收。秋间又写《从庐山森林植物园到庐山植物园》，也投《史料》。前文很快刊登于是年底第四期，后文也在翌年第一期中发表。

两篇长文刊出后，得到庐山植物园领导认可，但其影响还是有限。一是不善于推销自己，在庐山植物园内也不被认为是学术成绩；二是《史料》读者甚少，外界几乎没有人注意。不过这也是必然，自知还须做更大努力，何不将研究范围扩大，由庐山森林植物园扩大至静生生物调查所？那么需要再往第二历史档案馆，查阅中华教育文化基金董事会档案。

静生所在1949年后演变成为中国科学院植物研究所。1998年，该所成立七十周年，出版《纪念文集》，读后获悉其记述历史甚少，遂做出若写静生所历史也许可得该所支持之判断。为探明是否可以写成《静生所史稿》一书，得再赴第二历史档案馆，以便占有更多材料。又商之于庐山植物园主任王永高先生，勉强得到同意，遂于1998年11月间再往南京，以两周时间，在二档馆将静生所档案全部看完,并查阅部分中基会档案,抄得约十万字,主要是胡先骕与任鸿隽之间来往书信和会议记录之类。如此之多胡先骕书信,除可撰写《静生生物调查所史稿》,还可编纂一部《胡先骕年谱》,当即做出这样计划。

1999年春,再次向王永高先生请求赴北京搜寻资料,也获同意。在三里河中科院院部档案处,获得1949年静生所被中科院接收档案。在香山中科院植物所人事处,查到胡先骕、秦仁昌个人档案;在办公室文书档案中,查到庐山植物园工作站一些材料。有此新材料获得,更加深我撰写《史稿》一书之底气。

正式向中科院植物所申请支持在2000年4月底,庐山植物园决定布置一间园史展览室,因本人致力于此,遂被派往北京向胡先骕、秦仁昌等后人搜集一些材料。在北京期间,鼓足勇气,往植物所,向副所长傅德志先生呈上在《史料》杂志发表的两篇长文之单行本,并提出撰写《史稿》一书,请求予以支持。当即得其爽快同意,出乎我的意料。该所所长韩兴国先生,对其所历史也十分重视,遂在所长基金中划出两万元,作为研究经费,予以支持。

植物所给予两万元,不仅解决迫在眉睫的出差经费问题,更是道义之支持,使得我在庐山植物园得以立足。有此经费,当年中秋之后,先赴北京,在植物所从容查阅一周。在人事处,将曾是静生所人员档案均查阅一遍,除胡先骕、秦仁昌之外,还有俞德浚、唐进、汪发缵、钱崇澍等;在科技档案中,复印胡先骕大量外文书信,在图书馆复印另外一些资料,并得到一册《忏庵诗稿》;在中国林业科学院查到郑万钧、陈嵘、张英伯等人档案。返回之后,陆续写出一些文章,在报刊上发表。

2001年夏,西南之行,首途武汉,在中科院武汉植物研究所查阅傅书遐、吕烈英档案;随后往昆明,在中科院昆明植物所查到蔡希陶、冯国楣、唐燿人事档案;后到中科院昆明动物所得到彭鸿绶档案;查阅云南省档案馆所藏云南省教育厅档案,其中有云南省教育厅与静生所合办云南农林植物研究所的文件。转而成都,在四川大学拜访方文培之子方明渊先生,得其提供其父之材料;在四川省档案馆查到乐山木材试验馆档案。最后在重庆,在市档案馆获得西部科学院档案中胡先骕、秉志、任鸿隽之一批书信,在西南师范大学见到百岁老人戴蕃瑨先生。

　　此行收获甚多,书稿已成竹在胸,再写多篇不同类型文章,向多家报刊投稿,大多都刊载出来,大大满足了我的发表欲;或作为论文,多次报名参加全国性科学史会议。随后,将这些文章以一本书的体例串联起来,并补充一些内容,即成为一部《史稿》,并将其打印成册。在2002年,赴北京参加"中国科学史国际学术讨论会"时,结识中国社会科学院近代史研究所李学通先生,当其获悉我有这样一部书稿在谋求出版,即向中科院自然科学史研究所张柏春先生推荐,经中科院科技政策与管理科学研究所之樊洪业先生和中国科学院生命科学与生物技术局之薛攀皋先生审稿,得以纳入由张柏春、王扬宗所主持"中国近现代科学技术史研究丛书"之中。第二年春,我又来北京,正式交稿,并希望在该套丛书中第一批出版。是时北京暴发非典疫情,全城人心恍惚。疫情虽然为时不久,但有些工作还是受到影响,丛书组稿即被搁置了一段时间,第一批书没有在预定时间推出。该丛书由山东教育出版社出版,我当时太需要一本书来证明自己的学术成绩,但出版一再延期,曾多次催问,还专程到济南拜访出版社,但《史稿》还是在2005年10月迟迟面世。

　　《温州读书报》约请本人为"我的第一本书"栏目撰写一文,自以为应当按范例行文,即有以上记述。但准确地讲,《史稿》只是我撰写的第一本书,并不是出版的第一本书。事实上出版的第一本书是《不该遗忘的胡先骕》,2004年8月,出版人刘硕良先生在北京为长江文艺出版社编辑"背影丛书",得谢泳先生推荐,约请我撰写一部胡先骕传记。由于我已撰写完成《史稿》,并在编纂《胡先骕年谱》,资料已基本完备,即穷两月之力予以完成,后于2005年5月出版,早于《史稿》。《胡先骕先生年谱长编》得江西出版人张国功先生援手,于2008年由江西教育出版社刊行。今得卢先生约稿,本想以"我的第一个研究课题"为题,也许更加贴切;但是,不可离题漫议,仅在文末附记一笔。

2018 年 4 月号,总 251 期

《陈寅恪的家族史》

张求会

从署名权来说，我的第一本书其实是《欧阳修文选》（青海人民出版社1998年版）；从专业研究而言，我的第一本书应该是《陈寅恪的家族史》（广东教育出版社2000年版）。

《欧阳修文选》书影　　　　　《陈寅恪的家庭史》书影

《欧阳修文选》是M博士主编的"唐宋八大家文选"之一，分派给我的任务是选编、标点、翻译欧阳修散文。虽然当时确实采用了"剪刀＋糨糊"的做法，后来也没有拿到一分钱稿费，但是至少有两点可以问心无愧：一是没有剽窃；二是没有偷懒。

回头细说一下《陈寅恪的家族史》，这本书才真正算得上我的第一本书，因为它开启了我此生唯一的事业——江西义宁陈氏家族的文献整理和研究。

现在想起来，我走上这条路，很大程度上要归功于命运的安排。所谓的"缘分"，应该指的就是解释不清的诸多因素。

我的祖籍是安徽省含山县，父母都是当地的农民，没有读过书。1958年，因为大饥荒，父亲以"盲流"的身份逃到江西。1973年，我和二哥跟着母亲"随迁"到江西省九江地区永修县，与父亲团聚。可以说，江西收留了我们一家，是我们的第二故乡。永修县位于修河（修水）的下游，修河在永修的吴城镇汇入鄱阳湖，再流入长江。同属于九江地区的修水县（旧称义宁州、义宁县）在修河的上游，永修县在修河的下游，套用一句老话，我也曾经和义宁陈氏"同饮一江水"，我不知道这算不算一种缘分。

我的中学是在永修县内一个叫作军山的小镇完成的，初中连续几年，每次上学都是从杨家岭火车站沿着铁路走到军山火车站，脚下的这条铁路就是南浔铁路——陈寅恪的父亲陈三立是这条铁路的主要筹建者之一。杨家岭位于南昌和九江的中间，往北挨着军山，往南挨着县城涂家埠，涂家埠正是南浔铁路跨越修河的重要车站。一句话，我移居的地方，我走过无数次的铁路，都是当年南浔铁路总理陈三立足迹所及之地。这不能不说是另一种缘分。

更重要而直接的机缘，是我在华南师范大学读研究生时碰到的一次机会。1993年，我从江西永修县第一中学考入广州的华南师大，跟随管林先生学习中国近代文学。1994年，管先生受到江西方面召开陈宝箴、陈三立研讨会的邀请，他当时已经是华师的校长了，事多人忙，无法参加，就让我摸一摸陈氏父子的情况，看看能不能参加学术会。我遵命做了一次基础性的摸排，这才发现相关研究很不到位，各种工具书（不少还是权威辞典）连陈三立的生卒年都互相矛盾。后来我代表管老师去开会，还应邀作了发言，那时候年轻，不知道天高地厚，还好没有瞎说。回广州后，向老师做了汇报，老师非常宽容、开明，同意我选择义宁陈氏研究作为硕士毕业论文的选题。从此我就一头扎进去了,再也没出来,不知不觉做了二十多年。可以说,业师管林先生是我从事义宁陈氏研究的引路人。

1996年,《近代史研究》发表了我的第一篇重要文章——《陈三立与谭嗣同》。作为中国近代史研究的顶尖刊物,能够发表一个中文专业硕士研究生的习作,极大地鼓励了我,也奖励了我。一直到现在,我都对当年的责任编辑谢维先生感激不尽,尽管从未见过面。

1998年,广东举办纪念戊戌变法一百周年的学术研讨会,我大概是在这次会议上认识华南师大历史系宋德华教授的,会议结束后偶尔还有些往来。宋先生十分宽厚、热心,他的夫人杨向群女士在广东教育出版社做编辑,经由他牵线,我才有机会把正在编撰的"陈三立年谱"改写成陈寅恪家族数代人的"合传",交到广东教育出版社试试运气。

《陈寅恪的家族史》就是在这么多因缘的共同作用之下,才得以写成并问世的。

二十多年前,电脑还是稀罕物,利用互联网进行文献搜索也还没有普及。写作这本书所依靠的材料,大致有这样四个来源:

一是根据《全国报刊索引》,尽可能地搜寻已有的研究成果;二是利用假期,前往江西修水陈寅恪祖屋所在地考察;三是与陈封雄先生、陈小从女士书信往来,获得不少回忆性资料;四是从汪叔子先生那里借到陈三立诗集、文集的复印件,复制了一份。

说到第一个来源,按照现在的眼光来看,当时被我遗漏的研究成果确实有很多,条件所限,也是无可奈何的事。说到第二个来源,十分感谢修水的两位朋友——刘经富先生、欧阳国太先生。《陈寅恪的家族史》开篇的"楔子",介绍了我和他们首次见面的情形,此不赘述。说到第三个来源,还要感谢1994年的那次南昌会议。我在开会期间拜识了陈小从女士(修水陈菊虞大姐领着我走进老人的房间,至今记忆犹新),等到她回到武汉,隔了较长时间,我才鼓起勇气给她写信请教,从此结下一段二十载忘年交。和陈封雄先生书翰往还,与刘经富、欧阳国太二君结识，都要归功于小从女士的引荐。说到第四个源头，汪先生当时提供给我的陈三立作品集（复印件），包括《散原精舍诗》（及其《续集》《别集》）和《散原精舍文集》，其中的诗集是上海中华书局1936年的重印本。这套特殊的诗文集，不但为《陈寅恪的家族史》提供了至关重要的素材，而且成为我后来研究陈三立的主要参考书。最近，我才从李开军教授那里知道，在陈三立诗集的众多版本中，这个本子的文字"更值得信赖"（李开军辑释《散原遗墨》，凤凰出版社2020年版，第179页）。歪打正着，颇感惊喜，也更加佩服开军博士的精益求精。

《陈寅恪的家族史》最让我满意的，还是对于陈宝箴、陈三立父子主持湖南戊戌维新的叙述与评议。论文《陈三立与谭嗣同》，脱胎于我撰写的"陈三立年谱"，专书《陈寅恪的家族史》也延续了这一特点。优劣、长短，均与此相关。

这本书就其内容而言，应该称作"陈寅恪前传"或者"陈宝箴、陈三立合传"，和我最初的预想——"义宁陈氏合传"——不甚吻合。这一点，算得上《陈寅恪的家族史》的一个遗憾。关于这个遗憾（或者缺陷），我在最新版《陈寅恪家史》的后记里有一个回应，在此也不多谈了。

说到《陈寅恪的家族史》的收获、启发，我想至少也有四点：

其一，这本书或多或少提高了学界和公众对于陈寅恪祖居地的关注度，对于从家族史角度研究陈寅恪也起到了一定的助推作用。

其二，这本书帮助我顺利地从讲师破格升为副教授，可谓名利双收，受益至今。

其三，这本书的写作、出版，为我带来了十分重要的文字缘：汪叔子先生后来约我合作整理《陈宝箴集》，胡文辉、马忠文先生主动赐函结交，李开军博士等友朋一再施与援手，等等。

其四，让我真切地感悟到：写书、出书，再怎么认真、细致都不为过。古人说校书如秋风扫落叶，今人戏称"无错不成书"，大凡出过书的人都会有同感。我自己校对《陈寅恪的家族史》多达十次,依然无法避免一些低级错误,印象最深的有两处:"屈大均"错成了"屈大钧","江苏嘉定"错成了"浙江嘉定"。第一个错误,幸好再版时及时改了过来;第二个错误,整整过了二十年,才承蒙卢礼阳先生指正。这类低级错误,错得让人汗颜,也错得让人无语。

2019年,《陈寅恪的家族史》经过增补,易名为《陈寅恪家史》,改由东方出版社推出。后者虽然是一本新书,内容、材料都有较大变动,但基本框架仍延续了前者,可谓旧著新编。回首二十年,人书俱"老",不变的应该是久久的温情、敬意和小小的一份坚持。

2020 年 12 月号,总 283 期

字里乾坤

几许专家尚解诗

马斗全

先是河北卫视的《中华好诗词》,后又有中央电视台的《中国诗词大会》,将精美绝伦的古典诗词作为综艺节目搬上电视,为学习和弘扬传统文化做贡献,用意非常好,并且获得广泛好评,可喜可贺。但同时暴露出的一些问题,却也甚令人忧。

令人忧虑者,主要是有关专家的水平问题。想到此,便不由得想起唐人诗句"自古英雄尽解诗",是赞马上建立功业者亦解诗。如今,专门研究和讲授诗词的"专家",几个尚解诗呢?

《中华好诗词》,评委中专业水平最高的应该数中南大学杨雨教授了,孰料杨教授竟将辛弃疾"燕兵夜娖银胡䩮,汉箭朝飞金仆姑"句的"朝"字错读成 cháo,说明她连对仗联也不甚了了,不知此"朝"与上句"夜"相对,读 zhāo。至于对李清照名作《如梦令》的理解,就更是教人惊诧不已。"常记溪亭日暮,沉醉不知归路,兴尽晚回舟,误入藕花深处。争渡,争渡,惊起一滩鸥鹭。"意境多么美好,却被杨教授理解作一群酒鬼春游、喝得醉醺醺而闯进荷花丛中怎么也找不到回家的路。原来她把意为沉浸、陶醉的"沉醉",当作喝得大醉。

《中国诗词大会》,讲解最为活跃的评委似乎是北京师范大学康震教授,而康教授被传为笑谈的是竟把苏轼赠王安石诗句"骑驴渺渺入荒陂"读作"骑驴渺渺人荒陂",是不解句意,亦不谙平仄,不知此句第五字不能为平声。孟浩然《宿建德江》"野旷天低树,江清月近人",为对仗联,"低"字与"近"字一样,作动词,说旷野辽天使树木显得很低。康教授为讲解,不但把平声"低"莫名其妙地读作去声,而且解释作：显得天比树还低，树反而到天上去啦。真是匪夷所思！

　　杨雨、康震两教授表现如此，是个人水平高低所致，还不要紧。我们再来看看多位专家（姑称之为专家组）的整体水平如何。《中华好诗词》有一道题，问唐代某诗人"在家中排名是第十六吗"，甚谬。家里不会有排名的，即使祭祀祖宗须有先后顺序，也是爷爷在前，孙子最后。同辈中兄在前，弟在后。"排名"显然为"排行"之误。无论古代还是现今，都只说排行第几，而不说在家中排行第几。"家中"既多余又欠当。因为唐人排行与今之排行不同，并不是只就亲兄弟排之，而是以族中弟兄排的，所以有刘十九、白二十二、卢三十一之称。这些都属唐诗常识，专家组竟然不知。

　　《中国诗词大会》，首先节目名便欠准确。背诗节目，参照前之《汉字听写大会》叫《诗词背诵大会》方为确当。节目还多次用到"以诗会友"，是不解古人所谓"以文会友""以诗会友"之义。"以诗会友"，是以其诗与人交流、提高，而不是背古人诗。卢纶《和张仆射塞下曲》"月黑雁飞高，单于夜遁逃。欲将轻骑逐，大雪满弓刀"为唐诗名篇，相关考题给出"将"字之义三个选项：A. 把；B. 带领；C. 将军。答题选手选择"A 把"，被告知答错了，正确答案是"B 带领"。其实，唐诗中"欲将"的"将"，通常作"把""用""以"之类意思用，其例甚多，无需赘举。卢纶《塞下曲》的"欲将"，乃"欲以""欲使"之意，是说以轻骑去追赶。专家组不解此，而以为是"带领"。二十四史中常见的"将所部""将其部"之类的"将"，才是"带领"，但那"将"字为去声，而卢纶诗的"将"为平声。那位选手答对了，却败下阵去。让人既为选手惋惜，更为专家组惋惜。

　　诸如此类错讹之例，无需细举了。

　　《中华好诗词》，尤其是《中国诗词大会》，收视率很高，说明广大观众对传统诗词的喜爱。越是这样，电视台越应该严肃认真，尽量避免不"解诗"的专家做评委、乱点评，努力办好节目，争取不出或少出差错。否则，会贻误观众、误人子弟的。

2017 年 3 月号，总 238 期

说"使君与操"之用典

马斗全

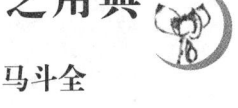

钱锺书先生《谈艺录》有语云:"余于晚清诗家,推江弢叔与公度如使君与操。"(补订本,第347页)"使君与操",典出《三国志·蜀书·先主传》:"曹公从容谓先主曰:'今天下英雄,唯使君与操耳。'"《三国演义》更演义成著名的"青梅煮酒论英雄"故事。此虽为熟典,惜钱先生不慎而所用未当,以下略为说之。

曹操对刘备所说"今天下英雄,唯使君与操耳","使君"谓刘备,"操"谓自己。"使君与操",即"你与我"或"我们二人"之意。北宋张表臣《珊瑚钩诗话》曾记,唐代白居易与元稹依韵唱和篇章甚富,而自耀云:"曹公谓刘玄德曰:'天下英雄,唯使君与操耳。'予于微之亦云。""使君与操"者,元稹与自己也。其后诗文所用此典,亦皆此义。如南宋刘克庄《沁园春·梦孚若》词:"天下英雄,使君与操,余子谁堪共酒杯。"即指方孚若与自己。刘辰翁《莺啼序·感怀》词之"古人已矣,天下英雄,使君与操耳",亦指念中故人与自己,所以其下有"黄纸除君、红旗报我"句。刘辰翁《水调歌头》词又有"大小卢仝马异,天下使君与操"句,说自己颇受耐轩公赏识推许而有"小耐"之号,真如卢仝与马异,大有天下英雄唯吾二人的意味。明袁宏道请友人为其所著作叙,信中云:"仁兄不可不一叙也。海内风雅凋落,天下英雄,使君与操耳。"(《未编稿·尺牍》)易震吉词:"英雄能几,使君与操,其馀堪扫。"(《秋佳轩诗馀》)用以指天涯知己与自己。

"使君与操",又可用作"君与操",如白居易《哭刘尚书梦得》有"杯酒英雄君与操"句,指"四海齐名"又为好友的刘禹锡与自己。《明词汇编》有"天下英雄君与操"句,指所称颂的文友与作者自己。近人郁达夫早年奉寄兄长郁曼陀诗即借用"天下英雄君与操"句,指兄长与自己。张大千题谢稚柳《槲树啼猿》诗亦借用"天下英雄君与操",指谢稚柳与自己。

可知,"使君与操"之用典,乃"你与我""吾二人"之意,指对方与自己,而不当指自己以外的两个人,作"他俩""他们两人"用。因钱锺书先生为大家,《谈艺录》为名著,偶误用此典可能贻误读者,故特为指出。

2018 年 4 月号,总 251 期

使君与操
——《汉语大词典》二版补目

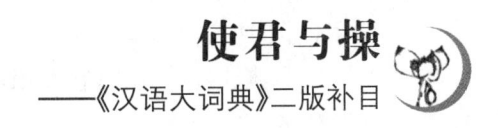

陈增杰

《温州读书报》2018年第4期第一版刊载的马斗全先生《说"使君与操"之用典》文，写得很好，读后颇受启示。

典语"使君与操"，《汉语大词典》一版未收，二版当做增补。目下笔者适在审阅上辞社寄来的《汉语大词典》二版第三册定稿校样，其中包含"使"字下词条，因即给予补目，并撰释文，谨录如下：

【使君与操】《三国志·蜀志·先主传》："是时曹公从容谓先主曰：'今天下英雄，唯使君与操耳。本初之徒，不足数也。'"谓刘备（使君）与曹操自己。后用以借指对方与自己，犹言你与我二人。唐白居易《和微之诗》序："况曩者唱酬，近来因继，已十六卷，凡千余首矣。其为敌也，当今不见；其为多也，从古未闻。所谓'天下英雄，唯使君与操耳'。"宋刘克庄《沁园春·梦方孚若》词："天下英雄，使君与操，余子谁堪共酒杯。"明袁宏道《与黄平倩书》："海内风雅凋落，天下英雄，使君与操耳。"亦用以指称特出时流之并名两人。钱锺书《谈艺录·补订》："余于晚清诗家，推江弢叔与公度如使君与操。弢叔或失之剽野，公度或失之甜俗，皆无妨二人之为霸才健笔。"（书证出处：中华书局校点本《三国志》第4册，875页。中华书局1979年版《白居易集》第2册，477页。四库全书本《后村集》卷十九。上海古籍出版社2008年版《袁宏道集笺校》卷五五，下册，1601页。中华书局1984年版《谈艺录》，347页）

须做说明的是，钱锺书先生《谈艺录》的用例。马文云："使君与操……不当指自己以外的两个人。""惜钱先生不慎而所用未当"。"偶误用此典。"对此，我的看法稍有不同。鄙见以为，钱例属于一种活用,语有所自而另具别义,是可以接受的,所以将其引入《大词典》。

一些典故性的词语,在使用过程中词义迁衍变化纷繁复杂,需要做具体的考察分析。笔者在《汉语大词典》二版修订定稿的处理中,小有体会,兹略事举例,用作交流。

【俟河之清】典出《左传·襄公八年》:"周诗有之曰:俟河之清,人寿几何?"等待黄河由浊变清,比喻期望之事不可能实现或难以实现。汉张衡《思玄赋》:"天长地久岁不留,俟河之清只怀忧。"《旧唐书·卢怀慎传》:"内外官人……徇财黩货,罕能悛革,委以共理,俟河之清。"都是这个意思,这是主流的用法。

但如周劭《闲话皇帝·写家老舍》:"想到报载茅盾、郭沫若、巴金都有巨额稿费捐献国家或设立奖金,真惋惜老舍不能活到俟河之清。"惋惜老舍含冤早逝,没有待到清明盛世。取意与《左传》的本义不同。那么,该例是不是用错了呢?不轻下判断。宋李新《贺河清表》云:"历观有国而来,未如今日之盛治之极也,表而出之。俟河之清,目方欣于有睹;如山之寿,志并祝于无疆。"固先已有此种用义。再检《文选·张衡〈思玄赋〉》"俟河之清",唐人刘良别有解释:"黄河千年一清,以喻明时也。"刘注虽非正鹄,但毕竟是历史的存在。有了这些语料,词义流衍的支脉就十分清晰,即可据之概括出一个新的义项:期盼明时。喻指升平盛世。

无有古注为依据的,也举一例。【佩犊】出《汉书·循吏传·龚遂》:"遂见齐俗奢侈,好末技,不田作,乃躬率以俭约,劝民务农桑……民有带持刀剑者,使卖剑买牛,卖刀买犊,曰:'何为带牛佩犊!'"带牛佩犊,是结构特殊的缩语,意谓带刀而不牵牛,佩剑而不引犊。喻指带刀持剑,不事生产。如苏轼《次韵苏伯固游蜀冈送李孝博奉使岭表》:"野无佩犊子,府有骑鹤仙。"宋程缜注:"谓人不事武而皆耕种也。"这是"佩犊"的正解,用例甚多,不赘。

但如宋张维之《谢及第启》:"带牛佩犊,久穷南亩之耕;漱石枕流,已遂北山之志。"带牛佩犊,是牵牛耕耘的意思,与原来的语义适相违反。然例义明确,我们也应当给予承认。所以,"佩犊"的另一个用义:谓弃武务农,牵耕田亩。

  类似的语例不乏。作为一部包罗全面的大型详解词典,对于这类不同原义的变衍歧出的用法,只要例义明确、字面说得通且具合理成分,都应该兼收并蓄给予包容,以满足读者广泛的查检需要,充分反映汉语言在历史长河中发展衍变的多样性和丰富性。

2018 年 5 月 4 日

2018 年 6 月号,总 253 期

"楠溪江"应是"楠溪港"

沈克成

著名的国家级风景名胜区楠溪江有三十六湾、七十二滩,其秀水可与漓江媲美,古峰堪与雁荡争雄;沿江风景名胜融险、奇、幽、秀为一体,人誉"天下第一溪"。

那么为什么叫楠溪江呢?从字面上理解,不知情的人往往把楠溪江错误地理解为:盛产楠木的永嘉有条江,它既叫溪又叫江,宽的地方叫江,窄的地方叫溪。其实,楠溪的江面并不宽,与其称江,倒不如称溪更为贴切。

晋朝以前,楠溪江原名"瓯水"。郑缉之《永嘉郡》载:"瓯水,水出永宁山,行三十余里,去郡城五里入江。"清朴学大师孙诒让注释:"瓯水盖即今楠溪,入江即谓入永宁江。"永嘉县古称东瓯,瓯水是郡城附近一条较大的河流,水以地名,取名瓯水也就顺理成章了。到了汉武帝时,东瓯王国举国内迁,瓯越先民流落他乡,导致故土抛荒数百年。现今楠溪乡民的祖先大多是在唐宋时从中原或福建转迁而来。

可能由于人口迁徙而产生的文化断代现象,也可能由于人们觉得"瓯水"和"瓯江"容易相混淆,宋朝以降的记述中已不见"瓯水",而代之以"南溪"。如北宋太平兴国二年《太平寰宇记·石室》:"南溪人一百二十里,有石室,可坐千人。"至于"南溪"一名源出何处,已无史可考,笔者臆想,可能是因为该溪源自天台山南麓。

但是,从现在还可查找的清代和民国时期的永嘉地图,我们发现:现在的"楠溪江"原来标志为"柟溪港",这是什么原因呢?

据说,是南宋永嘉学派集大成者叶适首把"南溪"写成"柟溪",因为当时沿溪盛开梅花,叶适在《中塘梅林》诗中曰:"上下三塘间,萦带十余里。"他对梅情有独钟,希望"南溪"能有一个体现出梅的个性的好名字。如果直呼为"梅溪",未免过于直白,而且,南宋状元王十朋以村居之溪为名自号梅溪野人,辟梅溪书馆,著《梅溪文集》,梅溪之名可谓大矣。此时,小王三十八岁的叶适若把"南溪"改成"梅溪",岂非拾人牙慧?于是叶适决定改"南溪"为"枏溪"。《说文解字》:"枏者,梅也。"《广韵》:"枏,梅也,子如杏而醋。"叶适在李仲举墓志铭上最早写上"枏溪"两字:"李伯钧,字仲举,枏溪人……"叶适这一改改得巧妙,以后仿效者日众。在明以后,尽管有些官方文献上仍称"南溪",但各种府志、县志已陆续改称"南溪"为"枏溪"了。

枏,普通话读 rán,古音应读而琰切,永嘉话本应读"冉",但人们还是随俗读成"南",意为"梅"。

我们在《永嘉金石记》中还看到有"柟溪"的写法,其实"柟"是"枏"的异体字。《说文·木部》:"柟,梅也。"桂馥义证:"字或作楠……诸本多作柟。"

应该说,"柟""枏"与"梅"义同而音不同,而与"楠"则音同而义不同。

但是,"枏"也好,"柟"也好,都为生僻字,一般人不认识,到了 1955 年,《第一批异体字整理表》把"柟""枏"作为"楠"的异体字废弃掉,统归"楠"字。这样的整理是值得商榷的,正如《康熙字典》云:"柟或作枏,俗作楠,非也。"因为"楠"和"枏"是异正包容异体字,"柟"和"枏"是类同异体字。废"柟"存"枏"是对的,但废"枏"存"楠"却不妥。我们知道:"楠"是形声字,从木南声,音 nán,那含切,本义为树木,即楠木。"柟"是形声字,从木冄声,音 nán,那含切,《说文》:"梅也。"如"梗柟、石柟";作人名用字,清代有内阁中书梁廷柟。"枏"也是形声字,有两读:一读 nán,那含切,树名,即楠木,同"楠";又读 rán,而琰切,果树名,即梅,果实即梅子。在台湾,"楠"是常用字,"枏"是次常用字,"柟"是"枏"的异体。

再说为什么旧地图上把"枏溪"写成"枏溪港"。"港"是会意兼形声字,从水从巷巷亦声,声旁巷指街中道路,合水旁表示水中道路,本义为与江河湖泊相通的小河。《字略》:"港,水分流也。"《玉篇》:"港,水派也。"后引申指港湾、码头、港口。把小溪河说成"溪港"是浙南一带特有的语言现象,至今浙西南还保留有"常山港"和"江山港"等古色古香的地名,正如"漈"也是浙南一带特有的方言词,意为水边或小瀑布,刘景晨先生的故乡藤桥潮漈村,意为瓯江潮水可以涨到上戍江的潮漈之处,而今改为潮济,就失去了原来的意义。

据说在楠溪民间,凡是舴艋船儿开得上的溪流就习惯称港,如楠溪港、大源港、小源港、岩坦港、鹤盛港等;而停泊船只、装卸货物、渡人的地方称埠,如清水埠、小港埠、沙埠等。在20世纪50年代,楠溪的舴艋船竟有近千艘之多。

20世纪80年代,旅游部门将"楠溪港"改为"楠溪江"是完全没有依据的,从词意上来看,也是极其荒谬的。因为"江"本指长江,后引申指大河,楠溪无论如何算不了是条大河,既是"溪"又为"江",岂不成了既生瑜又生亮?有人质疑其画蛇添足,我认为这样做不仅是多此一举,还把永嘉先人很有地方特色的命名亮点给抹掉了,这是极不应该的,也是令人深感扼腕痛惜的。

再说说"港"和"江"的读音。无论是古音或今音,"江"读平声,"港"读上声,但在浙南一带,这两音往往会出现混读现象,如"江蟹"我们都将其读成了"港蟹",由于篇幅所限,我们就不展开讨论了。

最后,试将楠溪江名称的演变过程做一小结:

瓯水(晋)→南溪(北宋)→枬(栝)溪(南宋、元、明)→枬溪港(清、民国)→楠溪港(20世纪50年代)→楠溪江(20世纪80年代至今)。

2015年1月号,总212期

温州方言"屙"与"污""秽"之辨

魏太迟

温州方言里的 wu 音,指的是"粪便"之义,但并不与汉语里的"屎""粪"等字对应。

wu 音的本字,前辈专家多有考证,"污""秽""屙"三字流传最广,但都莫衷一是。笔者前日见报纸刊文,将"秽"字作为 wu 音的正字,颇觉得无理,故将几字做了辨析,以求寻本溯源。

先从报纸文章说起,其文引温州人周达观所著《真腊风土记》中"但粪田及种蔬,皆不用秽,嫌其不洁也"作例,又言温州人夏鼐注为"秽为污物,此处特指人粪。《王力古汉语字典》中"秽"字解释条例之下有一条即是"粪便",更以《世说新语》中"有何以将得位而梦棺器,将得财而梦矢秽"作例,这是能说明汉语中"秽"字有"粪便"之义的。但汉语"秽"字可否为温州方言中的 wu 音,这得由韵书考证。

不过《真腊风土记》的作者周达观虽为温州人,但其作品通篇用温州话写就可能性不大。周达观是元人,元朝先后以蒙古话和大都语音(今北京话)为标准音,周达观纵是两样口音都没学会,用的也应该是南宋留下来的中原"雅音"。即使夏鼐强调"今温州方言仍呼粪为秽",又有某书注释"秽(wu),音似畏",也是孤证难立。夏鼐是考古学家而非古汉语学家,对古汉语及方言的结论有待商榷,秽是温州方言 wu 的注释,也没有援证,不可采信。

至于秽的发音,会否转变成 wu,可试以同韵部的其他字音对比。汉语方言中的字音随着时间的推进而迁移,同声母或同韵母的字音改变是组队进行的。许多同韵的汉字在方言里还保持着同韵发音。北宋韵书《广韵》,秽字作於废切,这是说当时的秽字声母同於,韵母同废。《平水韵》中,秽字所在的"队"目里,同韵的常用字有队、爱、对、废、退、类、配、背……明韵书《洪武正韵》中注秽字作乌胃切,在队目,沿袭《平水韵》的韵目分类。前人以"废(胃)"作韵母的"秽"字,今时的韵母发音即使不随着"废(胃)"字改变,也应跟当时同韵目的其他字音一起转变。故而今之普通话中"秽"的韵母发音仍同"废(胃)",温州话中秽字发作"悔"音是合理的,这是跟随语音的变化规律而并非是受普通话影响。但说变成 wu 音,是没有理论和现实依据的。

"秽"字音不能发作 wu,那么 wu 为何字?有人说是"污"字。"污"字古写作"汙",从水旁,浊水不流之义,《说文》"污,秽也",后人便以"污秽"一词引申出"肮脏、不洁"之义。但"污"字的字义向来与粪便没有关系,亦没有古籍证明"污"曾作"粪便"解释,若仅以"污,秽也"认为"污""秽"二字互训,并以今之普通话音去证明其方言音,亦是无稽。

笔者认为,温州方言里义为粪便的 wu 音,实为"屙"字。明朝问世的《字汇》引用南朝旧书《玉篇》:"乌何切,音阿。上厕也。"这里能说明以明朝当时的官话来讲,"屙"字与"阿"字是同音字。而温州话中的"屙、阿"不管是跟着南朝的官话走,还是跟着明朝的官话走,也应是同一个发音。温州话里,阿有两读,一音同 a,一音同 wu,若阿嬷,若阿胶。屙与"阿胶"的"阿"同音,即是 wu。

而屙引申出粪便之义,是古汉语语法中常见的动词活用现象——以表示动作行为的字来说明其结果,以屙来指代因屙的行为所产出的粪便。"秽"虽有"粪便"之义,但在古籍中以此义出现的例子却是很少,笔者查询百多部古籍,"秽"字多是以"污秽、荒秽、秽恶、秽物"等组合词的形式出现,主要功能是形容,表达污浊不洁,而非指代粪便。除《世说新语》外,《聊斋志异》倒有用"遗秽"一词,是以"秽"指代粪便,可其与《真腊风土记》一样是文言文集,非口语作品。上古汉语多为单音词,以今之方言里仍保留头、脑、面、手、臀、脚、尿、汗等单音词来看,温州方言里的 wu 音字也应是某一时期常用的单音词。然则上面列举的关于身体的这些字在现代汉语里还能单独使用,而秽字早已失去单音词的功能。笔者大胆假设,秽字为粪便的这个解释,或者是未有普遍流行过,或者是只在书面语中使用,故在古代作品中十分少见。

反观"屙"字,在明清的时候还是很活跃的。明崇祯年间刊行的《型世言》第三十三回:

邵承坡道:"不像,葱也不见他买一个钱,是独吃自屙了。"

守朴翁《醒梦骈言》第二回:

日里抱他在学堂内,夜来自己领了他睡,喂粥吃饭,候尿候屙,竟做了雄奶子。真个辛苦。

晚清宣鼎的文言小说《夜雨秋灯录》中亦有"久之,张唾落于壁,必怒于心;遗屙于庭,必怒于色"。这些例子都能说明"屙"有"粪便"之义,且还在民间存活。但为何今之汉语里没有流传此义呢?近人徐珂作《清稗类钞》,其中记录上海方言道"屙,粪也"。《型世言》的作者陆人龙是钱塘人,宣鼎虽是安徽人,但一生流落他乡,因此借用客地方言亦不足为奇。与上海、杭州同属吴语区的温州,以屙(wu)言粪也是理所当然。而中原汉语中早已有"屎"字指代粪便,未经重大动乱和有意统一,"屙"字当然进不了其语言系统。

"屙"字的发音和字义都与温州方言相同,应就是 wu 音本字无疑,如以"秽"字名之,一则不合"屙"的语音演变,二则没有口语化的例子论证,实为舍近求远、舍本逐末。

图书馆纪行

风送滕王阁

刘时觉

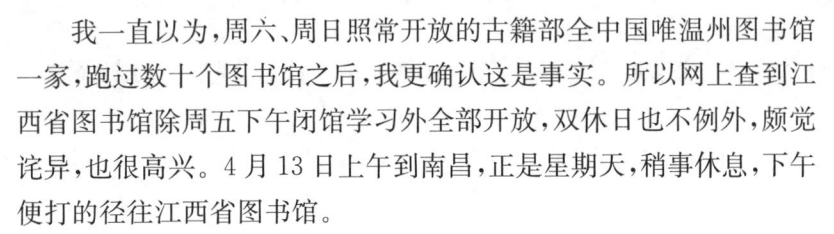

我一直以为,周六、周日照常开放的古籍部全中国唯温州图书馆一家,跑过数十个图书馆之后,我更确认这是事实。所以网上查到江西省图书馆除周五下午闭馆学习外全部开放,双休日也不例外,颇觉诧异,也很高兴。4月13日上午到南昌,正是星期天,稍事休息,下午便打的径往江西省图书馆。

江西省图书馆坐落于洪都北大道,主体建筑有十多层高,看样子有些年头了,略显陈旧,迎面就是"欢迎步入知识之门"的横额,让人有些许的亲切感。古籍特藏部在三楼,果然开门迎客。我进门便拿出书单询问管理员,得到的回答犹如一盆温水:双休日无法取古籍,只能看阅览室所藏的《续修四库全书》之类影印本。原来如此,我白高兴了,闲聊几句便告辞。来此南昌故郡洪都新府,不能不前往滕王阁抒发一下思古之幽情,看不成书,也不是太大的损失。

第二天一早,很顺利地搭上221路公交车,跨过赣江,再转222路前往远郊的江西中医药大学。谁知出站没多时,汽车却与一辆轿车剐擦,把对方的后视镜给碰断了,交警来处理过。按理双方各奔前程由保险公司善后就是了,不知江西人的思维方式是怎么样的,两辆车往路边一停就不走了,问司机,说一声"走不了啦",你也无计可施。正是早高峰,许久拦不到出租车,好不容易有一辆停了下来,里面已有一人,司机答应上车,喜出望外。谁知又是堵车,又是绕路,到江西中医药大学已是九点出头,多花了冤枉钱不说,还浪费了宝贵的时间。"出师不利",我担心今天的正事。

果不其然,上了三楼,古籍部正在打包转运古籍,书库外一地狼藉,丢着许多包装材料。心冷了半截,正以为看不成书了,主管的中年女士却接过书单,查对书目,说:"我同意你看,但要馆长批准。""书能找得到?""能。"真有一种绝处逢生的感觉,兴冲冲地上楼。图书馆办公室有两位女士在,一说来意,递上介绍信、身份证,黎莉主任便一口答应,随手打电话下去,另一女士陆有美还送我下楼,直接关照。到古籍部,谢玲女士和另一年轻人已经在书库忙开了。这里的书目不多却珍贵,两种抄本,绝无仅有的孤本,结果找到《内经篇名解》,另一种一时寻觅不得。我已经十分满足了,翻看全书,摘录笔记,拍照若干,不仅搞清了这部书来龙去脉、著述特点,还落实了一直不明的作者籍贯,为我下阶段要做的一项研究增添了材料。事毕,与年轻人闲聊了一会儿,无非介绍我的医学古籍书目研究的大略情况,希望他为我注意另一抄本《脉诀阶梯选要》,如有可能还请收集相关材料,他答应了。

　　十时离馆,刚出校门,远远看见有公交车来,几乎没有停留就上了222路,顺利得出奇。车上收到短信:"刘老师,刚才看了您为中医医史文献做出的贡献,以花甲之年仍奔波各地调研,令人感动,向您致敬!狄碧云。"我很高兴,随手回信:"谢谢您和谢老师及大家的大力支持。我能够做一些工作,离不开大家的支持。让我们共同为中医事业努力吧。"这不完全是客套,确确实实,正是有了各地各中医药单位图书馆馆员的大力支持,我才能完成中国医学古籍的书目考证研究项目,这是我撰写《图书馆纪行》系列稿的初衷与动力,也是《浙江医籍考》《中国医籍续考》《浙江医人考》书前长长的且不断加长的致谢名单的由来。

　　车过八一桥,终点站就在滕王阁附近,打的前往江西省图书馆,十一点二十分,古籍部尚在开放中。接待的宋卫女士很热心地为我搜寻书目,不知什么原因,事先在网上查得的索书号与实际不同,她重新查过一遍,一一确定书号,五种都能查到,却只拿到四种,另一种不在架上，有号无书；另有两种我上网查不到，在这里也查不到，佚失的可能性极大。

午餐后开始工作，这里不允许拍照，只能硬抄，工作量就大了。考证的结果令人惊异，婺源俞世球的《续医宗摘要》并无完整的十二卷，只有最早刊行的《续医宗摘要幼科》一册，不知有无最终完成全书；《痘疹易知》不过是《经验良方全集》四卷的末卷；而《澄园医类》并非"医学笔记杂录"，仅为其书三种十五卷之首卷，为《伤寒类证》之一部。这三种与现有目录记载都有不同程度的出入，只有《眼科新新集》，订正卷数，补充作者籍贯，收录自序自跋，充实材料而未有太多的更正。所以，成果还是很丰沛的。我很高兴，完成之后与管理员熊少华聊起在各地图书馆访书读书的感受，在《温州读书报》开辟《图书馆纪行》专栏事，这倒引起他的兴趣，我便说，待写江西的文章刊出后，我寄一份给你。

告别宋卫、熊少华，到火车站是五点，在自助购票机上购得 T171 次卧铺票，六点四十分开车，十点十分到萍乡，明天将造访道教名山武功山。

躺在萍乡的楚萍宾馆，回顾今天的行程，尽管前面有些少的磕碰，后面的进程却顺利得令人惊异，"时来风送滕王阁"，脑中突然冒出这么一句来。回温后再一查对，更惊诧不已，"风送滕王阁"，是"观音灵签"第八十一签，主先有不利，后则大吉大利，是上签，其签诗曰"谢得天公高著力，顺风船载宝珍归"，解签语曰"心中取事，天心从之，营谋用事，尽可施为"，简直就是为我这次读书之旅而量身制作的。"风送滕王阁"，真是好风。

2014 年 5 月号，总 204 期

樱花时节武昌行
——湖北图书馆读书记

刘时觉

2014年春天的三省访书之旅,好风送我滕王阁,顺利完成江西、湖南省图书馆外加中医药大学四个图书馆后,又游君山、岳阳楼,最后一站来到武昌,时为4月17日深夜。次日一早打车去湖北图书馆,远看那波浪形富于动感的立面,很是时尚,而高大巍峨的巨大体量,居我所走过的众多省市级图书馆之首。新馆搬迁,古籍打包尚未整理,无法借阅,便马上转身向东湖,曾侯乙编钟、越王勾践剑,我心仪已久。湖北博物馆除此镇馆之宝,其馆藏丰富,楚文化展很精彩,明梁庄王墓的出土文物美不胜收,郧州人展也同样令人流连忘返,看不成书亦可收之桑榆,并无太多的遗憾。

专程前往武昌,则是今年3月22日。中午的南航CZ8388航班一点半到天河机场,大巴由北而南纵贯武汉三镇,跨过汉水、长江,过了高耸的黄鹤楼,沿武珞路长驱直下,左侧的蛇山余脉郁郁葱葱,突然"湖北省图书馆"眼前一闪而过,原来老馆在此。

车到傅家坡客运总站,就在武珞路对面的"五月花酒店"住下,即溯来时路缓步回归。湖北图书馆老馆是中西合璧的建筑式样,四根粗大的通天圆柱撑起歇山式飞檐翘角碧色琉璃瓦屋顶,屋檐下一排斗拱,正中高悬"东壁灵光"牌匾,极具古风;水泥墙面、狭长窗户,对称的二层楼房,简洁而又庄重。大门交叉贴着丑陋的封条,提示此地早已弃用,而旁边"全国重点保护文物"的铭牌令人肃然起敬。馆舍背依青绿的蛇山,周围静静,悄无人声,绿树四合,尽管寂寞无主,几株樱花正开得如火如荼,灿若朝霞,白胜瑞雪。蛇山舒缓地向东延伸,沿南麓缓步徐行,有纪念张之洞的抱冰堂,有佛教名刹龙华寺,最引人注目的是辛亥革命武昌首义纪念碑、英烈群雕、烈士祠、孙中山纪念碑，还有城隍殿、长春观等道教建筑，文化氛围极为浓郁。

晚上研究地图，次日一早便按图前往，从五月花酒店，经武珞路五巷、六巷，中南一路、二路，又过紫砂路，到公正路，安步当车，三点五公里，四十分钟，在八点半开馆之前来到湖北图书馆新馆。

历史文献部在五楼，占据西边的半个楼层，极为宽敞明亮，乘管理员下书库取书的空儿，我便四处走动，细细地参观整个历史文献部大厅。散发着油漆清香的紫檀色书柜，背靠背两两相依成行，数数有十三行，每行十七双，则有四百七十多个，装着如《四库全书》《续修四库》《四库存目丛书》之类大套精装的影印本古籍；靠墙另有一长溜书柜，则是线装影印本，多湖北的方志、族谱，所藏之富令人羡慕；另一侧则是十余张长条的读书桌，各配六张皮面圈椅，灯光明亮，读书环境绝好，可惜孤零零只我一个读者。

预备的四种书目，取到《王氏汇参》《儒门医宗》两种，《刺热病论》已归入"善"本，不让看了，另一种《医学述要》则找不到。管理员周严嘱：不许拍照。我想，仅此两种，时间尚属宽裕，也就不打算拍照，老老实实地阅读、抄写好了。《王氏汇参》虽是光绪二十六年刻本，全国却仅此有存，实有子目八种，诊法、药性之外，主要是伤寒、瘟疫证治；《儒门医宗》分前后两集，前集阐述经典，后集则类编历代医家方药精义，又各有子目四种，亦全国仅此有存的孤本。真正展开，二书由一而九，则有十八种之多，工作量委实不小。翻看全书，核对卷帙、作者、成书年代毕，浏览各子目内容，合并取舍，共得十五种，幸子目诸书引言篇幅不大，但十五篇序言、引言的总量毕竟可观。于是，抓紧时间，手不停书，偌大的阅览室似乎只听到沙沙的笔尖擦过纸张的书写声。事实也确乎如此，直到下午两点完成全部任务，五六个小时之内并无人打扰，两位管理员四只眼睛之下，我直抄得头昏脑涨。

二时半，乘坐517路公交前往武汉大学。武大的樱花近年名噪一时，虽无访书计划，难得这美妙的三月樱花季节，不能不去一趟。

樱花大道因校舍施工而关闭，散在的樱花仍绚丽多彩，红艳若火焰，热烈奔放，粉色则娇若处子，缤纷明艳，白则如雪，深情动人。武大图书馆老馆在一座小山上，四周是歇山式飞檐翘角碧色琉璃瓦屋顶和仿木大石柱，与湖北图书馆风格相近而更显得庄重厚实，中间则呈八角形，同样飞檐翘角碧绿琉璃瓦，尤为引人注目。同样的建筑有学生俱乐部、文学院、体育馆、行政楼，都树着"全国重点保护文物——武汉大学早期建筑"碑牌，不能不由人钦佩，八十年前的大师设计、建造如此精美的建筑。盘桓两个多钟头，武大校园之美、山丘之美、樱花之美、建筑之美，令人赞叹不绝。

出校门，沿珞珈山路向南，到武珞路，过施洋烈士墓，天色近暗，借黄昏余光入内参观。步行回五月花，路程四点四公里。

2017 年 2 月号，总 237 期

平湖秋月映孤山

刘时觉

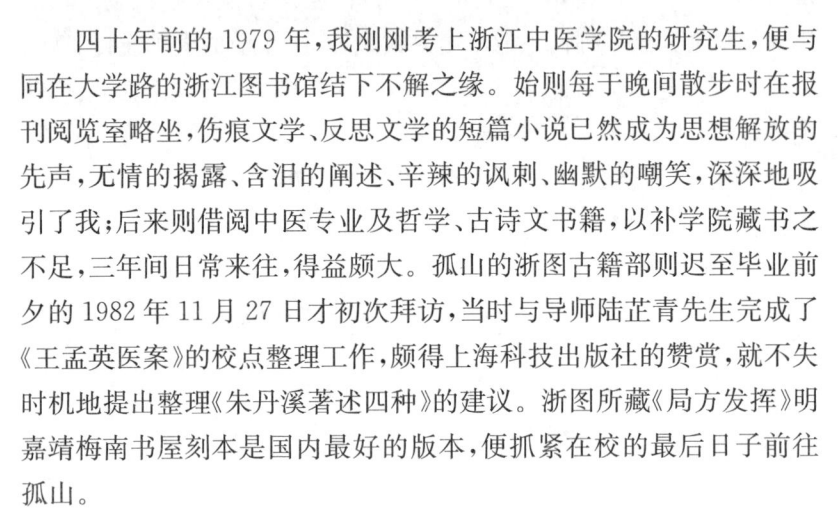

四十年前的1979年，我刚刚考上浙江中医学院的研究生，便与同在大学路的浙江图书馆结下不解之缘。始则每于晚间散步时在报刊阅览室略坐，伤痕文学、反思文学的短篇小说已然成为思想解放的先声，无情的揭露、含泪的阐述、辛辣的讽刺、幽默的嘲笑，深深地吸引了我；后来则借阅中医专业及哲学、古诗文书籍，以补学院藏书之不足，三年间日常来往，得益颇大。孤山的浙图古籍部则迟至毕业前夕的1982年11月27日才初次拜访，当时与导师陆芷青先生完成了《王孟英医案》的校点整理工作，颇得上海科技出版社的赞赏，就不失时机地提出整理《朱丹溪著述四种》的建议。浙图所藏《局方发挥》明嘉靖梅南书屋刻本是国内最好的版本，便抓紧在校的最后日子前往孤山。

初冬时节，桃枝柳条已经脱下败叶，空旷的湖面上残荷仍在彰显顽强的生命力，穿过白堤，从平湖秋月的碑亭台榭九曲桥旁擦身而过，便见坐落于孤山脚下的浙图古籍部。一个小小的庭院，落叶的古木与常绿的松樟簇拥着两幢民国风格的二层别墅，背山面湖，右为西泠桥，从月洞门而上即为西泠印社，左为庋藏《四库全书》的文澜阁。梅南书屋本《局方发挥》不愧是国内最好的版本，银钩铁画，字迹硬朗清爽，印刷非常精美，品相良好，既无破损虫蛀，更无缺叶少张，真令人赏心悦目。对照事先抄录的书稿仔细校雠，果然发现通行本有不少缺失，我一一记录在册。紧张的工作，不知不觉便是一整天，闭馆时分方得完成。缓步而归，已是暮色苍茫，半片上弦月初上树梢头，平展展的湖面微波荡漾，闪动点点银光，身后的孤山一片宁静。心头忽然一闪,无端地羡慕起古籍部的工作人员来,在如此优美的环境中坐拥书城,这真是天下第一美差。

再来孤山,已是二十八年后的2010年了,5月24日专程前往杭州,为《中国医籍续考》搜集资料,入住浙江省中医药研究院旁的圆正宾馆,以读省中研的古籍为主要目标。25日上午先是走访浙大紫金校区的医学图书馆,下午泡在省中研;26日,与省中研文献所竹剑平研究员一起,陪同中国中医研究院医史所的袁冰女士寻访清代钱塘医派的侣山堂遗址、百年老药铺胡庆余堂,还有环翠楼,据说是宋代朱肱隐居杭州时的"大隐居"在明代的改名,下午又去了孤山。两幢馆舍旧貌依然,老树也无改观,只是门前钉上"浙江省重点文物保护单位——浙江图书馆孤山馆舍"的铭牌,更加重这个幽雅可人的文化场所的文化气息。其时浙江图书馆已在黄龙建了新馆,善本古籍移走,这里只留普本阅览室。《中国医籍续考》载录清道光之后的古医籍,正属普本范围,事近尾声,待查书目仅七种,不多时就取来五种。有歙县程正通《经验眼科秘书》,有勾章慈湖隐居《治疗要书》,有崇川徐可《活命新书》,还有无名氏《新发明伤科秘诀》和《继嗣秘剖》,外感温热病及外、伤、妇、眼各科俱见,内容颇为丰富。诸书序跋亦富,抄录耗时不少,拍照若干张;同时,袁冰也查到她需要的资料,皆大欢喜。一行人马出浙图,沿湖步归,过平湖秋月,上白堤,越断桥,顺保俶路回莫干山路的宾馆。

次日,完成了浙江中医药研究院的全部阅读任务之后,下午再来孤山以完成剩下两书。《伤寒纪玄妙用集》十卷,元代大名尚从善编次的线装复制本,虽属普本,学术价值却不可等闲视之;乾隆间上海沈德祖《越人难经真本说约》四卷,附有《金兰指南集》三卷,不仅阐述注释《难经》经文意义,而且就经脉腧穴、藏象交会、五运六气、五色诊视专题阐发。好书令人尽情舒畅,摘录内容要目,拍摄序跋书影,工作效率大增,很快告成。

"出绿荫环绕中的浙江图书馆古籍部,拾级上孤山,古木参天,曲径通幽,于西泠印社拜谒前辈遗踪,缓步下坡,便是水面初平的里西湖。夏初,清风徐来,涟漪微动,垂杨拂面,柔草如茵,新荷绿嫩,清气怡人。在此小憩,稍离游人如织的喧嚣,便得心澄神清如许。因赋一绝:绿柳荫浓夏未浓,新荷点点碧波中。孤山读罢归来早,闲坐西湖四月风。"这段话就作为小序,与此小诗一起,题于《中国医籍续考》卷首,以记我此时此刻的心境,并配上照片,署下时间、地点:庚寅孟夏望前一日于杭州西子湖畔。

此后数度前往孤山访书觅书,2011年6月30日,在天目山路的浙江中医药研究院开过《丹溪医学大成》编辑会后,孤山半个上午,读《防疫刍言》《允和堂药目》《医话丛存》等书;2014年3月13日,中医药研究院开过"中医药古籍保护与利用能力建设"审稿会后,再上孤山,搜集《新内经》《脚气病之原因及治法》等无锡丁福保的医书;最近的一次则是2019年12月,在平海路的华辰饭店开过"浙派中医系列丛书工程"的实施方案评议会之后,又到孤山查阅《墨娥小录》《自在壶天》等书;而收获最丰,最值得一谈的是2018年3月10日的孤山一日。

从塞班岛旅游归来,在杭州逗留两天,3月9日在浙江中医药研究院泡了一天图书馆,10日一早即起,早餐后就在天目山路宾馆前的公交站台坐上6路公交车,到底便是少年宫广场,上白堤,缓步向孤山方向行进。早春时分,春寒料峭,嫩柳初绽鹅黄新芽,梧桐仍虬枝指天,桃花尚无踪影,薄雾轻笼,西湖安详。远眺放鹤亭处,一片艳红还夹杂着纯白,正是林和靖的"梅妻"。九时许到孤山分馆,虽是周六仍正常上班,递上书单,长长的有二十余种,九时半拿到书,问明可以拍照,便马上埋头开始阅读、记录。第一本《五禽戏图说》,前有二序,正文则虎、鹿、熊、猿、鸟五势舞工,一页一势,有图有说,全书八页,我拍摄了二序与虎、鹿二势四张照片;次则《吴氏医案》,即《吴鞠通医案》,前有冯国璋序,有《医药丛书》第一、二集叙与凡例、总目,连扉页带卷端,一气拍了十九张;《黄帝逸典评注》十四卷,有邱孙梧、陈庚飚二序，张在田述略，连目录带卷之始末，又拍了十四张……才一个来小时，已翻阅八九种，摘录笔记若干页，拍了六十四张照片，成绩斐然。正沉醉于紧张的工作之中，管理员沙女士忽一声惊叫，制止我继续拍摄，我不解，早晨未取书之先已经征求过她的意见并得其同意，怎又变卦？她说：不得自行拍摄，要交由管理人员拍。后来只得夹上纸条，写明起讫页码交付他们了。最后，共拍七十七张，刻成光盘给我，价四百七十八元，还好，不算太贵，否则现金付款报销会有麻烦。好的是，所有的普本古籍都找到了，有二十五种之多，收获可谓极大，善本要去黄龙新馆，只能改日再往了。

午休一个半小时，就在旁边的楼外楼名店午餐，东坡肉、西湖醋鱼、杭州名菜加一瓶啤酒，已足口颊生香。饭后在附近的文澜阁一游，三年的读研加上多次往来西湖，印象中似未来过这所皇家藏书楼。一点半，继续工作，翻阅完成了全部书目，照片光盘亦已制成，满载而归，满怀喜悦，时四点半。遂去放鹤亭赏梅，然后缓步白堤，经保俶路回归湖光饭店。紧张工作了一天，三四公里的步行，身心俱惫，正好休息。

2020 年 7 月号，总 278 期

六十五年上浙图

余凤高

1954年,我大学毕业后分配进入杭州市联合中学任初中语文教师和一年级班主任后的一天,教导主任通知我,让我带全班学生,跟另外几个班的老师和学生,一起去大学路的浙江图书馆看一个展览。当时,我是连大学路在哪里都不知道,于是便跟在他们后面去了。到达后,在图书馆前排队、挨次有秩序地陆续进去时,最先映入我眼帘的是前面的一座大楼,它虽然不高,但它那立柱的古希腊建筑风格,使我立刻有被震撼的感觉,心想这是一个庄严的场所。于是,几天后的一个星期天,我便一个人来到了这里。

当时的浙江图书馆,是个两层楼房,楼下进门后,左边是借书室和书目卡片柜。读者借书在办好借书卡之后,得先从卡片柜中找出卡片,查明书的编号,然后由工作人员从里面的书库将书提出来借。一楼的右边是一个庞大的阅览室,里面差不多全国各省的报纸和杂志都有了。二楼是外文阅览室,陈列了国内仅有的外文版《人民中

⊙民国年间的浙江图书馆

国》《中国妇女》等刊物；最多的是俄语的报纸杂志，如《真理报》《消息报》《文学报》《苏维埃文化报》等报纸和《苏联画报》《苏联妇女》《星火》《鳄鱼》《少先队员》《知识就是力量》《科学和生活》等杂志。没有注意是否还有英语或其他语种的报刊，因为我当时只是一心扑在俄语上，对西方语种可能也就视而不见。

此前，我从临海的台州中学毕业来到杭州六和塔的浙江师范学院时，在学院慎思堂二楼的阅览室里，第一次为那么多的报刊而感到震惊，现在我看到这里的报刊甚至比那里的还多，就更加震惊了。从此之后，我便几乎每个星期天都要来浙图，不但借书，更多的是上二楼看苏联报刊，从那里选取一点材料，摘译出来，写成短文投稿。

十多年里，基本上每个星期天，我都来浙图借书和浏览俄语报刊，直到1966年。

从这年起，有十年时间，他人都忙于他们自己的事，我则由于出身成分不好，不被人看上，让我和他们一起干，闲得无所事事。做医生的妻子担心我有一天可能被开除公职，让我学点医学，能够开开方子，以便将来可以借此混口饭吃。她为我找来几本中医古籍，要我学习，记住人体脉象和本草方剂。无疑中医是我国宝贵的传统文化，我却因为天性鲁钝，不但读后脑子里一片模糊，什么也记不住，读时也一点都提不起兴趣，觉得乏味至极，也很厌烦。硬着头皮看了个把星期，也只是为了应付妻子和我自己。后来，我干脆就将这几册书丢之不管了。妻子对我历来都很迁就，这次也不勉强我。

看书是我长期养成的习惯。从小时囫囵吞枣读《西游记》《水浒传》《封神榜》，到中学里开始读《红楼梦》《三国演义》，大学里系统读中国现代小说和外国文学作品，我没有一天不读书，每天晚上入睡前，书籍是我必不可少的精神食粮和催眠剂。前些天，当我发现一下子竟然没书可读时，我甚至像发神经似的惶惶不可终日。

当一个人饥肠辘辘的时候，为了生存的需要，是会竭尽全力，不顾一切地去寻求食物，找到后便囫囵吞枣地吃。知识的饥饿驱使我天天都像一只老母鸡在荒芜的沙丘上觅食，查找浙图的卡片，询问可供出借的书刊，翻阅可看的资料。终于，像是寓言或民间故事中说的，老母鸡啄到了一颗珍珠。

那是我从开架的自然科学杂志中，发现有一种封面署名 $JAMA$ 的外文刊物，即《美国医学学会杂志》，里面竟然有许多十分有趣的医学史文章。我又倒回去看前几期的杂志，最后发现从 1960 年开始，这份周刊每一期都有一篇由不署真名的编辑写的文章，介绍历史上著名医学家的生平和功绩，虽然容量大致都只有两三页，但一点不枯燥，读起来趣味盎然；此外这本杂志偶尔还发表长篇专论，叙述或研究某个医学家或某个医学上的专题。

当我第一次看到有这样的文章时，我的心竟不自觉地怦怦跳个不停，那种激动，真是无法形容。我庆贺自己像一个强盗，偶然在一处深山的洞穴里发现有一堆宝物，若是不快些动手盗来，怕会被别的强盗抢走。于是，从这天起，我就将浏览俄语刊物的兴趣转到了读 $JAMA$，并且除了浙图休息的日子，每天都带郑易里先生编的小三十二开《英华大词典》去翻阅。当时没有复印机，我随时都将文章内容摘下，所有的引文，全文抄了下来，尽管十分费时，但我干得津津有味，一点也不觉得累，相反觉得十分愉快，感到时间过得太快，一下子就得回去吃中饭、晚饭了。这样，我每次都请工作人员搬出十多册刊物，一期一期、一页一页地翻阅 $JAMA$，绝不漏掉一篇，并一一将目录登记在笔记本上，便于以后查找。这些笔记本我至今还保留着，共有十来本，不下于一百万字。检查了一下，我竟从 1960 年第 172 卷第 1 期的 $JAMA$，一直记录到 1974 年的第 228 卷第 13 期。在这一期之后，该刊似乎不再每期刊载此类文章了，只是偶尔有一二篇专题长文。今天翻阅这数十本笔记，看到簿子里原有的插页，全是雷锋、白求恩、样板戏图片和领袖语录；有几本笔记簿的第一页上还有我自己抄下的、当作"防护服"的领袖语录，如"中国应该大量吸收外国的文化，作为自己文化食粮的原料……"，"西方的医学和其他有关的近代科学,生理学、病理学、生物化学、细菌学、解剖学,你说,不要学?这些近代科学都要学。",等等。如今看来,是何等明显的时代烙印啊。

在广泛的翻阅中,我发现,除 JAMA 外,还有 BMJ(《英国医学杂志》)、Lancet(《柳叶刀》)、《新英格兰医学杂志》等医学刊物不时也发表几篇医学史的专题文章,尤其是英国的《皇家医学会会刊》,此类文章最多。这类文章都很好看,特别引发我注意的是涉及作家、艺术家的文章,如 1967 年 3 月 13 日出版的 JAMA,有一篇长达五页的文章,研究"马尔方氏综合征"与小提琴大师帕格尼尼演奏技巧的关系;同刊 1970 年 7 月 20 日一期发表有一篇关于贝多芬的耳聋的长文,1971 年 4 月 5 日出版的一期甚至发表了十篇此类专题文章,包括研究罗伯特·斯蒂文森患肺结核时创作《双重人格》的文章,和拉伯雷的医学生涯、狄更斯作品所反映的医学改革的文章等。再如《新英格兰医学杂志》1962 年 4 月 25 日出版的一期发表绘画大师伦布朗创作的《尼古拉·塔尔普医生教授解剖学》文章,《皇家医学会会刊》1962 年第 55 卷第 3 期发表戈雅的病对他的画作的影响等等文章,读来都饶有趣味。这些摘录下来的文字,大大地帮助我后来写出几册有关医学人文的书。

我十分感谢浙江图书馆,特别感谢图书馆工作人员的敬业精神,一次次不厌其烦地搬出一叠叠重重的刊物供我翻阅。我曾在《浙江日报》发表过两篇表示感谢的短文,还在我所写的书的"后记"里表示过同样的谢意。如我在 2001 年出版的《病魔退却的历程》的"后记"中写道:"20 年来,我写了十多本书,一直都得到浙江图书馆的支持和帮助。此次撰写'医学与文化'系列丛书,同样得到他们慷慨的支持……他们真诚而热情地为读者服务,使我不但方便又顺利地从该馆,还通过馆际互借,从国家图书馆借到我所需要的书。"

2000 年 11 月 18 日,浙江图书馆新馆在黄龙洞正式开馆。这天,馆方让我作为读者代表,在开馆仪式上讲话。我在讲话中激动地表达了自己对浙图的感谢；原来在外文阅览室工作的王谦女士代表馆方讲了话，她最后还用英语高声说，欢迎读者来新馆借阅图书。同时，为纪念浙图创建一百周年，馆方向读者发起征文，并邀我这个老读者也写一篇"我与浙图"的文章。于是，我以《浙图的乳汁》为题，写了一篇短文。我在这篇短文中写道："在我吮吸浙图乳汁的四十多年里，我深深感受到，浙图给予我的精神饮料是十分全面的。"我特别提出三个方面——"浙图是一个知识的宝库"：浙图的藏书量之多在全国是有名的，且不说它的一些明版和更早年代的孤本书，以及不少30年代平装本书，单就我重点研究的外国文化这个范围来说，它不但基本配备了西方文化著作中绝大部分的中文译本，还藏有不少老浙江大学留下的外文原著，其中有一些，从我查找北图和上图的目录证明，是连这两个全国最大的图书馆也是缺藏的。"浙图是一个文化的熔炉"：我指的是文化素养。我接触浙图的工作人员很多，虽然他们的学历各有高低，但都有良好的文化素养。他们对待读者彬彬有礼，温文尔雅，他们不怕麻烦，乐意以最优良的工作为读者提供满意的服务。我觉得，他们就和受人尊敬的医生或教师一样，年年月月，默默地奉献，真正具有照亮别人的"红烛"精神。"浙图还是一个友谊的会堂"：因为一进浙图，就像是踏进一座文化的殿堂，处处会感受到浓厚的文化气氛。由于来这里的大多是有些文化修养的知识分子，而且往往有相同的爱好，于是碰在一起时，都可能会就某些共同感兴趣的话题交谈切磋，从而慢慢积下深厚的友谊。我就是在这里认识了几位爱好文学和外国文化的人，最后成为多年的朋友，是浙图把我们连接在了一起。

新馆开馆后，除一般的借阅外，馆方还开展了重点读者的服务，对于有研究课题的读者，特别给予照顾，不但增加借阅图书的量，每年还在馆内或去外地（如去嘉业堂）开会征求重点读者对馆方的意见和建议。我曾多次参加此类活动，收益颇多。

2005年12月28日，浙图在此前暂停一段时间的大学路旧馆原址,重新开放阅览楼。在这天的开放仪式上,馆方也让我作为读者代表讲话。因为大学路离我的住家较近,如今我偶尔也去那里,但我多数仍旧去黄龙洞新馆借书和阅览,浙图一直仍然是我吸取文化养料的源泉。

  浙图,我的良师益友,我忘不了您六十五年来给予我无私的帮助。谢谢您,祝您越来越辉煌,更好地造福杭州、浙江,甚至全国的读者。

2019 年 4 月号,总 263 期

百堂话书

低调李国涛

董国和

"李国涛先生从事文学活动六十年"研讨会,今年5月6日在太原文联召开。媒体的报道公认:"他在鲁迅研究、汪曾祺研究、小说文体研究、山西作家作品研究方面均有建树,是山西文学界公认的重要标志性人物。"《且说"山药蛋派"》则从"理论上确立了以赵树理、马烽、西戎、胡正、束为、孙谦等为代表的山西作家群的地位,对扩大'山药蛋派'在全国文学界的影响做出重要贡献"。

但与会者对他的低调,更是有口皆碑。正因如此,《李国涛文存》才精选为五卷,他还戏称"其实自己原本不是搞写作的材料";获奖就更少,据中国作家网介绍,仅有《世界正年轻》(长篇节选)获得1991年《人民文学》优秀奖。就连这次研讨会,在陈为人看来"还是'破天荒'。也许迟了一点,但'迟饭是好饭',开了总比不开强"。

陈为人此语,出自《无情文学史名单尚可添几人——在李国涛先生座谈会上的发言》。为此,他还说:"李国涛先生在前几天与我的交谈中,无意中或者是脱口而出说,这个会前几年开就好了。这句话对我内心很是触动。我们已经开过无数次的各类发布会座谈会研讨会,甚至有些人还是多次。我们说过了'西李马胡孙',我们说过了'晋军崛起',也说过了'后赵树理写作'的诸位后起之秀,还说过了十几个地市的'各路诸侯''把吴钩看了,栏杆拍遍',我们长久以来却忽略了一个真正在支撑山西文坛的身影。我们不能因为国涛先生的低调淡泊,就'有眼不识金镶玉'。我们不能只认识睁眼的金刚不认识闭眼的佛。"

将他称为"闭眼的佛",文中仅举一个例子即可说明问题:20世纪八九十年代,省里组建作家系列的高级专业职称评审委员会。省委宣传部请他担任评委。要说,这是个多少人求之不得的好事,但李国涛先生断然"谢绝"了。他的志向不在此,心思也不在此。

"谢绝"是出于他的清醒,清醒则出于家族的文化根基。周宗奇在《寻常看不见》中,从他的祖父李辅中那里追寻根源:

> 祖父是一位喜欢读书的人。他把家庭收入的很大部分买了书……那时他的藏书居徐州私人藏书之首,我小时候(抗战之前)见到的已经是残存的部分了,那也还堪称"四壁图书"。不过他自己把书读到什么程度,或者说,他有什么学问,我也很难说清。我记得他有些稿本,写了些什么,我没留心,现在也无从猜测。他写诗,苦学王渔洋的风神……

这是李国涛在《祖父》中的回忆。但在周宗奇看来,其言大有自谦之意。李辅中虽不是彼世大儒,但查百度的"李辅中"条,可知其人其识。由此,周宗奇还说到李国涛的五伯祖李辅京,三伯祖李辅钧,在军政界都是名重一时的人物。出身在这样的名门望族,他根基就可想而知了。

李辅中又"实打实做了儒门弟子,此后三代、四代子弟也大都皈依孔圣人,以读写为生,以文学传家"。清楚了李国涛的家学渊源,周宗奇说:"什么叫家学家教? 什么叫诗礼传家? 什么叫文化传统绵延不绝? 什么叫人文精神薪火相传……这就叫根基! 没有徐州李家这种根基,《李国涛文存》能问世吗? 问世了能流传长久吗? 现在似乎有个共识,今日中国太浮躁了! 官场浮躁,商场浮躁,文坛浮躁,连学界、教育界都浮躁得很。"

正是都浮躁得很,对他的低调才敬佩有加。这样的事例还有很多,他发表小说化名高岸,就是不让相熟编辑发"人情稿"。李锐说

"高岸"二字有大义存焉:"在这个物欲横流的时代里,'高岸'的精神是一介书生的安身立命之本,尊严和坚守所在。"

在《李国涛文存》所附的评论文章,所选作者都是外地人,并非山西作家的文章不好,而是为避嫌自吹自擂。张石山在《穿越——文坛行走三十年》中,还写了这样一件事:他主政《山西文学》后,添加了"一个小小改革项目:每期来几篇编稿手记。几百字,画龙点睛,直击要害,深受读者以及作者们的欢迎"。但"老李心细,编稿手记不是也要拿一点稿费吗?一则手记,三元五元。这份稿酬,不宜落一个'独霸独享'的名誉,分给志冯老同志一些机会,比较妥当得宜"。难怪张石山说:"这样的君子多吗?多乎哉,不多也。"

但如此洁身自好,李国涛也失去很多唾手可得的好处。"会哭的孩子有奶吃",在这个以跑奖、买奖和骗奖为荣的年代,他如此低调,真是多乎哉,不多也。由此,不禁想起邵燕祥在《公务员的"门槛"》中的设问:"你能像旧俄那个想革命的姑娘那样,在回答'你情愿去牺牲吗'的时候,干脆地回答'是的'吗?"

设问针对者,就是那些热衷报考公务员的莘莘学子,而那个姑娘,则出于屠格涅夫的《门槛》。提问简而言之,就是能否为理想去赴汤蹈火,甚至牺牲生命。

如果扪心自问,我能像李国涛那样低调吗?

2014 年 9 月号,总 208 期

闲话《国子监》之"奇"

董国和

《国子监》初刊于1957年《北京文艺》,1986年收入《汪曾祺自选集》时,删去开篇第一句话:"《北京文艺》叫我写一写国子监。"因阅读面窄,与它有关的文章只见到两篇,《来函照登》和《汪曾祺的奇文〈国子监〉》。如果它有可称"奇"之处,也应先从《来函照登》说起:

拙文《国子监》(刊于《北京文艺》三月号)中说我的朋友老董曾经"伺候"过翁同龢、王垿、陆润庠等祭酒。前日金受申同志来谈,翁同龢在一八九七年已经入阁(协办大学士),距今已六十年,做祭酒自当更在以前,老董今年七十三,断无亲见翁同龢为祭酒之理。按,受申同志的话是正确的。我于清代历史既少知识,又复疏于查对,致造成错误,心实不安,请予更正,并于此对受申同志深致感谢。《国子监》系急就率成,不妥之处谅当尚多,容他日逐一订正。

此信写于5月14日,刊于同年六月号。查百度,可知翁同龢生于道光十年(1830),咸丰七年(1857)供职翰林院。光绪二十四年(1898)因变法失败被慈禧撵出北京城。再看《旧人旧事》中的《老董》,汪曾祺说:"我写《国子监》大概1954年,老董如果活着,已经一百一十岁了。"这就是说,老董1954年为七十三岁,翁同龢被撵出北京时年仅十几岁,确实"断无亲见翁同龢为祭酒之理"。难怪汪曾祺说:"受申同志的话是正确的。"

此时金受申是《北京文艺》编辑,他已调到民间文学杂志社任职,有此缘故,就有了"前日金受申同志来谈";他知错就改,又有了《来函照登》。但是,此后他因成为"另类",待"改正"后出自选集,时隔已近三十年,"容他日逐一订正"可能因疏忽而未做修改。

汪曾祺因有修改旧作的嗜好,就有了《复仇》《异秉》《职业》等作的旧貌换新颜,还有了改写《聊斋志异》《求雨》《岳阳楼记》《桃花源记》等作的文坛佳话。但《国子监》没有"理应",除了可能忘记,还有可能是他不想改,也就是自认为无错了。换句话说,就是对"我这朋友世代在国子监当差",还有如何理解它的问题。

如果对"世代"有宽泛的理解,在当差者中就不专指老董,其中还应当包括他的前辈;明乎此,就明白老董即使没"侍候"过翁同龢,还有"陆润庠、王垿等祭酒",他们与翁同龢不是同一年代人,"距今已六十年"就不是问题了。如果照此来理解,汪曾祺就无错可改,对当年所说的"订正",当然就不予理睬。

有此解读,再查百度。陆润庠为同治十三年(1874)累迁到国子监祭酒,王垿为光绪十五年(1889)己丑科进士,因护驾西行,遂升国子监祭酒,1933年逝于山东。由此可知,老董"侍候"过这两位祭酒。既然如此,不再修改,理所当然。

《国子监》在收入《汪曾祺自选集》时,虽然编为散文集中第一篇,但并未视它为奇文。与之相反,在《序》文中说得很坦诚:"这不像农民田间选种,倒有点像老太太择菜。老太太择菜是很宽容的,往往把择掉的黄叶、枯梗拿起来再看看,觉得凑合着还能吃,于是又搁回到好菜的一堆里。常言说:捡到篮里的都是菜,我的自选集就有一点是这样。"这当然是他的自谦,但也有用它来填补空白之意,因为可选作品本来就不多。由此来说,对它无需过度解读。

《汪曾祺的奇文〈国子监〉》,刊于2006年11月27日《扬州时报》,百度网仍可看到。在作者看来,"《国子监》是一篇属于另类的思想内容奇特的散文——奇文共欣赏,旨在宣扬改革。写这一类作品是要担风险的。汪曾祺本是一个爱憎分明、血气方刚的人,宣扬革新是必然的"。是否如此,只能见仁见智。

对此,汪曾祺自序中却有如是说:"我的散文大都是记叙文。间发议论,也是夹叙夹议。我写不了像伏尔泰、叔本华那样闪烁着智慧的论著,也写不了蒙田那样渊博而优美的谈论人生哲理的长篇散文。我也很少写纯粹的抒情散文。我觉得散文的感情要适当克制。"他还说,"我所追求的不是深刻,而是和谐。这是一个作家的气质所决定的,不能勉强。"

由此看来,汪曾祺看重《国子监》,除了为填补那一时期的空白之外,还有它发表间隔太长的原因。它是一篇应约所写的稿件,而"我写《国子监》大概一九五四年",如果没有"双百"方针的东风,也许就胎死腹中了。由此可知,他在那一时期的作品为何少之又少,为何又写了篇《来函照登》以求平安。有此不求有功但求无过的心境,它又何来"宣扬革新是必然的"奇特?

当然,这也许是过度发挥。朱正在《用心太过》中说,一篇鲁研文章"略存小失""所失就在用心太过"。用心太过就是解读过度,凡事一过头,就会适得其反,这篇闲话也不能例外。但是,解读旧作时,多查看一下当年的资料,例如与《国子监》有关的《来函照登》,就不会故弄玄虚,这也是对作者应有的尊重。

2017 年 8 月号,总 243 期

孙犁为何最喜欢《光荣》

董国和

"现在想来,我最喜欢一篇题名《光荣》的小说。在这篇作品中,充满我童年时代的欢乐和幻想。"这是孙犁《答吴泰昌问》中的回答。对此,何同桂、牛广欣在《孙犁在饶阳》中,对它的人物原型和写作背影做了详细介绍。《光荣》发表于1948年创刊的《华北文艺》,了解它问世的前前后后,就明白他心中还有荣归故里的梦想。

在《答吴泰昌问》中,孙犁还说过"人在青年,对待生活,充满热情、憧憬、幻想,他们所苦苦追求的,是没有实现的事物。就像男女初恋时一样,是执着的,是如胶似漆的、赴汤蹈火的"。由此可知,在当年那种特定的氛围中,他所追求的目标就是荣归故里。在此之前,他的作品不仅遭受批判,还牵累了家人,写它以言其志,当然就像初恋那样最喜欢了。

孙犁作品因大多有自传的成分,若想弄清他最喜欢的原因,有四篇文章必须读懂:一是《文学和生活的路》,二是《答吴泰昌问》,三是《善闇室纪年》,四是《和郭志刚的一次谈话》。第一篇是他的自我鉴定书,后三篇则是详略不同的说明。在后一篇中,他毫不讳忌地提到自己的好名:

> 关于文学这方面的事,我年轻的时候,也是很好名的……譬如说,上中学的时候,我们有个国文教员,每回发作文本的时候,好的作文都夹上点稿纸,准备在《育德月刊》上发表,老师发作文本的时候,我很注意我那里边是不是夹着稿纸。夹着,我就很高兴;不夹着,心里就很别扭,很失望。

谈话是在 1988 年 10 月 17 日，由此可知，孙犁愈到晚年心胸越发开阔坦诚，对自己的不足之处也毫无忌讳。这也是他遵循鲁迅的教导：传记中也要写缺点。而说《光荣》中有他荣归故里之梦，从庆功场面的描写即知其意：

> 原生的归来，变成了当地群众的一个节日。全区在尹家庄（原生的村庄）村中央的广场上，开了庆功大会，会后举行了游行：最前边是四杆喜炮，那是全区有名的四个喜炮手；两面红绸大旗：一面写"为功臣贺功"，一面写"向英雄致敬"。后面是大锣大鼓，中间是英雄匾，原生骑在枣红马上，马笼头马颈上挂满了花朵。原生的爹娘，全穿着新衣服坐在双套大骡车上，后面是小学生的队伍和群众的队伍。

为此描述，他还做了秀梅与小五争辩的情节铺垫。两个在争辩中，秀梅每句话都用"光荣"来说服对方。到了自由讲话的时候，秀梅讲的还是光荣："有的人，说光荣不能当饭吃。不明白，要是没有光荣，谁也不要光荣，也就没有了饭吃；有的人，却把光荣看得比性命还要紧，我们这才有了饭吃。"而他的荣归故里之梦，则源于街上老人们的议论："修下这样的好儿子，多光荣呀！"

《孙犁在饶阳》中写道："直接催生这篇作品的'酵母'，还是发生在大官亭邻村姚庄的真实故事。当时这个村出了一个全国特级战斗英雄尹玉芬。"英雄返乡后，召开了几千人的欢迎大会，还唱了三天大戏。"孙犁那天也参加了大会，看到了高大威猛的英雄尹玉芬，他被英雄人物的事迹深深感染、打动和吸引，激起了强烈的创作冲动。他回到东张岗那间坯屋，闭门谢客，在饭桌上铺开稿纸，毫不犹豫地写下了小说题目"光荣"。因尹玉芬原名尹原增，主人公的名字便起名尹原生了。"

孙犁的荣归故里之梦，还有他对家人的亏欠和惦念："他家也被评为富农成分,房屋的木头被拆掉,耕牛被牵走,甚至连老婆的陪嫁也没剩下,所以孙犁很是牵肠挂肚。"家人遭此伤害,除了他在土改会上对极左做法提了一些意见,被主持人批判是"富农思想",也与"客里空"事件有关:

> 我到冀中后,冀中导报登一短讯,称我为"名作家",致使一些人感到"骇人所闻"。当我再去白洋淀,写了《一别十年同口镇》《新安游记》几篇短文,因写错新安街道等事,土改时,联系家庭出身,竟遭批判,定为"客里空"的典型。消息传至乡里,人们不知"客里空"为何物,不只加深老母对我的挂念,也加重了对家庭的斗争。

所谓"客里空"事件,只不过在《新安游记》里把街道的方向写错了,他得出的教训是:"过去的文学评论,都是以若干条政治概念为准则,以此去套文艺作品,欲加之罪,先颁恶名——毒草,哪里还顾得上艺术?而且有不少作品,正是因为艺术,甚至只是一些描写,招来了政治打击。作家在这种情况下,是不能争鸣的,那将越来越糟。有些是读者不了解当时当地的现实而引起,作者也不便辩解,总之,作者是常常处于下风的。"

处于下风的苦头,他已吃过几次,为什么还不接受教训?从《作家与道德》中,可以找到答案:"过去和现在,都有人说,创作是不满足的补偿,是不幸的发泄,是忧患之歌、希望之歌。历来文章,多愁怨悲苦之辞。创作本身,对作家来说,是一种追求、一种解脱、一种梦幻。"

这就是屡败屡战的孙犁,说他写《光荣》是"自言其志",就源于此。对此,《孙犁在饶阳》中的评价是:"很多后来的研究者都把此时的孙犁喻为汨罗江边的屈子行吟,绝不是偶然的。"

不是偶然的原因,还有《善闇室纪年》中的记述:"华北文艺会议,参加者寥寥。有人提出我的作品曾受批评,为之不平。我默默。有意识正确的同志说：冀中的批评，也可能有道理。我亦默默。"《孙犁传》中说："来日方长，青史由人论是非——也许他这么想，所以才默默。"知此，即知他为何最喜欢了。《光荣》发表后，他做出稿费分配方案：给三位付出者的小孩各三分之一买糖吃。其喜悦之情，溢于言表。此后，他期待的就是何日荣归故里。

自宣布"曲终"后，让他牵挂的只有老家："梦中每迷还乡路，愈知晚途念桑梓。"他已将老家捐作校址，这就成了难以化解的乡愁。《光荣》未写大团圆的结局，不知是早有预感，还是命运使然。

正应了"人以名传，名以人传"那句话，随着开发名人故居的兴起，孙犁纪念馆、孙犁故居也先后拔起而起，终于了却了他的荣归故里之梦。但是，他的书因在土改时都被分掉当作卷烟纸，展品中恐怕已无《光荣》原刊。如能复制一册，他在天国中应会备感欣慰。

2019 年 3 月号，总 262 期

振羽书话

野旷每留残照久
——韦力《书魂寻踪》读札

雷 雨

仲夏夜长,晚饭后消食,在南京的大小街巷里转悠。穿过五台山,路经翁文灏、叶楚伧等人故居,拾级而下,与袁枚老先生的塑像相揖而别,沿宁海路,到汉口西路,再转向西康路口,有点累了,就到左近的乐甸书社盘桓一下。进了书店,按捺不住手痒,捡了几册书,其中就有韦力先生的《书魂寻踪:寻访藏书家之墓》。

韦力先生在读书界大名鼎鼎,其藏书之丰、之精,其资金来源之神秘,其个人身份之玄妙,都是聚讼纷纭的话题,而他近年来更是著述不断,在自媒体上也很活跃。他寻访各地藏书楼的文字,不仅现场感强烈细腻,而且远非某些媒体人士仅凭在网上搜索若干资料随便敷衍成文的急就章可及,耐读好读,令人拍手称快。这部《书魂寻踪》是专门寻访藏书家的墓地坟茔之作,又会有哪些新的发现呢?是书收文共计四十篇,每一篇文字都不是很长,引文也都很有节制,并不是大段大段地摘引古文,只是简述诸多藏书家生平,读起来并不是很费劲吃力。但细读文字之后,对韦力先生的钦服之情油然而生。如今,富可敌国者不可胜数,以书为幌子借机或洗钱漂白或暗度陈仓者不乏其人,以书做外衣招牌奔走于所谓文化名人之门摇尾乞怜胁肩谄笑转眼间以之自高身价混迹江湖,以所谓文化代表人物自命招摇撞骗者更是如过江之鲫,随便胡扯几句拾人牙慧的谈资、途说道听的谣言,根本不读书不思考,却行走天下好为人师,以他人的客气误以为自己的本事而坐井观天者有之,但韦力先生似乎远离这些玩弄小聪明小技巧的江湖无聊,他独自上路行走天地,他苦苦寻觅着履践着自己的文化规划爱书梦想。或江浙的江南山水,或齐鲁的苍茫旷野,或皖南的山明水秀,或西南的群山之巅,或关中的三春杨柳,或关外的冷月高悬,或京郊的天子脚下,他所寻寻觅觅的不是名山胜水不是三山五岳,而是一些藏书家的生命最终归宿之地。就是在这样的寻访跋涉之中,我们知道了刘向的墓碑原来在徐州的一个唤作猪窝村的地方;罗振玉这个江苏淮安人最终埋葬在大连的水师营而如今则是几乎踪迹全无,韦力与挖掘罗振玉墓葬者的交谈更是令人五味杂陈。赵本夫在最新长篇小说《天漏邑》中所揭示的民众的麻木盲从时至今日又怎能说已经有了很大的改观?他寻访秦始皇焚书坑儒的焚书台而找到了灰堆村,他到温州找到了孙诒让的墓地让我更加深了对卢礼阳先生经常提醒我籀园如何发音的古道热肠的感念。他向戴东原的坟冢献花引来路人的惊讶,令人感受到了读书人的赤诚,而为戴东原题写墓石的龚丽正更让人想起其子龚定庵的才气纵横怨箫狂剑。万斯同原本要把自己的藏书赠送给桐城派三祖之一的方苞,却阴错阳差落入了钱名世之手,而方苞在南京的墓地究竟在何处,似乎已经很难寻觅了。韦力虽然来到了班固墓前,但还是疑虑难消:如此崭新墓碑,如此新土昭然,会是班固的葬身之地吗?解缙死于南京,但归葬吉水,静守田园,还真是不大容易啊。梅文鼎的府邸据说就在南京明瓦廊56号,梅家数代,人才辈出,但梅曾亮这一桐城派余绪姚鼐的大弟子究竟葬身何地?是淮安的运河边上,还是迁葬到了故土墓园?

除了以上提到的这些人物,韦力还寻访到了天一阁主人范钦墓,更有王士禛、祁彪佳、黄宗羲、吕留良、全祖望、纪晓岚、黄丕烈、冯桂芬、莫友芝、陆心源、黎庶昌、杨守敬、傅增湘、李盛铎等人的墓地,真是踏破铁鞋无觅处啊。我由安庆朋友做向导去过姚鼐墓,也去过钱谦益柳如是墓地、翁心存翁同龢墓地;但即使有多人做向导,在太湖边上反复转悠,还是没有找到吴梅村的墓地,那种沮丧懊恼,局外人实在是很难体察。韦力的寻访不是即兴而为,而是做足了攻略,做实了功课,你看他书中的序言与后记,更有他不屈不挠不言放弃的执着与坚持,非一般人所能为所愿为啊。因为这样的辛苦劳累,书中一些地方把灰堆村说成了地在河南、把诋毁错成了抵毁、把商务印书馆说成了商务图书馆,又有什么不好理解的呢?

野旷每留残照久,地高先觉早凉生。老僧解得登临意,劝听残蝉曳树声。当年蓝英年先生有一书《寻墓者说》风行一时,但蓝英年先生多是对苏俄作家命运的纸上求索,而韦力先生则是除了浩如烟海的纸上寻觅之外,更是仆仆风尘在祖国的大江南北啊。没有忍心问韦力先生,他截肢的左小腿是在哪一次野外寻访中出了意外而造成的终生遗憾。但在这样的时代,有这样一位嗜书如命者,为着或显达如曾国藩或默默无闻如周子美而竭尽一人之全力为其墓地留影存照为其生平书写文字,这样的坚韧守护,这样的身体力行,我们唯有默默地表达敬意了。

2017 年 7 月号,总 242 期

倾尽平生读观堂

——陈鸿祥《王国维传》读札

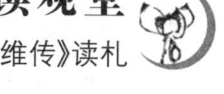

雷 雨

王国维作为当年清华园里的四大导师之首,道德文章,令海内外翘首称赞,自不待言。但王国维何以成为王国维?他的厚重学问为何能够卓然而立超迈同辈?他的研学路径学术成就对其后学人有着怎样的深远影响?知名王国维研究专家陈鸿祥先生在己亥之年又出版研究新著《独上高楼:王国维传》,令人耳目一新,释疑解惑。

陈鸿祥先生关于王国维研究,一直孜孜以求,呕心沥血,四十载兀兀穷年,不曾间断。世人多知王国维学问渊博,视野宏阔,殊不知其家学渊源,庭训之厚,当不容忽视。王国维远祖河南,南迁江浙,其父王乃誉先生对王国维的影响,可谓无微不至,润物无声。陈鸿祥先生认真研读王乃誉先生的日记,字里行间,处处浸透着他对儿子的殷切期望。王国维身体羸弱,其貌不扬,性格上也有诸多令其不如意之处。更何况,当时正处于时代鼎革之际,是一味守旧,抱残守缺,还是另辟蹊径,顺势而为?歧路迷茫,抉择不易。王乃誉爱子情深,为王国维真是操碎了心。不管是求学杭州,还是跻身沪上时务报馆,乃至后来的北上京华,王乃誉都是殚精竭虑,恪尽慈父严师之责。王乃誉许多文字,简洁爽利,栩栩如生,读来令人动容。只可惜,王国维而立之年,王乃誉就撒手人寰而去。王国维之所以有后来的辉煌成就,其父王乃誉的谆谆教诲、潜心栽培,实在是不容漠视。

王国维之所以成为王国维,成就独树一帜的观堂之学,陈著既着眼于时代对王国维的影响,更探究在众人浮躁潦草浅尝辄止之时,王国维却能沉潜其中,下足功夫,穷究学理,融会贯通。对康德、叔本华等在当时中国读书人看来都相当陌生的人物,王国维都能拨云见日,直抵其学术精髓。除了探究哲学,王国维还对歌德的文本、欧洲当时的心理学都有并非泛泛而谈的深刻认识。有了这样的学术素养和高瞻远瞩,再来审视《红楼梦》,写出迄今仍旧闪耀着独特光芒的《红楼梦评论》,建构出以《人间词话》为样本的美学体系,也就不足为奇了。

王国维心无旁骛,扎实勤笃,是本分忠实的书生、货真价实胆识兼具的读书人,而绝非迂腐不堪的书呆子。他在上海崭露头角,尔后结识罗振玉,学术路径看似大变,实际却有着其内在的必然逻辑。他钻研学问,沉醉书斋,但看其诗词,感慨之深,寄托之重,境界之高,又岂是一般诗词俗人所能比肩?他主办杂志,奔走南北,辗转南通,赶赴苏州,虽然恓惶劳碌,但精神从不委顿低迷,不管是对张之洞,还是实业家状元张謇,还有梁启超、辜鸿铭等,他从不迷信盲从,而是是其是、非其非,自由思想,独立精神,凡此种种,并不是一天就能形成的啊。尤为难得的是,陈著对王国维先生诸多著作的解读,深入细致,正本清源,校核考辨,查证出新,不遗余力。这种踏实求真板凳要坐十年冷的精神,真如吉光片羽,弥足珍贵。

王国维先生一向被目为晚清遗民,似乎有冥顽不灵、不识时务的嫌疑。陈著对这一说法不做简单化处理,更不为尊者讳。王国维对时代纷纭、国家崩坏,痛心疾首,自有看法,诸如《颐和园词》,甚至还有王国维为辫帅张勋所代拟的文字,陈著都条分缕析,娓娓道来,进行了翔实、中肯和持之有故的解读。所谓"殉清"说,谬种流传,更有"逼债"说,源自郑孝胥等,也是市井闲谈资。陈著都本着求真务实的态度,一一加以辨析指正,持论公允,令人信服。

三十多年前,在昆水河边的乡间校园里读书,经常听父亲与他的老师杜大纪先生闲谈聊天。他们会经常谈到王国维自沉昆明湖的沉痛往事,说到王国维因儿子之死与罗振玉的断然绝交等是是非非,说到叶德辉之死对王国维的巨大刺激,说到王国维遗书中"五十之年,只欠一死。经此世变,义无再辱"的痛彻心扉,还有陈寅恪写给王国维的刊落繁华气迈古今的磅礴碑铭,更有陈寅恪在《王观堂挽词》中提到的"若以君臣之纲言之,君为李煜,亦期之以刘秀;以朋友之纪言之,友为郦寄,亦待之以鲍叔"。两人探讨琢磨,陈寅恪为何在如此简短的文字中提到了李煜与刘秀?在昆阳之战一举成名的光武帝刘秀当年就在这座中学校园的左近啊,说到陈寅恪、吴宓在王国维灵前行三跪九叩大礼的庄重肃然,师生相对默然无语,唯有门前树影婆娑,余晖映照。某年,陪父亲北行京华,在颐和园里闲走,还和父亲提到这段往事。父亲说,罗振玉为王国维向溥仪请求谥号,也是在当时历史情境中尽故人之责不无悔过之意的一种姿态和举动,不能完全斥之为动机不纯一厢情愿呢。

  王国维的"三境界说"被反复提及,几成俗套。但作为大学问家、真正的国学大师王国维,实在是不应该被淡忘啊。

2019 年 4 月号,总 263 期

空留纸上声自远
——《听蛙楼话书》读札

雷 雨

多年前,去雁荡山,住在乐清,印象至深的是夜游雁荡山,造化神奇,神工鬼斧,令人流连忘返。当时,还接触到《乐清日报》的一位文友,厚道淳朴,热情周到,但不良于行,他送书给我,当时,我并不认识许宗斌先生。如今,冬夜细读许宗斌先生的《听蛙楼话书》,总会想起当年的雁荡山之行,忍不住心中隐隐作痛,把许先生引为书林知音,很遗憾当时并不知道他。如今,他已经遽归道山近五载了啊。

《听蛙楼话书》是许宗斌先生的文章精选,此项工作大致启动于十年之前,有近二十万字的篇幅,分为三辑,名之为"书事""序跋""品书",真是篇篇可读,见识之高、性情之纯、文字之讲究,不知道比一些混迹于文坛江湖之上的衮衮诸公高明多少倍,但许先生应该是生前经常有拔剑四顾心茫然的寂寞之感吧,我这样悬猜。

"书事"一辑中的十二篇文章,讲述书的故事,回望搜书、访书经历,如《少年子弟书中老》《旅途有味是搜书》《因为回忆而美丽》《永远的礼物》,都不是泛泛而谈的与书有关的故事,扎实、具体、真切、感人,这样有温度的文字,这样袒露书生心路的文字,凸显出一位毫无功利算计之心的读书人的凛凛风骨。他在《书之累》中提到了一名叫张捷者与李辉凡合著的书,许先生认为这样的书充满毒素,如同垃圾,要毫不留情地把它驱逐出境。他还提到一位自命非凡高度自信的本地"名作家",把他与郭沫若、刘心武、石涛并列,此石涛并不是画家石涛,很是挖苦奚落了一番,此篇唤作《另一种读书之乐》。这位石涛把梁实秋与梁启超混为一谈,令许先生如鲠在喉不吐不快,通过文字"征讨",出了一口恶气。许先生也多次提到刘心武误把黄庭坚的名句据为己有的大笑话,凡此种种,也说明了许先生读书行文的认真细致、路见不平的金刚怒目。许先生在《走读日记》中也提到了三十一年前他路经南京买过《基督教的起源》这本书,虽然惜墨如金,近乎流水账,但读起来还是备感亲切,让人兴致盎然。

　　许先生的"序跋"一辑中,大致提到了二十种图书,多为自己作品的序跋,也有乡邦文献整理的总序,更有为同道文友古道热肠的文字,都是情真意切,起笔不俗。从这些文字中,既能看出许先生的人生经历、写作成就、为人处世,也能看出他的学问功底、视野胸襟。他多次提到洪禹平其人其事其文、洪禹平的人生际遇,他与林希翎的恩怨交织,不管真假,也算是一家之言,聊备一格,读来令人唏嘘。许先生还提到了吴玄,这个吴玄是否也在南京某高校留下过踪迹?如今在西子湖畔主掌一本文学刊物?但这一辑中,最为吸引我的还是许先生关于自己文本的序跋文字,这中间有他的审美取向、写作观念、价值立场。许先生经历说不上坎坷,但也的确有跟着外公学做油漆匠的经历,更有辗转于闽浙之间躲避追查的遭遇,因为一本图书在身而被当作"异己分子"受到审讯的总体上还算是虚惊一场的人生体验。好在许先生还算是时代的幸运儿,得以有机会进入杭州大学中文系,这样的机会,在同代人中也并非人人都有都能把握呢。

　　最为令人激赏的或者说最能立体地展示许先生读书功夫的是"品书"部分。这样的遴选,当然囿于篇幅所限,只是许先生读书万卷的冰山一角,但就在这挂一漏万的展示之中,窥一斑而见全豹,足以显示出许先生读书的求疑精神与别具只眼。许先生也读《红楼梦》,但这里撷取的多是他读简斋先生《随园诗话》的札记,共计四篇,都是持之有故摇曳多姿的好文章。而对于袁枚的浙江之行,许先生依据袁枚的文本留存,但又有自己的贴切解读,并不给人以掉书袋或者敷衍成文之感。《古代名著里的乐清人》提到了王十朋,更提到了吴敬梓《儒林外史》中的匡超人。状元王十朋,居然被写进戏剧,演义编排,的确是很有意思的话题,《打金砖》不也是如此啊。《儒林外史》的匡超人本是虚构人物，但许先生就其籍贯入手，写出如许一篇不算翻案但极为有趣的文章来，俏皮活泼，别开生面，令人耳目一新。许先生还提到了萧乾的《雁荡行》与郁达夫的《雁荡山的秋月》，将这两篇散文名作进行一番比较，也不是学院式的高头讲章啊。

空留纸上声自远。许先生已经驾鹤西去，但有他的公子为其整理文字，有热心的朋友为其张罗刊布，这也算是对许宗斌先生一生寄情文字、啸傲书林的一种抚慰与回馈吧。

2020 年 2 月号，总 273 期

旧书新语

孙犁精心耕耘的一块园地

——读《天津日报·文艺增刊》创刊号

罗文华

2017年12月30日，是这一年的最后一个周末，因上午九点要到天津市河北区四马路问津书院参加问津年会，我便干脆早起，打了一辆出租车，七点多钟赶到了狮子林桥西塘的海河岸边，逛一逛这里的旧书摊。尽管天气十分寒冷，河面早已冰封，但书摊阵势不小，沿河绵延数百米，逛摊的人也不少，密密匝匝。很快便遇到了前来逛摊的藏书家倪斯霆、侯福志等几位好友，大家边看书边聊天，很是开心。忽然，倪斯霆兄轻轻拽了一下我的衣袖，用眼神示意我注意书摊上的一本旧杂志。我定睛一看，是《天津日报·文艺增刊》。倪兄知道我热爱自己的报社，平时喜欢搜集与《天津日报》有关的故纸，便小声提醒我说：1979年第一期，还是创刊号呢。于是问价，答曰一元，遂买下。其实摊主如要十元，我也不会还价的。

我们坐侯福志兄的车到问津书院门口，因附近的早餐店都没开门营业，我和倪、侯两兄就在胡同口一个热气腾腾的小食摊上摊了三套煎饼果子，边吃边聊起《天津日报·文艺增刊》来。倪、侯两兄都是天津旧报刊收藏与研究专家，藏品丰富，且出版过很有影响的专著，他们皆认为《天津日报·文艺增刊》是天津历史上一份非常有分量、有价值的刊物，应当给予认真整理和研究。我也向他们谈了我了解的相关情况：20世纪70年代末，改革开放大潮涌起，通俗文学异军突起，现实主义文学传统面临冲击，加之当时《天津日报·文艺周刊》固有的版面已经不能满足广大作者和读者的需要，于是在1979年第四季度，由天津日报社文艺部主办的旨在刊发纯文学作品的杂志《天津日报·文艺增刊》（季刊）创刊了。1982年初，改名为《文艺》双月刊，成立了独立出版、发行的编辑部。到1989年停刊，十年间，《天津日报·文艺增刊》和《文艺》双月刊共编辑出版了五十七期。

冬夜无眠，灯下闲览，发现这本将近四十年前出版的《天津日报·文艺增刊》创刊号所提供的文艺史信息和编辑学信息是非常丰富的。封面"文艺"两字，集的是鲁迅书法。封底标有定价两角五分。创刊号作者阵容强大，文字方面，有李霁野谈《简·爱》及其作者、周汝昌谈《石头记人物画》题诗别记，也有后来成为《天津日报》文艺副刊舵手和骨干的朱其华、张仲的散文和掌故文章，但头条安排的是工人作家董乃相的小说《在班组里》，具有鲜明的时代特征和城市特征；美术方面，有秦征、沈尧伊、邓家驹等人的油画，孙琪（其）峰、呼延夜泊（王学仲）、张德育、杜滋龄、梁斌等人的国画，王之江、张乃英等人的雕塑、彩塑，颜铁良的木刻，段纪夫等人的漫画，吴家球（玉如）、王颂余、华非等人的书法、篆刻。在这本十六开、目录和内文共六十四页的杂志中，竟刊发了七十多幅美术作品，且作者极一时之选，真正做到了图文并茂。文艺副刊有"文"有"艺"，"文""艺"兼顾，这是《天津日报》的一个优秀传统。

《文艺》双月刊的办刊风格之所以不同凡俗，与孙犁的指导有很大关系。这本杂志，可以说是孙犁晚年开垦并精心耕耘的一块园地。孙犁虽然不直接参与该刊日常的编辑业务，但亲自写约稿信。他希望编辑放下架子，深入基层约稿，广泛联系、培养年轻的业余作者；要有甘于为人作嫁衣、耐得住寂寞的精神；对作品，特别是青年业余作者的作品，要仔细、认真地阅读原稿，尽量保持其作品的原貌。该刊一直遵循孙犁的办刊宗旨，得到当时很多文学名家的支持，如冰心、丁玲、舒群、严文井、魏巍、刘绍棠、从维熙、姜德明、张志民、蒋子龙、冯骥才等，也发现和培养了一批后来蜚声文坛的文学新秀，如贾平凹、铁凝等，其中有的作者的处女作就是在《文艺》双月刊上发表的。据老编辑葛瑞娥统计，该刊发表的二十多篇优秀作品分别被《新华文摘》《小说选刊》《小说月报》《小小说选刊》等转载，有的小说还被改编成电视剧播出。

我1987年到《天津日报》工作，当时报社还给每位编辑、记者发一份《文艺》双月刊。我耳闻孙犁、邹明、李牧歌等编辑前辈精心经营《文艺》双月刊的很多事迹。有一次还亲见报社分管《文艺》双月刊的副总编辑朱其华因该刊送审的小样份数不够而大发雷霆，感受到报社领导对该刊的重视。后来我又与曾经编辑过该刊的葛瑞娥一起在文艺部工作了十几年，常听她回忆办刊往事。孙犁逝世后，我听铁凝讲起当年她刚出道时写了一篇小说寄给孙犁，想不到孙犁立即在《天津日报·文艺增刊》上发表出来，给铁凝以极大的鼓励。这些，都使我对孙犁、对《天津日报·文艺增刊》和《文艺》双月刊、对自己目前仍在从事的文艺副刊编辑工作充满了敬意。

赏读《天津日报·文艺增刊》创刊号，更加印证了《天津日报》系列报刊的起步其实都是很高的。面对当今纸媒境遇，回想昔日精彩辉煌，真令人喟叹不已。

2018年3月号，总250期

津沽名镇走出的红学大师
——读周汝昌《曹雪芹小传》毛边本

罗文华

⊙周汝昌著《曹雪芹小传》

1918年4月14日,后来成为享誉中外的红学大师的周汝昌先生,出生于位居七十二沽前列的津南名镇咸水沽。今年适逢周汝昌先生100周年诞辰,我和天津市红楼梦研究会其他骨干成员一起,积极筹备纪念活动。我有幸与中国红楼梦学会副会长、天津市红楼梦研究会会长赵建忠教授一起,接待了来津参加周汝昌学术研讨活动的红学家邓遂夫先生、来津参加画家彭连熙先生所绘《红楼梦群芳图》邮资明信片首发活动的电视连续剧《红楼梦》中贾宝玉的饰演者欧阳奋强先生。但非常令人遗憾的是,天津市红楼梦研究会等单位联合主办的全国规模的纪念周汝昌先生一百周年诞辰学术研讨会,因会址所在单位内部突生变化,不得不延期了。

周汝昌先生出身于津南"养船"富户。那不是一般的富户,而是花园建楼祀魁星的人家,延续着虔诚的诗书传家的传统。周汝昌富有天资,加之勤奋,读高中时便开始发表文章。在燕京大学西语系读书期间,为了研究《红楼梦》,他写信给未曾见过面的大学者胡适,求借珍贵的甲戌本,胡适先生竟然托人带给了他。周汝昌的《曹雪芹生卒年之新推定》等文章在天津报纸发表,得到胡适的激赏,成就了一段奇缘佳话。靠着深厚的文化底蕴,周汝昌对《红楼梦》的独到解读,影响了几代学人的相关研究,也引导了几代读者的名著欣赏。因为下笔如有神,他特别擅长报章文体,这为他的学术打通了普及大众的捷径。用曾任《今晚报》副刊部主任的著名学者吴裕成先生的话说,周汝昌先生"为家乡天津两张大报写专栏,他的桑梓情怀、文史探讨,多有卓见;论及风土民俗,追本求真,往往以提升文化品位的阐述,令人耳目一新"。周汝昌从津沽名镇走出,终于成为红学巨匠、国学大师,成为代表天津走向全国乃至世界的一张文化名片,反过来又把自己大半生精心酿造的文化美酒奉献给家乡人民,他是天津人的骄傲,值得我们深情缅怀。

  周汝昌先生晚年十几年间刊载在《天津日报》副刊上的大量文章,多半是由我编发的。后来他的文稿由其女儿兼助手周伦玲誊清,或者由周先生口述、伦玲大姐笔录完成。我自幼是个"红迷",上大学时就发表过两篇关于《红楼梦》的评论文章,二十年前寒斋集存的有关《红楼梦》的书籍就有整整一书柜,所以由我来编辑周汝昌先生的稿件,周先生和伦玲大姐非常满意,双方合作默契。其间,周先生还将他新出版的《红楼小讲》等著作赐我,因他目力极低,书上他签名的字都是核桃般大小,而且是下面一个字半套着上面一个字。伦玲大姐也把她自己写的重头文章及时供我刊用,如2006年3月12日在本报发表的《帮父亲编书》一文,她向世人介绍了周汝昌先生在米寿之年有八本红学书籍问世的盛况及过程,很受读者关注。周先生和伦玲大姐不仅自家长期供稿,还热心地为我推荐了一些优秀作者,如中华诗词学会副会长、著名学者周笃文先生,他在本报发表的《诗家本色绝清奇——谈谈沈鹏先生的诗缘》一文就很有分量,书法大家、原中国书法家协会主席沈鹏先生看到报纸后,还特意赐书给我,表示十分满意。

  2017年5月20日上午,我逛天津古文化街文化小城,在地摊上淘得一册周汝昌著《曹雪芹小传》。此书系百花文艺出版社1980年4

月第一版,1981年4月第二次印刷,未署责任编辑姓名,封面设计是陈新,毛边本。摊主刘明兄以经营旧票证为主,是老朋友,见我欲买此书,他坚持不收钱,我则坚持付钱,争执半天,最后他只象征性地收了一元。

《曹雪芹小传》书前有美国威斯康辛大学教授、著名红学家和历史学家周策纵(1916—2007)写的不算短的序,介绍了此书的渊源:"新春里才从墨西哥度寒假回来时,收到周汝昌先生自北京来信,说他最近已把旧著《曹雪芹》一书增删修订,改题作《曹雪芹小传》,即将出版,要我写一小序,以志墨缘。"自五四时期新红学发展以来,经过许多学者的努力,对《红楼梦》和它的作者、编者和批者的研究,已有很大进步。其间,周汝昌1948年起草、1953年出版的《红楼梦新证》无可否认地成为一部划时代的重要红学著作。周汝昌挖掘史料之勤慎、论证史实之细密,都十分令人敬佩。曹雪芹的一生留下可考的资料实在太少了,所以对于《红楼梦》作者的研究也许是红学中最为艰难的,但红学又的确需要这样一本著作,这是周汝昌又一令人敬佩之处。正如赵建忠先生所评价的:在两百多年来的红楼"寻梦"之旅中,能够为了一部作品及其作者耗费一生心血进行研究并卓有建树,可以说唯周汝昌一人而已。

《曹雪芹小传》早已是一本学术名著,后来百花文艺出版社又再版重印过,其他出版社也出版过,我甚至还见过日文译本。关键是我手里这册是毛边本,部分已裁。1981年出版的书,极少见毛边本,可见天津是改革开放后制造毛边书的先行城市。毛边本,除了作者自留外,只送给亲近而且懂书的朋友。如此看来,在这本书的流传过程中一定还有一段好听的文人故事。

2018年6月号,总253期

名刊始自津城出
——读《红楼梦学刊》创刊号

罗文华

2019年,是《红楼梦学刊》创刊四十周年。一份专门研究一部小说、一本书的刊物,居然连续出版了四十年,这在风起云涌的中国真的不是一件小事,自然成为红学界、文化界的一个热门话题。

前不久,我在逛天津古文化街棋焕书屋时,见到书架上有一些早期的《红楼梦学刊》,十元一册,品相很好,就买了几册,其中包括创刊号。早期的《红楼梦学刊》,我以前肯定是买过的,后来就没再坚持集存。在朋友圈看到红学家吕启祥老太太书柜里收藏的迄今出版的全部《红楼梦学刊》的照片,颇为羡慕,

⊙《红楼梦学刊》书影

继而肃然起敬。四十年间,这样的收藏实际是一种坚持,也是一种支撑,更是一种寄托。

1979年《红楼梦学刊》创刊,当时正上初中的我很快就买到了一本。那时社会上学术文化刊物很少,因此我非常珍爱这本杂志,翻来覆去地看,不仅记住了主编王朝闻、冯其庸,连该刊很多编委的姓名都背下来了:王利器、李希凡、吴世昌、吴组缃、吴恩裕、周汝昌、周绍良、张毕来、顾颉刚、郭豫衡、蒋和森、蓝翎、端木蕻良……里面也有我熟知的启功的名字。但我后来才知道,早在20世纪50年代,启功先

生就笺注过程乙本,出版了新中国成立后第一个《红楼梦》注释本。编委会里的老专家,如吴组缃先生,后来成为我的老师;如周汝昌先生,后来成为我的作者。大作家茅盾是《红楼梦学刊》排在第一位的顾问,他还为该刊题写了刊名。茅盾的书法精劲秀逸,此后不久开业的天津古籍书店用的也是他题写的牌匾,独具风神,十分耐看。

像一个婴儿生逢其时一样,《红楼梦学刊》创刊在一个最好的历史时机。中国改革开放的号角刚刚吹响,百废俱兴,1979年1月文化部艺术研究院红楼梦研究所正式挂牌,紧接着酝酿筹创《红楼梦学刊》。5月20日在京召开编委会成立大会,茅盾、叶圣陶、顾颉刚、俞平伯、王昆仑、林默涵、贺敬之、吴组缃、端木蕻良、吴世昌、吴恩裕、王利器、张毕来、周汝昌、冯其庸、李希凡、廖仲安、陈毓罴、邓绍基、刘世德、蔡义江、刘梦溪、朱彤、张锦池、周雷、胡文彬、林冠夫、吕启祥等出席。这些与会者囊括了从五四时期到改革开放初期文学、学术、红学等领域的诸多代表性人物,皆是文化精英。这样的队伍,这样的人脉,充分显示出这份刊物不同凡响、蓄势待发的高起点。

《红楼梦学刊》创刊词中明确表示:"除主要发表从各个角度探讨《红楼梦》的思想和艺术的论著外,关于作者的生平家世、版本源流、文物资料的考订、书刊评价以及红学研究和出版动态等稿件,均所欢迎。为了替《红楼梦》研究者提供翔实可靠的背景材料,还将酌量发表一些有关的研究清代经济史、政治史、思想史、文化史等方面的文章和资料。"可见,正如红学家赵建忠教授所说,该刊"一开始就走的是文本、文献、文化在红学中的融通与创新研究新路,这就打破了此前社会历史批评甚至庸俗社会学一度统治'红学'的单向度研究模式"。也就是说,该刊既注重《红楼梦》的文本研究,同时也提倡与《红楼梦》相关的大文化视野的研究。《红楼梦》文化研究方面的文章,我印象最深的,是既发表了戴不凡的《曹雪芹"拆迁改建"大观园》涉及《红楼梦》著作权的文章,同时也刊载了陈熙中、侯忠义的《曹雪芹的著作权不容轻易否定——就〈红楼梦〉中的"吴语词汇"问题与戴不凡同志商榷》，可以看出《红楼梦学刊》鼓励学术探讨、提倡百家争鸣的选文风格。四十年后，反观《红楼梦学刊》的办刊宗旨，可以认定它实际上是为中国红学指引了一条科学的、宽广的、可持续发展的正确道路。由此可见，一份重要刊物的立足点和出发点，不仅关系到自身的前途与命运，也影响着相关学科的走向与势头。

《红楼梦学刊》创刊初期，是以书代刊。第一辑于1979年8月问世，首印两万册，但仍供不应求，到12月再印，累计印数达八万五千册，可见其受读者欢迎的程度。卓琳女士也是一位"红迷"，而且程度很深。据红学家冯其庸、吕启祥等回忆，《红楼梦学刊》卓琳是"每期必看"。有些期她找不齐，先前在天津百花文艺出版社出版的，她就请天津的负责同志帮找；后来她还直接到设在北京恭王府的《红楼梦学刊》编辑部去购买刊物。当她了解到《红楼梦学刊》办刊经费拮据后，还亲自为该刊拉过一笔赞助予以支持。

《红楼梦学刊》创刊号上标明，该刊由"文化部艺术研究院红楼梦学刊编辑委员会编"，但在天津的百花文艺出版社出版。当时百花文艺出版社作为全国三大文学（文艺）出版社之一，编辑、出版实力较强，足以胜任这项工作。百花社负责人林呐参加了《红楼梦学刊》编委会成立大会，并在会上发了言。该刊从组织选题到安排出刊，由百花社陈玉刚具体负责。百花社美编室主任陈新设计的《红楼梦学刊》创刊号封面，通过富于装饰性的清秀雅致的园林景色，隐约透露出大观园的冰山一角，颇受业界好评。1988年，我刚做记者不久，就给陈新先生写过专访。

1985年，《红楼梦学刊》移到北京，由文化艺术出版社继续出版。至于究竟为何由天津移至北京出版，一两句话是说不清的。有兴趣了解的朋友，可参考曾任《红楼梦学刊》编辑部主任、副主编的邓庆佑先生发表在该刊2000年第二期的《深切悼唁陈玉刚同志》一文。历史地看，放走这样一个重要的文化品牌，对天津来说，不能不说是一种遗憾。

令人欣慰的是,在《红楼梦学刊》离津二十八年后,2013年,天津师范大学教授、天津市红楼梦研究会会长赵建忠先生在津创办了期刊《红楼梦与津沽文化研究》。该刊遵从《红楼梦学刊》的优秀办刊传统,为红学和津沽文化学者提供了一个学术研讨的平台,也为广大读者打开了一扇了解红学与津沽文化的窗口。

2019 年 8 月号,总 267 期

鹤见祐辅随笔两种

桑 农

一

日本学者鹤见祐辅,为中国读者所知晓,主要是因为鲁迅先生选译了他的第一本随笔集《思想·山水·人物》。然而,鲁迅翻译这本书时,前后的观感有所变化。他在译本题记里说:"全篇有大背我意之处,也不加删节了。因为我的意思,是以为改变本相,不但对不起作者,也对不起读者的。"

鲁迅开始翻译《思想·山水·人物》,是由于书中个别篇目引起了他的共鸣。据考证,第一篇译文是《自以为是》。该文谈到当时日本流行的舆论:"我们有什么用力于英文学和俄文学的必要呢,只要研究日本文学就好了。""与其我们来学外国语,倒不如要使世界上的人们都学日本语。"作者认为,日本人始终安住在《源氏物语》和《徒然草》的传统中,做着使日本语成为世界语的梦,粗粗一看,固然是颇像爱国的心境。但其中,有着违反人类文化发达的许多危险。而在人类的历史发展中,最可怕的就是这骄慢的"自以为是"。倘若如此,个人的发达将停止,民族的发达也将停止。文章还提道:"现在的支那的衰运,也就是中华民国的自负心的结果呵。"这与鲁迅本人的观点基本一致。

随着翻译的继续,鲁迅逐渐意识到自己与鹤见祐辅的思想分歧。特别是在《说自由主义》一文中,鹤见祐辅反对将自由主义的中心思想弄成平等主义。因为平等是派生的结果,并非中心思想。鲁迅则赞同瞿提(今译歌德)所说,自由与平等不能并求也不能并得的话,人们只得先取其一。两人在自由与平等之间的取舍上,针锋相对。鹤见祐辅主张自由优先,鲁迅则主张平等优先。这自然与鲁迅当时的左翼立场有关系。

二

鹤见祐辅是日本自由主义的代表人物。《思想·山水·人物》的原书初版于1924年。当时的日本,民主思想十分活跃,左翼思潮也非常流行。他的第二本随笔集《读书三昧》,原书初版于1936年。日本的左翼运动已经退潮,右翼军国主义甚嚣尘上,处于中间的自由主义同样遭到排斥。鹤见祐辅在该书序里说:"发表《思想·山水·人物》的时候和今日相比,日本的情势非常差异了。"其最深切的感受,便是"言论自由,到处甚感困难"。

当然,鹤见祐辅在《读书三昧》中,并没有放弃宣讲他的自由主义,只是"推敲思想,变更稿本不知几次"。他希望"行间之意,弦外之音",能获得识者的心会。他的良苦用心,由其"心血之构"的长文《从世界史的角度一瞥》,大约可见一斑。

此文开篇即表示,日本右翼思想的兴起,正像此前左翼思想盛行一样,没有什么新奇的。作者随即把话题转到"世界史"上。自古以来,人类的价值判断中,有认社会秩序为中心的,也有认个人自由为中心的。在古代希腊,以秩序为中心的,是斯巴达;以自由为中心的,是亚典(今译雅典)。今日取法斯巴达的,是德、意等国;模仿亚典的,是英、法、美等国。作者进一步指出:斯巴达是国家主义,亚典是自由主义。斯巴达是保守主义,亚典是进步主义。斯巴达是锁国主义,亚典是开放主义。斯巴达用武断的制度强迫国民服从;亚典则须先得人民的同意,然后才可以把文化的法制施行于国内。斯巴达仅为自己而存在,除了称霸的历史,什么也没有留下;亚典则为全世界的人类而存在,艺术作品、哲学思想、法律制度,以及孕育这一切的精神,可谓世界文明最伟大的遗产。作者最后强调,从短短的十年或二十年看,排斥个人意识,剥夺社会成员的一切自由,可以强化集团。但从千万年的长期历史看,以无个性的成员为分子所成立的集团,是异常脆弱、极不牢固的;一旦崩溃,留下的只会一片荒凉。

在军国主义成为社会主流之际,言论自由的空间极度萎缩。鹤见祐辅只能借谈论"世界史",来影射日本现状。他批评斯巴达,就是批评军国主义;推崇亚典,就是推崇自由主义。他对日本未来的担忧,更是跃然纸上。

三

两本集子里,均有多篇谈读书的随笔。介绍读书方法的,虽属平常,并非秘籍,却很实用。尤其对于初学者,依法而行,一定效果极佳。可谈到读书态度,前后两个集子有着明显且微妙的变化。

《思想·山水·人物》里,有一篇《书斋生活与其危险》。单从这样一个篇名上,就可以看出作者的主旨。根据作者观察,"书斋生活者"有唯我独尊的倾向,有"独善"的性癖。对于社会而言,会有两种不良影响:一种是,他们的思想本身的缺点,即容易变成和社会毫无关系的思想;另一种是,社会对于他们的思想的感想,即社会轻视这些自以为是者的言论。他希望,能在"书斋生活"和"街头生活"之间,保持圆满的调和。鲁迅当年翻译此文,感触颇深,特意写了一篇《译者附记》。想到自己反对青年躲进书斋,落得个"思想过激"的罪名,以及青年对社会略有言动,竟遭意外灾祸,鲁迅对"日本言论之自由",还"不禁感慨系之"。

然而,十二年之后出版的《读书三昧》里,再也没有类似的言论了。该书第一篇,即题为《读书三昧》的短文,开篇写道:"明窗之下,倚净几而翻读会心之书,是人生至乐的一回事。读书之乐,融融泄泄,心中的苦恼,如白云浮荡于夏日的天空,瞬息而归于幻灭。眼前一时得失,像蛮触末争似的,自该消失无遗了。"《枕头的书》一文,也是写这种读书之乐:"当一天工作告终,疲劳的身体,兀自横陈榻上时,把灯火凑近一旁,安置两三卷自己爱读的书于枕伴的罢!翻开读读也好,就是仅看看那装订和封面的样式也觉痛快。昏昏欲睡,固无不可;精神奕奕,也所欢迎。　　枕边置爱读的书两三卷,听窗外雨声沥淅,难道不也是人生悦乐之一吗?"此后,《读书人闲话》《近代人的读书》诸文,一再重复这种读书至乐的境界,并将其视为读书的真谛:"我将我的心、我的情、我的全灵放射于书中;我和书浑然地融为一体的境地,这才是真正的读书三昧。"

这些把读书描绘得如此美好的文字,单独看没有什么不对,可考虑到作者此前对所谓"书斋生活"的警示,不难发现他已经开始从"兼济"转向"独善"了。读书不再以介入社会为追求,而以自娱自乐为目的。外在环境的恶化,恐怕起着决定性的影响作用。

四

鹤见祐辅在《读书三昧》的序里说:"由明治维新数来六十九年,我国立于这样危难局面的,可以说从未尝有。"他所谓"危难局面",是指一切维新改革的实践,包括所有向西方学习的议会制度、国际关系法则以及经济政策,都遭受批评和攻击,军国主义鼓噪起一个"膨胀的日本"。

军国主义,也就是把国家完全置于军事控制之下。对内,实行的是专制主义;对外,实行的是帝国主义。而其核心的价值观,是国家主义,即认为国家的正义性毋庸置疑,并以国家利益为神圣本位,倡导所有国民在国家至上的信念导引下,抑制和放弃自我,共同为国家的繁荣昌盛而努力。有了"爱国主义"这面大旗,德国的纳粹主义、意大利的法西斯主义、日本的军国主义,都一度所向披靡。在这种形势下,鹤见祐辅想在日本推行自由主义,没有丝毫可能。他只有从"街头生活"退回到"书斋生活",并且一退再退,最后竟然也被对手裹挟而去。

就在《读书三昧》出版的1936年,日本军国主义者上台,完全执掌了国家政权。由于"爱国主义"的感召,鹤见祐辅终于参加了法西斯政府。1937年,中日战争全面爆发,他还代表日本政府去美国等西方国家游说谋取支持。第二次世界大战结束,鹤见祐辅受到审判。刑满释放后,担任过日本进步党干事长,1973年去世。

(《思想·山水·人物》,鹤见祐辅著,鲁迅译,上海北新书局1928年初版;《读书三昧》,鹤见祐辅著,李冠礼、萧品超合译,重庆商务印书馆1940年初版。)

2016年4月号,总227期

我的签名本

夏承焘师改名的签名本

孙崇涛

⊙夏承焘著《龙川词校笺》

一本签名本都有一段故事。它包含着签名者的心境、经历、生命状态以及他与受赠者之间的关系等等说不尽的话题。我将说说我的签名本故事。

师者尊,先说我的老师夏承焘先生赠我的签名本。

我就读杭州大学中文系时(1957—1961),被年级指定担任古典文学学科代表,与老师接触最多的就数古典文学教研室主任夏承焘师(1900—1986)。头一回去见先生,我自报家门道:"老师,我叫孙崇涛,瑞安人,跟老师也算是同乡。"夏师见说,呵呵笑道:"同乡、同乡,好、好啊!你有字、有号吗?"问得我莫名惊诧。心想我一个籍籍无名的毛头小子,出身平民,长辈没多文化,哪有这么多讲究,何来的字与号?赶忙说自己没有。

跟夏师接触多了,我发现夏师对自己和别人的名字好像都特别当一回事。自己除名承焘外,另字瞿禅、瞿髯、巨髯等,不断变着用。其实都在谐温州方音"巨髯"二字,表示粗长的胡须。他曾解释"出典"道,取此为字是因为年少时喜欢读词作词,很羡慕古人词中爱用白发啊衰鬓啊长髯啊一类字眼,自己嘴边还没毛,用不了,恨不得快点长出长胡子来。

他还曾多次问我取名"崇涛"有何深意。我说,哪有什么深意?抗战初起,家母怀孕,头顶上日寇飞机盘旋,瑞安城时遭轰炸,举家四处逃难。家母挺着大肚子随家人到乡下各地逃了一圈,最后顺利逃回家生下我。崇涛崇涛,跟"顺利逃一圈"的"顺逃"方言读音相同,就以此为名。夏师听后,哈哈大笑。

夏师晚年跟师母吴无闻先生一起寓居北京,先住朝内大街,后搬迁团结湖。当时我在北京读研究生,师生分离近二十年又再次聚首,也可说缘分匪浅,我经常会抽空去看望他。经过"文革"十年折磨,这时夏师身心俱悴,加之身患脑动脉硬化兼脑组织软化引发老年痴呆的不治之症,身体状况一年比一年糟糕。1980年之前还好些,他在师母协助下,整理、出版了多种学术著作以及日记、诗词、文集等,成了他一生著作问世数量最多的年月。每回见我来,夏师总要亲笔题签送我新书。而他对人家姓名喜好推敲的老习惯也依然如旧。1979年冬天,上海戏剧学院叶长海兄进京,我带他去看望夏师。一见面夏师就问长海兄姓名,长海兄在他案头纸张上写了自己名字。夏师盯着名字反复地看,又反复地问:你这"长海"是什么意思?或许在他脑子里正盘旋着这样的问题:通常只说"大海"的,哪有"长海""短海"一说?说明这时候他还具备一般正常人的思维与逻辑。

到了1980年,夏师身体发生较大变化。神志时而清晰,时而变得很糊涂。10月我去朝内看他,正好他的《唐宋词欣赏》刚出版,他拿出新书送我,一字不差地签下"崇涛同志博笑,承焘奉"和年月,说明他的脑子还很清晰。但过一阵子,当师母拿出当年杭大中文系古典室同事合影照片让他辨认时,他又犯糊涂了,竟然一个人也认不出来,还指着照片中的自己问:"当中这位老人家是谁?"

吴先生还告知我不久前发生的一件事:香港中文大学饶宗颐教授来京,在北京饭店设宴款待夏师夫妇。入座开吃时,夏师竟弄颠倒了主宾关系,热情招呼饶先生:"请,请,别客气!"宴席中间,还说过

"菜不好,随便吃、随便吃"的客套话,弄得一旁的吴先生很是尴尬。

夏师晚年身心不幸往往以逗人发笑的言行方式表现,这越发叫人感觉其不幸。到了后来,他的记忆力几乎完全丧失。我每次去看他,总得要重复地介绍一番自己身份,并说明自己现在北京的情形,希望引起他的记忆。而他每次见我,总会问我:"你是坐轮船来的,还是坐汽车来的?""栈(租住)下来没有?"脑子还停留在旧时的家乡温州,叫人哭笑不得,又心生无限的凄凉。

1982年,记不清月日的一天,我和妻子一起去探望夏师。一向很在乎名字的夏师,这回可有大举动了,他执意要抛弃掉"夏承焘"旧名!那时,他的《龙川词校笺》刚出版不久,在给我夫妻俩签赠新书时,声明道:"我要改名字了!"在旁的师母连忙劝说道:"都用了一辈子的名字了,就别改了!"性情向来温和的夏师,竟面带愠色道:"要改,一定要改!夏承焘不好,夏承焘不好啊!"结果给我俩赠书的签名是:"夏晴涛题。"夏师的这番异乎寻常的作为,还有那些"糊话",隐含了多少无可名状的悲哀。联想数年前一场乌云压顶、惊涛骇浪式的"文革"冲击,令他刻骨铭心。"夏承焘不好""打倒夏承焘""批倒批臭反动学术权威夏承焘"等口号不绝于耳,令他惶惶不可终日。他一直期盼晴空万里、波涛不惊的祥和日子早日到来。如今这场史无前例的荒唐闹剧总算收场了,可是夏师完全地失忆了,对于眼前的一切,他已经没有了任何的感知……

2018 年 10 月 28 日于北京

2018 年 12 月号,总 259 期

黄宗江随性的签名本

孙崇涛

黄宗江(1921—2010)传奇的一生，像是贯穿一连串的神奇数字——

先道家门。他出身的浙江瑞安名门望族黄家，是满门进士、三代翰林。曾祖黄体立、体芳、体正三兄弟，祖父黄绍第、绍箕弟兄，皆是簪缨鸿儒，时称"五黄先生"。父黄曾铭留学日本，归国通过廷试，授工科进士、翰林庶吉士，是我国末代"翰林"。曾铭家教宽松，全家痴迷戏曲，子女宗江、宗淮、宗英、宗洛、宗汉从小都酷爱文艺表演，除后来宗淮攻历史、宗汉搞文化实业，偶尔染指戏剧表演外，宗江、宗英、宗洛都成我国影剧专业大咖。五兄妹事业有成，声名远播，今人有称"新五黄先生"。

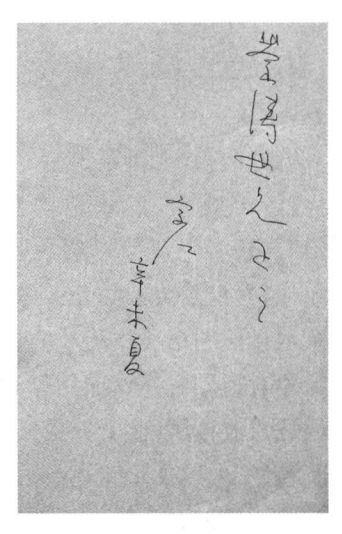

⊙黄宗江扉页题签

新老"五黄"集于一门，这对数字就很叫人称奇。

次说经历。宗江自少颖异，十岁便以"春秋童子"笔名，在《世界日报》发表独幕话剧《人之心》。后就读南开中学高中部，以演话剧女角闻名。南开校长曾骄傲地称：周恩来、曹禺、黄宗江是咱南开建校史上的"三大女演员"。他二进二出燕京大学西语系，别人本科学历四年，他读成九年，结果还是中途退学。成为职业演员的黄宗江，擅长丑角表演，与蓝马、谢添、沈扬当年并称重庆剧坛"四大名丑"。他还有过二重军旅生涯经历：因崇拜当过水手的美国剧作家奥尼尔，就去当了一名国民党水兵；后来向往人民解放军，便参军成了文艺战士。以上这些二三四九十数字标配，装点了黄宗江斑斓且又奇异的生命色彩。

三说身份。黄宗江自称"杂家"，自言为文人、军人、艺人"三栖灵兽"，故而很难用一个词去定义他的职业身份。作家、演员、电影家、戏剧家、学者、教授、社会活动家，等等，全是，又不完全是。他以电影剧本创作名世，《柳堡的故事》（合作）、《激战无名川》、《柯棣华大夫》、《农奴》、《秋瑾》、《海魂》，等等，都是我国银幕热映之作，也写舞台剧剧本，更是散文写作快手，出了好些散文集子。他是中国作家协会、戏剧家协会、电影家协会"三协会员"。他没经过任何戏剧表演专业学习，但样样台面都敢上，人称他是话剧、影视、戏曲"三栖演员"。1986年他应聘客座美国加州圣地亚哥大学，走之前我去他家见他，问他去美国教什么课程。他说中国话剧、电影、戏曲都讲，还要实习排演一出英文版戏曲，初定《牡丹亭》，问我采用哪个中文版剧本比较合适。我建议他用徐朔方、杨笑梅校注本，因有详细的注释（据说后来改排昆剧《十五贯》）。我戏称他这次去美国的身份是"三教一戏教授"。以上是一连串的"三"。

四说婚恋。黄宗江有过两次婚姻，四五段喜感十足的恋爱经历，其间有暗恋，有失恋，有师生恋，有异国情，有出逃了结，有吻别告终，有殉情未果，有自杀被救……奇情怪象，不可细数。宗江前妻是20世纪40年代影星朱嘉琛，曾在宗江首部创作的影片《大团圆》（1946）中饰演"小妹"一角。这段婚姻来也匆匆，去也匆匆，内中情由，宗江本人很少言及，也不便向他打听。与此相反，他乐意对外界津津乐道的，便是被他称作"我军史无前例"的他与阮若珊的婚恋经历。1956年，身为解放军连级文艺干部的黄宗江，竟去追求自己的师级"首长"、战友文工团团长阮若珊，而且成功结婚。这里头也含有几个奇特的数字：一是黄宗江的军职级别低阮若珊七八级（含副职）；二是黄宗江打动阮若珊芳心，攻克爱情堡垒的武器，是靠一篇向对方倾诉爱慕、细说你我应该结合的种种理由的求爱"万言书";三是恋爱成功——用宗江常说的话是"被首长收编"后,夫妻恩爱有加,情投意合相守近五十年,人人称羡,一洗黄宗江是"情场浪子"的不白之冤。

五说归宿。宗江一生嗜戏如命,他是把戏过成生活、把生活过成戏的人。直至耄耋之年,习性不改。2002年,年已八十一岁的他,还和青年演员苏可与"玉女"杨童舒合作主演电影《冬日细语》。身穿一身洋派的老华侨衣衫,带着黄宗江式的积极、主动进攻的行事风格,穿梭、游走于这对青年男女之间,硬是把他们破碎了的爱情与事业揉得团团圆圆,足称是老先生的本色出演。2004年,宗江、宗英、宗洛、宗汉联袂参演电视连续剧《大栅栏》,圆了黄氏四兄妹同台演戏之梦(宗淮早逝)。2010年10月,黄宗江参演的最后一部电视剧《生死桥》播出,同月18日,他因患结肠癌引发肺感染医治无效,逝世于北京301医院,享年八十九岁,终生结缘戏剧表演与创作的人生落幕。

宗江生前有嘱:死后不搞任何悼念活动,骨灰用马桶水一冲了事,唱首欢乐歌曲送他一程。他一生与戏乐做伴,不愿让哀乐送终。女儿们还是在八宝山给他操办了遗体告别仪式,为了尊重父亲遗嘱,播放了父亲电影代表作《柳堡的故事》主题曲《九九艳阳天》送行:"九九那个艳阳天来哟,十八岁的哥哥呀坐在河边……"

我与宗江因系瑞安同乡,又都在京城文化圈内,故而平日有所接触和了解。他的随性而为的性格作为,也在我们交往的随常生活中表现得淋漓尽致。以下单说两件事:一是1988年4月我们一起参加闽南"南戏学术讨论会"。宗江好动,善交际,能量大。他原先住什刹海附近胡同,跟我居家和工作的地点恭王府近在咫尺。我见他三天两头蹬辆大轱辘老旧自行车,常往恭王府跑。坐落于恭王府内的中国音乐学院、中国曲艺家协会、中国艺术研究院各研究所,都有他许多熟人,他喜好找熟人神聊。"府外人"的他对"府内事"的了解程度不逊于我们"府内人"。不知他通过什么渠道,了解到我所在的戏曲研究所要与福建省艺术研究所在闽南联合举办"南戏学术讨论会"的消息,他也挤进参会代表行列。我接到他报告自己也要参会消息的电话,很感惊奇。他说,我这辈子没搞学术研究是一大遗憾,现在我要钻进你们南戏研究圈子里看看究竟。还说,我得先做点功课。问我那篇回顾、总结中国南戏研究的论文《中国南戏研究之检讨》发表在什么地方,他要找来"学习学习"。可见宗江其人,粗中有细,在大胆敢做的背后,也不缺认真和细致。

到了闽南研讨会的首站福州,令我更惊奇的发现是,宗江居然还把他供职中国人民银行总行的表兄冒舒湮也带进了讨论会。他就是一个想到哪里就会做到哪里的人。他的随性作为,往往会制造歪打正着的效果。这一次的"歪打",成全了我们温瑞三姓大户在京弟子的意外"际会"。

冒舒湮(1914—1999)是大名鼎鼎的晚明"四公子"如皋冒辟疆后人。冒公子文采风流,他与"秦淮八艳"董小宛(此前与陈圆圆)缠绵悱恻的情爱故事盛传于世数百年,经过近代各种文艺作品的反复演绎和渲染,更是家喻户晓,几与《红楼梦》宝黛故事并肩。冒舒湮父亲冒鹤亭,学识渊博,民国初任温州瓯海关监督。他还是"永嘉之学"的热心追随者,搜辑编印了多种温州地方文献,所著《戏言》(1917)是温州近代戏曲研究的开山之作。冒鹤亭娶妻黄曾铭胞姐黄曾葵,即黄宗江姑母。冒舒湮虽是暨南大学政治经济学出身,因受家学渊源影响,也很早投身文坛,是我国三四十年代著名影评家、剧作家、报告文学作家。抗战期间他创编上演的话剧《董小宛》,轰动陪都重庆。作为冒家后人的冒舒湮,创编的这部《董小宛》有其浓烈的家国情怀:一是借古喻今,以唤起民众民族意识,积极投身抗日运动;二是为先人冒辟疆和董小宛辩诬,还原冒、董婚恋的历史真相。红军长征到达陕北,冒舒湮受邹韬奋邀约,率记者团采访延安,发表了反映陕北根据地真实面貌的报告文学《战斗中的陕北》《万里风云》,影响巨大,赢得"中国斯诺"的美誉。

家乡民谚有道:"天上天堂,地下孙黄。"说明瑞安孙、黄两姓大家地位非同小可。从对温州近代历史的影响来看,"外来户"如皋冒家的作用也不可忽视。黄、冒姻联,孙、黄干系向来深厚,如今三姓子弟因为宗江的"随性",意外凑到一起,共话旧事,亦可称佳话。会议期间拍摄的这张包括多位温籍戏曲学人在内的合影照片,也算是件难得的纪念"文献"。

　　再一件就是黄宗江给我赠送签名本著作的事。20世纪八九十年代间,我和宗江都搬了家。我搬到北京东三环外文化部宿舍,宗江搬到西郊六里桥八一电影制片厂干休所宿舍。两地之隔,几乎横跨整个北京城,我们见面机会变得很少了。1991年夏,永嘉昆剧团负责人为振兴"永昆",希望借力温州旅京文化界人士,来到我家,并要求我带他去见黄宗江。本人好久不见宗江了,很乐意陪他一去。其实宗江也好,我也罢,都非权势人物,对振兴"永昆"乏术,爱莫能助。宗江不在家乡生活,对"永昆"更无印象,谈话顾左右而言他。他的兴趣像在书本、文具上头。说话间,要给我送书,取出他的一本散文集《卖艺人家》(三联书店1986年12月版),拿支旧钢笔题签,不出水,便改用圆珠笔签道:"崇涛世兄正之,宗江,辛未夏。"签毕,他拿过那支旧钢笔在我眼前晃了晃,神秘地言道:你猜,谁送的?我接过一看,只见笔杆上赫然刻有"蒋纬国敬赠"字样。又一次制造意外的黄宗江式的"随性"举动!蒋纬国凭什么要"敬赠"你黄宗江钢笔?什么时间,什么地点,什么场合,为了什么事要给你送笔?还有,你把这笔保管了多久?在谈论台湾噤若寒蝉的年代,又是如何将它"窝藏"至今……

　　那一天,我带回了黄宗江的签名本,也带回以上这些永远没有答案的惊奇和不解。因为,岁月匆匆,世缘有限。

2019年6月15日,北京

2019年7月号,总266期

书话大家姜德明

沈文冲

大凡从事新文学研究工作的人,或者喜欢收藏民国新文学版本图籍者,每每提到姜德明先生的大名,几乎没有不知道的。姜德明先生是一位处事低调的当今国内顶级书话作家与大藏书家,尤其在现代新文学书刊方面,以我多次登门拜访、亲眼所见其收藏的情况来判断,姜先生的藏书之丰、品质之高、数量之广、研究之实,在当下的新文学书籍收藏者中,似乎无出其右者。姜先生迄今结集出版的新文学书话著作,已逾三十种之多,这在现当代的书话作家群中,恐怕也是绝无仅有的!

我读到姜先生书话文章与书话著作的时间很迟。接触到的姜先生的第一本书话集,是他的《书边草》。这部三百页的书话著作,穿线平装,版式疏朗,封面素雅,真是"出落"得端庄秀雅,"美"得令人爱不释手。果然,好书就是备受爱书人的喜爱!《书边草》初版后不到一年半,新一版的重印本就于翌年5月增印了八千本!至于我得到姜先生的签名本,则已是近七八年来的事情了。

我对姜德明先生现代新文学书话的关注,以至与姜先生接触、交往,建立通信联系,开始于十多年前我对毛边书产生兴趣并试着对毛边书的历史进行一些有趣的研究探讨之后。记得在我搜罗编辑有关毛边书的第一本书《毛边书情调》时,亦师亦友的现代新文学研究专家、南通大学陈学勇教授就帮助我联系了姜德明先生,不惮其烦地写信给姜先生替我索序。姜先生的序言,无疑为《毛边书情调》这样一部有关毛边书的第一本具有"毛边小百科"性质的文集增光添彩了。

《毛边书情调》出版后,我即给姜先生寄去了毛边本样书,很快便得到姜先生的回音。不久之后,我有机会赴京,专程登门拜访了姜先生,并带去了《姜德明书话》毛边本上下册、《书衣百影》及续编、《北京乎:现代作家笔下的北京》上下册等书,一一求得了姜先生的签名并逐一钤印,显得格外珍贵。不过,遗憾的是我手头的《余时书话》《姜德明书话》《文林枝叶》以及前面提到的《书边草》等姜先生的多种书话集、选编的《书香集》等书,虽然我此后也几次拜访过姜先生,却因出行仓促而至今还没能一一取得姜先生的宝贵签名。

我读姜先生的书话集,最大的感受,是写得不枝蔓、有内容、短小隽永。这恰如黄裳先生在《〈书边草〉序》中所评述的那样:

> 作者的选题往往是很小很具体的,并非鸿篇巨制。但给读者带来的是实实在在的知识……作者的心是很细的,能从细微的地方发现人们通常易于忽略的问题。这和作者收集资料的方法也很有关系。譬如,一些过时的政府公报、一折八扣的盗印书、陈年的旧讲义,甚至一张旧书刊广告、一本哀挽录……这些东西在有些人看来是不值一顾的,不必说研究,就连保存的价值也没有。这里的"有些人"我自己也应该包括在内。一些并不罕见的资料,在作者手下经过整理爬梳,分析论证,会出现更新也更为鲜明的意义,使人信服。同时,作者视野的广阔也显示了胸襟的广阔,他没有门户之见,更没有习惯的偏见。只要是为新文学事业作出过贡献的,不论大小,也不管是知名的、无名的,属于哪个流派的,以至像姚茫父、乔大壮这样几乎与新文学似乎很少关系的人物,他也注意到并给予尊重……这是使作品有别于一些没有意义的笔记的重要特色。

作者是从事新闻工作的,和我是同行。虽然很久以前就已被挤出新闻圈外,但对这干了多年的职业我还是不能没有一点眷恋之情。作为一个同行,读作者的新著,就感到格外有趣,也似乎更易于接近……作者的细密钻研作风特别使我敬佩。至于"识",也就是"见解",作为一个新闻记者倒是有可能在长期的历练中成功地取得,但重要的是正直。在这里,鲁迅正是一个光辉的榜样。先生曾经有过多年编辑、记者的工作经验,他那锐利的、所向披靡的解剖、批判旧世界的眼光,不能说和他的记者经验没有一点关系。

黄裳先生的文章引在这里的已经不短了。我之所以引了这么多,一方面当然是因为有一种特别的亲切感,我也是一名新闻工作者,作为同行读来不免有太多感同身受的共同语言;另一方面是敬佩于黄裳先生独到的眼光与敏锐的洞察力,佩服他在序文中对于当年姜先生的书话集恰到好处的评判与解析。这或许是同行看同行,更具穿透力的缘故。由记者、编辑向作家转行,相对而言,也许是更为容易实现的一条捷径。何况,记者与作家、与学者,其实也不决然分开。在现实生活中,尤其在新文学作家中,记者型的作家、学者型的作家,的确并不鲜见,就是最好的例证。

记得姜先生曾经与我谈到,有读者想收全他的全部著作,但发现有一两种很难搜集到,原因就是出版的当初印数太少,并且早已绝版。我也有收集某些特定图书的癖好,但并不太过刻意地去搜罗。譬如:我喜欢搜集观赏阅读字典等各类辞书及工具书、印制有精美插图的中外文艺作品、民国版的文史类书刊、现当代出版的各种毛边书、莎士比亚剧本《哈姆雷特》的各种中文译本、研究探讨中外书籍装帧设计的图书、世界最美的书与中国最美的书、有关昆曲艺术的书籍以及中外漫画类图书、插图集,等等,我都完全随缘,相信书与人也需要"缘分",我几乎从来没有刻意去搜求过某种图书。

去年十月底,我出差北京,于是又挤时间登门拜访了姜先生。这一次见面,给我留下了特别深刻的印象。姜先生让我看了他的几乎全部的珍贵藏书,并且就藏书编目、藏书的研究利用等诸多问题交谈。有关此次拜访的详情,容另外撰文叙述。这次登门恰逢姜先生又有新书出版,我算是赶上了好机会,获赠了姜先生当场签名钤印的《丛刊识小》(南京师范大学出版社版,王欲祥、丁亚芳策划的"文化人生丛书"本)、《难忘王府井》(上海辞书出版社版,蔡玉洗、董宁文策划的"开卷书坊"丛书本),姜先生的题款均作"文冲先生正。姜德明,二〇一三,十(印)",令我欣喜感激不已。

甲午早春初十于南通海星书屋南窗下

2014 年 4 月号,总 203 期

追忆陈辽先生二三事

沈文冲

当代著名的文学评论家陈辽先生,故世已经一年多了!陈先生去世的当初,我并不知悉。是几个月之后,我在网络随意徜徉时,无意间得知老先生已在年前谢世!这信息令我一时诧愕。

一年多来,我时不时地想起老先生,总想为他写点什么,却又不知从何处落笔。

陈辽(1931.9—2015.12)先生是江苏海门人,我的同邑前辈,讲一口带有浓重的海门沿江地区沙地话口音的吴方言普通话。先生早年于抗日战争胜利前夕(1945年,不足十五岁时),就参加了中共领导的新四军,1947年毕业于红色根据地的华中建设大学。在军中,他从教员、干事、记者、文教助理员干起,一直做到"大尉教员"。20世纪50年代后期,他转业至江苏省作家协会,后又调至省委宣传部、《雨花》杂志、省社科院任职,最后在江苏省社科院文学研究所所长任上离休。但他的文学评论与研究工作,并没有因此而停止。

陈辽先生是一位不折不扣的马克思主义文艺理论工作者,更是一位勤奋高产的文艺研究家与文学评论家。也许是他的经历决定了他的人生选择,他一生出版的专著、论著、论文集多达三十三部,主编

⊙《陈辽文学评论选》书影

并参与撰写的专著、论著、辞典等达十五部。生前即有《陈辽文存》十卷本行世。在他众多的著作中,较有影响的就有《叶圣陶评传》《露华集》《陈辽文学评论选》《新时期的文学思潮》《马克思主义文艺思想史稿》《文艺信息学》《中国革命军事文学史略》《刘鹗与〈老残游记〉》《周太谷评传》《唐代小说与唐文化》《月是故乡明》《江苏新文学史》《中国当代美学思想概观》《新世纪〈三国演义〉论文集》等十余种。其中,《叶圣陶评传》《马克思主义文艺思想史稿》《江苏新文学史》《中国当代美学思想概观》《台港澳与海外华文文学辞典》等著作获省部级奖项八次;《论二十年来文艺健康发展的历史经验》获得全国"五个一工程"奖等荣誉,生前曾被人事部授予"有突出贡献的专家"称号,并享受国务院颁发的"政府特殊津贴"。

然而,因为所从事的职业的不同,所谓"隔行如隔山",在陈辽先生生前,我对老先生的著作并没有太多关注,也许老先生自己也清楚文学评论圈子以外的人,对他的这些著作没有特别浓厚的兴趣,故也较少见他送书给圈外人。陈辽先生对于古今各种文学类型似乎无所不能,涉及的范围甚广,这一点仅从上文列举的十多种书目中,也能大致看得出来。老先生真是活到老,学到老,追随时代脚步,不断进取,他深谙"文章合为时而著,歌诗合为事而作"(白居易《与元九书》)的道理。譬如,我藏有的陈先生编撰的《文艺信息学》《中国革命军事文学史略》《台港澳与海外华文文学辞典》三种著作,都极富于当代文学发展的时代特征。作为一位有声望的资深文学评论家,陈辽先生的这些著述,足以反映出他对于当代文学发展脉动的敏感性与洞察力。恰如业师董健先生在"陈辽同志追思会"上所说的那样:"陈辽同志热情、正直,涉猎领域广泛,在水浒、红学等方面的研究都有很深的造诣,更难能可贵的是,他一直在不断地学习,与时俱进。"江苏的文艺评论界也给予陈先生很高的评价与充分的肯定:"陈辽同志……从事文学评论六十余年,成就卓著,对江苏文学界几代人的成长付出了辛勤的劳动,对江苏文学批评界良好局面的形成功不可没!"我所珍藏的陈辽先生《中国革命军事文学史略》签名本,就是2013年6月老先生应邀参加在南京举办的拙著《中国毛边书史话》首发式时,我请他签名作为纪念的。

　　我与陈辽先生的交集不是太多,但一见如故。大约是十年前吧,因为故友钦鸿先生的举荐,我在南京参加过一届江苏省海外华文文学研究会的年会,因此才得以识荆;后于2008年秋,又在苏州开年会。那次我带去了我的两部有关毛边书研究的著作,分别是《毛边书情调》《百年毛边书刊鉴藏录》。会后不久,陈先生从南京的家中打来电话,称我是"中国毛边书研究第一人",我几乎是被吓了一跳,立即回说"岂敢岂敢",陈先生却很严肃,他正式地在电话的那头对我说:"沈文冲同志,我这是实事求是!"这么一听,我当然也不便在电话里再推辞了。

　　在这通电话之后不到二十天,陈先生就发来了一篇长文,热情推介评析我的这两本毛边书研究专著,文章的题目,也干脆就叫作《中国毛边书研究第一人沈文冲》!前辈学者的抬爱,令我内心甚感不安。后来,我把陈先生的"毛边第一人"之说,转询于文艺评论家兼美学家、南通大学徐景熙教授,徐先生沉吟片刻后肯定地说:"陈先生既出此言,必有所据!"并且补充说,陈先生治学严谨,他说这话,决不是没有根据随便说的客套话。由此,我想到陈先生作为江苏文艺界的前辈学者,他对诸多年轻后学哪怕是取得一点成绩或一点进步,他都能给予积极评价,充分肯定,热情扶持。同时,这也证明了江苏文艺评论界对陈先生几十年来为江苏文学界几代人的成长发展、为江苏文学批评界良好风气形成所做贡献的评价,是恰如其分、实事求是的。

　　陈辽先生为我签名的《中国革命军事文学史略》一书,也成为陈先生给我留有他手迹的最后纪念。

2017 年 5 月号,总 240 期

丁景唐先生与毛边书事

沈文冲

早在去年年初的新春前夕,我就接到沪上诗人兼书话作家韦泱先生寄来的一通挂号印刷品,原来是转寄的丁言模先生钤印题赠给我的厚厚一本新书:《穿越岁月的文学刊物和作家(二)》。书中还附有《文史学者、出版家丁景唐去世》的剪报复印件一纸。我这才知道,原来我所格外崇敬的出版家、学者丁景唐前辈,终因年事之高而于 2017 年 12 月 11 日,以九十七岁高龄在上海故世。并且韦泱先生还受丁景唐先生的哲嗣丁言模君之托,特别约我为

⊙《鲁迅杂感选集》书影

《丁景唐先生纪念文集》(暂名)撰稿。这让我蓦然想起了丁老先生于 20 世纪 80 年代之初,主持仿制刊行《鲁迅杂感选集》毛边本以及我与丁老先生"交往"的往事来。

丁景唐先生是上海出版界难得的"三八"式"老革命"。他是浙江镇海人,早在 1938 年就在上海加入了中共地下党,是党的老一辈杰出的文化工作者。他既是诗人、杰出的出版家,又是研究鲁迅、瞿秋白及左翼作家的学者。同时,丁老还是一辈子都要"坚持毛边到底"的鲁迅"毛边党"的忠实追随者与积极倡导者,尽管他自己是并"不喜欢毛边书"的"毛边党"党外人士。

1979年，丁景唐先生出任上海文艺出版社社长兼总编辑。很快地他就主持出版了一批他一直想出的好书，其中之一就是仿制出版1933年由瞿秋白化名何凝选编并撰写长篇序言、当年由鲁迅以上海青光书局名义亲自设计、校订、刊行的《鲁迅杂感选集》毛边本。1980年2月和1981年4月，《鲁迅杂感选集》先后以"'左联'五十周年纪念"与"纪念鲁迅一百周年诞辰"的名义，连续两次印行，并且悉数印制成了毛边书。当年，该书在全国发行后，还闹出了一些笑话，说是不得了了，出版社出了次品了，书的边子都不切就发货，太不负责任了！纷纷要求退货。也有地方的一些书店出于好意，干脆二话不说，把书送去印刷厂，直接把边子切了再上架出售。如今，这些当年有幸被"识者"刀下留"情"而意外保留下来的毛边本，早已成了毛边书爱好者的"抢手货"！

诚然，在平装毛边本书籍中，《鲁迅杂感选集》是公认的一部做得格外考究独特的毛边书。当年，本书初版印成的时候，丁景唐先生就计划着给国内文学艺术界的部分老同志、著名人士赠送样书，并且以出版社的名义，撰写了一封赠书的简短信函，是打字之后用油印的方式，印在由茅盾先生题写出版社社名的十六开红印社名"上海文艺出版社"的公用信笺上，附在赠送的毛边书中。信是这样写的：

某某同志：今年三月二日，是中国左翼作家联盟成立五十周年。"左联"是在党的领导下，以鲁迅为旗手的战斗的文艺团体，在中国革命史和中国现代文学史上，留下了光辉的一页。为了纪念"左联"成立五十周年，我社重印了瞿秋白同志编选并作序的《鲁迅杂感选集》。该书的编选工作曾得到鲁迅先生的热情赞助和积极支持。初版本为二十五开毛边本，是鲁迅先生亲自装帧、设计的，一九三三年七月由上海青光书局印行。这次重印，除了校订个别明显错字外，在装帧、版式方面，基本上保持了当年初版本的风貌。现送上一册，以作纪

念。顺致敬礼！上海文艺出版社（钤出版社的红色圆形公章）

仿制出版的《鲁迅杂感选集》毛边本，还特意做了新增的红字白底护封，在护封封底的"出版说明"中，同样说到了上述信函的内容，并且还特别写道："《鲁迅杂感选集》，收一九一八年至一九三二年间的杂感七十六篇，由瞿秋白同志以何凝笔名于一九三三年春编成，并撰写了著名的《序言》……为了纪念'左联'在中国现代文学史上的战斗功绩，纪念鲁迅先生和他的战友瞿秋白同志，现据初版本重排印出。……重排本共印一万册。上海文艺出版社，一九八〇年二月。"在翌年四月《鲁迅杂感选集》毛边本重印时，在护封封底的"出版说明"中，又特别说明："今年为鲁迅一百周年诞辰，应广大读者要求，特予再次重印。"再版重印的数量为五千册。

在毛边本《鲁迅杂感选集》仿制的重排初版本上，丁景唐先生还专门安排了人邀请篆刻家，特地为本书篆刻了一方竖式长条形的纪念印章，篆书体的印文是"左联五十周年纪念"。这枚印章均被逐一钤到了1980年2月重排新一版部分书中的卷首扉页，或者钤于这新一版部分书籍的护封前勒口上。这一举动，无疑足以表明丁老当年为《鲁迅杂感选集》毛边本的重排新版本的华丽面世，是倾注了不少心血与精力的，从而使得本书成为新中国成立以来，特别是1966年至1976年之后，新时期不可多得的一部精心设计印造的精致典范的毛边书，成为鲁迅"毛边党""死灰复燃""东山再起"的标志性图书，其出版印行在毛边书文化的发展史上，有着非同寻常的特殊意义。

正是围绕着这样的一部毛边书，我在进行有关毛边书出版文化探讨的过程中，终于开始了与丁景唐先生的"交往"。

首先我是在淘书时，居然有幸觅得了丁老20世纪60年代与80年代的两部专著，一是《学习鲁迅和瞿秋白作品的札记》（1958年新文艺出版社初版，所得为1961年上海文艺出版社的第二版）；二是《学习鲁迅作品的札记》（1980年上海文艺出版社初版，所得为1983

年的增订版)。不久有一位热心的书友替我拿了这两本书找到丁老,请他在书上题了款,是"沈文冲同志指正。丁景唐于华东医院"并钤了名章。

此后又有书友替我觅得了一册丁老仿制的《鲁迅杂感选集》毛边本,并且还是一部毛边未裁本,令我分外欣喜! 其时,拙著《中国毛边书史话》即将杀青,正有请几位前辈专家撰序的设想,于是我试着约请沪上好友韦泱先生玉成此事。经过联系,韦泱先生全力支持,热心相助,还答应把我新买到的毛边本《鲁迅杂感选集》寄给他,由他请丁老题词,签名留念,这真的让我感激莫名。韦泱先生不辞辛劳,多次往访丁老,奔波于丁老晚年所住的华东医院老干部病区。他不但请丁老在我的《鲁迅杂感选集》毛边本上题词留念,还想方设法协助丁老完成了谈他印造毛边书的专文《从重印〈鲁迅杂感选集〉毛边本谈起》,作为拙著《中国毛边书史话》(2013年内蒙古教育版)的代序,印在卷首,极大地为小书增添了光彩。

从丁老在这篇作于"2011年初夏"的"代序"中,我们可以深切地感受到,他提携、奖掖后进的满腔热忱洋溢于字里行间。在"代序"结尾处,丁老写道:"近来,书友韦泱和沈文冲,先后觅到三十多年前上海文艺出版社重印的《鲁迅杂感选集》毛边本,请我题词,我即欣然为他们签名题词。沈文冲继编著《毛边书情调》和著作《百年毛边书刊鉴藏录》两本厚实的研究毛边书的专集之后,还专致于撰写一部《中国毛边书史话》并索序于我。我赞其为学勤奋,嘉惠学林匪浅,乃撰此文,权作代序可矣。"

2015年5月,毛边期刊《参差》杂志在天津"问津书院"创刊,就在创刊号发排前夕,丁老得知小刊即将问世,就托韦泱先生给我寄来了他的新著《犹恋风流纸墨香续集》题款签名钤印本,令我喜出望外。我把丁老这本新书的"序言",编入《参差》第一期,当作是丁老对我们这份小刊的最大支持。

如前所述,丁老尽管自己并不爱好毛边书,但这绝对不影响和妨碍他对毛边书这一独特而别致的版本形式的极大兴趣与浓浓的好奇心,甚至在他九十五岁高龄的时候,他在阅读了拙著《中国毛边书史话》之后,仍然对毛边书的起源问题、毛边书是舶来品还是中国更早就有等问题,希望有人能够认认真真地花一些工夫把它们弄清楚。作为一位德高望重、年届期颐的前辈学者,丁老的这种虚怀若谷,"活到老,学到老",一生对知识与学问不断追求的可贵精神,永远值得我们后学尊敬与效法!

2019 年 1 月号,总 260 期

思想家气质的人文学者

周维强

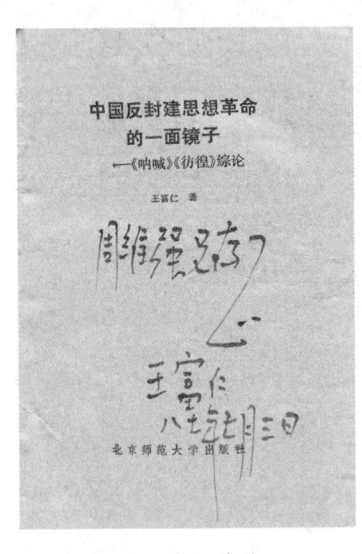

已经是三十多年前的事了。那是大学毕业离校前夕，初夏的一个傍晚，在北师大，我和同学拜访了王富仁先生，王先生把他的两部著作签名赠送给了我们。这两部著作，其中一部就是《中国反封建思想革命的一面镜子——〈呐喊〉〈彷徨〉综论》（北京师范大学出版社1986年9月版）。这是王先生的博士学位论文，修改后由北师大出版社付梓面世。

这部著作中的一个章节，早在1983年我就从《中国现代文学研究丛刊》上读到过。这篇文章一反大一统的政治角度，而从思想革命层面切入来研究鲁迅小说，逻辑严密，思辨深邃，视野宏阔，当时就强烈地震撼到了我。从此以后，只要看到是王富仁先生的著论，一定会细细阅读。王富仁先生后来出版的每一部著作，里面都会有一篇长文对自己某一个阶段的学术著述做一个反思，自我剖析。他是一位严谨的人文学者，也是我们这个时代少有的富于思想家气质的人文学者。

记得工作后，有一段时间自己感到困惑，这时从《新华文摘》上读到王富仁先生的《文化危机与精神生产过剩》一文，我好像一下子进入了豁然开朗的新境地。王先生的这篇论文不只是对我个人的阅读

⊙王富仁著作

和写作产生了影响,而且也正是从那时开始,我对自己所从事的报刊编辑工作的"交流性"有了更开阔的理解(而对哈贝马斯的著作,也因此有了更深入的认识),从而顺利完成了编辑理念和编辑实践上的转变:报刊编辑工作由原先孤高的"知识精英姿态"转向平和的"媒体姿态",由原先的以编辑和名家为中心转向以读者和传播为中心。无论是报刊采编还是组织活动,"坚定不移地坚持平等交流的原则"。

也是在那个时候,我给自己立了几条要求,做报刊:只写自己已经想明白的;遣词造句、分行、分段,要让看的人容易识读,而不是密密麻麻一大片;要写得简明扼要,明白易懂;不写教育别人的,自己都没有教育好自己,怎么能去教育别人呢?不写理不直而气甚壮、义不正而词甚严的;修辞立其诚,不卖弄,不装模作样,不装神弄鬼;写讲道理的,和和气气讲道理的、交流的;不写宣传品;和记者出去采访,采访稿自己没有写过一半以上文字的,不署名;总之是过几年拿出来自己还能再看看的,如果出集子,也还能收进去的。回头看看,至少到今天为止,这几条还是做到了。稍感安慰。

那天晚上,谈话中,王富仁先生说:中国传统的做人之道是不出头,怕出名,个人主义个性意识发育不良,这对个人还是社会都无益。勉励我们有作为。三十多年过去了,我不知道自己算不算是有作为,但我们一起去的那位同学肯定是做出了很好的成就,成为有个性的文化名人。

王富仁先生已经于 2017 年 5 月 2 日去世。"有的人死了,他还活着",这句诗也是说的王富仁先生。对于我个人来说,王富仁先生的著述——无论是学术著作,还是随笔——都依然是我的思想和精神的养料来源之一。

2019 年 9 月号,总 268 期

梦断香消四十年

——张扬先生题签《第二次握手》

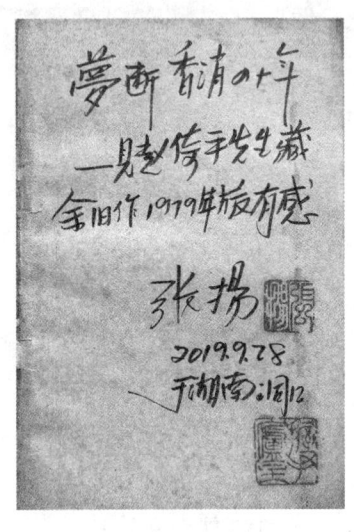

赵倚平

○张扬题签

张扬先生的小说《第二次握手》在我们这一代人的感情和精神世界里发生过巨大影响。在"文革"那个特殊的岁月中,它先是以手抄本的形式流传,我就是在"文革"后期读过其油印本的。对当时精神上荒芜的我们,它就宛如一股甘泉和清流,滋润了我们干涸的心灵和荒芜的情感世界。

事后很多年我才知道,这本书诞生的曲折过程和作者的坎坷命运:张扬先生是湖南人,有个舅舅在中国科学院工作。1963年,十九岁的张扬利用暑假去北京看望舅父,听到了一些科学家从海外归国的故事,深受感动,回来后,爱好文学的他,就写了一篇一万多字的歌颂科学家的短篇小说。1965年,张扬二十一岁,高中毕业,虽然门门课程优秀,但因为家庭成分的原因,不能继续升学,只好到三百里外的浏阳县大围山中岳人民公社插队落户。在偏僻的山村,劳动之余,百无聊赖的张扬于1967年把这篇小说改写为一部中篇,并取名《归来》。1970年和1973年,他又把这本书重写了两次。因为每次写完,就被传抄出去,他自己也没有留底稿。在传抄过程中,大约在1974年,北京某厂工人把书名改为《第二次握手》,这本书以这个书名的手抄本流传最广。在那个文化极度荒漠的时期,这本书之所以能够以地下手抄本的形式悄悄地流传全国，是因为书中不但写了爱国，而且写了人情、爱情，主人公也是一些知识分子。这在那个文艺要求为工农兵服务、文艺创作要"高大全""三突出"的年代是极其罕有的。

然而张扬的厄运也就从这里开始。1974年国庆过后，北京一位街道执勤的大妈看到几个小青年围在一起抄一个小本本，大妈不识字，但头脑中"阶级斗争"这根弦绷得很紧，她把这个"阶级斗争"新动向报告给派出所，派出所立即派人没收了手抄本，并上报北京市公安局。这事后来被《北京日报》写了内参，当时某领导人看到后，立即指示要查清作者。北京日报社把指示传达给北京市公安局，公安局赶快组织成立了"《第二次握手》专案组"。接着，新华社也以《北京市发现许多单位秘密流传手抄本反动小说〈第二次握手〉》为题，在内部刊物上详细报道了小说的传抄及流传情况，并认为："这本书的中心思想是宣扬资产阶级恋爱观，爱情至上，鼓吹资本主义国家科学先进，散布崇洋媚外的洋奴思想，鼓吹个人奋斗、成名成家的资产阶级白专道路"，"欺骗性很大，流毒甚广"。经过一番调查，北京市公安局终于查到了作者的情况，便给湖南省公安厅发去公函，请对方考虑处理。湖南省公安厅收到公函后，报经省委常委讨论同意，于1975年1月7日将张扬逮捕。

张扬被捕以后，为了给他定罪，湖南省又罗织了很多罪名，甚至不惜制造伪证，最后把他定为死罪，并在1977年国庆前列入了要枪毙的名单。只是主审法官私下认为判张扬死刑证据不足，一直设法拖延，他才幸免于难。张扬在狱中受尽了磨难，他拒不承认自己反党，只承认自己是写了一本小说。这样，直到打倒了"四人帮"，结束了"文化大革命"后的1978年。

这时《中国青年报》已经复刊，每天有海量的群众来信，文艺部女编辑顾志成几天来连续看到好几封群众来信，认为手抄本《第二次握手》是一本好小说，过去因为传抄这本小说而被处分的团员应该予以平反。这些信激起了顾志成的好奇心,她想了解一下这本小说到底是一本怎么样的作品,于是四处打听,终于从同事手中得到了一本手抄本。看完之后,她认为群众来信说得很对,这是一部好小说。但为什么会被批为反动小说而受到处理,她产生了很大的疑问。于是,她向领导汇报了自己想了解整个事件过程的想法,得到了领导的支持。她采访了北京市公安局,知道了事情的来龙去脉。这时,她为张扬的安危担忧起来。于是,她又来到湖南。在湖南,她顶住重重压力,冲破层层阻挠,看案卷,访证人,在监狱会见张扬,与有关方面据理力争,甚至与省委领导拍桌子。在她的不懈努力和《中青报》、团中央及国家领导人的支持下,挟当时拨乱反正之势,张扬终于得以平反。

1979年1月18日下午,张扬终于走出监狱,但这时他已命在旦夕。由于在狱中长期挨饿,他极度营养不良,而且经历过长达十四天的绝食和五十二天的感冒,再加上刑罚和精神上的折磨,他的身体非常衰弱,出狱后三十小时,他的病情急剧恶化,被接到北京结核病医院救治。据给他做检查的医生说:张扬如果在监狱中再关一个月,就是把华佗请来,也无药可治了。

之后,张扬根据1973年的稿子,在医院抱病修改《第二次握手》。《中国青年报》随后每天用四分之一的版面连载,引起社会的强烈反响。由于张扬的平反,各地因传抄手抄本而受处分,或被开除团籍,甚至被关监狱的上千名青年也陆续得到了平反。后来,中国青年出版社在1979年7月出版了《第二次握手》,就是我现在手里这本泛黄的书。但我拿到的已经是四川人民出版社1980年3月在重庆第三次印刷三十二点八万册其中的一本。这本书曾以四百三十余万册的总印数至今仍高居新时期当代长篇小说发行量之首,2018年,曾经入选"感动共和国的五十本书"。张扬先生后来成为湖南省作家协会的名誉主席。

新世纪前后,我因为和张扬先生都在为萧蔚彬先生主持的《同舟共进》杂志写稿,得知了张扬先生的地址,便寄送了一本我编的《鲁迅论中国社会改造》。不久,接到他2003年12月8日下午的一封回信。信上说,他们全家于是年2月到浏阳定居,我给他的信和书最近才从沈阳转去的。他的第二任妻子是沈阳人,在沈阳是一位很著名的律师,所以他后来在沈阳生活了一段时间,现在又要到浏阳定居了。然后他说:"我是《同舟共进》的老读者兼老作者,你以'五味子'为笔名写的文章,凡发在《同舟共进》的我都读过,得知作者的真姓名后,我将再读一次。"因为我寄了那本书给他,他又说,"我自十岁开始读鲁迅的书,一生深受鲁迅影响,对鲁迅非常了解,也算有点'研究'。1999—2002历时三年编了一部《鲁迅语典》,收六千零四十条。十几家出版社都说是好书,但都因'市场'而不敢出(全书一百六十万字,太厚重,太专门)。我且搁着。待《握手》新版问世,有了闲也有了钱,可能自费出版,我相信这样的出版也能大有'市场',因为高层次人群并不那么少。中国人并不都沉迷于《还珠格格》。""谢谢你寄赠《鲁迅论中国社会改造》,尤其谢谢你能编这样的书!我将拜读,珍藏!"他还在信中告诉我,他正在重写《第二次握手》,估计明年夏天能够完成。大概同时酝酿要拍电视剧,所以张扬在信中说:"希望你能看到这部新版,以及同名电视连续剧。"

我们通信时的这本《第二次握手》放在西安老家,当时没有很强烈地让张扬先生在书上签名的念头,而且一忙,也不记得去看他的新书是否出版(2006年果然有新版由人民文学出版社出版)。待有了请他签名的想法,我把书从西安拿到深圳,然后写信给他,却不知是信未收到还是什么原因,没有得到回音。2008年刚开春,我赫然从网上看到谭嗣同的墓被盗,当地警方说盗墓未遂,而已退休的张扬先生愤然发话,揭露真相,说谭嗣同的头骨都被扔到了外面。我一方面为之痛心,一方面看到了张扬先生的正义感,我赶快又写一信,但依然石沉大海。这些年人们居住变动很大,我想如果收到信,张扬先生是不会不复的。就这样,我们失联了好多年。因为要写"我的签名本"这本书,所以到了后来,让张扬先生签名的念头就更强烈。经过崔文川先生帮助，我才又得以和张扬先生取得了联系，他告诉我说最近又开始过流浪的生活。果然过了一段时间，他又到湖南洞口一个朋友那里去了，我就把书寄到洞口，请张扬先生题签，张扬先生在环衬上用遒劲的笔力题道："梦断香消四十年——见赵倚平先生藏余旧作 1979 年版有感。"署名"张扬 2019.9.28 于湖南洞口"，并钤有一枚名章和"握手庐主"的闲章——握手庐大概是他的斋名吧！我还从微信上看到他虽然七十多岁了，但精神很好，还在画大幅的画，而且画也很好。

2019 年 12 月 4 日

2020 年 6 月号，总 237 期

温州老版本

《意德土访问录》

方韶毅

1934年春夏之交,刚刚在国民党中央党部担任电影事业主管的张冲奉命访问欧洲,同行有张北海、罗学濂、许绍棣等人。关于这次考察,张冲曾在《德意印象的一斑》(刊于《正中》半月刊1935年第一卷第四期)一文中提及行程:"是由海程先到意大利,由意大利到土耳其,在土耳其住了三个星期以后,就由巴尔干半岛到德国柏林。在德国住了一个半月以后到荷兰、英伦等处,最后经巴黎又回到意大利,取道回国。"回国以后,张冲曾将欧游经过著述发表,并到南京一些大学公开演讲多次。现查到发表的相关文章有《意大利的党治精神》《土耳其银行事业在共和国成立后之发展》《德意印象的一斑》等。张冲一行所撰考察报告则于1935年9月由正中书局出版,题为《意德土访问录》,上下两册。这是目前能找到的张冲结集出版的唯一著作。

《意德土访问录》主要介绍意、德、土三国之政治、经济、文化体制及相关组织等。上册偏重总体介绍,分"党的组织""党对生产群众之运用""党青年教育之关系""党军组织及其运用""党的社会文化运动""土耳其一般之观察"等章节;下册以个案为主,分"意大利政治警察组织""德国国家政治警察局组织""土耳其君士坦丁堡警察组织""意大利党军""普鲁士警察(摘译)"等,可见张冲一行的考察内容。

在意大利,张冲曾拜访墨索里尼。他在《德意印象的一斑》中提到:"当我要离开罗马回国的时候,他曾约我去谈话,我那时便和驻意刘大使文岛同去见他。他住的屋子,有四百年之久的历史,已经破旧不堪了。在地板上走的时候，发出很大的响声。地板上没有地毯铺着。他住的地方又不分会客室和办公室的，只一间屋子。墙上也没有什么画片或照片之类的东西，只挂了些宝剑刀枪等等的古代武器，这因为墨索里尼首相最注意体育与击剑的缘故。办公室陈设极为简单，只有一桌一椅，客人多的时候，那只有站着谈话，桌上也只有一支铅笔、一杯开水。这种情形，倘若给任何人看见了，都不会以为是国家元首居处的地方吧。试看其他国家元首居住的地方，真是多么富丽堂皇啊！这是就墨索里尼首相的生活而说的，其实，就他为人的态度而说，也是异常忠厚的、诚恳的。骤看上去就像是乡下进城来的农人一般，皮肤非常憔黑，但他对于任何人都是开诚布公，不用什么手腕。所以，人家都敬重他，不愿欺骗他，乐为他用。因此我觉得一个政治家的成功，是在于他的忠厚、诚恳、和平，绝不是用手腕所可达到的。"张冲认为，"一般人均以为墨索里尼是个怪杰，是个跋扈的人，这实在是错误的"，这与我们平常所得的墨索里尼形象多么不同。张冲的印象应该是真实的，但在有限的时间匆匆会面，对墨索里尼的认识难免肤浅，称其"异常忠厚、诚恳"是否符合墨索里尼的本质，值得怀疑。

《意德土访问录》似不多见，寒斋只藏有上册，查河北师范大学图书馆藏有上下册。

2020 年 1 月 26 日

2020 年 3 月号，总 274 期

《红与黑》

方韶毅

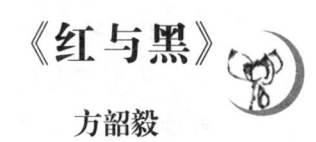

《红与黑》是法国作家司汤达的代表作,赵瑞蕻、罗玉君、黎烈文、郝运、闻家驷、郭宏安、许渊冲、罗新璋诸家曾先后译为中文。1944年10月,作家书屋在重庆出版了赵瑞蕻译的《红与黑》,列为法国文学名著第六种,这是《红与黑》首个中文译本。1947年4月,作家书屋又在上海刊行赵译《红与黑》,系世界古典文学名著第四种。但这两个译本均非全本,渝版只有十五章,沪版增为三十三章。寒斋所藏赵译《红与黑》为作家书屋1947年4月沪一版。

赵瑞蕻《译者序》中谈及他翻译《红与黑》的历程。"我第一次晓得斯丹达尔和这部小说的名字是在我的故乡——温州,一个妩媚而柔情的山水之都。那时候,我有一个相知的老师,他很喜欢这小说,时常跟我谈论。他想送我一本,曾向上海霞飞路一家'红鸟书店'函购过,可是我记得一直没有寄到,也不知道什么缘故。那老师人很幽默,长得很胖,爱讲故事,喜欢念米尔顿(Milton)和元曲,他最喜欢去的地方是江边。晴和的礼拜日下午,我们常带了点吃的到江边散步,有时节,坐舢板渡江,上孤屿和江心寺玩。玩累了,便在沙滩坐着憩息,欣赏瓯江上的晚照,和烟霞中的归舟……有时节我们边玩边谈,一谈话,不知不觉扯到《红与黑》的故事上头了。他老是这么说:'嘿,一个年纪轻轻的人,叫作钰连,很漂亮很漂亮,可是心里很厉害——心里厉害,谁晓得哪?——他是维鲤叶地方一个木匠的孩子……嗳,红指的是什么?黑的呢……'"

赵瑞蕻对这位老师一直心存感激,晚年撰写回忆文章,说起这位只教了他一年就离开温州中学的英文老师名叫夏翼天。"从翼天先生那里,我最初知道了斯丹达尔、巴尔扎克、弗洛贝尔、普鲁斯特等法国作家,特别是他跟我谈了《红与黑》这本名著,使我发生极大的兴趣,萌发了后来把它译成中文的念头。"

夏翼天何许人也?对他的生平事迹,我们知之甚少。抗战期间,赵瑞蕻曾与他在重庆欢聚过一两次,此后音信杳无。所幸武汉大学博士宗亮有心,钩沉爬梳,所撰《瓯江晚照说夏鼐》,使我们对夏翼天就读清华、执教温中、终老台岛等各时期的生活以及他的留学梦想和翻译成就有了基本的了解(此文发表在《瓯风》第七集,这里不赘述,有兴趣的读者可找来一读)。

我知道夏翼天是由于伍叔傥的一首《杂诗·与翼天谈后作》:"沉舟没水时,自知在必死。眼前见细枝,无益亦用喜。伸手往握之,始信不足恃。宛转随波涛,望绝甘为鬼。有生咸惜命,顾身或丧耻。谁肯冒险艰,一瞑因不视。大贤自特立,知方以明理。为能别是非,宁复计全毁?将以树风声,岂效狂驰子?我欲往周寻,愿为执鞭士。"当时我正编《伍叔傥集》,作注解推测翼天可能是夏翼天。前不久,宗亮博士从台湾复制得广文书局1961年版夏译《朱立奥恺撒 卡里欧黎纳士》一书,其《译者介绍》录有一首伍叔傥赠诗:"夜雨病寂寥,翼天翩然至。谭谐综古今,论诗尤有味。十年款结交,既老心无二。在古犹难能,何况语斯世。愿自兹以往,相保不相弃。乱定归结邻,卜居胜绝地。庶于花月辰,过往以适意。岂同斗筲人,争此锥刀利。我志乐清闲,仍愧非玮器。无异断尾狗,随鹿而同逝。他时修史书,合传又所冀。"这不仅可以看出伍、夏两人的交往以及夏的为人,而且证实了我的猜想。

从赵瑞蕻拉扯到夏翼天,是有感于夏翼天在赵瑞蕻成长之路上所起的引导作用。这对于今天的教育现状,不无启示意义。

赵瑞蕻还译有司汤达的《蕃妮娜·蕃妮妮》《嘉思德乐女修道院主传》,合为《爱的毁灭》于1946年由正风出版社出版。赵瑞蕻晚年曾重译《红与黑》,惜未完稿。其女赵蘅回忆:"在父亲逝世后我整理遗物时，见到了这一摞已完成的《红与黑》前十章的译文。牛皮纸封套上他用红笔写下的'死不瞑目'四个大字赫然立目，那字字句句里，倾注了我的老父亲的多少心血啊！"

2017 年 5 月号，总 240 期

《国耻纪念象棋新局》

张春校

事有机缘。2017年的最后一个星期六,妙果寺迟迟没有开门。众多淘宝客和摊主在门外排起了长队,狭窄的弄巷堵得水泄不通。上午九点,等门一开,大家蜂拥而入。摊主抢"地盘",顾客抢"宝贝"。幸运的我,在满载杂物的板车里,一眼望见这本破旧的书。随手一翻,宝贝!一口价便收入囊中。

《国耻纪念象棋新局》,吴县潘定思和平阳谢宣合著,民国五年(1916)八月初版,上海商务印书馆印刷,定价大洋五角六分。共82页。这是我国第一本用铅字印刷的象棋谱。全书共计30个字形局,其中"国耻纪念"二十局、"时事新局"十局。这些棋局包括历史事件名称、字形残局、小史、题诗、着法等部分,深受读者喜欢。据书中记载,"国耻纪念"二十局分别为鸦片战争(土字形)、割地酬俄(八角形)、芝罘条约(三角形)、甲申战争(方环形)、英缅遘兵(斜方形)、马关和约(卜字形)、联军入京(锐角形)、春帆藏约(双行形)、日韩合邦(二字形)、青岛风云(卍字形)、出狩热河(丁字形)、伊犁赔款(长方形)、日并琉球(六角形)、割让越南(十字形)、暹罗罢贡(工字形)、租借军港(五角形)、满洲兵燹(火形字)、片马交涉(直角形)、外蒙独立(立字形)、中日条款(中字形)。"时事新局"十局分别为:鄂军倡议(凸字形)、炮击汉阳(直线形)、清帝逊位(勾股形)、五族共和(钝角形)、荡平白匪(白字形)、攻取金陵(井字形)、南北统一(平行形)、国会成立(三字形)、师伐库伦(古字形)、欧洲战事(圆周形)。

谢宣(1888—1987),字侠逊,又号烂柯山樵,以字行。出生于平阳县腾蛟镇一农户家庭,小名卿源,其父母均喜好下象棋。六岁即

"备聆庭训,略知门径",入了象棋之门。十三岁挑战成功浙江最知名的象棋前辈陈笙,被誉"棋中神童"。三十岁在上海全国象棋比赛中,力压群雄,夺得冠军,被誉为"博学圣手"。

潘定思(1875—1922),名立书,字藉郚,别号桔隐居士,苏州吴县人,光绪壬寅科举人。精诗词、篆刻,擅长书法,家藏象棋谱甚多,常对酒评棋,随饮随评。偶有所得,即敲棋作响,引吭高歌。

少年谢侠逊创造性地在棋盘上用八个棋子直追红方主帅的形式排出一个棋局,取名"八国联军"。以后又创拟了"鄂军起义"排局,局势取红炮首先发难,象征武昌起义,并附题名曰:"匹夫倡议武昌城,扫尽鲸鲵草木惊。"发表于他当时供职的上海《时事新报》。首创了以象棋排局隐喻时事政治的棋局。《时事新报》刊出排局后,以征答形式广为宣传,引海内外百人响应。

以棋结缘,"八国联军"之答,潘定思成为首选。自此,潘、谢两人相隔异地,但共同的棋艺爱好让他们紧密相连,通过三年多鸿雁传知音的邮简往来,遂成神交。两人互称象友和诗友,并商定于1915年携手合作,将鸦片战争以来的二十件国耻及辛亥革命以来的十次重大历史事件,分别构思成寓意深刻的趣味性排局,在《时事新报》的《象棋》专栏刊登,后又结集成书,成为我国象棋史上字形残局的创始人。此书内有丹徒赵玉森、涟水梁宗灏、嘉善朱锡柜、鄞县冯良翰、高邮薛家骏、平阳王理孚、江阴徐琢城等名家题词,潘定思、谢侠逊分别作序。

1922年仲夏,潘定思突然染病不起,弥留之际,嘱将所存象棋谱悉数赠送给谢侠逊。从此,可粗略判断,封面上用钢笔写的"泮记"两字应为潘定思所写,内页中的第×局及几处修改笔迹与谢侠逊书体相似,应为棋王所留下的手泽。

2018年3月号,总250期

朱维之与《中国文艺思潮史略》

韦 泱

若不是九六高龄的丁景唐老多次给我提及他的恩师朱维之(1905—1999)先生，我对朱先生的生平与事迹，真的知之甚少。我得补上这个短板，开始关注作为文学史家、翻译家的朱先生。

也是巧事。在一次淘书中，偶得一册旧著《中国文艺思潮史略》，著者即是朱维之先生。通过阅读和爬梳相关史料，获知此书的写作与出版颇为不易。此书成稿于1939年6月，在此十多年前，朱维之阅读了大量有关西洋文学思潮书刊后，就萌生了写一部中国文艺思潮专著的想法。过了几年，他的阅读和相关资料的积累已到了相当程度，又受到日本早稻田大学教授山口刚所著《支那文艺思想》、文须芳次郎《东洋文艺十六讲》以及胡适《白话文学史》等影响，于1934年写成《中国文艺思潮史略》初稿，并在他任教的福建协和大学讲授过两次。1936年朱维之调至上海沪江大学任教，也以此为教本。在边教学边读书的过程中，又得朋友们的鼓励，对讲稿整理重写，尤其对相关内容的年代分期法，由切瓜式改用波浪式。只是令作者感到痛心的是，十多年来所积累下的参考书及相关稿件，因"八一三"的炮火而化为烟尘，以致给重写带来困难重重。尽管如此，朱维之觉得让这本重写稿及早出版，也是对这段历史的一种纪念，此书便于1939年由长风书店初版。

由于颇受读者欢迎，过了一个多月，即印了第二版。次年准备第三次印刷时，恰遇太平洋战争爆发，再行付梓已不可能，书店遂想把纸型转移到大后方继续印刷。不料，没多久桂林分店也遭日军炮火的轰炸。抗战胜利后，长风书店老板想重新排印，无奈物价飞涨，书店只能印刷已成纸型的书,以减少成本。在此情况下,经周予同先生推荐介绍,朱维之索回在长风书店的版权,交给开明书店出版。开明书店虽然自身积压的书稿也多,却将此书优先付排,于1946年12月出版,这让朱维之深受感动,称自己这本书是可怜的"国难孩子",托付给开明有了新生的希望。此书出版以后,评论者不少,如赵景深谈到:书中有古典、浪漫、写实、象征等西洋名词,并不显得牵强,文笔也轻松活泼,可以做极好的教学参考书等。朱维之仍觉得这样的评论"轻描淡写",希望评论家有"不吝详细切实的指教"。

《中国文艺思潮史略》共分十一章,从西周春秋,一直到清代及民国初期。尤其是十一章的最后一节"五四以来新文学的主潮",可以看出朱维之对新文学初期的判断,他写道:"一九二五年以后,除少数作家以外,大家都有新写实主义的倾向,步伐愈走愈齐,比较重要的作家像茅盾、沈从文、田汉、鲁迅、巴金、丁玲、叶圣陶、张天翼、老舍等,都是写实的名手。因为在这转换的大时代里,大家都不能不注目看一看现实的炼狱,而加以分析解剖。"他在全书的最后一句话掷地有声:"目下中国文坛的趋势,很明显的是以新写实主义为中心思潮,最近的将来也必须继续这个主潮而发展,光明灿烂的时期,不久便要到来了!"整整七十年过去了,朱维之仿佛像个预言家。

1905年3月,朱维之生于浙江平阳县朱家岛村(今属苍南县)。五四运动时,他在省立第十师范(温州中学)读书,参加进步学生运动,并阅读大量文学作品。1923年得到在省立十师任教的朱自清指教,并走上文学道路。在温州的岁月,对他人生起着至关重要的作用。1927年他从南京来到武汉,参加北伐,任第三军宣传科长。大革命失败后他到上海,进入青年书局从事编译工作。后应聘去福建协和大学任教。1936年到上海沪江大学任教,后任国文系主任。丁景唐跟我讲述过,他1942年进沪江大学国文系就读,朱维之是他的国文老师。1948年上海地下党组织通知丁景唐,他已入敌人黑名单,尽快离沪。这样,他流亡香港,在生活十分拮据之际,忽然接到时任国文系主任的朱维之信函,聘请他速回母校担任助教,这给了他莫大的惊喜。回沪后,朱维之让他暂住已故校长刘湛恩的住所,以批改学生试卷为掩护,让他隐蔽在学校深处,以躲避敌人的魔爪。为此,朱维之差点被当局解聘系主任职务。只是未及实施,上海便解放了。1952年,朱维之调任天津南开大学,后任南大中文系主任。除了《中国文艺思潮史略》,他还出版了《基督教与文学》《无产者耶稣传》等,翻译了弥尔顿长诗《复乐园》、马雅可夫斯基诗剧《宗教滑稽剧》,以及编写《古代中世纪欧洲文学》《文艺复兴时期的欧洲文学》等专著。朱维之的这些学术成就,他的知识分子风骨,也堪称后人学习的楷模。遗憾的是,朱维之全集编辑工作尚未启动,希望朱先生的家乡能及早提上议事日程。

2016 年 8 月号,总 231 期

《小马过河》

李传新

彭文席(1925—2009),温州瑞安人。他创作的寓言故事《小马过河》作为儿童文学经典蜚声中外,自己却长期湮没无闻。1979年开始组织第二次全国少年儿童文艺创作评奖活动时,组委会为找到《小马过河》作者可谓大费周折,终于在瑞安十八江村的田头找到彭文席时,才知道他因为海外关系的牵连尚未摘下"四类分子"的帽子,在农村担任代课教师。《小马过河》获第二次全国少年儿童文艺创作一等奖的次年,彭文席才告别代课,重归教师队伍。彭文席曾担任《小花朵》杂志主编,其《牛虻牛虱》在1998年获第四届金江寓言文学奖。

《小马过河》,彭文席著,郑熹插图。中国少年儿童出版社列入"学前儿童丛书"于1957年7月初版,十二开本,定价三角,印数一万五千册。此外,《小马过河》除了蒙古文、维吾尔文等少数民族文字版本外,还有英文、德文、法文、日文、阿拉伯文、葡萄牙文、越南文、泰文、孟加拉文以及世界语等十余种外文版本。

《小马过河》创作于1955年,首发在《新少年报》,具体日期未详,笔者多年一直想寻得《小马过河》初刊的《新少年报》以及初版本,均无果。承网友"大海就是一切"热心助力,他复请网友"最爱童书"提供《小马过河》初版本,全文1200字,始可看出初版本与之后的各种版本文字、行数之异同。初刊与初版间隔两年之内,假以时日一睹《新少年报》是期,笔者仍有兴趣想看到初刊文字。

《小马过河》初始篇名为《小马过溪》,正式发表易现名。从1957年《小马过河》选入北京市小学课本开始,陆续选进各地小学语文课本,至今仍是各地小学教材的保留课文。《小马过河》几十年中以年画、挂图、画册、连环画等多种形式出版,大多署改编者姓名,却未署原作者姓名。如"文革"前最后一个中文版本由人民美术出版社1975年3月出版,首印十万册,封二注明"这套连环画原来是一幅年画"。内封注明改编"根据北京市小学语文课本"。1980年公布了该作品获得第二次全国少年儿童文艺创作一等奖,在改编及出版的多种书籍中,依然有仅署名改编者的版本,略举若干如下:

北京人民版1974年2月署名为"根据同名故事改编",人民美术版1975年3月及安徽人民版1978年3月均署名为"明扬改编",吉林人民版1980年9月署名为"童意改编",人民教育版1984年6月署名为"幼儿教育室改编",中国书籍版1993年8月署名为"文字方书娟",如此等等,至于衍生出来的一些音像制品更不会为原创作者署名了。

洪画千近二十年前谈其父亲的《神笔马良》屡遭侵权,说两年的时间,家里搜集侵权书就有二十多种。其实《小马过河》也是同样命运,不说二十年前,只看二十年来,各种各样的故事、绘本,都瞄准了《小马过河》进行改编,原创作者彭文席鲜有署名,第一位的插图者郑熹更是鲜为人知了。这从另一个角度反衬出来《小马过河》的生命力,虽然"小马"还要在一代代少儿面前继续"过河"……

2018年9月号,总256期

书里书外

谭其骧的儒学观

向继东

最近的两件事，促使我写这篇文章。一是一代儒学大家汤一介先生逝世——就在汤老去世前不久，央视新闻竟花三分多钟时间，报道《汤一介以死编撰〈儒藏〉》，真可谓一语成谶；二是我如今厕身的广东人民出版社出版了七卷本《葛剑雄文集》，其中一卷是《悠悠长水：谭其骧传》（修订本）。由此，我从汤一介想到了谭其骧。

汤一介先生生前是北京大学哲学系教授、博导，中国哲学与文化研究所所长，《儒藏》编撰中心主

⊙葛剑雄著《悠悠长水》扉页

任；兼任中国文化书院院长、中国东方文化研究会副理事长、中国炎黄文化研究会副会长、中华孔子学会副会长。2003年，他年近八旬发起并主持"儒藏工程"，一年间组织二十多所高校两三百位学者投入。此项工程第一部分是编撰包括五百本九千七百多卷一点五亿字的儒家典籍——《儒藏》精华本；第二部分《儒藏》大全本，将收入五千部十亿字的儒家典籍。记得汤一介先生在接受记者采访时表示：自己生命不息，编撰《儒藏》不止。如今他留下未竟的事业，想来继任者会大有人在，因为儒学正在"大复兴"嘛！

谭其骧要比汤一介年长一代，要是在世，一百多岁了。谭其骧是

历史地理学家,我国历史地理学科的主要奠基人和开拓者,毛泽东晚年读物"大字本"的主要注释人。早在大学时代,顾颉刚先生就特别器重学生谭其骧,曾将谭批评他观点的书信附印于自己的讲义后,发给学生;比谭其骧年长二十四岁的燕京大学教授邓之诚,几乎类似辜鸿铭那样的"狂人",做的是旧学问,穿戴是布鞋长袍瓜皮帽,对胡适常加批评,说"城里头的那个胡适,老是胡说",但对还是学生的谭其骧赞赏有加,并要谭住到他家里,食宿都由他家供给。新中国成立后,谭其骧长期担任复旦大学历史系主任、中国历史地理研究所所长等职。他对中国历代疆域、政区、民族迁移和文化区域做了大量研究,对黄河、长江水系、湖泊、海岸变迁均有精辟见解,建树颇多。主要著作有《长水集》《长水集续编》等。其主编的《中国历史地图集》全套八册,常被作为国礼相赠世界政要。谭一生可谓穷年皓首,埋头于中国典籍,中学根底之深厚,毋庸置疑。

20世纪80年代末以后,有了《学术集林》那样的丛刊出版,有了"乾嘉考据学派"之说。也许有人会把谭其骧列入"学术集林派"或"考据派",因为他的研究大多都是考据。但谭其骧自有其见解,从不去迎合什么。1989年12月,复旦大学召开"儒家思想与未来社会"国际学术研讨会,21日下午闭幕式,主事者诚邀其与会。他当时对助手葛剑雄说:"我不懂,难道中国的未来要靠儒家思想吗?"葛剑雄告诉他:主事者再三说明可以自由讨论,并欢迎他发表意见。

那天下午,谭其骧作了短短几分钟的即席发言,直截了当地说明了自己的观点。发言不长,不妨引录如下:

> 在我的脑子里,儒家思想和未来社会扯不上关系。一定要讲两者有关系,是违心之论。
>
> 儒家思想是发生在二千四五百年前的一种学问,当时社会不管是封建制也好,奴隶制也好,领主制也好,总而言之,与现在大不相同,与未来更没有什么关联。儒家思想是历史上的一种

思想,我们只能把它摆在思想史中去研究,历史地对待。孔子以后,历代都有儒家思想的发展,比如两汉经学、宋明理学,我们都应针对当时社会的情况来研究、分析。在当时的社会背景中,分析它们到底是先进的还是保守的、革命的还是反动的。

　　历史上儒家思想盛行的年代很多,政府提倡,士大夫也都读儒家的书。但儒家思想对当时社会究竟发生什么影响,我看不出。要把儒家思想和未来社会联系起来,是不是有点功利主义?把历史上任何思想拿到现代功利主义地对待,都不会有什么正确的结论。"四人帮"搞批林批孔,把儒家思想批得一文不值,就是一种功利主义态度,目的是想有利于他们篡党夺权。"批孔"当然不对。近年又有人认为儒家思想似乎有利于当前的社会,有利于改善道德状况和社会风气,从而出现尊孔崇儒的倾向。我认为这也是一厢情愿,是办不到的。

　　两千多年来,历史上崇儒的时代很多,但崇儒起过什么作用呢?我看没有,汉武帝"独尊儒术,罢黜百家",但西汉政权不能因为尊崇儒家而得以巩固下去,反而让一个经学大师王莽篡夺了权位。东汉号称是儒学炽盛的时代,但中叶以后政权都在宦官、外戚手中,国事日非,终至于引起黄巾起义,然后军阀割据以至于灭亡。宋朝儒学也很盛,但它对宋代也没帮什么忙。宋朝一代是积贫积弱,统治阶级陷于党争,终至于亡于金、亡于元。明代阳明之学盛极一时,但有人形容当时的官都是贪污的,所有的手都不干净。这就是大讲儒学的结果。

　　我认为中国之所以曾长期持续发展,汉族之所以长期屹立于世界民族之林,这主要是因为长期吸收各种文化,兼收并蓄,不排斥其他优秀文化。我们今后应继续遵循这条道路,推进中国文化在新时代、新形势下的健全发展。我们应大胆地吸收外国的优良文化。新中国成立以来我们学习了马列主义,马列主义就是一种外来文化。但我们的毛病是没有学到家,而且长期地分不清什么是真正的马克思主义。因此,我们四十年来有成功的一面,也有很不小的失误的一面。

我们不能搞民族虚无主义,如《河殇》把中国的落后完全归结于黄河、长城。"全盘西化"是行不通的。但现在又有人说《河殇》否定传统文化,所以我们要肯定传统文化,甚至以为传统文化就是儒家思想文化,那同样是讲不通的。现在如要提倡儒学,事实上已经回不到孔子那里去,倒很可能回到明清时代的程朱理学、陆王心学那一套东西上去。明清时代的社会,是《金瓶梅》里面反映的社会,是《儒林外史》《二十年目睹之怪现状》等里面反映的社会。这四十年来,一些提倡传统文化的人,总是强调以前中国比外国强,中国的落后应归结于帝国主义的侵略。其实中国落后于西方至少已有五百年历史,远在鸦片战争以前。中国的落后只能怪自己。二十世纪只剩下十年了,假如还要提倡儒家文化,拒绝接受他人的优秀文化,那后果是不堪设想的。

"全盘西化"是根本行不通的,同样,儒家思想文化也救不了当前的中国。(见《悠悠长水:谭其骧传》,葛剑雄文集第三卷,广东人民出版社2014年8月版,第586~588页)

谭其骧在当时那个背景下讲这番话,是需要勇气和胆识的。他说:"我还是要说真话,绝不说假话。"说过之后,与会者报以热烈的掌声。上海社科院研究员唐振常当即起立说:"谭先生说得好,是我们大家想说而不敢说的。"遗憾的是谭其骧1992年就去世了,使他没能看到此后二十多年儒学发展之迅猛!要是他老人家健在,又会做何感想呢?

如今,儒学已经成为一门显学,几乎大多名校都新设了国学中心或儒学院,投入大量人力物力,资金上不仅有保障,有的甚至是很充裕。文章开头说到的汤一介老的《儒藏》运作,经费应该不成问题吧。我所想的是,要是那九千七百多卷《儒藏》精华和五千部儒家典籍出版了,定价肯定不低,它卖给谁?就算全国省级以上图书馆和高校图书馆是其目标买家吧,可它们有这笔经费预算吗?就算赠送吧——那么多书至少也要几个大书架放吧,还有书架摆在哪儿?谁会去借读这些书?这些或许都是问题。窃以为,与其放在那里占地方、显摆,不如出个光碟本,成本大大降低,让有志于此的个人也可以买,且买了又便于收藏和保存,何乐而不为?

也许有人会说:现在国力大大增强了,不在乎这区区之数了……是的,我们富了,有的是钱。自己开口闭口"大国"如何如何的,恐怕这底气就因为有钱了。20世纪90年代有人说"21世纪是中国儒学的世纪",现在办到世界各地的"孔子学院"是否就是儒学走向了世界?或许就是切切实实地向此目标迈进吧。可我总觉得,自己脚下这块土地,尽管有些地方肥沃了,但还有太多的贫瘠,如这次鲁甸地震那倒塌的土房的主人,他们一年的收入才四千元啊。鲁甸位于地震带上,农民为什么世代盖不起抗震房?没钱。钱能不能向底层加大一点投入?还有,在全民教育和医疗上也还有很多的事情需要去做啊。

儒学曾经是中华民族文化秩序、社会秩序和政治秩序构建的理论基础;但从根本上去看,不就是一种历史文化吗?凡是历史上出现的东西都将在历史上消亡,这是历史的辩证法。我想儒学要逃脱最终消亡的命运也是不可能的,来者自来,去者自去。当我们面对某种文化思潮时,切不可被眼前的利诱所局限,一定要登高而望远。谭其骧从不拿学问做名利的敲门砖,更不去迎合时尚。他认为求真、求实是做学问的基本,一个人如果只知迎合"当前需要什么",那就无法求到真学问,其专业也无以为继了。当下的儒学热浪高流急,貌似热烈前所未有。笔者见有研究者把20世纪80年代的"新启蒙"和"文革"画等号,说"文革"是以激烈的"反传统"开场的(如"破四旧立四新");80年代的"反传统"比"文革"走得更远,实际上就是"后'文革'时代"——此论实在不敢苟同。"文革"如何定性,党的"历史决议"已经白纸黑字,它本来是由领导人错误发动的一场政治运动,怎一下就降格为一个"文化思潮"了?

我们现在所提倡的社会主义核心价值观很好,言简意赅:"富强、民主、文明、和谐、自由、平等、公正、法治、爱国、敬业、诚信、友善。"共二十四个字。其实在我看来,只要真正而又彻底落实了"民主"和"法治"这两条,中国的一切问题都会迎刃而解了——偏偏"民主"和"法治"不是来自儒学,儒学里只有"君君臣臣父父子子"。……

总之,儒家文化对于国民个体修身养性、恪守入世立身之道确实有一定的作用,但中国社会要完成现代转型,指望已经固化的儒学提供驱动力肯定是白日做梦。《走向世界丛书》主编、韬奋奖获得者钟叔河先生曾说:传统的封建文化不能导向民主和科学,中国之现代化也无需熟读孔子和《离骚》。要完成中国社会转型,必须吸收当代世界一切先进的文化,为我所用,否则要现代化只能是缘木求鱼。我这里重提"谭其骧的儒学观",也是提醒学界面对当下的儒学热潮,要保持应有的审慎,以避免"本想要到这个房间,结果却走到了另一个房间"。

2014 年 8 月 14 日于羊城,9 月 12 日修订

2014 年 10 月号,总 209 期

"胡焕庸线"八十年了

韩三洲

据报道,2014年11月27日,中央领导人在国家博物馆参观人居科学研究展,当看到一张中国地图上标注着东南地狭人稠、西北地广人稀的"胡焕庸线"时,曾发出了"胡焕庸线怎么破"之问。笔者手边,恰有一本其家人为纪念胡焕庸(1901—1998)一百十周年诞辰而自印的纪念文集《梅花香自苦寒来》,详尽记述了这位中国人口地理学创始人勤学敬业、艰辛坎坷的一生。

与20世纪一起诞生的胡焕庸先生是江苏宜兴人,卒于上海。他中学毕业时,正值五四运动高潮,与许多青年学子一样,选择以知识救国和教育救国的道路。1921年,胡焕庸就读于南京高等师范,师从创办我国第一个地学系和近代地理教育的肇始人竺可桢。1926年又赴巴黎大学进修两年,深受法兰西人文地理关系学说的影响,即人类社会与地理环境关系,虽有天定胜人的一面,也有人定胜天的一面,具体体现这种关系的,首先是人口地理和农业地理。因为过去研究中国人口问题的,大多偏重于纯粹数字之推求,很少注意地理背景,到了胡焕庸身上,则把研究人所分布的迁移规律的人口地理学,看作是地理学的核心。

30年代中期,胡焕庸连续发表了数篇有关中国人口地理的论文,开创了国人对人口地理学系统研究的先声。1935年,《地理学报》发表了他的扛鼎之作《中国人口之分布》,并在后面附有他呕心沥血编制而成的中国第一张人口密度图。据他的学生、人文地理学家、中科院院士吴传均回忆:"当时中国的总人口估计有四点七五亿,他(胡焕庸)以一点表示一万人,根据实际掌握的情况将四点七五万个点子落在地图上,再以等值线画出人口密度图。"就是在这张通过多种途径获得的全国各区县人口数据并手绘而成的点子密布图上,胡焕庸沿着黑龙江瑷珲(今黑河市)向西南至云南腾冲画出一条约45度的直线,这条界线赫然揭示了中国自古以来人口分布的规律,中国96%的人口密布在总面积约占36%的东南土地上,而总面积64%的西北地区人口才占到4%。文中惊异说:"其多寡之悬殊,有如此者!"这张人口密布图问世后,申报馆首先将其收入所出版的地图册中。抗战期间,这篇论文连同人口密度图又被翻译刊载在美国《地理学评论》上,多年之后,被美国学者称之为"胡焕庸线"。之后,其他国家也相继摘登该文之精要,受到国际同行的重视,《中国人口之分布》一举成为世界各国了解中国人口地理的必读之作。

　　在当时,胡焕庸在人口地理学方面的学术思想跨越了国界,影响甚远,可能连他自己都不知道这种墙里开花墙外香的现象。胡先生在20世纪90年代初所写的《治学经历述略》一文中写道:1945年抗战胜利后,11月到美国考察,在纽约地理学会图书馆查阅文献资料时,才发现自己十年前在《地理学报》发表的《中国人口之分布》一文已被美国地理学会全文翻译印出,随同他们发行的《地理学评论》分送各地,供利用参考。随着时间的推移,人们逐渐发现,这条人口分割线与气象上的降雨线、地貌区域分割线、文化转换的分割线以及民族界线均存在某种程度的重合。有人还将"胡焕庸线"看作是中国景观的一个分界线,这条线以西是唐代边塞诗描写的景象,那里是游牧民族粗犷、豪迈、辽远的风情。以东则是农耕文明主流小巧玲珑、秀美细腻和略显局促的景象。由《先锋·国家历史》杂志社出版的《发现西部》一书写道:"它还是一条文明分界线:它的东部,是农耕的、宗法的、科举的、儒教的……一句话,是大多数人理解的传统中国;而它的西部,则是或游牧或狩猎,是部族的、血缘的、有着多元信仰和生活方式的非儒教中国。"

　　"梅花香自苦寒来",的确如此。胡焕庸幼年丧父,家境贫寒,知识全靠勤奋苦读得来，可谓学而不厌。他本人身为地理教育家，在地理学上的诸多贡献，也都是在自己的教师岗位上完成的，又可谓诲人不倦。据书中年表记载，新中国成立以后在"肃反"运动中，胡焕庸被列为华东师大地理系重点对象，多次被抄家；到了"文革"期间，竟被诬为"反革命特务分子"，身陷囹圄五年之久，直到1979年才正式平反，恢复工作。即便如此，面对逆境他仍不忘读书和学术研究，当有人上门抄家时，看到他仍坐在木椅上阅读德国气候学家汉恩的巨著《气候学教程》和柯本的《世界气候》，并一如既往地书写阅读笔记，竟让抄家者也心生感动。他的很多学术研究，也都是在非正常的环境中完成的。

日月如梭，时移世易，即便到了八十年后工业文明的今天，"胡焕庸线"所揭示的人口分布规律依然没有被打破。2009年，中国近现代地理学创立和发展一百周年之际，由中国地理学会与中国国家地理杂志社发起的"中国地理百年大发现"评选活动，共发布了三十项地理大发现，排在"珠峰测量"之后的，是"胡焕庸线"。四十二名终身委员的评审词是这样写的："1935年，胡焕庸提出黑河（瑷珲）—腾冲线即'胡焕庸线'，首次揭示了中国人口分布规律……根据2000年第五次人口普查资料，利用空间数据处理软件进行的精确计算表明，按照'胡焕庸线'计算而得的东南半壁占全国面积43.8%，总人口的94.1%，平均人口密度为每平方公里285人；西北半壁占全国国土面积56.2%，总人口的5.9%，平均人口密度为每平方公里十四人，东南半壁与西北半壁总人口之比仍为94.6%。"

如此看来，对我们这样一个多民族、广疆域的国家来说，如何能打破这个"胡焕庸线"的规律，统筹规划、协调发展，让中西部老百姓在家门口也能分享现代化的成果，实在不是一个轻松的话题啊。

2015年3月号，总214期

往事恰如碑石

张晓夫

追忆往事,唯有编辑《蔡元培全集》所经历者,使我刻骨铭心,感怀终生。

约在1993年春,侨居美国的浙大北美同学会会长孙常炜先生郑重其事地告诉我,他在1968年,也即蔡元培先生一百周年诞辰之际,曾看到联合国教科文组织专门发布的文件,推崇蔡先生为世界文化名人。受此消息启发,我便向出版社领导建议,出版一套比较完整的全集,五年之后,以此纪念蔡元培先生一百三十周年诞辰,庆祝北京大学建校一百周年。

此后即赴上海,与蔡先生子女洽商出版全集事宜。起初,怀新、睟盎先生面有难色。在婉转追问之下,他们才说出原委。原来在我之前,曾有几家颇具名声的台湾出版机构,如锦绣如远流,意欲出版全集,并请提供蔡先生从未发表过的日记手稿。至于稿酬,无论多高,出版社绝不讨价还价,只要家属提出,即以美元支付(当时美元还是比较稀缺的外币)。但怀新先生他们态度十分明确,日记必须先由大陆出版,作为后人,他们负责整理誊抄,但报酬分文不要。至于交给哪家出版社出版,他们需要慎重考虑。这也难怪,在市场经济不健康的当下,见利忘义的出版社并不少见。当释除一切疑虑之后,决定编集工作由中国蔡元培研究会与北京大学共同承担。

编集过程中,有一恍如昨日之事,即郑超麟老人的来信。

郑超麟老人早年曾与蔡和森、赵世炎、邓小平同期赴法勤工俭学。回国后,在陈独秀为总书记的中共中央担任宣传部长之职。郑老知道准备出版蔡元培全集,特地亲笔致函,考订蔡先生致何应钦等四通信的日期及由来。1936年,郑超麟因"危害民国罪"被捕,拘押于国民党中央陆军监狱。陈独秀闻讯后,致函蔡先生,请蔡先生以民国元老的身份与当局交涉,允许郑超麟觅保出狱求医。但蔡先生事务繁忙,遂商定由汪原放代拟文词,由蔡先生签名后,再由汪原放辗转交给时任军政部长的何应钦。何应钦接信后,知是他人代拟,便不买账,在信后批示道:"此老多管闲事,相应不理可也。"把蔡信连同批语发给军法司。此一情节,传到陈独秀那里,陈又赶紧致函蔡先生:"顷据人云,此事非有先生亲笔信,恐难生效。"于是蔡先生又自拟一信,亲笔缮写,交给何应钦。由于蔡先生的威望(既是民国元老,又曾是同僚,北伐时,何任东路军指挥,蔡先生是总政治教官),何只得批准郑超麟"觅保"出狱。1937年8月29日,郑超麟由于蔡先生的援救,终于获得自由。时隔整整六十年,1996年1月14日,时年九十五岁高龄的郑超麟老人用了七张信笺详细回忆了这些往事。信写得一丝不苟,笔画几近正楷,可以想见他对蔡先生的恭敬与感激。

蔡先生的伟大世人皆知,但其后人的崇高之处恐知者不多,故略说一二。

全集十八卷在1998年初一次出齐,稍后即是蔡先生一百三十周年诞辰和北京大学百年校庆。浙江教育出版社和北京大学决定联合在北京人民大会堂浙江厅举行仪式。确定日期后,我受委托专程赴沪,邀请蔡先生亲属出席会议。根据惯例,怀新、睟盎两先生的往返机票及在京食宿开支均由出版社承担。但不管我怎样解释,怀新、睟盎两先生坚持一切费用由自己承担,不必出版社费心,遵约按时出席会议。几天后,怀新、睟盎两位白发苍苍的古稀老人,用自己的退休工资买了两张硬座车票,坐了二十个小时的火车来到北京。参会者知道这一情况,无不唏嘘,感动万分。

其实,怀新先生他们并非贫困到只能乘坐火车。怀新先生系复旦大学终身教授,睟盎先生是全国政协委员、中科院上海分院司局级离休干部,按其政治地位及技术职称,买一张机票或软席车票总不成问题。但节衣缩食捐助公益事业是蔡家后人的一贯作风。自奉节俭,近乎苛刻,对他们来说,是极其自然平常之事,所谓上善若水。除了支援灾区,帮助边远地区贫困学生,怀新、睟盎先生还尽自己所能,资助绍兴以蔡先生命名的各类学校。一般情况下,学校对社会捐助总是抱欢迎态度,来者不拒,多多益善。然而唯独故乡的学校谢绝蔡家后人的捐助,他们深知蔡先生的子女,经济并不宽裕,受之于心不忍。三番五次婉辞均不见效,最后委托我带上现款,赴沪上面还。

上海华山路303弄14号,是一座西式小楼,蔡先生晚年租赁住在此处。1949年后,房屋收归国有,但蔡夫人周峻女士及子女仍居住于此。时任上海市长的陈毅,基于党的政策,也出于师生情谊(陈曾赴法勤工俭学,并二度拜访时在法国访问的蔡先生),指示有关部门,不得收取房租。1975年,周峻女士去世,怀新、睟盎先生立即向房管部门提出,子女不能享受照顾,下月按章交付房租。这倒难为了有关工作人员,因为既缺文件依据,又无领导批示,他们怎能改变近二十年之规矩?劝说怀新先生等人,不要增加他们的麻烦。考虑到现实情况,怀新先生等直接找上级主管部门,办妥有关手续,才从此按月支付房租。因此,这也成了全国独一无二的"三合一"住所:既是交付房租的私人住所,又是文物保护单位,还是爱国主义教育基地。其中所产生的一切接待费用,全由蔡先生子女承担。一些高校学生及研究人士,因撰写论文的需要,访问故居,用时较长,怀新他们还常常热情供应饭菜。留客吃饭原属小事,但几十年如一日,招待来自天南地北、素不相识的访客,绝非易事。

蔡家早年雇有一个保姆,人称陆阿婆,主要照料蔡夫人周峻女士的起居。蔡夫人去世后,按常理便可将其辞退不用。但陆阿婆早年丧夫,没有子女,虽然老家尚有亲戚,然因长年在外,关系并不热切。怀新、睟盎先生便将其视为家人,为其养老送终。之后数年,睟盎先生亦为老人,身体不甚硬朗,于是又请了一个保姆,不料这保姆年纪不是很大,身体却不好。我几次去蔡家,见她总是静坐在客厅西侧,心里好生奇怪。后来得知,保姆有病不大能干活,反而是眭盎先生照料她的日常生活。保姆有时双脚浮肿,眭盎先生烧好热水,为她洗脚。天底下竟有这种事:一个长年承担国家重大科研项目的专家、通晓七国文字的学者,1947年即参加革命的老干部,竟然服侍一个比自己年轻的保姆。说来令人难以置信,但这又是千真万确的事情。

  眭盎先生的严于律己,我早有耳闻,也有目睹。她任中科院上海测试计算中心党委书记时,规定上班时不准打私人电话,以免分心影响工作,她自己率先做到。不只打电话,她寄私信,从不用单位的信笺信封。她给我的信,信封大多用最简朴的白皮纸,信纸是就近购买的小学生作文稿纸。起先我有些担心,现在时代风气变了,眭盎先生的这些做法,很可能不为同事所接受,尤其是年轻一代,认为其不通人情,古板落伍。不料,日后的现实证明我的担心纯属多余。2012年,眭盎先生病重,住进华东医院。我去探望,考虑到眭盎先生毕竟不是达官贵人,门卫可能要详加盘问。不料,我报出病人姓名及房号后,门卫竟肃然起敬,告我,来探望者最多的就数眭盎先生,男女老少都有,每天来好几拨。眭盎先生终身未嫁,在沪亲戚极少,看望者均为同事、朋友及素不相识又久仰其人者。可见眭盎先生的有些举措在今天看来有些不合时宜,但她长年累月、时时处处显示出来的高风亮节,终为不同阶层、不同年龄的人所理解、所钦佩。

2018年4月16日

严秀的杂文

林伟光

这是一年间最热闹的日子,我不去赶热闹,照例在家里读书。此刻,读的就是曾彦修的《论睁眼看世界》,是一本杂文集。

曾彦修是谁?若看这名字,是有些陌生;可是倘换个名字严秀,不说如雷贯耳,却肯定不会觉得陌生的。这是很有造诣的一位杂文界老前辈。

自鲁迅先生力推以来,杂文一度很盛行,是人们喜欢的一种文体。它嬉笑怒骂,如匕首如投枪,其战斗性是很明显的。但有其利即有其弊。换了人间之后,它存在的意义,立即受到了人们的质疑,如冯雪峰就曾表示过杂文已过时了的观点。好在星星之火不灭,这却也证明着它的生命力量。或者,还是有存在的必要吧?一直以来,就还总是有人坚持着写,如严秀者;而且还有如敝人者,也都仍然喜欢读读。不为什么,就为了还必须。

这一本集子,是严老晚年所手订的,是否有总结的意思?显然不能够否定。杂文是应时而作的文体,时效性相当强,或者即时的效果是很被强调的,但时过境迁之后,又有多少值得再读呢?然而,经历时间的磨洗者,留下来的,却都是好文章。有的虽然境迁事异,可是留下的教训依然;何况,旧约书说过"太阳底下无新事"。前事不忘后世师。人总归是善忘的,所以,这些好文章的再读,也就不算得多余了。

当然,要让文章长久些,有一点很重要,如严秀就有一个要求。他说"新闻而要不成为过眼云烟,我以为关键只在两个字'眼光'"。这里"新闻",可以代表为所有的文章。而所谓眼光,就是识见,就是睿智，就是对世事的洞明，对事物本质的把握。这些都是可让后人思考，同时充分警惕的。优秀的杂文，它必须能够如此，方才具有不朽的生命力。

这里当然是有矛盾的。对于杂文作者而言，他写作的目的，不是为了传世，有所见闻之后的有所感发，目的是希望尽快地解决当下的问题，当然越快越好。可是，目的是一回事，事实却不然。杂文没有那么大的力量，想象它的巨大作用者，不管什么居心，却总是一种夸大其词。在我看来，杂文即使写得锋芒毕露，总归是不如匕首或投枪的，也不过是抒愤懑而已，表达一点不满的情绪。当然，写得好的，可以引人思考，令人警惕，就已经完成任务了。

严秀的杂文，我想，其意义即是如此。他的心还不冷，这是杂文作者共同之特点，只有热爱生活的人，才希望我们活得更好，社会更加进步。别看他时时不满意，事事有意见，好像专门挑刺似的，其实，他最具热心肠，最关心着一切的变动，可谓冷暖攸关于一心。所以，严秀的杂文是笔锋常带感情的。

虽然，所见到的都是一些表面的现象，却并不止于现象，作者总是透过现象，而希望能够触及事实的本质。举一例说明吧，要不泛泛空谈时，就好像没有着落的。在一篇《天天如此"文化导向"如何对得起祖宗》里，他就从所见到的某个现象说起，说某市所出的一份《每周广播电视周报》三版上，出了一个竞猜的题目，几个选项都是香港影星。这在更多的人看来，当然是小事，不过一种游戏而已，是不会引起注意的。可是严秀郑重其事，由此写了这么一篇文章，指出"文化导向"的担忧。他是过于敏感了吗？可以说正是如此。杂文作者，之所以显得特别，就因为他比别人更加敏感，能够由表入里，看到事情的本质。因此，他语重心长地告诫人们："开放是为了使人变得更聪明，眼界更开阔，心胸也更必须随之廓大；而绝不是为了使人变得更愚昧、更猥琐、更浅薄和更可笑。"

文章写于1993年，距今已近三十年了，可是，以上的文字，我们如今读来,仍然觉得很有分量,是很值得我们思考的。

还有,比如他在某篇文章里,因某地的一个新碑林按官职高低排列的现象而引出的对"官本位"的思考,同样具有穿透时空的巨大力量。他说:"'官本位'是比封建制还要封建制的最腐败最落后的东西。不彻底在实际上和人心上破除在一切方面'官本位'制的做法和影响,中国能够真正现代化吗?"面对如此的质问,我们很惭愧。因为,当下的"官本位"现象,不但如故,而且越演越烈,很令人痛心。有的人或者会说,即便如此,我们的经济不是仍然发展了吗?可是,经济的发展,难道就是真正的现代化吗?就是社会的进步吗?我们迷信于经济的发展就是一切的同志,是应该警醒了啊。

严秀的杂文里,还有对日本军国主义的警惕,有对当年斯大林时代苏联历史的反思,言者谆谆,目的无非就是别忘了历史的教训。写杂文,当然不是无的放矢,谈古论今,说天说地,乃至于说些浮光之即景、已逝之历史,都不是可有可无的瞎聊,都是有所寄托,别有其旨的。我们之所以喜欢阅读杂文,就是要读出这别有其旨的深刻内蕴。

严秀有一篇文章,是写林放的。林放者,即老报人,也是杂文家赵超构,文章说他"文章老更成"。要到达如此的境界,显然是不容易的。我想,一须学识,二须才情,三须阅历,缺一不可。严秀是非常称赏林放"文章都很短,没有多余的字句"的。这其实也是他自己作文的刻意追求。在文集里,就有不少篇文章是针对如何写好文章而发的。我们读严秀的杂文,长文很少,行文也很通俗好懂,这与他追求为文"深入浅出""明白如话"很有关系。如何写好文章?不同的作者有不同的追求,无可厚非。可是,让人们"读不懂"究竟不能提倡。因此,他嘲笑那些化易为难、化简为繁、化清为混、化理为玄者。他说,把文章写得"明白如话",绝不是浅薄而是难能可贵,表示你理解得深透,同时也表示你尊重读者,表示你运用文字能力已有走向炉火纯青的希望。——说得太好了!严秀的文章就有如此之美。可以见到,几十年来,他在这方面的不断努力。如在集子里,我就发现了不少篇文章之后都有"原文极啰唆,此处有大量删节"的说明。他的精益求精,由是可见一斑。

封闭是不行的,严秀曾说过:"封闭是万恶之源。"为何?因为封闭就无知,就愚昧,就盲从,就自大,就没有独立思考的能力。长此以往,还有什么希望呢?那么,那些优秀的杂文,如严秀此集里的不少杂文,是可以破蔽的,是能够让我们"睁眼看世界"的。

2019 年 7 月号,总 266 期

罗建：糊涂的"封建"

周 实

我编《书屋》时，"压轴"那一期，发过罗建所写的《糊涂的"封建"》(《书屋》2001年第6期)，再一期"离场"，签发权就没有了。

那次算是抢发吗？

我不可能预知自己在《书屋》会如何"谢幕"，何况迅疾如电闪。

那次倒也真的是算得上是抢发了！

接到来稿，眼一亮，只字未改，签发掉，无名之喜袭上心头。数周后，手头的成百上千篇的存稿，也就统统移交了。

那一次，算得上是帮罗建抢了跑吧？扪心自问，略感欣慰。

欣慰什么呢？欣慰罗建描绘了那个糊涂的"封建"，欣慰罗建说明了"封建"为何装糊涂，欣慰罗建何等痛快，三言两语，一清二楚：

……秦始皇得了天下所行之制不是"封建"而是"郡县"，早是不争的事实，两千年来的皇帝一以贯之行的不是封建，而是一统天下的专制，也是不争的事实。依然循政治制度定位，李慎之先生认为可以其突出标志命名，乃"杜撰"一英文名词emperorism，意为皇权专制主义。确实，两千余年，日月其漫漫，或一个皇帝，或几个皇帝，或此皇帝，或彼皇帝，皇帝行的都是专制之道。忽然又多想了一步：这帝制虽灭，却不断有人行独裁、行专制，偏是这些人又自诩"民主""共和"，所以又不愿以"皇权""专制"为历代的"秦始皇"冠名，以免引发人们过于敏感、过于丰富的联想，也就不难理解了。岂不知，这种学问上的一道同风，恰恰是文化专制的表现，除了让人产生诸如"不讲理""霸道""专制"的联想,还能有什么呢？时至今日,作为二十一世纪高等师范院校教材的最新版本中,对于"封建"之误非但未予廓清,反说得人越发糊涂：说是中国的封建制度,春秋时出现,至战国基本确立,秦始皇建立了统一的封建国家；又说中国的古代史自西周以降至一八四〇年(是否因为1840之后中国必须进入半殖民地半封建时代)所历两千余年为封建形态；再把这一竿子到底的封建,别别扭扭地分成两截,先是领主封建,后为地主封建,这地主封建又被冠以后期封建制、专制主义的封建、变种的或变态的封建之名；涉及西周的政治制度无可躲避地面对"封建"一词时,只含糊其词地说这里的"封建"是封邦建国的意思,而以"分封制"指称,"分封制"不知出自何典,俨然居于正册,可怜那正宗的封建倒成了庶出,难登大堂……

我与罗建,至今"四无"：一没见过面；二没通过电话；三没通过信；四没加微信。相隔千里,所有的问候都靠一位"传递员"。当年这篇《糊涂的"封建"》,也是"传递员"传来的,信封里附了一纸便笺,便笺上淡淡地那么一句"盼黄钟不弃,瓦釜伴鸣"。打开一看,前者是中国社科院退下来的一位副院长的未刊之作,后者即罗建的这一篇。这位"传递员",我亦不相识。当然,他有自我介绍,礼节性地自我介绍,也就那么寥寥几句。

后来,"传递员"几次来长沙,每一回都见见面,谈谈天,说说地,聊聊天地间的人物。他和罗建是初中同学,同窗读书仅一年,"文革"了,离校后,插队在两地,二十年后再重逢,也就越走越近了。两位都没读过大学,我指的是正规大学。罗建稍稍幸运些,标准的"工农兵学员",而且还留校任教了,守着高校讲师的职称,最后也早早退休了。

退休后的这个罗建比没退休还要忙,倾心地做起了南京"六朝博物馆"的一名志愿者,要把仅有的那点学识献给所爱的文化传播,竟又成了该馆一宝,成了全国文博界的志愿者中的佼佼者,同城慕名而来的观众真可谓是络绎不绝,外地甚至外国的博物馆和专家们,来"六朝馆"交流,也多由罗建义务讲解。

此外,李普先生的三卷本《自选集》,老人在"后记"中说:特别要感谢罗建,编这集子,唱主角的实际上是罗建。

编过刊物,阅稿,很近。阅人,有近有远。太远的,很难说到位。打住。

2018 年 10 月号,总 257 期

有关江小燕的信

周 实

今日收到评论家、老编辑余开伟先生发来的《江小燕〈致余开伟先生〉问世经过》一文（他和江小燕都已过八十了），拜读后颇有一些感慨。其实，去年，也曾有人向我问过这件事，我也随手写了一文，却没打算拿出发表。为什么？是因为有点拿不定当下时宜（离开媒体也已久矣）。再其实，想一想，良心话，江小燕这样的人性美难道不应该褒扬吗？无论处在什么时候都是应该褒扬的呀！所以，看了老余的文字，我也决定把拙文先在朋友圈中贴了。下面先贴老余的，然后，再贴自己的：

江小燕《致余开伟先生》问世经过

余开伟

两年前，我就知晓网上和人们手机微信上，广泛流传江小燕《致余开伟先生》这封信。最近，网上又掀起新一轮高潮，对江小燕女士当年的这一惊世之举给予了极高的评价，这是可以预料的。日前，有朋友向我问起当年江小燕女士《致余开伟先生》这封信发表的真相，我觉得自己有必要将此公之于众，以飨读者。

其实，二十多年前，我在拙文《〈傅雷传〉编辑札记》（发表于当时的《文学自由谈》）即谈到当年冒着极大风险收藏傅雷先生骨灰，当时挺身而出上书周总理为其鸣冤及至招来大祸的一位年轻女子的义举，对其表示由衷钦敬。但这位奇女子几十年来淡泊名利，清操自守，长期隐姓埋名不曾向社会披露，这实为一件憾事。1997年底，傅雷先生的二公子傅敏先生来信告诉我，他到英国探亲半年与胞兄傅聪先生相聚回国后，赴上海寻访这位恩人，弄清楚了这位江南奇女就是供职于上海大学美术学院的江小燕女士。信中谈到了他与江小燕会见的情况，嘱我与她联系。1998年初，江小燕女士给我写了一封长信，以冷静平实的心态详细叙述了她在"文革"期间因收藏傅雷先生的骨灰及其上书招祸的传奇经历，同时更正了某些误传的情况，读之令人怦然心动，感叹不已。我当即将此信推荐给当时《书屋》杂志的主编周实先生。周实先生看过江小燕女士这封长信后赞叹备至，当机立断准备原信发表，还特别嘱咐我同时写一篇简短的文章说明事情原委。我即遵嘱写了《江南奇女今犹在》这篇短文。

江小燕女士《致余开伟先生》在1998年第5期《书屋》发表后，当即引起强烈反响，全国各地许多读者和文化界人士纷纷致函《书屋》杂志，对江小燕女士当年的惊世义举表示崇高敬意。

当时尚健在的著名杂文家舒展先生在《新民晚报》上以《良心的明灯》为题发表赞扬文章，给予高度评价："我被江女士质朴单纯的人性美深深打动了！如果说张志新是在法西斯屠刀下显示了刚毅的人性美，那么江女士则在法西斯淫威下显示出了纯真的人性美。江女士这封给余开伟的信是一篇非常出色的散文，可以编入中学语文课本，让青年朋友懂得爱心的力量是多么伟大。无论你信仰什么主义，胸中总该有一颗辨别是非善恶的良心。明灯一旦更多更旺地燃烧起来，就会成为世代相传永不熄灭的火把。"（1998年9月22日《新民晚报》）当时尚健在的张中行老先生在《文汇读书周报》发表文章说："看到江小燕女士这封长信《致余开伟先生》，读诵之余，还想抄录其中一些话，置之左右，以便风晨雨夕看看，从中掇取一些明辨是非的聪明、活下去的生意。"（见1998年9月17日《文汇读书周报》所载《读后抄存》）

江小燕女士这封长信产生如此广泛的影响，至今二十多年了，仍然被广泛传诵，这是必然的，这是崇高人性显示的无穷魅力，是历史反思的内驱力表现的强大力量,这是任何力量都无法阻挡的。由此,我不免想到江小燕这封长信得以传世的真正的助产士和幕后推手周实先生,当时《书屋》杂志的主编,没有他当时的鼎力支持和帮助,是不可能产生今日江小燕女士这封珍贵长信得以传世的巨大效果的。所以,可以毫不夸张地说,周实先生是慧眼识文,有胆识有担当的编辑。此时,我想起二十年前,前辈诗人未央先生亲口对我所说的一段话:"周实周实,名副其实,实实在在做人,实实在在做事。"诚哉斯言!善哉斯言!

2019 年 8 月 16 日于长沙望月湖

平 常 心

周 实

关于江小燕,2016 年,傅雷五十年祭的时候,媒体曾经介绍过。

我之所以知道她,是在 20 世纪的 90 年代初期。那个时候我还在湖南文艺社担任副社长。我记得我曾经复审过金梅的《傅雷传》。这本书的责任编辑是老编辑余开伟。后来,我主编《书屋》时,听老余说江小燕给他写了一封长信,六千字左右,我立即就要他给我看了。看完后,我决定用,并给老余打了电话,请他为信写一个按语。老余马上就写来了,题目是《江南奇女今犹在》,那是 1998 年。下面是老余的按语:

> 金梅先生所著《傅雷传》及拙文《傅雷传编辑札记》均谈到当年冒着极大风险收藏傅雷先生骨灰,同时挺身而出上书为其鸣冤及至招来大祸的一位年轻奇女的义举,对其表示了由衷钦敬。但这位奇女几十年来却淡泊名利,清操自守,长期隐姓埋名,其义举详情鲜为人知,其真名实姓亦不曾向社会披露,这实为一件

憾事。一九九七年底,傅雷先生的二公子傅敏先生来信告诉我,他去年到英国探亲半年与胞兄傅聪先生相聚回国后,赴上海寻访这位恩人,弄清楚这位江南奇女就是供职于上海大学美术学院的江小燕女士,信中谈到了他与江小燕会见的情况,嘱我与她联系。

今年年初,江女士给我写了一封长信,以冷静平实的心态详细谈述了她因收藏傅雷先生骨灰及上书招祸的经历,同时更正了某些误传的情况,读之令人心动,感叹不已。现征得江女士同意,特将此信借《书屋》一角发表以飨读者,以彰后世,以励后人。

我给信加了个题目《致余开伟先生》。题目很平常。我觉得平常的题目才符合江小燕给老余的这封信。

我对江小燕这封信,最记得的是这几段:

您在文章中对我可是过誉了,不敢当。当初有这举动时,并没料到历史会发展到今天的光景,更不敢设想,我的所为,能被人们嘉许。

因为这件事已被多次报道,故在某些方面有些出入。愿以其实相告,想能得先生慨允,并冀再版勘正。

今天回过头来看这件事,我深感自己还是幸运的,因为遇上了工厂里的工人师傅。我看出,"审讯"我的人中,很难找出一个真正的高中生,不少人似乎连初中都没念过,这是我的直觉。

如果当时来抓我的,不是工人,而是音乐院的师生,把我关在音乐院某一间房内"审讯";或者由其他文化单位的造反派来抓我,那么,余先生,极可能我这个人今天也许已不存在了。因为这种单位的人会从思想意识上一层层剥我的根。无论我怎么表现自己的单纯,是一个年轻的书呆子等等,都无法逃过他们尖锐的政治上的攻击。我一张口,万万敌不过一群有文化、有头脑的人的口。今天，我要以自己亲身的经历说一句话：工人阶级的的确确是纯厚善良的。

总之，从1967年6月22日到1982年报上为傅雷平反，这整整十四五年中，是在心理极度紧张的情况下度过的。要说傅雷事件对我的影响，就是这个吧。

有一点不明白，骨灰一事，在我当时的举动中属第二位。我最初的动机就是要写一封信给国务院，反映下边老百姓的遭遇，因当时有几个我有往来的人都走上这自裁的绝路，傅雷是不认识的，是其中之一。为了写这封信，势必要了解些情况，在了解情况的过程中，才得知傅雷骨灰无人领取的事，遂动了一个念头：无人领，我冒名冒身分替他们亲戚去领下来，然后交由他们亲戚保管。故处理此事后，立即写了这封小民求告信，希望管管这种局面（我很幼稚，很单纯，是吧！）谁知，正是这封求告信，才引来了这么个追查大案。不然，仅仅暗地里收藏人家骨灰，我是何人，至今也不会有人知道。但现在人们传说的不是我为他人申诉求告的信，而是"收骨灰"，在我本人看来，似乎有些本末倒置了。

好了，现在补述我十九岁那年的事，因为这同前述第三点有关。1958年7月份，我十九岁，将于上海市一女中高中部毕业。但在五月份发生了一件影响我终生的大事。彼时正值反右后期，学校为了定俄语女教师柴慧敏为右派分子，授意我以书面文字材料"帮助她，拯救她"，因为我学习成绩好，那女教师比较喜欢我，常同我谈心，学校就想利用最接近的学生的检举来打倒她。我不懂政治，但毕竟已十九岁，当然明白被划成右派分子决不是好事。于是一心一意想"救"这教师。故而，非但没有交上学校需要的材料，反在文字上为柴慧敏说话，为她辩护。于是，恶运立即临到我头上。我被罚站在同学面前，由同学一个一个地来批判我。这么一个批判会开过后，马上上纲上线，被定为这样一个人：因为尚未中学毕业，故只算未走上社会，还是学生，特别宽大，算我为右倾分子。在我高中毕业的毕业鉴定上有如下判定："立场不稳，思想右倾"，还加上一个政治品德"差"等。余先生，1958年那年月，哪家单位肯收我这么一个在政治运动中表现为"差"等的学生？所以，我无法参加工作。又有哪个大学肯录取我为学生？如果这件事发生在大学里，我准是右派无疑，因为大学生就可以算是"走上社会"了。

也就是说，我离开七月份高中毕业还有两个月，我一切的路都被断了，没有一个地方的门为我开着！如此，我只能在家，窘迫困顿十五年！直到1972年，我父亲去世，家中无人工作，生活无着，里弄才只能安排我到生产组，当时社会的底层，那年我已三十四岁！就是说，我三十四岁，才真正走上社会，有了工作（离二十九岁那件事，整五个年头）。十九岁——三十四岁，没有前途没有工作，不能升学，无所事事（在家跟父亲练习书画），就是二十九岁那年管了一次闲事，一个自己吃饭问题都无法解决的一介草民，却想为他人的冤屈一振细臂而呐喊！

虽然写了这些经过，我仍然说，并未后悔，因为一个人内心的平安是任何名利所换不到的。再者，如果没有十九岁那年为右派老师辩护，二十九岁为傅雷及其他人呐喊，怕就没有胆量了吧！十九岁之事，似乎是先锻炼了一下。故，一个人要做成一件事，成因往往是复杂的决非简单的。

这就是江小燕，平常之心，平常道来，三军可夺帅也，匹夫不可夺志也。

（江小燕，1938年生，上海人，文字仅一篇：《致余开伟先生》。）

2019 年 9 月号，总 268 期

储安平：理性与情感

魏邦良

作为知名杂志《观察》的主编，储安平以理性、客观而著称。但人是感情动物，不可能总是那么理性、客观，一不留神，感情的火苗就越过了理性的藩篱。储安平一辈子就在理性与感情的冲突中挣扎，如同一片树叶，在旋涡中不停打转。

1933年7月，一个偶然的机会，储安平得以进入《中央日报》编辑副刊《中央公园》。作为编辑，储安平对所有来稿一视同仁，择优选用。一次他的恋人端木露西从北平寄去三篇稿子，储安平也没采用。他说："我将她的稿子退给她，我说明我的理由，我觉得这样办理，是最痛快安慰的事。"

1933年，一位远在河南的读者投书《中央公园》，揭露穆时英作品《街景》抄袭了日本作家池谷信三郎《桥》的结尾。

储安平是穆时英的朋友，接到信后他有一丝犹豫，但随即决定将读者来函全文照登，并加了编者按：

> 下面马君这篇稿子是由河南彰德县寄来的。在私谊上讲，时英和我是很好的朋友，我们在上海时，常在一起玩，并且同住在一间房间里。照普通情形来讲，一方面，要是马君知道我和时英的交情，他一定不至于将这篇稿子寄到《中央公园》来，因为今日中国的文坛，大部分是互相偏袒包庇的，我既与时英有交情，则我一定也会不想再有所纠缠，而将他的稿子璧奉的。另一方面，为了顾到我和时英的私交，好像我也可不让此稿发表。在我自己，确也曾考虑过这一点。不过我觉得今日中国社会所需要

的就是这种不偏不倚的精神,公私不要混在一起。我们相信只有是非,无所谓纠缠,所以仍将马君此稿,发表于此。

储安平不顾及朋友的交情,客观、冷静处理此事,实属不易。从他的言行中,我们感受到一种可贵的理性。

遗憾的是,储安平也有感情冲动的时候,一冲动就容易犯错,就容易说出不妥的话,对一些社会现象的判断也会有失公允。

著名诗人朱湘因失业,走投无路,跳河自杀。诗人的悲剧令人唏嘘、扼腕。可储安平在自己主编的副刊上发表文章《朱湘自杀的责任问题的题外文章:什么诗人文人》,不抨击社会的黑暗,反而指责像朱湘这样的"诗人文人""自有一副令人讨厌的样子":

> 我近来见到那些所谓诗人,广大一些说来,应当说文学家,便觉头痛,一成了所谓作家便自有一副令人讨厌的样子。走起路虽然未必两样,但谈吐之间,真是令人生畏。仿佛自己是人类的至圣,对于一切都不满意,对于一切都取攻击态度,都发出叹息,对于什么人都看不起;觉得这个现实的社会总是卑鄙的、龌龊的。好像一切都不屑为,一切话都不屑谈,他们渐渐成为了一种超乎凡人的人。你想,社会根本是一群人组织的,功过大家都应当负责。那些所谓诗人,所谓作家,一天到晚在房子里乱谈,当了人而信口雌黄,当真要叫他们到大会上演讲一下,他们又躲开了,当真要他们实行何事,他们又推诿了。尤有进者,文学家大都为人不负责任。对于什么事都随随便便,疏懒成性,明明你约会他今晚会面,今晚他却另与友人去听戏了。说了话不当话,自己做的事自己不负责任,结果什么乱子都得朋友来担当,来收拾。我以为文人也是人,文人也应该注意为人之道,假如自己不能好好做文人,做有打算的生活,做有经纬的事情,办事不负责,说话不负责,则一旦感受社会的冷酷而自杀,不一定是真的"社

会冷酷"。

朱湘已经自杀,即便他身上有一些文人的陋习,但罪不该死吧。可储安平长篇大论,对社会的黑暗与冷酷不置一词不放一矢,却一味指责诗人"自己不能好好做文人,做有打算的生活,做有经纬的事情,办事不负责,说话不负责",这实在是有点昧于事理、欺软怕硬了。

20世纪30年代,中国贫穷落后,强邻日本磨刀霍霍,对中国虎视眈眈。那时候的储安平特别希望祖国能富足强大起来。在他看来,一个领袖,若能振奋民族精神,让人民过上富足安康的生活,哪怕他是个独断专行的独裁者也无妨;一个政府,若能使国家强大起来不受外敌的欺侮,哪怕它施行的是严苛冷酷的威权统治也可以。

因为看重民族精神,储安平对希特勒这样的独裁者大唱赞歌。激进的民族主义思想蒙蔽了储安平的眼睛,使他忽视了独裁背后所隐藏的危机,也让他不能透过希特勒被万众膜拜的表象认清其危害人类的本质。

激进的民族主义思想让储安平失去了本来具有的理性与客观,甚至对某种不利于弘扬民族精神的学术观点也粗暴地予以干预、抗议。

吕思勉(诚之)是储安平的老师。1923年,吕思勉出版了著作《白话本国史》,认为以岳飞的兵力还不足以抗金,而秦桧主张议和也有某种不得已的苦衷。这一学术观点,当然可以商榷、批评。但当时一位报人竟将吕思勉告上法庭,说他是汉奸。储安平也在主编的《中央日报》副刊上发表文章《岳飞与秦桧,对于吕诚之先生〈白话本国史〉的一点抗议》,对老师的学术观点大加挞伐。

学术争鸣应局限于学术领域,哪能因学术观点不同给对方扣上政治反动的大帽子?爱国固应提倡,但学术研究看重的是史料、证据,掺杂感情,先入为主,会让一个学者失去学术研究必需的理性与客观。

学术研究只能根据资料、证据来说话。倘若研究者感情用事意气用事,先入为主,得出的结论或许于振奋民族精神有利,但也可能背离了历史的真相。

虽然难免有感情冲动的时候,但在很多场合,特别是作为一个主编,储安平还是能够保持理性,坚守客观。

1945年11月11日,储安平创办的《客观》推出创刊号,在发刊词中,储安平强调,民主、自由、进步、理性,是他办刊的立场:

> 人类最可宝贵的素质是理性,教育的最大目的亦即在发挥人类的理性。没有理性,社会不能安定,文化不能进步,现在中国社会到处都是凭借思想冲动即强力来解决纠纷,甚至正在受着教育的青年也是动辄用武。只有发挥理性,社会始有是非,始有和平,始有公道,我们要求一个有是非有公道的社会,我们要求各种纠纷冲突都能运用理性来解决。

从这个发刊词,我们可看出储安平对理性的重视。

后来储安平创办《观察》,在发刊词中,对"理性"做了进一步的强调:

> 我们所欲一言者,即思想的出发较之思想的归宿,远为重要,所以信从一种政治上的思想,必须基于理性而非出于感情。而于重视自己的思想自由时,亦须同时尊重他人的思想自由。冲动、偏狭、强横,都足以造乱而不足治乱;自私、麻木、消沉,带给国家的是死气而非生气。

余英时就声称,他年轻时得益于《观察》的基于理性的"不偏不倚":

《观察》作者从左到右都包罗在内,他们之间也往往互相争论,针锋相对,一步不让,使我这样一个初入大学的青年打开眼界。我自然是没有能力判断其间的是非正误,但各种不同甚至相反的观点在一个刊物中纷然并存,对我后来的思想形成了难以估量的深远影响。我从那时起便不敢自以为是,更不敢自以为代表正义、代表唯一的真理,把一切与我相异或相反的论点都看成"错误""邪恶"了。

当储安平基于理性,往往做出正确的选择,一旦感情冲动,则会说出不妥的话,做出不妥的事。
　　这个"定律",适用于我们每个人。

2015 年 9 月号,总 220 期

前辈当年:《柴德赓来往书信集》

周维强

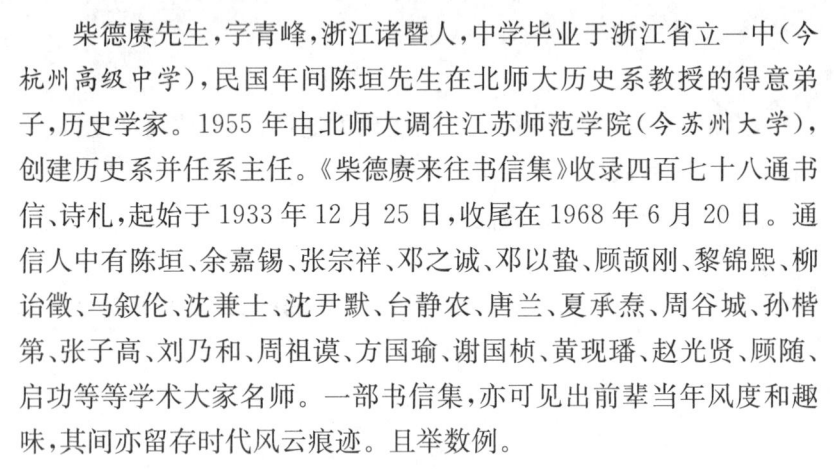

柴德赓先生,字青峰,浙江诸暨人,中学毕业于浙江省立一中(今杭州高级中学),民国年间陈垣先生在北师大历史系教授的得意弟子,历史学家。1955年由北师大调往江苏师范学院(今苏州大学),创建历史系并任系主任。《柴德赓来往书信集》收录四百七十八通书信、诗札,起始于1933年12月25日,收尾在1968年6月20日。通信人中有陈垣、余嘉锡、张宗祥、邓之诚、邓以蛰、顾颉刚、黎锦熙、柳诒徵、马叙伦、沈兼士、沈尹默、台静农、唐兰、夏承焘、周谷城、孙楷第、张子高、刘乃和、周祖谟、方国瑜、谢国桢、黄现璠、赵光贤、顾随、启功等等学术大家名师。一部书信集,亦可见出前辈当年风度和趣味,其间亦留存时代风云痕迹。且举数例。

中华书局对某先生所校《旧唐书》不满意,请柴德赓先生提出意见,柴先生看了这位先生做的111条校记,也以为不尽如人意,在1965年4月3日的家书里说及此事,也因此反躬自省"我们自己也当提高水平"。这也就是"见不贤而内自省"的意思了。

再比如享有国际声誉的历史学家陈垣先生,1945年六十五岁了,在沦陷区的北平,8月15日深夜听闻"好消息",喜不自胜。1945年10月23日周祖谟写给远在重庆的柴德赓的信里,描述了他们当夜去陈先生寓所报告喜讯时所见先生当时的情形:"……他由黑暗里把灯开开,穿着短短的汗衫,脚下拖着一双睡鞋,赤裸裸(可是并不曾裸体,一笑),他老人家从来没有这样见过客人的,当晚他这回可不睡觉了,虽然照例灯一夜而十灭,他索性摸黑儿了。他高兴地直捋他的须子,问道:'是吗?''没听错?''重庆的报告?''噫,那可活了!'……"

这样生动的描写，真可补正史之不足了。

柴德赓先生一生以学术为乐事。1963年4月23日，柴先生写毕《光明日报》特约稿《试论章学诚的学术思想》一文，当晚在家书里写道："此文酝酿时间最长，费力很大，夜车都开了三四次，有时简直写不动，等到难关解决，势如破竹，有时虽半夜三更，还是心花怒放，得意疾书……"高兴之情，溢于言表。信里还说"自写《谢三宾考》以后，久矣无此笔墨矣"。《谢三宾考》即《鲒埼亭集谢三宾考》，是柴先生早年成名作，初刊于1943年《辅仁学志》第十二卷第一期、第二期。陈垣先生非常赞许这篇论著。后来获1945年度国民政府教育部著作发明奖励文学类二等奖（计两名，一等奖空缺），评审人是金毓黻、钱穆二位先生。柴念东先生从南京第二历史档案馆查阅到《一九四五年度学术奖励著作申请书及审查意见》档案，其中金毓黻先生的评审意见称："谢三宾人不足称，且为全谢山先生所痛恶；特以作者熟读《鲒埼亭集》，遂一一为之钩稽。于本书外，征引参考书籍多至八十余种，一时兴到之作，遂裒然成钜帙。且作者文笔，亦极似如谢山，几如水银泻地，无孔不入，考三宾本事之不足，且及其子孙焉。于其子孙褒之不容口，不以三宾之故而加贬词，亦以明善恶之不相掩，即如谢山对三宾之异称，凡十三种，亦精为考证，则其他可知矣。此作虽为极小题目，却能毫无遗憾，近顷之佳作也。"钱穆先生的评审意见亦肯定了论文的学术价值，以为史实的考证，爬梳抉剔，宏识毕备；史料的运用，钩稽甚勤，用心缜密。还点出了文章的弦外之音："其时北平正在沦陷期间，作者笔底盖尚有无限感慨，无限蕴结，欲随此文以传者，固非漫无旨义，徒矜博闻之比。"

《鲒埼亭集谢三宾考》是柴德赓先生早期"三考"之一，另外"二考"分别是《明季留都防乱诸人事迹考上》《宋宦官参预军事考》。写《明季留都防乱诸人事迹考上》时，柴先生还只是大二学生，陈垣先生推荐刊登在北师大1931年《史学丛刊》创刊号上。刘家和先生后来说："陈老的四大弟子、陈门四翰林中，唯柴先生继承了衣钵……从柴先生早年著作《明季留都防乱诸人事迹考上》就可以看到是承袭陈老《元西域人华化考》治学路子……柴先生只写了一个上篇,现在谁能续写一个下篇,放到陈老著作面前?我是没有这个能力和精力了。"《试论章学诚的学术思想》则是柴先生后期"三论"之一,另外"二论"是《章实斋与汪容甫》《王鸣盛和他的〈十七史商榷〉》,均写于20世纪60年代初。陈祖武先生后来说:"柴先生的《章实斋与汪容甫》是我一生的范文,放在书案上会反复研读。"柴先生1964年7月7日的家书里也说:"像我这样一个人,也算读了几十年书,真正讲到学问比较成熟,是现在……"可惜好景不长,很快"文革"开始了,柴先生未能熬过这十年,1970年1月23日在苏州郊区尹山湖农场去世了。

柴先生的书信里,也提供了数十年间日常生活的一些史料。比如1945年3月19日余逊写给柴德赓的信里说:"北平生活,每人每月至少须一千五百元……","《九朝律考》原来定价三元五角,现在要卖五百八十元,大约涨到百五十倍;但是以纸价合算,刚刚够本,还没有印刷工和装订工钱呢。"余逊系余嘉锡先生哲嗣。当时任教厦门大学的张守礼1947年7月23日给柴先生的信里也说到厦门的生活"物价波动甚剧,一餐一饭,动需万金,而一枚鸡蛋,直需一千五百元矣,似此生活,颇为寒栗"。这些或者可以给40年代的生活状况作一个注。这也就可以理解1949年3月22日柴先生写给曾敏之夫妇信里的话了,这时北平已为解放军占领,柴先生信中说:"至于生活均按去年十一月所发数目,按市上小米加折合,内子得四百二十斤,余所得倍之,一家生活差堪维持。以视解放军及人民政府服务干部,穿大兵衣服,吃小米白菜,腰中不留钱之刻苦生活,吾辈实深愧恧……解放军不乘三轮车及电车,不闯祸,不贪污,为人民服务……恨不能使南中亲友目睹之也。"

20世纪60年代的日常生活、供给,书信中也有言及。1961年1月29日,刘乃和写给柴先生的信里说北京的食品供应:"原想买鸡一只,后打听达18元,嫌太贵,也算了。""最近市场有大批高级点心、高级糖。点心每斤三~八元,糖每斤五~十四元……前些时一点没有,现在又大批大批,不知是怎么回事。"1963年5月3日的家书里,柴先生说:"烟这里(维强按,指北京)多收工业券,中华1.7(元)一包,连蕲老都买不起了……茶叶,一张券一两……""鸡蛋每斤一元三角,我早上吃三个鸡蛋……"1963年5月24日的家书里说:"稿费到,共一百一十二元八角。"这儿说的稿费,应该就是指发表于这一年5月8日《光明日报》史学专刊上的《试论章学诚的学术思想》,全文约九千字。按照当时的购买力来计算,那时这个数目的稿费是不菲了。1964年5月2日的家书里,柴先生说:"此间(维强按,指北京)茶叶碧螺春只有茉莉薰的一种,每两三元二角,工业券一张,贵极。"信里又说,"下月发薪后,盼再买几两留着……"

  这部书信集里,先贤风貌品格常现。比如陈垣先生1956年3月写给柴德赓的信里有这样的话:"半夜提灯入书库是不得已的事情,又是快乐的事情,诚如来示所云,又是危险的事情,但是两相比较,遵守来示则会睡不着,不遵守来示则有危险,与其睡不着,无宁危险。因睡不着是很难受的,危险是不一定的,谨慎些、当心些就不至出危险。因此每提灯到院子时,就想来示所诫,格外小心。如此,虽不遵守来示,实未尝不遵守来示。请放心,请见谅为幸。仅〔谨〕此复谢青峰仁兄。"陈垣先生1939年7月16日移居兴化寺街5号(今兴华胡同13号),直到他1971年6月21日病逝,没有再搬过家。这是一个四合院,西房四间做了主要书库,东房的一间半,是放书刊的小库,北房的工作室里还有个书架。陈先生半夜提灯入书库,这应该是想到了什么问题要去查资料,可是年逾古稀的老人半夜提了灯到书库究竟不是一件可以令人放心的事,所以柴德赓1956年3月3日从苏州写给陈垣先生的信里说:"连日甚寒,请夜间勿去书斋胡同。"所以才有陈垣先生的这封复信。柴先生信里说的"书斋胡同",按陈垣先生孙儿陈智超的说法:"藏书达四万余册,绝大部分是线装书。书都码在书箱上,一个书架上放两或三个书箱。书多房不大,所以两排书架之间的距离很窄,陈垣先生戏称之为'胡同'。"古稀之年的陈先生夜里想到了问题不立刻去查资料就睡不着,陈先生也是毕生以学术为志业。

柴德赓是陈垣先生得意弟子,有一封信或者可以见出陈门师徒的治学风格。柴德赓20世纪60年代初在苏州写成《从白居易诗文中论证唐代苏州的繁荣》,请陈垣先生过目。陈垣先生和刘乃和交换过意见,刘乃和1962年1月29日回信柴德赓说了他们共同的看法:一是有材料有分析,均精彩,唯二题最末,只有钱大昕孤证,能不能再多找出几条,比如苏州人对白居易看法如何;二是对"苏杭"连用,为何苏在杭前的解释,以为"反复考证,似觉琐碎",亦有"较为牵强"处。提的全是很具体的问题,绝无空泛弘廓。信里还特意问是否参考过陈寅恪《元白诗笺证稿》。这也见证了南北二陈不因时移世易而有稍衰减的学术交谊。1961年9月15日,陈垣先生写信给柴德赓:"青峰老弟:七日手书在香山得读,为之击节,盼早日登出。等至今日晋城,适见报,谨此祝贺,仍望源源而来,切盼切盼。"信中所说的这篇文章,即柴德赓所写的《陆秀夫是否放翁孙》,刊于《光明日报》9月15日。这年9月1日《光明日报》发表钱仲联《关于陆游和陆秀夫新材料》,文章根据《会稽陆氏族谱》说明陆秀夫为陆放翁的曾孙。柴德赓即于9月6日写成文章,从陆秀夫的先世、秀夫名字与放翁子孙排行不符、陆秀夫图像题识等三方面做分析,质疑钱文。陈垣老先生"得读,为之击节"。从9月1日读钱文,至6日撰成质疑文章,前后仅隔五天,此亦可见柴先生史学根底的厚实、治学方法的谨严,这也是陈门师徒的风格。柴先生此文一出,遂成定论。1962年1月26日陈垣先生写信给柴德赓,说"让之属为豫公遗著序,义不容辞,但恐未能窥见高深,有负期望,兄能为我捉刀不"?"让之"即余逊,"豫公"即余嘉锡(字季豫)。时余逊、周祖谟为中华书局编辑《余嘉锡论学杂著》。柴德赓尊师嘱写成序,这年2月26日陈垣先生给柴德赓的信里说:"叙文收到,大佳。"《余嘉锡论学杂著》上下册1963年1月中华书局出版,序即署名陈垣。学生代老师写序,老师赞许序文"大佳",亦证实了学生得老师真传之不误了。

予生也晚,三十年多前我们读大学时,专治声韵训诂之学的周祖谟先生已经耄耋之年了,可今日在这部书信集里看到,周先生年轻时也是活泼泼的,文笔清朗,也"多愁善感"着呢。1945年3月18日周先生从北平给远在重庆的柴先生的信里写道:"我常常萦念过去在一起吃饭、一起谈笑的乐趣,而今邈不可得,不禁有凄清索寞之感。尤其当我坐在子高先生的椅子上的时候,格外想念故人了!翠森森的槐树,笼罩着整个的院子,那是我最常逗留的地方;薰风徐徐的时候,也就是我们最常谈的时候。我最喜爱你的天真;我敬慕你对人的那种热诚,那种亲切岂弟的颜色⋯⋯"周先生出生北京,祖籍杭州,1945年10月23日给柴先生的信里写道:"我喜爱江南,甚于我的家乡。我喜爱那清朗的日光照在那遥遥的远山上,衬起浅浅的清溪,划起那轻轻的画鹢,看那无边明媚的春景。我喜爱那长江的浩荡,听那咿呀的摇橹,赏雪后的杏花、春初的杨柳⋯⋯"这才情,清丽生动的文笔,一点儿都不输今天的那些所谓的散文家。在这封信里,周先生也说到了自己的治学,要写成的书有《说文校笺》《方言校笺》《释名笺疏》《等韵学》《中国文字学史》《比较训诂学》。在音韵训诂之外,"最有意思的是《洛阳伽蓝记校注》(因为带有玩票儿的性质),此书之作自洛阳陷落以后才动念⋯⋯自以为大有意思⋯⋯可惜你不在这里,不能随时求教。我很想念从前论文之乐⋯⋯",此亦可见出先贤当年治学纯是出自喜爱喜乐之心,而不是孜孜于功利。

这些年来学林杏坛前辈的书信、日记多有整理付梓的,这是出版业的一桩盛举,也是给历史的留影。我们读来,每有掩卷会意处。

(《柴德赓来往书信集》,柴念东编注,商务印书馆2018年6月版)

2020年4月20日初稿,4月29日修改

2020年6月号,总277期

郑孝胥日记中的五四及相面

刘克敌

辛亥革命之后,郑孝胥以遗老自居,长住上海,与遗老辈相唱和,颇为清闲。但他对国事并未不闻不问,其日记虽然记事简略,但对时事仍及时记录,且常以寥寥数字加以评价。

1919年五四运动爆发,时在上海的郑孝胥是在5月6日的日记中提及此事:"北京各校学生以日本不还青岛事焚曹汝霖之居,殴章宗祥,或云已毙;捕数十人,大学堂解散。"这里的大学堂当指北京大学。之后,五四运动浪潮迅速扩散,上海也迅速响应,但反映到郑氏日记中已是5月12日:"上海开国民大会,声言抵制日货。"尽管似乎仍旧是客观记录,但"声言"两字颇为微妙,隐现其态度。很快,郑孝胥对此次运动的态度特别是学潮态度就开始明确了。在6月5日的日记中,他这样写道:"上海各学堂皆罢课,学生要求商会罢市以应之,今日南北市皆罢市。余出至大马路、十六铺、法马路,步四马路至泥城桥而返。学生散行街巷,有得意之色,闲人甚多。"一个"得意之色"就把郑氏对学生的态度完全暴露了出来。在之后日记中,郑氏又有对上海工商界罢市的负面评价:"华人所立银行是日闻亦罢市,华人无识,乃同儿戏,于此可见。"而等到6月12日,上海学潮基本结束,商铺也大都重新开业时,郑氏也不禁心情放松,体现在日记中就是四个字:"过雨,月明。"郑氏惜墨如金,不得不佩服其文字功力深厚。

久居上海的郑孝胥,其实不甘于寂寞,尤其对于政治和权力,他还是很有抱负的。大概是友人看出了郑氏的心事,或者也是为了让郑氏的遗老生活有些乐趣,就在郑氏刚过六十大寿不久的6月17

日,是其壬午同年一元会日(所谓"一元会"按古代神话,"一元"为十二万九千六百年,这里当为"一元复始,万象更新"之意)聚会之后,大家邀郑氏到一位名叫陈小峰所开的相馆,让此人为郑氏看相。陈看郑氏后给出了这样的判词:"骨骼极完全,惜眉不称及囟门撮发不落左右。额以上至顶皆脱发,此为火烧山林。中年志业未酬,坐此二病。然须劲唇丹,自六十一至七十一,十年间为毕生最高之运,权力满足,受用不尽。耳后骨伏,至八十一岁,寿止于此。如不验,则相士当饿死矣。"郑氏如此郑重其事地详细记下相士的这些话,说明他还是有些相信的。郑氏在此之前的经历大概这位陈姓相士十分清楚,所以对郑氏前半生所言自然已经不是预言而是总结。但这位相士对郑氏之后的命运预言倒确实十分准确。郑氏的确在八十岁时去世,按照虚岁也就是八十一岁。此其一也。郑氏于1923年奉溥仪之命入京,次年受任总理内务府大臣。1924年协助溥仪出逃,后担任溥仪的大总管,负责对外事宜,可算是一定意义上的"帝师"了。1931年他负责起草"满洲国"伪政权的国歌与建国宣言,伪满洲国建后担任"国务总理"兼"陆军大臣"和"文教部总长"。无论其言行是否遭到世人唾弃,这十年确实是郑氏一生最"风光"也最有权力的时期。此其二也。

  相面之术,源远流长,很多人视为封建迷信,予以轻视批判。但有意思的是,不少文人乃至一些文化大师,都对占卜相面之事很有兴趣,且不说他们内心是否确信。如梁漱溟、熊十力、陈寅恪、吴宓等,都有过请人为其相面或逢重大事变时自己占卜的事情,而且事后看来,很多竟然都应验了。也许,对于占卜之类,与其简单归于迷信,倒不如认真探讨其中的奥秘。毕竟面对大自然和浩渺的宇宙,我们所了解的还是太少太少。

2017 年 6 月号,总 241 期

国共方面军统帅之高下差异
——读《胡宗南先生日记》

经盛鸿

2015年7月,台湾商务印书馆出版了《胡宗南先生日记》两大册,为我们进一步研究这位民国史上重要的军事人物提供了许多重要史料。

例如,在1948年4月16日胡宗南的日记中有如下记载:

> 关雨东来陕,迎于机场,渠须飞北平,在场密谈二小时。渠谓当刘戡之先,白部长召关至京,谓已呈委座,以关接胡,关拒绝云云。关并云白上台,对你极不利,现时看你等于眼中之钉。

原来,在1948年2月,胡宗南部在宜川、瓦子街遭到中共西北解放军彭德怀部的沉重打击,丧师失地。宜、瓦之败,使胡宗南经历了一次不大不小的政治风浪:蒋介石想撤换胡宗南,以张治中代之。国防部部长白崇禧也想将胡宗南调离西安,摘去他的兵权,而以关麟徵代之。关麟徵,字雨东,也是出身黄埔一期的统兵大员,他还是陕西人,到西安任职有地利人和之便。

胡宗南日记记载,1948年4月16日,关麟徵匆匆来到西安,向胡宗南密告了上述南京官场内幕。

而1948年4月16日这一天,正是胡宗南得报,中共西北解放军彭德怀部发起西府之战,打到泾河之南、威逼西安的那一天。

战况如此紧张,胡宗南竟去机场迎来送往数小时,密谈与当前战事无关的官场内幕,似乎他个人的升降荣辱高于战场的胜败得失。

这就是这一时期国共双方将领在思想作风上的极大不同与高下

之分。

　　同样是一个方面军的统帅,出身于黄埔四期的东北解放军总司令林彪,在这几年带兵与指挥作战中,成日成夜阅读战报、观察地形、调查总结战场实践经验、研究战略战术,先后创造性地提出"一点两面""三三制""四组一队""四快一慢""三猛""三种情况三种打法"等多项新奇、有效的战术原则和作战指挥原则,在部队中推广应用,迅速提高了部队的战斗力;他提出的战役主动权争夺的手段、战役指挥中兵力的集中与分散、战斗决心与目标时机的辩证关系,等等,在作战中发挥了重大作用;他常常站在各种地图前,一看就是几个小时,忘记吃喝,更无一点个人爱好与酒席征逐、交际往来,最大的享受就是吃几粒炒熟的黄豆,整个身心都投入怎样打败敌人、赢得战争中去。

　　西北解放军统帅彭德怀更是一直以粗茶淡饭、雷厉风行、性格豪放出名。而国民政府军中许多统帅、将领,虽也出身于黄埔,却在多年的官场角斗与腐蚀中,逐步失去了当年的革命朝气与黄埔精神,抗战胜利后更是如此,变成了追求地位、名利与安逸、享乐生活的庸官俗吏和无能之辈,墨守成规,毫无创新,被动消极,甚至贪生怕死。

2016 年 3 月号,总 226 期

《夏鼐日记》里的张一纯先生

韩石山

名人的日记，除了个人的经历，往往连带着一个人文圈子。当然，这位名人得足够有名，手勤，还要会记。夏鼐就是个足够有名的名人，手也勤，也会记。多年前的一趟漫游，我竟在这日记里，遇见了我大学时的一位老师——张一纯先生。

我是山西大学历史系的学生。上学不久，就赶上了"文革"，学制五年，倒有四年半没有上过课。该毕业的时候，居然也毕了业。历史系不大，张先生的级别不是很高，不知是讲师还是教师，反正不是教授。教授就那么几个，谁是几级，学生都清楚。但是，张先生在历史系，绝对是个名人。一是，大约1960年前后，在中华书局出了本唐代地理书的笺释本，杜环的《经行记笺证》，稿费颇丰，买了一套《四部丛刊》。二是，读书多，且记性好，有人去他家讨教个历史典故什么的，他会指指手表，让人记住时间，一会儿找见了，再指指手表，让人知道他是多么神速。

有这层关系，我在《夏鼐日记》里遇见了张一纯先生，感到格外亲切。

夏鼐原本是中研院历史语言研究所的研究人员，大陆解放前夕，史语所撤到台湾，夏鼐没跟去，回到老家温州小住，也是等着看时局的变化。温州是故乡，也是学术之乡，同学朋友都不少。他闲得无聊，便不时去看看朋友。也有文人借了这个机会，来结识夏鼐。张一纯该是这样跟夏鼐相识的。1949年1月23日条下载："今日沈炼之君偕张一纯君来谈，张君正撰《叶水心年谱》，欲向余咨询数事。"

这时，张先生已开始作他的《经行记笺证》。不久即将此事请教夏先生。1949年2月20日条载:"张一纯君来访,留其著作《吐谷浑三百年大事记考证》及《杜环经行记笺证》两书稿。下午取出张星烺《中西交通史料汇编》,以校其《杜环经行记笺证》。"1949年3月5日条载:"上午张一纯君来谈,以《杜环经行记笺证》求正,略指出数点。"

这期间,张先生研究的专题,除《叶水心年谱》和《杜环经行记笺证》,还有一本专著,名为《吐谷浑三百年大事记》。1949年4月27日条下载:"下午张一纯君来,讨论其所著之《吐谷浑三百年大事记》,余为之订正数点。"

张一纯当时在永嘉中学教书。五、六月间,夏鼐外出一趟,回来又去看望了张一纯。1949年7月15日条下载:"晚餐后,至温州疗养院,晤及管希雄君,托之附函致晓梅、逸夫二君。旋至永嘉中学,晤张一纯君,下午借得《册府元龟》,作增补《吐谷浑三百年大事记》之工作也。"

夏鼐对张一纯,显然极具好感,隔一日,7月17日条下又载:"下午张一纯君来谈,谓永中内正办训练班,惧为轰炸目标,故晨间即携《吐谷浑三百年大事记》稿本,及《资治通鉴》一册,出来躲警报,仍欲以一星期之工夫,利用《册府元龟》作最后一次之修改,然后返瑞安家居誊写清稿,其志殊可嘉也。"

先前看的《吐谷浑三百年大事记》,只是上册。1949年8月28日条下载:"开始写《甘肃考古漫记》中《千佛洞的艺术》。晚间张一纯君将其《吐谷浑三百年大事记》稿本下册交来。"

此后一连多日,都有校阅张稿及相谈的记载。

1949年8月30日条下载:"校阅张一纯君之稿,摘出错误之点数处。下午至籀园阅报。晚间至沈炼之君处,高朋满座,知今日接任永中校长。遇及张一纯君,相偕至家中稍谈。"9月12日条下载:"上午空袭警报解除后,张一纯君来,拟着手作《叶水心年谱》,余以旧稿授之,俾作参考之用。"1949年9月29日条下载:"赴叶岑君处晚餐,在座有沈炼之、张一纯、戴幼和诸君,饮酒过量,返家后呕吐。"

秋冬之间,夏鼐去了北京,过年又回来了。大概在这期间,张一纯的职业出了点麻烦,究竟何事,不得而知,不便在永嘉中学教书,则是肯定的。夏鼐与永嘉中学沈校长交涉,看能不能介绍到别的学校。1950年2月11日条下载:"晚间至永中晤及张一纯君,少顷项经川及陈德煊二君来,大家谈了一阵子,二君以开教育会议来温出席,开了六天。"1950年2月21日条下载:"至张一纯君处,与之商酌,偕往访沈炼之、金荣轩二校长,皆无结果,金校长允为介绍温师。"

这期间,曾与张一纯等人郊游。1950年2月27日条下载:"下午晤及董朴垞君,提议郊游,偕往约张一纯君。"28日条下载:"下午与妻儿辈偕往府前街照一合影,又至市立中学,晤及张一纯君,约定明日郊游。"3月1日条下载:"晨天未明即起,赴小南门,董朴垞、张一纯二君来,偕往茶院寺,雇船至白象,在白象塔畔徘徊许久,惜无梯,不能登塔巅四瞩,走行至头陀妙智寺。"

3月间,与张一纯交往甚密。此时温州已解放,市面上似乎不甚安宁。3月17日条下载:"上午至市中,晤及沈炼之、张一纯二君,稍谈后出来。公立中学教职员减薪,莫不叫苦连天。温中分部及建华中学校舍,今日迁出,以便军队驻扎。"

新社会里,张一纯总想做些新的学问。1950年3月31日条下载:"张一纯携《社会发展史手册名词解释》稿本来,为之审阅数条,劝之删去'石史'一条。"

大概工作一直是张头疼的一件事,他没有别的办法,认准只有夏鼐会帮他的忙。求职不能说空话,最好的办法,是出上本书。这时,夏已是中科院历史所的副所长,所长是郑振铎,他是实际的负责人。1951年8月3日条下载:"上午将张一纯君《历史悠久文化灿烂的祖国》稿本校阅一过。"8月5日条下载:"上午赴东四七条北大宿舍,访张苑峰君未遇,将张一纯来稿留交,托其设法介绍出版。"

1952年9月,夏鼐回到温州。28日条下载:"上午张一纯、陈德煊二君来谈,郑荣君亦来谈,他现在生活颇困难,在南门处摆香烟摊,旋偕张、陈二君赴温中,晤及王祥第君,谈至十一时。宋易君(宋墨庵先生之子)亦来谈,并出董香光墨卷展观。"10月2日条下载:"上午至温州市中访张一纯君等,未遇。至清明厂晤及王良恭君,《解放日报》登载华东区新生名榜。归途往市中,晤及张一纯君,将其《关于五胡乱华教学诸问题》一篇交还之,并指正数点。"

张一纯一心想离开温州,到大地方求发展,没有别的门道,只能是求夏鼐想办法。于是便来到北京。夏鼐只有托更有办法的朋友(领导)帮这个忙。从各种迹象看,是郑振铎先生帮了这个大忙,将张一纯安排在山西大学历史系任教。

1953年8月2日条下载:"晚间已入睡,十一时许号房敲门,谓有一张姓由温州来,知是张一纯君,延之入,谈至中宵一时余,始各入睡。"

8月5日条下载:"晚间与张一纯君往访黄宗甄君,未遇。"

8月9日条下载:"在家中,校阅石兴邦君辉县报告稿子。下午正中侄来,傍晚王载纮君来,留之晚餐。一纯君接山西大学来函,拟早赴晋。晚间金学山君来谈。"

8月11日条下载:"今日休假开始,但仍至所中一次。暄儿陪张一纯君游览颐和园。晚间偕张一纯君,至郑振铎先生寓。"

8月12日条下载:"今晨偕张一纯君至雍和宫,以正在修理中,未能进内游览。又至国子监,现有职工学校在内,亦不能进去。下午张一纯君赴太原。"

转年春天,是为查资料吧,张一纯来到北京,隔了一天,便来看望夏鼐。此公确实有相当的水平,夏鼐刚写好一篇文章,就让张帮他看看。

1954年4月11日条下载:"上午誊抄《追悼梁思永先生》一文完毕。下午张一纯来看我,他前天由太原来京,预备收集一些近代史论文目录的材料,并将近作《太平天国革命时代的妇女》给我看,我也将自己刚写好的追悼梁先生的文章请他提意见,他主张删去'出师未捷身先死,长使英雄泪沾襟''天长地久有时尽,此恨绵绵无绝期'这些引句,我便依他的意见加以删去。安志敏同志来,我即交给他,请所中几个人校阅,提意见,然后叫尹达君最后审阅,加以发表。"

7月间,张一纯又来到北京,这次是来结婚的。

1954年7月20日条下载:"下午张一纯君来谈,昨日刚自太原来京。"

隔了一天,7月22日条下载:"上午张一纯君来所参观,沙孟海、党毕二君来谈,今日即离京南返。留张一纯君在家午饭,张君初次透露最近要在北京结婚的消息。饭后闲谈,三时许始去,没有午睡。"

此后的日记里,很少有张一纯的事。1959年5月1日条下载:"下午张山樵同志来,说他父亲张一纯同志,仍在太原,近来身体不好。"1959年6月25日条下载:"给张一纯同志信并寄去《水心年谱初稿》。"1963年5月15日条下载:"下午写信给张一纯同志,关于叶水心年谱问题。"

此后几年,直到"文革"结束,夏鼐先生不记日记。这就要说到张先生的死。按说这样的老师,运动歇下来,有了空闲,我是会去拜访的。料不到的是,1968年,武斗刚刚停下来,社会上还乱,他去学校南边的坞城路书店,买了一套《毛选》,正手托着书走路,还是在人行道上,忽地一辆电车冲了过来,一下子将他撞死。开电车的是附近建筑学校的学生,似乎也没怎么追究,事情就过去了。

2018年5月11日于潺湲室,6月8日定稿

2018年7月号,总254期

《师门五年记》书外的故事

韩三洲

前不久,从潘家园旧书摊上看到罗嘉骝老先生(1928—?)的回忆录,作者是中英联合联络小组中方代表的成员,内中有对收回香港谈判全过程的详细描述,觉得颇有意思,于是购下。回到家里细翻,才知道这套60万字自印本的作者竟是著名历史学家、太平天国史研究专家罗尔纲(1901—1997)的长子。书中除去自己的人生亲历之外,也有几处对其父亲罗尔纲学术生涯的往事回忆。为此,笔者又翻出三联书店1998年7月版罗尔纲《师门五年记·胡适琐记》(增补本),相互参

⊙《师门五年记·胡适琐记》书影

照,有遗必录,看看作为家庭成员所记述的,有没有罗尔纲这本书所没有写到的逸事。

众所周知,罗尔纲之所以能够成为学术大师,除去自身的努力之外,主要得益于20世纪30年代入胡适门下得到亲炙,一边辅导胡家两个公子胡祖望、胡思杜的学习,类似于家庭教师的角色;一边帮助整理校正胡适父亲的《胡铁花遗稿》,师门五年,耳提面命,最终成为学术有成的著名历史学家。这段历史,《师门五年记》中有详尽的追记。据罗嘉骝记述,罗家也算是书香门第,父亲小时家里约有五千册藏书,七岁能读《纲鉴》《四史》《左传》《国语》等,奶奶骂他是床底狗,

从来不见人，不去玩，边吃饭还边看书，就这样后来上了上海浦东大学和上海大学。1927年"四一二事变"后，父亲从澳门返回上海复学，不料上海大学被查封，又根据国民政府教育部的训令，各大学不得招收共产党办的上海大学的转学生，这一下父亲彻底傻眼了。但当时只有胡适任校长的中国公学没有理会这一套，罗尔纲得以顺利转入文学系三年级，上了胡适的文化课，还获得奖学金。所以，父亲一向就对胡适有好印象，当年中国公学开学后不但不搞纪念周，没有训话，还可以随便张贴墙报，包括批评胡适的大字报。1930年6月毕业后便入师门，同年11月胡适就任北京大学文学院院长，父亲也跟随着举家北迁。

作者回忆，1934年他随父母来到北平，当时胡适住在地安门米粮库四号，记得中午隔壁的傅斯年设宴招待胡适，胡适和太太都喊傅叫作"大炮"，作者问母亲为何叫"大炮"，母亲回答孙中山也被人称作"大炮"，他又问有人叫父亲"大炮"吗，父亲在书房听到有点急了，说："没有。大炮打准了，还不错，打偏了，就成了放空炮。我是说到做到的人，既不是大炮，更不是空炮！"母亲说人家叫你父亲机关枪，父亲解释说，那是学生说我说话快，教课内容多，并无恶意。

书中记载，1948年3月底到5月初，胡适来南京参加第一届国民代表大会选举总统、副总统，其间父亲也在南京社会所办公，胡适住在历史语言研究所，同在一个院子里，所以每隔一两天总要去看望已经十一年没有见面的胡适。此时罗尔纲身体虚弱，胡适对罗尔纲老不断根的疟疾十分着急。另一方面，胡适的变化也让父亲吃惊，过去胡适是个乐观的人，从来不垂头丧气，不说困难话，现在却判若两人。父亲逐渐发现，原来胡适一是对现实不满；二是他为了营救亲戚石原皋（高效止血药仙鹤草素的发明者，《闲话胡适》的作者）而碰得焦头烂额，国民党连这点小面子也不给他；三是感到战局已对国民党政权相当不利，前途风雨飘摇，这些年"做了过河卒子"深陷泥潭，因此内心苦闷。父亲对作者说，胡适这次是聪明的，没有相信蒋介石自己不当总统而怂恿他去竞选总统的鬼话,更没有糊涂到给蒋介石竞选做陪衬,否则将受到国人的唾骂。父亲说,胡适这一辈子对政治过于热心,不然不至于老被人讥讽只会写半卷书。

　　增补本中"胡适对吴晗的栽培"一节中,谈到吴晗之所以能成为一个著名明史专家,完全出于胡适的尽力栽培。当年吴晗向胡适请求免考进入北京大学时,因为胡适本人是北大负责人,出于"入学考试是国家抡取人才的大典,不得徇私",断然决绝。结果吴晗数学零分,未经进入北大,后又考入不考数学的清华大学。胡适得知后即时取出五十元让罗尔纲送予吴晗交学膳费用,并给清华负责人写信再三请求,允准吴晗入史学系半工半读。罗嘉骧回忆录中还记载了胡适与吴晗的两件事。一是"七七事变"后,北平沦陷,罗尔纲与吴晗(吴春曦)逃难到天津,山穷水尽,听说胡适太太住在英租界,两人便一起找胡适太太借钱,父亲借了三百元,吴晗借了三百五十元,胡太太还一再询问够不够,吴晗借了钱后立刻决定重返北平,一方面要留一部分钱给未婚妻袁震疗养治病,一方面要去接作者的母亲出来。另一件事是1948年5月初胡适快要离开南京时,罗尔纲观察到吴晗的处境相当危险,便对胡适说如果吴晗被捕,请他加以保护。胡适一听,立即火暴,说:"你不看见了吗?石头(即石原皋)的家人整天来把我缠死了!今天还同营救罗隆基、冯友兰的时候一样吗?赶快叫他走,有事我是没办法的!"于是,父亲便马上设法通知吴晗,吴才决定逃往解放区。

　　作为长子的作者回忆,1944年桂林沦陷前夕,父亲出版了《师门辱教记》,记叙了师从胡适,并在胡适家"工作"五年的实况,并在逃到贵阳时给了他一本。当时作者十六岁,很认真地看了,觉得真实、真诚,勇于自省,并未对老师做无谓的吹捧。1948年8月3日,胡适为此书再版作序,并把序言副本和一封三四百字的短信寄来南京。父亲把胡适的序言和短信给他看,这也是他一辈子唯一一次给子女看信件,而且面色凝重,希望听到子女的意见。作者说胡序写得很认真，有感情，抓住了罗从师时的突出优点，绝非应酬敷衍之作，是发自内心的喜悦。至于信中对你的评价和表扬也不过分，是真心实意的，只有"你的这本小册子给我的光荣比我获得的三十多个博士的光荣还大"一句过头了，我看是客套话。父亲说胡适从来不同我讲客套话，也没有必要讲客套话。但父亲也承认这句话的分量的确很重。作者文中说，直到20世纪80年代，父亲才知道胡适于1958年12月在台北把《师门辱教记》改名为《师门五年记》，两次自费重印，作为自己六十八岁寿辰的纪念品，赠送亲友。胡适在重印后记中写道：尔纲和我两人，成了"隔世"的人已经十年了！言下不胜惆怅。要知道这时正是两岸关系最紧张的时期，胡适在台湾也正受到围剿，他敢出此书和出此言，并不简单。台湾历史教授潘寿康说，此书当年在台湾如同教科书一样畅销，在他所编的《治学方法论》中就收有《师门五年记》作为必读书。台湾著名历史教授严耕望曾致函胡适索赠此书时称："深感不但示人何以为学，亦且示人何以为师，实为近数十年来之一奇书。"从这些情况来看，胡适确实重视这本书，1948年8月给父亲来信中所言，并非客套话。

  当然，由于与胡适的这层关系，1949年后，罗尔纲自然而然就成为历次政治运动的对象了。如这部回忆录所言，胡适问题一直沉重地压在父亲心头，他把同胡适的通信、相片以及《师门辱教记》书籍统统烧掉，在批胡适的运动中，报上刊载过一份"被责令应该检讨交代的九人名单，罗尔纲名列首位"。书中说，1955年1月初，批判胡适运动刚开始，父亲就应《光明日报》之约，写了《两个人生》一文，检查被胡适牵着鼻子走，如行尸走肉，整天钻在烦琐考证的故纸堆里，不知身外之物，到了1949年以后才得新生，走到群众中去，改造世界观，为人民服务。那时他从南京来北京开第二次政协会议，作者在晚饭后去前门饭店看他，父亲正埋头疾书，已写到结尾，拿来我看，我觉得态度诚恳，写得真实。他说今天才约稿，晚上十点来人来取，明天见报。当时他心情忐忑，但未多讲。后来据说各方面反映不错，并没有对他批判。从 90 年代解密的不完整的文献来看,当年成立了以郭沫若为首的批判胡适思想委员会,下分九个小组,从九个方面进行批判。书中记述,到了 1958 年春,罗尔纲调来北京的近代史研究所,整风结束后,召开支部大会发展罗尔纲为中共党员,《人民日报》等大报曾在第一版加以报道。

唐德刚的《胡适杂忆》中谈到胡适对罗尔纲的看法,说胡适从乱书堆中翻出《师门辱教记》给他看,并不认为自己的学生罗尔纲会真心实意地批判他的思想。唐德刚当时回答说:"说不定罗尔纲的思想真正搞通了呢!"胡适立即断言:"胡说!胡说!"唐德刚写道"胡先生直是摇头",还补足一句:"不可能,不可能!"按学者范泓的说法,90 年代新版《师门五年记·胡适琐记》,虽谈不上"珠联璧合",但作为当年《师门辱教记》的背景阐述和事件注脚,似可不妨看成"姊妹篇"。只是在《胡适琐记》中,罗尔纲再也不像先前那样开口必称"适之师"了,通篇皆"胡适"之名讳,给人以一种时过境迁、物是人非之感。这种感受,对老一辈学者谷林先生来说就更为深切了,他说罗尔纲有一篇《我是怎样走上研究太平天国史的路子的》(收入《困学集》,中华书局 1986 年 12 月版),发现罗尔纲先生在这里已经只字不提胡适这个名字了,而均代之意味深长的独创新词"这人家"和"人家"了。

读过这《师门五年记》书里书外的故事,真叫人一声长叹!

2016 年 1 月号,总 224 期

王统照之于吴伯箫

子 张

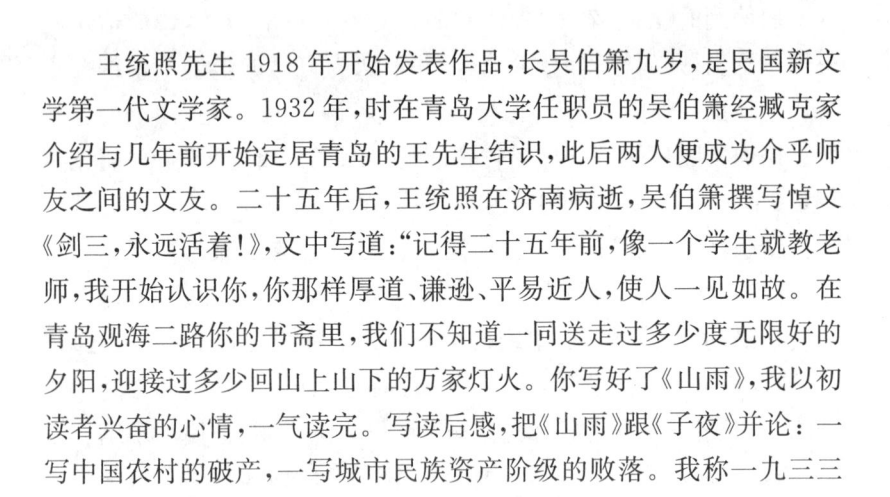

　　王统照先生1918年开始发表作品,长吴伯箫九岁,是民国新文学第一代文学家。1932年,时在青岛大学任职员的吴伯箫经臧克家介绍与几年前开始定居青岛的王先生结识,此后两人便成为介乎师友之间的文友。二十五年后,王统照在济南病逝,吴伯箫撰写悼文《剑三,永远活着!》,文中写道:"记得二十五年前,像一个学生就教老师,我开始认识你,你那样厚道、谦逊、平易近人,使人一见如故。在青岛观海二路你的书斋里,我们不知道一同送走过多少度无限好的夕阳,迎接过多少回山上山下的万家灯火。你写好了《山雨》,我以初读者兴奋的心情,一气读完。写读后感,把《山雨》跟《子夜》并论:一写中国农村的破产,一写城市民族资产阶级的败落。我称一九三三年为'子夜山雨季'。"

　　王统照之于吴伯箫,还有一重重要意义,就是在国难当头之际接受吴伯箫之托,将吴伯箫散文的剪贴稿本《羽书》妥善保存并带到上海交给巴金,最终由巴金收入"文学丛刊"第七辑出版,使之成为吴伯箫散文正式出版的第一个集子。王统照还好事做到底,亲笔为《羽书》作序,发表在上海的杂志上,吴伯箫竟然在延安看到了这篇序文。

　　其实,序文并未对《羽书》本身说多少话,倒是对吴伯箫去延安之后发表在《大公报》上的新作多有褒扬。不妨稍做引述,略见其义:"伯箫自从领导一校青年流离各地以后,曾数在前方尽文人的义务。奔走、劳苦、出入艰难,当然很少从容把笔的余暇。然而在《大公报》文艺栏上我读到他的文艺通讯,不但见出他的生活的充实,而字里行间又生动又沉着,绝没有闲言赘语,以及轻逸的玄思、怊怅的怀感;可是也没有夸张、浮躁,居心硬造形象以合时代八股的格调。生活是解剖思想的利器,经验才是凝合理智与情感的试金石。写文字,文才固居第一,但只凭那点'文才',不思不学,其结果正是所谓非'罔'即'殆'。怎样方能开辟出思的源泉备办下学的资料,还不是要多观察,多体验,多懂人生那几句常谈?不必说当此水深火热的时代,就在平时,如果只隐伏于自造的'塔'上,徒凭想象的驰骋,徒炫弄文词的靡丽,至多也不过会涂几笔呆板彩绘的工细山水,或写意的孤松怪石罢了。伯箫好用思,好锻炼文字,两年间四方流荡,扩大了观察与经验的范围,他的新作定另有一样面目——我能想到不止内容不同,就论外貌,也准与这本《羽书》集有好大区别。"

这篇序文,当是最早对吴伯箫及其散文写作给出认真、中肯评判的文字。

不错,延安时期的吴伯箫,其生活既与抗战前有了大不同,其写作无论就题材还是就文笔也的确与《羽书》有了"好大区别",《羽书》中那类美文少了,而如《阴岛的渔盐》《黑将军》那类的纪实之作大增,所谓纪实之作,用王统照的话说,就是发表在香港《大公报》文艺栏上的"文艺通讯"。

这些通讯,包括1939年2月3日发表的《怀寿州——随军草之一》,2月4日发表的《踏尽了黄昏》,特别是6月27日至7月24日连载十三次的《潞安风物》和1940年2月19日至3月18日也连载十三次的《沁州行》,其影响可谓大矣。据当年编辑萧乾回忆:"刊物问世后,很自然地引起香港及大后方文化界的注意。《文艺》终于雄赳赳地走上抗战的前哨。接着又刊出美国友人史沫特莱的《冬夜行军》和《八路军随军记》(译者艾风)、黑丁的《我怀念吕梁山》、吴伯箫的《随军草:怀寿州》等一系列直接来自战场的文章,其中还有几篇将军访问记,如谢冰莹的《会见赵侗将军》。"

这段晋东南之行所写文艺通讯,最终编成《潞安风物》收入周而复主编的"北方文丛"第二辑,在1947年由香港海洋书屋印行,总共收了作品十二篇。

　　一个作家成功的标志,固然是要写出优秀的作品或作品集,可这作品的发表、出版和被推荐、被批评也一样重要。对吴伯箫来说,王统照便是尽到类似监护和抬举责任的人。

2017 年 2 月 14 日,杭州午山

2017 年 3 月号,总 238 期

朱自清《白水漈》一文逸事

叶芃生

文学家朱自清先生曾留下有关温州的著作《温州的踪迹》包括《月朦胧,鸟朦胧,帘卷海棠红》《绿》《白水漈》《生命的价值——七毛钱》等,一直脍炙人口,传诵至今。《白水漈》一文虽只有短短的230余字,但将大自然的杰作白水漈描述得真切感人,那惟妙惟肖与充满诗意的描写不仅显示了白水漈瀑布独特的风采,更带给读者无穷的畅想。"所以如此,全由于岩石中间突然空了一段;水到那里,无可凭依,凌虚飞下,便扯得又薄又细了。当那空处,最是奇迹。白光嬗为飞烟,已是影子;有时却连影子也不见。有时微风过来,用纤手挽着那影子,它便袅袅的成了一个软弧;但她的手才松,它又像橡皮带儿似的,立刻伏伏贴贴的缩回来了……"其形其色、其声其状,跃然纸上。

目前出版的朱自清文集中有关《白水漈》一文的写作时间为1924年3月16日,地址为宁波。

根据温州中学有关资料记载:"1923年2月,著名散文家、诗人朱自清来校任教,在省立十中教国文课,在十师教公民和科学概论课。"(《温中百年》,54页)又据严刘祜文《朱自清在温州中学》记载:朱自清在大学学习期间就发表新诗作品,尤其是白话长诗《毁灭》震动了全国诗坛,温州中学生心仪已久,故他来温州后十中、十师二部学生都争着要求他上课,他为学生热情所感动,在二部来回奔波授课(《温中百年》,84页)。

我舅父马星野1922年考入十中初中部,二年级与三年级上学期正好由朱自清担任国文老师,他在老师指导下进步神速,朱先生对舅父的才华也深为赞赏,曾在他的一篇作文上引李商隐诗句"何事荆台十万家,独教宋玉擅才华"作为评语。舅父曾回忆说:对于文学,朱先生把全部生命灌注在里面,对于青年学生,全心全力教导,每逢他发现美好的文章,他必与我们共同欣赏。舅父曾在1980年9月28日台湾《中央日报》发表《和气春风朱自清——怀念我的中学老师》一文以表达对老师的深深怀念,他写道:"春草池这一年半的师生情谊至今永不能忘……他是一块美玉,他一句诗,一席话,都有值得长久回味的价值……他的春风和气、霁月光风的风度,温良恭俭让的平和神态永远使我毕生难忘。"

根据作家周锦(1928—1992,江苏东台人,毕业于淡江大学,著有《中国新文学史》《朱自清研究》等)在文章《由朱自清说到马星野》(见《星垂平野阔》)介绍:舅父出身贫寒,在省立十中读书时每个星期天都要回家,既节省开支,又可帮忙做家务。二年级踏青时节,全班利用周日组织去江北春游,因正是农忙,舅父请了假。当时任班导师的朱自清先生很为此事过意不去,也很感动,除公开表扬舅父的勤俭爱家的行为,并作了一篇题为《白水漈》的短文,写成中堂形式送给舅父,希望舅父通过文字也像其他同学那样接触江北美景。

在该文中周锦先生还感叹说:一位农村少年由自己的感人行为引发了中国新文学的不朽创作。

五十年后的一天,当周锦先生在台北我舅父家,两人谈及此事时,舅父还感动得泪流满面。

又据1978年4月我舅父为周锦《朱自清研究》一书作序中所述:"假期中朱先生和几个同学到江北去玩,游了瀑布,回来后写了一篇两百多字如画如诗的小品文《白水漈》……这次旅游,我没有跟着去,朱先生却把他的文章《白水漈》写成条幅送我,并注记以未与我同游为憾。"

据姜建、吴为公编《朱自清年谱》记载,因温州省立十中不能按时足额向教师发放薪水,朱先生经济拮据,1924年2月下旬受宁波省立第四中学兼上虞私立春晖中学校长经亨颐之聘,只身前往宁波开始在二校任教。朱先生到宁波不久,于3月16日这个周日写成《白水漈》这篇短文,又亲自书写成条幅寄给爱徒。

如今朱自清先生与我舅父均已驾鹤西去,但这段有关《白水漈》一文的逸事,彰显浓浓师生情的往事,仍值得细细回味。

为了追寻朱自清先生笔下白水漈的踪迹,在2019年12月一个冬日的下午,笔者从市区乘51路公交车到瓯北林垟后公交站,再换乘瓯北106路在马岙公交站下车,步行三百米便到达白水村。穿过村庄,沿整齐的台阶拾级而上,便见绿色的大字"白水漈森林公园"呈现眼前,进入公园有指路牌标出公园内所有景点的名称与方向。村民们为了感谢朱自清先生撰写的文章使白水漈瀑布闻名遐迩,特在公园内修建了自清亭与朱自清纪念馆。我急不可待地来到观瀑处,正对朱自清先生描述的白水漈瀑布的主体仔细观赏,这天蓝天如洗,麻山上到处是郁郁葱葱的树木,空气清新。因为是冬日枯水期,只有涓涓细流从山顶流下,到不了先生说的"岩石中间突然空了一段"的位置,但山岩依旧,在巨大的岩体中间突然空了一段,故在丰水期定会再现先生说的"水到那里,无可凭依,凌虚飞下,便扯得又薄又细了"的奇迹。我在此驻足良久,心中仿佛分享到九十六年前穿着长衫、戴着眼镜年方二十六岁的朱自清先生,带领一群天真活泼的初中学生在瀑布前度过的快乐时光,脑海中浮现出朱先生伏案为爱徒书写中堂的感人身影,耳边似乎又响起朱先生为温州中学作的校歌中的"雁山云影,瓯海潮淙……英奇匡国,作圣启蒙"的名句。在历史长河中人们虽都是匆匆过客,但朱自清先生会永远活在温州人的心中,他留下的精神财富、留下的不朽著作与山河长存!

2020年7月号,总第278期

朱自清推崇诗人鲁藜

李树德

鲁藜是我国著名的"七月派"诗人,他的诗充满爱国主义激情,为海内外广大读者所喜爱。他以一首《泥土》奠定了他在诗坛的地位,1955年因受"胡风集团"事件的株连,蒙冤入狱二十六年,直到1981年彻底平反,重返文坛。著有诗集《醒来的时候》《时间的歌》《天青集》《山》《鲁藜诗选》等。艾青对鲁藜说:"风风雨雨、坎坎坷坷,经漫长岁月冶炼,你属于纯金。"

在介绍鲁藜的文字中,多数提到鲁藜曾受到过朱自清先生的推崇。就这件事情,我有一具体佐证:

我有一忘年交——今年八十五岁的沙驼先生。沙驼先生是天津知名诗人和书法家。他与鲁藜相识、相交五十年,他们是知己,是无话不说的朋友。鲁藜逝世后,沙驼全力操办鲁藜的丧事。他现在仍然担任鲁藜研究会的职务。因为我与鲁藜先生也有交往,所以在与沙驼的闲谈中,常常聊到鲁藜。

一次,我去看望沙驼先生,在闲聊中,沙驼先生问我是如何结识鲁藜的。我告诉沙驼先生,我通过天津一位同学的介绍,第一次登门拜访鲁藜。我这位同学,是天津小有名气的诗人,曾得鲁藜先生的指导。在我同学的引荐下,我便开始了与鲁藜的交往。接着我问沙驼先生是如何开始与鲁藜交往的。

沙驼先生讲,他是1947年第一次听到鲁藜这个名字,通过朱自清先生知道诗人鲁藜的。当时沙驼才二十出头,担任《北平时报》一个副刊的编辑。他有一位好友名叫青苗,是位作家。青苗正在主编一套丛书,名字叫"骆驼文丛"。青苗经常请沙驼为他看稿子,或者做些文字校对工作,所以他们两人经常见面。1947年夏天的某一天,具体日期已经记不起来了。他的朋友青苗听说朱自清先生因病住院后,刚刚出院回到家中,就约沙驼同他一起去清华园看望朱先生,沙驼自然非常高兴地答应了。当时青苗还约请了另一位诗人海滔同去。于是,他们三人结伴而行。三人到了朱先生家里,朱先生正在伏案工作,他推开手边的工作,从书桌边站起来,很客气地欢迎他们。因为沙驼是第一次见到朱先生,不免有些局促,没有多说话,主要是青苗代替他们问候朱先生的病情。沙驼先生对我说,关于朱先生的病情,只记得朱先生说了句:"老毛病了,没有什么。"似乎是指他多年的胃病,看上去朱先生虽然比较消瘦,但精神很好,并不像有什么大病的样子,可是想不到没有多久朱先生就逝世了。

  他们到朱先生家时,他正在为他的学生何达诗集《我们开会》作序。为了这篇序,朱自清查阅了全国各地的大量报刊,其中包括当时延安和解放区的报刊。在谈到诗和诗人时,朱先生认为,最值得推荐的诗人有两位,一位是青勃(沙驼说,青勃是他的哥哥),另一位便是在延安的鲁藜。朱先生向他们一再表示,这两位的诗可称为当时写得最好的,是能够代表人民思想感情的诗人。

  沙驼说:"从此,在我的脑子里便深深刻上了鲁藜这个名字。不久全国解放,我在天津与鲁藜相识,几十年我们不是兄弟,胜似兄弟。"

  听了沙驼先生的讲述以后,我对朱先生推崇鲁藜有了新的印象。为了进一步证实这件事情,后来我给沙驼先生写了一信,又谈到这件事,沙驼先生在他的信中再次重复了以上的内容。

  以上可以算是朱自清推崇鲁藜的一个佐证,我写出来,供对朱自清和鲁藜先生感兴趣的读者和研究者参考。

2016年11月号,总234期

重访胡衡忱故里

陈文辉

胡荣铨(1886—1972)故家在永嘉西楠溪山下村。去年暑假,温州图书馆一位馆员得知该地与我老家霞嵊村相邻,便为访求胡氏日记,与方韶毅、潘德宝结伴一行。午后,从霞嵊驱车几分钟,便到山下,问到胡荣铨旧居,却见所在"十一间",只是一片空基。数年前经历一场劫火,余烬无存。唯原先稻坦前的一堵旧墙,块石斑驳,藤草苍郁。问旁边闲坐者,说后代都已经移居温州城区。天气酷热,又逢雷雨,便怅然而返。

那次在胡氏宗祠中,无意间见到落款为胡荣铨的"学士"匾额,勉强算是一点收获。我当时一愣,事后细想,此"学士"实乃大学本科毕业所获学位之名,非彼内阁学士之谓,且自手书,实隐含着一种本地独有的自大戏谑之意,而山下人尤甚。

先生名声在外,却不为本乡所知。难怪周作人《知堂回想录》叹恨"先知不见重于故乡",曹丕《典论》感慨"常人贵远贱近"。历来如此,中外皆然。百度百科所载胡荣铨条:字衡忱,永嘉下嵊山霞村人。1918年毕业于北京大学。曾任教于浙江省立第十中学、厦门集美学校,以科教救国为己任。1924至1933年,任上海商务印书馆编辑,为推动新文化运动作出贡献。抗日战争期间,曾回永嘉家乡养鸭,并创办瓯北补习中学(后并入济时中学)。朱家骅曾两次请其出任县长,都婉言谢绝。新中国成立后在温州荷花居住,为浙江省文史研究馆馆员。著有《化学概论》《近世无机化学》《采矿工程》《中国煤矿》《工程材料讲义》《矿石学讲义》等。

此当来自堂侄胡步勋先生所撰《瓯北补中校长胡荣铨》一文。下嵊本作霞嵊,一度简写为下嵊。山霞本作山下,后改。1949年后,山下村（大队）一直属霞嵊乡（公社），1992年撤乡后，两村直接划入巽宅镇。胡氏原字衡臣，与铨之意相应，后改臣为忱。他所学为化学专业，曾在永嘉邻近地与人合伙开矿。他担任浙江省主席黄绍竑的秘书时，抗战爆发。黄氏避难永康方岩，胡氏本人便间道缙云，回到永缙交界的老家山下村。回乡养鸭事，总让人疑是实业救国之举，实际一时无聊，用鸡笼背着三四只水鸡（麻鸭）到刚收割过的稻田里放养而已。土改时他家在村里被划为地主，他便设法到温州中学教书，年已六七十，教师同事多数是他旧时学生，便有"老师的老师"之说，处境颇为困窘。首任温州市长胡景瑊原是他的学生，当年赴永嘉西楠溪从事武装斗争时，曾向先生话别：我要上山做"山贼"了。先生安慰说：朝朝有人造反。胡景瑊此时出面，使其师获得浙江省文史研究馆馆员之聘，每月有六十元工资。

胡荣铨所在的山下村，以胡姓为主，次之为陈姓（章宅数家，霞嵊陈姓外甥入赘章姓舅舅）和章姓（马头下一家）。胡氏家族"三房"为主，其次"十二房"（上宅）。村弧形散布山麓，得名之由，却是因从山上相距二十里发外宕村下迁至此，就祖居地而言为山之下。

胡氏第三房有兄弟两人，老大胡忠锵，老二胡忠钟即胡荣铨之父。忠锵子茂银，茂银子伯清，伯清子永秒、永楠和永乾。胡忠钟子日盛、荣铨、荣华、荣昆。荣铨子孝真、孝鲁；孝鲁妻为福建集美校长之女，子庆胜、庆农。现居温州荷花旧宅。孝真子奇、亮。

胡荣铨排行第二，有妹两人，嫁在连近地。胡父忠钟壮年时，曾与大哥胡忠锵一起去外宕村布袋挑谷，当时还是泥路，老大挑了二百九十斤（十六两老称），稳健有余，老二挑了一百九十斤，接连摔跤，一路被老大取笑。于是胡父非常恼火，掷下巨资，铺设石径，从山下一路到山上，连通外宕。后来，从石埠头到霞嵊的道路，因需要绕道来回过石汀步，常常稍下雨便为山洪所阻，胡父再度慷慨解囊，建造了直接越过山岭的石径，造福一方。两处古道，至今犹存。

两村上代的人，都知道山下所谓的地主，本来也就是勤苦农民，只不过家里劳力好,肯下苦力开田垦地,又省吃俭用,经过世代积累,创立家业。所谓做人家,做家私。山下一个并不大的村,在土改时有十八户被划分为地主,可见胡姓垦殖之勤、田地之多。乡间至今流传山下地主走亲戚,雨天出门,都是先穿草鞋,一路快到人家处,方才将夹在腋下的布鞋换上。但他们在培养子女读书、公益事业上,常一掷千金。传闻胡荣铨在北京读大学时,家里每年供他四百银元。另有堂兄弟也考上北京的大学,但早亡。他们也有分散投资的意识,在远至温州城区上下厢、茶山一带都置有田产。

从土地积累财富,从公益获得声誉,又从培养子女以求延续。地主群体中,好多因为生病、无子女、诉讼等变故,子弟懒惰挥霍等习性,甚至连兄弟多的人分家,也会重返普通农民身份,甚至从小康坠入困顿。胡忠锵一系,只有一子胡伯清,成为山下最大的地主,在肃反运动期间受镇压。在霞嵊屿下滩受毙时,滩石回弹,死状惨不堪言。胡荣铨父亲当时有地六十石(四石合一亩),经四个儿子分家后,各得田十五石,只能算小地主了。胡父最早有田二十石,田地之增,颇有戏剧性。

胡父娶妻霞嵊郑氏,岳家两兄弟。伯岳父无子,平常也喜欢胡父,临终前见到胡父来看望,勉强从病床上探起身,明知故问:山下人,你今天过来干什么啊?胡父答:来看您啊,有想吃的什么吗?答:有是有啊,就想吃鲜黄鱼!当时交通不便,黄鱼稀罕,是戏言中为难人的常用题材。胡父一声不吭,立刻回家,吩咐塌麦饼做干粮,连夜翻过济岭,赶到韩埠,刚趁着夜潮的轮船,在温州买好黄鱼,次日匆忙赶到霞嵊。伯岳父再见到他,笑问:你的黄鱼呢?胡父变戏法似的从身后拿出黄鱼。伯岳父大为感动,当场取笔立契,赠予霞嵊村边山下寮的四十石良田。

告诉我这些逸事的胡永庆舅舅(胡荣铨堂侄,系我外公干儿子,他妹妹又是我舅妈)说,前几年山下造公路,这四十石田又补偿给你们霞嵊人了。真是舆图换稿,江山依旧,多少事都付笑谈中。原先我以为山下的都是地主,霞嵊的都是佃农,而霞嵊有地,要等到土改后统分,以山下寮之界,两村重划田界了。到此方知这些渊源。

两村世代通婚的亲眷地,恩怨交织,历来不少互相戏谑的话题。儿时各村放电影看戏,霞嵊去山下,回来时总用山下人的篱笆,烧烤山下人田里的黄豆玉米作为宵夜,一路吃着回来。等轮到霞嵊,山下人也照章办理。但霞嵊人比他们懒,田里没那么多可吃的东西,于是山下人归途中点燃了霞嵊的稻田。每逢戏班不好,或电影故障,散场时主事者必定用大喇叭互相讨饶,希望对方回去时不要把村里的稻子或篱笆点火了。20 世纪 80 年代,两村为交界的铁坑山争树,山下村村户户去山上砍树,整齐堆在家门口;霞嵊全村涌入山下去搬回来,有阻拦却没有械斗,让霞嵊人顺利搬走,像战利品一样陈列在村头稻田里。其间有两姨夫,夺树时见面,居然谦让对方。对外人从不认输的山下人,事后不免耿耿于怀。

所以,当乡谈中说到永嘉物产谚语,"东皋红柿、上吴枇杷、沙岗粉干……",霞嵊人总接:"霞嵊的先生,山下的茅坑。"山下人必定不服气,回复以"霞嵊的金瓜棚"。霞嵊至今教书的人很多,夫妻、父子、兄弟、姐妹均为教师的比比皆是。过去山下村为收集农家肥之计,在当时的省道济岭驿道边随处搭建茅厕,摆放大坑缸。该村地势陡峭,上下落差大,故被调侃等行人出来系好裤带跨出茅厕,方才听到下落的声音。又霞嵊人多地狭,常在村道两边见缝插针栽种金瓜(南瓜)、蒲瓜(葫芦瓜),用杉树搭建坚固的瓜架,常几年不换。山下人往来路过,对此印象深刻。

但山下真正学有所成者,胡荣铨外,稍后族人有胡望周、胡望普两兄弟,浙大毕业后创办楠江中学的胡步勋,农业专家、省人民代表胡圣来等,历来英才辈出。

2020 年 3 月 23 日改作

徐莼的新津情结

朱晓剑

在新津的近代历史上，有许多有趣的人和事，他们为地方文化、经济的推动值得关注。尤其是父母官对地方文化的推动有不可忽略的作用。比如曾担任新津县令的徐莼，字守斋，拔贡生，浙江永康人，乾隆十八年(1753)赴任。在说到徐莼时，不能不提到隔壁彭山县县令张凤翥。张凤翥，字梧冈，浙江上虞人。两人是邻县，又加之有同乡之谊，在业务上时常往来，更兼有诗酒唱和，在当地算是一段佳话了。

徐莼工书画，其书法有赵字清俊挺拔、布白疏朗的特色。徐莼在新津任职期间，颇有政绩，十分关注本邑的名胜古迹。他除书写杜诗，包括《游修觉寺》《后游》《题新津北桥楼》五言律诗三首，诗碑立于修觉寺外，后来这被命名为"新津十二景"之一，与此同时还复建"纪胜亭"。在原亭内有他补书的宋代诗人陆游及苏辙《咏纪胜亭》五律诗二首。

徐莼在新津历史上不只是善书画的书生，且是治水和复修通济堰的重要人物。乾隆二十一年(1756)的清明节，徐莼与张凤翥相约视察通济渠，两人乘筏朝发新津，沿通济渠顺流而下，薄暮至彭山翻水口方上岸。张凤翥写《泛渠十绝奉寄新津徐明府》，徐莼亦写《丙子清和，梧冈相约，乘筏按视通济堰渠，行三十里登岸，薄暮至翻水口，观二十八渠，归县时已二鼓，先承梧冈作诗寄谢，奉和原韵》回应，不知为何，这组诗只留下来九首。

且看这些诗作：（其一）茂树疏烟两岸齐，相将共泛绿杨堤。尽教天堑从头彻，一派汪洋入小溪。（其二）课雨占晴四月天，农夫搔首问灵泉。由来吏职民依切,敢谓流膏种福田。(其三)夹岸新秧映翠微,跳波发发鲤鱼肥。浪花无数溅衣湿,粉蝶随风逐水飞。(其四)绿油一泻势潺湲,润滴农田顷刻间。携得壶浆停麦陇,岂因览胜对江山?(其五)飞珠溅瀑急流添,入隙穿渠绣碧沽。荷插成云耕作雨,忘机鱼鸟亦恩粘。(其六)漱石穿云荇藻寒,篙师最怯路纡盘。呼骑踏向斜阳外,回首云峰兴未残。(其七)烟郊荒径草生花,问渡行人立晚沙。脉脉已归翻水口,暮烟一带乱鸣鸦。(其八)土膏雷动报新疏,不数当年郑白渠。筒口细流分玉韵,泉飞石缝任窥鱼。(其九)归途月色影模糊,彳亍舆夫促渡夫。渔火尚留光似线,披星夜气接天衢。

这既有对当地风物的观察,也是川西坝子的常见风景。

此外,徐莞在新津任上还写有一首诗《忧旱》。根据记录,新津对气候的观察始于民国二十六年,这首诗则被视为对地方气候的关注。"忽忽春光一半过,风霾月晕转蹉跎。土膏久涸占虫出,霖雨全稀奈麦何?红色海棠羞燕子,龙须桑叶恼蚕蛾。关心民事为忧旱,社鼓村农望眼多。"干旱对新津农人来说是仅次于暴雨的灾难,徐莞的担忧让我们看到了地方官的心迹。

徐莞对新津的情感或许出于读书人的天性。但毫无疑问的是,徐莞来到新津,见到了与故乡永康不一样的风物及人情,也就生发出了热爱新津的情结来。这与我们通常所看到的清代县令形象是有差异的。

2019 年 3 月号,总 262 期

王伯祥先生藏书之处理

张学义

⊙《王伯祥日记》书影

"苏州五老之一"的王伯祥先生生前常讲,他的藏书在他百年之后的安排,就是"书籍希勿分散,赠予公家,供需用者之用"。1975年12月30日,王先生逝世,享年86岁。1976年1月7日,有关方面在八宝山为王先生举行了追悼会,此时,王先生的丧事算是办完了。两天后的1月9日,王家子女就专程到王先生的终生好友叶圣陶家,请教父亲所遗藏书的处理办法。因为具体捐赠给哪家"公家",捐赠又如何办理,一时成为王家子女的问题。

对于捐赠给哪家"公家"的问题,叶圣陶先生建议"拟探问文学研究所能否收受"。文学研究所能不能接收,当时还是一个未知数。叶先生自告奋勇,决定第二天带着王家子女,找时为文学研究所负责人之一的唐弢商谈此事。不料到了第二天,叶先生接到上级的通知,要参加周恩来的遗体告别仪式。叶的意思找唐弢"谈此事"顺延推后,但王家子女决定他们自己当天直接找唐弢谈。他们去谈了,也谈出了初步结果——唐弢表示愿意接收王先生所遗藏书。这样,捐赠给哪家"公家"的问题就算解决了。

但在文学研究所表明接受王家捐赠意思的同时,王家子女又面

临一个现在看来很有意思的问题,即文学所在接受捐赠后,是要给王家子女一点"现款",这让王家子女犯难了。经过如下:

  1月21日,上午唐弢电话打给叶圣陶,告诉叶有关王伯祥藏书处理事宜,可是叶先生在电话里听不清楚。下午,专门打发儿子叶至善到唐弢那里亲自问询。问询所得的结论是:文学研究所的意见比与王家家属提的意见更为优异,且提出家属未言之意,"将酌酬现款而不名为书值",且谓此因有先例。至善又到王家,对王氏兄弟言其事,嘱大家斟酌,然后向文研所正式答复。经过了两个多月后的3月27日,王湜华兄弟三人来到叶家告诉叶先生,王伯祥藏书捐赠给文学所,研究所给予家属六千元,聊以表意,并非书之代价。润华已签字受之。今商议,觉既云捐赠,即不宜受资,意欲往退还,故商之于叶先生。叶先生讲,"试往退还自可,但未必竟能退还也"。3月31日王湜华来叶家,告诉说他们兄妹三人携款到文学所退还,未能如愿,结果携款而回。因此,最终的捐赠结果是:王伯祥先生的一万零二百余册遗藏,落户社会科学院文学研究所,获得六千元的现款酌酬。

  捐赠之"捐",是舍弃的意思;捐赠之"赠",是送给的意思。因此,捐赠本意里,没有因捐赠行为而获得报酬的意思。现在看来,王伯祥先生在世时常讲的"赠予公家"的本意,就是不计酬报"纯粹送给"的意思。他的子女做"捐赠"处理,也算恪守父命。看他们在具体捐赠过程中在文学研究所主动提出的"酬报"事宜上犹豫徘徊,能感受到那个特殊年月里普通知识分子潜意识里的某种恐惧。六千元,在当时应当算不小的数目。也许,王家子女在六千元面前动了心,但在父亲的遗愿和时代的特殊性面前,又平添了许多顾虑。结合当时特殊的时代氛围看文学研究所的做法,应当令人感到一点温暖:一是有实实在在硬通货的补偿;二是很得体地照顾到知识分子的颜面,强调

"将酌酬现款而不名为书值",算是给这六千元找足了理由。至于叶圣陶先生自始至终不辞辛劳地操心与关注,亦可见出老一代知识分子为朋友的遗物、为宝贵的书籍寻个好去处的诚挚的心。

2014 年 3 月 22 日于渭南职业技术学院
2014 年 5 月号,总 204 期

钱基博捐赠华中师大藏品的下落

胡春晖

姜德明《梦书怀人录》（上海远东出版社 2012 年 8 月版）中有一篇《钱基博藏品说明》的文章，谈钱基博先生在华中师范学院（华中师范大学前身）执教时捐赠文物、书籍的事，作者购得油印的钱基博《文物研究赠品说明合册》，"凡赠品二百一十一件，自商周三代历汉唐宋元，以迄于明清"，有殷墟龟甲、旧玉、旧砚旧墨、古拓、书画墨迹、图书金石等十大类。作者说：新中国成立初期，知识分子欣逢盛世，乐于把一生心血换来的奇珍异宝无偿地献给国家，我对钱基博先生顿生敬意。

钱基博（1887—1957），字子泉，号潜庐，江苏无锡人。曾执教于北京、无锡、杭州、上海、武汉的高等学府，钱锺书的父亲。1945 年，到武昌私立华中大学（后并入华中师范学院）任教，至 1957 年 11 月 30 日在武汉病逝。钱仲联先生誉他为中国现代学术史上真正精通经史的一代硕学通儒、文章巨擘。钱穆也称："然余在中学任教，集美、无锡、苏州三处，积八年之久，同事逾百人，最敬事者，首推子泉。生平相交，治学之勤，待人之厚，亦首推子泉。"

姜德明文章最后说：我不了解这些文物的下落，至少没有人讲起钱基博献宝的故事。

读华中师范大学老校长章开沅的著作《实斋笔记》（东方出版中心 1998 年 5 月版），内有一文《诂经谭史，言传身教——纪念钱基博一百周年诞辰》。文章写于 1987 年，该年为钱基博百年诞辰，在章开沅倡议下，《华中师范大学学报》（哲学社会科学版）于 12 月 15 日出版了"纪念钱基博先生诞生百周年专辑"，此文即为该专辑的序言。1951年至1957年,章开沅与钱基博在华师同一系科工作,这也是钱老生命中的最后几年。文中说:钱老出于对国家对教育事业的热爱,把自己珍藏多年的数万册图书赠送给学校图书馆,又把大批心爱的文物捐献出来,帮助学校筹建历史博物馆,以后改为文物陈列室,正式向校内外开放。我校师生,乃至整个武汉地区的许多中学师生,至今仍然从钱老的遗爱中受到教益。华师图书馆古籍收藏以集部见长,也与钱老的"集部之学,海内罕对"有关。对于钱先生的学术思想,文中说:正如他的名字一样,其学术魅力在于淹博,在于会通以至形成通识。文章最后写道:我们纪念钱基博先生,最好的办法是继承他的宏愿与实践他所未能完成的事业。我希望,一切热爱祖国的人,都能像钱老所说的那样,在努力引进、消化、吸引外国先进文明的同时,也要以现代的心理、意识与方法去了解中华民族的传统文化,从中辨析找出切合于今日四个现代化所需要的精神新泉。这里所说的赠送数万册藏书,时间是1950年,数量是五万余册,捐献文物时间是1952年,数量前已述及,是二百一十一件。

又据《湖北日报》报道,2013年5月17日,华中师范大学文物馆开馆,展出四百余件馆藏珍品,包括钱基博、张舜徽等名师的捐赠。该馆的前身由钱基博先生1952年筹建,已有六十余年历史,收藏了历代文物两千余件。展出的文物,年代早至石器时代,晚到民国时期,包括石器、青铜器、造像、书画、陶瓷、印章、钱币、鼻烟壶等种类。其中,钱基博捐赠的一批印章、张舜徽捐赠的唐代敦煌石室写本长卷,均是难得的珍品。另外,华中师范大学丁毅华教授曾撰写《钱基博先生与华中师范大学珍藏文物》,同为该校教授的钱老女婿石声淮也曾撰写《记钱子泉先生捐赠图书文物事》。2008年5月,华中师范大学出版社出版了华中师范大学王玉德教授主编的《钱基博研究》。自2011年起,华中师范大学出版社开始出版《钱基博集》,该集纳入华中师范大学出版社"十一五"期间的重点出版选题,并在资料搜集、点校、专审和图书设计等各个环节加大资金和人力投入,出版社组织了专业编辑力量,成立了专门的工作小组,至2015年,已出版四辑十八部,预计今年第五辑将出版。2013年10月,该校校友彭书国捐赠一千万元兴建校博物馆,学校一百一十周年校庆时举行了隆重的奠基仪式,钱老捐赠的文物即将有一个全新的安置之地。同年还出版了《华中师范大学图书馆百年珍藏撷荟》(世界图书出版广东有限公司2013年9月版)。这本图文并茂的精装本图录,精选有馆藏古籍字画、民国及解放区出版物、报纸杂志、文华公书林及华中大学西文书刊等百余种,我手上没有这本书,但应该有钱老捐赠的书刊入选图录吧,我想。

钱先生捐赠的这批二百一十一件文物中,玉器二十六件、青铜器八十件、历代货币五十二件、古瓷二十五件、书法绘画二十八件,校博物馆公开陈列的文物中,有先生捐赠的青铜带盖双耳方壶、晚清龙形玉佩,等等。

我给姜德明先生写信时,将我所知的钱老献宝以后的情况顺便提及,很快得到他的回信:"来函收到,承告钱基博事,是我当年写作时未知的史料。"以上叙及的事,大多发生在《钱基博藏品说明》一文发表后,当然"写作时未知"了。

明年是钱老一百三十周年诞辰,这批捐赠给华中师范大学的文物保存完好,发挥了应有的作用,钱老献宝的故事也通过书籍杂志上的文章介绍、校博物馆公开陈列的钱老捐献的文物而广泛流传。这应是献宝者及后人,以及诸多与姜德明一样关注这些文物的人备感欣慰的,也是对钱老最好的纪念和缅怀。

2016年6月号,总229期

宋春舫及其"褐木庐"

汪应泽

梁实秋先生曾在《书房》一文中写道:"我看见过的考究的书房,当推宋春舫先生的'褐木庐'为第一。在青岛的一个小小的山头上,这书房并不与其寓邸相连,是单独的一栋。环境清幽,只有鸟语花香,没有尘嚣市扰……"当时在上海的戏剧家李健吾也久慕褐木庐大名,他说:"梦自己有一天飞到青岛,飞进他的书库,在那些栉比的书架中翱翔。"1950年李健吾来到青岛,寻访褐木庐旧址。就连鼎鼎有名的胡适先生也曾拜访过这座藏书楼。这在《胡适日记》里,明确提到过,1930年8月他第一次来青岛时,住在"福山支路一号"宋春舫的家中。其实,福山支路一号,即洪深旧居,1928年被宋春舫买下。这里离他的褐木庐只有几步,褐木庐是福山支路六号,一栋简简单单的建筑,有点像普通民居,难怪后来许多人不知道这就是著名的褐木庐藏书室。

他是何许人也?宋春舫(1892—1938),浙江吴兴人,王国维的表弟,十三岁中秀才,1912年从上海圣约翰大学毕业后就去了法国、瑞士留学,并在日内瓦获得硕士学位,精通英语、德语、拉丁语等多种语言。回国以后,曾在北大、清华等名校任教。1928年至1938年,他在青岛工作、生活了十年。当时,他在沈鸿烈当政时期被聘为市政府参事;他还是青岛观象台海洋科第一任科长,被视为中国现代海洋科学的创始人;又是我国现代最早介绍西方戏剧理论的戏剧家和藏书家,曾经被誉为"世界三大戏剧藏书家"之一。

宋春舫的褐木庐,成为当时青岛的一张文化名片。其时,国立青岛大学名流汇集,像杨振声、闻一多、梁实秋等都有留学背景,分别在古典文学、诗歌、翻译、戏剧方面有专长。可想而知,他们都是褐木庐的读者。当时在青岛的戏剧家、翻译家,如洪深、章铁民、张友松、孙大雨……也是褐木庐的常客。特别是梁实秋,正在青岛大学任外文系主任,兼任大学图书馆馆长,得意于自己的国外戏剧史料及莎士比亚研究资料的收藏,但参观了褐木庐的藏书,被主人宋春舫的藏书所折服。他写道:"在这里,所有的图书都是放在玻璃框里,框比人高,但不及栋,我记得藏书是以法文戏剧为主。所有的书都是精装,有些是真的小牛皮装订,烫金的字在书脊上排着闪闪发亮,也许这已经超过了书店的标准,微近于藏书楼的性质,因为他还有一册精印的书目,普通读书人谁也不会把他书房里的图书编目。"

宋春舫不但藏书,还编有书目。他在《褐木庐藏剧目》的序言中说:"予自弱冠西行,听讲名都,探书邻国,尔时所好,尽在戏曲,图府之秘籍,私家之珍本,涉猎所及,殆尽万卷。民国四年,初游法京,入 Bibliotheque de L'opera,寝馈其间,三月忘返。民六返沪,择所爱好,挟以俱归。十年再渡,道出德奥,时则大战甫平,币值下降,遂罄囊橐,捆载而东,后因疾病,并束高阁。近五六载,沪杭平津,奔走往来,不宁其厥处。去岁,斥金四千,始建褐木庐于青岛之滨,聚书其中,今春复辞青市府参事,扃户写目,匝月乃竟。盖二十年来,辛苦搜求,所获不过三千余册,财力不足,闻见有限,无足怪也,犹幸所藏,尽限一类,范围既隘,择别较易,即此区区,已为难得。以言戏曲,粗备梗要,中土所藏,此或第一,持较法京,才百一耳。"由此,可以知道这批藏书历经险阻,终于有个落脚之处。所谓褐木庐是从 Cormora 音译而来,代表他喜爱的三大戏剧家的简称,Cor 即高乃依 Corneille,Mo 是莫里哀 Moliere,Ra 是拉辛 Ra-Cine。

1937 年日本发动"卢沟桥事变",宋春舫离开青岛去了上海,第二年英年而逝。身后,宋春舫的藏书由其家人分别捐赠给了北京和上海图书馆。20 世纪 90 年代,他的部分藏书流入北京旧书市场,上海华师大研究员陈子善和台湾藏书票家吴兴文,他们"意外地"淘到宋春舫贴在外版书上的褐木庐藏书票。

　　这种藏书票的构图,由四灵图案与篆书构成,颇有汉画像石的味道。同时在《褐木庐藏剧目》附录三,宋春舫写道:"予写褐木庐藏剧目,各国剧本粗备,而旧剧独付阙如。二十年秋,重游燕市,始略购求。既归海上,复得若干种,因亦编写,附于剧目之后。要皆习见,一无珍本,聊供研究而已,志固不在藏书也。二十三年冬,春舫记。"可以看出他收集外版戏剧并非为了收藏,而是为了研究。他曾编写的剧本有独幕喜剧《一幅财神》、三幕喜剧《五里雾中》和《原来是梦》。他翻译的作品有小说《一个喷嚏》《一个舞女的口供》《一支金的自来水笔》以及剧本《青春不再》,还有戏剧理论著作《宋春舫论戏剧》,可见不是一句空话。

2014 年 5 月号,总 204 期

潮打空城寂寞回
——《走近姚灵犀》

王成玉

当人们在寻找文学史上的失踪者时，突然发现还有一批曾经在文学史上闪光的旧式文人，他们被遗忘得太久了。近读王振良主编的《问津文库》"通俗文学研究集刊"第十一种《走近姚灵犀》（张元卿、王振良编，天津古籍出版社2009年1月版），让我们见识了这位奇人。此书分上编：采菲拾零。中编：瓶外杂说。下编：《南金》研究（兰翠娟）。另附录：一、《南金》主要作者作品表；二、今生有幸识《南金》（兰翠娟），以及张元卿前言《那片全新的江湖》和王振良编后记《走近姚灵犀》。

姚灵犀（1899—1963），一生著述颇丰，编著的主要作品有《采菲录》《瓶外卮言》《思无邪小记》《未刻珍品丛传》《瑶光秘记》《衮雪斋词》等。他创办的《南金》杂志刊载传统题材的文艺作品，包括小说、笔记、诗词、剧评及学术论文，是一本高级的不通俗的通俗文学刊物。其独立的风格、高层次的文化内涵展现了当时中上层知识分子群体的文化品位和价值观，与一般以市民阶层为期刊的读者群迥然有别，被誉为"北方唯一最美之文艺月刊"。虽然一共只出版了十期，但它的历史意义，是很令人深思的。

走近姚灵犀，我们首先看到的是他的《采菲录》。上编《采菲拾零》收录了姚灵犀的《采菲录》自序、《续编》自序，《采菲录精华录》弁言和其他人的评论文章，当代的有来新夏、沈津、倪斯霆、杨念群、张鸣等人的文字。来新夏在《姚灵犀与〈采菲录〉》一文中说："《采菲录》《思无邪小记》及《瑶光秘记》等，多与性学有关，我除了艳情小说《瑶光秘记》未获读外，其余都读过。随着读他的作品，我也渐渐转变对他的看法;这是一位博涉群籍,很有性格和独有见地的人。"原来《采菲录》是一部"中国妇女缠足史料",多录奇趣诡异、惊世骇俗之论。虽然作者的目的是"原欲于纤趾未尽绝迹之前,搜罗前人记载,或赞美之词,或鄙薄之语,汇为一册,以存其真,更取纤趾天足之影、弓鞋罗袜之属,列之以图,附之以表,使阅者知所印证,引为鉴戒",但还是遭到很多人的批判,斥之为"专写妇女缠足的风流韵事"。时隔多年,当杨念群在 2002 年第六期《读书》上发表《"过渡期"历史的另一面》,从各个方面谈自己对"缠足"的看法时,紧接着张鸣就在第十期上写了一篇《"历史另一面"的困惑》,针锋相对地展开商榷与争鸣。一波未平,一波又起也。《采菲录》到底是一部什么书?陶慕宁在《瓶外卮言》(陶慕宁整理,南开大学出版社 2013 年版)的前言中说:"时隔七十年,今日重观《采菲录》,不仅绝非'有伤风化'之作,洵为中国风俗史、文化史、中国妇女缠足史、性史之珍贵史料,其价值当历久而弥显,其有功于世毋庸讳言。"

　　再来看中编《瓶外杂说》,此编收录了姚灵犀和其他作者的共二十一篇文章。《瓶外卮言》是研究《金瓶梅》的第一部论文集,其中有吴晗的《〈金瓶梅〉的著作时代及其社会背景》、郑振铎的《谈〈金瓶梅词话〉》、痴云的《〈金瓶梅〉与〈水浒传〉〈红楼梦〉之衍变》等论文,以及姚灵犀本人的《金红脞语》《金瓶梅小札》。蔡登山说:"今天我们重新点校姚灵犀的著作,并重新出版它,我们觉得他在当时以无比的勇气开创了很多'第一':他所编的《采菲录》对有关缠足的史料可谓网罗殆尽,而且是前无古人;他所写的《思无邪小记》,记录了有关性文化的数据一时罕有其匹;他的《瓶外卮言》对《金瓶梅》词语的辨析也是独一无二,而且称得上是'开山之作'。"

　　本书下编是兰翠娟的《〈南金〉研究》。兰翠娟的这篇论文,可能是迄今为止第一篇全面论述姚灵犀主编《南金》杂志的著作。姚灵犀是香艳大家,同时也是著名学者。然而由于历史的误会,使他背上种种罪名。虽然书话大家姜德明评价姚灵犀《采菲录》及《瓶外卮言》是表现变态的低俗读物,但兰翠娟勇敢站出来为其正名。兰翠娟这篇论文分四章:一、昙花一现的《南金》;二、《南金》的传播要素;三、《南金》的内容特色;四、《南金》的停刊与北派其他通俗期刊。在《今生有幸识〈南金〉》一文中,兰翠娟说:"难以想象,曾经有那么一群人,他们见证了历史,创造了历史,成为了历史,最终又湮灭于历史。作为民国时期北派通俗文学的文艺精品,《南金》及其背后的编创者们,已经被世人遗忘太久了。"想当年,在胡适之们"提倡新文学,反对旧文学"的革命热潮中,姚灵犀们的"旧文学"终于曲终人散。今天,当我们一步步走近姚灵犀,突然发现了"那片全新的江湖"。而重评姚灵犀,则任重道远也。

2019 年 11 月号,总 270 期

《查泰莱夫人的情人》两种版本的比较

安武林

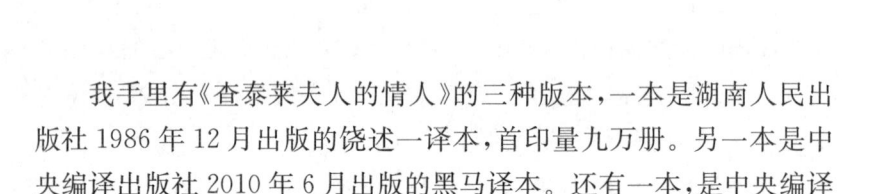

我手里有《查泰莱夫人的情人》的三种版本,一本是湖南人民出版社1986年12月出版的饶述一译本,首印量九万册。另一本是中央编译出版社2010年6月出版的黑马译本。还有一本,是中央编译出版社的英文版,不在我的关注之列。

饶述一的版本中,收有著者序(劳伦斯原序)、译者序、郁达夫和林语堂各写的一个书评。这本书,基本上是对80年代以前国内出版的《查泰莱夫人的情人》情况的基本介绍,着重点放在引进的曲折和对劳伦斯的评价上。透过这几个序,我们就知道了《查泰莱夫人的情人》引进到中国是何等不易,是诸多作家、翻译家、出版家共同努力的结果。同时,我们也对劳伦斯这位充满争议的作家——尤其是这本书——《查泰莱夫人的情人》在全世界充满争议的坎坷遭遇有了一个基本的了解。

黑马的版本中,开篇是译者写的一个长序《废墟上生命的抒情诗》。这个序是对劳伦斯创作的一个研究和总结。译者以翻译者和研究者的双重身份,对劳伦斯的创作进行了充满激情的介绍和分析。第二篇是译者写的一篇文章《霍嘉特:回顾〈查泰莱夫人的情人〉的开禁历程及文化反思》。这篇文章写出了该书在出版之后遭到查禁以及法庭的审判过程,让我们详细地了解到了该书当时出版所遭遇的强大的阻力。让我感到惊喜的是,译者去拜师,去考察,去生活,去感受,真实地体验劳伦斯作品中所描述的场景。与饶述一相比,这点功课做得比较扎实。

特别需要强调的是,黑马在特注中有一大段介绍,说明他在翻译这本书过程中的一些感想和心得。他很推崇饶述一,把饶述一放在一个大师的位置上,非常谦恭而又虔诚。从心理上,从治学上,从翻译上,他精神上的师承对象应该是饶述一先生。这种态度,注定了他翻译的版本是对饶述一版本的继承和发扬。但饶述一究竟是谁?现在依然是个谜。据黑马的推断,可能是朱光潜先生,究竟是不是,还需要考证,但黑马的态度是值得赞许的。

至于两本书的开本、装帧、设计等特点,我不想多说,毕竟,这两个时代各有自己的特点,从装帧设计上也能看得出来。20世纪80年代后期和今天的阅读环境也大大不同了。

其实,说到这两个版本的比较,题目比较大,我真正做的事情是,两个人翻译风格的比较。全文比较也比较难,我做了一个讨巧的事情,就是把该书的第十二章进行一个比较。

第十二章的开头,饶述一是这样翻译的:午饭过后,康妮马上便到林中去了。黑马是这样翻译的:午饭后康妮就上林子里去了。虽然两者表达的意思一致,但两者还是有区别的。饶述一的翻译,符合中国人的阅读习惯,而且能看出康妮的紧迫感。黑马的翻译,更尊重西方人的阅读习惯,长句子,他比较注重叙述,或者说叙事。但接下来,两者的区别就明显加大了,因为下面是一段精彩的风景描写:

  饶述一:那真是可爱的一天,蒲公英开着太阳似的花,新出的雏菊花是这样的白。榛树的茂林,半开的叶子中杂着尘灰颜色的垂直花絮,好像是一幅花边。大开着的黄燕蔬,满地簇拥,像黄金似的在闪耀。这种黄色,是初夏的有力的黄色。莲馨花灰灰地盛开着,花枝招展的莲馨花,再也不畏缩了。绿油油的玉簪,像是个苍海,向上举着一串串的蓓蕾。跑马路上,毋忘我草乱蓬蓬地繁生着。楼斗菜乍开着它们的紫蓝色的花苞。在那矮丛林的下面,还有些蓝色的鸟蛋壳。处处都是蕾芽,处处都是生命的突跃!

饶述一的翻译,自然,很口语化,有深厚的文学底蕴。这种底蕴也反映出了时代的特点,这个特点又反映在语言运用的习惯上。读多了现代文学的人,无论是诗歌,还是小说,都能感受到,如"新出的雏菊花是这样的白""处处都是生命的突跃"!自然和口语之中,也有现在看起来的生硬。平实和朴素之中,又有诗意的葱茏。语言简洁,又舒展。可以看得出来,译者得心应手,从容自如,节奏把握得十分精当。译者很自然就达到了"和作者息息相通,心心相印"的境地:

  黑马:那真是个好天气(那真是个好天儿),初开的蒲公英形似小太阳,初开的(绽)雏菊白生生的。榛树丛叶子半开半闭,枝子上还挂着残存的染尘柳絮,看上去像(钩了蕾丝边)一幅花边。黄色的白屈菜现在一簇一簇地盛开着,花瓣平展地舒开,花边急切地翻开着,看过去金盏点点。(黄色的地黄连已经开得成簇成团,花瓣怒放,看过去片片金盏。)初夏时节,遍地黄蕊,黄得绚烂。报春花开满枝头,不少已经开败褪色,那一撮一撮儿的花簇辉煌不再。(报春花蓬蓬勃勃,一撮一撮儿的花簇不再羞赧,浅黄的花朵盛开。)风信子墨绿似海,花蕾昂着头如同嫩玉米头。马道上的"勿忘我"开花了(随风摇曳),耧斗菜紫蓝色的褶叶正在绽放(舒展了),灌木下散落着蓝知更鸟的碎蛋壳。到处缀满花蕾(都是花蕾),处处生机勃勃!

  说明:文中所加括号内的内容,是作者在此书出版后的修订。括号外的是原书译文。
  黑马的翻译,更舒展,和饶述一的翻译相比的话。但黑马也努力想保持饶述一口语化的特点,如后修订的"那真是个好天儿",他意识到了自己的语言比较书面化,比较抒情,比较舒展,所以他在凝练和口语化上下功夫。其实,这是两种味道,不必刻意。在俄罗斯擅长描写风景的大家作品里,那风景描写如同江河奔流,浩浩荡荡。如果凝练下,那就显得小气了。但劳伦斯毕竟是英国作家,英国作家的豪放毕竟不在风景描写的张扬上,相对来说还是比较严谨和刻板的,尽管劳伦斯一向讽刺英国人的拘谨和刻板。而且,这一段风景,也仅仅是为了烘托康妮的心情和内心磅礴的激情。所以说,黑马的修订和不修订,是两种味道,各有千秋。但黑马在植物名称的精确上、描写上,都花费了一番功夫。而且,他的语言更具有现代人的表达特点。无论如何,黑马这种修订的做法上,体现出了他精益求精的态度,这是非常值得推崇的。

饶述一翻译:我喜欢你的肉体。

黑马翻译:我喜欢你的身体。

在男性生殖器的翻译上,饶述一翻译成:阴茎,蒂。黑马翻译成:东西,物件,家伙。在别处,黑马还翻译成"尘柄"。饶述一翻译的"孔",在黑马这里翻译成了"雌儿"。

相比之下,饶述一翻译得更有味道,但我猜测黑马也有迫不得已的原因,比如说出版社的意图。尤其是这个"孔"字,不可能有更好的汉字能替代了。语言都是带有局限性的,尤其是两种不同语言的转换和使用。这在诗歌翻译中更为明显。英语和俄语中诗歌的韵律,在我们汉语中很难能体现出来。

在大段的性爱描写中,主体上的感觉层次,两者是基本相同的。也就是说,每个人都有自己的语言习惯,各自按照自己的语言习惯搭建成了自己的语言体系。这种东西是无法相互学习的。饶述一翻译的精彩的东西,放在黑马的译文里面就不精彩了。也就是说,不可以互换的。这书的字号、排版、格式,都会影响阅读的效果和文字表达的效果。

其实,阅读翻译的作品,最害怕的是先入为主的观念。读者一般恰恰都是如此的。除非,你先读一个糟得不能再糟的译本,然后再读一个好版本,这样才能消除先入为主的判断。而如果先读一个好版本,再读其余的——即便是再好的版本——也觉得与第一个翻译的有差别。这和第一次结婚和第二次结婚有相同之处。只有极少数的人才能在第二次婚姻中得到婚姻的幸福感。饶述一的版本,怎么看都像是一个写言情小说的高手翻译的,翻译得很柔软,如果从这个角度说,这是饶述一版本的优势。如果再用个比喻显示二者的区别,那么饶述一更像是诗人在翻译《查泰莱夫人的情人》,黑马更像是散文家在翻译这本书。我毫不怀疑,两位译者的经验中还包含了他们各自在性方面的体验和认识以及感觉。否则,这本书很难能翻译好。

不过,我还是要提下黑马翻译版本的另一个特点,因为他具体考察和体验过英国,以及故事的发生地,所以,他的译本在某些方面比较科学、严谨。举个小例子,如十二章中的结尾:

饶述一:当她在昏色里跑着回家去时,世界(1986年湖南版中,世界写成了世果,一个错别字)好像是个梦。园里的树木,好像下碇的舟帆,膨胀着,高涌着。到大厦去的斜坡,也充溢着生命。

黑马:她在暮色中跑回家,一路上觉得这世界如梦似幻。院子里的树木似乎是停泊在潮水上随波逐澜,通向拉格比府的山坡起伏跌宕,如同生命在喘息。

在我看来,"到大厦去的斜坡"的译文就没有"通向拉格比府的山坡起伏跌宕"好。作为普通读者,在此恐怕已经不知道大厦通向什么地方了。

饶述一更喜欢使用短句子,黑马更喜欢使用长句子。这也是两者的一个区别。

我拿十二章的一个章节,来进行全书的比较显然是不科学的、不严谨的,但以此来作为两者比较的一个论据,还是有相对的说服力的。我想所谓的比较,比较两者优劣是一个方面,比较两者的异同让读者去判断是另一个方面了。我做的是第二个方面的事。

2014年2月号,总201期

金凤仪译《屠格涅夫散文诗》读后

金城濠

吾师金凤仪先生，20世纪50年代就读上海外国语学院俄罗斯文学系，后执教于上海交通大学、温州师范学院。1991年从温州广播电视大学退休。在20世纪80年代翻译了《屠格涅夫散文诗》。当时我国俄罗斯文学权威戈宝权先生对译文倍加称赞，他在致友人信中写道：金凤仪同志的译文不错。有许多优点，主要在于他的理解较为正确。可惜的是出版社仅仅选择了七篇散文诗发表在《春风译丛》1981年第二期上。老师的其他数十篇译作就静静地躺在抽屉里，一躺就是三十多年。

如今我也是古稀之人了，不久前我去看望老师。老师把他珍藏的《屠格涅夫散文诗》中译手稿一共一四七页托付给我，交给我的还有戈宝权先生致徐迺翔先生信件的复印件。

我看到老师的译作后，思绪万千，一种责任感浮上心头。我仔细地阅读了老师的译作，并且找来原作和能找到的中译版本加以对照，看到金译在许多地方是最准确的。譬如：戈宝权先生提到的在《乡村》一诗中有人把"短鬃马头的铁雕装饰"误译为真马。巴金先生是这样翻译的：每家的门口都有一匹熟铁铸的短鬃小马。巴金先生是根据英文版翻译的，很可能英译版就存在不通达的地方。

现在我把我所看到的各种版本的这句话的文本收录于兹，供研究者参考：

"每家进门的地方都有一只短鬣小马。"（《屠格涅夫散文诗》，新文化出版社1923年版，徐蔚南编译）

"每家的门口都有一匹熟铁铸的短鬃小马。"（《散文诗》，文化生

活出版社1945年5月版,巴金译)

"有的地方门前都有一匹结实健壮的短鬃小马。"(《爱之路》,湖南人民出版社1981年版)

"每间小屋的门廊上方都装着短鬃马头的铁雕装饰。"(《屠格涅夫散文诗》未刊稿,金凤仪译,1981年)

"每家的小门廊上,都装饰有一匹铁铸的短鬃小马。"(百花洲文艺出版社1992年5月版)

"每家的小台阶上都装饰着一匹铁质镂空的鬃毛浓密的小马。"(《白云山房丛稿》,四川人民出版社2001年3月版)

"每家的台阶上都有一个铁铸的钢鬃小马头"(《散文诗》,北方文艺出版社2008年10月版)

"家家门廊上有铁皮剪成的鬃毛挺立的小马。"(《屠格涅夫精品集》,复旦大学出版社2009年11月版)

金凤仪先生翻译的《屠格涅夫散文诗》,发表在《春风译丛》1981年第二期上,一共七篇:《啊,蔷薇多么美好,多么鲜艳……》《海上之行》《H·H》《留住》《修道僧》《觉悟》《我们继续战斗》。金凤仪先生有深厚的中国文化的功底,同时又接受过正规的苏俄文化的教育,翻译屠格涅夫散文诗在准确性上,表达原诗作者的意图上做得比较好。这里不妨再举一处各种版本的译作和金译做一比较。

屠格涅夫1878年写的散文诗《粗工与白面书生》,近百年来中国许多人翻译过。我觉得金译《粗黑的工人与白净的书生》是最准确的。

《劳动的工人与白手人》(1920年7月12日《晨报》第七版副刊,沈颖译)

《工人和白手人》(1921年《小说月报》十二卷七期,海峰译)

《干粗活的人和双手苍白的人》(1930年1月《真善美》五卷三期)

《工人和白手人》(1935年8月《译文》二卷六期,巴金译)

《粗黑的工人与白净的书生》(1981年2期《春风译丛》,金凤

仪译）

《干粗活的人和不爱干粗活的人》(1983年3期《译林》，戈宝权译）

翻译工作的"信、达、雅"中的"信"，不仅在于文字上忠于原著，更重要的是理解作者的思想，把他的深刻意图表达出来。屠氏的这首诗表达的是，革命失败，革命者被捕杀，先驱的生命也不能唤起麻木民众。民众竟相信绞死革命者的绳索能给人带来好运。作者一方面歌颂革命者的坚强不屈，另一方面揭示了长期以来黑暗统治所造成的群众麻木和无知。同时反映了革命的不彻底性和不依靠群众的缺点。从作品的这个时代背景出发，我们就可以理解"书生"应该是作者歌颂的"革命者"。我们中国读者读屠氏的这首诗往往想起鲁迅的小说《药》，鲁迅作品中表达的对革命者夏瑜的歌颂，对蘸人血馒头的老栓的哀其不幸怒其不争，中俄两位伟大作家有异曲同工之妙。因此在翻译这个称呼时，"白手人""双手苍白的人""不爱干粗活的人"似乎都带有贬义。"书生"这个称呼，没有贬义，泛指读书人，也比喻注重书本知识，不注重实践，脱离实际的知识分子。这就是1981年在《春风译丛》里发表的金译"白净的书生"的传神之处。这次出书，我斗胆建议此篇题目改为《粗工和白面书生》。先生欣然接受了，甚喜，甚喜。

拜读了金凤仪先生的译作后，深深感到这部译作如果不能出版而被岁月所尘封，对他来说是人生莫大的憾事，对社会也是损失。屠氏散文诗在中国流布已经百年了，数十种译本各具特色，互为补充，百花齐放。金凤仪的译作作为一朵艳丽小花，完全能够为此增光添彩。

这就是我建议把手稿付梓的初衷。我感谢老师对我们的教导。在他八十五高龄的时候能为他做点力所能及的小事，我感到欣慰。

2016年1月号，总第224期

印度的"糖物"

闻 中

我想，人们对甜味的最初记忆，大概皆是始自母乳。于是，对此原始的味觉依恋与怀想便伴随了终生。然人类各个族群之嗜甜习性，似乎皆莫如印度之甚。

刚来印度，我对这里的糖还没有特别的印象。有一次泡咖啡之际，像往常一样的匙量，把糖加入了热乎乎的咖啡，结果，发现甘美醇厚、异乎寻常。而且，喝完咖啡一看，杯子里面居然还有不少尚未融化的晶莹糖粒。我就隐隐知晓，印度这边糖的颗粒纯度大大地不同于自己以往的习惯认知。

后来，在大街小巷行走时，便到处发现印度的甜食店，它们专营各种品色不一、样貌迥异的甜食，有红色、黄色、乳色，有球状、砖块状、三角状，然皆是糖类制成的日常甜品。无论通衢大道，还是穷乡僻壤，此类小店几乎比比皆是，几步之遥，便有多家负势轩邈，互竞高下。除了在各个城中见着外，即便于城市的周边，譬如加尔各答西北部的稻田与水池围绕的乡间村落，像 Kamarpukur 与 Joyrambati 等地，也是一样的店面林立。

看样子，印度人吃糖的习惯与历史，并非一时一地的偶然现象，而是普遍地、恒久地热衷。难怪季羡林老先生会就着敦煌残卷透出来的一线指向印度的蛛丝马迹，就专门写成一部盛大恢宏的巨著——《糖史》；也难怪印度的历史上会有一个名字煞是奇怪的王朝，叫作"甘蔗王朝"，国王则被称为"甘蔗王"（Mahārāja Ikṣvākú），最终繁衍出太阳族部落的英雄后裔罗摩。

据说，早在公元前 5000 年，古印度人意外地从甘蔗里面尝到了远愈母乳的甜味,于是异想天开,把成熟的甘蔗榨成浓汁,然后加火煎熬,很快,锅底便出现了团块状,呈暗黑色的物质,这就是最原始的蔗糖了。公元前六世纪,人类大规模的战事也随着波斯帝国的兴起,连续在欧亚的多个富庶地带发生,同时也带来异域的风味。波斯皇帝大流士带领军队侵入印度时,就发现了这种"味道甜美的芦苇",只是颇为不解,为何"芦苇产蜜,而不见一只蜜蜂呢"?

时至今日,一种拉着一车甘蔗的简陋小车,于各个街巷贩卖新鲜甘蔗汁的小贩们还时时见到。我原以为是卖甘蔗的,哪里知道,人家立刻就榨成汁,好家伙,一杯充满天地元气的热乎乎的、浓甜无比的甘蔗汁就端呈给你饮用。

根据季羡林先生的考证,人类最初的蔗糖加工技术确实起于印度,他的证明思路很有意思,乃基于词源学的一脉线索而获解。他在欧洲留学时就注意到了,尤其是学习了梵文以后,发现一个有趣的现象是:很多国家对"糖"的发音皆很相近。譬如,在英文中叫"sugar",在德文中叫"zucher",在法文中叫"sucre",在俄文中叫"caxap",他的结论极为精妙:这相同的发音,就意味着它们有着一个共同的源头,换言之,该发音所代表的事物也必是外来的。后来,他还在中国一纸敦煌佛经残卷的背面发现了一样同样发音的"煞割令"。基于老先生深厚的梵文功夫,他于是断定,这些全都来自印度,因为,最古老的梵文语汇里面就有一个词语"arkarā",其意义即"糖"。表示"冰糖"或"水果糖"的字也有类似规律:英文叫"candy",德文叫"Kandis",法文是"candi",其他语言也大同小异。根源就是梵文"khandaka"。季老先生说:"根据语言流变的规律,一个国家没有某一件东西,这件东西从外国传入,连名字也带了进来,在这个国家成为音译字。"在中国的例子就很多,比如咖啡、可可、啤酒、巧克力等,举不胜举。

中国人对食物历来是"执色以求",讲究食物的视觉至上,加之精益求精、青出于蓝的思想,便于生活中借净化技术勾兑,那种灰暗不洁的糖色,便被加工成晶莹剔透、色味双全的白糖。这就是《新唐书》

卷二二一所言：

> 贞观二十一年，（摩揭陀）始遣使者自通于天子，献波罗树，树类白杨。太宗遣使取熬糖法，即诏扬州上诸蔗，柞沈如其剂，色味愈西域远甚。

结果，这种成色洁净的白糖就逐渐进入了世界的流通。所以，如今即使在糖的母国印度，"白糖"的名字照样叫作"cīnī"，意思是"来自中国的"。

与各个国家一样，这些糖，或糖制品，最初都属于高阶层精英或显贵人士的专享稀物，真正流入寻常百姓的家庭，还得等到18世纪之后，随着全球贸易的兴盛，与大工业的技术发展，老百姓生活中的日常五味才得以俱全。

记得康有为在晚清的时代乱离当中，亦曾流寓于此，他对印度这边的粗陋食物极为失望，极为不满。但抱怨之余，还是不忘记下一句："印人食无可取，唯糖物甚多。"几个月下来，对此言的全部意涵，我已深有体会矣！

2017 年 2 月号，总 237 期

现代温州学术的激流与潜流
——读《豁蒙楼散稿》

张元卿

20世纪50至80年代的中国学术，总体态势是从潜流到激流，不同地域发展情形虽有差别，但态势是一致的。此处所说的地域，是笼统而言，实际上并不是所有地域都有学术，而有学术的地域必是有学脉，又有学人。温州素称浙南邹鲁，人文鼎盛，关键在于学脉未断，代有传人。有传人，即便总体态势转入"潜流"，时易世变，必有"激流"。陈增杰先生《豁蒙楼散稿》虽为个人文集，却能折射现代温州学术的激流与潜流，意境深远，值得细细体味。

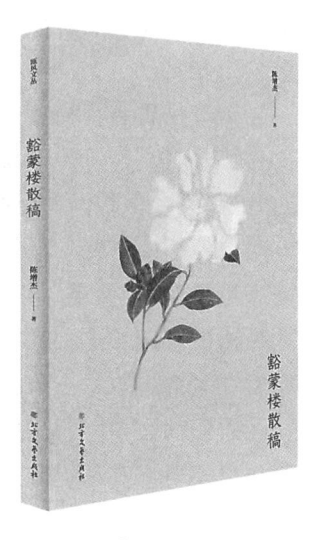

⊙《豁蒙楼散稿》书影

20世纪80年代温州学术从潜流转为激流，陈增杰、郑张尚芳等人用扎实的成果跻身其中，引人注目。钱锺书就称陈增杰的《左传》研究"朴平微至""学问已自成家"。那陈增杰治学何以能至"朴平微至"之境呢？陈增杰在《苏轼读书治学的方法》中称赞苏轼"每一过专求一事"的做法，并根据自己的经验对此做了进一步阐述。他认为"专求一事"就是"有针对性地学习""每一次确定一个要探究的中心课题"，既要"深入细致"，又要"有系统""但作此意求之，勿生余念"。通观陈增杰之著述，从早期的《左传》研究、辞书研究，到后来的诗学文献研究，每个阶段都能"专求一事"而有所成就，说明"每一过专求一事"之法是行之有效的，由此可见他坚守此法自律甚严。陈增杰能坚守此法,自然主要是通过自家实践得来,但同时也应看到在他学术成长之路上前辈学者的导引之功。陈增杰独自向学之时,正是温州学术的"潜流期",虽然学术凋零,但老辈尚在,"潜流"尚存,向学之士还有"入流"之机。当时温州名士梅冷生不仅是"同人谭艺之中心",也是接引后学的重要人物,他"主图书馆之日,善于发现读书种子,时时奖掖后人",力图重振永嘉学术,经他点拨指导的很多学子日后都成为"激流"人物,陈增杰、郑张尚芳、周梦江就是个中翘楚。

梅冷生曾告诉陈增杰,要向夏承焘学习,"走他的路,学业有专攻,持之以恒"。陈增杰说在梅先生那里完成了他的"研究生"课程。通观《豰蒙楼散稿》,我觉得他在梅冷生那里学到的不仅是方法,还有方向、格局和品格。有了这些,一个学人就"入流"了。钱锺书称赞陈增杰治学"朴平微至",正是对他坚守"每一过专求一事"所形成的学术品格的判定。这种品格的形成,我想离不开梅冷生等前辈对他的启发和教育。陈增杰曾把"朴平微至"解释为朴实平允细致周到,就这四方面而言,朴实是基础,平允细致周到是功夫,这些都只是治学的品格。要丰富和提升这种品格,就不能"专求一事",而要调整方向后另外"专求一事",这样"朴平微至"才能在新的领域有所建树,治学才有格局。陈增杰很善于接受前辈指导来调整自己的治学方向,每次转换都不失其"朴平微至"的本色,因此他的格局是建立在专深的基础之上,故而坚实牢靠。

吴鹭山也是"潜流期"中的重要人物,晚年专注于古典诗学研究。陈增杰编校《永嘉四灵诗集》时曾往商谈请益,后来他编注《林景熙集校注》《李孝光集校注》和《宋元温州诗略》(稿本),曾采录援引吴鹭山的《雁荡诗话》《光风楼随笔》。这就是向"潜流"汲取活水。此番汲取,不只是个别文献的征引,不仅在于对吴鹭山古典诗学研究的认同,更显示出自己转向古典诗学研究的自信。

陈增杰由早先的训诂学转向古典诗学研究,其实就是在走梅冷生提示的"夏承焘之路"。这次他把"专求一事"锁定在温州古典诗学,研究对象由"永嘉四灵"逐渐拓展到林景熙、李孝光等历史上颇有影响的温州诗学名家,使得他的古典诗学研究既是对一乡之粹的整理,又是对一国之粹的弘扬。近些年来,随着《温州文献丛书》《温州市图书馆藏日记稿钞本丛刊》等系列图书的出版,当代温州学人整理"一乡之粹"走在了全国的前列,成为地域文献研究的标杆,这是80年代陈增杰等人崛起后出现的又一次"激流",这次涉及的文献更为宽广,对待文献的精神直承梅冷生那股"潜流"而与民国温州前贤实现了对接。20年代温州学人薛钟斗致信梅冷生,认为"学问之道,不在境界广狭,眼光大小,而唯求真实,切忌虚浮",强调为学重在"真实"之扩展与积累,不能留恋虚浮的境界,要不断用"真实"来扩充境界。《温州市图书馆藏日记稿钞本丛刊》之出版,就是保存和积累"真实"。薛钟斗又说:"士处今日,一国之粹固宜保存,然无大力者之提倡,终成绝膑之叹。且社以瓯名,注重乡邦,今日吾瓯学术之粹,亦几中绝矣。故吾侪保存一乡之粹,尤急于一国之粹也。"今日温州学术再次出现"激流",致力于乡邦文献整理研究的学人群体不断壮大,不仅说明"保存一乡之粹,尤急于一国之粹"已成今日之共识,更说明文献凋零之后乡粹即国粹,与其空谈国粹,不如积极整理乡粹。陈增杰整理研究乡邦文献之功在这种情势下愈能显出其积极的意义。

苏渊雷《劲风阁遗稿题诗》有句云:"乡邦文献凭公使,海国风诗赖独持。"这是表彰梅冷生在征集乡邦文献和导扬风雅两方面的贡献。梅冷生那一代学人多身兼"双核",在学术研究和诗歌创作两方面都很出色,这本是传统中国学人的本色,但后来学人往往只有学术这个"单核",能诗者已甚寥落。陈增杰与后来学人不同的是他受"潜流期"学人的"双核"影响,会研究,亦能诗,因此他能体味"潜流期"学人之诗心。他在《豁蒙楼散稿》谈及夏承焘时,首先肯定他用考信求实的精神来治词所取得的成绩,同时认为夏承焘是一位成就卓越的诗人,他不断探索旧体诗词的出路,关注传统形式如何反映现代社会的问题,有忧患,有思考。谈及与苏渊雷的诗词交往,陈增杰自言得苏渊雷"言教身传之熏习,获益多多",他的室名豁蒙楼就是苏氏所赠(《豁蒙楼散稿》第30页倒一行,"居士"后漏一"漫"字)。谈到梅冷生时,他说劲风楼的诗苑"沙龙",温州诗人多参与其中,以纵谈酬唱为乐,可惜自己当时没有记录,否则可写一本《劲风楼诗话》。

陈增杰的古典诗学研究涉及唐宋元三代,近年正撰写《宋元温州诗略》,我期望这部书早日问世,同时又觉得以他对民国温州诗坛的熟悉程度,似不必遗憾于未能写出《劲风楼诗话》,而不妨继续发扬"每一过专求一事"的精神,在《宋元温州诗略》结束之后致力于民国温州诗学的研究,写一部《民国温州诗略》。

梅冷生1976年去世,没能看到"激流",但薪尽火传,学脉未断,亦当含笑九泉。陈增杰《记取疏钟残水句——怀念梅冷生先生》,不只是怀念他与梅冷生的个人交往,更在于通过交往表彰梅氏延续地方学脉、接引年轻学子的功劳与苦心。在"潜流"岁月,梅冷生不只是安于"潜",还尽一己之力让学脉"流"起来,其人虽只有"微阳"之温,却使年轻学子心有所归,不随"落叶"沉沦,其心何其高洁!陈增杰把《记取疏钟残水句》一文置于全书之首,从个人角度,是要铭记前贤的护惜与栽培;从学术史的角度,就是肯定"潜流"之功,从"激流"回望"潜流",重新走进夏承焘《过七里泷》的词境:"一雁未飞钟未动,只有滩声。"

2020年3月16日草于南京寓所,
3月18日改定,小区尚未解封
2020年4月号,总275期

"草莽治学者"的起死回生之路
——张乘健《籀园慧月》读后

张元卿

十几年前我拜读过张乘健先生的《古代文学与宗教论集》,总的印象是视野宏阔,议论精深,其中《感怀鱼玄机》最为钦服。当时很想了解作者治学的历程,也想读读他论文之外的文章,一时却难找到,后来南北奔波,逐浪浮沉,许多事都淡忘了,但了解张乘健的念头尚未去怀。前些日收到卢礼阳兄所编《籀园慧月》(文汇出版社2017年6月版),多年悬想终可落实,心情格外好,然拜读一过,心绪竟难平复。

⊙《籀园慧月》书影

我不是孤危的业余自学者

乘健先生进入温州师院之前一直是"业余为学",是"学院"外或体制外的学者,常自称是"草莽治学者""业余治学者"。温州人杰地灵,历史人文资源深厚,身处其中的"草莽治学者"最初多是向乡贤取经,希望从前贤那里获得治学的启示,这启示自然包括方法和方向。但当"草莽治学者"的学力还不足以理解前贤治学的方法与方向,特别是成就与不足时,他们都希望在当代学者中找到伯乐,为自家的苦学求得公允的评判,同时更希望找到适合自己的治学方向。这样,

"草莽治学者"就希望走向大城市,见大世面,做大学问。乘健先生在报考任继愈研究生前的心路历程,大抵如斯。后因非分数的原因落败后,任先生对他说,古人都是自学,希望他自学以求学问。未能成为任先生的研究生,乘健先生自然是非常失望的。但他回身重新面对温州,面对故乡时,他心里的叶适、卓敬、孙诒让、董每戡、严琴隐、梅冷生重又向他展示了文化的风韵,他并不孤独。

但他明白中学已不能给他提供寻路的资源了,必须走向西学。他咏卓敬兼及中国文化诗云:"欧风望希腊,晦雨梦殷周。"《思刘节而惜国学》诗云:"谁引真西学?以济此岸溺。谁弘真国学,争鸣起压抑!"他希望亲近西学,但困惑于"谁引真西学",他想昌明国学,但困居"山野",无人可与争鸣。压抑自是难免,于是发为歌咏,游金陵钟山诗云:"间有隽豪思振作,力挽颓流苦不胜。"为何会"苦不胜"呢?因为那时未能找到一个"力挽颓流"的支点,也就是说他还不太确定该把什么学问作为自己的主攻方向,只是尽可能多地在中西学术中吸取营养。

在这种情形之下,他重又走进孙诒让的世界,并认为孙诒让改造旧文化与建设新文化的工作可概括为三步:一是寻根;二是改良;三是突破。又认为孙诒让是希望从《周礼》等文化经典中发掘合理内核,为改良维新提供借鉴,并进一步挖掘中国文化的菁华。孙诒让治墨学,岂仅是复兴古老的墨学?他是试图突破中国文化的传统模式,唤起科学文化的真精神。他终于从前贤那里看到了可以走下去的路。他把琦君《自己的书房》中一句话抄在了《沧海禅心识琦君》中:"把心思放在一件事情上,定一个心愿去做就快乐了。"此时,乘健先生已不那么压抑了,但内心多少还有些彷徨。

他读谢灵运《登池上楼》,深为谢内心的波澜而震动,并引"进德智所拙,退耕力不任"诗句解释道:"要进德,我很拙,难以做到;要退耕,又没有同时代的陶渊明那样的力气。"这虽是捕捉谢灵运登楼的思绪,却更像乘健先生的夫子自道。如何进德,实在难说,且说退耕。

谢灵运想退耕而力不任,非力气不足,是心力不强。心力不强,是因为没想好在何处退耕,如何退耕。乘健先生对这两句很有感触,恐怕就在于他也曾彷徨于在何处退耕,该如何退耕。谢灵运还在诗中感叹"索居易永久,离群难处心"。这显然也是乘健先生彷徨的心声,但他毕竟没有终日彷徨,而是找到了退耕之地,"把心思放在一件事情上",就如他所说从"游击战"转为了"阵地战",主攻《周易》,于怪诞中求真实,只是同好稀少,难免寂寞,因此又感叹:"此中有佳趣,独酌与谁俱。"

但当他的"阵地战"越打越顺时,他已不在乎是否有人观战,终于自豪地说:我不是孤危的业余自学者,在我的背后,是数千年历劫不磨的中国人文精神,我要使邹鲁之风再现于东南,"重燃民族精神之圣火"。

我们总得往难处努力

当我们寻路的时候,大都习惯从身边寻找通向远方的路标,以获得前进的坐标。乘健先生亦是如此。温州的山水人文自然成了他走向远方的路标,他远足,访学,山水之缘,学问之缘都在滋养着他的求学问道之心,经过的路标逐渐成了他心中的坐标。他逐步沿着自己找到的路标,独自走向了中国文化深处,在殷周这块文化圣地安营扎寨了,于是有了《周易本事》。

谷旸曾对乘健先生说,"只有到大地方,见大世面做大学问成大事业才是大出息",不要像我"困在小地方,闷在小地方"。那么,如何才能待在小地方而不闷呢?我想这一定是乘健先生常思考的问题。而当他决定主攻《周易》时,他已认识到只有破除文化之闷,才能驱除小我之闷,而渐臻于至人无闷,待在小地方还是大地方已无所谓了。

他在《中国文化贞元之际的求索和远征》中自问道:"中国本土的学者该何以自处?"又说,"我们总得往难处努力。"主攻《周易》,就是往难处努力。严琴隐曾对乘健先生说:"人生好多关头,要拼!"这就是说在认定了要以学术研究立命,找到了研究的"难处"作为着力点,准备独守青灯来度过平凡寂寞的一生,也还须时时念起前辈的"要拼"之声,以贞定愿力。

不拼,谁都是死路一条。找到难处,也可能死在难处,但把难处作为拼命的地方,才可能有突破,而开出生路。在难处治学,才能使前贤受历史局限未竟的思考得以延展、推进,通过自己的思考丰富前贤已挖掘的人类文化,特别是中国文化的菁华,并在当下语境下尽量激活这些菁华,从而使个人的研究逐步融入中国文化发展的历史进程,使个体生命在中国文化生命中获得长生,这便是中国读书人,特别是民间读书人,也就是"草莽治学者"的起死回生之路。乘健先生在学术上走的就是这样一条起死回生之路,虽然他像无数前贤一样死在了这条路上,但其学术成果一定会得到公允的评定,成为中国文化的一部分而被历史所记取。

假使寻不出路,所要的倒是梦。乘健先生是有梦的人,也找到了路,他是幸福的!

2017 年 8 月 26 日草于南京九乡河,8 月 29 日改定

2017 年 9 月号,总 244 期

败仗何以值得研究与铭记
——读《温州莲花心抗战史研究》

张元卿

《温州莲花心抗战史研究》主要是研究1944年的温州莲花心战斗,这种研究地方抗战史的著作在今天并不多见。该书解决了很多问题,也提出了很多问题,解决的问题很重要,提出的问题更重要,但我最关注的是作者是怎样找到问题并解决问题,败仗何以值得研究与铭记。

档案的双重意义

以前的抗战史研究对温州正面抗战涉及较少,相关记述多凭个人回忆、口述记录及民间传说,"史料单一,错漏明显,甚至自相矛盾"。本书作者之所以能有这样的判断,是因为他们在研究温州抗战史的过程中接触到了原始档案,使他们获得了甄别、评判此前的资料和研究成果的"标准",丰富了他们对温州抗战的认识,这样针对过往研究中存在的"史料单一"问题,才能旗帜鲜明地指出"特别是缺乏档案文献的支撑"。

本书作者看到的档案主要是保存于第二历史档案馆的《丽温战役详报》《丽青温战役详报》等四种详报。这种详报包括战斗经过要图、人员伤亡、弹药消耗、功过奖惩等各类史料,记录了与战斗相关的多种历史信息,其全景式记录和整体性描述的权威性是其他任何史

⊙《温州莲花心抗战史研究》书影

料都不具备的。也就是说档案记录了基本史实，研究战史首先要从档案中获取基本史实。

然而基本史实又不尽在档案中，一些具有档案性质的刊物也保存了基本史实。比如上图和国图收藏的参加温州莲花心战斗的突击总队内部刊物《突击队》月刊，是一份"工作检讨与公报记载之综合刊物"，内容有"训示专载、法令规章、业务检讨、学术研究、战斗纪要、工作报告、人事动态、生活报道"等门类，是了解参战部队军事素质、战斗力和内部运营、日常管理的难得史料。本书作者对这个刊物格外重视，多处征引其史料。但该刊和上面提及的四种战役详报给予作者的不仅是史料和"标准"，作为档案，其记录范围和记录方式对作者更有方法论的启发，这是档案的第二重意义。

微观研究的价值

微观研究就是锁定一个细节目标，综合利用档案资料、口述访谈和实地勘察等信息来实现细节还原的研究。本书研究的是莲花心战斗，莲花心就是一个细节目标，但各种文献对莲花心一带地名的标注与理解，"既有明显差异，又存在一定联系"，"官方称谓与民间约定俗成的叫法不尽相同，而且不同时期的官方称谓、同一时期对于同一地理实体的民间称谓也不尽相同"，不搞清其中的对应关系，口述和实地勘察所得就很难和档案文献对应起来，反而会产生新的认知混乱。作者在实地勘察和文献考辨的基础上对这个细节目标作出了准确定位：莲花心首先是村名，然后才是山名。作为山名，莲花心有广义和狭义之分，广义上的莲花心及西山、营盘山是同等概念，狭义则指莲花心及西山、营盘山等特定的山头。在此基础上，作者编制了《莲花心抗日战场主要地名示意》，该表把民国军方称谓、民国丘形图称谓、当代大致对应地点和周边村民称谓做了准确对应。须知若不先搞清这些名词的对应关系和内涵，档案文献信息就不能准确提取，口述资料和实地勘察所得就无法和档案对应起来,这样基本史实就很难搞清,后续的战斗检讨就更无法进行了。这就是微观研究的价值,它是整个战史研究的基础。此外,微观研究的另一价值在于通过细节研究发现隐藏的问题。

下面以1944年莲花心战斗的几则细节考证为例来说明:

在考察参战部队时,关于六十三团是否参战,作者经过考证指出:"我们只能说六十三团丽水城战斗部分生还官兵被收容以后,编入新编二十一师。其他部队到温州参加了莲花心战斗,而不能说六十三团成建制地参加了莲花心战斗。"这个细节追踪和辨析,解决了个人参战与成建制的部队参战在历史叙述中的混乱问题,使得细节更加清晰准确,从而将个人参战与成建制参战这个隐藏的问题显现了出来。

关于指挥所与整个战斗进程的关系问题,档案和口述资料很少涉及,是个隐形问题。李文密副师长的指挥所,详报无明确记载,作者通过详报梳理出指挥所推进的时间和路线,又据老兵口述,大致确定在双坟山。后经实地考察确认为今黄龙山。通过实地考察才认识到此地为战略要冲,重要的前进根据地,在此设立指挥所,能近距离地把握战斗进程,最后指出:"双坟山距莲花心主峰直线距离只有1.8公里,距温州大小西门均不足3公里,距前沿如此近,在敌炮射程之内。李文密在此指挥战斗,足见其负责与勇敢。"这样不仅把隐形问题摆上了桌面,也通过解决隐形问题,对指挥官的负责与勇敢有了具体的认识。

在研究人员伤亡的问题时,作者通过比勘《丽水战役伤亡失踪统计表》和《丽温战役伤亡失踪统计表》,指出前者是在后者的基础上乘二得出的,不可采信。这便引出对战时战报(详报)编写体制的思考,即伤亡数据造假的问题。在追究这个问题时,又引申出一连串的问题。首先是战时逃亡的问题。根据《丽水战役伤亡失踪统计表》,此役中六十二团失踪人数比受伤、阵亡人数分别高出百分之七十二和百分之五十九。说明统计表中包含了相当高比例的逃亡。这样,伤亡的统计便引出战时逃亡和军纪的问题及战斗兵比例的问题,这就涉及逃亡士兵的构成问题,即哪些士兵是逃亡士兵的主体,这些士兵为什么会逃亡,是单纯的军纪问题,还是厌战畏战的思想问题,还是逃亡者本身是抓壮丁而来的士兵,并非训练有素的兵。其次是故意少报失踪人数来骗取经费、侵吞军饷的问题。据第三突击队的"活烈士"陈敬士口述,他本是失踪人员,却被写成"阵亡烈士",说明当时的伤亡统计很不准确,同时暴露出假报烈士,骗取抚恤金的问题。

不屈与尽力

本书第六章"战斗评述"明确指出1944年莲花心战斗"是一场值得铭记与研究的败仗":"在这块3.7平方公里的狭小区域内血战三个星期,在该区域兵力对比最高超过10∶1的情况下,付出约两千人的伤亡,虽几次攻下却一直未能确实占领,最终不得不主动撤退,收复温州的目标未能达成,称其为败仗并不过分。"

接着作者用整个"下编"的内容来检讨这次战斗,通过对败仗的若干历史细节的微观考察,用具体的血的教训来回答为什么要研究与铭记这场败仗。

"下编"的检讨涉及很多内容,归纳起来主要有五点:主将轻敌、情报管理混乱、兵员素质低劣、日常训练不足、后勤保障乏力。这五个方面的问题都很严重,但最关键的我认为是主将轻敌和保障乏力,下面对这两个问题略加说明,以此来展示作者的思考,并探讨后人应从什么角度理解败仗,应如何来铭记。

通过对分兵冒进到逐次增兵的战斗过程的检讨,作者认为国军高级指挥官存在决策轻率、不爱惜兵力,且无通盘战略考量的问题。这样牺牲者很大程度是死于主将之轻敌,对战斗困难估计不足。因此,烈士之成为烈士,不能仅从局部战斗去找原因。主将对现代战争认识不足，战略战术素养差，也是战士无谓伤亡的重要原因。李默庵在战后检讨中强调"养兵第一"，却忽略了养将的问题，忽视了文化精神在塑造主将、塑造军队上的作用。这便涉及养将、养兵与铸造军魂的问题，也值得深入研究。

后勤保障主要体现在粮弹供应和医疗救护两个方面。在粮弹供应上，主要是辎重部队不健全。刘嘉树将军在检讨时指出："各部队输送连，简直等于零，不仅粮弹不能携带，连行李亦雇用民夫，致引起拉夫等不良事情，此次拨兵应先将担架兵、输送兵补足。"在弹药方面存在的问题是，一方面弹药奇缺，一方面浪费弹药。刘嘉树在检讨时严斥不爱惜子弹的行为，认为"团、营长应特别注意严核，军部亦要视当时战斗情形核减的，须知目前子弹来源如何不易，应视同生命才好"。然而不爱惜子弹的同时，"有借作战而滥报损失者"，有倒卖枪械者。那炮弹的使用情况如何呢？炮兵技术不佳，甚至误伤自己人。参加过1944年莲花心战斗的第三突击队问题更突出："迫炮放列不正；拆炮后，炮架未固定，用炮后，瞄准具不知归零；瞄准动作不准确，且忽于检查。"这充分反映出缺乏严格的日常训练，不重视操作细节，又忽视检查。

作者指出国军的战时医疗救护体系大致由裹伤所、野战医院、兵站医院、伤兵转运站和后方医院组成，但在温州战斗时因救护力量薄弱，伤患不能及时得到救治，救护责任遂向后面环节转嫁，说明这一体系在实际运转中因救护人员不足运转紊乱。部队本身的医疗卫生管理也很落后，如第三突击队司令部及各营医务所的处方笺和瓶笺放置杂乱，医疗器械大多生锈，药品堆积寝室，未辟专门的调剂室，册报数量与现品不符等。针对这个问题，作者指出："医疗条件的恶劣、专业人员和药品器械的缺乏，再加上管理上的混乱，让本来可以免于死亡或残废的军人难逃厄运，直接增大了伤患官兵的死亡率，削弱了部队的战斗力。"

在伙食供应上我方抗战时期的伙食供应仍处于难以满足基本

需求的状态。国军军官也认识到,"保育员兵,首重营养","改进士兵主副食之管理分配,在求饱食及合乎营养",但实际上未能落实到位,吃到的数量不足,营养也不能保证。这还是平时,战时部队与兵站联系不密切,"致有送达目的地,而部队已转移"。作者认为,"军粮运输体系紊乱,衔接不畅,应变不力,以致作战部队常常有断炊之虞"。又进一步指出:"伙食供应不力,官兵在饿着肚皮、严重营养不良的状况下,如何适应高强度的训练、长途的行军跋涉和旷日持久的作战?但是这仗还得打,从这个意义上讲,广大爱国官兵1944年能在莲花心和温州城战斗中坚持二十多天,他们的确是尽力了。"

我以为在上述诸问题困扰士兵的时候,能尽力就是不屈。因此,检讨败仗,致敬不屈,就要尊重"尽力"。没有客观保障的不屈是悲壮的,但不能仅从思想层面找精神营养,强调不屈,而应首重客观保障建设,不能在没有食物、弹药、医疗等保证的前提下,提倡不屈。故检讨莲花心这场败仗应从不屈与尽力的角度来理解其临战的英勇无畏,也应从不屈与尽力的角度铭记造成不屈与尽力的诸多教训。

长怀戒惧之心

《丽温战役详报》在评价丽水外围战时称:"虽其奋勇可嘉,而其手段与成果则实难令人满意。"黄仁宇对淞沪抗战的评价"英勇又愚拙"。作者以为这两个评价也可用于1944年莲花心战斗,并进一步指出:"对1944年莲花心战斗,既要肯定我爱国官兵之英勇,承认战况之惨烈,也要正视国民党军战力之低下,结局之失利,更要探究这段英勇而愚拙的抗战历史背后国力、军力孱弱的根源。"我想顺着作者的思路,对"英勇与愚拙"的问题再做些探讨。

用英勇与愚拙来描述抗战士兵的素质,当然是不全面的,但也抓住了要害。其实,国军对兵员素质也有清醒的认识。《突击队》月刊认为"健军先应养兵,养兵首重营养"。李默庵将军在丽温战役检讨中也指出:"由于素质的缺乏,国家的艰难,这是目前一个最严重的问题。"他认为"目前最迫切的工作是养兵第一","从精神上、物质上来改善士兵的生活,充实士兵的智能,锻炼士兵的体魄;有了健全的体魄,才有健全的军队"。

素质的缺乏,国家的艰难,非短时期所能改变,战时更难。养兵,兵源很关键,来源不当,素质不能保证,后期养兵,短期难出效果,战时尤难。身体营养的问题,即体的问题,相对容易解决,但魄的问题,精神营养的问题,又绝非部队管理层面的问题。李默庵的检讨是看出了问题的关键,但这都不是短期能解决的,也不是部队层面就能解决的,这涉及整个国家的思想建设、社会制度、军事体制等诸方面,是社会大工程,成效来自日常建设。日常建设出现的问题,在战时是无法临时补救的。也就是说不能单从军事角度检讨战争,更应看到战争背后的问题。从这个层面来检讨1944年莲花心这场败仗,就会对国家软实力建设有更深入的认识。

要深入思考"愚拙"的问题,就自然会涉及立人与强军、民魂与军魂等问题,都值得深入探讨。徐复观在《湘军新论》中重提曾国藩"以戒惧治军",认为"戒惧系由对自己、对人类的真实责任感而来,所以戒惧同时即系'反求诸己',不断省察自己对此责任之实践,策励对此责任之实践。'反求诸己'之谓诚,不偷懒取巧之谓拙"。又说戒惧可转出诚拙。我以为戒惧转出诚拙,就可从思想上解决士兵愚拙的问题,也能化解主将轻敌的问题。若兵将都怀戒惧之心,不断省察和策励自己的责任,许多血的教训就能避免,而渐有徐复观所说的"军事学后面所需要的灵魂"。

为什么要研究和铭记一场败仗,因为血的教训太沉重。遗忘这段历史,对不起死去的烈士。更为重要的是通过研究吸取教训,铭记历史,也铭记当下使命,长怀戒惧之心,自强自立。从这个意义上讲,《温州莲花心抗战史研究》之价值不仅在于揭示了一场败仗的历史真相,探讨了隐藏在真相后的历史问题,更在于它用一场败仗唤起了我们的戒惧之心,提醒我们要不断省察和策励自己对家国的责任。

2019 年 4 月 27 日于南京寓所
2019 年 5 月号,总 264 期

温州抗战纪念碑原址重建是上策

周保罗

七十年前的今天,在全国各党派、各阶层、各族人民与全世界反法西斯同盟国的共同努力下,终于打败了轴心国最后一个成员国——日本帝国主义,迫使其无条件投降。

温州当时虽并非抗战主战场,也非重要交通枢纽与军事要地,但同样遭受日寇三次大规模的入侵。国民政府在温州地区作战伤亡人数粗略估计达一万人,温州籍参加抗战在外地伤亡也达一万多人,几次战役国民政府在温州参战部队均以师、军、集团军的规模。与此同时,浙南地下党也宣传发动群众,组织武装,抗御敌寇,作出应有的贡献。

⊙碑文作者梅冷生

1940年,由第五区抗日自卫总队和第一、第六、第八支队合编成浙江抗日第二纵队,年底改编为暂编三十三师。其成员大部分由温州籍人员组成,而且驻防地基本在浙南、浙西南一带。温州三次沦陷,暂编三十三师(或前身)均参与了保境护民战斗,特别是温州第三次沦陷时,与八十八军新二十一师共同参加了莲花心攻占战,引起轰动,赢得家乡人民的赞叹。这支家乡子弟兵,在整个抗日战争中始终坚持抗敌,牺牲了数千人,它是温州人的骄傲。当时温州地方政府与三十三师准备把这些阵亡战士遗骸集中一地,择址安葬,限于当时经济条件,决定由温州地方政府与三十三师各拨一部分经费,在风景秀丽的松台山最高处建立"陆军暂编三十三师暨地方团队抗敌阵亡将士纪念碑",权作纪念为保卫温州而牺牲的英烈们,作为后人祭奠的一处场所。由此可见,当时人们对家乡烈士的崇高敬仰。抗战胜利后,三十三师除部分改编外,大部遣散,番号取消,完成了它的历史使命。

  这座纪念碑在温州人民心中留下了永久的深刻记忆。五十岁以上的人都清晰地记得,在市区西南角松台山最高处的一块山坪上,曾经傲然矗立着一座全市最高的标志性建筑(在温州老照片中也不时可看到它的身影),它傲视着四周,默默地向人们述说着那段刻骨铭心的历史,要人民时刻铭记:和平来之不易,落后就要挨打。只有奋发图强,万众一心,同仇敌忾,才能战胜敌人,赢得和平安宁的生活。

  由于历史的原因,随着岁月的流逝,加上纪念碑平时无人保护修缮,日晒雨淋,20世纪60年代起逐渐坍塌,到了1967年"文革"武斗时,此地被一造反派组织占据,纪念碑的残砖烂瓦也被彻底清理,变成火炮阵地,后人再也无缘结识此碑,市区绝大部分有关抗战的纪念碑、亭也荡然无存。这样一场关乎全民族生死存亡、造成数千万人死亡与数千亿美元损失的战争,遗憾的是在我们温州市既找不到一个纪念馆(堂)来记录、纪念与寄存有关抗战的事与物,让人们永远记住那段屈辱的历史,也找不到一个上规模的碑、亭让后人来瞻仰、祭奠先烈与冤死于日寇铁蹄下的亡灵,这给人们留下了多少遗憾、惆怅。每当抗战纪念日,人们连个祭奠、寄托哀思的场所都没有,这难道不是历史的悲哀吗?

  今年是抗战胜利七十周年,从中央到地方各级领导非常重视此项活动,温州多方有识之士不断奔走,多次呼吁,特别是在沈克成等各界人士的努力下,对"陆军暂编三十三师暨地方团队抗敌阵亡将士纪念碑"的恢复重建工作有了实质性的进展,去年12月23日由市文化广电新闻出版局牵头召集有关部门联合会议,商定具体方案,提交温州市政府讨论决定。这无疑是历史的一大进步,是对亡灵的祭奠与牺牲者家属的一大安慰,也是对温州人民的一个交代。

在去年 12 月 23 日的会议中，对重建问题已无悬念，争论焦点主要在于选址问题上。卢礼阳先生的提案中要求在原址重建，但受到了个别部门代表的反对，理由不外是松台山的规划早已落实，准备打造成一个以宣扬佛教为主的场所，在此山顶重树一碑，既破坏了原定规划，又损害了现在的整体景观，和周边环境不协调，而且场地局促，不利于开展大型纪念活动。对此本人不敢苟同，认为还是原址原建比较适宜，特提出以下几条理由：

一、从政治层面上讲，这个纪念碑在松台山重建是有重大政治意义的。它既是全民族抗战的象征，又代表着八百多万温州人民的意愿，纪念的壮士大都又是温州子弟兵，且是在本地与日寇战斗中牺牲的。20 世纪五六十年代温州人一提起"抗敌阵亡将士纪念碑"，就联想到松台山制高点那一块山坪，纪念碑已成为松台山的代名词，使人没齿难忘。如温州永强一位九十多岁的抗日老战士，去年临死前唯一愿望就是在松台山重建"抗敌阵亡将士纪念碑"，另外在温州还有五十多位抗战老战士，耄耋之年也非常希望能在此重建纪念碑，让自己当年为民族而战的事迹得到后人的承认，受到人们的尊敬。因此它是与松台山息息相关的，离开了原来的地方，它的影响力与生命力将大打折扣，会与普通纪念碑、亭类似，无法发挥它重大的纪念作用。

二、从统战与教育意义上讲，这个纪念碑在原址的建立，将产生巨大的影响力，特别是对统战工作与对青少年的教育。因为此碑在海内外均有相当大的影响力，当年一些抗战老兵及其亲属，有些就离散在海外，此碑在原址重建，是对他们毕生夙愿的了结，对他们心灵是一个极大的安慰，也让英烈们的后人有一处实实在在可祭奠亲人的去处，有可能产生一些意想不到的作用；对青少年而言，此地处于市中心，既是一个休闲公园，也是一个体育锻炼的绝佳场地，更是一个人们茶余饭后交流时事新闻的传统场所。来来往往人众多，纪念碑的重建，使人们一到此地就联想到当年"温州军民齐上场，同仇敌忾打东洋"的壮观场面,联想到祖辈为了抗御敌寇、不畏强暴、不惜牺牲生命的壮烈情怀,联想到和平的来之不易。

三、从成本与时间上讲,此碑在原址重建,也是首选方案。一方面可以省却征地、拆迁、道路、附属设施建设等方面的工作与困难,因为这块地址至今原封不动地存在着(相信任何人也不会打这块地的主意,那是会受到全体民众谴责的),似乎一直等着我们去重新建立,在此重建,应该不会遇到多大麻烦,而且投资少。另一方面是时间省,因为省却了前面所提到的各种手续,避开了许多麻烦,如果顺利的话,今年的8月15日纪念抗战胜利七十周年能赶上,到时发布此项消息,自然会引起各方面的热烈反响,社会效果是巨大的。

笔者几天来数次走访一些老人与原松台山周边住民,均认为在原址重建是最理想的方案。虽然旁边已建有净光塔,但无论从哪方面说,此碑重要性要高于此塔,因为佛教仅仅是一教派,它也得服从于全民族需要,况且抗战时期,在温州就成立过一支由佛教界人士组成的"僧尼救护队",对抗战也作出了贡献,对他们同样是一种纪念。

综上所述,我还是认为原址重建意义更大、更适宜,也更为绝大多数民众所赞成。

2015年1月16日
2015年2月号,总213期

抗日烽火话当年

郑征庄

1944年9月9日,日本侵略军第三次侵占温州、乐清,事前我和家人避居乐清白石山亲戚家中。那年,我原在温州中学初三年级读书,因温州沦陷,温中早已迁往泰顺山区了,我因避乱离家,得不到温中迁校的消息。直至12月初,才从林家洵同学的父亲旭云先生处得知温中迁校之事,林先生并动员我早日到泰顺随校复学。于是,我便约杨景行、李亦纲等同学决定冲出日寇封锁线,奔赴泰顺复学。某日,悄悄地从白石山区下来,潜回家乡瑞里村。当时,只见我的祖居石门台大屋门口站着两个日军哨兵,肩背钢枪,原来日军的一个检查站即设在这大屋中。大屋门口的围墙上,原先由镇公所书写的"好铁要打钉,好男要当兵""全民动员,抗日救亡"等抗日标语,早被日寇涂抹掉,日寇在墙上刷上灰黑色的石灰,这大屋笼罩在一片死气沉沉、阴森恐怖的气氛中。可叹我的祖居大屋,如今竟变得像一座鬼气魔影的森罗殿。昔日热热闹闹的晒谷场,如今一片沉寂再也听不到乡亲们的欢声笑语。记得我幼年时,每当春光明媚的三月天,便在这晒谷场上放风筝;微风徐来的夏夜,便在这里摇扇纳凉;明月当空的深秋,便在这里吟诗赏月;白雪纷飞的寒冬,便和小伙伴们在这里堆雪人。往日的遐思,童年的美景,现在都破坏了。如今这晒谷场上,只剩下丝丝枯草,在寒风中颤抖。

听说日寇进村后,竟将一名来不及躲避的理发匠郑岩田绑在村东假山头的一棵大树上,活活地用刺刀捅死,此事《乐清县志》中有记载。日寇还将村中农民拉去做挑夫,为他们搬运子弹,稍有迟慢,即遭毒打。大屋前面的乐琯运河,昔日行驶小轮船。凡来往温、台、永、乐之间的旅客商贾,都乘坐这小轮船在运河上通过。如今,故土沦陷,小轮船也停驶了。日寇在河岸上设立了检查站,凡来往行人,都要经其查验,稍有不慎,即遭毒打或杀害。运河中流淌的不再是干净澄清的河水,而是故乡人民的血和泪。

我是青年学生,我爱我的祖国,我爱我的母校。我要继续求学,我不能长久地待在沦陷区,在敌人的枪口下讨生活。

在一个风雪交加的严寒日子里,我和杨、李同学都化了装,身穿旧衣,头戴蓑笠,肩挑一担破麻袋,将随身衣物和棉被装在麻袋中,些许钱物藏在破麻袋和旧棉衣夹缝中,装成贫苦人模样,离开母亲和故乡,踏上征途。因为那天有大风雪,寒气逼人,站岗的日寇哨兵也躲在岗亭里不露面,这真是天赐良机,我们趁这个机会,挑着行李,冒险越过敌人封锁线,踏着琼玉般的碎雪,冒着刺骨的寒风,向西面山区,一步一个脚印,艰难地前进。

傍晚时分,才到桐岭。这里是国统区了。翻过一座山梁,一眼便看见一个国军士兵,骑着马,腰里别着手枪,大概是一个下级军官。个子小小的,脸色焦黄憔悴,那匹马也是瘦骨嶙峋,毛色斑驳。我们看着,心中又喜又忧,喜的是在沦陷区躲了几个月之后,今天终于冲出敌人的牢笼,重新看到祖国的军人,这是我们的亲人。忧的是祖国的军人竟是如此体弱马瘦,而在沦陷区里,所见到的日寇,个个体格健壮,凶相毕露,相形之下,真是不胜感慨。祖国啊,亲爱的母亲,您什么时候能够强盛起来,让您的军士个个兵强马壮,奋扬神威,把残暴的日寇赶出祖国的神圣领土。

我们在崎岖的山路上,继续大步前进。这时,从远处似乎传来一阵阵雄壮的歌声:"大刀向鬼子们的头上砍去……"

我们抬头挺胸,迈开大步,继续向泰顺山区挺进!

经过好几天的长途跋涉,穿过许多曲折的羊肠小道,坐过山溪里的舴艋小舟,餐风饮露,披星戴月,终于到了群山环抱的泰顺山区江口村。战乱中的温州中学就办在这里。我们卸下重担,欢乐地投入母校温中的怀抱。温中在江口村开辟了一个大操场,同学们从山上砍来茅竹,搭成支架,披上茅草,便成为几间大教室。教师和同学们都住在民房里。

我和杨、李两人跟着两个月前先头到达的林家洵合住在一个老太婆家中的阁楼上,对面一间房是几位高中同学住的,他们把住房取名为"甲骨楼",意思是指这间楼房非常古老,好像古老文字中的甲骨文。我们便把自己的住房取名为"怀宫",表示身居异乡,心怀故土。

在这艰苦的环境中读书,大家都很自觉,都很用功。每日晨曦初露,操场四周的角落里,早已站满了同学,大家手捧书本,有的朗诵课文,有的默念英语生字。中西合璧,错落相间。连那巍巍的青山也好像热情地为我们添姿助兴,不时地从它的怀抱里送来声声鸟语,阵阵花香。在秀丽的大自然风光抚育下,我们这些离家求学的莘莘学子,"同是天涯沦落人",正在奋发努力,为振兴祖国而学习,为民族自救而献身。什么风霜严寒,什么骄阳烈日,我们都乐于承受!什么薯丝淡饭,什么竹篱茅舍,我们都甘之如饴!我们只有一个共同的目的:奋发读书,锻炼成才。日寇必败,中国必胜!

2015 年 8 月号,总第 219 期

那时在"康乐"读书

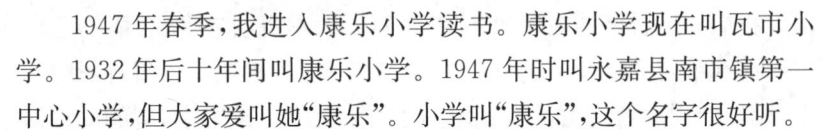

张维藩

1947年春季,我进入康乐小学读书。康乐小学现在叫瓦市小学。1932年后十年间叫康乐小学。1947年时叫永嘉县南市镇第一中心小学,但大家爱叫她"康乐"。小学叫"康乐",这个名字很好听。

那时小学每一年级分春季、秋季二级,春季叫"上",秋季叫"下","一上""一下"一直到"六上""六下",共十二级。一、二年级叫"低年级",三、四年级叫"中年级",五、六年级叫"高年级"。更早些时候,一到四年级叫"初小",五、六年级叫"高小",还有"初小毕业""高小毕业"的说法。康乐小学那时一级只有一个班,班主任叫级任先生。

我一上、一下的级任是范克荣先生。范克荣先生是全校女教师中唯一有时不穿旗袍的。她穿上"西式"服装,显得很摩登。低年级不设音乐课、体育课,有一门唱游课。范先生的唱游课教得出名地好。范先生很活跃,她曾跳上桌子指挥唱歌,这在当时是很惊世骇俗的,因此,这事也流传很广。唱游课常到礼堂上去上。同学们排着队到礼堂上去,要经过别的教室门前。此刻上课钟已敲过,范先生压低嗓音对孩子们说:"勿吵!勿吵!"同学们手拉手在礼堂里围成一圈,范先生坐在当中弹风琴。唱游课就是教一些简单的歌,做一些有点舞蹈动作的游戏。那时抗日战争胜利不久,爱国主义气氛很浓厚,礼堂左右墙壁上张贴着图画,除了凿壁偷光、囊萤映雪这些劝学励志的图片外,多是苏武、岳飞、文天祥、史可法之类民族英雄的图片,还有当代军人的图片,不知是谁,现在想来,总是谢晋元、高志航这些抗日英雄。上唱游课,同学们手拉手走圈子,经过一张有四翼螺旋桨飞机的图片前,我总要扭头去看,范先生的脸正对着我,她便笑着催促:

"走快！走快！"毕竟那时人太小，能让我留下印象的"镜头"也太少。除了"勿吵！勿吵！"和"走快！走快！"还有两个"镜头"：一个是范先生曾请来一位西洋女子给我们上唱游课，这位金发碧眼的女子歪着脖子笑容可掬地弹风琴的模样，至今如在眼前。这位西洋女子住在瓦市殿巷中段的一座洋房里，院墙里有一片草坪，里人称这处所为"番人馆"。她是一位教士。另一个"镜头"是范先生教国语第一册第三课时对我们讲课的样子。课文很简单，许多人都能清楚记得。第一课只有六个字："来来来，来上学。"第二课多了五个字："来来来，来上学，大家来上学。"第三课："来来来，来读书，大家来读书。"三课只教七个字，反复加强记忆。先生读课文时用"国语"（即普通话），讲解时用方言。教第三课时，范先生用夸张表情对孩子们说："姆姆（温州方言，音 māimāi，对孩子的昵称）一定要读书！记得吗？"这"一定要读书"的启蒙警句，我一直记得。六十多年后，有一次在亲友的宴会上见到范先生。我过去向她敬酒，她自然不认识我这个六十多年前的蒙童。我感谢她"一定要读书"这句话教我做人。

范先生是一位虔诚的基督徒。

二上、二下的级任是陈兰芳先生。陈兰芳先生剪整齐的乌黑短发，穿洁净的蓝色旗袍，白皙的鹅蛋脸常带微笑。她对学生非常慈爱，我们对她有一种孺慕之情。

三上的级任是徐中贤先生。开学时，母亲带我到教室去见新的级任先生，看她们交谈，好像有点熟悉的样子。这时是 1949 年春天，5 月 7 日解放军浙南游击队进驻温州，宣告温州和平解放。在新旧政权交替时节，学校也不安定，这学期我们待在家里的时间很多。

三下的级任是吴文玙先生。她是校长吴文瑛先生的姊妹。她是康乐小学里资格很老的教师，曾教过我的年长二十岁的叔父。吴文玙先生以严厉著名。我有一次中午习字课迟到了，手心挨过她的板子。这种打手心有点象征性，不怎么疼，只是让你感到羞耻。其时体罚已经是不允许的了，但老先生的固习好像仍受到姑息宽容。教室侧旁那一间教师寝室就是吴先生住的,窗子一打开,吴先生坐在窗下就能看到教室里的一切。三年级的学生已敢吵闹,但吴先生坐镇,没人敢吵。我记得吴先生坐在窗下的模样,满脸秋霜,桌子上却摆着一个花瓶,插着一大枝鲜亮的金黄色的桂花,散发着甜甜的芳香。

三年级的学生可以出去春游、秋游了。春游叫"踏青",去得远一点的叫"远足"。秋游不知有什么雅称。春天都有三天春假,没有秋假。那年秋天的一个星期日,吴先生带我们到中山公园去玩,这也算秋游。中山公园内有一片树林,叫"中山纪念林",想不起是什么时候没有了的,位置就是现在儿童乐园北面的草坪上。这林子孩子叫它"十八弯",说是像迷宫一样,进去很难出得来。其实这是孩子们神秘化的想象,不过就是一个一览无遗的疏林子。吴先生让我们在林子里穿来穿去,她守在外面看着。

学校大院子甬道东边的场地,周围栽着修剪得很整齐的冬青,场地中长着高大的梧桐树、皂荚树、苦楝树、柏树。这里有一个方形的水池和一个别致的五角形的滑梯亭。这滑梯亭用大木构建而成,尖尖的亭顶也是木板盖的。亭脚很高,亭中的地板离地面也很高。亭子的一面是上亭的木梯。另四面,一面是有扶手的槽形的木滑梯,一面是没有扶手的平板的木滑梯,还有两面,都是两道竹杠的滑梯。亭子正中是一根粗木柱,从亭顶经过地板正中的一个大圆洞通到地面。玩这根木柱,要站在地板的圆洞的边沿,扑向当中的木柱,抱定后,双脚一收夹住木柱,穿过圆洞滑到地面。没上过这高高的滑梯亭,都觉得它很有挑战性。这滑梯亭低年级的学生是不许上去的。我班有些同学尝试过了。吴先生带我们第一次玩滑梯亭,十分小心,反复叮嘱。她先让几个胆大利索的同学上去玩,做些示范,然后让大家再一批批上去,不容许一哄而上。

吴先生教我们国语、算术和劳作。劳作课就是手工制作课,用黏土(温州的黏土是一种纯粹细腻的泥土,叫青滋泥)、小木料、竹子、铁皮、纸板、布头、彩纸等等材料制作各种玩具、文具。我们做过的作业有制作树叶书签、风车轮儿、泥棋子。制作树叶书签,是把白兰花、冬青之类的叶子浸泡在水中任其腐烂,叶肉烂完了,用清水洗出叶脉纤维,晾干,染成各种颜色,在叶柄上系上彩色丝线,就成了,夹在书本里很漂亮。制作没什么难度,只是将叶肉烂掉很要耐心。泥棋子我做不好,回家叫小叔叔帮我做。家里人帮做劳作作业,吴先生也不大在乎。

20世纪70年代,有一次我在市二医院候诊,遇见吴先生,模样没大变,我问"老人家您是不是吴文玙先生",老太太很是高兴,她说:"你这么小,怎么会是我的学生?"我说:"我们是您的关门弟子。"老太太哈哈笑着说:"我的学生,最大的都有七十几了!"

四上的级任是曾玉兰先生,教我们历史课。四下的级任是刘泽顺先生,教我们自然课。

一、二、三年级,我们读书都糊里糊涂的,母校的老师基本上是给我们启蒙。四、五、六这三年级,母校的老师给我们以后学习各门功课打下基础,很好地培养了我们的学习兴趣和自学能力。

五上时,来了一位体育教师谢昌惺先生当我们的级任。谢昌惺先生所创造的温州市撑竿跳高纪录,保持了许多年无人能破。谢先生当我们级任时间不长,不久就由周国铃先生接任了。周先生和我们关系很亲密,他教我们语文课。那时的语文课文实在是太浅了,学起来教起来都没劲,周先生便十分注重甚至可以说是偏重写作教学和课外阅读。许多同学在他的鼓励下写日记。我的日记一直记到1959年。后来知道日记被人偷看了去是很凶险的事,以后就不记了。"文革"初都烧掉了。我们那时候作文写得很多,周先生有时出了一大堆题目任我们自己写去。高年级每个班级都有级刊,由每个小组轮流出刊。出刊工作就是编稿、抄写、美工、张贴,稿件用全班同学的,不限于本组,都是自己原创的,用大牛皮纸或几幅报纸把文稿裱贴成一大张钉在教室里的墙壁上,这种形式叫墙报。每学期出四期,五一、六一、国庆、元旦出特刊。自以为是特好的一期,就钉到教室门外去,把窗玻璃都遮上好几块。如果看到有隔壁教室的同学经过驻足观看,就会很得意。

学校的图书馆书不太多,都是集体借来再分给大家看的。没什么选择的余地。周先生教我们到籀园图书馆去借书看。籀园图书馆有一位管理员叫柳青,跟作家柳青同名。她的业务很精,只要报上书名她就能在书架上找出给你,哪种书借光了,她不用查就能告诉你。有一次我看见一位借书人在翻看一本外国小说,插图很有趣。我看了书名,是《匹克威克先生外传》。我向柳青阿姨借,她说:"你看得懂吗?"我说我要看,她就拿出来给我。过了一个星期我就来还了,老实承认看不懂。她笑着给了我一本盖达尔的《铁木儿及其伙伴》。后来周先生又指导我们办班级图书馆,让大家把家里的书拿来出借,过了一段时间拿回去换新的来。周国钤先生后来调到中学去了。20世纪80年代有一个暑假,我参加中考改卷工作,有幸遇见久违的周先生。

六上、六下的级任是金骅先生,也教我们语文课。

那时少年先锋队的活动很活跃,我们上五年级时来了一位专职的大队辅导员,名叫李送福。同学们叫李先生的也有,叫辅导员的也有。这位辅导员年纪有点大,近三十岁了,不像以后的少先队辅导员都是十几岁的人。

辅导员管的比级任都要多,春游、秋游都是辅导员组织的。我们去过黎明农业生产合作社支援秋收。那时初级社刚刚建立,农民单干的还很多。我们的队伍经过垟儿路的光明火柴厂,就见到田地了。我们在田地间的一条石板路上走了好久,绕过杨府山,才到达目的地。听一个农业生产合作社的干部讲了一会儿话,然后就吃中饭了,吃的是自带的干粮。下午拾一会儿稻穗,有的同学帮社员晒谷。深秋的阳光很明媚,稻草的香味十分温馨。这是我第一次对农村的体验。

民国时期最后一任校长是张亮先生。早晨有时要开晨会。有一次晨会,张亮先生教我们如何行礼,印象最深刻的是张亮先生示范行注目礼。他放下讲话时习惯地竖着的指头(右手的食指),立正,睁着周围肤色很浓的炯炯有神的大眼睛,圆脸上挂着微笑,灰白短发的头,从一边向另一边慢慢地转过去,转过去。张亮先生是威信很高的校长,他能叫得出许多学生的名字。他初到康乐当校长,想方设法把教室的窗玻璃都配齐了。那时学校很穷,连教师寝室的窗子都只能钉上用竹篾编成的洞眼六角形的网罩,再糊上一层薄纸。教室的窗玻璃打破一块就少一块,抓住是谁打破的少不得请家长赔。打破玻璃告诉家长是很让人惶恐的事。

我入学时校长已是吴文瑛先生,以后张亮先生又回来当校长。这两位校长管理都很严格,并重视学生自治。瓦市小学《校史百年概述》中说,民国时期教育工作的重要载体是学生自治组织——自治会。自治会的结构复杂,名目繁多。张亮先生评述学生自治会,提到的名称有"童军""童子团""康乐团"等。抗日战争胜利后,康乐团逐渐消亡。我入学时因童子军——康乐团已经没了,学校组织学生纠察队管理同学的纪律。学生纠察队没有统一服装,轮到当纠察队的同学,身上斜挎一条红色的佩带,队长的佩带当中多了一条黄色。同学们看到他们的样子都很敬慕。他们在午后上学时间站在内大门两旁检查同学的风纪,如符号有没有戴,学生装的扣子有没有扣整齐,学生帽有没有戴正,等等。礼堂里还挂着一面一人多高的"整容镜",让大家时常去照照。学校有个"合作社",在大院子西边房的中部,合作社就是小卖部。柜台上有木栅和窗口,像食堂的售饭菜处。卖的是文具和零食。这合作社由学生营业,轮到的同学也令人羡慕,因为做买卖也让人有优越感,下班时还能得到一点零食做奖励。其他如卫生室、体育器具室都有学生参加管理。康乐小学很少有顽劣学生。

1949年以后,张亮先生和吴文瑛先生退出了教育界。20世纪80年代,广场路小学举行校庆,请来老校长吴文瑛先生。老校友谷越豪教授和谷振声教授把他们的老校长吴文瑛先生扶上主席台,一时传为佳话。张亮先生也曾受邀参加瓦市小学的校庆活动。

1949年9月，邹大同先生任校长。

在新中国成立之初的振奋人心的氛围中，邹大同校长工作很积极。他也是一位能叫得出许多学生名字的校长。

他经常组织时事讲座、科学知识讲座。那个时代的小学生，何等地关心时事政治，是现在的中青年人无法想象的。那时几乎没有什么家庭订阅报纸，更没有收音机，听时事讲座不是听没有悬念的历史课，那时全国大陆还没有完全解放，解放战争的进展，国际风云变幻，都是大家感兴趣的。有一次自然课教师胡崇文先生上台做酸碱显示的实验，烧杯里的水一下子变红了，一下子变清了，同学们看得惊讶不已。先生经常鼓励我们将来要当科学家，我们心目中的科学家就是胡崇文先生那样的。

礼堂里经常有演出活动，几乎每周都有，安排在星期六下午，叫"周末活动"。学期结束也有演出活动，演出质量比平时要高一些，还请家长来看。民国时期，学期结束请家长来看学生演出，叫"恳亲会"。解放后也请家长来看学生演出，不叫恳亲会了，就叫家长会。那时的家长会没有老师向家长通报孩子的学习情况，互相诉这诉那的事，成绩单都由学生带回家交给家长的。开家长会就是请家长来热闹热闹。

这些演出都很粗糙，但演员和观众都很认真。那年，淮河发生水灾，有同学排演了表现淮河水灾的戏。那戏演完之后，邹大同校长做了捐献寒衣的动员讲话。第二天，几乎人人都捐了家里的衣服，有大人的，有小孩的，有半旧的，有打补丁的。在那贫困的年头，大家捐出来的衣服绝大多数不是多余下来的。

1957年，邹大同先生屈罹"左"祸。

母校的师资力量是很强大的。教地理课的林景晖先生知识渊博，他的地理课教得很精彩，同学们很喜欢上他的地理课。他后来在温州六中教英语，在六中退休。林绵先生曾教过我们语文课。林绵先生后来调到温中、六中去了，是初中语文课的名师（这"名师"是学生和家长承认的，不是某部门赠授的）。许令誉先生曾教过我们数学课，后来他调到温州师院去了，成为高校教师。

母校的"非主要课"的教师也是很强的。图画教师姜弘先生，水彩画画得非常好，他的水彩画常贴在橱窗里让同学们观摩。礼堂上的毛泽东像是姜弘先生画的。那时的颜料质量很差，不久就褪色了，姜弘先生就重画。他在礼堂里作画，下课时同学们都围着看。姜弘先生调走后，图画教师是仇子明先生。仇先生年纪稍长，没养胡子，颌下却长着一把胡子似的黑痣毛。脸孔白白的，笑眯眯的，显得很和蔼很诙谐。他教我们什么是三原色，什么是间色，什么是复色，这些颜色的不同配搭效果会如何。这些知识许多小学图画教师都是懒得教的。那时大家买不起水彩画颜料，蜡笔比较便宜，用起来也方便，他便教我们画蜡笔画。他把同学们画得好的作业张贴在橱窗里，又把自己画的同样内容的画贴在一起，让大家比较观摩。图画教室在大院子的西边南房，那儿既是教室，又是先生的工作室。仇先生用的颜料都是自制的，配制颜料要煎熬牛皮胶，图画教室里便散发出一种很有标志性的臭味。

音乐课是金家馨先生教的。音乐教室里张挂着中外音乐家的画像。贝多芬像的下方写着"悲多芬"，那时就是这个译法。金家馨先生和仇子明先生一样，都把自己的"非主要课"当作应修的课程认认真真地向学生传授，因此，学生也把图画、音乐当作应修课程认真学习。柏林举行世界青年联欢节，苏联的演员演唱瞿希贤作曲的《全世界人民心一条》，消息传来，我们很感光荣，金家馨先生就教我们唱"胜利的旗帜哗啦啦地飘"。期末音乐课也要考试，图画课则拿平时作业评分。音乐考试时，金先生让我们四个一组、四个一组地到风琴边唱临时指定的歌曲，当场打分。图画、音乐、体育的成绩都记入成绩单，也有人不及格。

大操场开晨会，后来也不一定都是校长、教导主任、值日导师训话。冬天开晨会很冷,操场地面都结了霜,同学们的跺脚声音有时盖过训话声。于是有一段时间便是先生讲故事。有一位先生讲过苏联英雄马特洛索夫用身子堵德国侵略军碉堡枪眼的故事。这些故事大家都已经熟悉,不爱听,便有了金家馨先生连续几天上台给全校同学讲苏联惊险小说《绿色的箭头》,博得全彩。故事讲卫国战争时,后方有一个叫阿廖沙的少先队员,在偶然的情况下发现一块绣有绿色的箭头的手帕,接着便发生一连串诡异的惊险的事。每天金先生讲到扣人心弦之处,总是戛然而止。"接下去究竟怎么样了呢?明朝接下去讲!"同学们便又惋惜又兴奋,散会后,大家拥到操场西北角的厕所里排队小便时,还要纷纷猜测、争辩以下的情节会是怎样的。以那时我们的水平,谁是好人谁是坏人都猜错了。

  少年先锋队最有劲的活动是举行营火会。晚上要举行营火会了,大家在上午就开始躁动。每人从家里带来一根木柴,带个炭篓来也行,把木柴堆在操场中央,在柴堆尖上盖上炭篓,点火焚烧。大家围着火堆唱歌、跳舞。没有手风琴,没有吉他,没有任何乐器,只有青春的嗓音。那个时代,男女同学的隔膜很严重,教师要如何打破男女隔膜,与今天防范早恋一样困难,然而,营火一升,歌声一起,男女孩子的隔膜顿时没有了。夜晚的城市是一团深沉的黑暗,操场中营火跳跃,光影荧荧,照着四周一样火红的脸。掌声、歌声一阵一阵,我们唱着:"在祖国和平的土地上,生活天天向上升,青年人怀着远大的理想,老年人越活越年轻。我们热爱和平,从不侵略别人,也不准侵略者破坏人类的安宁……"这歌声,这场景,令我永远不能忘怀。这久已不唱的歌曲,唱的是我们永远的愿景。

上篇:2019 年 12 月号,总 271 期
下篇:2020 年 1 月号,总 272 期

回忆半个世纪前的"小小"球队

王国俊

1948年4月,我们温州中学初49春甲班去金乡炎亭旅行归来时,所交费用有点节余发还,部分同学自发凑集买球并组成排球队。队员12名大多是矮个,喜欢球却不会玩,因此取名"小小"。金嵘轩校长注重学生德智体美劳全面发展,课堂教学和课外引导相结合,努力培养学生的自立自治能力。母校丰富多彩的课余活动和结社自由的氛围,促使"小小"球队应运而生。

往日,我也常到操场想玩球,因球艺太差总难挨上。自从买了球,大家抽空就可围成一圈自己练,偶尔碰上好手来场如控制住球不传给我们,我们就走为上计,先抢回球休息,等他们走后再练。我们还请了班里体育尖子章恢松、赵志文做指导,坚持月余,球艺进步很快,兴趣越来越浓。逢月夜晚自修后也练,还练跑步、跳跃和技巧。刻苦的锻炼增强了各人的意志和群体的凝聚力。为留纪念,曾集体到南洋照相馆合影,一色的白背心,贴上"小小"两字。这张照片我一直珍藏至今。

学期快结束时,约本班排球代表队(初中部冠军队)比赛,也许对方轻敌,"小小"竟奇迹般获胜。一发而不可收,紧接着队长董作长就向初中部各班级挑战,结果无一败绩。球队连日比赛打得十分顽强,叶西河、陈斌、赵春的等几个主力队员因指甲开裂,十个指头都包上胶布,至于手指扭伤和膝盖皮擦破的更普遍了;我和戴劲男、马大沛、刘务仁球艺差,只是偶然替补上场站在三排边,也都有伤。那时是九人排球,队员位置固定不转动。

1949年2月,"小小"有七位队员考入温高;在球队成立的周年五月一日,曾由陈斌和我负责出过纪念特刊,附在我们班初中毕业后为保持联络而编的《黎明通讯》内寄发。据高中同班同学潘志培回忆:"小小"在温高仍坚持练球,并发展他和徐纪钱同学加入这支球队。

"小小"玩球,也不忘德和智,其中七位同学在温州解放前后参军参政。历经五十余年的沧桑,每个队员都交出了一份比较完美的人生答卷:马大沛是教授级高级工程师,曾被评为建设部劳动模范,当选第五、第六届全国人大代表,生前最后十年一直担任中国建筑工程(澳门)有限公司副董事长、总经理。朱国荣历经浙南游击纵队—新中国首支降落伞部队—军委总参第一技术侦察支队通信兵主任,转业后任温州市电子仪表工业局局长。殷作伟是上海交通大学社会科学工程系教授,享受国务院颁发的政府特殊津贴。叶西河是中国人民银行温州市分行首批招收的干部,高级经济师。刘务仁是兽医师。戴劲男是中学物理教师,教书育人,桃李满天下。赵春的亦参加浙南游击纵队,后连任瑞安市人民检察院检察员十余年离休。陈邦柱在抗美援朝时参干,后转业温州五交化公司任职。陈斌在新中国成立前夕参加浙江省五区干校第一期训练班,后任温州市交通局计划科副科长;郑信大学毕业后在某机械研究所工作。可惜两人都不到四十岁就英年早逝。董作长早年曾经蒙冤,十一届三中全会后平反,致力于创办食品厂和印刷厂,是金乡小有名气的企业家。我们班级因郑宗昌、林沂等同学的努力,二十多年来,岁岁举办同学会。每逢欢聚,真希望"小小"能再拍张集体照,可惜陈斌、郑信、马大沛已经天上人间难相见。

我对"小小"怀有特别深的感情。本人年幼丧父,家庭经济状况差,考取公费才有幸迈进温州中学的。因营养不足运动少,长得个小体弱,记得初中二下时,身高还只有一米四七,体重三十五公斤。后因"小小"在温州勤工俭学,坚持了体育锻炼和劳动,又处在最佳的生长发育期,1950年参加军干校时就长到一米六一,次年长成一米七。我在部队从事海洋测绘,转业后二十多年主要从事瓯江河口资源开发(南口围垦工程—洞头半岛工程)的前期勘测和预可研究,工作条件都十分艰苦,精力均能胜任。现在年已古稀,常骑自行车、打门球健身,还能轻松地登上几百米的高山。我常想,如果没有"小小",当年身体素质也许够不上当兵的条件,也干不了测绘工作……"小小"球队在一定程度上改变了我的人生道路。

当然,从根本上还得归功于母校坚持全面素质教育,它改变了我少年时代忽视体育的错误想法,从此一直重视体育活动。感谢温州中学。

2002 年 4 月 25 日
2016 年 4 月号,总 227 期

1959年,我读过的民办小学

沈智毅

20世纪50年代末,温州人办教育出现一个奇特的现象,那就是民办教育蜂起。在市区中心五马街地带,公办小学密集,有广场路、打铁巷、纱帽河、府学巷、城南五所小学,就在这个夹缝中,突然冒出两所民办小学,即解南小学、胜利小学。解南小学坐落在解放南路,创办于1957年。地点在糖果厂的后面,原赞善王殿,三间坐西朝东,民国时赞善小学曾办于此庙;胜利小学创办于1959年,地点在第一桥三间门台处。至于西郭、东门及郊区,民办小学那是更多。

生在20世纪50年代,就是所谓"生在红旗下,长在糖汤里"。其实,那时一家三代人居住面积也就四十来平方米,全国人民一起同甘共苦,大多数的家庭都生活在贫困线之下。

我家原居住在五马街,因为大办食堂被扫地出门。1959年搬到纱帽河,那年七周岁,到了上学的年龄。父亲在外出差,一去往往就是十天半月,等他回温,家附近的公办小学早已满员,就是民办的解南小学也满员。也许是特殊原因,第一桥处又冒出一所民办胜利小学。没办法只得舍而求其次,就到民办的胜利小学就读。民办小学当时是个新生事物,所谓"胜利破学堂,老师当门房,矮凳自己带,棺材当桌板"。此话一点也不夸张,教室就设在第一桥"三间门台"的"上间角",拆了那些以往的资本家寿材当条桌,每天小屁孩们扛着矮凳去上学(因为矮凳放在那里没人管),今天看来是何等壮观。第一桥三间门台处地势低,每到下大雨,此地一定被淹没至台阶处,小学生都得由大人背着涉水而过。

20世纪50年代我国文字简化,轰轰烈烈进行扫除文盲运动,家庭妇女积极性很高，纷纷摘掉"睁眼瞎"。于是民办小学没有老师，只得在这些家庭妇女中矮子里拔将军，所以这些老师基本是半文盲，就是家庭妇女"晋升"的。会认几个字的教语文，会加减乘除的教算术，家里开鱼咸店的教珠算。这个珠算老师更绝，教我们珠算以鱼咸店里流行的"留头乘""留头除"，完全不按课本出牌，搞得学生云里雾里没办法答题。当然也有1949年前上过高小的，基本上是1949年后扫盲的、成分好的。晚上老师到公办小学学拼音，次日早晨"趁火烫热"教我们，这种现买现卖的教育方式还真滑稽，以致我现在对拼音拿捏不准。由于是民办小学，上课伴着人家的厨房飘香，家庭主妇的吆喝声，什么课堂纪律，家庭作业都没有太多的要求。

都说"人生忧患识字始"，好在小时迷迷瞪瞪，也没有"修齐治平"的志向，澄清天下的抱负，所以，小学一、二年级经过三个"上间角"的"陶冶"，就顺利地过了。三年级的上半年又搬到曹仙巷一姓萧的人家的"上间角"深造，由于胜利小学缺少高素质的老师，我们于三年级下半年被调剂到"解南民办中心小学"。虽然也是民办，但毕竟是"中心"了，班主任是个初中刚毕业的女孩。

解南小学设在大南门底附近的一座古庙里，教师的来源大多是应届的初、高中生，而且家里的成分也有点高，大学没资格上，只能委屈在民办了。照今天的话儿是"名门之后"啊！当时我们的班主任是陆雨之先生的女儿陆梦兰老师，你看这名字就挺有文化的。也不知什么缘故，她竟让我担任中队长，其实我那时鼻涕虫一个，不显山不显水。

教室大多是佛堂改的，光线很暗，在高高的地方打了几个洞，因为教室临近巷弄，外面的小混混经常往里抛垃圾。夏天奇热，冬天特冷。有一次调来一个姓陈的代课老师，这老师可能没有教过书，他干脆抛开课本，给我们讲薛仁贵征东的故事，大家听这些类似武侠小说的情节还蛮感兴趣的。

每到星期六晚上，我觉得那是童年最幸福的时光。几个班干部便到陆老师的家里改作业,听老师讲外国的童话故事。更绝的是由于没有太多的作业,更没有什么奥数、英语,我和几个同学经常溜到第一桥的庙宇、松台山、积谷山一些讲评书的场所去听《三国》《水浒》《岳飞传》《征东征西》《薛刚反唐》,回来就学"刘关张桃园三结义"拜堂,晾衣竿做刀枪瞎胡闹。那时家里兄弟姐妹多,你野哪里去了,家长一般不管,晚上数人头就行了。

可是,好景不长,这"二道杠"就当了一年,一上五年级,因为换了个班主任,姓苏,第一天上课我就被当堂撤职,原因就是"资产阶级"的后代靠边站。为这事我懊恼了好几天,好在年少没肝没肺,也没有武汉"五道杠"那么成熟,要不准得抑郁症。这个班主任想出成绩,班里有一个姓柯的学生喜欢小偷小摸,家里无法管教,苏老师就让柯某住到宿舍,让他加入少先队,当上中队委员。一篇《学雷锋,差生如何转变?》文章见报了,谁知柯某在一天晚上将两个老师的钱财、衣物皮鞋席卷而逃。三十年后,这个柯某仍然在监狱里。

那时的课本内容,包括:董存瑞炸碉堡、刘胡兰宁死不屈、半夜鸡叫、鸡毛信、朱德的扁担、毛泽东的油灯、刘少奇的毛毯,还有雷锋的故事。

在那个特纯的年代,有很多事,今天的人看来,简直匪夷所思,比如每星期每人要上交一百只苍蝇的尸体、一条老鼠的尾巴。我们将苍蝇的尸体放在火柴盒里,班干部要对每一个同学的"战利品"进行清点,确定数字后,再交到大队部。

那时提倡学习雷锋,鼓励学生们到路上捡柑橘皮、废纸然后交给学校。一段时间大家流行帮人家推板车,因为温州市区桥多,比如中山桥、打锣桥又高又陡,板车上去确实不容易,我们都是两人一组帮着推。

当小学生自然免不了要写作文。记得有一次,老师布置了一篇作文《学雷锋,做好事》,雷锋不时到火车站接老奶奶,到工地搬砖头。可是温州当时一没火车站,二没工地,上哪里学雷锋呢?结果一个班有三分之二的人都捡到了钱包,交给了警察叔叔。天哪,在那个一穷二白的时代,地上哪有这么多的钱包？好在家训告诉我"今天不说假话,明天方可做人"的道理,我没有捡到钱包,自然写的作文属觉悟不高。

在那三年经济困难时期,还流行"忆苦思甜",就是如何去解救世界上三分之二仍然生活在水深火热中的百姓。一次到瞿溪务农,公社书记请了一个贫农老大妈控诉潘鉴宗(民国中将、作家琦君的父亲)如何残酷剥削贫下中农。谁知这个老太婆太没有阶级立场,觉悟不高,说潘鉴宗对农民可好了,每当农忙都摆酒给我们吃,要是农田歉收总给我们减免。那个书记一听味道不对,赶紧将老太婆推下台,训斥了一顿,自己上去诉苦了,讲得声泪俱下。从此,我对那些说假话当官的话总带一半的疑问。

记得六年级上半学期,来了个身穿连衣裙气质绝佳的女教师,据说家庭成分很高,高中毕业没资格上大学,临时来代历史课,我们都听得如痴如醉,讲什么早忘了,从此我对历史也就特喜欢。三个月后,她就到新疆支边去了,只记得老师姓汪。

1965年我小学毕业。当时成绩好的上六中、三中,差的到民办五马、新民中学。其中有一个同学成绩很好,但是父亲在台湾,属于"反革命"后代,只得到马路上卖腌萝卜。

初中刚读一年,1966年,一场"大革命"席卷全国,我们来不及长大,就没有书可读了,我们戴着红卫兵袖章路过母校解南小学,里面已经被砸得稀巴烂,红卫兵们砸开墙壁,拖出里面的泥菩萨。这时我才明白,当年的母校原来是一座庙宇,那个神圣的主席台曾经是赞善王殿的戏台,再后来在旧城改造的轰隆声中,解南小学终于化为尘埃。

2015年4月号,总第215期

我与清华国学院的版权纠纷

刘显曾

2015年3月13日,南京市鼓楼区人民法院对我与清华的著作权侵权案作出判决,江苏人民出版社停止发行《刘节文存》,社方与清华方面赔付原告方经济损失四万元。这是怎么回事呢?这事中反映出一些什么问题呢?事情要从2011年说起。

2011年5月23日中午收到谭世保博士的电邮,附来山东大学历史学院的王建峰先生给他的电邮。电邮中王向谭介绍他的夫人刘秀俊。我阅后立即回复:"老谭:你好!很久未联络。可以让他自己和我联系。其实前一段时间有一台湾的博士生也为同一问题来信与我要资料。这位姓刘的学生来我也会尽力的。知道你很忙,很少与你联系。近来可好?显曾。"

时间一晃就到2014年了。先是杨瑞津于1月17日来电话问此事,接着洪光华也打来电话说,祝贺舅舅的新书出版。我非常诧异,没听说呀,什么书?这一来连光华也大吃一惊,怎么我都不知道呢。他便细说,市面上有一本《刘节文存》,怎么你不知道呢?并马上把书的封面照片发来我看,告知清华有一位作者刘秀俊。我极力回忆才想起谭世保曾介绍过一位研究生。查旧档,发现正是刘秀俊。这样便开始了长达一年的版权交涉。

2014年1月27日给江苏人民出版社电话询问有关版权事。转了几处电话,最后是责任编辑王先生接电话,他答应向作者查询后,向我的手机回复,不过可能要在春节以后了。

至2月7日,刘秀俊来电话为自己的错误诸多辩解,不承认错误,更不想赔偿。

刘秀俊大约于2月13日来电话,说她个人愿意赔我。我当即拒绝,要求校方代表来谈。过两天清华国学院的据说是项目组长孟老师来电话。据她介绍说,她是"清华国学院此项目的负责人,直接上一级领导是刘东博士"。孟也是诸多理由不予赔偿,甚至说整套五十多部书都是版权人提供免费使用,提前签订协议的。还说,要发给我协议文本,补签协议。这时补签,还是事前协议吗?已是"最后通牒"了。当然不签,此后多次通电话,就是没有钱。

此时洪光华先生仗义执言,著一短文《护持文化,守法是底线》投《温州读书报》,即将见报(后刊载于2014年第二期)。我想作为国家项目,怎么会没经费呢?难道国家有关部门分配研究经费时并没有准备遵守自己制定的法律?我想这不可能。经费给他们后,他们没有用在正当的用途上而已。我想这得严肃提醒他们。于是我给孟一电邮,把洪的文章提前给她看,让她知道这事在法律上是站不住脚的。同时还把此文发给出版社的王主编看,指出:"我觉得此文也可供你参考。特转发你,愿你忙中偷闲参阅一下此文。我认为违法的事本来是可以避免的,但由于你们工作态度的不慎重,造成如此后果,是一定要付出代价的。这和按程序进行的其他各文存有质的区别。"这是2月20日发的。这很有效,22日孟即给我电话,答应赔付,希望协商,并要求我联系洪光华,请他与主办方要求撤稿。我出于礼貌,答应与洪联系。后来数次电话联系中,我听出他们似乎有以撤稿作为协商赔付条件的趋势,我便明确表示,联系撤稿不能作为协商的条件。孟没有反驳,自然是同意了,于是商定3月17日协商。

17日下午三点,孟晓妍和王宝顶先生两位准时到。谈到"每千字100元,共赔32 000元;并由清华出具文件说明孟全权谈判,并带来孟写的道歉信,但信件不公布",由我保存。最后她说要回去再和领导商量,再把资料发来及拨款。我答应她回去商量。时限没给她定,我想不会太长时间。

结果许多天没有回音。因4月初我将去温州祭祖,便去手机短信询问。结果孟回复说按她给我的电邮办。我没收到这个电邮呀。这已经是 23 日了,我告知她 17 日她们离开后,我并未得她任何消息。她便又发来据说是她 18 日发过的电邮。

时间:2014 年 03 月 23 日　18:55(星期日)

显曾先生:

您好!我们昨天回来一切顺利,本应一早给您回邮件,但是因为今早身体略感不适,所以没有来得及马上回复。

昨天我一回来就和本院有关领导进行了沟通,今早也和江苏人民出版社做了整体的沟通。鉴于洪先生无视我院与您积极沟通,以妥善解决问题的行为与诚意,未经与我院沟通核实,而发表文章,我们特提出以下几点意见:

1. 由于曾经在本院进行博士后研究的刘秀俊同学向我们隐瞒了实情,未能尽职尽责地跟您提前沟通,而给本院和您本人都带来了诸多麻烦,我们像您一样表示生气和遗憾。如果不是她的偷懒和隐瞒,我们若预先就知道有谁并不同意我们这样郑重地纪念他的先人,当然会马上放弃这个选题。我院将敦促刘秀俊本人出具一封致刘节先生家人的致歉信。并整肃我院进站博士后的学术管理规程,以期确保落实我院一贯秉持之切实尊重著作权人合法权益之初衷与学术准则。

2. 基于洪先生在没有跟清华国学院和江苏人民出版社进行沟通并核实相关实情的情况下,在我们努力跟您沟通协商的过程中,不经您书面同意而擅自在《温州读书报》发表文章,使得清华大学国学研究院与您的认真沟通出现了意外的波折,或许这也是您始料不及的。这种做法是不慎重的,也是不实事求是的。因此本着认真积极的态度,和以解决问题的态度,我们希望洪先生在《温州读书报》能够写一个声明或启事,更正已发表的文章中的不实言论,说明这篇文章在发表前没有任何与清华大学国学研究院、江苏人民出版社接触、核实相关事宜的行为,也不知悉清华大学国学研究院、江苏人民出版社已经在和刘节先生后人刘显曾先生就版权问题进行友好协商的事实。

——我们认为这样轻率、不严谨的行为,不利于解决任何问题。也请显曾先生三思。

3. 洪先生在文章中说:"此事令我想起十年前中山大学辑编'中山大学杰出人文学者文库'时,陈寅恪先生的三位女公子不同意编入父亲的文稿,于是中山大学只好推出欠缺了这位最重要的杰出学人的文库。"并称此"无限遗憾"。

其实陈寅恪先生的作品未能被中山大学出版,已经成为学术界乃至出版界的遗憾,这些都将会载入史册。这样的事例洪先生不曾提及,倘若因此而令显曾先生与乃父刘节先生大名蒙羞,实在不是一件明智之举。洪先生不曾为刘节先生及其后人着想,拿陈寅恪先生著作与中山大学整理学术之义举失之交臂之遗憾,与我们已初有眉目的关于刘节先生著作出版问题的协商做不类似的比较,也实在是貌似忠厚的不忠厚了。

4. 如洪先生无法公开做以上声明,我们也将深表遗憾。因为总不能我们一方面向您支付稿酬,另一方面任由他再来误导舆论,让公众误以为我们没这样做。倘若如此,很多事情我们将交付上级部门与相关责任人处理,我们或许无法继续与您保持此前密切而友好的沟通。

余不一一,请显曾先生斟酌。

恭祝

春安!

孟晓妍敬上

此函是否真发于 18 日以及是否真出于孟自己的主意,是可以质疑的。

因为17日协商时孟和王两位谈吐都还是很通情达理的,一切谈妥后才离开的。现在回想,只有一点可以反映她们态度有些反常。就是谈完准备告别前,孟与她的领导通了一次电话后一改从容的态度,急匆匆说要回去商量。然后五天无消息。直到我追问时才说第二天晚上发过回复,实际上我并未收到。如果真有回复,我不会收不到的。因为她们的回复电邮,不会进垃圾箱,我天天时时都在关心她们如何兑现诺言,不会漏过她发来的电邮的。再说,如果真的第二天回复过,而我数天不回复她,至少她应该来电话询问一下。事实却是"冷静得很",直等到我五日后去问她才回复我。回复的态度又是如此蛮横无理。把本不相干的事硬扯到一起,把洪文的撤回当成他们兑现赔付的条件。故此,当即我便回复她:

Re:Fwd:关于《刘节文存》一事
发件人:我<liuxz2@126.com>
收件人:孟晓妍<didadimxy@sina.com>
时间:2014年03月23日 20:15(星期日)

  关于你的电邮,我先回复你:

  1. 关于刘秀俊的情况,是你们国学院内部的事,她写什么检查,不是我要的东西。我要的是你们国学院领导的道歉。因为你们对自己学生的管理问题造成现状,是你们内部今后如何改进的事。我要的是这次事件中你们领导者的态度。

  2. 洪先生的文章与我无关,不应影响我的要求。本来洪先生只是把他的文章事先给我一阅,我本无义务事先给你们知道。只是我为了说明问题的严重性,作为附件事前给你们知道而已。只是你们惧于此文的威力,要求我请他撤回,我也已经向他提出,但时间太晚未能阻住,不能因此作为你们拒绝的理由。

  如果你们想把事情闹大,恐怕我也只好奉陪了。要知道我父亲为人的态度是"勇于为义"。对一个法治国家的国办大学干出这等无视法律的事,本已经很无耻、很无知、很蛮横。我要把你这个电邮,公之于世。等着我的文章吧。如果没有合理的回复,我将立即把此信先转给洪先生,接着我要把你的电邮原文投给某大报,让世人评评。请最晚在明晚此时之前回复!

刘显曾

直到26日才看到如下一通电邮:
2014-03-24 20:47:37,"Xiaoyan Meng"＜didadimxy@sina.com＞写道:

显曾先生:

您好!不好意思,我刚看到您的短信,由于我怀孕了,因此,不常用手机和网络。您回复的邮件我刚查过没有收到,麻烦您再给我发一次,大概什么内容,请告知。谢谢!

祝好!

孟晓妍敬上

我立即给她回复,并把23日我的回复复制给她,并在文下加一段:

虽然我的时限定为第二天晚8点15分,但因我忙于准备祭祖的事务,并未采取进一步的措施。请你考虑,马上回复。鉴于你的这个所谓"回复",现在没什么好说的了。不回复,我们法庭见吧!

刘显曾

又过一天,我再发手机短信问她收到电邮回复没有,并且要求她向她的领导请求,把她撤换下来,因为她说自己"怀孕"了,不常用手机和网络。我想是以她目前"怀孕"的状况,不宜经手这么"烦心"的版权纠纷。当然,现在案件已经判决,从判决书上看,此案一直仍是她在经手,时间正好是一年,理应祝贺她的宝宝了。

  判决的结果见南京法院的判决书。只是法院同意了我们的第二项请求,驳回了第一项,即要清华方面"公开赔礼道歉"的请求。理由是此案未造成当事人的名誉损失。此理由从我们这方面来说是正确的、合理的。只不过对清华来说,失去一次向世人表达改正错误的决心的机会。今后他们能否吸取教训,则只好"以观后效"了。

2015 年 4 月号,总 215 期

一个老文化人的商道文本

钱志鹏

今年是出版家沈公(沈昌文)的八十八岁寿辰,他的旧雨新知、亲朋好友、徒子徒孙纷纷响应,挖空心思地"扒一扒"沈公不为外人所知的八卦与趣事,甚至是糗事,揭一揭那个常背着双肩包,自称"问题老年"的旧闻和新事,以图一时之快。于是乎在短短的三个月内,归集了三十四篇,按照年龄大小排列有关沈公的天真、狡猾、机智、幽默、随心所欲、放浪形骸的独一无二,好玩且有味。

这些文章涉及的是沈公为人与处事,作者大多关注的是文化事端。而作为一个在银行业混迹大三十年的"老银行人"的我,更关注的是沈公从青年、中年到老年的经商思想和有趣的事来,从书中拉拉杂杂、林林总总的文章中窥探出沈公作为老文化人的一点商道来。读着读着,他的商业气味扑面而来,体验到他善于抓住商机,巧妙布施商情,收获商业成果的从商经验。

七十二岁出版个人第一本著述《阁楼人语》(八十七岁再版)以解惑、传道、授业。而后,一发不可收,相继出版《书商的旧梦》《最后的晚餐》《八十溯往》《任时光匆匆流去》《也无风雨也无晴》等多部个人文集。八十八岁,依然活跃。

在讲究背景和来历的当下,作为曾经《读书》杂志的主编、三联书店的老总,他毫无避忌自己早年在旧上海银楼的徒弟出身,正是有这样底层的社会经历,一路摸爬滚打练就了他的"倒下斗争"真本领,成就了一代"文化商人"的他,才在八九十年代,掘得一桶又一桶金,先是引进出版《情爱论》,而后是《宽容》(虽说是并不完整的本子),再来是《第三次浪潮》,还有"三联"出版的《金庸全集》和蔡志忠漫画,这"拣金卖蔡"功夫,与时俱进,添砖加瓦为"三联"建办公大厦。

退休后,他也无避忌自己是"三联"的"下岗工人"和"扫地僧",正是这样自贱的低调,才有与原辽宁教育出版社俞晓群、陆灏的"三结义",复刊《万象》杂志,出版"新世纪万有文库"(现价一套二十多万元)、"书趣文丛"等,策划"海豚书馆"系列图书。并与郝明义结盟,为台北大块文化出版公司服务。坚持退而不休,越干越有力量,总有使不完的劲,这或许是他在晚年走出体制的再一次"解放",摆脱了体制的羁绊和人事的制约,前四十年的积淀,喷薄而出,专心致志地做自己想做的事了。他的"第二春"来了,浑身是劲,操刀耍枪地不负真正属于自己的黄金时代,编辑起个人晚年美好的职业生涯。

"吃吃喝喝,拉拉扯扯,谈情说爱,贪污盗窃,坐以待币",这是沈公著名的编辑格言,其实也是他的从商之道。通过"吃吃喝喝,拉拉扯扯,谈情说爱",不就是编辑与客户(作者)拉好关系了吗,"贪污盗窃"就是买方(编辑)与卖方(作者)达成"交易"买卖条件,"坐以待币"就是交易双方皆大欢喜的成果。可见沈公(沈昌文)经商的精明之处。

沈公经商的精明之处还不只是这句格言,还有他"装聋卖傻"在谈判桌上常常当"甩手掌柜",群龙见首不见尾,迟到又早退,开场白几句后,交代给董大姐(董秀玉),就溜之大吉。大拙与大巧,精明之处显得他的圆融。

另外在书中随处可见沈公的饭局。据说在饭局上,他的"虹吸"功夫厉害得很,组稿、编稿、议稿、改稿、定稿一件也没有落下,之余勿忘与友人嘻嘻哈哈,讲一讲段子,说一说天南海北的新鲜事儿。

仁者寿,静者多寿,独一无二的沈公已经八十八岁了,"米寿"之喜,"何止于米,相期以茶"。对于我这样一个茶痴且书呆的人,更是这样地跟随他的百岁步伐,以茶代酒,恭祝沈公长命百岁,福如大海,寿比南山,佳作辈出。

期待沈公的百岁生日时喜相逢。

2019 年 9 月 9 日　三稿

2020 年 1 月号,总 272 期

傅国涌的一个梦想：石梁书院

滕万林

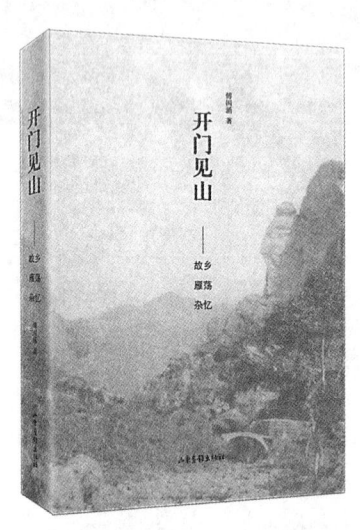

1982年到1983年,傅国涌在乐清大荆中学高二(3)班就读,我是他班上的语文老师。这个班是个文科班,当时我正在从事启发式教学的尝试,他常和班上几个同学来我办公室问学,我在《语文新圃》等期刊发表的探讨语文教学改革的文章,他也很有兴趣。

那年夏天,他离开大荆中学后,我们长期没有联系。只知道他离校后曾在温州教育学院读过书,当过一所乡村中学的语文教师。直到2007年10月间,我从《温州都市报》学人访谈专

⊙傅国涌著《开门见山》书影

栏看到了记者金辉采访他的报道,才知他已在历史研究和写作上取得丰硕的成果,为他感到高兴。那年他才四十岁,已在《南方周末》《人民日报》《新京报》《读书》《书屋》《随笔》等报刊发表了三百多万字作品,作品入选山东的高中语文课本、大学人文读本等近百种选本,已出版《金庸传》《百年寻梦》《笔底波澜》《主角与配角》《1949年:中国知识分子的私人记录》等十几种著作,在民国史研究等领域卓有建树。2010年,《时代周报》推选"2010年影响中国时代进程100人",他入选十位知识分子之一,成了一位非常引人注目的人物。

通过《温州都市报》的记者,我们恢复了联系,他曾寄来自己的著

作，我也给他寄去《漫话雁荡》一书。前几年编《大荆镇志》，里面有个"当代名人"栏目，他也名列其中。2011年秋天，国涌来信，谈到三件事：一是赠我一本新出版的《得寸进寸集》；二是如《大荆镇志》已出版，方便时寄他一本；三是说他故乡还有老屋，可以作为藏书之所。李孝光《雁山十记》首篇《始入雁山观石梁记》写的就是他老屋后面的名胜，他因此想起名"石梁书楼"。他还提及，等将来老了，也许回老家来住，如果条件允许还可以办个"石梁书院"，安度晚年。同时提出，要我为他撰写一副对联。我想这是一件大好事，当即表示赞同，并欣然接受了他的邀约。

当时我想，国涌还不到知命之年，还早着呢，这事不急，于是就一拖再拖，没有践行。直至2014年8月上旬，我生病住院回来后，才感到时不我待，受国涌邀约的事不能再拖了。于是，就开始这副对联的构思，初步有了点眉目，便去电话和国涌商量。当我把自己的想法告诉他："你是自由撰稿人，这'自由撰稿人'正可以作为一个下联，再配上一个合适的上联，就是一副完整的对子了。你看怎么样？"不料，他随即说出"独立思想者"五字作为上联。我一听，觉得对得真好，上下联形对意联，不仅共同表达了关于治学的主题，而且符合联律通则的要求，当即表示赞同。后来我考虑到，作为一副门联，五字联可能短了点，不妨改成七字联，于是，我就在上下联前各加了两个字，成为这样一副七言联：

　　甘为独立思想者；
　　喜作自由撰稿人。

国涌现在还不到五十岁，就想到年老之后办书院的事，这充分显示了他是一位有远见、有理想、有情怀的人。他老家在谢公岭脚、石梁洞前，门对迎客僧，离雁荡山名胜灵峰只隔了一条岭，是传说中的谢灵运路经之地。如果将来他真的有机会在老家办一个"石梁书院",也可谓得其地利。21世纪的中国,已是一个世界上的经济大国,这与民营经济的大发展是分不开的。在文化学术领域,民间的文化学者也获得了发展的余地,这可谓是得天时。至于人和,这对一位主张"听从善的召唤,或者说良知的召唤"的学者,自然也是不成问题的。如果说书院里会发生什么论辩,那也是学术上的事情,是好事。我盼望,国涌作为一位富有民间色彩的独立学者,创立"石梁书院"的愿望也不会落空。"石梁书院"的创办,无疑是一桩利在当代、功在千秋的大好事,我多么期待国涌的美梦早日成真!

2016年2月号,总226期

子张的"清谷书荫"

宫 立

子张虽然说"读书未必签名本",但他也承认作为读书、交友、心灵碰撞的副产品的"签名本"可遇,"是幸运,是快乐,是伴随读书、认同莫逆的雅趣"。因此他收藏有不少签名本,单是本书提到的就有吕剑的《吕剑诗文别集》、钱理群的《学魂重铸》、王辛笛的《夜读书记》、傅国涌的《叶公超传》、易彬的《穆旦年谱》、吴伯箫的《吴伯箫文集》、曹辛之的《最初的密》、唐湜的《月下乐章》、孙犁的《芸斋书简》、吴小如的《今昔文存》,等等,有书简,有诗集,有年谱,有传记,不一而足。作者所写的"我的签名本",并未多涉及书的版本与签名,而是把它们当作思想性、学术性的随笔来写的。

作者收藏的签名本很好玩。比如《消灭李敖,还是被李敖消灭?》被马家辉告知"这是很有创意的盗版本",比如作者写了篇《吴小如评说穆旦》寄给吴小如,意外得到吴的赠书《今昔文存》,比如一场泰山之旅,喜得一套七册的"张晓风散文系列",再比如王辛笛的《夜读书记》的流转,几乎每个签名本背后都有一个说来普通而又传奇的故事。但作者就签名本所写的书话体随笔,正如鲁迅评论《苏联闻见录》所言,"作者仿佛对朋友谈天似的,不用美丽的字眼,不用巧妙的做法","倘要从中猎艳搜奇,自然免不了会失望,然而要知道一些不搽粉墨的真相,却是很好的",这正是笔者最为欣赏的行文风格。

唐弢曾说,"书话的形式也确实多种多样,怎么写都可以。但我反对有些人把书话仅仅看作资料的记录,在更大的程度上,我以为它是散文,从中包含一些史实、一些掌故、一些观点、一些抒情的气息,给人以心地舒适的艺术的享受"。作者自己也说,"每一本书就像它的作者,都有一个深藏着的灵魂,读者要做的就是把这个灵魂找到并且感知它、解释它、辨析它,斟酌损益,有所取舍,这该是读书的正道。《清谷书荫》何尝不是诗人子张就所藏签名本所写的"给人以心地舒适的艺术的享受"的书话体读书随笔?何尝不是他引领读者寻找、感知、解释、辨析"我的签名本"中"一个个深藏着的灵魂"。

作者在与《清谷书荫》几乎同步出版的另一本新书《一些书 一些人》的后记中自言,"我在高校近三十年,照规矩,除了站讲台,就是坐冷板凳,所谓'治学'也者。然不知为何,我总是不像一个标准学者那样完成这个时代所要求的若许规定性动作,诸如权威期刊、核心期刊、国家级、省部级课题,英文摘要这些东西,实在引不起我的兴趣。讲课、读书、撰文乃至日常生活中,我大概只近于一个耽于享乐或趣味的人"。这让我想起谢泳最近在《文汇报》所写的《西方论文的负面影响》中的一段话:"中国传统的文史研究方式,文体多样,掌故、笔记、诗话、札记、批注等,核心都在有新材料和真见识,讲究的是文章做法,不在字数多寡,但要言之有物,要有感而发,所以学术研究中饱含作者个人才情。好的中国文史研究,不张架子,不拿腔作势,凡陈语腐言,一概摒弃"。多写些"言之有物,有感而发,饱含作者个人才情"的类似"我的签名本"之类的书话体随笔,做一个"近于一个耽于享乐或趣味的人"未尝不是真学者,不是吗?

另外作者在《鲁迅精神赖谁传》提到了鲁迅的"骂人"。这让我想起鲁迅的话"我想,骂人是中国极普通的事,可惜大家只知道骂而没有知道何以该骂,谁该骂,所以不行。现在我们须得指出其可骂之道,而继之以骂。那么,就很有意思了,于是就可以由骂而生出骂以上的事情来的罢",以及叶公超的话"我有时读他的杂感文字,一方面感到他的文字好,同时又感到他所'瞄准'(鲁迅最爱用各种军事名词的)的对象实在不值得一粒子弹。骂他的人和被他骂的人实在没有一个在任何方面是与他同等的"。

2014 年 10 月号,总 209 期

读《瞿光辉诗选》

徐 达

我与瞿光辉先生有二十年邻居之谊,同行同好且禀性相近,彼此相敬,却不拘客套,虽近在咫尺,然淡然若水,偶有余暇,晤言一室,辄发书生意气,或纵论古今,或漫谈诗书,兴之所至竟不知日之西匿。八年前,两人先后迁居,常使我怅然若失。昨日,光辉先生以新作《瞿光辉诗选》见赠,见故人,读华章,其喜洋洋者矣。

光辉先生幼年失怙,青年因疾辍学杭大英语专业,其后十余年郁郁未能展志,然我观其早年诗作绝少衰颓之气,其吟诵之花月江河山岳无不清明爽朗,光艳可爱,其意境诚如开篇之作《海滨小夜曲》所言:

> 天碧清
> 月明
> 天边一颗明星
> ……

子曰,"不戚戚于贫贱",此即光辉先生之谓也。

及壮,光辉先生交接地方宿儒,从唐湜、莫洛、金江、阮延陵等游,诗绪神交泰戈尔、冰心、纪伯伦,其《萤火虫捎来的小诗》可见端倪:

> 1. 萤火虫并不因为
>   天上有明亮的星辰

而不再照耀。
2. 月亮总认为
　月光是自己发出的，
　所以，它给世界以冷淡。

　　诗言志,光辉先生之诗无疑流露其平和之心志。中年后,他得以优游于温州教育学院,教学之余潜心著述,夫人单小荣女士相夫教子,一家和睦,子女有为,心中常怀感恩之心。如此,光辉先生之诗得无清丽、隽永?

　　作诗之余也译诗,其所译泰戈尔诗深得原著之神韵,冰心先生抄录其中一首,其墨宝令人艳羡不已。余光中先生曾言,诗人之散文多有可观者,光辉先生创作之寓言为人瞩目,收入海内外多种寓言集,樊祖鼎教授、郑丽影女士先后翻译出版其寓言全书;香港大光出版社青睐其文笔,约其翻译《木偶奇遇记》与《伊索寓言》。

　　放翁曾满怀愤懑吟唱:"此生合是诗人未,细雨骑驴入剑门。"但光辉先生在其短诗《自传》坦然乐道:"心里总认为自己是个诗人。"他毕生读诗、谈诗、写诗,以诗眼观世,以诗心味生,以诗意为事,栩栩然一诗人。此次他将半生所作,择其所喜者辑为一集,附以张智中先生之英译付梓,亦差慰平生矣。

　　五四至今几近百年,其间新诗涌起,胡适、郭沫若、冰心、闻一多、徐志摩、臧克家、余光中诸子皆为一时豪俊,然新诗至今未成大气象。其中,郭、臧晚年更张,轻车熟路重拾旧体诗,可见新诗之路艰险坎坷,而光辉先生一如既往,不亦可敬?

　　我尝自警:莫叹泰山之高,且仰昆仑之伟;休赞东海之深,宜羡太平洋之广;勿醉小院之熏风,但听天下之惊雷。我忖度他有《泰姬陵》诗,当有印度之游,何况国内诸地,询之俄罗斯,答曰未曾游。我欲邀光辉先生做俄国壮游,设想诗人至海参崴则兴晚清积弱之叹,经西伯利亚而起十二月党人之思,渡伏尔加河遂涌万斛诗泉,访莫斯科则因其惨烈卫国而改容,游彼得堡或赋千古一帝之诗,遑论瞻仰皇村而拜普希金,祭祀托尔斯泰墓而祈天道良知之复活。如此则诗风益壮益肆,不知光辉先生意下如何?

2015.10.13
2015 年 11 期,总 222 期

住雁荡万峰顶

吴常云

今年4月间,我回了一趟老家——雁荡山。大半辈子过去了,这还是第一次以寻根为目的回老家。

很小的时候,就听母亲说,我出生在雁荡山中。1944年,母亲怀我的时候,正值日本鬼子打到浙沪一带,母亲只好避难到老家山中等待分娩。当时就住在雁荡山观音峰脚下的一间农舍里,出门抬头就能看到观音峰。母亲还说,从门口远望,在观音峰西南方向还有座高峰,常年云雾缭绕,名为常云峰,于是就以"常云"两字给我取名。

我是那年11月出生的,但具体哪天,母亲也记不清了。所以在户口本上只是凭印象写了一个日子,并不一定准确。天底下,母亲记不清儿子生日的可能也属少见。我小时候一直想不明白这件事,直到长大后,才慢慢悟出其中的缘由:或许是因为当时在山中接生条件差,又遇难产,母亲所受的痛苦可想而知,昏天黑地里哪还记得住是什么日子!而且山里信息闭塞,所谓"山中无甲子",记不住日子也不足为奇。不过,母亲后来数次跟我说,没关系,在杭州夏公公的日记里可以查到。

夏公(夏承焘)和吴家有通家之谊,又是母亲的恩师。任杭州大学中文系教授,被学界誉为"一代词宗"。"文革"中,只因"词学权威"这顶沉重的帽子,也受尽磨难,在"文革"后期很长一段时间内仍处于被改造状态。加上身患脑梗两次,又遇丧妻之痛等数重打击,境遇十分悲惨。得知这一情况后,刚刚退休而同样孤身一人的母亲,断然从上海奔赴杭州,与夏公结为伉俪。于是,先前的夏公公就成了我的父亲。在杭州短暂停留后,母亲就带着父亲以看病为由避居北京,摆脱了当时杭州仍然左得令人窒息的气氛。

我从小离开家乡,随母亲来到杭州和上海,对雁荡山没有一点印象。后来又随母亲来到北京,与老家相隔数千里。之后上学和工作都在北京,就这样匆匆过去了几十年。母亲在世时,也没有机会带我回去,给我指点一下当年老家的情况。现在,我也退休了,母亲也离去了,但我探寻老家的心思愈加强烈。这之前,虽然也有一两次出差机会,到过雁荡山,但都是匆匆忙忙、蜻蜓点水而已。

这次回老家,是为拜会多年失散的堂兄大荆仇善荣,同时探寻了解祖上的一些情况,当然埋在我心中的重点还是要寻访我的出生地。无巧不成书,我下榻在堂侄女贞卫的雁南书院,书院正好坐落在观音峰脚下的雁荡山上岩村中,推开我住的房间后窗,恰能清晰看见那肃穆娴静的观音菩萨端坐在莲台之上。能落脚在母亲当年居住过,也是我出生的村子里,真是莫大的幸运,这是否也是上天对我的一种眷顾呢?

在书院住下后的第二天,下了不大不小一场雨。清晨雨渐渐小了,忙推开窗子,只见云雾翻飞,环绕着观音峰,而观音峰在云雾的舞动中若隐若现,幻如仙境。冥冥之间,记起母亲曾向我说起过,当年,也是在淅淅沥沥的雨中,母亲的师长、后来的夫君夏公,撑着雨伞,步行数十里来到山中探望处于产期中的母亲。可能也就是在雨后这般似仙若幻的景致中,又恰逢母亲的生日,恩师便欣然提笔,书一联送给母亲云:"住雁荡万峰顶;早观音一日生。"寥寥十二字,蕴含老师对弟子的殷殷期许!

这次重归出生之地,并有幸用相机记录下雨后观音峰神幻般的景致,备感欣慰。我把所拍摄照片挑选出来,精心制作装框后挂在北京居所卧室里。这样,每当我清晨起来,第一眼就能看到它。看到它,我仿佛又置身于家乡的绝色山水之中;看到它,我依稀感觉到母亲就在那仙霞回荡的山峰下不远处……

作者按：母亲吴无闻，温州乐清虹桥南阳人，1917年生。早年就读无锡国专，师从夏公承焘。供职上海文汇报社，为该报资深驻京记者。退休后，与夏公结为连理，助夏公整理出版众多词学著作。

2017 年 8 月号，总第 243 期

"童心与发现"
——读王则柯老师的《我的学生时代》

钟 东

我校王则柯教授的新书《我的学生时代》(北方文艺出版社2019年10月版),是一部难得的好书。读罢新书,我除了说好之外,更有亲切感。一方面是读这本书之前,刚刚与一位来自之江的朋友见过面,朋友也说起王老师不久前还去之江访问过。书的第一部分"小学时代"的序引写道:"我的小学生活,开始于杭州私立之江大学的附属小学","后续的几年小学生活,则都在广州的中山大学附属小学度过",并说"关于我小学生活的这个部分,也可以简约地叫'在两所大学读附属小学'"(第1页)。由此,书内书外,感觉之江到康乐很近。

亲切感还有别的因缘。王老师年幼就从之江来到广州,之所以会转学,是因为王老师的父亲从之江调到了中山大学。王老师的父亲就是著名戏曲史学者王季思(王起)先生。王先生在中山大学中文系培养了至今在全国非常有影响的中国文学史、中国戏曲史研究团队,我的老师们至今还经常称道王先生的为人和学问,像陈永正老师听我说起王先生晚年"冤亲平等"时,立即表示对王先生充满敬意;再如黄天骥老师最近还有文章《两峰并峙,各领风骚:重温两位老师的四本小书》,他把董每戡先生和王季思先生放在一起讲述他们的言传身教与学术成就(见澎湃新闻网2019年12月11日之"上海书评"栏)。

王则柯老师1942年生,浙江永嘉(今温州)人,广州长大,大学毕业于北京大学数学力学系,后为中山大学岭南学院国际商务系教授。他在博弈论、微观经济学、信息经济学以及金融工程与管理应用上,都有出色的成就。王老师在学术研究之余,很早就注意用随笔和散文的形式，来记录自己的履迹，发抒个人思想。他的文风浅近，即便是艰深的数学著作，也写得像随笔一样可读性强；即便是专业的知识，也常常用散文的形式表述出来。像他的《童心与发现》《排队的文明》《自由的烦恼》《解释的困惑》等，都是有真知灼见，而又可读性非常强的好书。

其中，《童心与发现》（三联书店1996年版）这本书，我尤其喜欢，这不仅仅是因为该书将经济数学的深奥问题讲得就像拉家常一样清楚明晰，诚所谓深入浅出，还因为这本书署上了他夫人梁美灵的芳名。王夫人梁老师，就是《我的学生时代》书中《天上掉下个"梁妹妹"》《不敢碰手》里面的纯情的"大眼睛"同学，王老师十四岁就暗恋着她，直到过了十年才拉上手！这种在今天看起来像传说一样的真纯之爱，那么美好，那么久长，也在著述的成果中体现了出来。

另一本书《岭南笔记》（福建人民出版社2001年版），与现在看到的《我的读书时代》，可同归在散文随笔，或者回忆录，则主要记述了王老师对工作、生活的感悟，以及在国外讲学的见闻，其中包括了对社会的透视，对专业的剖析，对种种日常生活中经济现象的分析以及海外生活记趣。其文风与《我的学生时代》很接近，也就是看似浅白实际深永，表面平淡内含至味。

一直好奇想知道王老师这种深入浅出的本领是从哪儿得来的。我跟中文系的同事与学生聊起来，有的说来自父母的基因，有的说受到家庭教育的影响，我相信这都是有的，但是当然无法证实。但是，我在王老师《我的学生时代》中，从他的大学课堂的回忆里面，似乎找到了答案。首先是书中的《大师本色》写丁石孙先生的课："丁先生讲代数，一板一眼，言简意赅，句句珠玑，记录下来就已经成文。他是最富课堂艺术的老师，精妙全在语言，绝无夸张的表情或动作。"（195页）其次是《闵先生的气场》这一篇，记述了自己本来并不对数学有自信的，却被录取在北大的数学力学系，正是因为有闵嗣鹤先生在课堂教学中，当堂让王老师很快通过了数学学习的几个难关，而后便爱上了数学。而之所以能这样，完全是闵先生上课时的教学语言："一串话从闵先生的口里清楚认真地慢慢讲出来的时候，我觉得，这样的语言好机敏呀，真是太漂亮啦。几乎马上，极限的概念就比较准确牢固地在我的头脑里树立起来了。"(201页)所以，王老师书中这朴实而机敏、平实而美丽、即读即悟式的语言，应当来自北大的课堂。另外，他的文风，还隐隐可见北大人的精神基因(参看321页《北大人的精神基因》)。

在这个岁月留存的素材里，王老师特别注意写上学时候的老师。比如他在《石牌中山大学校区》中写道："在这里，我开始记得老师。"王老师非常擅长对记忆中的老师做速写式的描画。有时候是从外貌来写，比如"大个子刘老师""小个子刘老师"(25页)，有时候从性格写，比如初二语文科友善而耐苦的刘老师、点评牙齿前冲同学的齿音较重的音乐老师、给他石膏画临摹打九十几分的美术老师等(《老师素描》)，无不寥寥数笔，即形象突出。

写老师的教诲完全是给人以润物细无声的感觉，并没有任何着意渲染。而在写同学的时候，也是从心中流露出对人物的赞美为多。像初中站起来陈述改俄语学习为英语学习的女同学、能言美辩鼻子有点尖的同学、瘦小斯文读大部头书的女同学、擅长无线电的同学(见98—99页《同学风采》)，可见同学各有特点。高中的"老夫子"同学(137—139页)、在广播组遇到的大眼睛女同学(140—152页)也就是后来王老师的终生伴侣，令人觉得年少时候的友情与爱情无比珍贵。只是到了写大学时代，王老师的笔墨却放在记事比写人更多些，因为大学生活在50年代末60年代初，正是中国发生巨变的时期，人事随着时势而沉浮飘荡，记忆深刻的是大学所见如风浪式的种种事情，人都变得渺小起来，或者使作者无暇注意详述单个的人。

在《我的学生时代》中，叙事是全书最突出的，可以当作亲历而笔录历史来看待。比如广州解放前后的状态、海珠桥曾经被炸、解放后还有国民党飞机来突袭、广州小学到高中的学校教育历史，书中都有叙写。有些细节,恐怕现在学校的校史馆也未必有这样生动形象而又真实的资料。比如广州第六中学,比邻中山大学,都是滨于珠江南岸,由于地利条件而使六中成为当年的游泳特长学校。王老师的文章记述了不管男女,同学们在宿舍换好泳衣裤,赤脚往返一千多米去珠江游泳(《学校的游泳特长》)。大学时代,就写得更详细了,像冈先生他们如何上课,马寅初校长怎么下台,大学时代的宿舍、伙食、教室、讲座、无穷乘积、纺织厂姑娘、体育、劳动、零食、电影、业余活动、队列早操、娱乐活动、游颐和园、发抖的腿、国庆夜狂欢,等等,都写得如在目前。这些追忆,让读者可以看见北京大学在1959—1964年的大学管理、教学、师生的生活、思想业务状况的各个侧面,真的可看作是一段形象的北大历史。

王老师在叙事的笔墨中,并未太多着意流露出强烈的思想感情。但他对于学校教育,特别是大学教育的忧思与责任,还是显而易见的。比如书中写到三十年前中山大学经济系一些学生一个学期可以拿到四十学分就发文批评,后来经努力终于扭转了这种局面(259页)。又如《大师本色》那篇文章末尾,赞成"现职教授要同时给本科和研究生各开一门课",反对"高水平的老师应该集注于研究工作,次一等的、研究做不上去的,才去上课,特别是基础课"这种看法,认为"这种错误的观点和做法,对于我国的高等教育危害很大",他在该文中特别呈现了北大的传统是大牌教授上基础课的风范(194—197页),这不能不说作者对教育的责任感使然。

不过,概括地说,我最喜欢全书在叙写回忆的时候,非常清晰也非常有血有肉地勾画了王老师自己求学求知的个人历史,他对于知识的好奇,对于社会变化的那种一丝无所适从,对人生的那种睿智,篇篇可见。以是之故,全书平实,却又神奇。这本书也激发了我的求知欲望。比如,在读《月亮圆缺》(316—317页)那篇之前,王老师的大学同学问的"月亮不是因为我们地球的遮挡才有圆缺吗?怎么地球的影子不是圆的?"这个问题,我一直也困惑模糊的,读了这篇文章之后,我也循其问题,查找资料,终于找到了答案,使自己获得正确的知识。如果见到王老师,让他考问这个常识的问题,相信我可以答对的了。

最后,我还要说一句个人心得:王老师的所有著述,都可以概言为"童心与发现"。美啊!一如王老师大学时代的数学课,以及王老师的数学著述!简净、平和、真实。读书就是读人,读了王则柯老师的书,我想起一副对联:"行文简浅显;做事诚平恒。"

2020 年 2 月号,总第 273 期

古典戏剧的守门人

鲍广丽

传统常常能浸润出赤子般的痴人。戏剧研究原是朴学，是一份枯燥，也是一份古典。古典戏曲蕴含的那份真诚，使学者的为人也焕发出质朴淳然的性情。

在我眼中，叶长海老师就是这样一位学者，恂恂如也，几十年如一日，温不增华，寒不改叶，只苦心孤诣，做一个古典戏剧的守门人。

永嘉山水富于灵性，蕴含出来的学子自是儒雅情深，别有风度。

叶老师中等身材，架一副眼镜，是位和蔼、风趣的学者。他思维敏捷，思力刚锐，学养深厚，自不待言。但给予我最深印象的是叶老师深有古风，他替人办事，急人之急，在现今讲究浮利的时代，将一股清新刚劲的古风保持着。

值得一提的是，我竟然有缘亲炙他策划与主编的一些戏剧图书的出版。

自从 2009 年开始，我所在的上海远东出版社开始筹划出版"国家重点学科戏剧戏曲学"丛书。叶长海老师作为戏剧戏曲学科的带头人，如学界明灯，熠熠生辉，自有一番凝聚力，将戏剧学院的精英学者云集一处，推出他们的学术精品力作。因当时高克勤社长的大力支持，加之叶长海老师的热心，全力扶持远东社学术图书的出版，使这套丛书的品种日益增多。经过四五年的打磨，迄今为止，有近二十种戏剧类学术图书陆续出版，涉及戏剧的各个方面，洋洋大观，颇具规模。

与叶老师交往，很舒服，全然没有大学者的架子。原本想，一个学院的学科带头人，该是雷厉风行，难以亲近的。但实际情形是，他爽朗健谈、幽默风趣、平易近人,具有一个恂恂学者的真挚性格。虽然和叶老师交往不多,但叶老师为人温厚的性情,也如涓滴细流,一点一点流入我的内心。

上海戏剧学院以前曾经去过多次,因了叶老师,再次去时,觉得学院内的花木也是有情的。叶老师以淡定的气度,坐镇在那里,给人一份温厚坚持的力量。叶长海老师的办公室书籍堆得满坑满谷。对于爱戏曲的人来说,这简直就是个资料宝库。叶老师说,家里也是这样,但是多而不乱,每本书在哪个地方,他心里全有数,就像交响乐一样,起伏自有节奏。他随口的比喻自然而然,却让人心生敬意。他轻轻地挥了一下手,起伏有致,就像是一位交响乐指挥家一样,让这些书响起了音乐般的声音,让人可以真切地感受到涌动在他内心的戏剧情怀。谈起戏剧图书出版的前途,当今图书出版的现状,叶老师不免忧心忡忡。他说,现在书店市场不好,他为此担忧,会经常性地去买书,扶持一下书店。对于出版社的情况,也是如此。也许在他看来,自命传承古典戏剧文化之价值,倘若不能身体力行,不以实际行动支持文化出版,那世道又该何等浇薄?

叶老师不分寒暑,不辞关山,致力于古典戏剧的研究,让古典今事,重新焕发出一份新生,可以称得上是戏剧学界的守门人。尤其难得的是,叶老师潜心探讨中国古典戏剧文化,在古典戏剧研究方面取得可观的成绩,但他深谙"他山之石,可以攻玉"的道理,并不以此端居巍巍学术庙堂,致力于戏剧随笔类的普及写作。

他写的《愚园私语》,给予我深深的印象。这本戏剧随笔,以私语的形

⊙《愚园私语》书影

式,将一些幽微难明的戏剧文思保留下来,给予读者无数风流的想象,也可以想见他在各种戏剧艺术生活中的浸淫。叶老师将人生情趣、世事积淀,集腋成裘,化为汩汩流淌的文字,以赤子般的情怀来包容世俗,以优渥的诗意来过滤掉尘世的斑斑污垢,读来更觉兴味悠长。我想,如若没有一份执着,没有把中国的传统文化作为一种生命去追求,叶老师是不会深怀这份情谊的。

石涛有诗句云:"大雅久不作,世态秋云薄。落落今古间,旷焉谁与托?"在当下这个社会,叶老师给我苦行僧似的庄严,衣角间飘荡的净是书卷味,始信那古典士子的执着信念,并不成为纸上的光景或遥远的逝音。

2015 年 6 月号,总 217 期

文学青年梦

余寿权

老家离温州市区不远,三十多公里,除去路堵因素,也就一小时的车程。现在,父母岳父母都不在了,经常回老家的主要理由只有三种了:第一参加同学、朋友的儿女婚礼;第二参加同学、朋友的父母葬礼;第三就是偶尔有外地工作或经商的同学、朋友回来,想起了我,招呼我过去聚聚。对于前后两种情况,我是见机行事,若是老人的葬礼,我是一定要去的。道理很简单,我是他们看着长大的,我要看着他们走。这最后一程是一定要送的,何况送一个少一个了。毕竟生命的消逝,与美梦的幻灭一样,总是令人惋惜的。

今年四月最后一天的清晨,我又来到了老家的殡仪馆。这次送别的是一位老校长,享年九十三,有四个儿子。老人一辈子从事教育事业,教书育人,桃李满天下,儿孙们又比较有出息,来送葬的人自然很多,殡仪馆最大的泰山厅,里里外外挤满了。大厅正面屏幕上,循环播放着老人的生平照片。其中就有老人 20 世纪 30 年代师范毕业文凭、学生照与生平著作。这些已略略发黄的图片,也勾起我许多有关老人、有关文学的回忆。

我与老校长的小儿子是同届同学,20 世纪七八十年代,我们在一起玩得比较多。我是工人家庭出身,在瑞安中学高中部才上了一年,就去工厂干活了,对书香门庭出来的同学特别有好感,也很主动接触。1979 年考入银行,那时的社会虽然没有前些年那么腐败,但我们这些没有"面子""关系"的家庭出来的,也只能被分配到山区的营业所,先锻炼着。单位离县城有三十多公里,每天只有一班路过的班车,自然回县城老家的机会很少,有时半个月、一个月才回去一趟。

那时回城没有什么娱乐,大多是和老同学、老朋友见面喝酒、聊天,还有就是逛书店。当然,老校长很是赞赏他儿子与我们逛书店,爱书读书与书为伴的休闲方式。

20世纪80年代初,中国迎来了"文革"后的首轮文学高潮,各种文学社、读书会、写作小组像雨后春笋,青年人读书、写作空前热情高涨。我也跟着收录机,自学了电大的汉语言课程,拿到了写作专业单科结业证书。那时在山区营业所工作不忙,晚上又没地方去,就是看书看文学期刊,小说、诗歌伴着我度过许多不眠之夜。我经常练笔,试着给广播站、报纸编辑部投新闻稿、诗歌习作。有一次《浙南日报》副刊采用我的一首小诗,至今还记得题目叫《春与诗》。那是我每天饭后在单位门前的田里散步,获得的灵感。又一个周末,我在县城应同学之约,来到了老校长的家里。老人见到我进来,很是高兴,说是想不到,你年纪轻轻能在地区报纸上发表作品。老人还用老师特有的神情与口吻,鼓励我继续文学创作,将来必有成果。那时他的小儿子我的同学已考上温州商校烹饪专业。

就像现在的年轻人流行玩金融、玩收藏、玩互联网,在当年我们玩的是"文学",自诩文学青年。《末代大儒孙诒让》的作者胡小远当时还是个工人,在《东海》上发表了短篇小说《帆》后,从油库保管员的岗位上,被借调到了县广播站当记者。其实当时在瑞安,胡小远拉小提琴的名气比写小说大。他后来创作上的黄金搭档陈小萍,当时就是跟他学小提琴的学生之一。当然后来还成了他的妻子。

那天他以县广播站记者的身份来到了我工作所在地,采访农村文化站建设情况。文化站站长也是县局下派的城里人,与我沾亲带故,叫陈晖(后来是瑞安民进乐团团长),小名阿蒙,退伍军人,在部队学会了笛子演奏,瑞安音乐界赐号"笛蒙"。阿蒙与我既是亲戚又是朋友,他当文化站长我可出了不少力,公社大门口的墙报都是我帮他出的。每期八大张白纸,自写自编,歌颂大好形势,宣传农村新面貌,洋洋大观,引得银行领导、干部、职工议论纷纷,"这银行的人,怎么替公社干活啊"。那时,我正在热情高涨,能让自己的文字见诸众人,我愿意!

所以,当时瑞安的文学青年领军人物胡小远到来,阿蒙站长首先想到我。理由,一是我们同为城里人在乡下,二是他知道我喜欢文学,及喜欢喜欢文学的朋友;三是我有接待能力,工资五六十(当时算不错),吃光用光身体健康。我们见面已是下午,在与银行金库(其实只有一个保险箱,一万不到的现金)挨着的我的寝室里,第一次接受媒体采访(尽管只是县广播站),谈了自己出于文学爱好而"跨界"为农村文化事业做贡献的体会。那时,银行安保制度没有现在这么严格,留外人在寝室玩,领导也不干涉,再说他自己也经常留外人在楼上打麻将至深夜。那晚,我买了酒菜,怀着十分虔诚、崇敬的心情听胡小远讲些他也是听来的所谓文坛逸事和创作体会。酒酣面热,我邀请当地的几位也爱好文学、音乐的朋友,拿来一把二胡、一支笛子,胡小远横着二胡放在肩上,权当小提琴,与笛蒙来了个笛子合奏,其他几位则翻过脸盆,拿来筷子,充当打击乐。那晚我们一班"文学青年"欢聚在山村一隅,也蛮嗨的!

也就是那晚以后,与胡小远成了好朋友,一直到今天。在他的影响下,我的文学梦做得更深沉了。我参加一个已忘记了名称的文学函授班,订阅多种文学杂志,经常寄习作(主要是诗歌)给老师修改。1986年秋,应县文联邀请,我参加在平阳南雁山举办的平阳瑞安联合青春诗会。在香火明灭、烟气缭绕的仙姑洞,我伴着晨钟暮鼓,在昏昏沉沉的文学梦乡,度过了空前绝后的七天。在那次诗会上,我认识了后来闻名瑞安的张玉锡、姚棣,认识了后来闻名平阳的张君、王晋,认识了后来成为戏剧作家、温州市艺术研究所所长的施小琴(我还曾暗地送了她一句诗:"小小的诗的琴/最是那一低头的温柔/不胜那清凉的溪水的娇羞"),当然也认识了后来气宇轩昂的中生代诗人池凌云,尽管那时她只是一个逢人便叫"老师"的文学小青年、一个盯着尼姑庵池塘里的小鱼冥思苦想作呆萌萌状的清纯如池水的乡村姑娘……那时我们都同为梦中人。

第二年,我在胡小远的推荐下,参加《东海》杂志在瑞安举办的一个创作笔会。我上交的一篇小小说习作被编辑鲍宗元老师很客气地退回,他要求丰满人物性格,我却无从下笔,也就此失去了继续文学梦的心灵支柱。那年,我在温师院大礼堂聆听了王蒙的一个讲座,继而读到了他那篇把文学之路称为"拥挤的独木桥",给文学青年"泼冷水"的文章,联想到自己的脆弱的文化基础和毫无征兆的文学天赋,我犹豫了。最主要的是,生活中的逆境迫使我需要离开家乡,离开幻想,回到有利于今后生存的现实中来。那年,通过两个多月时间的挑灯夜读、恶补数学,我考上了成人高校的经济信息系,在武汉度过了人生中最为难忘的两年时光。在饮了长江水、食了武昌鱼,领略了中国社会发展历程之艰难之残酷之后,我的文学青年梦彻底破灭了。

我若真是杜鹃,我亦难以啼血。

2016 年 11 月号,总 234 期

诗书双骄
——爱书如命的叶良中

吴 军

叶景芳夫妇,世居皮坊巷。家门口是菜圃,边上有个池塘,直通九山河,路边杂树生花,分外繁茂。夫妻育有五子一女,家风淳朴,为人忠厚,子女们先后立业成家,对父母恪尽孝道。

良中1962年1月出生,家里排最小,八岁上学,五年后毕业于和平小学。读书成绩优异,只因家庭经济不宽裕,没有读初中。但他有抱负,人穷志不短,从小怀有文学梦,给自己定下苛刻的目标,早起晚睡,通过自修,熟读《古文观止》,背诵唐诗三百首,一针一线缝补自尊,把自学的根基夯实打牢。为改善家庭生活,先是在土地堂巷放自来水,而后是在清水埠造船厂打工,每月收入三十余元,悉数交给母亲。四年吃苦磨炼,使他懂得了只有用心血、汗水,才能铸就幸福之道。

1978年10月,父亲从党校岗位退休,名额由良中顶替。他如愿走进了党校,格外珍惜时间的宝贵。当电工,他尽心尽责,使线路畅通,未发生任何差错;管广播,准时上岗,播放新闻,使学员职工及时知道国家大事。他白天忙工作,晚上读夜校。同事蔡鸣珊先生勉励他说:一个人十年专攻一项,总成专家,你爱文学,也能成为战士作家高玉宝,所以坚持就会有成效。十一届三中全会后,他参加了文联对文学青年的面授培训,而后一篇小说在乐清一家文学刊物上发表,给他很大鼓励,从此爱上了写作,逐步走过了只有前进、没有退后的文学之桥。对这样的选择,他青春无悔,颇感自豪。

学诗,拜王敬身为师,王老热情为他精讲诗词格律,并帮助他修改诗稿,几度春秋,他懂得了写诗入门并不难,深造也可以办到。诗与书法紧密相连,他又以蔡心谷为师,苦练书法,蔡说:跟我学不能追求形似,要出神入化有自己的风格,才不负我的指导。他天天写,时时练,功底扎实,进步很快,顺利加入了市书法家协会,数载寒窗,终于出道。他擅长书联,求书者络绎不绝,他对每幅作品,都认真思考。因良中长期在学会无私奉献,党校特安排他到图书资料室,他分门别类把图书整理得井井有条,为学习借鉴历代名家的精品,主攻唐诗宋词选集,这既增添了学养,又陶冶了情操。参加省委党校举办的三年大专函授,党校为他颁发了毕业文凭,人们祝贺他有了禀赋加勤奋就能步步登高。

1985年春夏之交,温州诗词学会,经安排在报社会议室成立,推选我为会长,干了一届,即让位由张桂生为会长,林白、成广等任副会长,良中担任副秘书长。为解决文联活动场地,文联邀请时任市委书记的王建满及财政局的一位副局长,在文联会议室商讨:鹿城区搬家后,楼房皆有新主,唯有礼堂待接管,我们提出礼堂距文联很近,能否归文联使用,他们欣然同意并签写了一份纪要。学会捷足先登,墨池吟坛应运而生,市府拨款四万,良中参与指导重新装修,学会有了新家,良中与众吟友均感到欣慰与骄傲。桂生干好两届,自觉告退,由周晞任会长。但桂生心系学会,乃担任《温州诗潮》主编,北大方印务公司负责人是他的学生,慨然允诺,无私支援《诗潮》与每年一本的《温州诗词》印刷,这样可及时刊登吟友的诗稿。

2013年学会换届,我与桂生推荐良中当副会长候选人,得到文联认可,经选举不负众望,他与嘉祥配合默契,学会日常工作运转良好。转眼又到了换届时间,经文联与会员推荐金文平选为会长,良中因年富力强为常务副会长兼秘书长,他们推陈出新打开局面,团结齐心勇立潮头,游辞海搏击风云,上书山奋力登高,一步一个脚印,把每件事都办得稳妥可靠。

良中爱书如命,良知与学识兼备,所以写作水平也不断提高,已出联集五本。由于在楹联界辛勤耕耘而成绩卓越,2014年当选为中国楹联学会理事。影响在外,索联求墨者络绎不绝,他总是尽量满足他们的需要。在奥运冠军朱启南和未婚妻郑洁的订婚宴上,他应邀为新人撰写了喜气洋溢、锦上添花的贺联,一经展示,大家以满意的心情鼓掌叫好。他热心公益,经常在外讲课,传播诗词楹联文化,理论联系实际,颇见成效。在温州婚博会上,他应邀举行了"爱助红日亭"叶良中楹联书法展,慈善插上了艺术的翅膀,飞入千家万户,飞向天涯海角。市文明办宣传的"温州好人",其匾牌均由良中执笔,他以富有个性的视角把每位好人写好书一面世,人们都感到他们高风暖暖,功德昭昭。

读书结果,经实践检验,因此结论只能是:天道酬劳,诗书双骄。

2019 年 4 月号,总 263 期

我的第一本课外书

曹凌云

读小学的时候,我喜欢星期天,那时候,一周里只有星期天不用去学校。其余的六天,我喜欢作文课,作文课老师讲得少,我们也最自由。

作文课上,老师过来在黑板上写上一个题目,简单讲几句要求,去别的班级上课了。那时候山村里缺教师,一个教师同时上两个班级的课很正常。老师走了后,班级里就热闹了,打闹的、玩游戏的就开始了。那时候我们男孩子玩得最多是拍柿子核,一枚枚小小的扁扁的柿子核发出褐色的亮光,很是可爱。玩游戏的小孩子各拿出相等数量的柿子核,放在一起,轮流着用手掌去拍,谁能把柿子核拍得翻过身来,这枚柿子核就属于谁的。这是我们山村小孩子们乐此不疲的游戏。而我总习惯先把作文写好,再参加游戏,就把脖子探出窗外,瞅瞅是什么天气,写在作文里。比如是晴天,我在作文本上写"今天阳光灿烂,万里无云,天空像水洗过一样";比如下着雨,我在作文本上写"今天天公不作美,雨滴哗哗地下着,滋润着大地"。虽然是命题作文,但是这样的开头都不会错,不管接下来是什么故事,写同学的、还是写老师的,写学校的、还是写家里的,都可以这样开头。像现在的一些作文辅导班,老师就是这样教学生写作文的"套路",据说不仅是作文,美术、书法辅导班的老师也会教学生画画、写字的"套路"。那时候我还只读三、四年级,已经自己摸索出写作文的方法,还自鸣得意。

这样的作文分数也高,老师还喜欢在他认为好词好句的下面用红水笔画上圈圈,我的作文总有许多红圈圈。我父亲也发现了我的写作才能,却并不认可我的这种写法,他说:你的作文不能千篇一律地从描写天气开始,应该写得自然真情富有情趣。但具体怎么写,父亲也讲不出来。他又说:什么时候买一本优秀作文选给你看看。

山村里没有书店,自然也买不到什么作文选。不过,父亲总有出差的机会,他有一次出差温州城里,到新华书店找到了一本作文选,书名叫《小学生优秀作文选评》,他如获至宝,一下就买了两本,回家来送我一本,送我大妹一本。我像饥渴的孩子,捧着《小学生优秀作文选评》读了一遍又一遍,这种阅读上的"饥渴"状态,我就是从那时开始,一直延续到参加工作之前。这本书中的大多作文,就是父亲所说的写得"自然真情富有情趣"。我读到桂林曙光小学三年级学生写晴天的句子:"太阳露出了笑脸,好像在问我:'小朋友,今天天气很好,又是假日,你打算做些什么呀?'"我读到山东平南县大安公社小学五年级学生写雨天:"瓢泼大雨刚停,我就奔跑在上学的路上,跑过了田埂,跑到了水渠边,渠水如脱缰的野马,四处奔流。"他们还写夜晚,梧州市人民小学五年级学生这样写道:"深夜,小云进入了甜蜜的梦乡,屋子里显得十分寂静,她书包里的书本喃喃地说起话来。起初声音很低,渐渐地越来越大。"这是一则童话故事的开头,语句简洁,生动有趣,紧扣孩子的心。这些优秀的范文,给了我全新的作文概念,充满着那么多的想象力和创造力,并且也不乏崇高的理想情操。我写作文,有了一个新的方向,打破了规范,走出了"套路",无拘无束地选用题材,语言也富有个性,我甚至喜欢"亮丑",写自己的不懂事、不成熟、青涩与肤浅。写出的作文获得了父亲的肯定,我的每一篇作文,都被老师抄到学校礼堂的黑板报上,我还被校长定为学生大队长。

作文也好,文学创作也好,不按"套路"来的东西基本上都是好东西,这就产生了十几年后"新概念作文"的浪潮。这股浪潮从拥有广大青年学生读者群的文学刊物《萌芽》开始,以"教育怎么办"为主题,组织了一组文章。而后浪潮滚滚而来,让整个中国的舆论界对语文教育投以极大的关注,浪潮淹没了中国语文教育模式,批判了语文教育面临的巨大危机:将充满人性之美和生活趣味的语文教育变成机械枯燥的应试训练,把最具人文性、审美性、灵活性和创造性的写作变成了一种纯技术性、近乎八股文式的机械训练。

可是,读初一的时候,《小学生优秀作文选评》丢失了。我到处寻找,终是没有了踪影,我伤心了好多天。后来,我用一个极其漂亮的铁盒子,换取了我大妹的那本《小学生优秀作文选评》。我的铁盒子盖上彩印着山口百惠的人头像,大妹是中国最早一批追星族中的优秀一员。我把大妹那本《小学生优秀作文选评》换到手后,珍藏在箱底,一直藏到现在。这是一本只有一百二十三页的小册子,广西人民出版社1980年3月第一版,三十二开本,印数多得惊人,第一次印刷一百六十万册。不久,我们随父亲的工作调动,走出了大山,举家迁到了县城,"作文选"之类的书籍在书店里也经常看到,我用零花钱买过几本,读起来都没有《小学生优秀作文选评》那么有趣味了。

2014年6月号,总205期

三溪区图书室始末

徐高发

　　三溪区办图书室要从1975年讲起。1975年，温州市三溪区文化站的负责人戴鸣老师调到市群众艺术馆任副馆长，三溪区文化站的工作岗位由郑松新接任。

　　郑松新是瞿溪镇埭头村人，系退伍干部，是我在瞿溪中学读书时认识的，比我早一届。多年不见，想不到群众文化工作又把我俩连在了一起。

　　我自1964年初中毕业后就参加了大队业余文艺宣传队，由于经常写点曲艺类的演唱资料，受到文化部门的器重。但我是个农民，在当时的情况下不可能进入专业文化单位。

　　1975年5月，三溪文化站站长郑松新同我谈起要办个图书室的事，并说要找一个懂群众文化工作的人当负责人。我听了很感兴趣，跃跃欲试。郑松新也认为我较合适做这个图书室的负责人，就向市文化局、市群艺馆、三溪区委宣传科等有关方面汇报，很快就得到组织批准。我接到通知，即辞掉保健站出纳的工作，走马上任，到三溪区公所报到。

　　由于历史的原因，三溪文化馆（站）自建立以来一直没有独立的馆舍。1956年至1966年一直租用河头村的五间民房。"文革"开始后，文化站工作受到影响，馆舍不能租了，负责人因是国家事业干部，撤回区公所办公。要办图书室，区里没有经费，文化站只好向市文化局要。市文化局副局长叶大兵先生是群文工作专家，负责群众文化工作。经研究决定一次性拨款一千元作为开办经费，以文养文，用出租图书的方式维持图书室的购书经费和管理人员的工资等开支。叶大兵先生还联系市图书馆给我们两百多册图书作为"家底"。

1975年6月,三溪区文化站在瞿溪镇河头街租了半间店面(约十五个平方米),借来区公所闲置的两张读报桌和两个旧书橱。再由我和郭溪公社下屿村爱好读书的青年朱云康一起,整理出文化站原有的二三百册图书。7月1日,三溪区图书室正式对外开放。

瞿溪镇是三溪区区公所驻地,自明以来就是闻名遐迩的浙南重镇,人文历史底蕴深厚,耕读之风尤盛。镇上青年,大都喜爱群众文化活动,不少人特别喜欢看书。但当时由于经济条件不好,大家都没有家藏图书。听说区文化站办了图书室,都非常兴奋。每天来借书的有二三十人。一本书看一天一角钱,一个月有一百多元的收入。除了我每月三十四元工资,一位助手每月十八元工资,每月还有几十元的节余,加上开办经费一千元购书款,图书室很快发展到拥有藏书一千多册。可惜的是,由于"文化大革命"批资批修和对传统文化的禁锢,大量书籍被查抄焚之一炬,就连许多描写革命战争历史题材的文艺作品都销声匿迹。图书室里的书都是"批林批孔"方面的,还有就是像《十万个为什么》这类的科技书籍,好小说少得可怜。我记得有一本小说《盐民游击队》,图书室买了三册,每天供不应求,必须预定才能借到。由于书源短缺,三四个月以后,新书出版远远不能满足广大读者的需求,读者看遍了图书室里的好书,来图书室借书看的人越来越少,出现了难以为继的境况。

也就是这年的下半年,温州市文化局根据上级宣传文化部门的工作部署,大力开展公社文化站建设。三溪区是全市群众文化基础较好的地方,率先建立公社文化站。1976年1月,我被市文化局和三溪区委安排到瞿溪镇文化站工作,图书室也随之关闭。

三溪区图书室由三溪区文化站创办,市文化局拨款支持,以图书租赁的方式经营。虽然图书室只有半间店面,两名工作人员,藏书一千多册,开放时间也仅维持了半年,但发展了一大批读者,服务了当

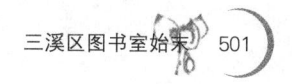

地百姓,丰富了他们的精神文化生活,为建设农村图书室做了一次有益的尝试。

2016 年 3 月 21 日
2016 年 5 月号,总 228 期

公园山旧书店

陈以周

车子从拥挤的人群中穿过,白的、蓝的、绿的衣裳,凉鞋、拖鞋、皮鞋向后倒退。人们来来往往,进进出出,商店门口招揽的劲乐加快他们行进的脚步。小摊位上有卖手机贴膜的,有卖廉价袜子、毯子的,也有卖腌制的萝卜条、炒熟的马铃薯、煎炸的章鱼脚的,空气中夹杂着各种工业产品以及小吃散发的气味,又很快淹没在嘈杂的人群中。

前面是一座桥,车子从桥边左拐几步就到达了目的地。因店面朝西,此时日头正炎,我把车子停在树荫下,赶紧钻进店内。

店主是一个上了年纪的老阿姨,正耷拉着头在那里打瞌睡。听有脚步声,她慢睁双眼,见是我,说,你来啦。

我微笑,阿姨,你好,最近有什么好书?

全在这儿,你自己找。

我走到她身边的书架上,扫视一遍,见有几本本地民间文学三集成的书,就抽出一本闲翻。接着,去其他书架瞧瞧,见有好的就抽出来,和刚才看中的旧书一同放在桌上给她结账,付款前跟她闲聊几句,杀杀价,走人,再去下一家。

这是我对"公园山旧书店"的一段淘书回忆。因它位于老街的公园山脚下,暂且名之。

这家旧书店可能是本地最早经营旧书生意的门店。据店主老阿姨说,五街朝阳路那家旧书店店主是她的亲外甥女,旧书生意就是她一手带起来的。她曾得意地说,以前好的时候,线装书都是一麻袋一麻袋买来再高价卖出,她现在店面所在的这栋房子就是她这一二十年卖旧书赚来的。

说得沾沾自喜，其实她对旧书的道道也是一知半解。她卖书是论斤卖，觉得有些可能是好书，才论本卖。她偶尔从楼上或后屋拿出几包历年珍藏的"古书"，认为可以卖个好价钱，我看了下，基本都是"文革"时期的普及本。

印象中，我没在这家旧书店淘过什么好书，大部分是地方文献。但这位老阿姨说的一些话，给我留下很深的印象。她说，别人开的店有些是危害这个社会，是"过"，我卖旧书是做"功德"。她特别举了个例子，说以前附近学校的学子因为家境贫寒，只得来她这里买旧书，后来考上了大学，特意来感谢她。

但这位老阿姨命运多舛。有一次我经过时，见店面内的书架清理一空，布置成一个灵堂。后来，从朝阳路旧书店她外甥女那儿得知，她丈夫病逝，女儿也出了车祸，目前搬到她儿子家住。

这家旧书店自然就关门大吉。

大概过了半年或一年，她又奇迹般开张了！原来是两个八〇后以五千元盘下了这家店面。说来也巧，他们都毕业于我当时任教的学校，聊起来，某某某还是他们读书时的班主任和老师。

我和他们年龄相仿，平时上完课或周末喜欢跑到他们这里闲聊，或留下吃饭，有时也一起去爬山，有时也从家里搬一些要处理的旧书放在他们店里寄售。他们当中，年纪较大的那位据说差点要出家，之前热心于做义工，门店主要由他负责；另一位光头，人很瘦，大学计算机本科生，说是得了肾炎，有时会到寺庙住一两个星期。

他们对旧书颇懂行，会利用互联网交易。他们在孔夫子旧书网上有自己的店面，开学时在淘宝上帮别人代售教辅书籍，偶尔也会到杭州进些旧书，为了省点旅馆费，晚上就住在寺庙里。

或许他们卖旧书只是出于一种读书人的情怀，或许他们对本地的文化氛围过于乐观，或许他们对旧书的道道还欠深研，总之他们的种种努力，最终还是没有跨过生存的门槛。没过多久，这家升级版的"公园山旧书店"也寿终正寝了。

后来听说,那位差点要出家的老兄又到温州茶山大学城重新开了家书店,夭折后,终于改行经营服装,生意做得很红火,光销售员就请了十几个。而那位光头老兄因常住寺院,不知所终。

2013 年 8 月,我调离了学校,从此与他们失去联系。

2017 年 8 月号,总 243 期

株洲年会日记

吴昕孺

10月22日　晴　星期三

去年的民间读书年会在上海举办,我没去成。据说,聪明能干的株洲小女子舒凡在上海与满腹经纶的苏州学者王稼句大战三百回合,第一次为湖南抢得年会的举办权。这样的大事,长沙的书友们当然责无旁贷,要做好配角,协助株洲办好年会。因此,第十二届株洲年会,虽然是23日报到,我却从21日就开始工作了。昨天下午四点,阿滢两口子驾到。但我要去师大图书馆主持作家薛忆沩的讲学活动,今天上午又有重要会议,只好先到留芳宾馆安排好房间后,请阿滢兄自行来宾馆,这时我不认识的长沙书友李茜挺身而出,将阿滢夫妇接到宾馆,并请他们吃晚饭。今天上午,抽不开身的我又残忍地要阿滢自己去近楼找国梁兄。

上午十一点,傅天斌抵达留芳宾馆,是我见到的第一位年会嘉宾。我打电话给国梁兄,他说,董宁文也在那里,他留阿滢夫妇一起吃饭。我和敏华便请天斌到颇有文艺范儿的青瓷饭店,敏华点了好几个菜,天斌吃得不多,害得我一顿猛吃。十多年前,四川书人龚明德将我介绍给那时还在湖北十堰新华书店工作的傅天斌,天斌每期寄给他办的《书友报》,经过他的认真考察,并发展我成为《书友报》的作者。后来,天斌去成都开辟毛边书局,我们遂无联系。这次见到天斌,才知道他是龚明德的外甥。不过,我称明德为兄长,呼天斌为兄弟,读书人以学问交游,以性情把臂,就不落那些俗套了。

各路书友纷纷聚于长沙。宁文在国梁那里,谭宗远老师在黄友爱那里。正好,友爱与钟叔河先生很熟,我便与他相约,下午三点在湖南省新闻出版局大门口集合,由他带着我们去钟先生家。念楼立刻门庭若市。宗远老师、阿滢、天斌每人带了一大摞书来要钟老先生签名,有他们自己买的,还有别人委托的。宗远老师开玩笑说:"我们来给钟先生过劳动节。"

我以为钟先生不认识我,因为去年我第一次来念楼,是跟着孟泽和袁复生两个大腕,没我说话的份儿。加上我没带书来给钟先生签,所以,就悄悄地坐在后面。谁知钟先生一边签名,一边瞅到了我,说昨天他听到了我们报刊社要并到出版集团来的事,为我们将成为"同事"而高兴。真要感谢天斌,他立马递给我一本钟先生的书《天窗》,示意我上去找先生签名。钟先生签名时,我正要告诉他我名字的写法,他却已在扉页写下:"昕孺先生正之。"写完,他说:"你这个名字让人过目难忘啊。我晓得,你写了不少文章,写得很不错。"我忐忑地说:"要向您学习。"他手向上一扬:"向我学什么呀?我是不会写文章的人,我年轻时压根儿没想到会以写字为生。"与上次见面相比,钟先生略显胖些,肩宽脸长,声洪气足,外貌酷似电影中胡汉三、南霸天一类人物,内心却极温柔敦厚。整整一下午,上十人围着他转,几十本书堆在他桌上,他信手拈来,如烹小鲜,让来访者一一满载而归。

钟先生跟我聊起最近一期《炎黄春秋》上有篇关于出版湘军的文章,文中的主角就是钟叔河和朱正。钟先生说:"那篇文章大抵如此,仍有些不准确的地方。"他说,"《查泰莱夫人的情人》那本书是我给朱正的,我当时也可以在岳麓社出,但为支持朱正创收,就给了他。我建议他以参考书的形式出,定高价,先发购书单,按购书单上面的数量付印。"应该说,朱正是听了钟先生意见的。因为我清楚地记得,我那时还在师大政治系读书,我是先填了购书单,并交了书款以后,过一段时间才得到那本书的。只是书价并不高,加上书商闻风而动,遂酿成难以收拾的局面。

钟先生本是这次年会的特邀嘉宾。一个月前,舒凡打电话给我,说文洁若先生已经答应来株洲,还想邀钟先生与会。我说,这是一着好棋，但风险很大。他们能来固然是读书人的福气，但两位年过八旬的老人，且不说招呼他们的难度，万一他们在年会期间生病，就不好交差了。果然，钟先生的女儿担心他身体吃不消，不同意他去株洲。不过，我估计这并不会降低钟先生的多少工作强度，因为很多人在株洲见不到钟先生，一定会赶来长沙的。可以预见，钟先生的"劳动节"不是一天，而是一段时间。

谭宗远老师是回族人，不能和我们一起吃饭，只好由友爱领着他和师母去找回民餐馆。我带阿滢夫妇和天斌到三味食府8号包厢，敏华已点好菜。又请来阿滢兄点名要见的长沙"双梅"，《湖南工人报》副刊编辑方雪梅和《长沙晚报》副刊编辑奉荣梅；还喊来接阿滢夫妇到宾馆的李茜。听李茜的声音，脆嫩如稚子，不知她是如何"驻音有术"的。

吃过饭，在宾馆天斌的房间等黄岳年，原来他早就到长沙了，还去老周南中学参观了一圈。我问他明天去不去岳麓书院，他说："我还是要去钟叔河先生家。"但他不知道如何走，我便再当向导，带岳年兄从留芳宾馆一直走到钟先生家楼下，并告知沿路重要标记。

平日，我晚上十点前关机，但今天不能，因为从内蒙古包头赶来的冯传友还在路上。晚上十一点一刻，接到岳年短信：传友兄已到。我才放心地关机睡觉。

10月23日　晴　星期四

上午八点，我先到办公室安排好工作，将汇通快递一个小伙子的手机发给阿滢和天斌，嘱他们赶紧将签过名的书打包快递回去。八点半，我到宾馆，接阿滢夫妇、传友、岳年和天斌去岳麓书院。之前，我与书院萧永明教授联系好了，永明兄客气，还安排小唐担任解说。

我不记得上次去岳麓书院是什么时候，因为什么事啦。时间应该不会太久吧。我没想到，书院的变化会那么大：一是变成了旅游景点。书院早就是景点，这不奇怪，但我从来没见过那么多旅游团队,舞着小旗子把游客往里面塞的,他们活生生地把书院这一幽静之地变成了凤凰和丽江那样的热门景区。小唐跟我们解说的时候,经常有三四名导游在旁边聒噪,让人雅兴全无。二是变成了活动场所。我们进去,书院讲堂正在搞一个"信在中国"大型活动,各种电光声色的设备架着,各色人等在那里叫嚷不休,令人无法忍受。三是突然冒出了一个"书院博物馆"。在古色古香的书院里,一座像"书院博物馆"这样的现代建筑仿如金屑入眼,只有现代旅游业才会让这座"纳于大麓,藏之名山"的书院变得不伦不类。这次去看岳麓书院,让我对远方来的朋友备感惭愧,因为这不是真的岳麓书院。我眼前这个地方,"为有源头活水来"的百泉轩,水变黑了,倒是像一池凝固的蓝墨水;国宝级文物唐代李北海的"三绝碑"更加斑驳、破落,好像一个衣衫褴褛、没人养的弃儿;唯有那脉地处偏僻的文泉,龟缩于一隅,怯怯地紧抱着自己那一方清冽与安宁。

中午十二点,还是三味食府8号包厢,我特意喊了几位爱书的年轻同事江冬、丁文、熊梅,和这些远道而来的前辈书生见面。熊梅是内蒙古集宁人,她迅速和传友兄攀上了老乡。饭后,传友和岳年留下来,组委会安排他们晚上去机场接陈子善老师,这样他们下午就可以去钟先生家。我和阿滢夫妇、天斌则前往株洲报到。李茜心细如发,她不参加年会,却为我们买单,租了一辆去株洲的车。下午三点出发,四点进入株洲城内,这时我接到师弟王庭坚从北京发来的短信:我们的老师罗成琰先生因肝移植交叉感染,不幸去世……罗老师是一名典型的书生,他才五十七岁啊,虽然我早已听说他住在医院里,情况不好,但得到这样的消息,还是非常难过。

到天台山庄办好手续,我和天斌住1301房。在大厅见到自牧,他也是从长沙过来的,本想邀请他过来住留芳宾馆,他说他们人多,而且他到长沙的主要目的是见唐浩明,所以住到了河西。见到张阿泉,他永远长头发,永远一身格子衣,永远那么清高、和善又帅气,既具艺术家风致,又有读书人风骨。见到董宁文,他长着娃娃脸的头上添了少许白发,他话不多,神态总是那般从容、谦和,就像一本刚刚印出的《开卷》。见到曾纪鑫,他是从老家直接到株洲的,脸上略显倦意,却热情不减。见到姜晓铭,欣赏他为诗人葛筱强做的书票,发现晓铭越长越像鲁迅了。见到崔文川,上月在湖南大学集贤宾馆有过初见,我写了博文《萧然静穆文川兄》,没想到文川兄脱下国服,换上休闲装,尽显其幽默俏皮的一面,真是不可以管窥豹啊。见到季米,他比三年前在雁荡山见时大了一号,不过更显书卷气。见到武德运老师,他的满头银发没有一丝杂色,远远地,像一团白云飘过来,带着明亮和晴朗。见到李传新,他抽着烟,人瘦小,也像一支缓缓移动的烟。见到鲁方平,小伙子腼腆地笑着,轻言细语,却从不人云亦云。在谭宗远老师房间见到沈文冲夫妇,沈兄风度清逸,恍若魏晋中人。

晚上六点半,在株洲市政府机关食堂用餐,只见陈克希老师匆匆赶来。他穿着一件红色夹克,像个打工返乡的农村青年。我太喜欢他这身装扮了,上去与他握手。他见到我,也很高兴,使劲拍着我的手臂,仿佛是我来迟了,而不是他。吃饭时,与四位淄博文友和曾纪鑫同桌。淄博两个字总是让我感到亲切,因为我会想起兄弟袁滨。四位,我只记得薛燕的名字,她是白面长身的美女。第一道菜是鸭子,辣得够呛,便宜了嗜辣的纪鑫兄,他硬是以一己之力消灭了那盆鸭子。饭后,喝高了的"苏州名片"王稼句,满面红霞,抱着我和傅天斌,想说什么,却说不出;同样喝得较高的自牧,因找不到自己的房门,一个劲给夫人打电话。这时,陈学勇老师走了过来。有七年不见了啊!我第一次参加年会,是在内蒙古阿泉兄主持的第四届,陈老师也去了,由于我们共同爱好林徽因,所以交流了不少,后来还有过邮件往返。九时许,见到徐玉福,他出差郑州,从那里直接过来的,风尘仆仆。我帮他把行李箱拖到房间,嘱他早点休息。

第一次见面的有黄成勇,宁文兄介绍后,我连忙说,幸会幸会,久仰久仰。这是黄老师的一本书名。王展,旗下有《泺源》《当代散文》等好几本杂志,我向他打听了山东朋友王夫刚、高维生等的情况。朱晓剑，其实是老朋友了，仅仅没见面而已。照片上他显得蛮悍如匪，见到本人却是面善如佛。我笑说，他最好做读书年会的"吉祥物"。本次年会，晓剑和传新兄十九号就到了株洲，自愿参与筹备工作，了不起。另一个老朋友甘建华，衡阳书生，上次我去衡阳，他跑到青海去了，只好相约在株洲见面。易卫东更是资深老友，网名"有不读斋"，他要我在他的笔记本上写句话，我写道："有读，有不读，方是真读书。"

这次人员到得很齐了，但仍有些重要的缺席者。蔡玉洗先生没来，便少了些海风碧云般的儒商气度；彭国梁没来，便少了一把灵性十足的大胡子；卢礼阳清瘦得像一句名言，他没来，再找另一句名言就难了。李传新瘦小，像标点；卢为峰瘦高，像一个文章标题，都不如礼阳兄瘦得奇特。于晓明没来，整个会场里看不到一双有味道的、眨巴眨巴的小眼睛；邹农耕像一支端正古雅的毛笔，毫锋欲藏还露，他没来，年会便少了些行神如空的劲健。

晚上，大家自由活动得厉害。天斌扯着克希老师去湘江边旧书摊了。我去找舒凡，送《原野》给她，到处找不着，却在电梯口邂逅文洁若先生。老人气色颇佳，笑着向遇到的每一个人打招呼，八十多岁了，从北京过来参加读书年会。我想起2004年在台湾两岸诗学研讨会上碰到的成幼殊老师。什么是女神？在我看来，她们就是女神。

去2006房找朱晓剑聊天，他不在，回到自己房间读《泺源》创刊号。刚读完，姜晓铭带着金实秋老师来访。金老师的名片有点吓人：南京市"总统府大院"。晓铭送我夏小芹女士的长篇小说《娘要嫁人》，金老师送我他的专著《补说汪曾祺》。汪曾祺是我喜欢的作家，所以他们走后，我就读起了《补说汪曾祺》。金老师与汪老师过从甚密，写得亦十分具体、传神。

天斌回房，他从二楼会务组捧了一摞子杂志上来，要我选。我选了一套《书人》，还有《日记杂志》第58卷，《问津》第七、八期，新创刊的《杨柳风》《味书轩》。这是我见到的新创刊杂志最多的一次，可见民间读书办刊已蔚然成风。而且这些新民刊都有特点,《泺源》致力于弘扬济南地域文化,传承泉城历下之文脉;《杨柳风》是一本研究丰子恺先生的专刊;《味书轩》由嘉兴市图书馆主编,我很希望它有些范笑我先生的气息,目前尚未发现,看封底的编委名单,笑我兄亦不在其列。《问津》出了二十期,我从未读过,所以在我眼里,它还是一本新刊:正方形小开本,装帧设计古朴典雅,每期一个专题,有书刊合一的味道。

十一点多,韩三洲老师过来了。前几次年会,我见过他,但这是第一次聊天。韩老师很有趣,他每一句话都讲不圆范,但出口率极高,他可以荡气回肠却又结结巴巴地作长篇发言。他1972年到河南信阳插队,回城后成为劳改农场一名狱医,一九九几年,《工人日报》医务室要招一名医生,他报名去了。这名医生现在是北京著名的藏书家、文史随笔作家。我向他问起《工人日报》副刊的韩春旭,十多年前,她多次责编我的稿子,人极好。韩老师说,他们是好朋友,她已经退休了。将近凌晨一点,不擅熬夜的我眼皮子打架,韩老师见状,起身告辞。

10月24日 晴 星期五

奇怪,宾馆没叫早。我一觉醒来发现情况不对,开机一看,七点五十分了,马上喊天斌起床。下到一楼自助餐厅,嘉宾们大多吃过了,我们不好意思地赶紧狼吞虎咽,这时,看见文洁若老前辈,像天上的文曲星,向我们悠悠走来。这下欣慰不已,我对天斌说,不急,文老不到,不可能开会的。于是,吃得斯文起来。

出宾馆左拐二百米,到株洲市规划发展馆,馆前有列旧书摊,二三十米长。其中有傅天斌特意从成都快递过来的两箱好书,天斌的大手笔是,他快递过来不是卖的,而是送的,他给每位与会嘉宾送一本旧书。要知道,那些旧书可比新书值钱得多。这些天,我从天斌那里得到的好处计包括:四川名茶臻品春竹,流沙河著《老成都·芙蓉秋梦》、车辐著《川菜杂谈》、钟叔河著《天窗》、张放著《中国新散文源流》、郑逸梅著《近代名人丛话》、李辉著《人·地·书》,《毛边书讯》2004年的试刊1号。我真是拿得不手软啊!还有在宾馆两天,天斌对我无微不至地关照,处处可见其细心体贴,他是一个生怕给别人添麻烦,却从不怕别人给自己添麻烦的人,感动了我这个小小的中国!

年会由陈子善研究员主持。他聪明绝顶,又十分幽默,能抓住发言者的任何敏感词句生发成一段笑话。有时稍显刻意,但因其资历老,学养深,众皆敬佩,故都能积极配合。场子顿时热闹起来。

首先由株洲市委副书记阳卫国致辞。早听说阳先生是官员中少见的读书种子,一直无缘得见。其致辞低调而恳切,更多是以一名读书人而不是官员的身份,欢迎大家,让人心生欢喜。接下来是株洲市文联主席聂鑫森的发言。难为了聂老师,他的普通话完全是株洲料子,但聂老师几乎朗读了一篇优美的文言文,震慑了各位嘉宾。我喜欢聂老师的小说,喜欢看他发言时那认真而又略显无奈的样子,可惜没逮住机会和他聊几句天。文洁若先生是第一个被请上台发言的嘉宾,她的声音听起来很年轻。她讲得不多,讲她的"中国梦",希望国家更强大。是啊,国家更强大,大家更好读书。

21日晚上在师大图书馆时,鄢朝晖馆长听说我要参加株洲年会,便委托吴曙光老师来会场找我,嘱我将曙光兄介绍给各位读书界大佬,师大图书馆将全力以赴收藏各种民间读书报刊。上午九点,曙光兄到达会场,我将他介绍给舒凡、自牧、徐玉福、傅天斌、张阿泉、冯传友、鲁方平、杨栋、黄友爱、郑闯辉等。

会休时,接董宁文电话,招我到主席台,天津王振良先生要见我。振良谈到我在《开卷》写的一篇书评,我竟无印象,让他失望了。我问他罗文华坐哪里,他手指某排正中,我过去与文华兄握手,也是第一次见面的老朋友。文华问我,与伍立杨联系多不?我说,偶有,不多。

玉福兄悄悄递给我两本《悦读时代》第三期,新鲜出炉的。我手

⊙吴昕孺与徐玉福（左）、阳卫国（右）在湖南株洲年会上

没拿热，便被旁边某君索去一本。该期有我的《文友扫描》系列之十，还有我的小说集《天堂的纳税人》评论小辑。

会上，山西沁源青年书生韩晓辉发信息给我，请我代问与会嘉宾们好。这个任务我没能完成，因为与会嘉宾太多，而且很多我不认识。我身边坐着另一位来自沁源的嘉宾：岳晓霞。我们交流了手机和微信，正好诗人马永波的"中西现当代诗学"平台刊发了我的一组诗歌，晓霞看了说："就像我喜欢的湖南腊肠，越嚼越有味。"弄得我当时就想吃腊肠了。

上午最后一项议程是《民间书人萧金鉴纪念集》发布仪式。这本书由株洲新闻网和第十二届民间读书年会主编，朱晓剑执行编辑，钟叔河先生以《爱书爱到死》为题作序。为一名普通的民间读书人编一本纪念集，不唯创意新，更散发出一种亲如家人的温暖。遗憾的是，我有一篇写萧老师的文章，因为事前不知情而未能收入。但这本书，让我对全国民间读书界和第十二届读书年会充满了敬意，我为能成为这个看似松散的集体的一员而感到自豪。

中餐，本与文洁若先生同席，但来照相的人太多，所以请玉福兄帮我和文老合影后，便转到邻桌，与王稼句、自牧、卢为峰、王展、曾纪鑫、傅天斌、黄友爱"沆瀣一气"。安武林端着酒杯过来，他是我们《初中生》的老作者，忙与他相认。他的身高、五官、表情、语气均酷似现在广州的湖南作家熊育群，不过是光头版的熊育群。席间遇周春与吴浩然。周春曾为我的长诗《原野》写评，笔名老泉，今日见之，确有原野之质朴丰茂；浩然乃吴门才俊，主编《杨柳风》，谈笑间亦如杨柳之风扑面。

下午是论坛，先由周立民先生主持，议题是数字出版的出路。曾纪鑫刚谈到自己关于数字出版的一场官司，山东苏海坡便上台说，他正在做数字出版，而且皮包里带着公章，要与各位作家签约。有书友戏出一谜：苏东坡下海。谜底是：苏海坡。接着由王稼句主持，议题是读书民刊如何介入出版。稼句兄中午有酒助兴，他几乎把自己这个主持人当成了发言人，不过，他的发言相当精彩。然后有内蒙古黄妙轩上台谈他主持的"纸阅读"丛书和董宁文谈他的"开卷文丛"，均有指导意义，只是因为资源与实力的缘故，估计其他民刊难以仿效。

坐久了，我悄悄离会，到旁边休息室，与克希老师和黄妙轩先生聊天，得妙轩兄签赠的大著《做书半辈子》。这本书扉页那句话触动了我："献给我的父亲。"我也写了近三十年文字，却从没献给过我父亲一本书，实在是惭愧。

最后一个议程将年会推向高潮：下届年会主办地。天津王振良率先提出主办申请，其情真意切，夺得先声。张阿泉却异军突起，他"把年会办到阿拉善沙漠帐篷宾馆去，在月光下读书聊天"的方案实在是太诱人啦。但因阿泉兄曾成功主办过两届年会，大家在举手投票时依然倾向于首次提出申办的天津。这件事亦可见民间读书人的厚道。

晚餐与文洁若、段少山、张维祥、安武林、傅天斌、黄友爱、余新伟、崔文川同桌。席间，舒凡引我见阳卫国先生。卫国兄说，二十年前，他给《湖南教育报》投过一篇有关徐特立教育思想的稿子，发表了,他很开心。他又说,他跟张阿泉通信时,阿泉兄曾隆重推荐我,他买过我的书读过我的文章。我问及老同学蔡典维,他说,今天正好开欢送会,典维履新邵阳市常务副市长了。他叫我与典维通话,直接向他表示祝贺。

晚八点,坐大巴观市容。先到一个湖边看水景演出,歌舞一般,水景漂亮。光影声色,有若梦幻。再去湘江边旧书摊淘书。株洲市在湘江风光带打造了一条两三公里长的旧书摊。20世纪80年代,株洲涌现出一个工人诗群,而被誉为"诗城",如今,他们将每年11月定为读书月,已历八年,无愧于一座书香城市。株洲虽然距长沙不到一小时车程,我却觉得是到了一个遥远的城市,这里的人们安静、祥和、文明、快乐,与各种暗潮涌动、节奏快如闪电的长沙,迥然两样。我在摊子上看中了中华书局1977年出版的《诗词格律》,王力著,要十元钱,我拿出的百元大钞摊主找不散,传友和季米兄争相为我买单,季米兄"得逞"。

和几位书友一起走回宾馆,结识北京藏书家赵国忠老师。路上,我们谈起刘福春徐丽松夫妇,谈起食指、北岛和林莽。他说,刘福春送给他一套《今天》诗刊,他不读诗,下次送给我,让我受宠若惊。

晚上,陈学勇老师来访,他托我回长沙后,将他的大著《高门巨族的兰花——凌叔华的一生》送给周实兄。不久,方八另来访,送我专著《纸上闲游》。

10月25日　晴　星期六

早晨七点起床,吃完自助餐,上车去茶陵。茶陵,因陵谷多茶而得名。炎帝神农氏"崩葬于茶乡之尾",那一带现属于炎陵县。所以,茶陵的陵与炎陵的陵含义不同,前者指山谷,后者指墓地。

第一站,中国第一个县级红色政府遗址——茶陵县工农兵政府旧址。这里从南宋到民国都是州(县)衙所在地,1927年11月,工农革命军攻克茶陵城,建立红色政权。1928年,它却被炮火付之一炬，片瓦不存，我们看到的是2005年"修旧如旧"的产物。院落宽敞、整洁，如今连炮火的回音都没有了，更听不见惊堂木的啪啪声响。这里的幽谧让我感觉是一道深深的鸿沟，历史与现实在这里砰然断裂。

第二站是洣江书院。茶陵这个地方人才辈出。武，共和国开国将军中有二十五名茶陵农家子弟；文，历代科举进士百余人，李东阳开创的茶陵诗派以雄厚沉郁之气彪炳中国文学史……钟灵毓秀的地方不少，茶陵何以独领风骚？答案无非两个字：教育。自宋至清，偏处湘赣边界的茶陵共兴建书院三十八所，高居湖湘各州县之冠。茶陵素有"农勤于耕，士勤于学"的优良传统，人才井喷当然不乏源头活水。

洣江书院坐落在茶陵县一中校园内，背靠狮子山，面临洣江，也是一座在旧址上新修的建筑。这样的地方，可看处不多，细细体会才是最为重要的。我在吸秀亭坐了会儿，四旁无人，只有几棵古樟陪伴。后面的学校异常安静，倒是清风徐徐，宛如文言吟诵；阳光彻照，仿佛琅琅书声："山云水月，天然真乐，无往弗在，亦奚以功名为哉？"（林廷玉《洣江书院记》）

茶陵有山水胜地云阳山，附近攸县有酒埠江，这次我们均擦肩而过，无缘得见。下次若再来株洲，头等事是补上山水这一课。

在茶陵县城某龙虾会馆吃中餐。我对韩三洲老师说："您是龙，我们是虾。"韩老师憨态可掬，有笑纳的意思。

下午赴炎帝陵。一些书友对炎陵的真实性提出质疑，来问我。我说，时间过去这么久了，绝对真实谁也无法保证，但这个地方，是我们祖宗的祖宗一直在祭拜的，祖宗都能拜，我们拜拜也无妨啊！像炎陵这样的古迹，拘泥于其真伪，既和老祖宗过不去，也是和自己过不去。

我是第三次来炎帝陵了。景区规模一次比一次大，其实真正要看的东西就是那个小土堆。景区扩大的坏处是票价上涨，好处是受保护的范围跟着扩大,有益于自然环境。我恨不得把全国的山水都划为自然保护区,尽快中止"大都市""开发区""示范城"这群魔鬼的侵略步伐。

拜祭的时候,有位官员出身的书友,拜了两次。他本来站在我身边,我拜完离开了,他还站在原地,和下拨人又拜了一次。他平时眼高于顶,龙行蟹步,出口声气粗昂,势不可夺。据说家里藏书数万,让我们这些贫弱书生无地自容。

游完,正待上车,见一位八十七岁的老太太挑着担子在卖酸菜、薯干,我不喜欢吃酸菜,薯干又太硬。我掏出五元钱,双手递过去说,送给您。她坚决不要。我想起炎帝陵寝前一副对联:"到此有怀崇始祖;问谁无愧是龙人。"这样身板硬朗、刚直不阿的老太太,无愧于始祖,无愧是龙人。

晚餐基本上就成告别宴了。舒凡领着传新、晓剑代表组委会来给大家敬酒。其实,我们应该好好感谢舒凡和她的团队。这次年会,组织得滴水不漏。阿泉兄说,一些细节都完美无缺,比如连装书的袋子都给我们准备好了,而且能背能提,十分方便。从报到至今,舒凡没离开过会场一步,她始终在嘉宾们的视野里,处理亟须解决的每一个问题,让每一个人都感到踏实和安心。

萧金鉴老师曾对我说,他最大的心愿就是能在湖南办一届读书年会。现在,舒凡代他漂亮地完成了这一心愿,而且在年会上出版了他的纪念文集,萧老九泉之下当开怀一笑。

晚上九点,舒凡还安排大巴,将几位意犹未尽的爱书人,如罗文华、张阿泉、冯传友、曾纪鑫、鲁方平等送往位于石峰区的"读者书屋",吾亦跻身其列。读者书屋的老板宋林云,风格与傅天斌相似,热忱、谦逊、豪爽。他网名"麻袋贩书",其网上书店排名株洲第三,湖南第十。我在东莞年会上见到过他,这次来株洲,很想再见见他。大伙儿在他的书屋里放肆选书,我选了三本:《痴心与浊水》(沃莱·索因卡)、《不速之客》(伊巴涅斯)、《命运五部曲》(韩刚、韩少功译)。不料结账时,林云死活不肯要钱。这可急坏了书友们,不要钱怎么能拿走书!双方一番激烈争执后,林云只收了很少的钱,书友们感慨不已。

到宾馆,已是十一点半。我正匆匆写着日记,天斌从外面回来,对我说,明天得告别了。我答道,不说告别,告别是下次见面的开始。他笑着说,那就后会有期恕不远送。

2014 年 11 月号,总 210 期

天津年会日记

吴昕孺

5月22日　晴　星期五

下午五点四十分抵达天津。从天津站坐地铁到鼓楼下，抵达夏日荷花酒店时，已是"日暮苍山远"。好兄弟傅天斌在宾馆外接着我，半年不见，他更黑瘦，却精神不减。到总台，见到正在办手续的卢礼阳，还有第一次参加年会的厦门"纸的时代"书店副总经理王谋伟。我与谋伟同住636室。

刚放下行李，收到董宁文的短信，嘱我去他住的506房。我匆匆下楼，原来宁文兄要我在刚出版的《〈开卷〉十五周年纪念文集》扉页上签名，因为我也是其中一个作者。宁文兄说，这是赶制出来的第一本书，以后再寄样书给你。

第一次在年会上见到徐明祥和夏春锦。明祥兄一定要过来敬诗人一杯酒，我只好举起茶杯。他说，别人是"痛饮酒，熟读《离骚》"，他是经常一边喝酒一边读长诗《原野》，兴之所至，辄铺纸蘸墨，抄录一段。明祥兄发过两张他抄录的《原野》片段的照片给我，我一直留存着。

第一次见到徐雁先生。我在年会上见过徐雁先生好几拨弟子，这次终于见到了导师。徐先生身材、气质、风格酷似湖南理工学院院长余三定老师，文质兼备，彬彬有礼。

5月23日　晴　星期六

在酒店一楼吃过早餐，八点半，本届年会组织者王振良带领我们乘车去北宁公园。振良蓄平头，着唐装，腰板正直，身形飘逸，武术可能是他的业余爱好。

我们涌进小小的大雅堂。在这里举行了别开生面的开幕式,大伙儿站在那里,无主席台,无嘉宾席,无音响设备,无早已准备的发言稿,振良代表主办单位问津书院说了几句表示欢迎的话,然后请陈子善老师即兴讲了几句,开幕式即告完毕。

中午到南纬路百年老店"瑞发祥"吃饭,继续和一些老朋友聊天。于晓明转战天津了,公司就在河西,他说得京、津、鲁三地奔波。我说,你跑的都是大地方啊。他有意将"本色文丛"再做大。我说,我还期待出《文坛边上》的续集呢。他咧开一嘴白牙齿,嘿嘿地笑了。黄岳年三个月前调任张掖市甘州区图书馆馆长,创办了《张掖阅读报》。我跟岳年兄说,你这个位子一不小心就会出大作家的。来自西施故里诸暨的周音莹,她主持的《越览》清雅秀美,一如其人。音莹一头短发,不多说话,着灰色麻布长袍或蓝色绣花长裙。再见雷雨,他本名王振羽,是《温州读书报》的常客。我跟礼阳兄说,子张、董国和、向继东、雷雨、王春南是他们读书报的"五虎上将"。

在宁园,沈文冲先生送给我《中国毛边书史话》,列入黄妙轩与张阿泉主编的"纸阅读文库"第三辑。我对毛边本一窍不通。但愿文冲兄这本大著能给我洗脑,让我爱上毛边本。

吃过中饭,去问津书院。一座不起眼却很舒服的小院子,院内红砖石柱,流水喷泉,煞是清幽。我们坐在坪里的树荫下,听罗文华聊老天津。文华兄,我们20世纪90年代初就是笔友,那时还有伍立杨、祝勇、孙郁、彭程和刘江滨。后来,立杨和孙郁转入学术研究,祝勇在文化散文上卓有建树,彭程和江滨当总编了,文华兄则以其收藏、杂谈、随笔,成为天津最有影响的文化名人之一。

下午两点,陈子善老师主持,"第十三届全国读书年会暨藏书票艺术论坛"开讲,倪建明、崔文川等藏书票设计大佬上台发言。文友们纷纷发微信,因拍片未能赴会的书友张阿泉,眼尖,心细,发现论坛标题漏了原来的核心定位词"民间"两字,并在微信上提出质疑。这反映了一位真正的读书人对民间心态与民间精神的坚守。阿泉兄对读书年会"变质"所引起的警惕,说明他始终秉承着一个传统书生的敏锐和道义。想想去年株洲年会,百余人的庞大阵容,仅仅来了一位"龙行蟹步"的官员,就让人有生客闯座、金屑入眼之感。

当然,遗憾的是,阿泉兄未能亲临本届年会。以我个人的观感,论坛标题上"民间"两字的遗漏,应非有意为之,因为天津年会迄今为止,不见任何官员参加,据说也没有分毫官方资本介入。虽然有"不准带家属""限制参加人数"等独特举措,但振良兄及其手下,对本届年会全身心投入,是值得尊重和褒奖的,也是可以让阿泉兄这样有良知的民间读书人放心的。窃以为,不论是在体制内领工资,还是在体制外谋发展,读书人看重自己的"民间"身份,都是为了保护自己"批判"的羽毛。因此,我们要像阿泉兄那样,时刻保持对自身的质问与省察;同时和衷共济,让民间读书团队更独立、更纯粹、更有尊严,一如宁文兄所说的,始终有一股"民间气"。

5月24日 晴 星期一

吃完早餐回房,在电梯口碰到两位美女,周音莹向她身边的女生介绍说:"这就是吴昕孺。"那位女生是来自浙江嘉善的子仪,我在一些民刊上读过她的文章。她说,她昨天将一张合影发到微信上,嘉兴图书馆范笑我先生告诉她,她旁边那位帅哥叫吴昕孺。谢谢笑我兄还记得我啊。我不是爱收藏的人,可我留存着当年秀州书局的全套书票和油印《简讯》。我算是有"秀州书局情结"的读书人了。可笑我兄仅仅参加了第一届民间读书年会,就大隐隐于"南湖的一条船上",我们一直缘悭一面。

八点半,上车,与礼阳兄同座。礼阳兄把一张小报纸做出了大风范,所以我向他请教《温州读书报》的审稿问题。礼阳兄说,稿子他说了算,他们对新闻出版部门一年送一次,集中备案。我顿时佩服礼阳兄的骨气和硬朗,同时也为温州文化管理部门的包容叫好。什么是盛世？包容的社会才是盛世。

第一站,弘一法师李叔同的故居纪念馆。为什么要把故居和纪念馆叠加在一起呢？导游说,真正的故居不存,这个"故居"是大约在以前位置上,照以前样式建起来的。所以,看上去是故居,实际上是纪念馆。新建的"故居",这是中国当代文化的一个怪胎。如果是别人,我早意趣索然,但这是弘一法师呀！他在这里生活到十九岁才离开天津,所以我就到处转了转,看看雕塑,读读对联。纪念亭,赵朴初有副对联:"无数奇珍供世眼；一轮明月耀天心。"这十四字是对李叔同的定评,不可少一字,亦无需多一字。

第二站去了梁启超故居。这个是真家伙啦。并排两栋两层意式洋房,一栋大的,供饮食起居；另一栋小的,纯属书房,名"饮冰室"。梁启超学问深湛,性格奔放,既有高度的社会责任感和文化使命感,又极具浪漫气质。"朝受命而夕饮冰",饮冰室非真饮冰也,它是梁启超的自我提示,顺便幽自己一默。梁漱溟说梁启超"如长慧烛天,如琼花照世,不旋踵而光沉响绝",但"缺乏含蓄深厚之致,因而亦不能绵历久远"。每个人都有自己的性格弱点,梁启超知其短处而欲以"饮冰"治之,可见其明智与坚忍,所以他才能"一支笔强于十万兵",成为中国近代史上"影响最大之人物"。我在二楼回廊的"思无邪"牌匾下邂逅徐雁教授,邀他一起合影,徐先生笑得很开心。

第三站是曹禺故居。这里也是曹禺的出生地。我特意拍了一幅曹禺戏剧代表作《原野》的照片发到微信上,它与我的长诗《原野》同名。其实,我早已知道曹禺有部《原野》,但有些东西是无计相回避的。与饮冰室的富丽相比,曹禺故居朴素、清静,那扇通向后院的窄窄的门,让我流连不已。在弘一法师故居,我没有遇见少年李叔同,但在这里,我似乎看到了少年曹禺那郁郁寡欢的单薄身影。

中午,我向振良兄请假,去中北镇大地十二城枫桥园拜访贾宝泉老师。老师和师母带着我参观了他家的每一间房。书房环睹皆书,但看得出他不是收藏家,且略显凌乱,老师害羞地说,这表明我总在用书。卧房里还藏着一个小书架,有五层,整齐堆砌着老师所能找到的有他作品入选的集子和研究文本。还去了他女儿的书房。满门书香,给人以藏至味于淡泊、大道至简之感。

到酒店,见很多文友还在酣饮,便过去凑兴,结识天津的由国庆,上海的上官消波,南京的张元卿、李海燕,成都的谢惠,绍兴的孙伟良,黑龙江的章海宁,慈溪的童银舫、励双杰以及河北的李树德老师等新朋友。徐明祥当场送给我一幅他的书法,上书:"傲然自足,抱朴含真。"陶渊明的诗句,契合吾心。

5月25日　晴　星期一

今天上午,去杨柳青古镇观光。我们去看了石家大院、"赶大营"博物馆和年画馆。石家院子是一镇之精华所在,规模大,雕刻美,我最喜欢的地方是戏楼。可惜戏台两侧的抱柱联"梓泽兰亭逢圣世;绽桃杨柳庆升平",实在是太俗。供女客人用的堂客席两侧的对联是"百年戏局,无非春花秋月;一生梦幻,俱是流水行云",稍好,却见得多了。

"赶大营"博物馆又叫周家大院,看上去应是新建的。"赶大营"以前听说过,不知其详,这回明白了,那是左宗棠西征新疆时,因旷日持久,所以大军每到一地,必掘井、建屋,形成集市。天津地区以杨柳青人为主力,抓住这大好机会,成为随军商贩,称作"赶大营"。你打仗,我做生意,"一挑之货,几次转易,立即数倍",此为新疆汉族巨商之始祖。

我在想,本届年会在天津举办,写天津风物最著名的作品是明代诗人李东阳的《天津八景》。李东阳,湖南茶陵县人,他创立的诗派叫"茶陵诗派"。上届年会落户株洲,去李东阳的老家茶陵参观是重点内容之一。有趣的是,下届年会由甘肃张掖市甘州区图书馆新任馆长黄岳年先生夺得举办权,而张掖是左宗棠西征极为关键的一站,也是天津人"赶大营"的要津之一。年会主办地的迁移,如此暗合历史的逻辑，让我不由得对历史和对年会都心生敬意。

下午，与甘建华同去天津出版大厦。他先去《散文》杂志汪惠仁主编那里，我因与天津人民出版社伍绍东有约，就先去找绍东。绍东是湖北人，出版理念新锐，长的却是一副厚道样子，他把我介绍给社长助理、年轻出版家沈海涛。我们聊了一会儿，绍东再带我去楼上汪惠仁先生办公室，与建华兄会合。

五点半，振良领着余下的伙伴们倪建明、罗文华、阿滢、冯传友、黄岳年、童银舫、傅天斌和我，到鼓楼附近的隆通四海饭店吃晚饭，陆子康和卢礼阳这对较年长的室友则慕名到百饺园吃饺子去了。饭后，我去他们的房间，向两位兄长告别。最后做的工作是，请傅天斌问龚明德兄长好，请阿滢问石灵、谷雨好，请黄岳年问张恒善好，请礼阳兄问鲁方平好……明年，张掖见。

2015 年 6 月号，总 217 期

张掖年会散记

吴昕孺

去年在天津年会闭幕式上,张掖图书馆新晋馆长黄岳年在激烈竞争中,夺得第十四届全国民间读书年会的举办权。岳年兄,我们在张阿泉主持的第四届草原年会上相识,成为好友。他为我的长诗《原野》写过精到的评论《大音希声原野美》。他还是我们《湖南教育》杂志的作者,这次他盛情邀请责编敏华参加年会,让我们夫妇欣欣然伉之俪之。7月15日上午十点,书友鞠晨曦来接我们,一起去黄花机场。

⊙张掖读书年会藏书票,崔文川设计。

16日清晨,从兰州东方红广场打的到火车站。动车因地质灾害停开,我们坐快车去张掖要六个小时。科技的发达,让"快车"变成了"慢车"。以前,"特快"多么了不起啊,动车让"特快"变慢,高铁又让"特快"变成了"特慢"。我觉得,在河西走廊穿行还是慢点好。我告诉晨曦,诗人于沙先生曾跟我说,他当年游河西走廊坐的是慢车,他是一站一停,慢慢悠悠一直晃到敦煌。现在哪里还有那样的闲情逸致呢?

中午一点多到张掖站,神交已久、从未谋面的书友张恒善在车站出口接了我们。我一出站就看到了,在车站广场的芸芸众生中,一个读书人是很打眼的。恒善兄任职于甘州区广电局。他为人谦和,事务繁忙却恪尽地主之谊,博览群书但从不吆喝卖弄。恒善兄将我们送到南华书院对面一家餐厅,岳年兄在那里候着。还有文川兄,他十天前就到了张掖,布置读书年会上他设计的藏书票展。还认识了来自延安吴起县图书馆的王海艳。南华书院与湖南人左宗棠有关。左宗棠在西北太有影响力了,"新栽杨柳三千里,引得春风度玉关",左宗棠不仅是为中国保住了新疆,保住了西北,更重要的是,他还改变了大西北。他称得上永远的"西北王",是中国的头号牛仔。左宗棠西征所带来的盎然生机与沛然商机,让甘州绅商感戴不已,他们决定集资为左公建一生祠。左公坚辞,他说,你们有钱,就建一座书院吧。同治十三年(1874),南华书院就这样诞生了。

岳年兄说,我们暂住的敦煌之星宾馆隔壁是以前的图书馆。17日清早起来,便去遛遛。宾馆旁是一栋古色古香的牌楼,进去则看见一连三进古式建筑,墙下有石碑写着:高总兵府旧址(清)。属于甘肃省级文物保护单位。围着转了一圈,无门可入。旧址后面有一栋苏式两层红砖楼,大门上"图书馆"三个繁体隶书大字,金灿灿的。下午三点多,从敦煌之星搬到荣泰大酒店。荣泰才是组委会指定的酒店。稍事安顿,和恒善兄一起去陈克希先生房间小坐。克希先生送我一枚"海上博雅论坛百期纪念"书票和一张集满"七君子"墨宝的纸条。他郑重地告诉我,这可是难得的好东西哦!

席间,见到陈子善、王稼句、徐雁三位先生。他们每年都没有变化,子善老师幽默睿智,稼句兄长慷慨快意,徐雁教授文质彬彬,是读书年会不可或缺的风景。见到声音如雷的雷雨兄、笑面如佛的文华兄,更胖的晓剑、更瘦的天斌、出书更多的纪鑫。我们一年出一本书都好难,纪鑫兄一年要出四五本,弄得读书年会不得不给他在今晚开一个盛大的研讨会。还见到了振良、银舫、双杰、舒凡、祁峰以及浙江双姝音莹和子仪。第一次在年会上见到吕浩。他曾编辑《问道》杂志,现住长安老家,儿子刚满七个月。《温州读书报》礼阳兄这次别开生面,他雪藏了帅哥鲁方平,带来一位美女章亦倩。礼阳兄给我介绍说，小章是一版编辑，责编过我的《天津年会日记》"精华版"。

18日，在宾馆吃过自助餐，走到市美术馆门口，全体代表合影。然后，进入演艺中心，参加本届年会的开幕式。开幕式很隆重。由甘州区区委常委、副区长张洪清主持，张掖市市长黄泽元、副市长王向机，甘州区区长张玉林等莅临。我看重的是，邀请了部分教师代表参加。如果还有孩子们，就更好了。读书归根结底是一件个人的事，政府只能推动，无法替代。

张掖市与甘州区的关系也饶有趣味。张掖市如果作为一座城市而言，它就是甘州区；如果作为一个行政区划，它除了甘州区，还包括山丹县、民乐县、临泽县、高台县和肃南裕固族自治县。

我坐在第三排，晨曦和敏华坐在第七排。我的左右分别是卢礼阳和徐玉福两位兄长，再左是现居深圳的传新兄。

接下来，由玉林区长和向机副市长代表东道主致欢迎辞，由稼句先生代表来自全国各地的书友们讲话，由徐雁教授向张掖市几所中小学授匾、赠书，并讲座。会上见到宁文、子张、传友、立民、正祥、消波、晓铭、季米、卫东，与我同名的许新宇，以及倪建明、武德运、李树德、汪应泽几位先生，我把晨曦和敏华一一介绍给他们。其中宁文和子张、敏华都在长沙见到过。一张娃娃脸的宁文兄带了比他长得更高、更帅的公子。满腹经纶的子张兄却是小个子，他悄然于行，而洞若观火。

中午，我和晨曦、敏华冒着炎阳去了城市北郊的湿地公园。张掖又名甘州，乃甘泉喷涌之地，位处丝绸之路的中点。全世界各种文明均集结于此，张骞、班超、玄奘、陈子昂、王维、高适、岑参、马可·波罗等文化名人都曾在这里停留；与此相对应的是，全世界所有地貌除了海洋，其余如雪山、冰川、戈壁、沙漠、草原、森林、湿地等，张掖这四十万平方公里上无一遗漏。故冠之以"金张掖"，自古有"半城芦苇半城塔"之称。五四健将罗家伦到此一游，深感千里戈壁、万里黄沙间藏此一甘肥之地，禁不住写下"不望祁连山顶雪，错把张掖当江南"的名句。现在,"半城塔"仅由万寿塔来支撑门面,"半城芦苇"就靠这片国家级湿地公园了。

下午两点,在图书馆三楼报告厅,首先举办《我在书房等你》《问津书韵》《袁定邦诗文集》三本书的首发式。《我在书房等你》是岳年兄专门为本次年会策划的一本书房随笔集,他曾向我约稿。我说,我还没有真正意义上的书房,争取你出第二本时我再写吧。振良兄主编的《问津书韵》则是一部巨著,整整七百页,为第十三届读书年会的文集。谢谢振良兄抬爱,将拙作《天津年会日记》放在头条。后面还配发了我在2015年7月7日写的博文《温州读书报》头版头条刊发〈天津年会日记〉》,以及贾宝泉老师的评论《芬芳的语词花朵把枝头压向了道——吴昕孺〈天津年会日记〉读后》。本书第三辑"沽水书缘"收录了我写的《贾宝泉:天生一个散文家》。一字一句读来,去年天津之行,恍如昨日。

两点半,稼句兄担任总主持,读书论坛开始。议题有读书类报刊建设研讨、网络环境下读书型城市的建设、非虚构文学与真人图书、读书类著作的出版与发行四个。很多书友上台发言,比如章亦倩谈《温州读书报》,童银舫谈《上林》杂志,曾纪鑫谈《厦门文艺》和手机阅读……李正祥准备得最为充分,他用制作好的PPT介绍《易读》杂志,受到好评。即将出版的《易读》第三期,有敏华为郑艳《与点——我的时光之书》所写的评论。

临时受岳年馆长派遣,我和文华兄担任第三个议题"非虚构文学与真人图书"的主持人。我的开场白说,在张掖读书年会上来讨论这个话题特别适合,因为中国最好的非虚构作家杨显惠先生就是一名甘肃作家,现居天津。他的《定西孤儿院纪事》和《夹边沟纪事》应当是目前中国非虚构文学的巅峰之作,讲述的也都是发生在甘肃,甚至是张掖的事情。

文华兄邀请南京张元卿上台发言。元卿有一点讲得很好,他说,任何一部文学作品都必须具备能够表现时代特征的细节,包括器物、服饰,甚至说话的腔调。我小结道,非虚构文学在中国分为两支,一支是报告文学,大多歌功颂德;另一支是纪实文学,大多直面苦难。我认为,非虚构文学与虚构文学的不同在于,非虚构文学表现的应当是一个时代苦难的深度,虚构文学则应体现一个时代精神的高度。它们是文学的一体之两足、一身之双翼。

至于真人图书,我对这个概念并不陌生,因为多年前母校湖南师范大学图书馆聘请我担任"真人图书",我参加过这类活动。于是,我邀请两位学高德馨却谦和低调的老师,一位是蔡玉洗,一位是武德运,上台来讲述自己的读书经历,听来受益匪浅。

论坛的四个议题我觉得都很好,发言的嘉宾和专家水平也很高,据说本届参会人员有一百二十人,惜乎来听者寥寥。坐在那里听的,大多心不在焉,致使论坛显得在走过场。希望以后的年会举办者在这方面想些办法,比如是不是组织一些当地的书友、文友来参与,可能会更接地气。

晚餐时,同桌的"玉女"周音莹为竞争下届举办权而焦虑着。因为闭幕式要到21号下午举行,那时过半书友都提前离开了,她担心投票对她很不利。诸暨精心准备了两年,如果这次再得不到举办权,音莹回去无法交代。我不忍看她泪洒黑水、肠断甘州,便建议她拿出笔记本,赶紧请提前离会的嘉宾为"同意诸暨举办下届年会"签名投票。我怕音莹自己做这个事招人侧目,便自告奋勇,去各桌游说,不到五分钟就有十二人签名。我回桌对音莹说,你一点都不要担心,大家明年都想去诸暨!她才绽颜一笑。

晚上八点,观赏《甘州乐舞》。开演前,图书馆何静怡请我接受电视台记者的采访。记者叫刘曦蔚,一个朴实热情的女孩。我们聊了十来分钟。《甘州乐舞》是首演,精致大气,不过舞美好过舞蹈。看乐舞时,一旁的吕浩从微信发过来《炎黄春秋》的停刊启事,台上的灯光忽然暗下去几分。

19日,因为中午在康乐草原吃得太好、太饱,回到张掖,我和晨曦、敏华都不想吃饭,到房间吃点水果了事。晚上九点,在微信群里意外看到"庆祝明年举办权花落诸暨"的消息。一打听,才知道,组委会临时决定,在晚餐前由与会嘉宾投票选出明年的举办城市。周音莹代表的诸暨,在与浙江萧山、黑龙江哈尔滨、江苏苏州等各个城市的竞争中,脱颖而出。虽然没能参加投票,但十分开心,立即给音莹发去贺电。

关于年会的举办权,我觉得有人争总是好的。这说明:其一,年会办得好,是个香饽饽;其二,明年必有下家,书友们可放心期待。怕就怕没人要,各家推来推去,那就不可持续了。但有人争,还要注意分寸。好比演武打片,舞刀弄剑固然热闹好看,却千万别较真,以免伤了和气。年会年年办,各位好商量;书香暗迢递,细水方流长。

晚上,和晨曦、敏华在"明清古风"仿古街和鼓楼附近逛逛。仿古街皆为新建,是经济而不是文化的产物。鼓楼却是个真家伙,四面有明清两朝皇帝的题匾。张掖正是以鼓楼为中心,由此延伸出东西南北四条大街。这样的城市还是很有特点的。在街上找小吃、闲逛,发现张掖这座小城书店、书摊不少,而且新华书店就在鼓楼边上,占据着城市最为显要的位置。这些东西是临时凑合不来的,也是政绩工程无法做到的。忽然觉得,在这样的地方举办读书年会,真是再合适不过了。但愿诸暨也是一座这样的城市。

2016 年 8 月号,总 231 期

诸暨·民间·书人
——第十五届全国民间读书年会走笔

子 张

说来也怪,将近四十年中,参加各类会议已不知有多少次,皆未写过参会记录或感想,偏偏对"民间读书年会"似乎情有独钟。虽说十五年来,连这次诸暨年会在内也只参与了四回,倒都有较详尽的日记、报道,真有点不可思议。

这缘由,或许大抵在于"民读会传统"的激励吧,譬如凡参加年会的书友多喜欢写写参会日记:结识或遇到了某某,与某某住一个房间,得到某某的赠书,不一而足。又譬如每次会议之后要编本书,编者殷勤催稿,也造成了不得不写点什么的氛围,与此相关的就是民间读书报刊编辑同样殷勤的约稿……一来二去,无形中也就形成了一种"开会必有所记"的小传统。

于我而言,也许还有另一重略深一层的动力,那就是对"民间"两字的偏爱。

文化之民间视角凸显,在当代文学方面应该与20世纪80年代"寻根"一派诗人、作家的自觉有关,至20世纪90年代似乎已然蔚为大观,汪曾祺、阿城、冯骥才、张承志、韩少功、莫言都有了从民间角度观照历史、社会的厚重之作。文学如此,艺术、文化诸领域自当难免,这其实不过是20世纪90年代以后文化多元价值取向并存现象的多侧面展示。"民读会"是在2000年南京凤凰台饭店所出"内刊"《开卷》基础上酝酿形成的,故年会初名"全国读书类民刊讨论会",这里突出的"民刊"虽然实际上是众所周知的"内刊",也即无刊号非公开出版物,但在组织、编务、发行方面的确已与正式刊行的报刊有了相当大的区别,至少不像正式报刊那样组织严密、程序烦琐,而往往由一个执行编辑自行负责编读往来。由《开卷》扩展开来,《书友》《秀洲书局简讯》《温州读书报》《文笔》《问津》《点滴》陆续进入读者视野,"民间读书年会"的格局也便形成。实则,上述报刊的主办者和资金来源主要并非出自民企或个人,其相约于"民间"旗杆下的动力或许仅仅是对"民间"两字所包含的某种读书理想的企望,即相对独立、自由、个人化或个性化的那些方面,其中个人化或个性化特征可能最为重要,它区别于包含某种社会组织成分的"公共阅读"。事实上,当时和此后的读书类报刊渐渐形成了一个所谓"民间读书"的圈子,而与正规渠道公开发行的大型读书报刊保持了距离,两者之间有着心照不宣的清晰界限。也就是说,主办者身份、资金渠道并非判定是否"民间"的标志,个体性、个性化的阅读与交流才是。

我之所以没有排斥,反而一度积极贴近这个圈子,正与对"民间"所含有的个人化、个性化意蕴的偏爱有关。

从我参加少数几次年会的观感出发,比如上海和天津的两次,我以为此种相对独立、自由、个人化与个性化的氛围确是存在且浓厚的,其主要体现在参会人员、组织形式与内容设定诸方面。拿参会人员说,其身份既有公职人员,也有个体经营者,而在读书会展现的都只是个体读者的一面,其社会身份并不需要格外提及。就组织形式而言,除了几个相对资深因而时常临时担任召集人、主持人而外,并没有一个固定的、严密的、中心化的"班子",召集人、主持人因属临时性,也就没有绝对的"权威",完全凭借个人魅力聚拢书友。会议内容的设定,则一般主要由年会主办方负责安排。

本次诸暨年会亦大体如此,除了与会人员交纳的会费,更有地方政府部门的支持、协助。在整个会议期间,主办部门干部只在开幕式环节向来宾表达了欢迎之意,其他环节都处在"隐身"状态,连合影照片都谦让了,充分成全了会议的"民间"性质,实在值得称道!也堪称典范!

两天会议,设定的"主题论坛"集中在第一天,上午两个小专题:

"读书民刊的审美价值,及读书民刊与地方文化的相承"和"读书民刊主编交流办刊经验"。令我印象深刻的有三点:一是主持人的主持风格,上来就打破常规,鼓励自由发言;二是在宽松气氛鼓动下,年轻人争先恐后积极发言的状态,先后就有《温州读书报》《易读》《梧桐影》《问津》《名堂》《越览》《太阳花》《包商时报》《开卷》以及呼兰河读书会、北京、山东、浙江的读书报刊编辑和书友登台演讲;三是一位书友对"民间读书会"内涵颇具个人特点的解读与挖掘。下午三个专题:"西施文化之我见""'蠹鱼文丛'作品探讨""有关城市申办下一届年会"。第一个专题以诸暨地方专家的介绍为主;第二个专题先后由"文丛"策划者、出版者、到会作者陈述,而后自由发言;第三个专题有郑州、哈尔滨、苏州三地提出申办要求,而以意见不集中,当天没有结果。第一天的晚上还有一场主题为"北承杭州,读在诸暨"的诗文朗诵会,诸暨城东新区的西施大剧院在夜色中熠熠发光……

  第二天也有两个活动。上午在诸暨市图书馆举办一场《明代版本琐谈》的讲座,请来的是北京的藏书家,所谈高屋建瓴而深入浅出,从古籍收藏鉴定角度言,自是高人高水平,无奈孤陋寡闻如我者,触类不能旁通,难免开开小差到图书馆大厅里伸伸胳膊,不意却看到左右两面关于中共历次大会的历史图片展,发现与以往不同的是,这次对历史照片和照片上的人物没有刻意回避谁或修饰谁,算是如实记录,林江也罢,胡赵也罢,皆以本来面目出现于历史镜头,看到此种显然是统一下发的图片,意外之外倒也有一点感慨,也算是读书年会期间的小"外遇",顺笔一记。还有一点奇特之处,这个"市图书馆"是坐落在一个职业技术学院的校园里。

  下午集体乘车前往四十公里外的斯宅"访古采风"。如同浙江不少地方,诸暨也为物华天宝人杰地灵之地,论人物有勾践、范蠡、西施、王冕、杨维桢、陈洪绶,论风物特产则有五泄、千柱屋斯盛居、香榧。千柱屋斯盛居始建于清代,屋主是富商斯元儒,此宅给人的第一印象就是大!五座门楼肩挨肩,依山面溪,如同固如金汤的城堡。最让我倾心的是宅院后面沿石阶而上百十米外还有一座建在笔架山坡上的笔峰书屋。关于这座苍然幽然又悠然的书屋，以后专门写写，这里只摘录一段网络版光绪《诸暨县志·坊宅志》的记载，略见其佳美处："笔峰书屋，在松啸湾之麓。襟山带水，曲折幽邃，门前曲池，红莲盈亩，夹路皆植红白杜鹃、月季玫瑰、桃杏梅柳，灿烂如锦，山上杂种松竹。有三层楼，朝揖五老峰。又有小池，水从石龙吻中喷出。林泉之胜，甲于一邑。"

从斯宅出来，又到一处民国风格的建筑"小洋楼"，说是抗战时张爱玲千里"寻夫"于潇潇暮雨之中来此小住。此事亦缠绵难说，说不准、说不好倒唐突了张爱玲，不如不说吧。

以上是对诸暨年会梗概的粗线条记录，又有意省略了诸环节出场者的大名，为的是给日后热心考据的书友留下一点想象空间，未知当否。

2017 年 11 月 4 日清秋于杭州午山

2017 年第 11 期，总 247 期

郑州年会日记

吴昕孺

9月14日　晴　星期五

　　犹忆1990年春天，恩师戴海应郑州大学曹策问校长之邀前往河南讲学，听说我从未出过省，就把我给带上了。现在去郑州早已不需要一天一晚了。十三点十九分出发，三个半小时后抵达郑州东站，至嵩阳酒店。马国兴兄接着了。办了手续，到二楼餐厅晚餐，还在厅外，就听到稼句兄长酒入豪肠之后的豪言。

　　搬了把椅子，坐在稼句兄和传新兄之间。稼句兄首先表扬我近年的创作成绩，我知道酒在其中起了不少作用。传新兄享受深圳的日常生活，嚷着"谁到了深圳不找我我跟谁急"。不料，这回来深圳找他的可是个"大人物"，叫山竹，他连自己都回不去了。晓剑、季米、晓铭、新宇、阿滢众兄弟依然保持着他们"八面玲珑"的身材。他们说，你越来越瘦了。我说，我不加入你们的大肚阵营，我要向传新和礼阳两位兄长看齐。正说时，礼阳兄偕方平兄进来了。我一看礼阳兄那架势，非常后悔说了刚才那句话——人家玉树临风，哪怕"山竹"来了，也只是弯而不折，这骨气与韧劲，就够你"看齐"一辈子的。

　　我还是喜欢看周音莹、子仪两位浙江才女，纯粹的古典风致，扔在这帮号称"读书种子"的男人堆里，也显得那般鹤立"虎"群吧。子仪送我一本《养生这么好的事》。我冒昧问子仪是哪一年的，她的回答立即让我明白了"养生"的重要。

　　室友来了，是江西新余的易卫东，也是老朋友。他是一位数学名师，酷爱读书。我敬佩卫东兄这样没什么功利心的读书人，他读书抠得很细，并读出了心得，前些年曾寄我一本《学步集》。

晚上十点半,阿泉兄终于告诉了他的房间。他和妙轩两口子、传友兄一起来。四个人为年会和"纸阅读文库"作者带了五百本书!这种苦力活哪是书生干的,何况四人中,妙轩兄病体刚愈,尚未完全恢复,另一位是他夫人,但他们硬是扛下来了。阿泉、妙轩兄是我朋友圈里最清雅高妙之人,却能为书友和年会如此放下身段,负累受苦,加上生性活泼超迈的传友兄鼎力相助,"纸阅读文库"背后是钢铁般的毅力和金子般的赤诚。

从阿泉兄房间下来,看到电梯间的沙发上坐着一人,刚打完手机。"农耕兄!"我喊道。正是江西进贤《文笔》杂志主编邹农耕先生。几年不见,白发添了几根,依然不掩其帅气。

9月15日　阴雨　星期六

吃早餐时,和克希老师、银舫兄、韦泱兄、杨栋兄、季米、上官消波等坐在一块儿。银舫兄白发如银,不时能得到他主编的《上林》杂志。东莞年会时,韦泱兄和我是室友,没想到他今年有六十岁了。杨栋兄送给我中华文化出版社付梓的《锦鸡集》毛边本和一幅彩色水墨画。昨晚读到上官消波主编的《新闻出版博物馆》杂志,便向他请教。他说,这种主题的博物馆不只上海有,北京也有。克希老师提到那个年代上海报人的厉害,说出唐大郎的名字,昨晚我正好在读他的文章。

见到子善老师。他是本次年会唯一一个戴着帽子的男士,且自带幽默和笑声。他神采奕奕地过来和众位起立者一一握手,估计大多只是面熟,因为他满脸笑容里略有些茫然。季米指着旁边的空位对他说,您请坐。他调皮地说,不,我们年轻人都坐那一桌。说着坐到了玉洗老师旁边。

见到玉洗老师和宁文兄。宁文兄介绍他同室的苏斌给我。苏兄想送一本他编的《墨缘庋珍·听风楼藏李方玉书画》给我,可扉页上已经题签"冯杰先生正之"。我说没关系呀,只要冯杰先生没意见。见到久违的谭宗远老师,上次见还是在株洲年会。他有段时间身体不好,《芳草地》也停了一年多,前不久收到复刊的《芳草地》,我很开心,这表明"胡汉三又回来啦"。

见到毛边书研究专家沈文冲兄,他从南通搬到了杭州,情况与传新兄相类,一边读书写作,一边含饴弄孙。我问及南通大学的陈学勇老师,他说陈老师也常住杭州。陈老师多年没参加年会了。在株洲年会上,我们相谈甚欢。

见到崔文川和周立民。文川兄着白色国服,赠我两册《长安笺谱》,其仪容冲淡、风神萧散,有超凡脱俗之概;立民兄则反向而行,青衫黑裤,走休闲和帅气的偶像派路线。

见到傅天斌,人称"傅局长",他昨天将近零点才到。他和晓剑都来自成都,一胖一瘦,都是光头。我对天斌说,你的头在向晓剑看齐,晓剑的头在向韩三洲老师看齐。三洲老师也来了,他的辨识度极高,外表"匪气"十足而肚子里全是书生气,下一辈中内外兼修能够达到这个境界的,唯晓剑有此潜质。

见到励双杰,我以为他是绍兴人,原来他和银舫兄都在慈溪,属于宁波。我谈到宁波的文友天涯和峻毅。见到东莞李正祥,他说晚上要见大学同学,不能参加我们的活动。我说,见大学同学当然要紧得多。见到天津王振良,原来他半年多以前就离开《今晚报》,调到一所高校任教去了,我觉得他下了一步好棋。

十点,子善老师主持"民间读书媒体与出版"主题研讨会,印象比较突出的是子善老师总结了一条坏消息和一个好消息:一条坏消息是"冯传友明年三月退休",《包商时报》还能否保持它的书卷气息,确实存疑;一个好消息来自阿泉兄,他说"《清泉部落》明年有可能复刊",那将是民间读书人的福音。

下午,由稼句兄主持,开展"阅读中原:我阅历中的河南学人与豫版图书"主题研讨。发言者很多,我的主要任务是听。但我也在心里问自己,河南作家写的书中,哪一本曾对我最有震撼力?我并没太花心思,很快就得出了结论:非周同宾老师的散文集《皇天后土》莫属！2013年1月,我参加"南阳笔会",见到了周同宾老师。我上去与他握手。老人头发花白,衣着朴素,浅红色羽绒服配着一件灰色毛衣,认真而淡定地应对着一些文学爱好者的要求。我们没能说上几句话,我也没有索要签名。

最后一个议程是宁文兄主持,确定下届年会举办地,哈尔滨萧红文学馆的章海宁先生如愿以偿。

晚饭时,恰好坐在黄成勇先生对面。他对我说:"我知道你在文章中曾提及我的书,但我从没与你联系过,我这人啊,做人不好,是个坏人。"说完,他眯起眼睛真的坏坏地笑了一下。那一笑,酷似孙红雷。

六点半上车,冒雨前往一个书店参加"纸阅读文库"第五辑的首发式。到了那里一看,我如遭电击:我在书店。我连忙掏出手机,拍了照发给戴海老师。

马国兴主持首发式。我不太了解国兴,这两天有空就读他的《纸上读我·2005—2016手抄报〈我〉第二辑》,深感他是一个真正的"书人"。我以前参加的年会,都是一个单位、一个团队在组织和筹备,唯有今年郑州年会,前前后后张罗奔波的,只有国兴一人。七十位读书界、出版界朋友这几天的吃住行,全被他梳理得有条不紊。他不苟言笑,也不时常在我们视野内,但嘉宾们有任何诉求和困难,都能第一时间看到他。

"纸阅读文库"第五辑来参加本届年会的有五位,除我之外,还有曾纪鑫、韦泱、朱晓剑、冯传友。我看到作者中有周实兄长的名字,曾高兴地问他是否来,他却说不来。他的《一个人在书房里》,我十分期待。到场的每个作者有几分钟发言。我说了三个意思:

一是我与郑州的渊源。谈到戴海老师带我第一次出省,游历中原。老师退休后勤于笔耕,过了八旬依然不辍,去年隆重出版了随笔集《我在》。我完全没有想到,我今晚来参加首发式的书店,名字竟然也叫"我在"!

二是有关《边读边发呆》这本书，感谢妙轩、阿泉两位仁兄约稿，连书名都是他们取的，还拜才华横溢的阿泉兄赐序。这本书可以说是我与民间读书年会交集的一个成果。20世纪90年代，我通过四川龚明德先生结识阿泉兄，阿泉盛情邀请我参加在呼和浩特举办的第四届读书年会。昨晚，我特意请天斌帮我带一本书回去转交给明德先生，扉页题了四个字："饮水思源。"

　　三是有关我的读书和写作。在杂乱的写作中，我最在意两个圈子，一个是诗歌圈子，因为我走上文学道路是从诗歌开始的；另一个就是这个民间读书人的圈子。通过与各地读书人的交往和交流，我获准良多，深怀感恩。我愿意在这个圈子里，和大家一起"混"到老，一起"混"到永远不老。

　　我要了书店老板段建强先生的微信，回去争取寄本戴海老师的《我在》给他。

9月16日　阴雨　星期日

　　手头上《边读边发呆》已经没几本了，我请子仪帮我带一册给嘉兴图书馆的范笑我先生。在当代中国谈民间读书，笑我先生也是一个绕不开的代表性人物，他创办秀州书局、编撰《秀州书局简讯》，已成为资深读书人时常回味的重要事件。

　　今天本来是要和大部队一起去嵩阳书院的。但为了不耽误星期一上班，我买了晚上七点的高铁票。国兴说，够呛，很难赶得回来。怕给大家添麻烦，我就只好不去了。好在文川兄设计的本届年会藏书票以嵩阳书院为主体，背倚苍黄名山，前有苍翠古柏，孕育着深远无限的文化生机，被子善老师誉为历届年会藏书票之最佳。

　　国兴召集留下来的嘉宾去河南省博物馆。博物馆正在装修，只能看一个"大象中原——中原文物瑰宝展"，但仅此一展，也让人大饱眼福。比如春秋时楚国的"云纹铜禁"。铜禁即铜制酒案，如果喝茶，就相当于茶几。"云纹铜禁"是楚庄王儿子子庚的随葬品，其铸造之高难、结构之复杂、装饰之富丽、整体之霸气,均登峰造极,乃不可方物的绝世之作。还有妇好鸮尊,那姿态真是太漂亮了,让我想起远古时代一位威风凛凛的女将,她绝妙的身材里充满着狂野之气。殉葬的"鸮尊"是她传递给后世的一种雄健刚毅的气魄,直欲压倒须眉,或许就是从它的主人——武丁的妻子妇好这里开始的……

看完展览,去瑞光创意工厂参观。从私营印刷厂摇身一变为文化创意园,算是华丽的转身了。中午,在创意园中"超姐家80年代创意餐厅"吃饭。据说,这是郑州的一家"网红餐厅",游客多,服务好,味道也不错。旁边有一间低矮的红砖平房,门楣玻璃上写着"职工浴场"四字,两边是一副对联:"勤沐浴身体健康;常理发仪容精神。"里面堆着几大包水泥,似已废弃不用。

回到宾馆才中午两点,可我已经退房了,国兴想安排我去801休息。我说,算了,我还是去郑州车站,办完手续可以在候车室看书。

地铁里拥挤不堪。我前面一个坐着的姑娘,先是给一个老人让了座。当那个老人下车时,她可能看到我的双肩包很沉,又执意让给我坐。我感动于她的美意与善良,从包里抽了一本《边读边发呆》送给她。这自然给了她一个大大的惊喜。我们加了微信,她叫曹裴雅。下车不久,就看到裴雅发了一条朋友圈:

"坐地铁遇到好人吴昕孺,感谢他送的书,祝福吴昕孺前途无限、新书大卖。"

2018 年 10 月号,总 257 期

关于"读书报"的遐想

顾志兴

我是个喜欢读书的人,从少年时代起一直延续至今。退休以后,注意读书报的订阅。当时公开出版的几份读书报刊,差不多都订了,经过分析比较,选订了上海的《文汇读书周报》,一订就是十多年。我很喜欢这份报纸,每周十六版,内容丰富。听说上海市前市长汪道涵先生退休后也喜欢这份报纸,有时连报纸的中缝也读遍。

后来大概是朋友们知道我喜欢读"读书报",图书馆朋友定期寄赠了几份他们编的读书报刊,诸如温州图书馆办的《温州读书报》、海宁图书馆办的《水仙阁》、江苏太仓图书馆办的《尔雅》等,内容充实,格调很高。我对编辑们的辛勤劳动,深怀敬意。这些市县级的图书馆财源并不充裕,定期出版全然是为了传播知识。除了编辑而外,还要赔邮资,一份份地寄往天南海北的读者手里。

这些市县图书馆的办刊宗旨之一,是弘扬当地优秀的传统文化,用《水仙阁》主编陆子康先生的话来说是"养海宁之文气"。文气确是要养的,深厚的文化底蕴是几百年、上千年形成的。可是几十年来的政治运动,不少是与书为敌的,尤其是"文化大革命"的摧残,"文气"几乎丧失殆尽。《温州读书报》是一份四开小报,每月一期,内容丰富,关乎温州文气者居多,不少文章谈读书心得,间涉掌故考据,颇具质量。温州的朋友还定期将报上发的文章,结集为《瓯歌》公开出版,读书人反映良好。《瓯歌二集》还请动了学人朱正先生为之作序。我对朱正先生久闻其名,无缘识荆。在我心目中他是一位名副其实的编辑大家,真正的鲁迅研究专家,所著文章不着一字空话。他为《瓯歌二集》所作的序十分精彩,并非泛泛而谈,与时下见到的某些名家序迥异,看得出他对《瓯歌二集》的文字是细读过的。我相信朱正先生对《温州读书报》有一份深挚的情意在。《温州读书报》每月初必然邮到,某月初若有所失,总觉得有件什么事似的,及至《温州读书报》邮到,始悟是牵挂报纸,心下方始释然。无怪乎小女呼我为"书痴"。读书人痴者多,重感情者多。

我对《文汇读书周报》也很有感情。每周六上午从信箱取回该报,常常是一读就是两三个钟头,这几乎成了生活中的一部分。近时适逢明年报刊征订季,开具了2015年度拟征订的报纸杂志准备赴邮局办理订阅手续。可那天打开报纸,头版就是"告读者作者书",三十而立的大孩子要回到妈妈的怀抱里去了,令人感到莫名惊诧。但总有道理在,不去瞎猜了,只是感到惋惜。《文汇读书周报》,每版总有几篇可供细读的文章,我常根据有关文章,感到某书有购置价值就记下来,让小女到网上去订购。《永远的朝内166号》就是这样买来的。我还偏爱"读者短笺"这个小栏目,三言两语,各抒己见。我十分赞佩编者的宽宏大量,对他们编发的文稿有不同意见,也可著文批评,只要言之有物,他们照刊不误,你说你的,我说我的,从不以为忤。对此我有体会,有篇书评是前两年讲《论语》出名的某女教授推荐的,说是其中颇多颠覆历史之作,我读了书评,感到滑稽,所举例证是《三国演义》上的故事,连文学艺术和历史都分不清。我说"于丹是谁?我不知道"。书可能写得不错,但演义当作是真实的历史就说不过去了。还有位京城颇有名的小说家,写了一本研究《红楼梦》的专著。他在报上著文,其中谈到《红楼梦》的抄本,却连抄本的常识都不懂,所以我说"刘心武你还是去写小说"。我还十分感激编者,我在上海的《世纪》上发了篇关于近代文化史、藏书史上很有影响的大事,就是清末湖州皕宋楼藏书流入日本静嘉堂文库真相的文章,想不到《文汇读书周报》竟用整整一个版面的篇幅几乎全文摘登,我简直有点受宠若惊了。

《文汇读书周报》回到母亲的怀抱以后,我曾想托人到邮局购星期一刊登该报的《文汇报》,女儿托了几个人都说杭州没有零售,后来她不耐烦地说,那就订一份《文汇报》好了,不是每周一都能读到?我说:女儿,我懂得这个道理,不是舍不得一年三百多元的订报费。不是说纸张是森林变的吗?要保护森林,人人有责啊!我总不能光要周一的报纸,其余送到废品回收站去,这不是对绿色的破坏吗?

2015 年 2 月 3 日

2015 年 6 月号,总 217 期

融融的暖意

子午源

编完这期《水仙阁》(2019年第4期),我不编了。

《水仙阁》2007年创刊,第一年编了两期,以后是季刊,每年四期。十三年编就五十期(另编几期特刊、出版《〈水仙阁〉精选集》),已是"大衍之数",怎么不想编就辞了?就像一位母亲抚养一个小孩十三年,已经上中学,怎么一念间就不管了?

我请辞的起因,源于儿女们的"责难"与"玩笑"。

先说"责难"。一个周末的午餐后,一家子聊着天。说笑间,儿媳发难,儿子附和:"爸爸也应该白相白相了!你退休这么久还在编《水仙阁》?当心讨别人的厌呀,难道年轻人不能替代吗?"儿媳是我当中学教师时的学生,这样说话是她的风格。我们相处融洽,我喜欢她的直爽,她也习惯了我的不留情面。那一刻,心里仿佛挨了重重的一锤:我有什么不是吗?他们听到什么吗?我的猜测错了,他们只是自家人说自家话。

原来,敲警钟!

再说"玩笑"。乡下斜路里老家原有几间破屋,怕拖累美丽乡村的建设,重新翻建一下。雨后的周末上午,我们夫妇与女儿仍去打理新屋东墙边的小菜地,一块石头半埋在地里,我想把它搬到别处。我知道这活儿有点难,先摆一个架势,两腿蹲着,然后再动手。这石头一翻动,就沾满烂泥,湿漉漉,滑塌塌,刚搬起就滑下,再搬起又滑下……女儿喊着"我来""我来",急乎乎地跑了过来。她从小娇滴滴的,不干重活,此时却信口说大话。女儿见我不睬她,就说试试也好。想不到,她一出手就成功,把石头丢在一旁,显出一副轻松调皮的模样,开着玩笑:"哈哈,爸爸老了,爸爸老了……""老了,老了……"我嘀咕着,又忆起儿子、儿媳敲过的警钟。

静心想想,应珍惜儿女们的"责难""玩笑"之福。我已七十有二,古稀之年,因为编《水仙阁》,退休后干了近十二年。老人心理上总难服老,我常劝别人要服老,但轮到自己就犯"糊涂"。说"糊涂",还只是一种自我安慰;直白一点,说亮话,就是"贪"。贪,一般人总是理解为贪钱贪财贪名贪利,其实并不尽然。

印顺导师说:"人心不足……学问家为了追求更多的学问,他也是不满足的。"(《学佛之根本意趣》)从俗家关系上说,导师是我的外祖父,他的开示我更应好好思索。学问家是读书人,编辑是读书人,虽有小大之别,但属于同类。

是的,我不能再贪了,请辞契合我意,"放下"另有风景。又想起了禅宗"骑驴不肯下"的难医之病……

蓦地回首,《水仙阁》里,一梦便是十三年。一个人一生中有几个十三年?一个人一生中工作时间又有几个十三年?乡里诗人曾吟道:"悄悄的我走了,正如我悄悄的来;我挥一挥衣袖,不带走一片云彩。"但我做不到!我辞去了编辑,心底里却带着融融的暖意:有家人的,有外人的;有同人的,有领导的;有读者的,有作者的;有圈内的,有圈外的……

2019 年 10 月号,总 269 期

善于利用图书馆的学者
——读刘时觉《图书馆纪行》

陈福季

《温州读书报》自 2013 年第 8 期起开辟了一个专栏叫《图书馆纪行》，发表温州中医药专家刘时觉先生到各图书馆古籍部查阅图书的纪实系列文章。内容丰富有趣，引人入胜。当年连刊五期，都发在第一版，有四篇为头条。其后 2014 年发八篇，基本都在第二版。2015 年与此大体相同也是八篇，但其中有两篇非《纪行》文，也是与之有密切关系之文，很有兴味。2016 年已发两篇，仍盼望着有更好内容的文章见报。我读了这二十一篇《纪行》和另两篇与之有关的系列文章后，深受感动，刘先生是一位极善于利用图书馆的勤奋学者，也取得了累累硕果，令人钦佩，感人至深。在此写下自己的点滴体会，以就教于方家。

刘先生至 2015 年已跑过全国的五十三家古籍部，查阅了大量的中医药古籍，完成了《中国医籍续考》及《补考》《浙江医籍考》《浙江医人考》《丹溪逸书》等，硕果累累，非常人可及。他在查证古籍实物的过程中，纠正了很多前人特别是《全国中医图书联合目录》和《中国医籍大辞典》这两部权威工具书的许多错误。

一是补记了两大权威工具书的不少漏记。如作者 2010 年 9 月去苏州大学炳麟图书馆查书时，"无意中发现了《侍疾要语》《侍疾日记》二书，这是很少见的中医护理学著作，前者《全国中医图书联合目录》不载，医学界少人知悉，在《棣香斋丛书》中发现；后者《联合目录》仅载民国十六年版本，实际上早已收录于光绪十八年的《桂林梁先生遗书》中，正在《中国医籍续考》收录范围"。再如 2011 年的 3 月作者去上海医学会图书馆查书时发现《危恶典言》《天地人三图大旨论》二书，《联合目录》与《大辞典》俱不载，世人少有知晓者，作者将其载录到《中国医籍补考》中,使之重见天日。当时作者"突然想到辛弃疾《青玉案》的名句:'众里寻他千百度,蓦然回首,那人却在灯火阑珊处。'",形容他此时此刻之心境,真是再贴切不过了。

二是纠正《联合目录》《大辞典》中的许多误记,尤其是"望名生义"造成的笑话谬误。如2015年6月作者去广州中医药大学查书时纠正了《联合目录》将《保生编》记为亟斋居士撰、成书于康熙五十四年的错误。实际上此书为"道光间晋陵庄大椿编辑的一部丛书,共五种六卷,包括《保生编》《慈幼编》《遂生编》《福幼编》各一卷、《医方汇编》二卷,亟斋居士所撰产科书仅是其中之一,尚有庄一夔的儿科《遂生编》《福幼编》、庄大椿自编儿科《慈幼编》《医方汇编》,挂一漏四,自当补上"。在广东省立中山图书馆发现了"善本明隆庆六年壬申刻本《医方摘要》六册十二卷,是国内孤本"。更据馆内所藏罗振玉的《眼学偶得》纠正了《联合目录》于"眼科"门载有光绪十七年刻本的错误。实际上此书为金石学家罗振玉研读古籍的治学心得书,为"有所得忻然削札记之"的读书笔记,是"取北齐颜黄门必须眼学,勿信耳受之语,颜之曰《眼学偶得》",非关医学,与眼科更风马牛不相及。《联合目录》却将其收为"眼科"典籍,真是"望名生义"致误的典型。在当今浮躁的大环境下,如刘先生这样一丝不苟扎扎实实利用图书馆做学问且出了大成绩的学者在全国也不知尚能有几人。

刘先生在利用古籍时几乎都碰到一个禁区:"不准拍照!"对此他采取了不合图书馆规定的"偷拍"措施,有时趁管理员离开取书的机会,有时是当面只说声"来不及了",未经允许就"咔嚓咔嚓"拍摄起来。不少文中都有坦率的交代,是"提心吊胆地偷偷拍照"。对此笔者作为一个老图书馆工作者是不以为然的,但又极同情他为科研付出的辛劳与心机。这看似有点矛盾却也是当前的实情。如2013年12期他在《东北访书》中说:"结果已查到索书号的十一种全部得见,未查到的她也为我找到《罗谦甫医案》《刘晓山医案》《保产育婴》三种,共得十四种。从八点四十五分起,按原书程序,有条不紊地开展工作,紧张地核对、阅读、抄录,拍照则偷偷地进行,不敢过于放肆,直到十一点三十分,阅读翻看完毕,共拍照四十二张,抄录四篇序言,记了小半本笔记。"在广州中医药大学图书馆就有"一是《推拿书》,一是痘疹著作《广济新编》,乘小张取书之便,偷偷拍了四张照片,省了不少事"。但到同市的中山图书馆就大不一样了,该馆"是允许拍照,收费善本每拍十元,非善本1元",遇上了"允许拍照的大好事"。可2015年底在天津中医药大学图书馆虽说"他乡遇知音",也仍然是"不准拍照",刘先生只能在未经允许的情况下硬拍了一些照片。临行虽然说了好些对"知音"感谢的话,但仍觉双方都颇为尴尬,并非是发自内心的由衷之情。读来也颇觉互不顺畅,说是"他乡遇知音"也颇觉勉强。由此我想到全国各图书馆对使用古籍的规定并不一致:有的让"拍照",有的不让"拍照"。这就造成了上述刘先生在利用图书馆古籍时需"偷拍"的尴尬情况,当然在别人也会有。但"偷"字毕竟不是一个好字眼,它对图书馆的古籍保护、学者的利用古籍、读者的感情来说都很尴尬。要解决好这个问题,应是全国图书馆的当务之急。全国应有统一的规定,既要保证对古籍的保护,也要顾及学者的利用,两全其美。我很赞赏广东省立中山图书馆的做法,允许拍照,善本高收费,非善本低收费。这既保护了古籍,又方便了学者的利用,何乐而不为呢?

说得有点题外了,回到本旨,说刘时觉先生是时下最善于利用图书馆的一位勤奋学者,即使出差开会,也见缝插针,不失时机地充分利用图书馆,满载而归,以个人之力撰成了数部百万字以上的大部头医药学著作,成果令全国瞩目。这在全国也应是充分利用图书馆的优秀典范。《温州读书报》不失时机不惜篇幅推出这样一个文情并茂内容丰富的《图书馆纪行》专栏,大力表彰刘时觉先生利用图书馆的实绩,实在是一件功德无量的大好事。

2016年6月28日

2017 年 1 月号,总 236 期

文章也不是越多越好

何 频

2018年8月面世的《陶亢德文存》,为新文学研究特别是新文学期刊研究,平添了第一手的资料。四册一套,累计百余万字,也算巨著了。第一册是短篇小说,分《徒然小说集》《集外小说》,第三册是文化与时事杂感,第四册乃《亦报》小品专辑。我特地揣摩其第二册,这一册分五辑——分别是苏州速写、东北通讯、书人书事、日本印象和徒然随笔。我觉得这第二册最耐人寻味,很值得同为文人和后来人借鉴。

读过这一册,我有醍醐灌顶的感觉,受的启发是:文章不可以随意写作。作为以笔为旗的写作者,写作的欲望包括发表欲,实在不必太强。

以第二册的"东北通讯"和"日本印象"为例。前者是作为热血文学青年,受《生活周刊》委托,在"九一八事变"前夕,陶亢德于东北采访的观感。1930年春节过后,他随其表兄北上沈阳,继续为《红玫瑰》等刊物撰稿,也用"徒然"为笔名,给上海的进步刊物《生活周刊》投稿,竟然获得邹韬奋的青睐。韬奋先生,这时聘陶亢德为特约通讯员,由是为该刊撰写了系列东北通讯。

这时的陶亢德,是呼吁抗日的勇士,满腔热血。择其通讯题目——《东北通讯·侵略东省的大本营》《沈阳通讯·殖民与移民》《沈阳通讯·资寇以粮》《东北的漆黑一团》《吉林乎:东北的锦绣河山之一》《失地记痛·弁言》……有一篇《记马将军》:"我们痛心疾首于张学良之不抵抗主义,致不崇朝而辽吉沦亡,痛心疾首于熙洽、袁金铠、赵欣伯、张景惠等之甘心叛国,认贼作父,故对于能以绝塞孤军誓死抗日之马占山将军,愈觉其忠贞可敬……战事是日紧一日了……最后要说及的是攻黑一役日兵死亡的确数共有四千余众,其中半为未结婚的青年士兵;多门有个弟弟也在此役中阵亡。我军死伤总计在六七千人之间。最近日兵攻克山时……欲以威胁利诱使马将军屈伏,但是马将军是不肯屈伏的。"

同是这一册,里面写"日本印象",陶亢德变成一个媚敌事伪的猥琐文人。1943年8月,他是因出席第二届"大东亚文学者大会"而去日本,会议结束后又留下来采风的。

仅举《以穷立国》一文为例,他敬佩日本人的国民性,特地写道:"我国驻日大使蔡子平先生曾于日本最冷的二月中旬往访一位日本元帅,这位老元帅家中既无水汀火炉,甚至连炭缸也没有一只,谈到天气之冷,主人说唯以晒太阳取暖而已。这句话使蔡氏大为感叹,回到使馆对着热气腾腾的水汀连说惭愧。又如报上所载的内阁国务大臣藤原以古稀之年出任重职,办公室中无火取暖,首相东条恐其年高伤风,特为装一小小炉子,自己每天早春从家里带来一束庭树的枯枝落叶以代薪炭,使我们读了也不禁为之感动。"1949年以后,和周作人一样,陶亢德为《亦报》写小品歌颂新中国,常常一日不落的。但"日本印象"这一粒老鼠屎,怎么也除不去了!陶亢德还有《鲁迅先生的四封信》一文,记叙自己和鲁迅往来。可是,熟读周氏兄弟文章的陶亢德,传习了周作人的"勤",而未得鲁迅为人之"敏"。

陶亢德后来被审判,罪名两条:一是曾赴日参加"大东亚文学者大会";再就是于"孤岛"时期,主持了日资的太平书局业务。平实地说,作为编辑出版家的陶亢德,参编和主编《论语》《人间世》《宇宙风》《宇宙风乙刊》,等等,自然有事功在。就是在日本访问期间,他也有尽量纯文化意味的写作,如《东京买书记》《记东洋文库与支那文库》和《日本的稿费》,等等。

可惜了!不该出手时是不能出手的。不能以技痒与糊口为托词,说不过去。有为又不为,同样适用于文人作文。

硬面精装之《陶夼德文存》,声明仅印三百套,由家属自费出版。封底阳刻长方朱文印"唯有读书高",辑之昔日"夼德书房"之出版物上。

2018 年 12 月 13 日于郑州甘草居

2019 年 1 月号,总 260 期

读钱穆《师友杂忆》

黄 硕

　　北京三联版钱穆《师友杂忆》的开本、页数都恰如其分,盈盈一手,使人惬意。钱先生学涉四部,著作等身,而心归儒门。耄耋之年作此回忆录,以文字论,也可谓是恂恂然有儒者风了。以内涵论,则儒学深广,非我门外人所能言。但如果说儒学有使人诚恳平和的用意甚至作用在,想来不会太错。若以此标准衡此书,则似未孚人之所望也。书中钱先生常有先见之明,与事者初必有疑,而终必服其所见。如此者,再三再四,读者不能无惑:难道钱先生就没有失算的时候? 或许也有而未"忆"进书中来耶? 书中常及境界等语,若理学家言。且钱先生自悟之外又常能悟人,如与学生游山而令学生重悟孔夫子"仁者乐山"而不忘,此等事情又令我如在云雾之中矣。钱先生未入大学,自修而成一代学者,在我这不学无术一事无成的青年看来,并不可耻,至可引以为荣。然钱先生身处北大一学者云集之是非地,所见所闻,或使此事转为其伤心处也。故书中涉及自己的学术著作,每引师友学生之言以增重,以见得书乃众口之碑,而人自非浪得虚名。窃疑,身为大儒,似不应至老而勘不破"名"关,而汲汲于此等无谓之事。若必以人言虚名立身,则又将何解于孟子所谓"浩然之气"者哉?

　　书中尤有一点,吾深不以为然。即每提及"蒋委员长"时,言语情态若妾妇。如到张学良扣留蒋介石的窑洞里头一游,也要产生无比亲切的感悟。又见委员长招而做演讲劝青年从军,提前一年开始准备,为文"万余言",历数历史上青年从军先例。如此种种,风骨全失,令人不堪。也不是说不能尊敬政治人物,但此等肉麻言行,似亦大可不必。李敖曾在回忆录里讲钱穆本有机会成为真正的一代儒宗,可惜他做成了个假的。从上面所举来看,此话似不为过。

人生就像一张函数图,几段抛物线一围,便画地为牢。言谈举止,眼界思路,就只能在这里头打转了。饱学如钱穆,也逃不出去。庄子发"无待"高论,即欲突围;弗洛伊德提出"潜意识",即在探究突不出去的原因。乃知人活着,即注定受此苦厄,而"人定胜天"也只能是一句困兽之语罢了。

2020 年 8 月号,总 279 期

2018馆员年度书单

《日本早期的亚洲主义》，[日]狭间直树著，北京大学出版社2017年版。作者视角广阔，对中国史、日本史乃至整个东亚史的发展过程熟稔于心，尤其是在西学对东亚各国影响的认识中拿捏得当。书末有关善邻协会、善邻译书馆等罕为人知的第一手资料和大量原书书影的整理和公开，对于中国学者的进一步研究提供了可资借鉴的治学门径，洵足宝贵。该书置身于整个东亚史的视野和格局下，逐步进入明治日本人的精神世界，为中国和日本学者跨越各自畛域藩篱，研究整个东亚史确立了治学范式。

《中国印刷史研究》，辛德勇著，生活·读书·新知三联书店2016年版。选取中国印刷史上最关键的三个基础性问题铺叙开来，上篇考证中国印刷术产生的原因和时间，中篇深入考述唐元和年间是否以雕版印刷大量刊印元稹和白居易的诗集，下篇则集中论述铜活字的相关问题。作者不是停留在表面的印刷史知识的描述，而是将具体的印刷现象与当时的历史背景和条件紧密结合起来考察，论证视角开阔，古今中外，开合自如，举证翔实严密，诸多原始材料和依据重现，极具学术性和说服力，反映出作者渊综广博的学识和实事求是的理性态度。

湖南图书馆　刘雪平

《夹边沟记事》，杨显惠著，花城出版社2008年版。这本书虽然2008年就出版了，但我直到今年才认真读完一遍。而且这本电子书是断断续续看完的，因为里面记录了好多知识分子所经历的难以想象的磨难，很多还是第一人称访谈的视角来写作的，特别真实和残酷。好在电子书的最大优势就是可以利用碎片化时间阅读，而且软件可以自动记录阅读进度,连书签都省了。

嘉兴市图书馆　郑闯辉

《胡适杂忆》,唐德刚著,广西师范大学出版社2005年8月版。胡适的人与事并不陌生,但他在美国的生活状况如何于我还较为生疏。由胡适的学生且久居海外的唐德刚杂忆杂记胡适,应该会比较真实。果然,读罢全书,我不仅认识了一个真实生动、可信可亲的胡适,还领略了唐先生的生花之笔,文字在他的笔下,变幻出无穷的魅力,我甚至认为这是我迄今读过最为生动的文字。

《上水船甲集》,谷林著,中华书局2010年版。谷林先生20世纪80年代发表在《出版工作》《读书》等刊物的一些文章,内容有关编辑、出版和读书,还有一些书话。全书文字之运用十分纯熟、老到,在近乎平实的叙述中,显豁谷林先生小学功底之深厚和知识之渊博。我曾感叹,读木心的书,身边要随时备一本字典,而读谷林的书,也莫不如此。如今我年逾五旬,阅读路上行走了数十年,但一无所成,甚是遗憾,乃至羞愧。读《上水船甲集》,有一个最大的感念:读得越多,越感觉自身文字之苍白与孱弱。五十岁的人生,而今迈步须从识字为文始。

东莞图书馆　李正祥

清洪亮吉《北江诗话》,人民文学出版社1998年版,短小精悍,读来隽永。论诗以三百篇为宗,讲求性、情、气、趣、格,重忠义奋发、风骨大节之语。尤赞陶靖节去古不远,李白不媚俗,杜甫成诗史。对清代诗家各有点评,多以四字、八字作结,令人印象深刻。其藏书家五等之说,至今传诵。前人以为《北江诗话》可供扶植根底,陶冶性情,做诗家指南。品诗者于百机余暇,感受连珠妙语,继之慎思明辨,可为伴身佳侣。

龙榆生甄选《古今名人书牍选》,毛文鳌整理,上海古籍出版社2016年5月版,2017年2月重印。浅绿书衣,纸轻质高,颇便旅行散阅。文以写心,亦有范式。古人书简虽小,然酬答应承,写心叙情,划策玄谈,靡不具备。加之书法精妙,吐属隽雅,实为赏心悦目之佳品。龙选书牍,间有小注,详今略古,令人诵持之余,亦能了解做人、办事、立身、处世道理,兼及研究学术之门径,可视为师友,身体力行。总之,榆生先生把这一"雕虫小技"点选得秀劲宜人。由小见大,正学者着力之处。

国家图书馆　张志清

《今天也要好好吃饭》,蔡澜著,北京时代华文书局2016年版。这是香港资深食客蔡澜先生的散文集,也可以算作一本另类食谱。另类在哪儿呢?因为他在跟你聊怎么做、怎么吃的时候,不知不觉间也传递了深厚的传统记忆。更重要的是,他在告诉我们,中国饮食从来不似食谱中编写的那般生硬、僵化,而是出神入化,法无定法。这,才是中国文化的精髓。

杭州图书馆　吴一舟

《厦门吃海记》,朱家麟著,鹭江出版社2016年版。这本书有两大看点,一是袅袅的烟火气,作者朱家麟教授是厦门本港出生的小孩,博士、教授、总编等身份之外,却用最简单的笔触讲述记忆中的本地生活,有阿嬷,有邻家,作为经历过知青岁月的长者,不容易而又充满希望,娓娓道来,恰如闽南"话仙",这种文风,似曾在读汪曾祺先生的《端午的鸭蛋》时见到,细腻悠长,充满烟火气。二是故事之外,又有对厦门海域海鲜的专业介绍,人文与科普完美结合。是一本集人文情怀、科普教材、美食参考为一体的书。

厦门市图书馆　马小勇

《造房子》,王澍著,湖南美术出版社2016年版。这是一部探讨理想如何实现的作品。"业余"是王澍带着理想将自己区别于造超高层建筑的职业建筑师。在行业发展的黄金期他选择了隐退,给自己宁静的空间以思考和实践,最终以完美的作品一鸣惊人。在功利盛行的当下,《造房子》无疑是一部回归自我与传统的佳作。

《古书之美》,庆山、韦力著,新星出版社2013年版。本书是安妮宝贝采访韦力的随笔。有别于一般采访，安妮随性，理性又懂得适可而止，独特的采访方式令韦力耳目一新，大大激发了他的倾吐欲望，于是我们窥见了神秘的古书世界，认识了一位有情怀、幽默诙谐又待人坦诚的"人文瑰宝"收藏家，并被他的价值观所感动。当然，安妮认真的态度让我敬佩。

厦门市图书馆　张　美

《史想录》，傅国涌著，中华书局2016年3月版。傅国涌先生在《后记》里提到：这不是一本写出来的书，而是讲出来的书。话题内容或不同，却大致围绕着本民族的政治、教育、知识分子和企业的历史，围绕着阅读和思想，卑之无甚高论，不过是我日常读史的一些思考、一些感想而已，我称之为《史想录》，心中所念所想的无非是寻找现代中国的起点。本书开头的第一篇《清朝是如何脱轨的》，从清朝皇亲贵族的日常生活讲起，慢慢展开话题，叙述条理清晰，加之旁征博引，多角度论述，文字不枯燥，耐人深思。

《旧戏新谈》，黄裳著，北京出版社2016年7月版。本书是黄裳先生发表在《文汇报》浮世绘副刊的京剧戏评结集出版。本书曾在2011年出版过一次，这次多了黄宗江先生的序。全书收录黄裳先生的评论文章五十六篇，分五辑。因我自己喜欢看戏，又不大懂戏，看黄裳先生怎么看戏评戏，也是一种"看戏"。

温州瓯海区图书馆　邵余安

《脱解，喇嘛，金九经——中韩文化三考》，李勤璞著，辽宁教育出版社2016年第1版。本书由《脱解神话的比较研究——新罗三姓初王神话原构图》《高丽与喇嘛——群族政治和元帝国的一体化》《金九经》三篇文章组成，是对中华的宋元、现代与朝鲜半岛的高丽朝、朝鲜朝以及大韩民国前期关系史研究。全书运用汉文、藏文、蒙古文、满文、朝鲜文等第一手史料，对新罗王权神话结构、西藏佛教对高丽政教的改变、韩国现代学者金九经的治学成就及人生命运做了深入探研，揭示思想权势、宗教历史及政治空间之间的互动张力，提出中韩历史文化交流中的新问题。

《南渡北归》三部曲,岳南著,湖南文艺出版社 2015 年版。本书由《南渡》《北归》《离别》三部曲组成,钩沉民国现代史料,并采集亲历者口述资料,起于抗日战争,止于 20 世纪 80 年代,翔实的史料,深沉的同情,重点与细节的合理呈现,既有史学家之严谨,又有小说家之灵活,近百年学界巨子,人生遭际、学术趋向、出处进退、爱恨情仇,诸般情状,全景再现 20 世纪中国学术界大师群体在历史重大事件及政权变迁之际的命运波折。

浙江图书馆　陈　谊

《此心安处》,卢礼阳著,文汇出版社 2017 年 6 月版。因与著者同为图书馆人,更因平素奉先生为良师益友,所以,拜读《此心安处》,亲切与敬佩之情始终充盈心中。由《感言》,我读出了著者强烈的社会责任感和敢于直言的侠士之风。品《读人》,我真切感受到,对在人生路上曾经给予自己帮助的人,先生怀着深深的感恩之心,由此可见先生的古朴厚道。《纪事》《序跋》《品书》诸篇什,则体现着先生的学术修养。

《让每个日子都看见欢喜》,丁立梅著,中华工商联合出版社 2014 年 12 月版。活在俗世,网在尘中,生活的压力、工作的烦恼,会不时地袭来,给心灵蒙上一层薄云。但是,当你捧读这本书时,你会发现,只要用心去观察,其实在看似平淡琐碎的日子里,喜悦和温暖是无处不在的。只是我们将心思投向了各种的不如意,心灵为物欲所羁绊,被名利所缠绕,所以忽略了身边即手可得的温情与美好,忽略了寻常日子里的幸福与感动。作者为我们的人生之旅点燃了一盏心灯,让我们在尘世的喧嚣中静下来,用心去感受、发现每一个平常日子里的欢喜。

山东图书馆　王　慧

《南宋初期政治史研究》,[日]寺地遵著,刘静贞、李今芸译,复旦大学出版社 2016 年版。这部书是日本宋史研究的代表作品,历来被宋史学界认为是经典之作。在这部著作中,作者以绍兴和议(1142)为分界线,为读者勾画了南宋初期宋高宗、吕颐浩、赵鼎、李光及岳飞、张浚、刘光世、韩世忠等不同政治军事集团在政权巩固和宋金关系上所扮演的角色,同时又用了一大半篇幅还原了1142至1155年间秦桧专制体制下南宋的政治态势。通过这部书,读者或会改变对于宋高宗、岳飞、秦桧等政治人物的"片面认识",在"忠""奸"的历史表象和道德标准下,从"一定的历史阶段"理解传统中国政权体制内的权力冲突和抗争关系。

《书的历史》,[英]马丁·里昂斯著,龚橙译,中央广播电视大学出版社2017年版。对于书的历史,不得不承认的是近现代中国的"书籍"经历了"西化革命",洋装书在市场上几乎取代了中国传统装帧书籍,可中国人缺乏一部了解"洋装书"由来的通史,这部作品正是一部极好的入门读物。全书不过五章二十六万字的篇幅,却概括了自远古、古典时代、谷登堡时代、现代图书时代的基本情况,包括装帧形式、印刷形式、主流内容、图书馆、图书流通等各个环节,并且附有大量书影,相信就算对西方文化史少有涉猎的读者,读毕此书,也会对家中书房的"每一部书"的历史有更深的认识。

宁波市图书馆　陈英浩

《迷途的羔羊——中国托派沉浮录》,王永胜著,台北猎海人出版。这是作者采访温州在世托派老人和已故托派后人所获得的第一手资料写成的。书中有翔实的考证,披露了不少鲜为人知的史实。温州作为托派的重镇和桥头堡,温州人有责任和义务将这段历史记录下来,可是到目前为止缺乏或规避这方面的研究,这显然不符合马克思历史唯物主义,是历史虚无主义的表现。作者有勇气追寻历史的真相,将人间悲剧一一展示,使我们后人有机会触摸前辈为追求信仰充满艰辛与坎坷的心路历程,读后不禁让人唏嘘不已,故特为推荐。

温州市图书馆　潘猛补

《草房子》,曹文轩著,长江少年儿童出版社2015年4月第1版。第二届全国高校图书馆阅读推广案例大赛中北京大学图书馆的案例"遇见文字与声音之美——北大师生'共读一本书'"活动,选取的是作家曹文轩创作的长篇小说《草房子》,因为这个案例,我关注了这部作品。从中感受到:少年的成长过程中锤炼、善良、尊严、顽强……这一切的一切都散发着人性之美的光辉,不断地冲击着我的心灵。桑桑刻骨铭心,终生难忘的六年小学生活,一个老人在垂暮之年发出人性光彩,是爱!是油麻地人的淳朴,对她纯真的爱。因爱的变化也是她那颗感恩的心。关爱、纯朴、感恩书写了老人秦奶奶完美的最后一笔。整本书格调高雅,由始至终完全充满美感,闪耀着人性之美。

《中外图书馆阅读推广活动研究》,王波著,海洋出版社2017年11月第1版。阅读推广逐渐成为我国图书馆界的新兴业务、创新型业务,继而成为主流业务。本书系统地调研联合国关于阅读推广的整体规划,剖析了英国、美国、印度、中国台湾的阅读推广活动,对中国大陆的阅读推广活动也以分类的独特角度进行了扫描。本书弄清其活动内容、活动机制对我国的阅读推广活动具有极大的参考、借鉴作用。

中国矿业大学图书馆　都平平

《我懂你的知识焦虑》,罗振宇著,中国友谊出版公司2016年12月版。"每个人都被空间和时间这两堵大墙死死地压缩在肉身的牢笼里,唯一能够让我们越狱的就是知识。"罗振宇在书中着重介绍了《文明是副产品》《机械宇宙》《魔鬼经济学》等十几本书带给他的启示和思考。你稳定的社交圈子能有多大?这个数字和海湾战争的出兵动员有什么关系?小布什和奥巴马是用怎样的思维方式赢得大选的?书中都一一给出了睿智的解读。

温州市图书馆　章亦倩

《我明白你会来,所以我等》,沈从文著,江苏文艺出版社2015年11月版。读沈从文先生作品集,每每为先生笔下的情愫感动。先生的笔下，爱情就是平凡的相知与淡然的生活，娓娓道来的文字掩不住先生"舍你其谁"的坦诚韧劲。他以精致的语言，盛放了一个静谧的乡土世界。这本《我明白你会来，所以我等》收录了《边城》《萧萧》《龙朱》《三三》《贵生》《山鬼》《丈夫》《柏子》《月下小景》，有美好的爱情，也有无尽的等待，处处可见的，是先生质朴、自然的文字和真诚、洁白的心灵。

温州市图书馆　赵玉宇

《未有花时已是春》，琦君著，金城出版社2017年版。本书共收录了琦君具有代表性的六十二篇作品，囊括了她不同时期的佳作。从他年梦痕到青灯儿时，透露出琦君对人生百态的感悟。人生固然短暂，生活却是壮美的。生涯中的一花一木、一喜一悲都当以温存之心，细细体会。这是作家琦君宠辱不惊的人生态度，在她波澜不惊的语调中，流淌着一股温暖而恳切的感情；在她细致入微的笔触下，折叠着一份淡雅含蓄的韵味。

《苏东坡传》，林语堂著，湖南文艺出版社2012年1月第1版。东坡生性诙谐，乐观旷达，纵横儒释道，精通诗词书画，文章名天下，仕途历艰辛。令人敬叹的是他从未消极沉沦，而是秉着"竹杖芒鞋轻胜马，一蓑烟雨任平生"的豁达胸怀，终不改其乐观的天性。他的人生态度与处世哲学于人于世都有着深远的启迪意义。

温州市图书馆　何　泽

《青田街七巷六号》，亮轩著，广西师范大学出版社2013年第5版。青田街七巷六号是台北的一个地标，这是一座日本与西洋风格结合的庭院。作者从环境篇、屋宇篇、宠物篇等多个角度来讲述青田街七巷六号这座房子的构造以及六十年前居住于此的诸多生活片段。这里的一草一木，每个生灵，每个时节，都能勾起对父亲的思念，成为一段段化不开的历史情结。在这座房子里，有过"谈笑有鸿儒，往来无白丁"的场面，而时代的动荡、生活的落魄、亲人之间彼此的疏离和误解也给这一家子带来了痛苦。在这本书中，我们可以阅读到一栋屋子的历史,也可以亲历一个逝去的台北。

《永恒的时光之旅》,[日]星野道夫著,广西师范大学出版社2016年版。星野道夫是这样一位日本摄影家,他怀抱着对极地自然的向往,在二十岁便与阿拉斯加结下了不解之缘,此后的二十多年里,他一直用镜头探索人与自然的共存。本书前三章展现了阿拉斯加的野生动物、极北地区居民的生活和四季更迭的动人美景,后两章描写了作者对北极圈内爱斯基摩人和印第安人的古老神话以及狩猎民族起源的探索。书中极地的美丽风光与星野道夫的真诚平实的文字相结合,赋予了极地风光一种难以名状的素净,让读者仿佛走进他的镜头,跟着他一同生活在阿拉斯加。

温州市图书馆　曾书超

2018 年 1 月号,总 248 期

辑佚考订

谢灵运咏楠溪诗辨伪

朱则杰

　　家乡浙江永嘉有一个国家重点风景名胜区楠溪江，我老家的村子就在楠溪江畔。很多年来，在有关楠溪江风景名胜区的介绍文字中，经常会看到所谓中国山水诗鼻祖、曾官永嘉郡太守谢灵运描写楠溪江的两句诗："叠叠云岚烟树杪，湾湾流水夕阳中。"（"杪"或写作"榭"，"湾湾"或写作"弯弯"）有时甚至还印到书籍图册的封面或扉页上。但是，直感告诉我们，在谢灵运所处的晋宋之际，格律诗尚未萌芽，甚至七言句式都极其罕见，根本不可能写出如此格律谨严、对仗工整的七言诗句。事实上，现存谢灵运的诗集内，也确实没有这一联诗句。这就是说，这两句诗肯定是窜自别人的作品。

　　一个偶然的机会，笔者发现这两句诗的真正作者，其实是已故著名美学家宗白华先生。今人所编《宗白华全集》（安徽教育出版社1994年12月第一版）凡四卷（册），第一卷第一题《律诗四首》第一小题《游东山寺二首，有序》，第一首正文就是："振衣直上东山寺，万壑千岩静晚钟。叠叠云岚烟树杪，湾湾流水夕阳中。祠前双柏今犹碧，洞口蔷薇几度红。东晋风流应不远，深谈破敌有谁同？"（第1册第1～2页。据校记，尾联两句或作："一代风流云水渺，万方多难吊遗踪。"另可参见下文所述《我和诗》）据小序及有关校记等，此诗乃作于民国三年（1914）正月。当时作者还只是一个十八岁的中学生，到浙江上虞的亲戚家度寒假，往游当地名胜古迹、相传为东晋谢安隐居之所的东山，写下了《游东山寺二首》。大约十年之后，作者在《我和诗》一文中，又忆及此事，说"这是我第一次的写诗"，同时全文移录了这两首诗（第2册第152页）。

考证谢灵运的出生地正在上虞，当时为会稽郡的始宁，谢安是他的族曾祖。也许由于这里面的某种联系，人们遂把宗白华先生这两句原来描写上虞东山谢安遗迹的诗歌，当成了谢灵运描写永嘉楠溪江的作品，而辗转传抄，迄无休止，只是不知道这件事情的始作俑者究竟为谁。希望从今而后，家乡能够把这个著作权归还给宗白华先生。当然，如果说这两句诗歌借用来形容楠溪江也非常合适，那是另外一回事情。

2014 年 1 月号，总 200 期

谢灵运永嘉山水诗地名小考

潘猛补

一 西射堂

谢灵运在永嘉（即温州）任太守仅仅一年时间，而温州的青山绿水成就了他，他开创的山水诗大部分是在永嘉所写，温州因此也有山水诗摇篮之美誉。

谢灵运来到温州写的第一首山水诗是《晚出西射堂》。诗云：

步出西城门，遥望城西岑。
连鄣叠巘崿，青翠杳深沉。
晓霜枫叶丹，夕曛岚气阴。
节往戚不浅，感来念已深。
羁雌恋旧侣，迷鸟怀故林。
含情尚劳爱，如何离赏心。
抚镜华缁鬓，揽带缓促衿。
安排徒空言，幽独赖鸣琴。

诗中写到一天傍晚，诗人漫步从西射堂出来，走出鹿城西门，举目眺望对面的西山，层峦叠嶂，深青淡翠也笼罩在广漠无边的暮色之中，深不可测。清晨时曾经慰目的染霜红枫的景色，已不复可见，唯有斜阳照耀着山岚。自初秋的七月十六日去京，至此已有两三个月了。秋已去，冬将临，忧愁自然有增而无已，眼前看到这景，更勾起了诗人深沉的怀念。眼前那林木上羁宿的雌禽，似乎在诉说着对旧侣的怀恋。空中的归鸟,它一定是在寻找昔日的林巢。诗人不能忍受与知心的亲人友朋的离别。意兴阑珊,回到居所。他抹去铜镜上的积尘,见原来那乌黑的鬓边上已出现了白霜,先前合身的衣服也已显得宽松了。顾影自伤,所谓空虚寂寥的超人境界只是于事无补的空论,只有依赖那孤芳自赏的琴音。

诗虽题《晚出西射堂》,但描绘的是西山景色和诗人心情,与西射堂无关,只是从西射堂出发而已,并从诗中遥望西山的细节也明显得出西射堂非在西山的结论。可是历来注解此诗者,因西射堂与西山两者都有"西"字,故误将西射堂与西山挂上钩。李运富编注《谢灵运集》和顾绍柏《谢灵运集校注》皆认为西射堂在西山寺。其所据是宋乐史《太平寰宇记》卷九十九:"西射堂,在州西南二里,今基址不存。今西山寺是也。"诗题中的射堂,指的是中国古代士人掌握的六艺——礼、乐、射、御、书、数基本才能中练习射箭的地方。《晋书·成帝纪》:"帝常欲于后园作射堂,计用四十金,以劳费乃止。"射堂一般设在城内的后园中、学宫中、府署中,绝不会设在远在城外的山上。

那么谢康乐诗题的西射堂到底在哪里呢?据温州学术先驱、"元丰九先生"之首的周行己在描写其所居的《浮沚记》中记载:"僦室净光山之下,古西射堂之遗址。"净光山即松台山,可见西射堂应在松台山下附近。从西射堂出发,没几步就经过来福门,即可眺望西山,完全符合谢灵运诗中环境描写。光绪《永嘉县志》故云:"西射堂在州治西南二里净光山下,灵运建,暇则鸣琴其中。"黄群《浮沚集跋》亦云:"浮沚为永嘉城西南隅一小池,地近松台山麓,幽静可爱,先生之故居在焉。余少时里居读书,每过其地,即迟徊不能去。"浮沚也历尽沧桑,在晚清归温州首富林家所有。林薰,字丛兰,号浮沚,开浮沚钱庄,九一八事变,浮沚钱庄倒闭,浮沚亦荒芜。至1949年后,在遗址上建华侨住宅,近旧城改造,信河街拓宽,浮沚也变成马路了,西射堂和浮沚也都成了历史地名。

不过明清时期的西射堂我们还是可以寻找到它的遗迹。明末温州诗人何白有《白鹿社成,同诸子集谢康乐西射堂,酬社长龙君御先生,得行字》,诗有"池草寒未歇,园禽时变声",点明了雅集时间和地点:早春和梦草池。沈明臣《寄温州教授龙君善》也有"西射堂临梦草池"句,可见西射堂就在梦草池边。又光绪《永嘉县志》有"李琬于府署筑中山亭、西射堂,皆有记"的记载,史料证明明清的西射堂在府署,在梦草池边、中山旁,遗址位于今温州第六中学内。至于谢灵运的梦草池也有两说,因这已与本文无关,那只好等到下篇再谈了。

二 两个春草池

"池塘生春草,园柳变鸣禽",是谢灵运最著名的诗句之一,曾引起很多人的赞赏,甚至引出一些带有神秘性的传说。钟嵘《诗品》引《谢氏家录》说:"康乐每对惠连,辄得佳语。后在永嘉西堂,思诗竟日不就,寤寐间忽见惠连,即成'池塘生春草'。故尝云:'此语有神助,非我语也。'"(相似记载见《南史》卷十九《谢方明传》)这两句写久病之后开窗眺望,忽然发现池塘畔长起了嫩草,园中柳树上也换了鸟儿在歌唱,原来春天已经悄然来临!

据《诗品》与《南史》,谢诗所咏之处在西堂,并非"池上楼"。该诗有称《梦惠连》,有叫《春草吟》。由于《昭明文选》诗题《登池上楼》,从此"春草池"与"池上楼"就互存关联。"池上楼"应该是后人为纪念谢公临池以建,其池也因诗句"池塘生春草"而曰"春草池",又名"谢公池"或"灵池"了。池上楼何时建,已无从考证,春草池、池上楼在何处,也有不同说法。

要解决春草池、池上楼的地址,先要确定西堂在哪里。宋杨蟠《西堂》诗:"谢公何所忆,白日看云眠。忽梦惠连弟,遂得春草篇。"《广舆记》云:"西堂在旧郡治后,谢灵运于西堂赋诗竟日不就,忽梦弟惠连,遂得'池塘生春草'句。"结合谢灵运《读书斋》诗"春事时已歇,池塘旷幽寻",可见西堂即读书斋,斋边池塘即春草池。《明一统志》

云读书堂在旧郡治后。又弘治《温州府志》载:"梦草堂在今卫治后,即晋时府治之西堂,谢灵运梦弟惠连之处也。今指挥陈璠改建。"明高宾《重修梦草堂记》:"温州卫署之北有圃,方数十亩,匝其东北隅,环而为池,广几半于其圃,中植茭藕菱芡之属甚富,周以芙蕖,荫以高柳,馀圃以育蔬果,莳花竹,以供四时之娱……旧尝有梦草堂,作于宋……南北朝谢灵运为永嘉守……西堂之梦,春草之句,盖又章章于人者也。历世既远,西堂已非,好事者不忘其人,而思所以存之,此梦草堂之所由作也。"西堂即梦草堂,历来记载清楚。

至于旁边的"春草池"和"池上楼",据万历《温州府志》曰:"池上楼,在旧郡治丰暇堂北,今久已无存。或云在今城守备署中。"丰暇堂在旧郡治,即今城区东公廨。王光美《白鹿社成,诸君子集梦草池赋酬龙君善先生得扬字》:"斗酒眺倒景,相将憩西堂。岑光映兰薄,霜月流寒塘。鸣禽怀好音,宿草留馀芳。"明确描写了"池塘生春草,园柳变鸣禽"场景。屠隆为王光美《友声草》序有"同梦草于西堂"句。从东晋、刘宋始,旧温州官署的治所皆在原人民广场两侧一线方圆内。作为晋时郡治之居所就是谢灵运梦弟惠连之处,"在旧郡治丰暇堂北",即明代卫治后。另据实地考察,在东公廨的市实验中学校园内似可找到"春草池"的遗址,师生呼之"春草池"已久。这与上述的说法是吻合的。清郭钟岳《瓯江小记》云:"康乐登池上楼,梦惠连,得'池塘生春草'句,在今城守署地。后有一地长方约亩许,疑即谢公池。"推断正确。

另一说在积谷山。唐张又新《谢池》诗:"郡郭东南积谷山,谢公曾是此跻攀。今来唯有灵池月,犹尔婵娟一水间。"宋杨蟠《春草池》诗:"寂寂绿岩畔,相期无数人。不知康乐后,池草几回春。"绿岩即指谢客岩。宋乐史《太平寰宇记》:"积谷山,西北去州子城二里。"又云,"谢公池,在州西北三里。其池在积谷山东。谢公梦惠连,得诗于此。"其实积谷山在州东南,不得云西北;谢公池在积谷山之西,不得云山之东。《太平寰宇记》皆舛,顾绍柏《谢灵运集校注》误从。现存的池上楼为道光五年(1825)永嘉人张瑞溥自湖南粮储道辞官归里所建。据时任永嘉县学教谕的孙同元云:"十余年前,郡人张鉴湖观察瑞溥致仕回籍,曾乞蔡生甫先生之定书'池上楼'匾字,就东山书院之前购隙地十余亩,辟为亭馆,颜曰'如园',临池建楼三楹,即将蔡匾悬挂其中,以存谢公之旧。"可见今积谷山麓如园中的池上楼是张瑞溥的作品。虽是在唐宋的原址重修或改建,不失历史价值,但此地一直无园,与谢灵运"园柳变鸣禽"的诗句对不上号。

三 三座东山

谢灵运《郡东山望溟海》诗:"开春献初岁,白日出悠悠。荡志将愉乐,瞰海庶忘忧。策马步兰皋,继控息椒丘。采蕙遵大薄,搴若履长洲。白花皓阳林,紫蘤晔春流。非徒不弭忘,览物情弥遒。萱苏始无慰,寂寞终可求。"

顾绍柏《谢灵运集校注》从黄节《谢康乐诗注》将东山注为海坛山,引《太平寰宇记》卷九十九"东山,州子城西南四里。其山北临永嘉江,东接沧海。谢灵运游此望海"为证,并云:"参阅嘉靖《温州府志》卷二、光绪《永嘉县志》卷二。按《浙江通志》卷二十把海坛山、东山当成两山,不妥。"然考嘉靖《温州府志》卷二:"海坛山在郡治东。"又云,"华盖山在郡治东。"而光绪《永嘉县志》卷二更是明确云:"华盖山在县治正东,一名东山。城跨其上。"可见不妥的是顾注,而非《浙江通志》。其实,在郡城名东山的不是两座,而是三座。据弘治《温州府志》:"旧传华盖、积谷二山与海坛山相连,望气者以为太盛,凿断之。"可见三山相连实一山,谢灵运当时登临即是三山一体的东山。后一分为三。

祝穆《方舆胜览》卷九:"东山,在子城西南二里,一名海坛。"光绪《永嘉县志》:"海坛山,在县治东北,亦名东山,城跨其上。坐镇海门内外,最关郡治来龙。"当时海域离城不远,可"望溟海"。这是东山之一。

弘治《温州府志》："华盖山又名东山，在郡东偏，城附其上，周回九里。初，郭璞建城，望九山连亘如北斗状，此山居中，锁其斗口。灵运于此建亭赋诗《郡东山望溟海》。"唐张又新《华盖山》诗只说"见尽江城数百家"，宋杨蟠："七山如北斗，城锁几重重。斗口在何处，正当华盖峰。"北宋时期温州王开祖在此创办东山书院。这是东山之二。

光绪《永嘉县志》："积谷山在县治东南隅，城跨其上，山形圆正如高廪，故名。周行己于此建东山堂。"翁卷《题周氏东山堂》有"城隅古谢村，博士草堂存"、赵汝回《东山堂》有"谢守登临地，今为博士居"等句，可见与谢灵运有关。清雍正十年巡道芮复传移东山书院于积谷山麓，谢康乐祠亦迁焉。故积谷山又名东山，山旁有衍生的春草池、池上楼等遗迹。这是东山之三。

至于有学者认为：温州城外的港口，当在温州城东北东山下之瓯江边。《太平寰宇记》卷九九温州永嘉县"东山"条："子城西（东）南四里，其山北临永嘉江，东接沧海。"并据谢灵运《东山望海》句，而得出"则知东山临近瓯江海口，山下江中有长洲。则知此东山必为今之杨府山，山下长洲当即今已并岸的蒲洲（上、中、下蒲洲一带）。换言之，今杨府山之东北，在古时当有水道下通，是瓯江的分枝水道"。这结论不能成立。因为《太平寰宇记》同卷又有"瞿屿山，在州西北二十六里，太守颜延年在郡，于山创亭"的记载，瞿屿山即今之杨府山，在温州城区东。现存温州方志皆谓在永嘉"城东二十里"。《太平寰宇记》既然在记载东山的同时，又记载瞿屿山，说明杨府山非东山甚明。所谓东山是杨府山，缺乏文献的支撑，当属臆想推测，不值一驳。

四　南亭北亭都是离亭

离亭是古代建于离城稍远的道旁供人歇息的亭子，古人往往于此送别。南朝陈阴铿《江津送刘光禄不及》诗："泊处空余鸟，离亭已散人。"描写江边送朋友,船已远去,目送行舟的场景。

谢灵运也有《游南亭》诗:"时竟夕澄霁,云归日西驰。密林含余清,远峰隐半规。久痗昏垫苦,旅馆眺郊岐。泽兰渐被径,芙蓉始发池。未观青春好,已睹朱明移。戚戚感物叹,星星白发垂。药饵情所止,衰疾忽在斯。逝将候秋水,息景偃旧崖。我志谁与亮,赏心唯良知。"《方舆胜览》:"在城南一里许,亦谢公游处。"谢灵运南游仙岩、帆游、平阳等地,势必经此。康熙时朱彝尊《南亭》诗:"薄云雨初霁,返照南亭夕。如逢秋水生,我亦西归客。"可知当时遗迹尚在,现在已不能确指,或在南塘茶院寺一带。

谢灵运又有《北亭与吏民别》诗:"晚末牵余荣,憩泊瓯海滨。时易速还周,德乏勤济振。眷言徒矜伤,靡术谢经纶。矧乃卧沉疴,针石苦微身。行久怀邱窟,景昃感秋旻。旻秋有归棹,昃景无淹津。前期眇已往,后会邈无因。贫者缺所赠,风寒护尔身。"由于在任匆匆地一年过去,任职期间,无德振济穷苦的百姓。虽然对百姓有顾恋的哀怜,但没有治理的好办法,真是对不起永嘉的百姓。况且自己又有重疾染身,刺针吃药,受到病魔的种种折磨。站在归途的船只上,以日影的长短计算着潮汐的时间。趁着潮水上涨的时候,顺水行舟,轻驶向前。迎着秋凉飒飒的江风,伴随着忧伤愁苦的心情,离开了永嘉。与《北亭与吏民别》相呼应,《初去郡》一诗也表明归途的船只,在弯曲的青田大溪中行驶,沿着江中小洲和两岸的郊野,又是一路登山临水。空旷的郊野,弯曲的沙岸伸向远方。

戴枢《江山胜概楼记》云:"谢康乐守永嘉,垂七百年,郡人始即城北门为楼,以康乐泛中川,涉孤屿,历览倦乎江壖,因取北亭叙别之诗,借楼以表之。"可见北亭在城北门附近。《方舆胜览》记载北亭"在州东北五里,谢灵运秩满与民叙别于此",就是铁证。

遗憾的是清水埠楠江东路1991年建的康乐楼的碑文,把清水埠此处当成谢灵运离任温州留吟《北亭与吏民别》的北亭。《太平寰宇记》已明确记载"北亭在州北五里,枕永嘉江",永嘉江是瓯江的别称,不是永嘉县楠溪江。再据谢《归途赋》"发青田之枉渚",他的回家线路是瓯江坐船上溯到青田,不可能渡江到清水埠。即使强说谢归途走永嘉古道,但千里送君终有一别,相送的百姓和官吏也只会在鹿城江边的北亭告别,谢灵运站在船尾满怀伤感地向官吏百姓挥手示意,这是多么动人的场景;如果相送的百姓和官吏浩浩荡荡与谢灵运一起渡江到清水埠,上岸后再来个相送,这种"倒行逆施"行为,不仅不合情理,而且场面大煞风景。当然我们不排除谢灵运曾在清水埠码头附近留下行踪,但其离别永嘉吏民时的北亭,绝对与清水埠无关,如穿凿附会强将北亭抢去立在瓯北,只是徒添麻烦,贻笑后世。

五　两座石室山　不得混为一

谢灵运《石室山》:"清旦索幽异,放舟越坰郊。莓莓兰渚急,藐藐苔岭高。石室冠林陬,飞泉发山椒。虚泛径千载,峥嵘非一朝。乡村绝闻见,樵苏限风霄。微戎无远览,总笄羡升乔。灵域久韬隐,如与心赏交。合欢不容言,摘芳弄寒条。"石室山,黄节《谢康乐诗注》据谢灵运《山居赋》"室、壁带溪,曾、孤临江"句,自注所说"室,石室,在小江口南岸",以为是在小江口即今上虞小舜江入曹娥江口南岸。顾绍柏《谢灵运集校注》认为,揣摩诗意,似指永嘉郡的石室山。诗云"放舟越坰郊",显然是指从郡城出发,越过郊野;倘是从故乡始宁东山出游,"越坰郊"便无从说起。诗又云"石室冠林陬",突出一个"冠"字,正是写出了永嘉石室山的状貌。并引《太平寰宇记》卷九九为证:"石室山,《名山志》云:楠溪入一百三十里,有石室,北对清泉,高七丈,广十三丈,深六十步,可坐千人。状如龟背,石色黄白。扣之,声如鼓。沿山石壁高十二丈,古老传云,是石室步廊。"定石室山即永嘉大若岩。

顾说依据诗意认为黄说不能成立,无疑是正确的,但石室山即大若岩说,不能成立。石室到处有,名石室山者却不多。温州有两,不得混为一。据光绪《永嘉县志》卷二:"石室山在城东七十里。上有石夫人及古碑,在天柱寺后,其巅有瀑百丈许。旧云黄帝时八水之一,大旱不竭。"下引谢灵运《石室山》诗为证。此条孙诒让按:"此石室山在城东之永场,与西北大若岩之石室山为两处。旧志引《寰宇记》云云,今改入大若岩之下。"又在《永嘉县志》卷三十八《辨误》中再次指出:"石室山,旧志引嘉靖志,在城东七十里,又引《寰宇记》:'石室山,南溪入一百二十里,有石室,可坐千人'。案:石室山在永嘉场。《寰宇记》所称,宜移入大若岩下,在城西北一百二十里,亦名石室山,不得混而为一。旧志误,汤志亦误。"孙诒让认为谢灵运《石室山》诗中石室山在大罗山天柱寺后。"石室冠林陬",即指陶仁洞、卧云洞;"飞泉发山椒"即指美人瀑、五折瀑。周遭环境与谢诗十分吻合。

孙诒让的说法得到刘景晨的认可,故后来刘景晨在编撰《大若岩志》时,并未录载谢诗。宋林一龙《大若岩记》云:"大若岩者,即石室也。在永嘉郡南溪小源。从郡北江口入,溯流而上,山盘水折,凡一百五十里。有洞状卷螺,岈立千尺,深窈虚廓。梁陶弘景尝集《真诰》于此,所谓石室也。"亦不及谢诗。谢灵运《登永嘉绿嶂山》云:"裹粮杖轻策,怀迟上幽室。行源径转远,距陆情未毕。"谢灵运游今天永嘉上塘附近的绿嶂山就要"裹粮杖轻策",稍往楠溪江腹地深入,便是"行源径转远",这与《石室山》诗"放舟越坰郊"的轻松闲适可谓迥然有别。特别要指出的是明《岐海琐谈》引宋曹叔远《永嘉谱》所录谢灵运诗,此题作《泉山》,泉山即大罗山,故更可证此石室山指大罗山,可见此石室山非彼石室山,切不可混为一谈。

2016 年 8 月号,总 231 期至 2016 年 12 月号,总 235 期

曹豳"号东畎"辨正

陈增杰

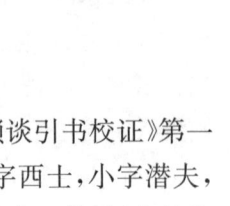

《温州历史文献集刊》第三辑载黄君平《岐海琐谈引书校证》第一五〇则云:"点校本'东圳'为'东甽'之误。曹豳,字西士,小字潜夫,号东畎,旧亦作'东甽'。今据1952年出土《曹豳墓志》,其号'东畎先生',旧作'东甽'者,应是传写之误。"(南京大学出版社2013年版,第189页)今按:举正《岐海琐谈》点校本"东圳"为"东甽"之误,诚是。然谓"其号'东畎先生',旧作'东甽'者,应是传写之误",则以误为正,出于武断。

曹豳(1170—1249),字西士,一字潜夫,号东畎,瑞安来暮乡曹村(今曹村镇)人。据1952年瑞安曹村出土曹豳之子曹怡老撰《宋故通议大夫宝章阁待制永嘉县开国伯食邑七百户赠宣奉大夫曹豳墓志》:"曹公讳豳,字西士,一字潜夫,世居温之瑞安许峰,人称曰东畎先生。"(见周梦江《南宋曹豳墓志》,《文史》第三十辑,第136页)不知黄文引《曹豳墓志》作"其号东畎先生",何据?

曹豳《瓜庐诗集跋》文末署"淳祐丙午夏五东畎老人曹豳题"(见清顾修读画斋重刻《南宋群贤小集》第十九册薛师石《瓜庐诗集》卷首),是为明证。宋刘植有《喜曹东畎迁大理寺簿》(见宋陈起《江湖后集》卷十四)诗,宋黄昇《花庵词选》续集卷九小传"曹西士,名豳,号东畎"(四库全书本),元盛如梓《庶斋老学丛谈》卷中下云"曹东畎赴省",亦皆可证。其余如《宋诗拾遗》卷二一、《东瓯诗集》卷四、弘治《温州府志》卷十一小传并同,不赘。

东畎亦作"东甽","畎""甽"异体同字。宋武衍《藏拙馀稿》有《谢曹东甽跋吟卷》(宋陈起编《江湖小集》卷九四)诗,宋刘克庄《后村大全集》卷九八《曹东畎集序》称"故待制文恭东畎曹公"(四部丛刊初编本),《宋诗纪事》卷五九"豳字西士,号东畎",均可证。

他书或作"东畂(亩)"或"东畖、东畹"(皆"畎"之异体)者,并传写之误。如宋陈世崇《随隐漫录》卷五"宋坦斋谓曹东畖曰"(涵芬楼《宋人小说》本)、元韦居安《梅磵诗话》卷下"东畂曹西士豳"(中华书局《历代诗话续编》1983年版,中册,581页)、明杨慎《升菴集》卷六一《薛沂叔守岁词》"曹东畂、刘后村饶为之'那'"(四库全书本)、清朱彝尊《词综》卷十六"曹豳,字西士,号东畂"(中华书局1975年影印康熙裘抒楼刊本);王士禛《带经堂诗话》卷二《评驳类》"曹东畂论诗曰"(人民文学出版社1982年版,上册,61页)、《历代诗馀》卷一一八引《词筌》"又小说载曹东畂赴试"(四库全书本),俱以讹传讹,失于辨察。"畎"与"畂",音义均不同。《广韵》:畎,姑泫切;畂,莫厚切。《国语·周语下》:"或在畎畂。"韦昭注:"下曰畎,高曰畂。畂,垄也。"

2016年4月11日
2016年7月号,总230期

汤显祖"林下一人"匾题款辨疑

陈国忠

明代著名文学家、戏剧家汤显祖，江西临川人，少年时就颇有文名，因不附权贵屡屡落第，直至三十三岁才中进士。后又因上书揭露时弊，于明万历二十一年从南京被贬至浙江遂昌任知县。汤显祖在遂昌任职五年（1593—1598），勤政爱民，兴教办学，劝农耕作，灭虎除害，政绩显著。

遂昌是汤显祖的第二故乡，县城里建有汤显祖纪念馆。纪念馆位于遂昌县城北街四弄，面积九百平方米，由前院、馆舍、后园三部分组成，环境优美，古朴雅致。馆内陈列内容丰富，格调高雅，集中介绍汤显祖生平、在遂昌政绩，以及汤显祖的艺术创作成就。

汤显祖纪念馆二进院中堂上方悬挂有汤显祖所题木匾一块，内容为"林下一人"，匾之左侧上部写有"月洞先生题"，落款"临川汤显祖"，下钤汤显祖之印。关于这块牌匾，有些游客看得云里雾里，主要是看不懂"林下一人"匾的款识。有人认为既然写有"月洞先生题"，就表明"月洞"其人就是题写人，但题写人怎么会自称先生呢？而且这行字是顶格，题写人也不会把自己的名号顶格书写。最后又有一行字"临川汤显祖"加钤印。这种题写落款的格式，让人感到莫名其妙，摸不着头脑。

关于这块牌匾，我通过搜索整理相关资料，发表一下个人浅见。

首先我们来了解一下"林下一人"何意。"林下一人"取意于唐代容州刺史韦丹寄诗僧灵澈诗表示退隐之意，灵澈作诗酬答："年老心闲无外事，麻衣草座亦容身。相逢尽道休官好，林下何曾见一人？"对韦丹的决心表示怀疑。"相逢尽道休官好，林下何曾见一人"的意思是,彼此见面都说辞去官职最好,可是山林田野未曾见到一个退下来的人,指官场的人不愿做官是假,贪图权势是真。在这里,"林下何曾见一人"显然是一句带有嘲讽意味的诗句,汤显祖却巧妙借此以"林下一人"四字褒奖月洞先生。

这位月洞先生究竟何人?查百度可知:月洞先生者,王镒也。王镒,南宋诗人,字介翁,号月洞,处州平昌县(今浙江省遂昌县湖山镇)人。宋末授金溪(今江西抚州市)县尉。宋亡,遁迹为道士,隐居湖山,与同时宋遗民尹绿坡等人结社唱酬,命其所居"日月洞",人称"月洞先生"。遗著由其族孙养端于明嘉靖三十七年(1558)刊为《月洞吟》一卷。汤显祖在任遂昌知县期间,曾为诗集作序称:"宋月洞先生诗殆宛然出晚人之手,宋之季犹唐之季也。"汤显祖敬佩月洞先生的为人及诗品,为之题词"林下一人",称赞他在宋室板荡、神州陆沉之际,避世归隐。遍观历朝历代,在任之地方官为所辖境内前贤题词褒扬的比比皆是。由此可见,此匾题写人系汤显祖无疑,被褒奖者就是这位本土前贤月洞先生了,以"林下一人"褒奖他实在是再恰当不过了,这其实也是汤显祖个人志趣操守的真实写照。

了解了"林下一人"的来历以及"月洞先生"的行状后,回过头再来探究这块落款奇特的牌匾。综上所述,我认为,在"月洞先生题"前面应该有一"为"字,即"为月洞先生题","为××题""××属题"是中国书法题款中惯用常见之格式。反之,从无"××题"这种格式,除非××就是题词人。

据了解,汤显祖此匾题于明万历二十六年(1598)三月,即汤显祖弃官归里前夕,迄今四百多年。20世纪50年代初,匾额仍悬挂于城内王氏宗祠,后在改建遂昌剧院时取下,不知下落,估计已毁于"文革""破四旧"。现存汤显祖纪念馆的为仿制品,此匾应为后人依原匾的拓本仿制,如原匾尚存,则无需仿制直接悬挂即可。在依拓本仿制时,拓本上的"为"字应该就已漫灭不存了,或者当年依原匾传拓时,"为"字已腐蚀脱落了也未可知,所以才以讹传讹,出现"月洞先生题"加"临川汤显祖"这种让人费解的落款格式。期待某一天原匾重见天日,让我们一睹汤公笔墨神韵的同时,也解开心中的谜团。

2019 年 9 月号,总 268 期

曾经有座回鹘山

沈洪保

当今生活在鹿城的人,你问他们鹿城有些什么山,他们一定会不假思索地报出松台山、郭公山、海坛山、华盖山、积谷山、杨府山,等等。而问他们回鹘山,大家一定都会摇头:没听说,不知道。

在鹿城有没有回鹘山呢?有。光绪《永嘉县志》卷之二舆地志二:"回鹘山,在城西一里,瓯江径其下,上有回鹘亭,即揖峰亭。明郡守龚秉德建。"这里写得很明白,回鹘山在城西一里,瓯江流过其山下,我们估计此山大约在郭公

⊙《林骏日记》封面

山过去不远的瓯江边上。山上有一座揖峰亭,明朝知府龚秉德所建。龚秉德,字性之,山东濮州人,进士,明嘉靖三十年(1551)任温州知府。看来在很久很久之前,回鹘山就已经是鹿城的名胜之处了。不知何年何月,回鹘山被愚公的孙子的孙子移平,在现代鹿城人的脑子中,早已消失得无踪无影了。连1978年出版的《温州市鹿城区地名志》卷六地理实体"山"中也已经没有收录"回鹘山"了。

回鹘山上的景物是怎样的呢?近读《林骏日记》中的一则,可以了解一个大概。林骏(1862—1909),字宝熙,号笴云。瑞安城关人。他留下《颇宜茨室日记》(标点本改称《林骏日记》,中华书局2018年2月版)。其中有这么一则:

光绪二十三年七月二十日,晴。

巳刻,偕郑一山兄出双门,上回鹘山,登揖峰亭,亭址广拓一二丈,奇石四围,峭青嵌碧,绕阶细草,一带芊绵,中多名人楹帖。楚蕲李士彬刺史集句云:"百川气势若豪俊,诸峰罗列似儿孙。"长洲彭祖润太史集成语云:"一览众山小,濯足万里流。"余联不能备录。亭侧有楼,榜曰寄楼,前岁余济臣刺史驻瓯职司榷务,捐俸创建,亭亦其重整也。楹敞三间,高约数仞,明窗四面,孤屿双塔之影,仿佛在虚檐间。孙太仆琴西先生题其额曰塔景山房。济臣自撰长联悬之于壁,有云:"良辰尽为官忙,只扰攘蜗角微名,蝇头末利;此地原非我有,权领取鹿城山色,蜃海潮声。"长洲彭君祖润赠以七言楹语,有"聊学米颠来拜石,每怀康乐此登楼"之句。又有碑记列亭左侧,并《赠寄尘》诗镌之于版,都属太仆笔墨。雕栏屈曲,云气往来,时则海雨随风吹过,疏敲桐叶,丁丁作响。余偕郑君一山,踞坐石上,闭目少息,顿觉万虑俱消。盘桓半日,心乐未免忘返。未刻,雨霁,进城,缓步回寓。默录题壁诗文,又作《登揖峰亭》五律一首,《题寄楼》一绝句。宵初,月明如昼,汲水就浴,至四鼓始睡。

我想把上面这则日记解读一下。林骏家里贫寒,省里"秋试"本是不想去参加的,因为路费也成问题。但在大家的鼓动下,最后还是决定到杭州参加。明清科举考试制度,每三年的秋季,在各省省城举行乡试,中试者为举人。"武林之行"第一站是先坐小船到鹿城,他住乘凉桥边的来升客栈。当时温州到杭州的海路是乘海轮先到上海,再从上海坐内河船到杭州。他要停留鹿城等待轮船,所以有空闲的时间。于是约同行的朋友郑一山去游览鹿城的风景。双门,即朔门。《温州市鹿城区地名志》卷二"朔门,俗称双门"。卷七:"拱辰门,后称望江门,惯称朔门、双门或北门……有两重城门(一正一侧),朔门惯称双门。"日记中写到回鹘山。回鹘山在哪里?我请教过几位文史专家,都说不知道,后来有人说是在西郭老街那个同仁堂药店北边的瓯江边上,现在没有了。当然山上的"揖峰亭"也消失了,原来亭上有李士彬、彭祖润等名人的亭联。李士彬,字百之,1885年任温州知府。他的亭联是集句联。上联取杜牧《大雨行》"百川气势若豪俊,坤关密锁愁开张"二句,意思是暴雨猛降,江河显示豪迈的气势,紧关密锁,深为雨势的蔓延而发愁。下联取杜甫《望岳三首》其二"西岳崚嶒竦处尊,诸峰罗立如儿孙"二句,意思是:西岳高耸似一位德高望重的老人,群峰在其周围则像他的儿孙。此集句联似想表达亭中能见到奔腾的江流与巍峨的山峰。彭祖润,字岱霖。历官浙江候补道。他的亭联也是集句联。用杜甫《望岳》"会当凌绝顶,一览众山小"与左思《咏史》"振衣千仞岗,濯足万里流"。彭的联语表达了坚定豪迈的气概与清高自适的精神。孙太仆琴西,即孙衣言,是近代大儒孙诒让的父亲。日记说揖峰亭旁有楼,名"寄楼",是余济臣捐俸创建。余济臣,陕西安塞人,在温州管商品专营专卖。他为寄楼撰了长联:"良辰尽为官忙,只扰攘蜗角微名,蝇头末利;此地原非我有,权领取鹿城山色,蜃海潮声。"上联说美好时光都在为官事忙。"蜗角微名,蝇头末利"比喻微小而没有作用的名声和非常微小的利润。这里是化用宋苏轼《满庭芳》:"蜗角虚名,蝇头微利,算来著甚干忙。"下联说鹿城并非我的故土,只是暂时领略鹿城美好的山色与欣赏蜃楼景物、江海潮声。寄楼又有彭祖润七言联语:"聊学米颠来拜石,每怀康乐此登楼。"上联说学习书画家米芾拜石,下联说怀念山水诗人谢灵运登楼赏景。还有列亭左侧的《碑记》及《赠寄尘》惜未抄录。他自己的诗一首五律《登揖峰亭》和一绝句《题寄楼》也未留下。

从林骏日记,可以证明一百年前回鹘山还是存在的,它的消失大约是这几十年中的事。

这则游览鹿城名胜回鹘山的日记,给我们后人留下了一段难得的掌故,也可唤起我们后人许多美丽的想象空间,实在是一则值得细细品味的记述。

2018年9月号,总256期

禅街？蝉街？

夏新天

蝉街是温州古城两横两纵主干道之一，历史悠久。2018年启动的蝉街改造，营造了一种民国风貌，于市容市貌来说，当是一件好事。但街道的两端，兀然竖起新街名"禅街"，让人如鲠在喉，不吐不快。

有温州报纸称，蝉街清代为"禅街"，民国更名为"中山西路"，新中国成立后恢复原名为"禅街"，后因方言谐音将禅寺的"禅"改为虫字旁的"蝉"字，"文革"中改名为"红卫中路"，1981年恢复为"蝉街"。鹿城区历史街区文化建档小组也称要借此次改造提升的机会把"蝉"改回"禅"，以承载温州历史的人文孑遗。

史实果真如此吗？非也！晚清其实就有蝉街的叫法，民国一直叫蝉街（中山路仅出现于部分书面语），新中国成立后延续前称，也叫蝉街，未称过"禅街"。

据叶大兵先生的《温州竹枝词》，同治举人胡珏作有《端阳竞渡竹枝词》十首，其中第三首曰《才见蝉街锦绣团》，可见晚清是有"蝉街"称呼的。

观钟翀先生编的《温州古旧地图集》，有详尽街道标注的温州城区图共十一幅。一幅标为"前街"，为最早的乾隆《永嘉县志》附图；两幅标为"禅街"，为光绪《永嘉县志》附图和"瓯海关报关单"附图；其余八幅为民国地图，均标为"蝉街"。

据温州学者潘猛补先生考证，蝉街在明朝叫"前街"，因位于兵备道衙门（现温州第八中学一带）之前而得名。我认为这是最合理的解释，可类比府前街、道前、县前头等温州地名。乾隆《县志》附图的标注，说明到清中叶，这里还称"前街"（温州方言中，前、蝉、禅同音）。

至于"禅街",仅见清末两图,我认为应为谐音所致,并非因邻近佛教寺庙。有学者称,是因邻近净居尼院或净光寺,故得名"禅"。据弘治《温州府志》卷十六载:净居尼院,在城内雁池坊,南齐永明六年(488)建。雁池是蝉街南侧的一大片水域,雁池坊是雁池南岸到小高桥的一片坊巷,以位于雁池坊的寺庙去命名位于甘泉坊的蝉街,太过牵强。同理,松台山东麓的净光寺其实位于八角井区域,并不属蝉街范畴,所以也几乎不可能越过信河街、信河去命名大赍桥以东的蝉街。而且,以我所知,温州的老地名,如与寺庙有关,必点出具体寺庙,如岑山寺巷、普觉寺巷、大雄寺巷等,永嘉场还有寺前街,难道就这个地方会取如此抽象隐晦的地名?

至于"蝉街",就算从民国开始称"蝉街",到2018年,除曾于民国时并用中山西路、"文革"中曾短暂改为红卫西路外,应该也已叫了上百年,有着高度的社会认同感。而且笔者少时曾听老辈人讲过"蝉街"来历的民间传说,和百里坊一样,也与朱元璋攻打温州有关。当然,民间传说不能作为考证依据。如何变"前"为"蝉"或变"禅"为"蝉",目前尚不得知,但必有一定理由。

所以,由于温州地名往往有音无字,造成一个地方不同字来表述。现在若要重新确定蝉街的名称,我认为最准确的应该为"前街",最经得起推敲;"蝉街"亦可,毕竟叫了上百年,无丝毫违和感,而且没有更改的行政成本;唯独不应该叫"禅街",因到目前为止,并无支持的依据。

2020 年 10 月号,总 281 期

景山公园地名小识

王长明

锦山、景山与西山

景山森林公园为温州城西健身游憩的好去处。景山公园原称锦山公园，取锦绣山河之意。其历史可以上溯至1959年建立的西山森林公园，至1964年设温州市园林管理处锦山苗圃，始有锦山之名，1971年改为锦山农场。1981年在此设景山宾馆，始有景山之名。1984年始设锦山公园。至2001年，定名景山公园，其辖区东邻将军桥村，西接渚浦岭，北连上下桥村与瓯浦垟村，南临净水村、西堡村。

在漫长的历史进程中，今景山森林公园最通用的名字是西山。东晋谢灵运诗云"步出西城门，遥望城西岑"，南宋叶适诗云"对面吴桥港，西山第一家"，其中"城西岑"（小而高的山称为岑）、"西山"即指今景山森林公园诸山。清光绪《永嘉县志》载："西山，在城西五里，一名瓯浦山，又名金丹山，连峰叠巘，青葱秀丽，如列画屏……有翔云峰即护国山、茗瓯峰、紫芝峰、慈云峰、筀竹峰、瑞鹿峰，又爱泉、鉴泉、玉乳泉、饮鹤泉、虎跑泉、白泉……旧时精蓝名刹一十八区，峰十有二。"明、清其他各版本《温州府志》《永嘉县志》都有与此大致相同的记载。这些史料都证明"西山"是温州城西十二座山峰的统称，从其将西山与瓯浦岭、旸岙山等作为同级条目并列，再结合西山有白泉古井（此井在今西山路白泉社区院内）、云霞岙（今雪山饭店一带）等重要节点来看，明清温州地方志中的"西山"涵盖了今景山公园的绝大部分地域。

雪山寺与紫霄观

西山诸峰中有一座称为雪山,因寒冬北风劲吹,白雪皑皑,遮山盖岭,犹如卧雪,故名。此山北麓有一著名道观称雪山紫霄观,从元泰定元年(1324)始创,至今已有近七百年历史,民间将观、寺混淆,故俗称其雪山寺。民国《永嘉县城南部地形图》(1922年测绘,1928年制版)及中华人民共和国成立后的地图均以"雪山寺"标称。1955年,雪山紫霄道观被征用为温州市人民政府招待所,后改名为雪山饭店。温州人所称"雪山"一般就是指今雪山饭店南侧、广化南路雪山隧道南口这座山,当然也有人将"雪山"理解为西山诸峰的另一个统称。紫霄道观于1991年在原址东南侧净水谷异地重建,今雪山饭店内仍保存有紫霄观的遗迹。

据1999年所立《紫霄观碑记》,1942年8月,紫霄观高祥道长与其他十一位道长,为解救一位受伤的抗日青年与日寇展开英勇搏斗,最后全部壮烈牺牲。据《天风阁学词日记》,1946年9月29日,夏承焘、梅冷生、吴鹭山等学者同游西山,过雪山紫霄观啜面,一老道谓永嘉二次陷寇时(即1942年7至8月温州第二次沦陷期间),观中殉难者七人,此老道匿菜圃得免。根据温州市档案馆馆藏档案,1945年6月5日,浙江省第八区专署情报组组长黄仲汉在给第八区行政督察专员兼保安司令公署的情报中写道:"雪山寺关着我无辜同胞与工作同志二百余人,均系敌在路上或市上误指为我方谍探拉出去的,关在那寺。三日不给一食,把守卫敌兵云:要这批中国谍探活活饿死,守卫的敌兵十二人,有一个兵长指管,有轻机枪一架、步枪八枝。"

营盘山与莲花心

从广义上讲,营盘山是西山的另一个名字。近代日、美等国编绘的温州地图常在今景山公园一带只标注"营盘山"一个名称。光绪

《永嘉县志》"西山"条目记载:"元末盗起,建营寨于此。国朝康熙十四年闽逆来寇及王师征讨,俱屯兵于此,今营垒遗址犹存。"这应为营盘山得名之渊源。这里所谓"闽逆来寇及王师征讨"指的是福建的靖南王耿精忠响应吴三桂叛清,其部将曾养性、吴长春等占据温州城,次年清廷派宁海将军、贝子傅喇塔率部进剿,所部驻温州西山,清军在此每日以大炮轰城,后与叛军在西山周边发生惨烈战斗,叛军被斩首两万余。此战首尾三年,以清军克复温州而告终。

营盘即军营,营盘山一名非常直接地反映了西山的重要军事价值。旧志云西山"诸峰逼近郡城,登高瞰下,了如指掌",故而不但是登高览胜的绝佳去处,更是历来兵家必争之地。这里的另外一个地名"莲花心"虽看不出任何的军事意味,却和温州最大的一场抗日战斗联系在一起。综合各类史料,1944年的莲花心战斗堪称温州抗战史上持续时间最长(二十余天,9月11日至10月2日)、投入兵力最多(最多时约六千人,两个团加两个突击营)、伤亡最惨(伤亡约两千人)的一仗。1944年《第三十二集团军丽温战役战斗详报》指出:莲花心居戴宅尖之尾关,屹立于永嘉(温州)西门外,瞰制整个战场,为永嘉攻防战所必争之地。

对于莲花心的得名来历和具体的位置,今人多谓今景山公园山岭众多形如莲花,位于其中部、尖削突出的山峰(温州动物园东侧其巅建有杨府庙者)恰似莲花的花心。而果真如此,那就不能叫莲花心,而应当叫莲花尖,因为花心应当是凹于众花瓣之中才对。温州各地因山顶尖削突出而叫"某某尖"者极为常见,如戴宅尖、泥(毪)师尖、胜美尖、李王尖等等。对此,原莲花心村村民蔡宝祥在回忆中写道:莲花心村是位于温州市西南面的一块盆地,盆地四周的山峰如卷起的莲花瓣,正中间一块平坦的高地正如莲花的花心,该村由此得名。实地考察莲花心村旧地即今温州动物园,发现动物园周边峰峦环绕,在其中心位置的确有一块小高地比其西、南两侧地面高出二十余米。可见,蔡宝祥的说法更可信。而且,"莲花心"首先应当是村名(指位于状如莲花心地形中的村落),然后才是山名(指莲花心村周边的山),广义上可指今景山公园诸山。

这里还要特别说明,民国《永嘉县城南部地形图》将莲花心标于今动物园北门外的桃花园东北侧的山体上(此处又名北垮山)。同时把杨府庙所在山头,即今人通常所谓狭义的莲花心山标为营盘山,又将西山标示今温州植物园内。并且,温州历次抗日战斗详报及所附经过要图都是将莲花心、西山、营盘山作为三个邻近又相对独立的地理实体来对待。如"该师第一团……一鼓攻占营盘山、莲花心,敌退守西山顽抗(1942年《丽青温战役详报》)","黄团主力本黄昏向营盘山南移,与李部攻击莲花心、西山","龙部攻西山……罗师徐团攻营盘山,陈团攻外莲花心(1944年《丽温战役详报》)"。这种民国官方、军方的习惯与民间沿袭至今的习惯(即广义上这三个地名的外延基本相同,大致涵盖今景山公园诸山岭)截然不同。譬如今景山公园周边村落中仍有内营盘山、外营盘山,内莲花心与外莲花心的称谓。在高龄村民们的心目中,这两对地名的含义是相同的。

总揽上述各地名,以"西山"历史最为悠远,雪山、营盘山、莲花心亦底蕴厚重,唯"锦山""景山"显得突兀,似有硬植入之嫌。地名承载着宝贵而丰富的历史文化信息,其命名、更改应当尊重历史传统,顺应民间习惯,不可生造,不可草率,否则引起指称识别紊乱,给公众生产生活带来不便,甚至有损文化传承延续,让乡愁文脉失去寄托凭借。

2018年12月号,总259期

景山上的那一排墓

吴旭东

2017年4月4日，清明节，上午，我和一班人前往景山公园，瞻仰几十年前安眠于此的外国修女。这些年，我曾多次来到这里，但只有这个清明节，我最有感触。

平时的景山安安静静，到了双休假日，一下子就热闹起来。特别是阳春三月踏青时节，这里游人如织，车水马龙。然而人们都不知道，快到动物园的那段新修的挡土墙上面，有五座修复不久的修女坟。这里是一扇慈善之窗、中外交流之一角，可以让人了解一个世纪前的那些感人故事。

埋在这里的，有温州三医的创办者类思修女和继任玛丽修女，有接管重建育婴堂的方浪沙修女，这三个人和很多温州老人有关，也和很多年轻人有关，因为三医的产科是很有名的，我女儿就是在那里出生的。

坟前，摆放着一个个小花盆，寄托着非亲非故者的哀思。修女是没有后代的，她们的亲人远在法国，也不可能来看她们。

一百多年前，一位叫冯烈鸿的法国神父来到温州。1906年他借回国探亲之机，向巴黎遣使会总会长提议在温创办一所医院，取得会长同意和支持后，冯神父找"仁爱会"的类思修女商量。类思修女出生于高级知识分子家庭，受过良好的教育，当即表示愿意出资。她把从父亲那继承来的巨额遗产如数奉献，在岑山寺巷置地15亩，开始建造医院。1913年9月11日，取名为"济病院"的医院正式开张，类思修女是第一任院长，众多修女则是护士。第二年，医院改名为"董若望医院"。医院以献爱心为宗旨，对病员收费极低，遇到真正贫困者,往往免费诊治。每天上午开设免费门诊施药。每逢星期天,修女们分别到东门高殿下、西门横街、南门河屿桥三所分堂义务出诊施药。经常去监狱为犯人施药,出钱给犯人铺筑低板床。类思修女1930年死后,玛丽修女接任,她也把自己的家产全部奉献出来。1936年玛丽逝世。

正当我们缅怀修女时,《墓地寻踪》的作者瞿光辉先生经过,于是我们请他讲讲找到坟墓的经过。瞿先生说,几十年前他在山上看到一座十字架,周围有几具水泥砌成的石棺,墓门上刻着中外文名字、生卒年月、国籍等,但后来找不到了。近年来,在一个拾荒老人的指引下,他终于找到了坟墓。当这篇文章在《温州都市报》上刊登出来后,引起陈卓人、黄震宇等人的关注,并积极努力,终于促成了五座坟墓的重修。

来到坟前的人中间,有几位老人曾在育婴堂里生活过,后来到"天神会",她们都是外国修女养大的,现在她们前来瞻仰修女,等于是给自己上辈人上坟。

比起她们,董增德神父于1880年开始收养的弃婴是更早享受关爱的。董神父到永嘉茶坑巡视教务时,发现个别教友弃婴,尤其是女婴,于心不忍,就把弃婴收来带到温州城里,请保姆抚养,这就是"天神会"的来历。"天神会"1918年接管了瓯海道办的育婴堂,玛利修女曾当过一年育婴堂临时院长,1919年由方浪沙修女接任。方到温后,立即着手整顿育婴堂,自己出资改建育婴堂,另建了三间楼房三幢,扩大规模,改善管理,收养大批弃婴。她在育婴堂服务了二十六年,抗战胜利那年,积劳成疾,逝于育婴堂。当时有几千人送丧,比一县之长更有哀荣。从创办到解散,"天神会"共收养了八百个女婴。

老人们回忆起自己在育婴堂里喝过外国人送的牛奶。那时正是二战期间,欧洲一片战火,外国人过的也是苦日子啊,但他们惦念着遥远的中国,给温州的女孩子寄来营养品。

"文革"期间,修女墓被毁,尸骨抛落地面,有人把尸骨收集起来,装在钵里,埋在地下。在这次重修时,尸钵被发现了。当时这件事如被发现,可是要吃不了兜着走的。当陈卓人先生讲起这件事时,我心里特别感动。

这是难忘的一个清明节!

2017 年 6 月号,总 241 期

《李贽全集注》误读"醋交"

尧育飞

古籍整理是一件费力不讨好的事情,好在了解这行的人对此都略抱同情之心。就拿校勘来说吧,人们常引的话是"校书如扫落叶,旋扫旋生"。这话再清楚不过了,校勘后的书还有纰漏,情有可原。然而,理解是理解,同情是同情,当发现那被遗忘的落叶,肉眼可见的瑕疵时,业内人士还是得毫不留情地指出,哪怕这可能令前人不快。本着这样的精神,我也就找资料时遇见的《李贽全集注》这部大书的小问题,做一微小的揭示。

《李贽全集注》2010年由社会科学文献出版社出版,部头很大,大约也是目前李贽著述收罗最全的书。我的本业并不专门研究李贽,然而在查阅资料过程中,注意到是书所收《暗然录最》中一则短篇《醋交》。这是明代早期发生在温州的故事,许多笔记都曾记载。这里先将《李贽全集注》记载的这则笔记抄录如下:

何椒丘乔新故,东园吏书仲子尝记其庭训曰:"吾守东瓯,得隐君子二人焉,曰虞先生原璩、季先生德基。其清峻之操,如东汉《独行传》中人。其雅淡之诗,可与魏野、林逋伯仲。"虞在文皇帝时,尝两承征聘,号征士。一日,何公乘小艇,以中夜访征士之庐。坐久,索饮,云:"无酒话不长。"村落间无所觅。公复笑:"虽酸醯亦可也。"乃出新醢一缾,共酌剧谈,竟夕而别。时称何虞醋交。(张建业主编《李贽全集注》,社会科学文献出版社2010年,第18册,第165页)

整理者还给这段文字出了十条注释。可惜,当出注的季德基并没有出注。文中最重要的主人公何文渊,也生生被注释者给忽视过去了。书中对"东园""书吏"的解释是:"东园:官署名。秦、汉置,掌管陵墓内器物、葬具的制造与供应。吏书:秘书之类的人员。"看似有模有样,然而对温州历史熟悉者不难发现,这解释谬以千里。我们且看这则笔记的原始出处:

> 始先公为刑部侍郎时,乔新从宦京师,尝语乔新曰:"吾守东瓯,得隐君子二人焉,曰虞先生原璩,季先生德基。其清峻之操,如东汉《独行传》中人;其雅淡之诗,可与魏野、林逋伯仲。吾每行部至瑞,必造二先生之庐,商订经史之余,或出粟饭鱼羹对食,吾未尝不饱也。"(何乔新《季氏月泉诗派序》,载虞原璩《环庵集》附录)

很明显,根据何乔新的记载,在温州结交两位隐君子的并非何乔新,而是何乔新的父亲。何乔新(1427—1502),字廷秀,号椒丘,明弘治初年任刑部尚书,其父何文渊(1385—1457),字巨川,号东园,明景泰年间任吏部尚书。何文渊在宣德年间出任温州知府,颇有政声。何文渊《东园遗稿》卷三载《祭瑞安虞先生文》云:"予自宣德庚戌岁来守温郡,先生儒衣儒冠来见,从容告予以牧民之方。予皆次第行之。"何文渊和虞原璩(1367—1439)在温州结下了深厚的情谊,虞氏为其治理温州也提出许多建设性的意见。他们二人结下"醋交"之缘,自在情理之中。《东园遗稿》卷四有《别温州父老》一诗,末两句云:"行囊不载温州物,唯有民情满腹中。"对在温州的施政效果,何文渊颇为自得,这段外放经历也为其日后仕途飞升打下坚实基础。将笔记的本事略做说明,就不难见出《李贽全集注》的纰缪。"东园"乃何文渊的号,而"吏书"并非书吏,乃"吏部尚书"的简称。尽管吏部尚书简称为吏书并不常见,然而这里不容第二种解释。于是那段话首句的标点应该改为：

> 何椒丘乔新，故东园吏书仲子，尝记其庭训……

与何乔新的记载相比，李贽的笔记多出了两人畅谈，并以醋相佐的故事。这则故事的原始出处未知，可能也来自《季氏月泉诗派序》，可惜何乔新这篇文章今天仅有残卷存世，无从追索。然而，无可置疑的是，李贽的记载在晚明产生了重要影响。许多笔记都辗转抄录，令这一故事流传广泛。如张岱《快园道古》卷十三：

> 虞原璩博涉经史，隐居瑞安，郡守何文渊时时乘小舟诣之，称莫逆。一夕忽至，坐谈久之，不觉夜半，村落无所觅酒。太守曰："醯可代也。"璩遂出新醯，侑以蔬韭，对酌剧谈，时人谓之醋交。

又如明末清初吴肃公《明语林》卷七《栖逸》亦有记载：

> 虞原璩隐居不仕，温州何文渊时拏小舟造访，辨难商榷。一夕久坐，不觉夜分，村落无所觅酒。文渊笑曰："醯可代也。"璩遂出新醯，侑以韭蔬，对酌剧论。时人谓之"醋交"。文渊尝曰："此地不容易到。"璩曰："此客正亦不容易来也。"

此外，朱克生(1631—1679)《秋舫日记》也抄录了这个故事。当然，并非所有人都准确解读了李贽那段记载。《李贽全集注》相似的误解在晚明已经发生。那位著名的书商冯梦龙，在其所编的《古今谭概》卷十"越情部"也记载此事，题为《好友》：

> 何乔新守温，夜乘小艇访虞征君原璩。坐久索饮，村居无所

觅。公叹:"虽酸醋亦可!"乃出新醯一瓶共酌,剧谈竟夕而别。时称"何虞醋交"。

在冯梦龙的书中,醋交故事的主人公已经变成了何乔新,而非何文渊。看起来,冯梦龙或是他雇用的编辑们也不清楚"东园吏书"是什么意思,而囫囵吞枣地加以抄撮,以致误将这件事的主角看作何乔新了。作为通俗而畅销的出版家,冯梦龙的影响是巨大的。时至今日,不少文章也多转引冯梦龙《古今谭概》的记载,将何乔新视作"醋交"的主角。这种张冠李戴的引述,自然应当予以澄清。

2020 年 10 月号,总 281 期

孙锵鸣与苏州紫阳书院

张小宇

今年是孙锵鸣200周年诞辰，11月下旬，瑞安市举行了纪念大会。孙锵鸣从同治四年(1865)厘定苏州的《正谊书院规条》开始至逝世，"四十年间所掌书院，其大者五：曰姑苏之正谊，金陵之钟山、惜阴，沪滨之龙门、求志。其小者则皆在本州诸书院"(宋恕语)。但在其他人撰写的孙锵鸣年谱中，都提到孙锵鸣"主讲""掌"紫阳书院。孙诒让《先仲侍郎公行述》："李文忠抚吴，请主讲紫阳书院"(胡珠生编《孙锵鸣集》，第712页)，缪荃孙《清故侍郎衔翰林侍读学士孙先生墓碑》："其教人也，因质施术，不强一途。四十年间所掌书院，曰紫阳，曰钟山……"(《孙锵鸣集》，第716页)。

上述哪种说法比较准确？笔者从两个方面考证：

第一，从李鸿章邀请孙锵鸣就职苏州书院的过程看，同治三年(1864)正月，金钱会匪平定之后，孙锵鸣"以言事罢官"，随兄孙衣言闲居于安徽安庆，门生李鸿章得知后，深为同情。

同治四年(1865)正月，李鸿章致函同年江西巡抚沈葆桢："藁田师回浙，眷属尚寄吴门，急欲谋一馆席。"后因沈丁忧，其事未果。三月，孙锵鸣赴苏州拜会李鸿章，此时，李鸿章正在重建被太平军摧毁的正谊及紫阳书院。"江苏巡抚李鸿章留主苏州紫阳书院，李(鸿章)和冯桂芬酌议的《正谊书院规条》也请座师孙锵鸣'代为厘定'，又"紫阳关书业属薛世香太守订呈，下月再商请到馆日期"。(《孙锵鸣集》，第741、681页)李鸿章是江苏巡抚，冯桂芬是正谊书院的山长，主持正谊书院重建事宜，两人正在酌议战后重建的《正谊书院规条》。在苏州期间，孙锵鸣协助李鸿章制定《正谊书院规条》，同时，与紫阳书院签订了关书(聘用合同)。

六月,孙锵鸣因父卒奔丧回瑞安,直至光绪三年(1877)"孙衣言为江宁布政使""复相随至金陵"。在这十二年左右时间中,孙锵鸣一直在温州老家未曾外出。当然,也未回苏州就聘紫阳书院一职。

第二,从正谊、紫阳书院重建史料来看,清政府恢复在苏州的统治后,同治三年(1864)秋,次第修复了正谊、紫阳等书院。据冯桂芬的《改建正谊书院记》载,先重建正谊书院,并与紫阳书院合署办学,同治四年(1865),因人多而分立。"余平吴之次年,建复紫阳书院,课四书文试帖如旧制。其明年将复正谊书院旧制,与紫阳同以肄业人众,故分之。"(苏州大学王坤硕士论文《清代苏州书院研究》,第74页)正谊、紫阳书院合署办学时,山长是冯桂芬。

《紫阳书院志》记载"1860年,紫阳书院山长赵振祚去世……1865年,俞樾应聘为山长至1867年离开"(苏州大学王坤硕士论文《清代苏州书院研究》,第74页),此处记载,同治四年(1865)至同治六年紫阳书院山长是俞樾,而没有提到孙锵鸣。

俞樾《年谱》记载,"同治四年春天,次子祖仁在苏州大病,于是秋天举家南迁(杭州或德清),返回苏州。途中在南京拜会李鸿章,二人订交,李鸿章推荐俞樾主讲苏州紫阳书院","同治五年(1866)二月,开始在苏州紫阳书院上课"(马晓坤著《清季淳儒:俞樾传》,浙江人民出版社2006年12月版,第293页)。俞樾与紫阳书院订交是1865年秋天,晚于孙锵鸣与紫阳书院签订关书(四月左右),这段时间正是孙锵鸣回瑞安料理父亲丧事的时间。按笔者推测,李鸿章可能知道孙锵鸣不会再回到苏州就聘紫阳书院,因此,又与俞樾订交主讲苏州紫阳书院一职。胡珠生在注解《呈正正谊书院规条》一文时,提到"(此件)发函时间应在同治四年四月,该年三月孙锵鸣赴苏,六月初奔父丧回瑞安"。另,民国《吴县志·书院》卷二七上列举了二十七位紫阳书院山长,名单中没有孙锵鸣(苏州大学王坤硕士论文《清代苏州书院研究》,第30页)。

世人广为传诵的关于俞樾与孙家友谊的诗句"廿年得失共名扬，今日东南两紫阳"，没有提到孙锵鸣在苏州紫阳书院一事，而提到远在杭州紫阳书院的孙衣言"余主讲苏州紫阳书院，而孙琴西（衣言）同年适也主讲杭州之紫阳，一时有庚戌紫阳之目。戏作诗寄琴西"。从而佐证了孙锵鸣没有就聘紫阳书院一职。

　　宋恕跟随孙锵鸣襄校书院课卷多年，对孙锵鸣与众多书院关系最是了解。并且他性格秉直，编写的先人年谱从来不忌讳长辈"不利之词"，他的文章最可以采信。宋恕在《外舅孙止庵师学行略述》"四十年间所掌书院，其大者五：曰姑苏之正谊，金陵之钟山、惜阴，沪滨之龙门、求志"(《孙锵鸣集》，第724页)，没有提到苏州紫阳书院，只提到正谊书院。其实，孙锵鸣与紫阳书院只签订了关书，而没有就职，更谈不上"主讲""掌"之说。

2017 年 12 月号，总 247 期

杭州寻书记

陈光熙

去年接受了编写《徐定超集》的任务,颇感忐忑不安:没有现成材料,无异大海捞针。在温州市图书馆翻了两天《光绪朝朱批奏折》的目录,一无所获。偶然发现一个高校咨询网站,找到两篇半奏折,《道员溺职州县殃民据实纠参折》三分之二还是我的同事吴凤仙和温图王妍两人补足的;另有《又奏请以御史徐定超充尔(应为两)级师范监督片》可充附录,却有目无文。从《监察御史徐定超》得知徐氏有专著四种,该书仅收录《伤寒论讲义》;《徐侍御遗稿》估计是抄本,怕已焚毁;《内经注》由翁锡麟校刻,藏北京图书馆,《灵枢·素问讲义》自刻,藏浙江图书馆,能找到一种也好。于是一面请人查北图书目,一面向浙图的同学詹利华求援。利华很快回电,浙图所藏徐定超班侯的作品只有一种:《重修永嘉文庙碑记》拓片两张,孙诒泽书。看来,刘时觉先生认为《讲义》已佚确切无误。

胡珠生先生提醒我,徐氏后裔可能有东西,就到窦妇桥徐宅大屋拜访徐顺帆先生,得知经两次抄家,旧物荡然无存,近来也没有搜集到遗文。过了几天,徐顺便君约谈,并联系在杭州的徐贤辅先生,订期赴杭州寻书,片言只语也行,至少《碑记》应能看到。到杭州后给利华打电话,他正出差海宁,夜里回杭州,明天带我们去古籍部,能否看到《碑记》很难说,正在搞数字化。

第二天,利华驱车陪我们去孤山,在古色古香的房间里用电脑查目录,《碑记》编号"碑刻"982,也有卡片目录。利华说明来意,管理人员说,碑刻做过数字化的可以看,但这件还没做,设备另一部门在使用,大约明年才轮到这里。如果去年设备在这里的时候告诉她们,可以先把这件扫描了,而现在只好等做完数字化再通知你。利华问是否可通融先拿出来看看,管理人员拒绝了,说现在就是馆长来也没办法。我又询问浙江通志馆藏书的去向,答复是已经全数归于馆藏,编入目录,则通志馆原来就没有《灵枢·素问讲义》。工作人员和利华还帮我们查了北图书目,并没有《内经注》,仅《浙江公学同学录》有徐定超名字,是否有他的文章就不得而知了。

于是去浙江省档案馆碰运气,据介绍,该馆有清末档案、民国档案、人物档案等,徐定超曾任浙江两级师范监督、浙江通志馆提调,想必会有他的资料。然而浙江档案馆并没有清代档案,倒有一件通志馆档案,工作人员教我们使用电脑,打开一看,篇幅不小,是通志馆向教育厅移交的档案,诸如桌椅、时钟、党旗、国旗之类,有一辆汽车,后面居然还有好几所中学的材料,就是找不到徐定超的内容。顺便在另一台电脑里看到地方志,翻了三百多种才看到《温州府志》,让我看看,没翻几页,竟然有徐廷超写的序,署名前清京畿道监察御史,必是徐定超无疑,随手用照相机拍下序文。可是工作人员说不能拍照,只能复印,让我把照片删掉,免费为我们复印了包括封面、书名页、版权页等共五页资料,比照片清晰多了,总算不虚此行。

序不长,不妨公诸同好:

补刻乾隆《温州府志》序

《温州府志》乾隆二十七年李守重修后,至今百有余年,迄未重辑。同治四年乙丑,王观察、陈守以戎马倥偬、筹款维艰,仅为补缀残缺以完旧观,其于纪事、纂言之任,概未之及。自兹以往,往者莫追,来者莫续,后之人必将数典而忘,致使流风善政与夫沿革损益之故日就沦亡;虽欲搜采,于代远年湮之后,而文献不足征,其不失所依据者几希矣。且其版藏东山书院,典守乏人,多所遗失,不独新者未有以辑,并其旧者而亦阙如,非细故也。

蔡君日钦、周君文侯、顾君圣翼等,取旧本之完善者详细校订、续缮而补锓之,自首卷至终卷,共补二十四幅;缮资、刊资,均由三君公同筹集。余喜其留意志乘,而其功亦不可没也,爰识其缘起如左,以俟后之君子有所考焉。

中华民国三年十二月,前清京畿道监察御史徐廷超识。

序文出自台北成文出版社有限公司《中国方志丛书·华中地方》第四八〇号,乾隆二十七年应为乾隆二十五年;李守名琬,字晖东,号莲塘,山东寿光人,曾任温州知府,特授温处兵备道,在任主修《温州府志》《永嘉县志》,聘天台齐召南和仁和汪沆纂写;"廷"系"定"之误。

杭州一行不尽人意,北京能去吗?

2014 年 7 月 7 日
2014 年 9 月号,总 208 期

陈黻宸和瑞安心兰书社

谢作相

潘猛补《心兰书社及其创始者》提出，陈介石（黻宸）为心兰书社的创办人，而余振棠提出"陈黻宸不是心兰书社的创办人"。就此问题我进行深入细致的分析论证，得出确切答案：陈黻宸不是1872年心兰书社创办人，但他是1893年心兰书院创办人。

据民国《瓯风杂志》第十期《介石先生年谱》（续），陈黻宸"清德宗光绪十九年癸巳年三十五岁"，癸巳年是1893年。该文提到"谨案心兰书社栗主题名，今列池竹卿（步瀛）、陈仲舫（国桢）……陈介石（黻宸）……二十六人，而独不及蛰庐，异已"！温州图书馆潘猛补在1989年《图书馆杂志》第六期发表的文章《心兰书社及其创始者》中，有两处错误："叶声山"应改为"叶声士"，"仁果"应改为"仁杲"，另外名单少了"周苣衫（焕文）、林香史（汝梅）、林鞠筠（挺芳）、张祝延（成祐）"四位。该文提到心兰书社栗主是二十六人，加上陈虬一共二十七人。根据上述内容可知陈黻宸是1893年心兰书院的创办人。潘猛补文章里只提到1872年而没有提到1893年就直接给出二十三名创办人名单，有失察之处。因此民国《瓯风杂志》总编辑陈谧把时间点放在1893年，提出陈黻宸是心兰书社栗主这个观点。

1872年，许启畴三十五岁，而陈黻宸只有十四岁。所以无论从史料根据或从年龄推算，陈黻宸都不会是1872年心兰书社的创办人。

胡珠生编《陈虬集》里的一篇文章《拟广心兰书院藏书引》写到"同治壬申尝首创心兰书社，同人以为便""自开办二十一年矣"，"社友以社事之有成也，促虬与何志石明经及介石、栗庵等落成其事，

"刻议改为心兰书院,公之合邑,另行集转订章程,以竟拙学之志"。

同治壬申是 1872 年,1872 年过后二十一年是 1893 年。许启畴、陈虬、陈黻宸的阳历生卒年分别是 1839—1886、1851.10.14—1904.1.1、1859.11.28—1917.7.31。1893 年时,许启畴已仙逝七年,陈虬四十三岁,陈黻宸三十五岁。

陈虬在 1889 年中己丑恩科举人,陈黻宸则于 1893 年中癸巳恩科举人。1893 年陈虬陈黻宸等人扩建心兰书社,并改名为心兰书院,心兰书院是心兰书社的发展成熟阶段。因此我们很有必要把 1872 年的心兰书社和 1893 年的心兰书院看成一个整体"心兰书社"。

综上所述可知,潘猛补和余振棠两位老师是时间标准不同而得出完全相反的观点。因此我们可以明确说陈黻宸不是 1872 年心兰书社创办人,但他是 1893 年心兰书院主事人(之一)。

2020 年 3 月号,总 274 期

《西北种族史》作者小考

易永谊

关于《西北种族史》一书,两年前曾有方韶毅先生在《温州读书报》撰文介绍。该书为永嘉陈万言编,北京亚东制版印刷局民国八年四月印行。此书后为研究西北史地的学者广泛征引。如汪公亮编著的《西北地理》(正中书局1936年初版),就曾把陈著列为主要参考书目。方先生对此书作者评价甚高,"比之林竞、朱镜宙等,堪称吾温考察西北之先驱",并感叹未查得其生平。有此一笔,永嘉陈万言成为一个值得探寻的温籍历史人物。

陈万言在该书自序里有交代:"予宦游陇右,垂二十余年。"其下的撰写日期为民国六年(1917)。据此时间可推测,陈万言大概在19世纪90年代任职于甘肃地区。

又查晚清出版的《申报》,笔者发现在光绪二十一年八月二十四日(1895年10月12日),该报专门刊载朝廷消息的"谕旨恭录"栏目里,有"八月十四日奉旨甘肃道陈万言"字样。这件事更为详细的情况,被记录于陈万言给光绪皇帝的奏折之中(《光绪朝朱批奏折》第一辑《内政》,中国第一历史档案馆,中华书局1995年版,第861页):

> 甘肃试用道陈万言跪奏,为恭谢天恩,仰祈圣鉴事:本月十三日,吏部以臣带领引见,奉旨照例发往,钦此。窃(臣)浙中下士,知识庸愚,供职大官,幸免贻羞于陨越,备员观察,深惭新进之迂疏。兹复渥荷温纶,准予发往。自天闻命,倍切悚惶。伏念甘肃为边要之区,道员有监司之责。如臣梼昧,惧弗

克胜,唯有吁求宸训,敬谨遵循,俾到省后,于一切差委事宜,矢慎矢勤,以期仰答高厚鸿慈于万一。所有(微臣)感激下忱,谨缮折,叩谢天恩,伏乞皇上圣鉴,谨奏。

此处可以确定一个时间点,陈万言是在 1895 年受命出任甘肃试用道,同时奏折中自称"浙中下士",跟《西北种族史》自署"永嘉陈万言",两者籍贯相吻合。

在陈万言甘肃道试用期满之后,陕甘总督陶模于光绪二十三年六月二十三日(1897 年 7 月 22 日),上了一道奏折《奏报甘肃试用道陈万言等期满甄别情形》(典藏单位:国立故宫博物院图书文献处,《军机处档折件》):

> 陶模,臣再查定例,各省捐纳道府州县,凡系应行试看人员,以到省之日起,予限一年期,待详加察看,出具切实考语,分别繁简补用。又道府州县无论何项劳绩,保归候补班次人员,试看一年期满,甄别补用各等语,历经遵办在案。前查有甘肃试用道陈万言,自光绪二十二年四月十七到省之日起,扣至二十三年四月十七日,试看一年期满。又花翎同知衔直隶州用甘肃候补知县潘远曜,自光绪二十二年十一月二十八到省之日起,扣至二十三年十一月二十八日,一年届满,由藩臬两司出具考语,详请甄别,具奏前来。查陈万言年壮才明,办事勤敏,堪以道员留省,照例补用;潘远曜年深才裕,办事勤能,堪以知县留省,照例补用。除收该备员履历清册,咨部查明外,谨附片具陈,伏乞鉴,谨奏。
>
> 光绪二十三年七月十七日奉批:吏部知道。钦此。

由此奏折可知,陈万言于光绪二十二年四月十七(1896 年 5 月 29 日)到甘肃任职之后,在试用期间表现优异,深得上司陕甘总督陶模的赏识,评价甚高:"年壮才明,办事勤敏",所以在一年试用期满后,留任甘肃省候补道员。之前,这位来自江南瓯郡的士子,少年得志,他向皇帝剖露忠心:"甘肃为边要之区,道员有监司之责。"彼时他的抱负,跟后世知识青年支援边疆的豪情壮志难道不是如出一辙吗?遥想当年西出阳关,他或许也曾经吟唱岑参的诗句:"万里奉王事,一生无所求。也知塞垣苦,岂为妻子谋?"他肯定也是饱读圣贤书,胸怀天下,毅然离家万里,誓把青春热血洒边疆。倘若没有一颗赤诚之心,身为道员的江南才俊,岂能关注西北蛮荒的边地族群,写成闻名后世的《西北种族史》?

这位羁宦西北的永嘉人陈万言,此后还在甘肃的辛亥革命舞台上出现过。在一篇题为《革保不容,血火洗礼》的文章里,关于1912年甘肃宣布共和后的事件,有这样的描述:"候补道陈万言鼓动李镜清列举十大罪状弹劾赵惟熙。"(高士振编著《1911动荡中国:辛亥起义重大事件》,台海出版社2011年版)该年李镜清(1871—1912)为甘肃咨议局议长,赵惟熙(1859—1917)为督军。更为详细的历史资料显示,当时陈万言涉及了推翻甘肃布政使赵惟熙的事件,参加了一个倒赵团体"万益会"。后世研究者还指出,陈万言是因为以候补道分发甘肃后,一直得不到实缺,心生不满。当时赵惟熙的门生、皋兰县知事赖恩培,却连越数级升任巡警道。他看到这种不公平的事情后,心里极其愤恨,联合一班候补官员和在野官吏组成"万益会",多方搜集赵惟熙在各种措置中的贪污和不法劣迹,想借咨议局的力量推翻赵。陈万言等布置就绪后,召开大会,邀李镜清参加,揭发赵惟熙任职以来招权纳贿、任用私人等十大罪状。李镜清接到"万益会"的"请愿书"后,亲自主稿,电请中央彻底查办。(赵颂尧《甘肃咨议局及其演变》,载《甘肃省历史学会论文集》,1981年)但是,这个事件并没有为陈万言的仕途打开大门,所以后来的历史事件中也不见他的名字。

直到1936年,创刊于该年8月的史地杂志《边疆半月刊》,在第一卷第二期发表《西北土族史》(节录《西北种族史》),其作者署名为"陈万言"。值得注意的是,自第一卷第三至第五期,三期都署名为"陈万言(遗著)",由此推测陈万言可能逝世于1936年9月。纵而观之,陈万言自1895年京城获命,1896年到甘肃试用,一年期满留省候补,然而直到1911年还是甘肃候补道。六年韶华尽逝,更何况朝代更迭,奈何"冯唐易老,李广难封",这也是对陈万言怀才不遇的仕途坎坷最恰当的概括。如果没有一部《西北种族史》,后人哪里还会记得当年有这么一位温州青年书生远赴西北边疆,终因怀才不遇,转而探访西北各族,查录部族源流与民俗,效法古人,成就他的"一家之言"?

2015年5月号,总216期

半年县长来裕恂

孙伟良

尝读来新夏先生第一本随笔集,即东方出版中心1997年出版的《冷眼热心》,内《我的祖父》一文述及其祖父裕恂公在北伐战争期间,曾受至友浙江民政厅长马叙伦征荐,出任绍兴县长,因不满官场恶习,又不善敛财,任职仅六月,即愤而去官。查《绍兴县志》,来裕恂1927年6月至11月出任绍兴县长,并注明"曾留学日本"。我即刻去查《民国职官年表》,马叙伦任民政厅长是1927年5月至8月,时间吻合。

来裕恂《匏园诗集续编》之《绍县卸事》四首其一:"吾曹始祖绍兴守,赴任经萧中道殂。六百余年家世久,万千后裔系图符。先人未治留遗恨,小子临民继大夫。天报甚奇却巧合,私衷聊以慰区区。"句中"吾曹始祖绍兴守",指来廷绍;"小子"者,来裕恂也。

宋嘉泰二年(1202),河南开封府鄢陵人来廷绍赐任绍兴府,未到任,病倒萧山祗园寺,卒葬湘湖,直系后裔在萧山长河延续有来氏之大族。来廷绍第二十四世孙来裕恂,字雨生,号匏园,生于清同治十二年(1873)四月十一日(5月7日)。光绪十六年(1890),求学杭州诂经精舍,受业于俞樾。两年后任教于杭州崇文、紫阳书院。二十五(1899)年,主宗文义塾智斋教务。二十七年(1901),任教浙江大学前身求是书院。二十九年,因受新思潮影响,乃典衣举债,东渡扶桑,就读弘文书院师范科,获文学士学位,并考察日本各类学校的教育状况。次年,应聘为日本横滨中华学校教务长。不久回国,应蔡元培之约,加入光复会。宣统末年(1911)任萧山劝学所所长。民国初,任萧山、绍兴、开化、余杭等县教育或民政科长。后任教于杭州甲种女子职业学校、葫芦岛航警学校。"先人未治留遗恨,小子临民继大夫。"民国十六年(1927)出任绍兴县县长,任职半年,却是赔款辞职,令人唏嘘。

2006年春,来裕恂长孙、南开大学教授来新夏先生(1923—2014)应绍兴市政府之邀,出席祭禹大典后莅临寒舍。陪同者尚有浙江图书馆袁逸、宁波励双杰、绍兴县史志办主任黄锡云、绍兴县府办副主任娄国忠先生,以及文友陈家檐、陆水龙等。席间,来先生谈及他的祖父曾主政绍兴而备感自豪,因为祖父确实在任上做了不少好事。据周德垣所撰《来公雨生传》载:"其任绍兴县长也,对于征收,革除历年不给正串之弊;对于游民,续办绍兴习艺所;对于旱荒,开掘城河与各大河渠流通;对于路政,令让两边店面,广拓街道,开平桥级;对于监狱,给衣、给扇席、给糕饼、给痧药外,尤亲讲佛经,令囚人忏悔;对于兵差,于平时供给外,犹筹募开拔费,水陆安顿出境,民间绝无一草一木之骚扰;对于教育,处置师范学校争执及整顿各小学,尤为得宜而不遗余力;对于工商,罢工风潮,复工手续,均使劳资双方情感不绝;对于地方公益,于设法补苴外,恒捐俸以维持之。所以绍民公论,有口皆碑。"

来先生还讲了一逸事:原来到任之初,庶务科长要为新县长筹办做寿,这本是向地方绅商打抽丰的设辞,不承想这位县太爷以生日已过的实话相拒,使经办人落个没趣,三班衙役都没喝上汤,系下了事事掣肘的怨结。县署职员绞尽脑汁敛钱,书生气十足的来县长不允,反把历年工薪稿费节存的储蓄拿出来应付局面,当然捉襟见肘,无法支撑,终于不得不挂冠而去。来先生道:"半年县官,祖父只落得两袖清风,僚属讪笑,马老叹息。"来裕恂做官赔钱,周德垣《来公雨生传》载曰:"公以廉洁故,至卸任后清算交代,实赔累三千六百十三元六角八分三厘,有档案可稽,非公与德垣两人之私言也。公家素贫,半生来学俸所得,节衣缩食之余,价买沙地七亩零,民田四亩余,屋一间半,皆于绍兴交案赔款时,悉数变价以偿之。"

来裕恂半年县长之作为,问心无愧,有心者可据《治绍政绩》探究一番。《治绍政绩》稿本,九册,藏浙江图书馆。影印收载于中华书局2009年出版之《绍兴丛书》第二辑"史迹汇纂"第一册,为绍兴县政府往来公文及日常政务记录汇编,起1927年6月1日,止9月29日。2012年5月,我赴萧山开元宾馆出席来先生九秩寿庆,持呈来先生,先生对我说:"这是我祖父的笔迹。"并题:"来新夏敬读先祖遗墨,二〇一二年五月。"

2016 年 8 月号,总 231 期

刘半农？刘半九

张国功

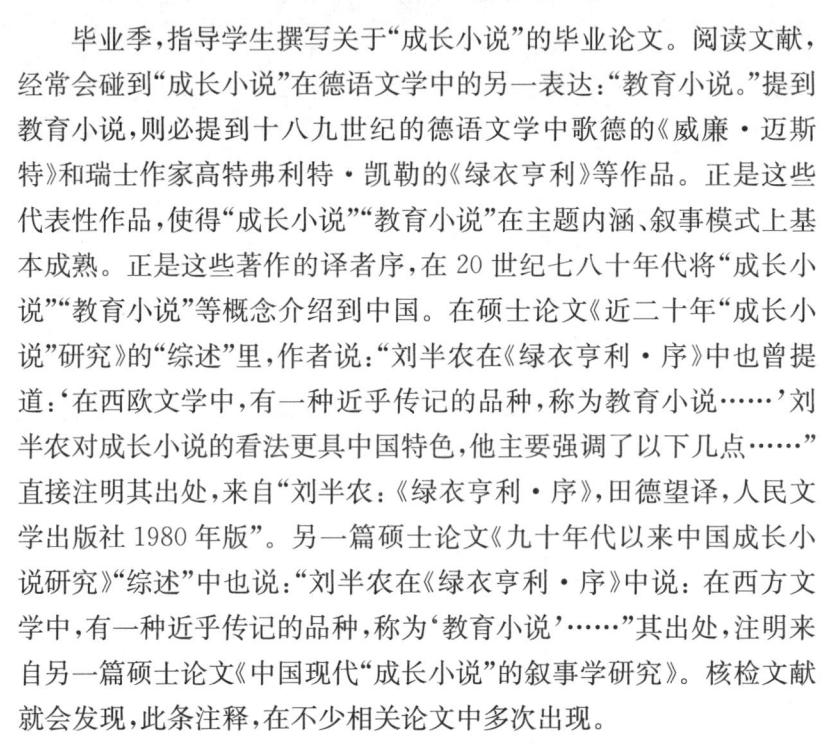

毕业季,指导学生撰写关于"成长小说"的毕业论文。阅读文献,经常会碰到"成长小说"在德语文学中的另一表达:"教育小说。"提到教育小说,则必提到十八九世纪的德语文学中歌德的《威廉·迈斯特》和瑞士作家高特弗利特·凯勒的《绿衣亨利》等作品。正是这些代表性作品,使得"成长小说""教育小说"在主题内涵、叙事模式上基本成熟。正是这些著作的译者序,在20世纪七八十年代将"成长小说""教育小说"等概念介绍到中国。在硕士论文《近二十年"成长小说"研究》的"综述"里,作者说:"刘半农在《绿衣亨利·序》中也曾提道:'在西欧文学中,有一种近乎传记的品种,称为教育小说……'刘半农对成长小说的看法更具中国特色,他主要强调了以下几点……"直接注明其出处,来自"刘半农:《绿衣亨利·序》,田德望译,人民文学出版社1980年版"。另一篇硕士论文《九十年代以来中国成长小说研究》"综述"中也说:"刘半农在《绿衣亨利·序》中说:在西方文学中,有一种近乎传记的品种,称为'教育小说'……"其出处,注明来自另一篇硕士论文《中国现代"成长小说"的叙事学研究》。核检文献就会发现,此条注释,在不少相关论文中多次出现。

初看之下,此处提到的瑞士作家高特弗利特·凯勒的《绿衣亨利》的译者,似为普通读者熟悉的中国新文化运动先驱,文学家、语言学家和教育家刘半农。刘半农生于1891年,原名刘复,初字半侬,后改为半农。在新文化运动中,刘半农反对文言文,提倡白话文,成为新文化运动主将。尤其是1918年3月,钱玄同化名王敬轩,撰《文学革命之反响》一文,罗列新文化运动种种罪状,刘半农撰写了万余言

《奉答复王敬轩书》,痛加批驳。这一场"双簧"戏,把新文化运动的论争引向深入。新文化运动后,刘半农留学英法,专攻语音学;1925 年起任北京大学国文系教授。除了白话文运动中的鲜明态度与文学成就,刘半农为世人所熟知,至少还有两事:一是他发明体现男女平权的"她"字;二是在英留学期间写下脍炙人口的白话诗《叫我如何不想她?》,由语言学者赵元任谱曲,广为传唱。可惜在 1934 年,刘半农竟不幸染病而英年早逝。

事实上,刘半农曾留学英法,但不通德语;且高特弗利特·凯勒的《绿衣亨利》,1980 年由人民文学出版社出版,其序言末尾明确著录有日期为 1979 年 12 月,此时刘半农已经去世逾半世纪。此译者"刘半农",实为"刘半九"之误。他更为世人所熟知的名字,叫绿原。

绿原(1922—2009),著名作家、诗人、翻译家、编辑家,湖北黄陂人。早年写诗,1955 年因"胡风反革命集团案"受牵连而被监禁近七年,直到 1962 年才被定为"胡风集团骨干分子",但"不予起诉",释放回家。绿原虽于 1942 至 1944 年在复旦大学外文系(重庆)学习,但主修英语,并从盛澄华教授学习法语,而未及德语。但在监禁中,绿原竟以原有的英法文功底面壁自学德文七年,达到精深水平。精深到何等程度?绿原 1962 年获释后入人民文学出版社编译所,编撰五四新诗目录,后担任德语文学译稿、初审工作。1964 年,朱光潜翻译莱辛艰深的名作《拉奥孔》,送人文社出版。朱光潜本为翻译名家,曾译过黑格尔的《美学》。但负责初审的绿原竟对其译稿写下数千字意见。朱光潜先生与德语文学名家冯至先生读到审稿意见,都甚为惊讶。据人文社外国文学编辑张福生先生统计,绿原先生在审稿意见所附三十页材料中,列出一百三十五个问题,朱光潜先生核对后,一百一十四条批"照改"或"改",另七条"参照意见做了修改"。(张福生:《我心目中的绿原先生》,刘若琴编《歌深如酒　人淡如茶——绿原研究纪念集》,人民文学出版社 2010 年版,第 144~156 页)此后绿原翻译有《浮士德》《里尔克诗选》《叔本华散文选》等。1979 年,时任人文社德语文学编辑的绿原即刘半九先生,为北京大学教授田德望先生在人文社出版的译作《绿衣亨利》作序,既是职务行为,也是专业上的当然人选。但令人慨叹的是,绿原原名刘仁甫,解放战争期间以"绿原"之名入党、工作。但转眼没几年,因成为"胡风反革命集团骨干分子","'绿原'二字在社会上完全失去它固有的诱人的色泽,经过各种各样的渲染,简直成了杀人不眨眼的魔鬼,赤裸裸、血淋淋的罪恶化身"。虽恢复工作,但当时胡案未了,绿原仍不能自由写作,而仅能在政策允许范围内从事翻译工作。他因此取了个名字"刘半九","一来恢复被我抛弃多年的本姓,借以表示对于忘本的忏悔;二来以'行百里者半九十'的古训自勉,警惕自己要夹着尾巴做人,大意不得。不料有些熟人认为这个名字包含讥刺,说我以'半个臭老九'自居,颇不服气云云。天哪,怎么处处都是些不切实际的诛心之论,我可没有那个意思"。(绿原《我的这个名字》,见《绕指集》,武汉出版社 2000 年版,第 36—37 页)

很明显,当下研究生们所说的"刘半农",系"刘半九"之形近而误。不过也难怪今天的研究生,顺风顺水在学院中戴上学位帽的他们,在近年盛行的"民国热"中,当然更知道"教你如何不想她"的江南才子刘半农,哪知历经当代政治劫难、想借名隐身"夹着尾巴做人"亦不可得的刘半九啊!

最后要特别说明,刘半九先生为《绿衣亨利》所作序言长达二十四页,极为精当。尤其是其开首便对"教育小说"做出了极为精准的定义,摘录如下:

> 在近代西欧文学、特别是德语文学的画廊中,就有一种近乎传记而不能称为传记的品种,名曰"教育小说"(Bildungsroman)。这种文学品种不同于一般的长篇小说,不是以一个或几个成熟的、定型的性格为中心,通过一些特殊的、复杂的以至离奇的生活现象或传奇情节,呈现某个社会的某个时期的横断面。它也

不同于一般的传记作品,不是以真实的不可改变的人物或事件为描写对象,来表现这个人物在特定社会中所产生的历史作用,并通过这个具体人物反映作者的有关的历史见解。"教育小说",顾名思义,首先来源于作者的这样一个基本观念:人决不是所谓"命运"的玩具,人是可以进行自我教育的,可以通过自我教育来创造自己的生活,来充分发挥自然所赋予他的潜能。因此,在这个观念的指导下,教育问题便成为这类作品内容的重要组成部分……"教育小说"往往是以一个所谓"白纸状态"(tabula rasa)的青少年为主人公,通过他的毫不离奇的日常生活,通过他一生与其他人相处和交往的社会经历,通过他的思想感情在社会熔炉中的磨炼、变化和发展,描写他的智力、道德和精神的成熟过程、他的整个世界观的形成过程。

2019 年 10 月号,总 269 期

施蛰存请朋友吃鲈鱼

陈福康

读沈轶伦先生《施蛰存松江老屋里的历史云烟》一文(载《解放日报》2015年4月13日),深有感触。施蛰存是一位我很熟悉的又待我很好,而今已成古人的老先生;松江,又是我工作单位上海外国语大学新校区的所在地。最近,我正想去寻找施先生的松江老屋呢,然而从沈先生文中得知,施先生生前无比留恋的那几间老屋,早已被万恶的日本侵略军炸毁了!今年适逢抗战胜利七十周年,也是施先生一百一十周年诞辰,教我如何不感慨万千!更想到我的祖籍湖州善琏,也曾被日本鬼子的铁蹄践踏过,先母家的老屋也是被那帮畜生烧掉的,能不切齿愤恨!

我为什么想去找施先生的松江老屋呢,是因为我一直在研究施先生的老友郑振铎先生。前些时,我查阅了王伯祥先生的日记,在1930年12月21日王先生日记中,看到了这样一段温馨的记载:

晨八时半赴车站,会圣陶、振铎、调孚、君匋,乘特别快车往松江,赴施蛰存啖鲈之约也。十时许到,蛰存来迎,因同步入城,抵其家。席间晤戴望舒及陆维钊,二时始毕。少坐即行。蛰存送出东门,由明星桥站登车回沪。以脱班故,迟至六时许始抵北站。匆匆归家……

以前人们不大清楚,施先生是什么时候与叶圣陶、郑振铎两位文学大家相识。今从王先生日记得知,至迟在1930年,二十五岁的施先生就已与他们是好朋友了。那一天是星期天,叶圣陶、郑振铎、王伯祥、徐调孚、钱君匋五位应施先生之邀,去他松江老家品尝名闻天下的松江鲈鱼。在他家里,又见到了戴望舒和陆维钊。八人一桌。其中年纪最大的是王伯祥,也就是四十岁;叶、郑、陆三十几岁;徐二十九岁;戴与施同年;最小的钱君匋二十三岁。可以说这是一次青年人的聚会。但这几位在当时或后来,可都是名闻天下的文人啊!叶、郑、施、戴,大家都比较熟悉,这里就不用多说。王伯祥、徐调孚当时都是商务印书馆的著名编辑,也是文学研究会老会员。陆维钊、钱君匋则都是著名的美术家。只可惜,王先生的日记写得不够详细,但我们可以想象,那天的聚会是多么其乐融融!

有意思的是,施先生的这次"啖鲈之约",还有一段余兴。孔另境先生编的 1936 年出版的《现代作家书简》中,收录了一星期后 12 月 28 日叶圣陶先生致施先生的一封信:

> 承饷鲈鱼,即晚食之,依来示所指,至觉鲜美。前在松江尝此,系红烧,加蒜焉,遂见寻常。俾合家得饫佳味,甚感盛贶。调孚、振铎,亦云如是。今晨得一绝,书博一粲。红鳃珍品喜三分,持作羹汤佐小醺。滋味清鲜何所拟,《上元灯》里诵君文。

由此信我们可知,在 27 日(或前一日)施先生又托人给叶圣陶、郑振铎、徐调孚等人分送鲈鱼,并写信详细告诉烹饪方法。叶先生等人依来信所述方法烹调,觉得味道更为鲜美。叶先生还特意写了一首诗。

研究者龚明德兄在《叶圣陶函谢施蛰存饷鱼》一文中写道:"可以大胆地想象一下,叶圣陶既然在给施蛰存的信中提及'前在松江尝此'红烧加蒜鲈鱼,很可能也是施蛰存邀约的。更可能是《上元灯》出版后,施蛰存用稿费请来叶圣陶等同行,一起庆贺了一下。正是这回'在松江'吃鲈鱼,叶圣陶等说不见得多好吃,作为'松江人'的施蛰存才下了个大决心,不仅提供鲈鱼原料,还指示烹饪方法,着实予以弥补。终于达到了预期效果,叶圣陶、徐调孚和郑振铎吃过后都说松江鲈鱼是'佳味'。"龚兄关于施先生邀约"叶圣陶等同行"赴松江吃鲈鱼的"想象",今已由上引王先生日记证实了。龚兄"想象"这是施先生因《上元灯》出版而请客,现在看来则未必如是。因《上元灯》是1929年8月出版的,时间已过了一年多。但叶先生原信没有写年份,孔先生编《现代作家书简》时,在写信日期后补了一个括弧"十八年",所以后来的读者和研究者都认为是1929年写的。《叶圣陶年谱》等书估计也因此都搞错了。

从上引王先生的日记看,当年去松江虽然已可坐"特别快车",但火车时有晚点,远没有我们今天坐地铁那么方便快捷。这可见时代有了巨大的进步。但进步的时代,也有今人做得不够好的地方。譬如说,我们今天还能像施先生那样,在松江请朋友这样来一次"啖鲈之约"吗?

松江鲈鱼,据说原生长在松江城西的长桥一带,隋朝时已成贡品。清朝康熙、乾隆皇帝南巡,在松江吃了鲈鱼,赞不绝口,誉为江南第一名鱼。历史上,有不少文人骚客写过有关鲈鱼的名句。如张翰《秋风歌》:"秋风起兮佳景时,吴江水兮鲈正肥。"范仲淹云:"江上往来人,但爱鲈鱼美。"陆游云:"故乡归去来,岁晚思鲈莼。"当然,松江鲈鱼并非只出松江,但范成大云:"细捣枨虀卖脍鱼,西风吹上四鳃鲈。雪松酥腻千丝缕,除却松江到处无。"令人遗憾的是,由于多种原因,20世纪70年代松江鲈鱼在松江就已经基本绝迹。在全国,松江鲈鱼现在也是国家二级保护的濒危物种!

好在有消息说,某大学专家对松江鲈鱼进行了多年研究,十几年前曾由几十名大学生志愿者组成了多支寻访组,分赴史上记载曾出产鲈鱼的国内多个省份进行寻访,终于在鸭绿江里寻到了类似松江鲈鱼的踪迹。有教授便带领团队启动了新一轮攻关研究人工繁殖,核心技术获得国家发明专利。听说,上海已成立了四鳃鲈水产科技发展有限公司,启动了产业化之路。上海市水产办公室正式授予该公司"松江鲈鱼经营利用许可证"。我们衷心希望,产业化后的松江鲈鱼,仍然会有原来那样的美味。我们更希望,青山绿水,鱼米之乡,永远是那么美好!我想,那也是施先生等老人在天之愿望!

2015 年 5 月号,总 216 期

也说说施蛰存请吃鲈鱼

朱金顺

去年十月收到了龚明德先生寄赠的大著《旧日笺》，我和老伴读了《叶圣陶函谢施蛰存饷鱼》。她说龚先生可能猜测有误，施蛰存请吃鲈鱼，该与结婚有关。这样，我来了兴趣，在书架上上下下找出了十多本有关的书，正在翻阅呢，碰巧读了陈福康先生在《温州读书报》第5期上的大作《施蛰存请朋友吃鲈鱼》。这样，我的考据癖发作，咱们借贵刊一角，讨论讨论。龚、陈二位，都是我的老友，请原谅我的唐突，若有不妥，请批评指正！

在文中陈先生考证错了。他把两次友人去松江施蛰存家吃鲈鱼，当成了一次；用1930年五人去松江时王伯祥的日记，来证明1929年三人去松江后叶圣陶写信的时间该是1930年，那怎么行呢？当年孔另境先生编《现代作家书简》，极为严谨，所以出版时鲁迅先生写《序言》，柳亚子先生题写书名，表示了前辈对后学的支持和赞助。编者在《钞例》中说明："集内所录诸函，皆直接假之收藏者""钞者尽力之所及于信尾添注发信年份，然亦有邮戳难辨，虽欲注释，不敢臆造，此亦无如之何也。"那么，当年在叶圣陶信尾加上这"（十八年）"，是有根据的。1936年《现代作家书简》初版本，仅有叶圣陶信的原文，没有手迹影印件。后来范泉主编的《文艺春秋》第二卷第三期（1946年2月15日出版）上，第一次公开了信的手迹，作为插页印出，目录上篇名为《谈鲈鱼》，署名是叶绍钧。到花城出版社出版《现代作家书简》（1982年2月第一版）时，才印入此手迹，手迹上只有月、日，没有年份。

说施先生请吃鲈鱼，确要从他的结婚说起。我核查了几本书，沈建中先生的《遗留韵事（施蛰存游踪）》(文汇出版社 2007 年 8 月第一版)中，梳理了时间的眉目，条例最清楚。作为考证，以下做一次文抄公，证明陈先生的失误。1928 年 11 月，施蛰存在松江老家结婚，冯雪峰、沈从文、胡也频等等众多上海友人来贺喜。四鳃鲈鱼为松江特产，当时正是此鱼上市之际，"施氏为了招待好这批从上海专程来的朋友，特地先期关照操办喜筵的菜馆为这一桌上海客人加一个四鳃鲈鱼火锅，辅以鸡汤、火腿、香菇、冬笋、虾仁为作料，乃应时上乘名菜。诸位食时，至觉鲜美，喜形于色，连声叫好，吟诵苏东坡《赤壁赋》'巨口细鳞，状如松江之鲈'之名句……"事后，此事在上海文人中传为佳话。"越一年，郑振铎闻松江鲈鲜美超常而极羡之，遂与叶圣陶、徐调孚结伴去松江施家作客，品尝此鱼，'系红烧，加蒜焉'。饱饫佳肴之余，施蛰存又持赠刚出版的小说集《上元灯》。叶圣陶返沪后，亦以其新著《倪焕之》寄惠，题诗卷端，志此胜集。施氏见他们意犹未尽，不久后，又从松江带数尾至沪上，分送三位，并示以掺入火腿、香菇、冬笋等料的沸鸡汤稍煮即可，倘若做夜宵火锅最佳。郑振铎、徐调孚和叶圣陶阖家得饫此佳味，甚感盛贶。叶圣陶致函感谢。"(参见该书第 101~103 页)叶圣陶此信，就收在《现代作家书简》中，原信自然是施蛰存先生提供的，1935 年 11 月之前孔另境抄下了原文，按邮戳加上了"(十八年)"，民国十八年，正是 1929 年。原信手迹，1946 年 2 月范泉先生公布在《文艺春秋》上。在 1930 年 12 月 21 日，王伯祥会同叶圣陶、郑振铎、徐调孚、钱君匋四人，共赴施家之约，去吃鲈鱼，看来施蛰存先生请商务印书馆这五位客人时，还请了两位陪客(戴望舒、陆维钊)，加上主人正好八人一桌也。能够说明这两次请吃鲈鱼，不是一次的证据，就是叶圣陶信中没有王伯祥的名字，在这些人中，他可是最年长的一位呀！

读龚先生《旧日笺》中文字，我有两点要说：第一，龚先生的大胆想象，不一定准确。这次三位来施家，显然不是事前约好的请客，客人来了，要吃鲈鱼，草草做了，而且"系红烧，加蒜焉"，所以食者的感觉"遂见寻常"。没有准备,贵客来了,就用刚印出不久的《上元灯》相赠了;叶圣陶多礼,回沪后就以刚出版的小说《倪焕之》(开明书店1929年8月初版)回礼寄赠了。1929年前后,施蛰存既在松江县立中学教书,又在上海与刘呐鸥、戴望舒合开水沫书店,任编辑。他的《上元灯》在1929年8月初版,哪有稿费?需书卖出后才有版税,如为它出版请客,也不会没他们水沫书店的人吧!第二,龚先生提出这封信中的七绝为什么不摘出来收入叶先生诗集呢?这也许是叶圣陶的意见,他出过《箧存集》(作家出版社1960年8月第一版),这本诗词集中所收,主要是旧体诗,但叶先生没将这封信中的这首七绝,抽出来收入。那么,这件作品始终以书信的形式传世。如此,《叶圣陶研究资料》中的《叶圣陶著译年表》和《叶圣陶年谱》里,著录信而不著录诗,就很自然了。20世纪90年代开明书店还出版过《叶圣陶诗词选注》,是叶先生的子侄辈编注的,都没将此七绝收入,我想理由相同。《箧存集》中,1927至1945年的旧体诗不少,总在三十首以上,像《挽鲁迅先生》《题伯祥书巢》《和佩弦》《送佩弦之昆明二首》,等等,均名篇也,所以此非那段时间"唯一的一首旧体诗作"呢。

结束我的短文时,再加几句。在《遗留韵事》一书中,沈建中告诉我们,1988年11月《新文学史料》第四期上发表的《滇云浦雨话从文》中,施蛰存所说:"一九二九年十月,我在松江结婚"。"'一九二九年'纯属笔误矣,而'十月'当为农历。"1928年11月施蛰存与陈慧华结婚。在我核查此请吃鲈鱼的问题时,曾在《沈从文年谱》《"人性的治疗者"——沈从文传》和《曾经风雅》(张昌华)中,看到过施先生在1929年10月结婚,并请沈从文、胡也频、丁玲他们吃鲈鱼的记载,干扰了我的思路。如今,话已讲清,我的考据工作结束,请指正!

2015年5月29日于北京师范大学

再谈施蛰存请吃鲈鱼

陈福康

看到《温州读书报》上朱金顺先生《也说说施蛰存请吃鲈鱼》,非常高兴。朱先生文中称我为"老友",实在太客气。三十年前我在北师大当博士生时,朱先生就是北师大的老师,当然是我的师辈。朱先生擅长考证,我也有同好,以前我们也有过这方面的交流。在学术、考证问题上,我历来"没大没小",朱先生也从不见怪。这次他认为我说错了,把两次友人去松江施家吃鲈鱼的事当成了一次,我要坦率地表示不能苟同。

朱先生的理由有三:一、孔另境编《现代作家书简》极为严谨,在叶圣陶信尾添上的"(十八年)"不会错;二、沈建中《遗留韵事(施蛰存游踪)》也说是1929年;三、叶圣陶信中没提王伯祥,他可是最年长的,这是"能够说明这两次请吃鲈鱼,不是一次的证据"。

沈建中兄与我同在上海,我便给他打了电话。他说,他写的"越一年(陈按,即1929年),郑振铎……遂与叶圣陶、徐调孚结伴去松江施家做客"云云,就是依了《现代作家书简》上的"(十八年)",并没有其他来源。因此,他说不能引他的书作为根据。沈兄还说,他在研究中发现《现代作家书简》确有系年错误,并举了例子。我又向他核实:朱先生文中说的"孔另境……按邮戳加上了'(十八年)'"是不是他书中说的,有没有根据?沈兄说他没有说过这话。看来,"按邮戳"云云只是朱先生的想象。

我认为,叶圣陶信尾添上的"(十八年)",不管是叶圣陶自己添上的,还是孔另境问了叶圣陶后添上的,都不能保证叶圣陶绝不会记错。其实,这样的误记是常见的,也不算什么大事,何况还加了括号,因此该书仍不失"极为严谨"。叶圣陶信中没提王伯祥,只能说明施蛰存那次可能没有赠送给王伯祥,并不能作为"说明这两次请吃鲈鱼,不是一次的证据"。王伯祥固然是几位朋友中年纪最大的,但也没比叶圣陶、郑振铎、徐调孚大多少。查 1930 年 12 月 27 日王伯祥的日记,确实也没有施先生送鲈鱼的记载。叶诗中说"红鳃珍品喜三分",看来施先生这次只送了叶、郑、徐三人。这也没有什么不可以的。因此,我觉得朱先生这次的考证,没有什么说服力。

我认为叶圣陶信尾添上的"(十八年)"应该是"(十九年)"才对,就是因为看到了十九年(1930)12 月 21 日王伯祥的日记。这与一星期后 28 日叶圣陶致施蛰存信中所说完全对得上。如果按照朱先生的意思,那么,叶、郑、徐三人是 1929 年 12 月(21 日前后)去施家吃鲈鱼,同月 27 日又收到施先生赠送的鲈鱼,这样吃了两次还不够,又在 1930 年 12 月 21 日(恰恰正好是一年后)再带上王伯祥、钱君匋两人去施家第三次吃鲈鱼?这样的可能性显然是非常小的。沈兄认为是不可能的,当年去松江的交通也并不方便。我又想,如果叶、郑、徐三人在一年前就曾经去过施家吃鲈鱼,他们肯定会告诉王伯祥,王在日记中也应该记一笔的。

2015 年 8 月号,总 219 期

续谈施蛰存请吃鲈鱼

朱金顺

在贵报第八期上,拜读了陈福康先生与我商榷的大作:《再谈施蛰存请吃鲈鱼》。他坚持自己的看法,认为王伯祥日记上所记,就是这次去吃鲈鱼,因此叶圣陶先生的信,写于1930年。陈先生错了,把两次去吃鲈鱼,当成了一次。以下列出我掌握的史料与陈先生商榷。

第一,我说信尾那"(十八年)",是当年《现代作家书简》编者按信邮戳所注,陈先生说这"只是朱先生的想象"。其实我原文引了编者的交代,陈先生大约没有看,我现在再引孔另境先生《钞例》的说明:"是集所收,或有早在十年五年前者,今时移境迁,势觉踏跼。故钞者尽力之所及于信尾添注发信年份,然亦有邮戳难辨,虽欲注释,不敢臆造,此亦无如之何也。"(引自花城出版社1982年2月第一版)这不说得很明白,钞信时凡邮戳能辨认年份的,编者均已添注了吗?明明是《钞例》交代的,怎么说是我"想象"的呢?多年研究考据,深知想象、推测是不行的,猜测、没依据地乱按更不行了。

第二,施蛰存先生1928年10月在家乡结婚。《施蛰存先生年谱初编》中记载:"10月,与陈慧华女士在松江举行婚礼。"关于郑振铎他们三人来松江吃鲈鱼,施蛰存先生在他的《云间语小录》(文汇出版社2000年5月第一版)中,有明确记载,书是施先生亲笔所书,加释文后影印出版。这是第一手材料,该不会再有另说吧!

全书三辑,第一辑的《鲈》中,施先生说:"己巳冬,余成婚,友人沈从文、胡也频、丁玲、戴望舒、姚蓬子、刘灿波,均来松观礼。余于婚筵外别设鲈鱼羹款之,俱甚称赏。灿波生长日本,习于击鲜,谓彼邦鱼亦无有如此莹白细净者。越一年,郑西谛先生闻而羡之,邀叶圣陶、徐调孚二公同来舍下,亦饱饫而去。圣翁既归泸,以其新著《倪焕之》一册寄惠,题诗卷端,志此胜集,有'滋味清新何所似,上元灯里诵君文'之语。上元灯者,余所作小说集,时方出版,以一册就正于翁耳。"我想这里施先生所说够明白了,这次来的是三位,没有王伯祥先生,时间是施先生结婚后"越一年"发生的,该是 1929 年,即民国十八年,它不在 1930 年。在《鲈》一文中,还有这样的话:"余幼时此鱼产量已不丰,须先日向鱼贩预订,或清晨入市稍迟,即不可得,亦无有走坊巷间叫卖者。"如此,郑振铎约二位前来,事先也没订鲈鱼,我想施家买来的鱼,一定不很理想,该是"系红烧,加蒜焉"的原因吧!又查了书目,施蛰存的小说集《上元灯及其他》(封面书名题作《上元灯》),水沫书店 1929 年 8 月初版。我有初版本叶圣陶的小说《倪焕之》,版权页上是"民国十八年八月初版"。两位互赠新出的小说,他们去松江的时间该是 1929 年。

三位去吃鲈鱼,既有"遂见寻常"之感,所以在食后,施蛰存又给那三位送去鲈鱼,时间在 12 月,食后三家都说好,叶圣陶便写信致谢,信的落款是"叶绍钧　十二月廿八日",这信孔另镜编书时据邮戳加注"(十八年)",有什么不对?信中以诗收束,那首七言绝句的后两句,就是前些时题在《倪焕之》上的,但改了两字,成为:"滋味清鲜何所拟,《上元灯》里诵君文。"

以上列出一些第一手材料,就正于陈福康先生。我要证明就一点:三人去松江吃鲈鱼、互赠新书、施蛰存给上海三家送鲈鱼,都发生在 1929 年,所以孔另镜在叶圣陶信后加注"(十八年)",是正确的,他确按《钞例》所说做的。陈福康先生的考证欠妥,王伯祥先生日记上那次去吃鲈鱼,与叶圣陶先生的信无关。

所考证对否?请方家指正!

2015 年 8 月 26 日于北京师范大学文学院

朱自清的一篇佚跋

赵国忠

《朱自清全集》1998年由江苏教育出版社出齐十二卷本后,时见有对全集做增补者,近日浏览民国时期天津《庸报》,见1927年8月15日《庸报》附刊之一《髹箂周报》第廿五期载朱自清《〈梅县歌谣集〉跋》,未见收入全集,也未见研究者于报刊披露过,今借本报一角,不妨谈谈这篇佚跋。现把原文抄录如下:

《梅县歌谣集》跋

刘信芳君拿他暑假中所辑的"梅县歌谣"给我看。我看后,觉得颇有趣味。梅县就是从前的嘉应州。嘉应州是富于歌谣的地方,嘉应州的诗人黄公度《山歌》自序云:

士俗好为歌,男女赠答,颇有《子夜》《读曲》遗意,又,《己亥杂诗》中"一声声道妹相思"一首自注云,土人旧有山歌,多男女相思之辞,当系獠蛋遗俗,今松口松源各乡,尚相沿不改。每一辞毕,辄间以无辞之声,正如妃呼豨,甚哀厉而长。(均见胡适之先生《五十年来中国之文学》篇中)

黄公度死了才十一年,情形自不会大变,我们从刘君所辑的歌谣就可知道,刘君所辑的山歌几乎全是"男女相思之辞",有两首还是松口乡的,因黄所记,更使我们有亲切之感了。

"粤讴"是狠著名的。据刘君说,梅县的歌谣,是"客家"的东西,不在"粤讴"范围之内;"粤讴"是只通行于广州一带的。是的,梅县的歌谣似乎是简单质朴确与粤讴的繁复曲折不同;但一样的"真挚""诚实",一样的一往情深。如十思量的缠绵婉转,

"三日食无半碗饭,记妹言语当干粮"的痴情,都是狠耐人寻味的! 余如"一姊娇来二姊娇",从一数到十,"十九夜月八分光"从十数到一,虽无甚深致,却也是一种机锋,使人觉着有趣的。

我所感到不足者,是刘君所辑的太少了;希望他在空闲的时候,再继续他的工作! 此外刘君于梅县民族的生活,也不曾详细叙述:这一定是狠有味的。胡适之先生说黄公度的《己亥杂诗》中有叙述嘉应州民族生活的诗和诗注,我想刘君可以参考他所叙的及现在实际的情形,将来再给我们一篇详赡的记载。

刘君于本编中各歌,均为代拟一题,我觉得是不必要的。他还有许多注言事的,我以为可以留着;言义的看了,反同嚼蜡,似乎去了的好。注中有一个可疑的地方:"河水汶汶河岸崩,吾妹走了无处跟"一首,注云"此水灾后感恋散离而作",此注不知别有所据否? 若无所据,我以为"河水"一句,只是起兴的句子,与《孔雀东南飞》一样,是不必求其实解的。

十五年九月,朱自清跋。

解说本文之前,先了解一下《梅县歌谣集》的辑编者。关于刘信芳,就我寓目,介绍其人的资料很少。综合各种资讯,知他1904年生,字则庚,广东梅县客家人,1925年入清华大学政治系学习,1929年毕业后赴山东第五中学教书两年,后又回清华深造,1933年受好友之请休学进入南昌军界,任国民政府驻赣陆军第十师司令部秘书,之后长期在军界任职,短期担任过雒南县(今作洛南县)县长。南昌军界出版的《力行月刊》上常有文章发表。1947年报载他当时军阶已是少将,任第一绥靖区军法处长,其后的情况就不得其详了。

在清华读书期间,刘信芳时有作品在《清华周刊》发表,还与罗香林等几位爱好客家文化的青年于北京成立了客家歌谣研究会,1926年利用暑假,他搜集整理编就了这部《梅县歌谣集》,且写了一篇《梅县歌谣集自跋》,刊在1927年5月30日《庸报》副刊《文学周报》。当时朱自清正在清华大学国文系任教，这位著名的诗人、散文家，还是20年代"歌谣运动"的积极参与者，先后多次撰文，探讨歌谣问题，从事歌谣研究。比如在《现代生活的学术价值》一文中他具体地提出了"以现代生活为出发点的两种研究工作"："一是专门就现代生活作种种研究，入宗教、政治、经济、文学等；搜集现存的歌谣和民间故事，也便是这种研究的一面。"为《梅县歌谣集》作跋，表明他对歌谣辑录工作的支持。

朱自清的跋文肯定了梅县歌谣的价值，认为这些简单质朴的歌谣是"真挚"的、"诚实"的，"一样的一往情深"，然而也力避序跋文一味只说好话的俗套，点出"所辑太少"、未能关注"梅县民族的生活"及"代拟一题"等种种之不足。这是很可贵的。

可提出讨论的是，这篇跋文朱自清为何未收入自编文集？是他确实遗忘还是有意遗漏？我揣测后者所占的可能性更大。1936年3月商务印书馆出版的"文学研究会创作丛书"收了朱自清的散文集《你我》，集中有篇《粤东之风序》，《粤东之风》为罗香林所编的一部集客家歌谣之大成的歌谣集，朱自清序作于1928年5月31日，距《梅县歌谣集跋》的写作不到两年光景，且序中有言"近来搜集客家歌谣的很多"，显然他还记得《梅县歌谣集》，当然也记得为它写过跋。因《序》中对客家歌谣的特点，论述得更全面、更充分，故这篇《跋》未编入自编文集也就容易理解了。

二〇二〇年六月十八日

给吴伯箫的一封信

张期鹏

最近搜集乡先贤吴伯箫先生资料，从网上购得一封旧信，原文如下：

吴老：

您好！

去年参加香山的会，能再次见到您，并听到您的关于语文教学的精辟的讲话，感到十分快乐！我这两个学期来，帮助一中两位教师在初中两个班进行语文教改实验；同时，为湘潭大学中文系研究生讲词，都没有什么成绩可告。没有写信问候您，主要原因就是这个。这里，趁我校教研室负责干部刘湘皋同志来京参加实验工作会议之便，奉上我校语文教改实验一年的初步总结一份，又学生作文选编四本。这份总结是我匆促写成的，因为自己没有教课，缺乏直接实验，加以时间仓促，很多问题没有很好考虑，缺点错误一定很多，极望得到您的审正。

钟黔宁同志是我二十多年前的学生，这一年来曾再度晤及，您对他的关切已早为转达，想他已早有书谢了。

这几天来，长沙苦极，远怀动定，时劳魂梦，万祈珍卫。

专叩

著安不一

彭靖敬上
1981.6.20

因为时间长久，这封信的字迹已有些模糊。更为模糊的是其中涉及的人与事，近四十年过去，那时的光阴已经泛黄、变淡，其中的故事还能打捞出多少？又怎样才能找到信中三人——彭靖、刘湘皋、钟黔宁的现实踪迹呢？

我想到了新泰书友阿滢，并通过他联系到了长沙书友彭国梁。我相信世界虽大，但书人的心灵总有游丝牵连，书香的气韵总能远隔千山万水而相闻。果然，国梁先生不日来电，说彭靖先生的儿子彭鸣凯就是他中学的化学老师；彭靖先生在中学任教时的学生，诗人、剧作家钟黔宁他也认识，可惜已于前些年去世了。这样，彭靖先生信中所说"钟黔宁同志是我二十多年前的学生，这一年来曾再度晤及，您对他的关切已早为转达，想他已早有书谢"，也就能够明白了。

在那几天时间里，我还通过国梁先生引介，与鸣凯先生通了电话。他在电话中告诉了父亲的一些往事，让信里信外的诸多信息有了密切的关联。他说父亲1923年出生在湖南涟源一个书香之家，但幼年时已家业凋敝。1941年，经一位在当时省政府做事的堂兄介绍，父亲离开家乡到长沙谋生。此前，他只在涟源读过一年中学，到长沙后也没有再进学校读书，完全靠自学写得一手文章。1949年8月长沙和平解放前，曾受中共地下党组织委托，与友人在长沙创办《实践晚报》，担任主笔、代社长，并在上面发表了不少文章。但这份报纸，直到1990年春节前才被有关方面认定为中共地下党的报纸。春节(1月27日)之后不久，他就在2月4日因心脏病突发离开了人世，年仅六十七岁。

鸣凯先生说，父亲的一生饱经磨难。长沙解放后，他一直从事教育工作，并于1950年任教于长沙一中。这个时期，他与长沙文艺界人士交往甚多，为新中国成立后长沙文艺的发展做了很多工作。可是好景不长，1955年"反胡风"运动开始，他因挚友彭燕郊被打成"胡风分子"，受到牵连，锒铛入狱。一年多后才无罪释放，回到教书岗位。1964年"四清"运动中再次受到冲击。当时湖南省教育厅将长沙一中列为"四清"重点单位，认为这里是个顽固的"小台湾"。厅长带队,将长沙一中教务主任刘湘皋和父亲打成"刘、彭反革命联盟"。父亲被开除公职,"清除"出教师队伍。当时,祖母还在,父母膝下有六个子女。他们一家九口全靠母亲每月五十多元的工资养活,生活极度困难。为度日糊口,父亲干过挑砖运土等许多繁重的体力活。但他从未褪去书生本色,余暇依然读书作文,谈诗论道。

鸣凯先生说,直到 1978 年,父亲才被平反,回到长沙一中,恢复了语文教研组组长职务,并带语文实验班。也就在这一年,由于他在古典文学特别是古诗词方面的造诣,时任湘潭大学中文系主任羊春秋开始想法子调他到湘大任教。由于长沙教育部门不放,1979 年才下调令,但仍指导长沙一中语文实验班的教学。这就形成了这段时间他一边在长沙一中指导语文教改实验,一边在湘潭大学为研究生讲词的局面。其后,他一直负责湘潭大学中文系古籍整理研究方面的工作。如此,信中所说"我这两个学期来,帮助一中两位教师在初中两个班进行语文教改实验;同时,为湘潭大学中文系研究生讲词",也就有了合理的解释。

我问鸣凯先生"教研室负责干部刘湘皋同志"后来的情况,他说刘湘皋先生后来做了长沙市副市长、市人大常委会副主任,他们已经没有什么联系。

至于信中所说"去年参加香山的会",是指 1980 年 11 月 8 日至 18 日教育部在北京香山组织召开的中学语文教材改革第二次座谈会。出席这次会议的除教育部代表外,还有语言界、教育界的知名人士叶圣陶、吕叔湘、王力、周有光等。吴伯箫也应邀到会并发言。那么,吴伯箫先生当时讲了一些什么,让彭靖先生半年多后依然记忆犹新呢?

翻检所藏吴伯箫研究资料,我在《中学语文教学》月刊 1981 年第 1 期上,看到了吴伯箫发言的全文《关于教材的几点意见》。我看到他着重谈了两个问题:一是语文教学少慢差费的症结何在,二是 1949 年以来哪种语文教材比较理想。他认为,"中学语文教学少慢差费的症结"主要在"文革"的影响；至于教材，他认为"解放之后，新中国领导编的第一套语文教材，可以提一下"。接下来，他详述了"新中国领导编的第一套语文教材"的情况：

> 那是为了改革语文教学而编写的。那套教材提出汉语与文学分科。从1953年到1956年，整个编写过程，是在中宣部直接领导下进行的。那套教材，动员了大批专家学者参加。如汉语教材，我们邀请了所有在京的语言学家，开了许多次会，反复讨论，集中各派学者的长处，力求确定一个完整的体系。讨论之后由人教社集中整理，广泛征求了意见，最后才发动各地同志参加编写的。
>
> 但是那套课本在少数学校试用一年之后，被康生否定了。他质问，为什么报纸社论不编进课本？并一口判定："这套课本最多只能培养小资产阶级思想意识。"以致课本尚未编完出齐，也没有普遍使用就夭折了。

大概在这两点上，彭靖先生都深有同感吧。文人、学者之间，总是因趣味、观点而结缘或分道扬镳的，正所谓"志同道合""道不同，不相与谋"。

我将吴伯箫的发言引在这里，还有一点用心，就是想让更多关心中学语文教学的人看到，这些前辈近四十年前讨论的问题，我们今天依然没有得到解决。有些弊病，甚至越来越多、越积越厚。原因何在？令人深思。

2019年11月1日于济南垂杨书院
2020年2月号，总273期

谢泳旧英文辞典的补充

赵倚平

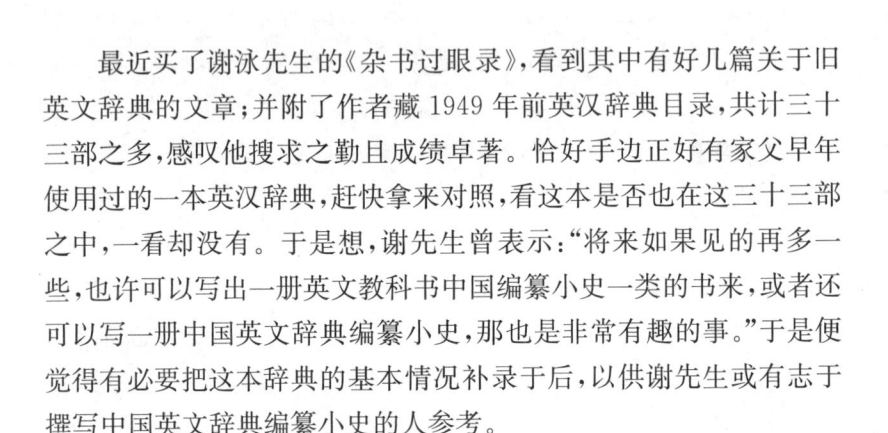

最近买了谢泳先生的《杂书过眼录》，看到其中有好几篇关于旧英文辞典的文章；并附了作者藏1949年前英汉辞典目录，共计三十三部之多，感叹他搜求之勤且成绩卓著。恰好手边正好有家父早年使用过的一本英汉辞典，赶快拿来对照，看这本是否也在这三十三部之中，一看却没有。于是想，谢先生曾表示："将来如果见的再多一些，也许可以写出一册英文教科书中国编纂小史一类的书来，或者还可以写一册中国英文辞典编纂小史，那也是非常有趣的事。"于是便觉得有必要把这本辞典的基本情况补录于后，以供谢先生或有志于撰写中国英文辞典编纂小史的人参考。

这本辞典的名字是CENTURY ENGLISH CHINESE DICTIONARY(《英汉四用辞典》)，在封面的设计中，在圆圈圈起来的书名"CENTURY ENGLISH CHINESE DICTIONARY"之下，还有一个"UNABRIDGED"的词，意即"完整的、未删节的，不是精简版"的意思。该辞典出版于1947年。咖啡色硬皮面，袖珍，宽五十五毫米，高九十毫米，厚近四十毫米，一千一百五十页。因为袖珍，字极细小，一般近视或者老花的人估计光用眼镜都看不清，还得辅之以放大镜。所谓四用，书脊上注明了是"求解、作文、成语、读音"。出版者是谁，因为封面封底都没有标出，只在书脊的下方有，但因年代久远，只能模模糊糊看到"启明"还是"开明"两个字(估计后边还应有"书局"两个字)。翻开封面，有一张没有开头和结尾的类似于说明的文字，且一半还被父亲粘在封二。粘在这一页之后的，显然就是版权页，因为可以看到一个装饰性的方框及书名开头的一半个字母和字，但该页只剩下四分之一,也被粘在上一页上。然后就是目次、读音符号例解、序言和凡例,各占一页,之后便是辞典正文等。遗憾的是,序言的结尾也没有署编者之名,所以弄不清这本辞典的编者究竟是谁。序言不长,照抄如下:

一世纪以来,英语正逐渐向世界扩展,为全球人士所学习;至第二次大战以后,由于英美诸国的胜利,英语乃有成为世界语言的倾向。至于我国,则因中美中英的邦交之日趋密切,英语也跟着重要起来。

为了这个现象,于是英语课本和英语字典的需要,也日渐增加,而后者尤为急迫。我国字典,说来已经不少,然而有些字典,失之太繁,有些字典,又失之太简,要求一部适合乎中学生和一般大众需要的著作,则至今尚未曾见到。本局有鉴于此,乃聘请英语学者和字典专家,化了很长久的时间,编纂了这一部英汉四用辞典。我们虽不敢说它比所有的字典都好,然而它专以中学生和一般大众为对象这一点,是任何其他字典所没有的。

这部辞典却也并不是编者们的创作,他们是根据了英语字典的权威——桑代克氏的《二十世纪初级字典》、福雷氏的《牛津简明字典》和《牛津袖珍字典》——摘精吮华而成功的,其中无论注音、释义、举例、文法,没有一个没有来历,再加以编者们的补充,以求其十分完备,而且适合于国人的采用和参考。

本辞典所选单字,约有二万;成语、俚语、格言等约有六千余句,例句有一万余条,单字注音,则完全采用韦氏制度。战后新字,也尽量采入。

最后我们要说的是,本辞典采取袖珍的形式,小巧玲珑,携带方便,而且"麻雀虽小,五脏俱全",论到它的内容,已如前述,非但不缺少,反而多于一般通用的字典,关于这一点,只要看一看书中字体之纤细,就可以相信我言之不虚了。

编者,一九四七年一月一日。

不知这样的介绍是否于谢先生有所帮助,或许是哪位看到此文的先生手中有同样的一本比较完整的辞典,就请再写一篇文章,以补此文之缺憾。

2015 年 4 月号,总 215 期

籀园书声

回忆我的父亲与祖父
——孙宝麟先生访谈

鲁方平　张永苏等

采访时间：2013年4月9日（星期二）
采访地点：杭州景芳四区孙宝麟先生家
采访对象：孙宝麟（前馆长孙孟晋先生之子）
采访人：鲁方平　卢礼阳　张永苏
拍　摄：斯　亮
（以下鲁方平简称鲁，卢礼阳简称卢，张永苏简称张，孙宝麟简称孙）

⊙孙孟晋（1893—1983）　　⊙康有为赠孙孟晋联语

鲁：您是哪一年出生的？出生在温州吗？

孙：我是1927年出生的，不是在温州。我父亲在北京，我是1927年在北京出生的，八个月就搬回瑞安。

卢：1927年你父亲是在北京，你记得那个时候他的工作岗位？

孙：离开北京我只有八个月大，后来听他说他是北京政法大学毕业的，毕业后在北京财政部工作。

卢：盐务署。

孙：我不知道什么单位，不是太清楚，只知道在财政部工作。

张：那个时候不叫政法大学，叫法政大学。

孙：不知道是政法大学还是法政大学。

卢：法政专门学校。

张：什么专业？

孙：这个也不清楚。

鲁：然后八个月回瑞安了，在瑞安长大的？

孙：我不是在瑞安长大的，在温州长大的。我八个月大的时候，我爷爷1908年死的，然后1927年的时候要安葬。

卢：那安葬地点为什么会选择瓯海慈湖，而不在瑞安？

孙：是这么个情况。慈湖那个地方是他的原配夫人茶山诸家的，诸宅。慈湖白象这个坟山是诸宅送的，所以就选在这里。为了安葬他，我们全家就从北京回来了，回到瑞安了。

鲁：那为什么后来又到温州了呢？

孙：回温州的原因是这样的。有两个原因：瑞安回来那时候还有个哥哥的，我母亲生我的时候，我是第八个。一共生了八个，我是最后一个。我前面七个都没有超过六岁就死掉了，从北京回来的时候我有个哥哥，比我大几岁，回到瑞安又死掉了，就剩我一个，我父母就觉得不顺心，这是一个原因。第二个原因就是那时候温州籀园图书馆聘请我父亲去当馆长。

卢：1935年的时候？

孙：对！1935年的时候，我那时候六足岁，就从瑞安搬到温州。我姓孙，经字辈，现在我的名字叫宝麟，我本来叫经遂。

卢：孙先生，那时候你还记得你住在什么地方？

孙：记得，记得。在瑞安，我就住在老房子里。

卢：玉海楼？

孙：玉海楼边上，正房进去后面。我的父亲本来是老三，因为老大很早就死了，老二升上去变老大，他就变老二了。我先讲讲瑞安好了。在瑞安，我父亲是八个兄弟、一个妹妹，排老二。

张：你的祖母是孙诒让的第几位夫人？

孙：是杨氏，第三位。

张：他的原配是诸氏？

孙：嗯，对对。是诸氏，茶山的；第二位金陵陈氏，南京的，她没生（育）；姓杨的是第三房，是扬州人。我爷爷娶了原配诸氏以后，刚开始十几年都没生小孩，所以他又娶了姓陈的，姓陈的他好像不喜欢，以后又娶了我的祖母。金陵那位，听说孙衣言在南京那边讲学，家都搬到那边了，这样子娶的。我的祖母是在瑞安娶的，听说是扬州逃荒过来的。据说那个时候江苏一带大旱，颗粒不收，一家人都逃到瑞安去了，到了瑞安要饭，就到了我们家里。她有个哥哥的，还有父母亲、妹妹。反正是那边荒年，吃饭没有着落，就把那个小女孩给孙家当丫鬟了，就收留了她。过去贴身丫鬟就等于小老婆。我爷爷觉得她有点知识的，很聪明。过去的丫鬟，虽然已经是小老婆了，但那个时候是不能穿大红裙的，必须要生了男孩才可以穿，生了女孩也不行。生了男孩，才算你在家庭有地位了，所以我祖母生了我的父亲，是很宝贝的，非常宝贝。据说外面刮风，不敢出去，就跪在大床上抱着走，裤子都走坏了。她嫁过来之后，她哥哥来过瑞安看妹妹，但那个时候我父亲没有生下来，见他哥哥的时候，她穿不了大红裙，住在门房，没有住正房。因为那时候没有地位，还是丫鬟，然后她就告诉她哥哥说："我在这里很好，东家待我也很好，你就放心回去。"以后就都没有来了。后来我父亲去北京上学工作，特地去了扬州两次走访，没有找到她家。关键是没有线索，只有小名，因为我父亲去找的时候，已经是二十几年以后的事情了，没有找到。杨氏生了两个，一个是我父亲，一个是我姑姑。后来姑姑嫁到洪家了，洪焕椿的母亲就是我姑姑。后来洪焕椿从中学起就跟我父亲走得很近,很亲近。他中学毕业以后,就待在我父亲旁边了。

张:你还不如洪焕椿与你父亲更贴近。

孙:他在籀园图书馆以后,一直到浙江省图书馆,一直把他(洪)带在身边。

鲁:那我们现在开始讲从瑞安搬到温州这段。

孙:那时候家境不好,心情也不好。刚好那时籀园图书馆邀请他做馆长,然后我们一家人到了温州。和我母亲的姐姐一起住,就在九柏园头。

孙:然后我就认我母亲的姐姐为干娘,她就给我取了个名字,叫宝麟。

张:关于你母亲的情况,你了解多少?你父亲是什么时候娶她的?

孙:这个倒不是很清楚。我爷爷那时候在瑞安,但是我爷爷同诸家小姐结婚的时候在温州的,地方就在米筛巷李宅那里。李宅第七个女儿嫁给我父亲,大户人家。早时候就是当官的人家有月光池,不当官是没有月光池的,我爷爷住的地方就有个月光池,因为我(太)爷爷是京官,京里的二品官,所以才有月光池,他最高的官就做到太仆寺卿。

卢:我们还是转回来,转回温州来,当馆长时期。

鲁:那时候读小学了吧?

孙:嗯,那时候刚好念小学,我小学在温中附小,当时地点就在府前街,八中后门这里,后来搬到府学巷周宅。

鲁:那时候有来图书馆看书吗?

孙:那时候还小,去玩玩是有的。

卢:那孙先生小学毕业,又到哪里读中学了?

孙:那时候抗战开始了,每天都是飞机、炸弹,每天都拉警报,那时候,温州中学内迁,我没有随校就读。所以我就在温州瓯海中学读了,那时候学校在九山。后来我父亲馆长当了六年,省图书馆又聘请他当馆长。

张:孙先生,你印象中父亲在籀园图书馆的时候,具体做了些什么?

孙:我就记得一方面他在那里写作,还有些就做展览,都是挺红火的。后来就因为籀园图书馆做得好,就把他调到省馆里去了,1940年后去的。后来抗战了,就去逃难了,先逃到碧湖啊,丽水龙泉啊,就是那一带,最后是跑到青田。

鲁:那你们一家人也有逃过去?

孙:没有,我和母亲一直待在温州,他是自己带了一班人去逃难的,他就是带着这些书在流亡,洪焕椿在身边。

卢:抗战以后,什么时候你们又和父亲碰上了呢?

孙:是这样的。温州三次沦陷,我就和我母亲逃难,一次逃到茶山,有一次逃到楠溪,还有一次我在学校里念高中,就去泰顺了。后来温州一中又搬到府前街了,那时候朱一青做校长,我就在这里读书了。逃难到泰顺的时候,我父亲在青田,我母亲在瑞安。

张:哦,三个地方。

鲁:后来怎么见面的?

孙:后来是因为胜利了,就回来了。后来他图书馆馆长不当了,到杭州那里的通志馆做总纂了,我后来到了之江大学。

卢:你当时读的是什么专业?

孙:我读的是机械。我们当时有玉海楼藏书的,因为我爷爷死了之后,书就没人管了,因为我父亲是老二,后面三四五六都不是很好,家境都败落了,就我父亲那时候还有单位的,还能撑撑门面。那时候他们几个兄弟想把书卖了,我父亲坚决不让。有一次在县学前,我的第七第八个叔叔跟我父亲就扭打起来,他们要卖,我那时候是小孩吓坏了,我父亲怎么样都不肯,结果就是我父亲拿出了钱,要把书留下来。为了保书,情愿自己花点钱。后来我伯伯是十七八岁的时候死掉的,所以我父亲就变成老大了。延锴就是我父亲的弟弟,他抽鸦片,家里都败光了,他两个儿子都患神经病了。虽然我父亲把那些书保住了,那时候书有十几万册,选出了精华放在藤箱里,然后去温州、去杭州就把书带过去,后来逃难的时候,也一直把书带在身边。

张:那时候他不当馆长了,为什么要把书捐到浙江大学和我们图书馆呢?

孙:他是这样的。带出去之后,就又选了精华,"精中精"自己留着,剩下就给籀园图书馆了,后来是给了两次。

卢:一次是1947年,一次是1974年。

孙:这个你们比我清楚的。后来他也有所考虑了,因为我不是搞文史的,你给我传,也传不好。而且这东西,不要以为就是书而已,那时候费用也很大的,还要放很多精力进去,要防水防火,还要防白蚁什么的,每年还要拿出来晒。这些东西弄不好就没用了,所以他就动尽脑子,他说本来想拿到瑞安去,但瑞安那些人信不过,送到那边就完了。

张:那不是还有相当一部分的书在那边?

孙:那些书是因为选择了精华后,剩下的没办法带走,就摆在那边了,一直到1949年的时候,也损失了一部分。

张:有没有拿去卖掉?

孙:我们是没卖的,但散掉是有的。

卢:那令尊有没有留几本在身边呢?

孙:那时候他把最精品的都带到杭州了,后来他没地方放了啊,就放到杭(浙)大了。那时候杭大有几个教授,他认为把书摆在这个地方最可靠。这些书,他临终之前都处理完了,我连看都没看过。

卢:那就是没有留下东西做纪念?

孙:没有,一点也没有,就是片纸不留。

张:那时候是留下两次的,一九四几年的时候留下一部分的,一部分就给了浙大,一部分是给我们温州的。1974年的时候你父亲还在，我们就去他那边，他就有一部分的书赠送给我们了。

孙：我记得因为玉海楼，传书是传到那边的，后来分家。本来玉海楼是分给六房的。为什么分给第六房呢？因为六房是瘸子。是算命的说他比较老实不会卖掉。但是，后来他也败落了，就把玉海楼典押给姓唐的，唐澄士，后来没钱赎回来，我父亲又出钱赎回来。

张：大概是什么时候？

孙：典的时候大概是1949前，赎回来也是1949前后。1949以后是不会弄的。1949前才有地主典押这种关系，解放后就没了。这样子才使玉海楼重回到我们家的，当时也是一笔不小的开支。

张：按照这个情况，应该是他在图书馆的任内赎回的。

鲁：这么多产业到1949年后就是地主了。

卢：那现在回过来又要请教你了，你之江大学毕业以后去哪里工作了？哪一年毕业的？

孙：我是1950年毕业的。

鲁：那时候你父亲还在通志馆做主编？

孙：那不是，后来通志馆散掉了，然后他就到了杭州这个（省）文物管理委员会里去了。

张：1949年通志馆没了，1953年后成为文史馆馆员。中间两年你父亲是失业的吧？

孙：失业一年。我当时是青年团，我就动员他要从国民党中间的关系改造，让他加入"民革"。后来他就加入"民革"了，先是到文管会，后面再到文史馆。

卢：据我了解，令尊在一个地方教过书。那时候温州在杭州有个同乡会，专门办了个东瓯中学，最后因为这个课不是很正常。

孙：那时候是比较困难的。

卢：不过时间不长，到了1950年3月就已经结束了。

孙：那个时候，我同我父亲，我在学校里面，我父亲在外面租了个房子住。

张：那他回到省城的时候,当总纂的时候住哪儿的?

孙：西泠桥那边,西湖边上,孤山后面,那边就是通志馆。

卢：这是第一个住的地方,那后来呢,1949年以后呢?

孙：1949年后,我到了浙江铁工厂去工作了。

张：那你父亲呢?

孙：他就住在菩提寺路,后来他的房子也是租的,我妈妈也回来了。

张：我就想问下,你父亲离开通志馆的时候,有段时间是想进入浙江大学工作的,这个经过你还记得吗?

孙：这个我不清楚。

卢：我查过夏承焘日记,上面写着1950年的时候他就想介绍令尊进浙大图书馆,这个就是1月16日,到了3月12日才是文管会委员公布的时候。

孙：我不清楚,他跟夏承焘关系很好的,他就住在西湖边,我也去过几次。

张：1949年前我们大致清楚了。我就想知道他文管会是从哪一年退休的?

孙：文史馆开始,文管会就不干了。

张：他是哪里退休的呢?

孙：他没有退休,一直在文史馆到老。

张：那他不是有个档案的吧,档案在文管会还是文史馆?

孙：文史馆吧。

卢：这个情况,我是这么理解的,不知道对不对。打个比方,像温州有几个老先生,他们都退休了,他们都还是文史馆的馆员,拿津贴,退休工资是到温大拿的,是这么一个概念。

孙：没有,他文管会出来以后一直在文史馆,文史馆一直到最后。

卢：那他在文史馆一直都是去上班的? 不是退休的?

孙：嗯，对对对，拿着补贴，住在菩提寺路，然后就都有去上班的。

卢：哦，那令尊的档案应该在文史馆，有机会我们要去看看。不过，孙先生，好像文史馆"文革"的时候受到冲击？

张：受到冲击，你父亲是怎么过的啊？

孙：后来我就不在杭州了。我先讲我吧，我先是到杭州钢铁工厂上班，后来那个工厂被一机部收过去了，就改名为杭州通用机器厂。1956年我为厂里做了一点贡献的，并作为第一次全国科普积极分子到北京开会，受到了国家领导人的接见。

卢：当时浙江有几位代表？

孙：当时浙江代表团可能有二十来位。

张：不愧是孙家的后人！不过我听说还有几个也挺有出息的。有个好像是中科院院士。

孙：最有出息的应该是孙经邃、孙经达，他们是烈士，都死掉了。还有就是我五叔叔的儿子，是地下党员。我父亲在温州籀园图书馆的时候，把他们都接到我家里住的。住在我们家，吃在我们家，他们后来去温州中学上学，都住在我们家里的。本来在府学巷，后来因为抗战，飞机轰炸，就搬走了，住在窦妇桥，那里弯过来就是松台山了。

卢：就是靠近瓯海中学的地方。

张：靠九山公路附近？

孙：对对对，就是靠近那边，1956、1957年我就调出去了。我是工程师，被调走了，去参加大会了。我是上城区的人大代表，因为256项重点建设项目，后来我被调到兰州了，兰州石油化工机械厂。然后不多久又去学俄文了，俄文学了一年半，就出去了。去了苏联，待了一年半。在乌克兰，经过西伯利亚大铁道，七天七夜坐火车，先去莫斯科，然后去乌克兰，在乌克兰的企业里，伏龙芝机械厂，一个苏梅泵厂，哈罗科夫设计院，去了三个地方。后来回来就回兰州了，搞了三年，又被调出去了，去了二机部。那时候工程师入党很少的，都是工农兵入党,知识分子入党很困难的。那时候苏联跟我们闹翻,我去了一年半时间,回来的时候关系就很紧张了。苏联撤走专家、撕毁合同,党中央就下了命令,一定要把我们原子弹搞上去,让二机部到一机部去挑选一百个工程师。所以1963年,我就去二机部,设计原子弹,去搞原子弹的核心,搞铀钚工艺。一开始是设计院,后来就去工厂,就在山沟沟里,那时候书信都是用代号的,就是什么信箱,地址都没有的。

卢：那你在那儿做了几年?

孙：那时候1963年过去,1964年就爆炸了。

卢：那你做了之后又去哪里了?

孙：爆炸之后,"文化大革命"来了,我们这些人就是他们要清理掉的对象,给你个小工作做做,不给你弄主要的东西了。

鲁：没有回来? 没回来杭州?

孙：我后来到了1974年回来的,回到杭州。在杭州制氧机厂一直都是技术处长,一直到退休。

鲁：那你父亲受到冲击,你都不知道的?

孙：知道也是知道的,我不在这里,我爱人知道。

张：都是哪些人来批斗他的?

孙：都是红卫兵来批斗的。

张：说他是"封建残余",把他批斗的。

鲁：你1974年回杭州,那时候和父亲见面有什么印象吗?

张：那时候"文革"还没结束?

卢：接近结束了。

孙：高潮都过去了,就是我在二机部,也受到冲击的。他说我的出身不好,还有就是我老婆,她的两个哥哥,一个在美国,一个在我国香港。

卢：说你有海外关系?

张：那你是"封建残余"加"特务关系"。

孙：他就说你是混进来的。

卢：我再请教你一下,你夫人是哪里人？瑞安人吗？

孙：不是,不是,老伴是上海人。

卢：那你是政府派过去的？

孙："文革"的时候,他不管你的,不跟你讲道理的。那时候很严格的,有一次他把我们所有人,集中在空地上面,专门有解放军来,把我们翻箱倒柜,箱子都要打开。

张：就是抄家,"文革"很流行抄家。

孙：有些人的迷信品都抄出来,有些人日记里的"不健康"的东西都抄出来。我抄来抄去,一点东西都没有。唯一抄出来的就是这个照片,而这个相片就证明了我是没问题的。

张：你都被抄了,那么你父亲呢？他在这里也被抄家了吗？

孙：他抄家倒没有。

张：抄家没有啊,那东西都还保留着吧？

孙：但是他很害怕,非常害怕。他把一些与人有联系的、"反动"的、"镇压"的东西,如书信等,他都烧掉了。

张：那真是很可惜,是珍贵的历史资料啊。

卢：那现在,你父亲的来往书信有没有留下来？

孙：没有,一点也没有。

张：他去世的时候都没有？

孙：我都检查过了,一点都没有,他就弄得很干净。因为经过"文革"之后,全部都烧掉了,凡是有一点联系的都没有保留。

卢：孙先生,"文革"以后到1983年之间这些东西还有没有留下来？就是1978年改革开放到1983年。

张：那时候联系的人也不多了。

孙：有！好像有一包东西,后来给了玉海楼,一包文字材料。

卢：是哪一年给玉海楼的？

孙：哪一年我是记不起了。

张：他应该跟夏承焘先生还有来往的。

孙：应该有过来往的,后来夏承焘去了北京就没有联系了。

张：那他应该也有一些文字的东西。后面东西还有写吗?

孙：后来就没写了,因为视力一天天下降了,眼睛也看不见了。

卢：据我了解,你父亲跟倪士毅教授联系挺多的。

孙：嗯,对!

卢：因为我知道《年谱》的稿子,就是倪士毅先生(出面),杭州大学党委盖了章又去北京拿回来的。

孙：因为我父亲送出去的书就是有两部著作,送到北京图书馆,后来《年谱》拿回来了。

卢：因为那个《年谱》还没有编目。

孙：是这样的,他刚开始答应是给出版的,所以我父亲就给他带过去,后来又不出版了,由于某种原因,经费欠缺。

卢：哦。那就是有两个理由,一个就是没有兑现出版的约定,一个是没有编目。

孙：对,它不出版我就要拿回来,拿到温州出版。(编者按,指"温州文献丛书")

张：最后我还想再问下,你们这辈人,你们孙家,还有哪些人和你们来往比较密切的?

孙：到现在为止,我这一辈男的就剩下我一个了,孙诒让下面的就没有了。女的还有一个在瑞安,她比我大,九十多了。我今年八十七了。

张：在南京大学搞天文学的孙义燧是哪家的孩子?

孙：是我们孙家后代的。

卢：现在在北京的孙崇涛,是不是也是你们孙家的?

孙：不是的,肯定不是的。

张：最近几年有没有修过孙家的族谱?

孙：没有。

卢：现在再回来。还有一个事情，上次听你家里的那个表弟周先生讲，当时就是你爷爷最后安葬在茶山，后来你父亲就安葬在郭溪，又移到清水埠。

张：为什么要到郭溪？

孙：周先生是我小一辈的表侄，我的干爹干娘都安葬在郭溪，后来我父亲买了个坟山在郭溪，委托他一起买的。那个管山的，死掉了，小的也不管了，弄得野草丛生，有点不像话。那就索性，他们的爷爷和我父亲一起弄到永嘉县瓯北镇清水埠山。山很高的，看得也很远，瓯江都看到的。周先生的爷爷与我的父亲位置并排。我的寿坟也在那里，省得麻烦，还是公墓方便。

还有那个图书据说呢，就是我父亲，那个时候在丽水，有一次很危险的，他图书搬的地方有两个防空洞，那时候日本人空袭，一个炸弹炸到另一个防空洞去了，直接命中，所以很危险啊。

张：哦，这也是运气，逃过一劫。

孙：还有一次也是很危险的。就是在青田刘家大院里，就是刘祝群，刘伯温的后代，图书就放到那里。有一次起大火，烧到二进门，最后一进的时候火没有上来了，书算保住了，所以就很危险，非常危险。

卢：这都是日本人欠我们的债啊。

孙：我父亲跟我说，温州第一次沦陷，一大早，空袭警报就响了，飞机没来，到了下午南门外机关枪已经开始响了。我们随手拿了包裹就跑，逃到江北，看到船就跳上去。当时什么都不知道，什么准备都没有。我听我父亲说，那时候他在丽水，不知道家里怎么样了，他说那时候就跪在丽水的江边祷告。

卢：洪焕椿先生应该有跟你父亲联系，他后人有联系吗？

孙：他后人在南京。

卢：他夫人还在吗？

孙：不知道，夫人可能比我大几岁，在不在就不知道了。现在九十来岁了,有好几个后代,儿子女儿都有。下一代就没有联系了。

卢：现在瑞安温州还有哪些人跟你联系比较多？

孙：就是女的,孙文璇,他的儿子就是王家的,她有两个儿子。

卢：孙家的后人在温州也不多。

孙：一个叫王森,一个叫王靖鑫。

卢：他们都退休了吗？

孙：退休了吧,六十多一点,还在瑞安。

张：那么孙先生,你父亲给你的书信家里有没有？

孙：没有。我父亲一般不写信的,我都是爱人写信来往的。我最近一次回瑞安,是拍电影《孙诒让》那一年。

(鲁方平整理,经受访人过目认可)

2019 年 4 月号,总第 263 期

一座丰碑
——纪念梅老

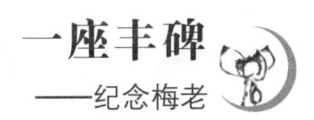

沈克成

记得在十三年前,即 2007 年初,温州市曾经相当隆重举行过一次纪念梅老的大会——《梅冷生集》首发式。今天我特地拿出当时的录像看了看,好几位前辈都已作古。那次会议在市图书馆多功能厅举行,郑笑笑馆长主持,市文化局瞿纪凯局长出席并致辞。《温州文献丛书》主编胡珠生讲话,副主编陈增杰老师也发表了长篇讲话。今天陈老师在,当仁不让,会议主持肯定会请他做一个主题发言,我只是随便谈谈自己的一点感想。

有人说,温州的文化人"事必言籀,言必怀梅"。依我理解,如果分得更细一点,说得更确切一些,温州的教育界,籀公是偶像;温州的

⊙运送善本线路图,曾海宁、赵天慧绘。

文史界,梅老是楷模;温州的书画界,方介堪是导师;温州的外语界,周任辛是标杆;还有,诗词界、戏剧界、音乐界,等等,许多许多。

我觉得,一个知识分子,在他身后还被人怀念,是件不容易的事。许多人在世时显赫得很,但尸骨未寒,就被世人遗忘甚至抛弃了。这样的人不胜枚举。

有人为梅老愤愤不平,认为梅老应该算是一位响当当的温州历史文化名人。陈德荣主政时,温州第一次评选出二十名"温州历史文化名人",我全程参与评选。当时梅老在初选候选人之列,最终没有入选。我觉得这不奇怪,也在情理之中,因为那次评选的范围太广,跨度太大,早自东瓯国的驺摇,晚至现代的苏步青。再说,那种评选是以一个人的业绩为主轴的。梅老没有太多的著作问世,他只是默默地奉献,所以没有引起特别的关注。

我们今天怀念梅老,是因为梅老的魅力吸引着我们。梅老的魅力体现在三个方面:一是他的业绩,如爱馆、爱书、爱乡,为温州图书馆事业,为温州文史工作作出重大贡献;二是他的人品和气节,那种文人的傲骨和正气,我最欣赏他这一点;还有,就是他提携后辈,注重传承。

梅老大我四十六岁,是我同学的祖父,所以有缘认识了好长一段时日,了解他的身世,了解他的为人;但毕竟年龄相差悬殊,似乎没有亲聆过他的教诲,对他的学问、他的造诣,乃后来才略有所知。

尽管如此,由于我跟梅老的孙子和曾孙非常熟悉,感情也很深,因为他们的关系,我对梅老也是很有感情的,这让我深感三生有幸。

⊙《梅冷生师友书札》封面

今天在座的老老少少，年龄差异不小，社会身份也不同，这说明温州还有一群有良知、有追求、有品位的文化人，在疫情肆虐的时刻，还愿意聚集在这儿，来缅怀我们的前辈。因为梅冷生先生永远活在我们温州文化人的心中，因为他在我们心中树起了一座丰碑。

我们看一个社会是文明或愚昧，可以看它是否善待文化人。梅老生活的年代，经历了不少磨难，抗战、内战和"文革"，他都经历过了，而且都是刻骨铭心的。特别是"文革"时期，眼看着这么多国宝遭受摧残，对于一位爱书如命的老人来说，该有多大的刺激。这时候他已卧在病榻上了，仍受到"革命造反派"的批斗，真是死不瞑目。最后他在病榻上所吟成的《劲风楼酬唱集》，就是他悲愤情绪的宣泄。

时间在流转，转眼间我已成了老得不能再老的老人了。回顾我这一生，虽然学历很低，没有读过大学，但非常荣幸的是，当年温州城内的许许多多文化老人，对我都非常好。他们愿意教我知识，更教我如何做人。多年来我养成了一个习惯，每逢一位老师故世时，我都要写一篇纪念文章，这不仅是为了悼念我的老师，更是作为历史的见证留给后人。

我可以负责任地跟你们年轻人说，我的老师，似乎没有一位是能够平平安安、安安稳稳生活着的。更可怕的是，老师的子孙大部分没有能够得到完整的教育，更无法继承父业，把道德文章发扬光大。文化的断层，这该是多么可悲的事啊！

梅老对社会的贡献是有目共睹的，但是社会对他并不公平。他的两个儿子都受到了不公平的对待，影响到梅老的孙辈几乎都过得很是坎坷。例如梅家大房的三个孙子，老大"反右"前高中毕业，还可以考上大学，梅老却坚决不让他读文科，因为怕出事。后来靠自己的打拼，终于当上了一家国企的厂长、总工，却不幸因病早早离去。老二就没有老大幸运，跟我是中学同学，因为父亲在台湾的关系，没让读大学。老三更可怜，连高中也不让读。梅老的二儿子被错划成右派，全家的命运就更悲惨了。

但愿我们的时代会一天一天变好,但愿我们当局能珍惜知识分子,尊重知识分子。前天温州市文史研究馆揭牌成立,我似乎听到哪位领导说了这么一句话:知识分子是社会的精英。既然是精英,就应该好好呵护呀,不能让他受伤害啊。

但愿我们在座的每一位将来都能成为温州的精英。如果真能这样,我们就可以过着祥和、太平的生活了。但愿如此。

2020 年 5 月 15 日

2020 年 7 月号,总 278 期

梅冷生先生指导我读书

陈朱鹤

半个世纪前,作为温州图书馆的读者,我三天打鱼,两天晒网,没有认真读什么书。但是,与梅冷生先生近距离接触,梅先生指导我读书的几件事,至今记忆犹新。

那时,风行末代皇帝爱新觉罗·溥仪写的《我的前半生》,我也看得津津有味,而且是皇上说什么,我就信什么。皇上说自己从天津的张园去关外重新当皇帝,当然那是伪满洲国的皇帝。在复辟的过程中,罗振玉非常卖力,起了很大而且很坏的作用。罗振玉是著名的学者,皇上对他的学问自然加以评价,在皇上的眼里,简直就是盗名欺世之徒。"皇上"的笔下的自己,有点受骗上当的味道。

⊙籀园图书馆大门

在这个同时,乐清晋墓出土,我遇到一个疑难问题。考古学家夏鼐先生向我推荐去查罗振鋆的《碑别字》。这位作者罗振鋆先生,24岁便辞世了,他的弟弟罗振玉,就是被皇上形容得一塌糊涂的保皇派罗振玉,重整其兄未竟事业,整理编辑为《碑别字补》五卷。收录历代近两千种碑帖中碑石中的别字,上起秦汉,下讫民国,是研究金石碑刻汉字形体演变,以及历代书法艺术的不二经典。这罗振玉在古文字的研究著作等身之外,还是中国农学的开创者呢。我这种在校只学阶级斗争知识的学生,哪里知道呀?于是,我对溥仪的话,对《我的前半生》产生怀疑,就请教梅先生。

梅先生戴着眼镜正坐着看书,他抬起头来,眼睛往上翻,看了看我,缓缓地说:"这就是人品!"看到我惊诧不已,又补充道,"政治人物讲学术,你不要相信。"梅先生轻轻的两句话,仿佛重锤敲打我的心灵。

对学术界的著作,我读之前,总要先看作者的头衔,掂量轻重,梅先生对此不以为然,他指着温州图书馆几十万册的藏书对我讲,真正有价值的书其实并不多,有的作者牌头大,出名之前的著作下了功夫,有名堂,暴得大名后,不能潜心做学问,也就没啥花头了。

说到这里,梅先生向我布置一道作业,他说:"你们乐清有一个人,很了不起,他的一本书,就可以压倒人家一书橱的书。"他姓张,弓长张,名叫旸昶,也有说单名,张昶。我只知道他是乐清人,乐清哪里也不晓得。因为要找人,要查资料,我要求梅先生把"旸昶"两个字写下来。梅先生很认真地一边写一边解释,旸字是日字旁,太阳出来,晴天的意思;昶字,与畅快的畅同音,永字加日,表示白天的时间长。这还不算,梅先生再加发挥:古人的名和字,意思往往是相关的,譬如我的名叫雨清,所以字冷生,都包含下雨。这位旸昶,都是晴天。

我从温州回到乐清,特地去城南的石马,查了张氏宗谱,没有查到,又去蒲岐,人家不让我查宗谱,这件事不了了之,觉得很辜负梅先生的重托。

近读浙江古籍出版社出版的《梅冷生师友书札》第281页,是郑空性致梅冷生(1963年3月9日),开头便是:"冷生先生:前谈张昶事,曾托人查阅黄花张姓族谱,唯至今尚未回音,得暇当亲去一查。未知尊处近来有否获得新线索,便希示及。"

这位写信的郑空性先生,不但是我的老师,还是我家在乐清中学白鹤寺后面二公祠的邻居。梅先生对寻找张旸昶的事,是极其重视的。

　　梅先生以此来指导我,要读有价值的好书。

2020 年 7 月 14 日于上海

2020 年 8 月号,总 279 期

忆梅先生与古籍库房

郁小鸥

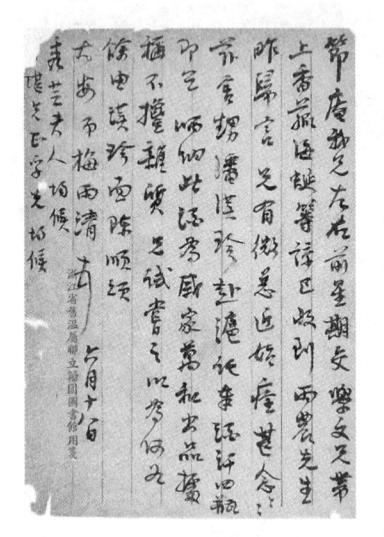

⊙梅冷生致方介庵信札

我家曾经住在石坦巷12号。

1949年前,隔壁有一位叫王小姐,好像是个国民党军官的太太,她在当时石坦巷空旷的地方盖了一幢楼,上有宽宽的东南朝向走马廊的小洋房,四周还种满了果树。

房子刚刚盖好,门窗地板都还未油漆,温州城就解放了。王小姐跟她丈夫逃往台湾,临走前,把这幢未完全盖好的房子托付给她的好朋友梅冷生先生照管。她去了台湾后,从此几十年杳无音讯。

梅冷生先生是一位德高望重的民主人士,时任温州图书馆馆长。他当时搬到了这幢房子住,新中国成立后不多久,就把这幢房子交给了政府,然后作为敌产没收了,产权归政府,但使用权仍归图书馆。

楼上是梅先生住,楼下就成了图书馆的古籍书库。

梅先生在楼上一直住到20世纪70年代。后来中风了,在床上也躺了十年。

这个房子当时盖的时候周围空间很大,后来不知怎么回事,周围盖起了许多房子,这幢房子被包围了,而且有些地方距离只有一米左右,楼下因为之前是书库,不住人,四面的窗户基本都被堵死了。

由于我们当时没有房子住,图书馆就给我们安排在楼下偏间又暗又潮湿的房间里。这房间是平房,当年盖的时候是洋房边的侧房,说是给下人住的。

这间房子的窗户周围都给邻居后来盖的房子堵住了,我们搬进来后,只好在屋顶上开了一个天窗采光。

由于房子低矮,周围楼房也没有排水管,所有的雨水都汇聚倾泻到我们这间屋的房顶上,屋顶的瓦都挡不住,每次下大雨,家里都哗哗地漏水。我妈说,一下雨就害怕,墙壁都被水浸酥了,阴雨天都发霉。

我们一家四口就挤在这房间里。

我父亲在图书馆工作时,梅先生任馆长,他慧眼识珠,对我父亲一直很照顾。他中风瘫卧床上时,口齿不清,但思维仍很清晰。我父亲时常会去楼上跟他交流,询问事宜,两人相谈甚欢。他在我父亲最沮丧最无助的时候,对我父亲说:"冯唐易老,李广难封。"一连说了好几次!父亲回来后跟我和母亲说了,还把这冯唐、李广的典故讲给我们听。这真是给当时的我们带来莫大的鼓舞啊!后来我教书教到这句时,眼泪差点要涌出,只有亲身经历,才有感触啊!

梅老有个没有出嫁的女儿叫绿云,学名叫梅之萼,她一直服侍梅老,非常细致入微,周到体贴,一直到梅老归西。梅老还有个儿子叫梅之芳,也经常过来看梅老,来了也会到我家坐一会儿。绿云娘去世后,梅之芳过来说,梅老和绿云都有遗嘱,这房子绿云过世后,就给郁先生住,梅家后代众多,但不得住这房子。梅老还说郁先生一辈子太苦了,我这间房子如果不给他住,他就一辈子要住在那又潮湿又阴暗的旮旯兜里。

当时这个消息太让人吃惊和振奋了!梅之芳也携同子孙写放弃证明并连同遗嘱禀告了图书馆、房管局。这个房子其实使用权还是属于图书馆的,是"租"房管局的,由于梅老的特殊原因,梅老有对房子的使用支配权。当时刚好我父亲也正逢改正落实政策之际,有这么个机会,几方面共同推动,就把这房子落在了我父亲的名下,我们家也终于有了一间十几平方米的能看到天的房间了!

各种感激之情难以言表!

在这间房里,我父亲一直住到去世。直到 2002 年,旧城改造拆掉了。

后来又有了一个小小的故事。

我女婿研究温州历史,其中一项是研究张棡日记,我们一起去采访张棡先生的孙子、日记的校编者张钧孙先生时,他告诉我们,有一段时间张棡日记的一百多本原稿无处安放,只好连夜雇小船从瑞安鲍田老家运到梅冷生先生处。梅先生非常重视这套日记,深藏在自己的睡床下,藏了好多年,完好无损,后来才又被张钧孙先生的四叔慕骞先生运回去。

我听了目瞪口呆。梅先生在时,他家我也常去,他后来又把房子给了我家,这部张棡日记原来曾离我这么近!

世事沧桑,往事如烟,不记下这些,以后就再也没人知道了!

2020 年清明节

2020 年 7 月号,总 278 期

化作春花落报端
——缅怀宗鉴

吴 军

市图书馆老馆长郁宗鉴,是图书管理的行家,他微笑待人,认真做事,颇受领导与群众的称赞。这充满书香的高雅房间,不仅使他增添学养,打开眼界,而且能净化心灵,愉快度过富有诗意的金色年华。兴来写个剧本,有暇可登华盖山,在大观亭与老友在晚霞夕照中回顾昔日苦难,畅谈幸福的今天。对祖国感恩报效之情,化为实践,而尽献寸丹。

1979年初春,我作为宣传部负责人到图书馆看望这位老同志与全体馆员,他拿出新编的图书索引,要我题词,略加考虑写了四句话:精编索引,与人方便,小善可为,心中自安。随后我逐一看了他们收藏的各类书籍,分门别类,秩序井然。他向我提出,一批善本、孤本因潮湿受损,亟须修补,我答应向财政局申请拨款,该局负责人慨然允诺,拨款四万,这是雪中送炭。他们精打细算,认真修补,得以复原。后因工作需要,我与之面谈,调文化局任专管戏剧的副局长,他的回答是:"我爱书如命,留在这里,是我的心愿。"我说:"作为一位老党员,应服从调遣,命令如山。"他只好到兴文里上班,于是把精力放在剧团。他与焕新等,从编剧直至导演,把剧团搞得红红火火,不论在城市亮相,还是到农村展演,拿出好戏给群众观看,佳评多多,喜报连连。1982年地市合并召开首届文代会,他当选文联副主席,他惜别条件较为优越的文化局,毅然到比较清贫的市文联。万事开头难,十几个人在礼堂右侧小房两间。为照顾领导班子商讨工作,在计委斜对面,给了一个小房间。我们皆是十一届三中全会受益者,除旧布新,文艺界很快出现了朝气蓬勃的可喜局面。受陈云同志好评"山西刊大"的启示，我们以发行量超过九万的，由茅盾题名的《文学青年》为依托，自编教材，办起了函授，全国报名者，超过数千。我们自编教材，来稿似雪片飞来，几个麻袋。工作人员在礼堂席地而坐，打开后分门别类，分送给宗鉴及有关同志，他们阅后分别提出修改意见。这件事落在宗鉴双肩，因又新是《文学青年》主编，他的主要精力要编排来自全国青年作家的稿件，函授只是兼顾，尽心焉。

我们是函授与面授相结合，先后办过六次笔会。选调部分学员，请林斤澜、高晓声、曹玉模、叶文玲、唐湜、马骅、郑玉秋等名家，为他们指点迷津，传授经验。现任作协主席铁凝与王英琦也来参观访问，我与宗鉴是在景山草地上热情与之交谈，有问必答，情趣盎然，几十年过去，恍如昨天。我们还办了一次全国期刊会议，袁芳烈书记亲临致辞，我作了主旨发言，提出了刊物无级别，宁缺毋滥，把好稿件质量关，于是我们期刊被誉四小红旦，天远地偏，好花千里香，不用大风扬，这话也得到了广为流传。《青年文学》主编当场对我说，你的设想别开生面，持之以恒，水滴石穿，这风景书耐看。在我们影响下，风生水起，各地也办起了函授。为形成中国文学函授中心，在上海国际饭店十四楼由我致辞并宣布成立，上海市文联主席杜宣被选为理事长，我为副理事长，面对热情观众，我慷慨致辞对函授进行宣传，并告诉大家，冰心、叶圣陶、吴组缃、夏征农等全国名家担任我们的顾问，众人闻之，掌声雷动。随后我与上海文联党组书记储大弘到乌鲁木齐、河池、丹东、昆明参观访问，他们如实汇报，成绩斐然，这功劳有宗鉴的一半。

1983年，我们条件有了改善，墨池坊23号交文联使用，一株高及四楼的玉兰树与我们朝夕相伴，起文楼这个符号铭记心间。宗鉴在二楼办公，为学员回答提问修改稿件，搞好这项工作不仅尽心尽力，还得要不怕麻烦。累计六年培训超过十万，有的成了作家，有的进了机关，有的当了宣传部长，有的当了报社总编，更多的成了基层骨干。他们与群众心心相连，如沃土盛开的鲜花分外鲜艳，群策群力创造了美好的精神家园。

不幸的是因《文学青年》封底有一位端庄秀丽的"妇女",省委宣传部那位不懂文学的部长,以"精神污染"为名,责令《文学青年》停刊,我们函授被迫中断。文联诸同志非常愤怒,宗鉴彻夜难眠,默默无言,他悄然办了离休手续。但他的心仍期盼文学艺术事业,还会焕发生机,不出他所料,《温州文学》以崭新的面貌又与世人见面,温州人不怕压不怕打,经过风雨,见过世面,所以皆道敢为人先。现在这刊物面向全国,稿源丰富,颇受读者称赞。不幸1998年春月在研究剧本时他突发心脏病,经抢救无效永远长眠。视文学如生命者辞世,这是无法弥补的损失,但他的高尚品质、出众才华将永留人间。

2018 年 12 月 19 日

2019 年 2 月号,总 273 期

故乡的杜鹃花
——金江先生藏书整理后记

章亦倩

2014年4月,沙黎影女士将金江先生的毕生藏书及往来书信悉数捐赠温州市图书馆。我和采编部几位同事负责将其中的书刊整理编目,再录入书目检索系统。金先生的藏书多达五千册,是一个小型图书馆的规模。我不清楚先生花了多少资金买这些书,他付出的心血想必更是难以估量。藏书扉页上先生的字迹依旧清晰,内容或是得书经过,或是读书感悟,或仅仅是签名和日期,当时的心情或许在时间更替中再难寻觅,但先生的思想、情怀慢慢地展现了出来。

金江先生原名振汉,字洛华。在他的早期藏书中,多签作"振汉"或"洛华",还贴有"振汉藏书"字样的藏书票,上写:"凡借我书之诸君,请对书加以爱护,勿折,勿涂,勿使破损,并保持书之清洁;读后,请早日交还,此为本人恳切请求于诸君者,敬希注意!金振汉谨启。"藏书票有编号,如《散文诗》(屠格涅夫著,巴金译,文化生活出版社民国卅六年第三版)一书编为722。但此次整理中这样的书仅见数十册。记得有一篇文章曾说,在孔夫子旧书网上买到一册"振汉藏书",想来其他的就是在"文革"中抄家散佚的。1941年5月22日,先生在《前线日报》副刊《战地》上发表了处女作《沙漠的歌》,首次使用"金江"这一笔名。也许这个名字让先生对"金沙江"也有了爱屋及乌之情,他在白桦的诗集《金沙江的怀念》(中国青年出版社1955年版)的扉页上写着:"因为爱这本诗,特地买了它。一九六二·六·二一,温州。"

金先生的文学之路以诗歌起步,1947年出版第一部诗集《生命的画册》(文风出版社),收录了《生命的笔》等十首诗,并在1985年捐赠我馆。其后他的诗作《沙漠的歌》和《雁子》收入《中国新文艺大系·1937—1949 诗集》（公木主编，中国文联出版公司 1996 年版），《夜行》和《江边》收入《中国现代经典诗库》（李葆琰等主编，北岳文艺出版社 1996 年版）。在《中国现代经典诗库》第一卷的扉页上，先生写道："1999 年 9 月辉儿在杭州新华书店寻得此书，特购之。由媳莲英带来温州赠我，我欣喜万分，并给莫洛、唐湜兄传阅。特志之，并珍藏。金江。"这部书共十卷，除收有先生的诗作外，还收有温籍诗人莫洛的《晨晚二唱》《校对员》、唐湜的《沉睡者》《晨歌》等。先生的藏书中，闻一多、艾青、邵燕祥、田间、骆寒超等人的诗作都有不少，诗歌是他终生的阅读兴趣。他在《诗海采珠：一九八五年新诗日历》（湖南人民出版社编，1985 年版）书上写下了这样一段话："这本诗集中了那么多'诗人'的短诗，读后，觉得好的仅只一二首而已。其余都是贫乏、平淡、矫揉造作、没有诗味的。新诗面临危机！可叹！金江，1988.4.14。"

诗人本多情，从藏书中也能感受到先生对家人浓郁的爱。送给夫人的《识谱法》（马剑华编，劳动出版社 1951 年版）题："黎影喜欢学音乐，特购此书给她，希望对她有所帮助，能够实现她的理想——学好音乐。金江，一九五二·一·三。"《乡村女教师》（东北教育社编译，人民出版社 1951 年版）题："给黎影读，华尔华拉就是我们小学老师的方向！金江，一九五一·一二·一五，购在温州。"送给孩子们的《谁猜得对》（田稼、张超南编，少年儿童出版社 1957 年版）题："给斐、辉、冲三个孩子，作为春节礼物。爸爸，1959 年春节于景宁。"那一年，先生在景宁赤木山矿井劳改，在《怀乡曲》里表达着他的伤痛："母亲的白发，孩子的笑脸，爱人离别的忧郁的眼睛，是永远不能磨灭的记忆。啊，故乡，亲爱的故乡，哪一天我才能回到你的怀里？才能饮到你的井水？哪一天啊，我这创伤的心，才能得到你的抚慰?!"

金先生在文学上的最大成就在寓言，藏书中寓言、童话、故事等文学体裁占了近四分之一。自己创作及编选的寓言集就达五十种，收录了先生作品的寓言、故事集有两百余种,还有为数不少师友相赠的图书,其中五十余种寓言集在国家图书馆、上海图书馆、浙江图书馆网站上均未见藏。先生身边聚起的寓言作家圈是他勤奋创作和谦虚人格的外化,这些由出版社编辑或作者亲笔签名的图书,也为学林留下一段相互切磋、虚心问学的佳话。赠送者中,也有对先生的文学创作给予极大帮助与支持的严文井和张天翼这两位作家。在《严文井选集》(人民文学出版社2004年版)的扉页上,先生题下:"这是严文井老师身患重病,签名赠给我的'选集'。手发抖,字迹歪斜。三个月后,7月20日他即撒手人寰,溘然离世。这是他留在人间的最后笔迹,弥足珍贵,故特志之。金江,2005年8月26日于无悔斋,时年八十三岁。"在《张天翼文集》(上海文艺出版社1985—1993年版)首卷扉页上,先生写道:"此书承张天翼老师的夫人沈承宽所赠。书中第417页复浙江人民出版社编辑部的一封信,是天翼老师支持我的童话《鼻子》出版,给我的儿童文学创作极大的鼓励。一九九三·三·二七。"那封信写于1955年除夕,张先生在信中肯定了先生"掉下鼻子"这种想象的寓言手法,并说"我觉得金江同志要从事儿童文学,是有前途的。"他这种热心帮助青年作者的精神深深感动了先生,从此将张先生视为自己终身的老师。

寓言让金先生获得了无数的荣誉,也让他经历了无数的苦难。先生的学生叶永烈曾将自己的作品《沉重的1957》(百花洲文艺出版社1992年版)相赠,并题上:"金江老师,难忘历史沉重的一页。永烈,94.9.8,上海。"但先生将他蒙冤受屈的二十一年视为不平凡的磨练,说苦难让他变得理智、冷静,也更坚强。他将书房取名为"无悔斋",以表明一生"问心无愧,无怨无悔"。在《中华名人格言》(中国中外名人文化研究会编,中国文史出版社2005年版)一书中,先生的格言是:"不幸是锻炼人生的最好学校。坚强者从不幸中奋起,懦弱者在不幸中沉沦。"读完寓言作家黄瑞云的《杜鹃花依旧开放》(作者自刊,2001年)一书后,先生写道:"2002年1月26日收到黄瑞云兄的信与此书。两天后即开始读《杜鹃花依旧开放》。瑞云兄的苦难一生与悲惨的遭遇,令我掩卷叹息,不忍卒读。时过两月,今天凌晨三时起床,再行翻开拜读,忍住眼泪和心悸,终于读毕。瑞云兄的遭遇与我有相似之处:命运对我们是何等残酷?!人生何等坎坷?!我们终于坚韧不拔地走过来了!我非常欣赏与同意他在结尾写的:'痛苦的人生也未必不是美的。''故乡山里的杜鹃花依旧开放!'金江,2002年3月30日凌晨含泪读毕。时年八十岁。"

金先生将温州市图书馆称为他文学创作的良师益友,并建议本地和外地的温籍作家学者,都能将自己的著作和藏书捐献给温图以丰富它的馆藏,他是这么说,也是这么做的。

2015 年 8 月 16 日

2015 年 10 月号,总 221 期

父亲与温图的书缘

郑任钊

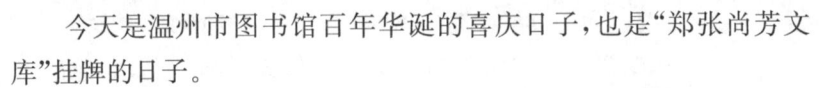

今天是温州市图书馆百年华诞的喜庆日子,也是"郑张尚芳文库"挂牌的日子。

我的父亲郑张尚芳先生与温州市图书馆的缘分很深。他因家庭成分的原因没有正式上过大学,总自称是"图书馆大学"毕业的,这个图书馆指的就是温州市图书馆。早在1947年考入永嘉县中(即今温州二中)读书后,父亲就成为温图前身籀园图书馆一名年轻的"老"读者,也就是在那时候他产生了对语言学的兴趣。1952年高中提前毕业后,他更进入温州市图书馆当了义务编目员,接触了图书馆内大量待编图书及旧藏,其中语言学方面的书籍使他尤为受益。1954年父亲考到北京地质学院专修班学习物探,后又被派往地质部松辽物探队工作,在天寒地冻的东北大地寻找石油之余,他仍然沉醉于对语言学的探索,需要搜求资料的时候还继续得到温州市图书馆的帮助。1958年父亲回到温州与人合办五马中学并任教,于是又再度成为温州市图书馆的常客。

三年经济困难期间,1959至1961年间在馆内一些老同志的推荐下,父亲进入温州市图书馆当了一名合同工。工资虽少,但父亲非常享受在温图的这段时光。他回忆说:"每天工作完毕后,抱着选借来的书,美滋滋地回家读到深夜,这正是我在图书馆工作期间的最大乐趣。"这段时间,他完成了《温州音系》《温州方言的连读变调》这两篇中国方言学史上的经典之作。1964年《中国语文》第一、第二期连续刊载了这两篇论文,每篇都占去几乎半本期刊。而父亲当时年方三十岁,没有受过一天语言学的科班训练。1964年下半年,父亲被推荐去杭州参加了浙江省方言调查组，才离开了温州市图书馆。有意思的是，就在父亲离开图书馆后，我母亲（任衣红）也进入温图做了义务工，直到"文革"闭馆。这也是我们家和温图难得的缘分吧。

父亲是温图一名资深的老读者，又两进温图五年多的时间，温州市图书馆在他的学术成长道路中起到了非常重要的作用。

父亲对温州市图书馆一直有着深厚的感情，每次回温，他都会到温图走一走，或到"籀园讲坛"做讲座。温州市图书馆整理编辑的大型图书，如《温州方言文献集成》《温州通史专题史丛刊》等，父亲或任主编，或参加撰写。他与温图的许多工作人员，包括前后几任的馆长，都有很密切的交往。

父亲一生嗜书。从他少年时的日记可以看出来，那时候的课余时间他总是在看书，而且喜欢逛学校附近的几家书店。父亲没有赶上科研经费充足的好时候，几十年来一直都是用工资买书。他长期工资微薄，而且还要供养家庭，但他在买书上从不吝啬。无论是在温州，还是北京，他最大的花销都是买书。出差或开会，每到一地，他总是要到当地的书店逛一逛，然后大包小包扛回家。后来岁数大，扛不动了，但书不能不买，只是听从我的劝告，把买到的书通过邮局或快递寄回来。

父亲的藏书很早就具备较大的规模。潘悟云先生曾回忆，在"文革"那个文化枯竭的年代，父亲家中数千的藏书，如一方活水滋润了他的学术生命。然而父亲的藏书在"文革"的时候也损失惨重，被红卫兵抄家劫掠走了千余册，其中有大量珍贵罕见的图书资料，光是精心搜集的温州乡土语言资料就有三四十种。从不落泪的父亲，在院子里号啕大哭。所幸的是，温州市图书馆倪新祯、黄东君、阮延陵等几位同志后来在抢救出来的一部分图书中发现了我父亲的一些笔记和图书，就替父亲保存了下来。陆续收回的笔记和书刊计有七十余册。父亲曾说，这些书刊笔记件件闪烁着馆内同志的亲情。还有一些书被卖作废纸拉到了温州板纸厂，当时我奶奶正在该厂上班，于是又抢救了一部分回来。总算是劫后余灰,不幸中的万幸。

早年在温州老屋的时候,每年发大水,全家老小一起上阵,最重要的事就是抢搬父亲的书,这也是我幼年少数几件印象深刻的事情。20世纪80年代初,父亲入职中国社会科学院语言研究所,举家迁往北京,最大的家当就是书,特别打制的十来只大木箱,从温州发往北京。

几十年下来,父亲的藏书达到了数万册之巨。1995年,父亲获颁"北京市藏书状元户"的荣誉称号。父亲对生活要求不高,有地方睡觉,有地方写字就好。他在北京的住所,客厅三面都是书架,每个书架从里到外摆放四层书,书架上面也摞着书,顶到天花板上。好些书架中的书不能立着摆放,只能横放摞着。卧室也都是书架,而且床下、门后、地上都堆满了书,几无空余之地。看似杂乱,但父亲能清晰地记得每本书在什么地方,总是能精准地找到所需的书籍。由于他在图书馆工作过多年,他对书籍还登记编号。

父亲学问广博,除了人们熟知的音韵学、方言学、周边民族语言的领域,他对历史、文学、训诂学、古文字、简帛、历史地理、中外关系史及《周易》《诗经》等经籍也都有研究。他甚至对古人类学也一直保持非常浓厚的兴趣。由于祖上行医,他对中医学也有涉猎。因此,父亲的藏书涉及面极广。在藏书中,还有一些非常特殊的书籍,那是困难时期,父亲还有潘悟云先生一起手抄而成的。这些手抄的书籍,见证了父亲与潘悟云先生当年艰苦的治学历程,也见证了那个时期学者顽强进取的精神。

父亲购得的每本书他都会看得很仔细。很多书上,写满了批注。读到有用的材料,他还会做成卡片记录下来,这类卡片积累而成的数量也是十分惊人的。几十年来,父亲一直保持着阅读的习惯,每天伏案写作之余,就是读书。他的书案之下,双脚所在的地面,日积月累,甚至磨出了两个大洞。父亲的学问皆为自学,他广博的知识结构与他累年不倦的阅读习惯是分不开的。

父亲是当代的语言学大家,他收藏的图书、刊物和学术资料,不仅是一个巨大的知识宝库,更蕴藏着难以估量的学术价值和文化价值。父亲生前嘱托我,要把藏书赠予"母校"温州市图书馆。今天,我们家属和温州市图书馆一道来完成他的遗愿。我代表我的母亲和家人,感谢温州市图书馆,感谢胡海荣馆长,为父亲的藏书提供了专业的管理、保护与利用,并通过"郑张尚芳文库",让父亲与温州市图书馆再续前缘。感谢张如元先生为"郑张尚芳文库"题写匾额,感谢所有为"郑张尚芳文库"辛勤付出的温图工作人员。祝温州市图书馆越办越好!

2019 年 5 月号,总 264 期

记忆和联想

——由陈寿楠先生的资料工作引起的

朱树人

书桌上放着我近日随时在读的一本书《董辛名集》，这是陈寿楠先生历年来辛苦搜寻整理温州戏剧史料的又一成果。由此引起了我一系列的记忆和联想。就从回忆说起吧！

说起董辛名先生，我早就知其大名。因为从1963年下半年起直到1979年5月间，我经常偷偷溜进董每戡先生家聊天，除了向老先生报告社会见闻，也请教一些阅读中遇到的问题。董先生也常常跟我谈起他的亲友和至交，其中提得多的就是他的三弟董辛名先生。这个亲弟弟曾经是他干戏剧的同道，和每戡先生一样命运坎坷，空怀一腔热血而未得尽展才华。每戡先生思念手足兄弟的殷殷深情令我感动。1974年秋季，我受每戡先生之托，利用出差太原的机会，绕道洛阳老城，在一个院落的楼上拜望了董辛名先生。辛名先生面相跟乃兄每戡先生极为相像，那生活场景却令我格外吃惊。且不说生活条件艰难，房间内的原始简陋（董苗的回忆文中已有记述，我不再重复），光是腰间挂的那只玻璃瓶子（因化脓性胸膜炎须导出脓液）就让我知道他的身体承受了多大的痛苦！更莫说这些年来他在精神上和物质上承受的压力和打击了。因为我来自长沙，辛名先生对我一见如故，在我向他简要讲述了每戡先生的情况后，他就迫不及待地对我说了好多话。虽然时隔四十年，我尚能清楚地记得，他针对那时社会上极端鄙视读书人的状况，一再乐观地向我强调："现在是全民在自觉读书。"他还说，目前是"文革"以来比较平静的时候，老百姓私下读书活动很盛行；当下的社会也是一个空前的学之不尽的大课堂，提醒我随时留意。我观察他的床头、桌上，竟然摆放着不少20世纪50年代出版的戏剧理论著作,我印象最深的有《斯坦尼斯拉夫斯基选集》《演员的自我修养》和《我的艺术生活》等,都是大部头。那年月报纸上早就在批判三个"斯基"(别林斯基、车尔尼雪夫斯基、杜勃罗留波夫)和"无标题音乐"之类,"斯坦尼"虽不在三个"斯基"之列,但在20世纪的30至50年代曾被中国话剧界奉为圭臬,60年代末即对其"体系"展开了猛烈批判。这个时候还在读他的书是要冒风险的,我不禁暗暗为老先生担心。

谈话间辛名先生递给我香烟(这是他知道我去,专门让儿子买的),我说我从不抽烟的,他便没有勉强,还说:"我大哥把你的所有情况都写信告诉了我,唯独没有讲你抽不抽烟。"我们都笑了起来。

那天辛名先生非常兴奋,就乃兄每戡先生的著述和他自己的追求谈得最多,却极少谈自己的病体和困顿的生活。我被他的情绪感染,饶有兴致地倾听他的侃侃而谈,居然忘记了他是一个病人,整整一个下午的时间不知不觉就过去了,直到他的儿子董柱南来叫我去东大街那边家里吃晚饭(董夫人谢文秋阿姨和柱南的几个兄弟在这边),才结束了这场谈话。这是我和辛名先生唯一的一次见面和谈话,至今难忘。

回长沙后我向每戡先生叙述了这次见面的情况。老先生表情严肃,仔细听了我的述说。我说起了辛名先生的病况,每戡先生表现出极大的担忧。后来我每次去每戡先生家,他都要谈到这位三弟。过了不到一年时间,我又一次走进他家,他一下子从床上坐起来说:"我弟弟死了!"我很惊讶,更多的是伤感。同时,我也很惋惜,我对辛名先生了解得太少了!

现在,陈寿楠先生把他搜寻到的董辛名先生写的剧本和文章,加上其他与辛名先生有关的文字,汇成了这个集子。一册在手,蔚为大观,大体上能反映辛名先生的编导活动,全书的附录也很有用处。对于我来说,当年老先生去世时的遗憾和惋惜,得到了弥补。我回想起四十年前在辛名先生那小楼里见到的书籍,领悟到他一直到生命的晚期仍然沉浸在青年时代开始爱上的戏剧,从此以身相许,成为一辈子的追求。感谢陈寿楠先生,由于他的辛勤努力,把辛名先生的劳绩展示在世人面前,知道在20世纪三四十年代的中国,有过这样一位话剧舞台上为民族呐喊的导演和剧作家!

陈寿楠先生多年来一直注重温州戏剧史料的搜集和整理,早在二十年前就编过一部《温州进步戏剧史料集》,作为"温州市革命文化史料丛书"印行。这部书集中介绍了五四以来到中华人民共和国成立前夕,温州的进步戏剧活动,包括对二十个演剧社团的简介,十三位温州籍剧运人士的小传,十四个几近佚失的剧本和大量散见于旧报刊中的文献。由于这部"史料集"的问世,使湮没半个世纪的温州戏剧活动的历史,终于拂去了岁月的尘埃,让人们看到了南戏故乡温州的戏剧基因是怎样在不断传承。

2013年,陈寿楠先生又出版了《温州老剧本》,该书反映的时段同上述"史料集"一致,但内容更为丰富,也不预设立场,包含了二十多位温州籍戏剧作者的四十余部剧作。笔者收到陈先生寄赠的样书后,摩挲着这部如同砖头一样的大书,感受着温州戏剧传统的厚重,心想陈先生太了不起了!这二三十年来,他以一己之力,凭着刻苦和恒心,凭着他早年攻读戏剧的专业基础,更凭着对故乡温州的执着热爱,硬是练就了一副慧眼识珠的本领;他广泛发动自身的人脉和社会关系,深入多家大小图书馆,爬梳剔抉,细致搜寻。他积累的对象有发黄的旧报刊,也有早就被多数观众随手丢弃的演出节目单,还有珍贵的演出剧照。他直接访问过健在的当年演剧人员和后人,约请他们撰写回忆录,以抢救资料……多年的辛勤积累,他成了温州乡土戏剧史料的"富翁"。早两年笔者利用参加《董每戡集》首发式的机会到温州,曾去陈先生家拜访,只见他家那辟作书房的客厅一角,井井有条,分门别类地摆放着一叠叠资料,心想这老先生的家就是丰富的矿藏!笔者也喜欢保存一些资料,但没有陈先生那样几十年如一日的恒心和深入,只是遇见了就留下,有点守株待兔的味道;更缺乏如陈先生那样富有科学性的整理功夫,很难出成果。

  笔者有幸和陈寿楠先生有过合作,那是和董苗兄在编《董每戡集》的过程中,得到过陈先生毫无保留的资料支持。这方面的情况,我曾在《董每戡集》的"编后记"中有此记述,这里就不重复了,但对陈先生的感激,至今存于心底。

  陈先生八十多岁了。作为民间研究者,于乡土文化史料的搜集和整理工作,做出了如许成绩,实在不容易。笔者作为年龄晚了一轮的后学,没有资格、也不忍心提什么请求,唯有在心里遥祝老先生保重身体,健康长寿,让广大的读书种子能随时见到他那老有所为的身影!

2015 年岁末于长沙

2016 年 6 月号,总 229 期

生命有期，星熠无限
——怀念丁宁老师

白 洋

> 在秋的最后一天，
> 您悄然离去。
> 就像枝头的黄叶，
> 飘落大地。
> 那么安宁，
> 一如您的名字……

2018年11月6日，丁宁老师走了。

丁老师睿智、风趣的音容笑貌，定格在了即将迎来的七十三周岁。斯人已逝，惟文能言。曾经的同事无不记起丁老师和大家朝夕相处的日子。

印象中的丁老师在工作中非常严肃认真，对年轻人的批评教育也异常严厉，但生活中的他却是那么热情风趣，对同事深藏于内心的炽热友情，都在谈笑风生中显露无遗。虽然瘦弱，但神清气爽，退休后还一直受聘工作，忙忙碌碌。直到去年有了可爱的孙子，才过上含饴弄孙的生活，还没来得及安享晚年生活即匆匆离去，唯给大家留下深深的哀思和无限的怀念！

1965年丁老师响应国家号召，由杭州远赴新疆生产建设兵团参加新疆建设，后来在四师七十一团子弟学校中学任教，一心扑在学生和教学上。在他任教期间，全国恢复高考。他执教过的七七届、七八届毕业的学生班级高考升学率都远远超过自治区平均水平，遥遥领先，这些成绩无不浸透了丁老师的心血。他的学生里，有众多成为了本单位的领导或骨干力量,他们对丁老师给予的关爱和教学水平赞不绝口,师恩铭记在心。

在新疆的十三年,是丁老师一生最美好的记忆,他对第二故乡有着太多的眷恋,之后多次回疆,他都会去曾经工作、生活过的地方走走看看。2016年他到新疆去时,还和他的学生相约:2018年,丁老师离疆四十周年时,重返新疆,师生再相聚,重唱"长征组歌",丁老师还当指挥。谁知这已成为无法完成的相聚。

1978年11月,丁老师由新疆调回温州,在温州市图书馆,他开始了一生钟爱的图书馆工作,后又担任了温州市少儿图书馆、温州大学图书馆馆长。2005年退休后,仍致力于图书馆事业,先后被温州多所高校聘任负责或指导图书馆建设,为此竭尽全力。

提到在少儿图书馆的工作经历,丁老师生前曾动情地说:离开少儿图书馆已经多年了,看着少年读者一批批长大,我依然由衷地高兴,看到少儿图书馆一次次发展,我依然深受鼓舞。与少图人、与少年读者在一起始终是愉快的,因为我曾经的生命徜徉在他们之中,我曾经的精神寄托在他们之中,每想到此,就会青春焕发、激动不已。

担任温州大学图书馆馆长后,丁老师把"读者第一,服务育人"作为最大的心愿,用自己的实际行动诠释了一切为读者服务的宗旨。拥有多年图书馆工作经验的丁老师,精通图情业务,对每个岗位的工作都了然于胸,对工作有思路、有计划、有落实、有检查,并身体力行。到馆后,丁老师发现新书积压较多,不能及时上架借阅,原因是图书分类专业人员缺乏,分编工作进度受到影响。丁老师就每天自己将一车车新书拉到办公室亲自做图书分类,一直坚持到专业人员到位。在书目数据回溯建库时,正值暑假期间,没有空调,书库又闷又热。丁老师自始至终从早到晚和大家一道参与高强度的工作,挥汗如雨。丁老师的带领下,大家心往一处想,劲往一处使,馆风正,人心齐,各项工作蓬勃开展。

为了工作规范化,广泛调研,起草制定《温州大学图书馆规章制度汇编》，对日常工作的每一个流程都做了细化规定。丁老师非常注重现代管理技术在图书馆中的运用，上任伊始就着手引进图书馆自动化管理系统，并与大家一起认真钻研，熟悉整个流程，在温州高校图书馆中较早实现图书管理自动化。2004年初，茶山新馆落成，丁老师带领全馆员工克服诸多困难，短短一个月的时间就顺利地完成了搬迁任务并开放服务。在他任馆长期间，温州大学图书馆由传统图书馆向现代图书馆转变，进入了新的发展阶段。

丁老师爱好广泛，喜欢音乐、戏曲，尤其是越剧，百听不厌，开口就能唱上一段。书法更是得到大家的称赞。当年，丁老师的办公室地上经常堆满装订好的过刊，他以隽秀遒劲的书法为一本本过刊书写封面，书架导标也是出自他手，成为图书馆一景。这些跃然纸上的字迹是丁老师留给图书馆的真实纪念。

丁老师对年轻人的关爱众所周知。许多外地来的青年教工，初到温州，举目无亲，人生地不熟，面临种种困难，难免产生离开的想法。当其中的一些人将自己工作中的困惑、生活中的烦恼告诉给丁老师时，他总是耐心倾听，给出建议，并想方设法帮助他们打消顾虑，了解温州。诸如鼓励青年教师积极上进，考研考博；经常邀请他们到家里，带着他们去菜场采购，亲自下厨，品尝温州风味的菜肴，让他们体会家的温暖，融入温州生活；组织周末郊游，歌声飞扬，笑语不断，让他们爱上温州山水；牵线搭桥当红娘，帮助他们在温州成家立业，生活幸福，安心工作。这些都让年轻人感受到了亲人般、慈父样的温暖，不是亲人胜似亲人。在这些年轻人心中，丁老师就是良师益友，在他们的人生中有着重要的影响。更难能可贵的是他帮助别人是发自内心的真诚，从不计回报。他曾坚持数年，每周坐公交到茶山辅导保安的孩子学习，赠送学习用品，就源于他对孩子的喜爱。弥留之际，丁老师缓缓地说道："癌症这家伙真调皮，我在那边还会对付它，我还怕它啊！你们都要坚强，不要哭，我说过了，不要哭！我爱祖国，我爱家庭，我爱小小宇（孙子）；祖国会越来越强，我会慢慢看不到了……"就是这样一位风趣、乐观的老人,带着对祖国、对家人的眷恋,坦然地与这个世界告别。

  您走后,
  冬已至,
  春天还会远吗?
  祈愿丁老师在天堂:
  冬日暖阳练书法,
  春暖花开唱越剧。
  快乐、安详……

我与图书馆的点滴记忆

沙开胜

小时候,我最爱去的两个文化场所便是温州市工人文化宫(府学巷)和温州市图书馆(县前头),因为我家住在大南门花柳塘,与这两个单位较近,来去方便。

在我的记忆里,最初与温州市图书馆结缘,应是1974年。那年7月我于城南小学毕业。暑假期间,我常去图书馆,因没有借书证,便去阅报室看报,如《人民日报》《光明日报》《文汇报》《参考消息》等,匆匆一览,就要花一两个小时,有时看到好词好句,也摘录一下。那时图书馆很少对外公开办理借书证,来借书的都是成人。我进出图书馆,真羡慕那些大人,盯着一个木盒子里的图书卡片,慢慢找书,再写上字条(编号、书名),递给柜台内的工作人员,借书。一直等到1979年夏,临近高中毕业,我突然看到图书馆贴出一张通知,一所中学可以办理三个(或五个)学生借书证,于是我赶紧回学校打证明,终于有了自己的借书证。从此,我可以借书了,每次两本,乐此不疲。到了1988年5月22日,借书证换证,换来一个紫红色塑料封面的借书证,编号为0005993。20世纪90年代初,又要换证,我没有去换,押金(大概是三元)也不要了,保留了这个小小的借书证,权作一段阅读经历的纪念品。

自2005年12月温图搬迁至市府路新馆址后,我的借书证增加了押金(三百元),一次可以借十五本书;又开通了市民卡,可借五本书。这样方便我一次借更多的书,少跑几趟路。我个人喜欢读的书多为散文、摄影、地方文史等,另常借一些温州鼓词(VCD)、古装电视连续剧(DVD),给母亲看,以陪伴她欢度晚年时光。

在我频频到图书馆借书的同时，前几年也曾借两次工作岗位的变动之机，特地整理了办公室和家里的数百册藏书（主要是财政、税务、银行类图书）。这些尘封的图书，我可能再也不会打开它们，于是便如数捐献给温图，循环起来，也许将来会发挥一点作用。作为一名长年受益于温图的读者，不仅捐书，而且为《温州通史编纂通讯》《温州读书报》写过几篇稿子，能为图书馆做一点力所能及的事情，内心感到充实而快乐。

2017年，我与温图发生了"亲密接触"。年初，我将采访温州财税系统二十位离退休老干部（平均年龄九十二岁）的口述史料结集为《倾听记忆》一书，由团结出版社出版，即赠两册给图书馆，为地方文献添砖加瓦。7月，由方韶毅先生策划的温州民间文献联合展，在温州市图书馆二楼展厅隆重展出，我有幸作为七位参展人之一，将自己多年来收藏的一些温州摄影史料忝列其中，引得众多专家、观众的关注与议论，随后还参加了座谈会、读者见面会，讲述温州老照片背后的故事，交流收藏心得。通过这次文献展的布展、撤展，我见识了几位温图工作人员，心细如发，严谨负责，给我留下深刻的印象。

2018年5月28日

2018年7月号，总254期

《利玛窦中国札记》中的温州人

陈瑞赞

在中西文化交流史上，利玛窦（Mathew Ricci）的地位罕有人能望其项背。《利玛窦中国札记》（以下简称《札记》）的知名度，大概也只有《马可·波罗游记》堪与比肩。在《札记》第五卷叙述耶稣会在广东传教波折的相关章节中（第十章和第十九章），出现了一个温州人的身影。他的名字在意大利文里被拼写作 Cianminte 或 Chmm mtě，据德礼贤的考证，即张德明（按意大利文的读音似应作"张明德"，但这可能是《札记》作者的误记）。

张德明，字子经，号毅宇。本为永嘉场（今龙湾永强）人，张璁从曾孙，但因为徙居乐清，所以在旧的永嘉和乐清县志中，都列了他的传。张德明万历十四年（1586）考中进士，授官刑部主事，历员外郎、郎中。二十三年出为宁国府知府，三十一年升广东按察司副使。后以广东布政司参政致仕。张德明在宁国知府任上政绩甚著，但他在广东的事迹，永嘉和乐清县志都没有记载，《札记》恰好可以起到填补空白的作用。

大概在万历三十四年（1606）年底和第二年年初，广州城发生了一次不大不小的骚乱。事情的起因是从澳门方面传来谣言，说葡萄牙人要发动叛乱，进攻广东省城，进而接管整个中华帝国，而叛乱的头领则是传教士郭居静（Lazzaro Cattaneo），他准备自立为君。两广总督何士晋在得到消息后，下令戒严，调集全省军队，拆毁广州城外的民居，禁止与葡萄牙人的一切生意往来。正在这时，修士黄明沙奉耶稣会远东视察员范礼安（Alessandro Valignano）之命，从南昌返回澳门。他抵达广州后，马上被当作澳门派来的奸细逮捕下狱。在遭受广州府同知和广东海道副使的刑讯后死去。动荡的时局,尤其是黄明沙的死,让广东的传教士和基督教徒陷入了恐慌。

传教士开始热切祈祷"神意的支援",适时到来的张德明就被当成了"天遣使者"。《札记》习惯将道员称为"道里"(Tauli),下面提到的"道里级的大员"即张德明:

> 当时广东省的情势如此,以致整个入华传教团的形势从没有比这更加危险过,但神意的支援是不会长期缺乏的。它就随着一位道里级的大员从北京返回而到来了,此人把普遍秩序恢复到这种程度,连首当其冲的龙华民神父也习惯把他称为天遣使者以重建基督教的地位。(《札记》,第534页)

广州发生动乱时,张德明尚在北京。他赴京的具体任务不详,但从北京返回广东后,开始接替海道副使的职务,并成为处理黄明沙案的官方负责人。据《札记》记载,张德明在北京时曾会晤过利玛窦等传教士,与他们有友好的交往。因而他对广东的传教士也颇为同情,在听取了龙华民(Nicholas Longobardi)神父的申诉后,马上移文韶州(韶州是广东当局指定给传教士的居住点),要求核实龙华民、郭居静及黄明沙的身份,并派员赴澳门调查。调查的结果表明,所谓葡萄牙人谋叛的说法纯属无稽。他惩处了诬告者,释放了受诬在押的无辜者。

张德明的善后处理驱散了笼罩在广东传教士和基督教徒头上的乌云。澳门方面趁机派遣郭居静和熊三拔进入广东,准备北上支援南京教团和北京教团的传教任务。在广州,张德明接见了郭居静,并致函两广总督,报告骚乱事件已经和平解决,并证明郭居静在事件中实属无辜。正是有了张德明的调停,郭居静和熊三拔得以顺利北上,黄明沙的遗体也被领回韶州安葬。

万历三十四、三十五年间因谣言而引发的广州骚乱,是利玛窦等耶稣会士自进入中国内地以来所遭受的最严重的一次危机。《札记》描写当时的情形,"广东省会里到处宣扬着打仗的谈论,皇帝也接到了报告动乱的奏章。……整个事情给在北京的神父们造成一种很棘手和危险的形势"(《札记》,第 526 页)。张德明及时而恰当的处理,化解了这场危机,不仅保护传教士免遭迫害,也使广东社会的秩序恢复正常,可见其才干之卓越。

就在骚乱平息不久,张德明又接到一件与传教士有关的案子。主持广东传教事务的龙华民神父派仆人送一封信到澳门,仆人在返回的途中被巡查人员拘押。私自给外国人送信在当时是一件严重的违法行为,所以当案子由香山县上交给广州府,最终到达张德明手里时,张德明对仆人做出了"终身服官役"的判决,龙华民也被驱逐出广东发往内地。不过《札记》又说,"这一判决始终并未执行,因为它始终未经上级批准"——是否张德明有意再次对传教士网开一面?

张德明可能是最早与西方传教士发生接触的温州人。在处理广州骚乱和私信案的过程中,他表现出了非凡的把握局势和处理危机的能力。更令人赞叹的是,他保持了对外来传教士的中立态度,并没有因为歧视或偏见而对传教士采取抵制甚至迫害,这在当时是十分难得的。《札记》不但为我们保存了张德明在广东任职的一段逸事,也生动地展现了这位温州先贤的才干和见识。

(《利玛窦中国札记》,利玛窦、金尼阁著,
何高济、王遵仲、李申译,商务印书馆,2010 年版)

2015 年 4 月号,总 215 期

做清醒的存在者

黄莲莲

我把最喜欢的一本书《切尔诺贝利的回忆：核灾难口述史》推荐给大家。这是一本书由 2015 年诺贝尔文学奖得主阿列克谢耶维奇书写的切尔诺贝利核灾难的纪实作品。

这是关于回忆的一本书，其实在看到这本书之前我对那场灾难了解得非常少。因为诺贝尔奖，我拿着读了起来，毛骨悚然。1986 年 4 月 26 日，切尔诺贝利核电站爆炸，威力相当于三百五十颗原子弹引爆，继而发生核泄漏，成千上万亩土地被污染，成千上万的人因核辐射而感染各种疾病。书中给出的数据是二百多万，而白俄罗斯当时全国人口总数一千万，这并不亚于一场战争所带来的破坏和灾难。

书中所描绘的救援人员和清理人死亡的惨状无法用恐怖来形容，很多孩子从一出生就是畸形，很多妇女失去生育权利，因为她们的基因发生了突变。切尔诺贝利的 4 号反应堆的石棺，是由机器人和直升机拼接的，留下不少缝隙，现在，每一天，缝隙都在扩大，谁都无法知道里面正在发生什么……更可怕的是政府对公众的隐瞒和漠视，所以本书曾一度在白俄罗斯成为禁书。

对于阿列克谢耶维奇的获奖，很多人是质疑的，因为她记者的背景，因为采用与当事人访谈的方式写作，认为这并不能算是文学，而是记录文献。她并非按照正式的历史文献来描述历史，而是从个人经历、机密档案以及从被忘却、被否定的资料中挖掘。这样的创作意义更加深远，远远超出技术性文献的意义。她关注的焦点永远是人，在诺贝尔奖领奖演讲时她说道："福楼拜称自己是人们的笔；我会说，我是人们的耳朵。我会记录下听到的各种词汇、短语和感叹。"所以她用三年时间采访了这场灾难中的幸存者。救援人员的妻子、现场摄影师、教师、医生、农夫,当时的政府官员、科学家,被迫撤离的人、重新安置的人……她以新闻记者的笔触,记录了每个人不同的声音,这些声音透出来的不仅有愤怒、憎恨、恐惧,还有坚忍、勇气和爱。

诺贝尔奖给予阿列克谢耶维奇的颁奖词是:"她的复调书写,是对我们时代的苦难和勇气的纪念。"所以我想说,它所拥有的能量和意义远远超过了任何一种文字乃至文学。真正能打动人的,总是那最内心、最人性的东西。

面对磨难,人们不失勇敢和温暖。书中关于这样的描写比比皆是。正是这些最朴素、最真实的记录以及面对苦难时人类的坚强和勇气最打动人心。生活给予人们很多磨难,但是温良的人们用勇气和微笑来面对,在磨难面前我们并没有失去希望、勇气和爱。

关于纪实文学还有很多,如亨利·大卫·梭罗的《瓦尔登湖》、杨绛的《干校六记》、威廉·曼彻斯特的《光荣与梦想》、柴静的《看见》、高仲泰的《太平轮》等不同风格的纪实,记录着一些世界曾经或正在经历的事。阅读这些作品,让我们做历史中一个清醒的存在者,用更客观、更积极的态度来面对生活。

2016 年 5 月号,总 228 期

瓯风于我

陈伟玲

一谈到《读书报》,作为以往的编辑的我,现在回想起来,总有些许芜杂的心绪,不知道从何说起。过去五年多的《读书报》编辑生涯,似乎终要找一个时机去总结下。这是我内心一直以来的一个迫切想法。否则,总觉得人已跨出了大门,而内心还有一道门槛。

2008年八九月间,我进温图不久,礼阳老师问我要不要编辑四版"瓯风"。我想试一下,因为这份报纸还是比较独特的,充满怀旧气息。一开始,我并不担心稿源,基本上是饿不死,但对于插图,还是比较敏感的,总觉得巴掌大的报纸还得有幅好插图。当时我向礼阳老师请教,他说可以放一些地方文献古籍中名人题写书名的书影,之前就有一些插图是这样做的。我花了不少时间去寻找,名家书法的特色以及名家与作者之间那种隐隐约约的关系,是独一无二的资源。后来部门清点名家赠予温图的书画,并一一拍照,这批资料,也用于插图。我一直坚信,选什么样的插图是很重要的,有时为了挤进一张插图,以达到图文并茂的效果,不得不把文章做些修改,删删减减,甚至有些较为重要的文字也给砍掉,所以选择插图是件慎之又慎的事情。由始却不能至终,颇为遗憾。

⊙《赵钧日记》封面

"瓯风"文章基本上是写温州民国以前的旧人、旧事、旧书,当然还有一些面向现在的新书书评等。那些发生或者存在于遥远时代里的人或事儿,似乎蒙上了一层厚厚的灰尘,而作者似用刷子把这层灰尘刷刷干净,让它露出更接近本来的面目。故而很多文章篇幅小,却让人有所得。我觉得历史长河里发生了无数的事情,产生了无数的人物,留下或者消亡了很多对象,而作者就是坐在长河边用钓竿有意或无意间钓起了他想钓的"鱼"或是他意想不到的"皮鞋"。可是有多少过去的人、事、物能有幸被钓起呢?"瓯风"的文章,就是以芜杂的姿态去拼拼凑凑那些已经消逝的过往,让读者从这些点点滴滴、零敲碎打中汲取对于家乡过往的细碎认识。在某种程度上,我很敬佩这些作者,尤其敬佩坚持来稿的作者,他们对于过往有奇妙的情感,时间没有消磨他们对这片土地的热爱。我印象中最深刻的还是游修龄老先生,1920年生。游先生最早在"瓯风"刊登的文章《学识精深,德行卓然——记陈正祥》(2009年4~5期),回忆自己的中学同学也是世界著名地理学家陈正祥先生,文中提及的一些琐事,为我们展现了一位人物形象异常丰满、令人不禁肃然起敬的大学者。后来礼阳老师提议,游先生应邀在瓯风版开设"故乡旧事"栏目,他的文章回忆了青少年时代的师友,如陈楚淮、夏承焘、许铁生、游止水等,以及家乡的一些特产、旧俗习惯。等等。他那简洁明了的叙述中带点生动活泼,仿佛让读者穿越到他的青少年时代,不仅不会觉得陈旧,反而有一种很新鲜的感觉。另外,他写了篇《美国飞行员在泰顺》,讲一位在日本上空被击中飞机、带伤飞行的美国士兵,降落泰顺山区,受到了当地人的热情款待。或许这些对于宏大的中国历史甚至区域史来说,题材显得极为渺小,但是对于当时接触到这位美国飞行员的泰顺当地人以及游先生来说,确实是一件非常新鲜的事情。那位飞行员回到美国以后,回忆起自己年轻时候的这场奇遇,也会感觉这或许就是他人生中印象最深刻的事情。我总觉得,"瓯风"这个版面,就是让读者从这些微观的方面,去感受曾经。过去,何止是过去,现在很快成为过去,古人、近人、今人,作为人,其实有很多东西都是相通的,尤其是情感。通过"瓯风",我更多的是体味到了曾经在这片土地上生活过的人们的某些情感、某些人生经历。有时候也会感觉到有点沉重,或许因为沉重才更需要被书写吧。

从一开始接手"瓯风",一直没换过版面,编了五年多。倒没有在版面设计上有什么大的进步,甚至到后来有点故步自封,以致多次向主编先生询问如何编得好看点。说实话,我没有改变它什么。只是这版的怀旧气息太浓烈了,倒觉得自己被它潜移默化般影响了。

2014 年 5 月号,总 204 期

宁儋轩里谈"四对"

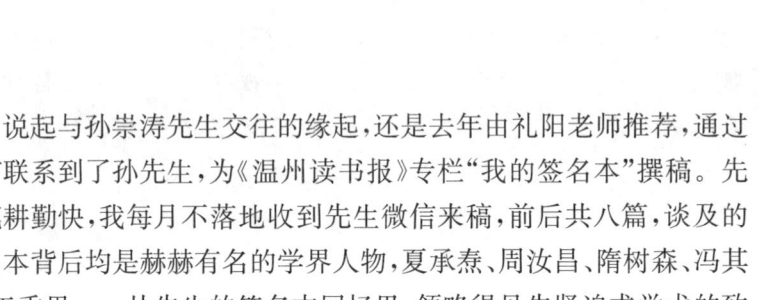

何 泽

说起与孙崇涛先生交往的缘起,还是去年由礼阳老师推荐,通过微信联系到了孙先生,为《温州读书报》专栏"我的签名本"撰稿。先生笔耕勤快,我每月不落地收到先生微信来稿,前后共八篇,谈及的签名本背后均是赫赫有名的学界人物,夏承焘、周汝昌、隋树森、冯其庸、王季思……从先生的签名本回忆里,领略得见先贤追求学术的致知精神,以及人之常情的品性,既折射着他们的内心世界,又包含着作为普通人的生活细节。所谓"个体的生命可以透视历史的局域"大概可形容这类签名本趣闻的珍贵价值。这组带点掌故气息的文章,令我读得津津有味。孙先生每次发来稿子和照片后,都要询问我的读后感想。这可让我不敢怠慢了,每次总要认真揣摩,写下感想后仔细提炼,还要打磨下措辞,才敢"交作业",唯恐有误读和冒犯之语。

孙崇涛先生曾在中国艺术研究院任研究员、博导,致力于南戏和戏曲文献等研究,又出生在南戏故里。我因业余爱好看戏,于是也常常通过微信与孙先生聊南戏,先生言语里毫无学者架子,对我提出的一些问题的讨教,不吝谆谆赐教。有一次我竟大胆提出,希望能得孙先生的亲笔签名本。不料孙先生答复,若有机会一定赠予。并向我要去地址。

这次启程去北京出差,我想到机会来了,不管能否得到签名本,我也一定要抽空登门拜访孙先生。先生得知我要来京,非常高兴,立马给我发来工作室地址和路线。6月24日早晨,我挤早高峰的地铁迫不及待地向早已在心中熟悉的红庙北里奔去。这里是老文化部宿舍,先生工作室所在一幢楼下有扇半掩着的铁门。电梯上六楼,师母给我开的门,先生在里面书房坐候着。见到我便与我聊起了《温州市图书馆藏日记稿钞本丛刊》中的郑剑西日记。郑氏日记里记载有他作为"迎梅专使",与梅兰芳(畹华)交往的经过,1934年时担任河南省政府秘书的郑剑西专程赴沪迎迓梅大师莅汴。郑是瑞安人,琴、诗、书、画俱佳,颇有才气。郑与梅到底有何关系、有过怎样的交往,目前尚无确考,坊间虽有传言但缺乏明确依据,探究真相的一条途径就是查检郑剑西留下的手稿日记。这是京剧史上的空白,先生对此"学术的遗漏"牵挂万千,嘱我将日记内容再过录整理出。

谈起一生的戏缘,先生回忆起了他当年考上"文化部文学艺术研究院"研究生的经历。十一届三中全会后,全国研究生恢复招生,得到王季思先生介绍报名,考研前还要先寄两篇论文给导师过目,通过了才有资格参加笔试。等到通过笔试和北京面试,报名的几百人只剩下二十来位,于是大家都说这次"文研院"招生思想欠解放,名额太少。这可不符合华国锋主席提出的有关"拨乱反正"的"三个一点"精神——思想更解放一点,胆子更大一点,步子更快一点。有人说:"复试其实很难试出结果。戏曲史每人专攻年代、剧种、样式不一,戏曲理论有文学、表演、音乐等方向之别,彼此没有可比性,怎能试出高低优劣?"一番据理力争,居然二十来位考生都被同意留下了,他们后来都成为改革开放以来一批重要的领域专家。

势如破竹的成就显然不会是一蹴而就,一定离不开曾经日积月累的沉淀。我之前读过孙先生的《戏缘》,另外从一些访谈文字中了解到:当年杭大毕业后孙先生分配在平阳中学,艰苦条件下,孜孜不倦地埋首书斋,心无旁骛地整理资料做文章。我好奇的是先生在平阳的十七年,何以默默无闻地拓展在自己喜欢的领域,不受纷扰地自我精进,靠着什么样一股精神力量支撑呢?毕竟人生的机遇可遇而不可求,何况在那历史变幻的年代。先生回答:有个理想信念是人生苦短,不能光吃睡等死,要在有限的生命途程中做点事留给社会与后世。还有个信念是天下没有做不成的事,只有不敢想和想不到的事。年轻人要解放思想,可不能一辈子忙于杂务,要力争有所建树,有所开拓,使自己不断上台阶。随后他递给我一本案头已经准备好的签名本《回眸集》,翻开扉页:"何泽小友存览。孙崇涛赠于北京,二〇一九.六.廿四。"

不知不觉临近中午,孙先生考虑这儿到离我下榻的酒店还比较远,就留我在他家吃饭。午餐间,孙先生突然聊起他的感悟,人生若有"四个对",则不愁一生不成不顺:一是"入行"对,从事的行业须是自己熟悉并热爱的领域;二是"平台"对,要有适合自己发展的一亩三分地;三是跟人对,身边的师长、同人、朋友等等认可和肯定你的术业专攻和努力方向,才可能有更多机遇;四是伴侣对,拥有一位相互理解、志同道合的伴侣,也是人生路上不可多得的财富。

揣着手中的签名本,如获至宝,路途上翻开读。"旧著拾粹"是从自己过往的学术论著中抽出的文章合成集子,是先生一生重要研究成果的凝结;"新作选编"是零散的散文,记录有对师长友人的追忆及海外访学的经历。读书、著述、教书、访学构成了他一生的主要经历,与外物无争,心寄淡泊,意存高远。从书中才得知,原来我此次拜访先生的地方叫作"宁澹轩",三十多年来在这里"著书立说""设坛授业""会客座谈",登门来访过这里的各方学者,各地博士生、硕士生不计其数。到此做客,深感荣幸;先生教诲,铭记于心。

2019 年 6 月 30 日,温州

2019 年 8 月号,总 267 期

读《周武壮公遗书》

卢礼阳

"问津文库",文献挖掘整理与专题研究并重,坚持两条腿走路,五年以来,成果迭出,蔚为大观。即以津沽笔记史料丛刊与津沽名家诗文丛刊而言,其中《严修日记》作者为晚近知名教育家,社会影响大,加之日记篇幅重,价值之高,自不待言。鄙人关注的《周武壮公遗书》,系淮军名将周盛传所著,正文十卷,外集三卷、别集一卷,不下四十万言。光绪元年周盛传调补天津镇总兵,盛军移屯天津小站,不过十年,虽然屯垦业绩不俗,但作者毕竟不是天津人,单以篇幅看,《遗书》关涉天津者恐怕不足四分之一。问津书院主事者视野开阔,将其纳入"津沽笔记史料丛刊"整体推出,可谓眼光独到。此书同时列入"十三五"国家重点图书出版规划项目,恰如其分,可谓实至名归。

周集整理本保留原书题名,例言第三条、第五条坚持原注与底本对农民起义的贬义词"一仍其旧",均令人称道。但第二条,于同一字两种写法,适当予以统一,当然可取,但将"予"与"余"视为一字,则未免扩大化之嫌,略有不当。正文标点难免疏忽之处,浏览所及,试举例如下。

《请驱法官法使片》:该领事现居天津伏,读前次谕旨,有保护法国守分商民之说。(123页)

此处,"伏"当属下,作"伏读"。

《代陈吴军门事迹禀》:骇悉吴军门已于本月二十一日病故。金州展期遗书。(481页)

此处,"病故"之下句号当移"金州"之后,作"病故金州"。下文提到吴军门"赴金州时,道过卑营"可知吴部驻地即为金州。吴军门,即吴长庆,同为淮军名将,光绪十年四月奉命移防金州,闰五月病逝驻所。

《致杨尧臣》:(顷奉赐书)备荷随时,记注就谂。新募十军分防要地,作省垣之保障,壮边檄之声威,谛听之馀。(568页)

此句开头当作"备荷随时记注,就谂新募十军"。下文"总期准益求,速益求速"(569页),"准益求"之下,疑脱"准"字。

《致铭军刘子徵总统》:接奉赐书,具悉,壹是就谂。勋祉增绥。(577页)

此处当作"接奉赐书,具悉壹是,就谂勋祉增绥"。下文"是其任事之勇为,不可及也"(577页),当作"是其任事之勇,为不可及也"。

《家书》:如值四伯父尚未回圩,汝即偕家谦家梁恭设香案,于外迎接。敕旨,向北行三跪九叩礼。(605页)

此处,"家谦家梁"之间加顿号为宜,"迎接"与"敕旨"不当点断,连读为宜。

家驹阅悉:得尔六月来秉,具悉,祖母康佑,家内以次平安,为慰(612页)。

当作"具悉祖母康佑,家内以次平安为慰"。

家驹再览:近日祠堂用费不足,祝三兄在营时,为筹及。(613页)

此处后半句当作"祝三兄在营,时为筹及"。

《格物琐记》:一日,与某论寒热之理,某曰:"热有物,寒无物,天地间热散即为寒。其意以为,热有太阳及地上火山,可指实也。"(648页)

按,此处右引号当提前至"寒"字之后,下文"其意以为"一句乃作者的分析,并非某人所言。

余曰:"气之所趋,皆向空处,今人立于左,侧右角空虚。"(650页)

此处,"左侧"当连读,作"今人立于左侧,右角空虚"。

尔时军书,旁午不暇家居,且种树亦难速成。(659页)

此处"军书旁午"系成语,连读为是。

《识语》:自公见背,家驹检遗箧汇,录而敬存之。(718 页)

此处"汇"字属下,当作"检遗箧,汇录而敬存之"。

以上各条谨供参考。

话说回来,即使如此,周著问津本瑕不掩瑜,读者不能不感谢整理者刘景周先生的辛勤付出。文库主编王振良先生与同人多年"追寻津沽记忆,守望文化家园",不计报酬,更是令人感佩。

与此同时,我们尤其不能忘记一位幕后英雄的默默支持,正是这位实业家的大度与开明,"问津文库"与问津书院才披荆斩棘,合作共赢,一路走到今天,为天津内外的读书人奉献了一大批不可多得的精神食粮。

2017 年 9 月 27—28 日于温州

2018 年 9 月号,总 256 期

报小心胸大

董国和

我在《温州读书报》发表的第一篇短文名为《〈割稻记〉中记良知》,在2006年第四期,虽然距今已过去十一年,却一直牢记不忘。时光飞逝,转眼之间就到了庆贺她创刊二十周年的时候,重翻旧报,浮想联翩,真有"欲说当年好困惑"的感慨。感慨是从她的"报小心胸大"而来,但还得从如何结识的经过说起。

那时正是我"待从头收拾旧山河"之时,小稿写完了就跃跃欲试,急盼着能变成铅字。但因不知其中的禁忌,屡投屡退。例如这篇写老作家许钦文亲历割稻的小稿,只因写的是"大跃进"的往事,就两次重返家中。不忍心一撕了之,得知《温州读书报》地址后,又"死马当作活马医"地寄之一试。没想到很快就收到了样报,随后赠报还每期必到。这就是说,我不仅撞上了大运,还由此成了它的读者和作者。但那时对"报小心胸大"的认识,并不太清晰。

收到2009年第十一期时,从《致读者》中得知,它于1997年初创刊,这是出版一百五十期的纪念号。又从李传新的《联想》中得知:"只是没想《温州读书报》创刊时间比《书友》更早",言外之意是,它才是民间读书报刊中的第一朵报春花。还从蔡瑛的《坚持》中得知:"《温州读书报》作为一份没有正式刊号的小报,却说了许多真话、家常话。它是读者、编者、作者交流情感的茶馆,操练思想的教室,互通信息的驿站。"纪念号的祝贺文辞有长有短,但都表达了共同的心声:祝福它"越办越好"。在分享喜悦的同时,对它"报小心胸大"的认识,也比较清晰了。

认识能够逐步地清晰,除了自己阅读和投稿的判断,还得益于仔细品读了《小报自有报格在》一文。这篇为庆贺出报百期的总结文章,已收于《瓯歌二集——〈温州读书报〉文选》,品悟之后,我这个后来者对它的创办初衷,终于有了清晰的了解:"本报每月仅仅一期,出版周期偏长,又是四开小报,容量有限,加之编辑人员均属兼职,难免力不从心。但它并不麻木,在本埠媒体中,它率先报道内地学者关于创立'温州学'的倡议(58期);当有关方面决定围填朔门古城墙遗址而媒体一片沉默之际,它毅然在头版头条发表市文物保护所专家的呼吁与具体设想(91期);又是它比较适时地开辟'构建和谐社会'笔谈专栏,对当下人文精神缺失、共享与可持续发展等问题积极展开探讨,等等。所有这些,无一不是报章题中应有之义,是小报不'小'自有报格在的真实写照。"(第548~549页)

何谓报格?简而言之,就是办报人对公众良心、社会责任的胆识与担当。史量才有言:"人有人格,报有报格,国有国格,三格不存,人将非人,报将非报,国将不国。"由此可知,报格对于办报人来说,就如同灵魂般地重要。由此也知道,当它连载刘节日记之后,谷林为何在《开卷》上发表盛赞文章。李传新时任《书友》编辑,他的《联想》一文中语,除了深知此中之难,还有对它筚路蓝缕的敬佩;蔡瑛时任河南人民出版社编辑,他所希望的《坚持》,就是对它报格的赞许;谷林是老一辈书话家,能得他的嘉许并不容易。凡此种种,对它"报小心胸大"就可一言以蔽之:这正是出之于温州人敢为天下先的精神。

正是有了敢为天下先的精神,温州市图书馆同人才甘愿自我加压自找苦吃,因为他们均属兼职。当年我曾在《温州图书馆和〈温州读书报〉》中说:"小报虽小,五脏俱全,它也要编辑、审稿和转摘,还要校对、印刷和发行。他们为何还肯做此傻事,或者说,他们的追求是什么?这只要看它大门上那'十年树木,百年树人'的对联,即可明白:他们为提升人们的文化素质,创建书香社会,来尽一点绵薄之力。如果他们也像有些图书馆的馆员那样,把它当作挣钱养家的一种职业,那也就无须自找其烦了。"(《中华读书报》2007年12月5日

一版)

现在看来,如仅就围填朔门古城墙遗址事件而言,这样的见识还太浮浅,因只字未提其中的政治风险。所谓政治风险,并非危言耸听,文人不议身边事,只因皆怕穿小鞋,此为精明人的写作潜规则。而他们竟敢在太岁头上动土,可见刘节代师挨批而感到很光荣的风骨尚有遗传。知此,即知报小非有大心胸不可。如果只想挣钱养家,就不会弄此劳什子。而他们默默坚持了二十年,还依然乐此不疲,又怎不令人心生敬意?

正是出于心生敬意,在 2004 年第八届民间读书年会中,它和《开卷》被授予优秀编辑奖。颁奖人龚明德在此时刻,也许又想起他当年的祝福:这"是书香鹿城的文明见证,也是鹿城几代爱书家的可以自豪之处"。他的祝福"越办越好"是在 2009 年,一年后依然不负众望,当然要以示奖励了。而《水仙阁》《易读》等一大批图书馆自办刊物的应运而生,在我看来,这也是对它无声的嘉奖。世间任何事物,都是在筚路蓝缕之后才有追随者,这也可以说是对它敢为天下先的最好回报。

报小心胸大,佳作期期多,有此特色,它不仅受奖无愧,还应当在"温州学"中占有一席之地,也会在民间读书报刊发展史上留下光彩的一页。现在它二十岁了,正是英姿勃发、前程无量的年纪,我除了祝福它越办越好,还要争取再露几回脸,权当是捧个人场。

2017 年 4 月号,总 239 期

编 后 记

三月底,《瓯歌三集》脱稿,照例当时就该写篇后记,交代编选缘由。但一时顾不上写。现在校样看完了,不能再拖。

按照原先计划,《温州读书报文选》三年编选一册,《瓯歌》《瓯歌二集》分别于2011年、2014年出书,《瓯歌三集》应该在2017年问世,由于我欠缺说服与沟通能力,事情拖下来了,说来惭愧。去年再次报预算,终于落实了出版经费。今年元月初拿出编辑方案,一版、四版各选五十篇,二版、三版各选四十篇,编辑室同仁都赞成。于是参照《瓯歌二集》的做法,请每位编辑各自挑出文章,章亦倩、何泽、鲁方平、王昉四位先后提交选目,在此基础之上,我稍加平衡与调整。之后再请四位分头编辑,最后交我汇总、微调。亦倩因为工作变动,一版的编选工作后期交由潘奔奔协助处理。

经过前后三个多月的工作,如期完成编选任务。6月28日校样寄到之后,考虑到方平兄不在温州,奔奔工作又有变动,就请何泽与王昉分看一部分校样,不再麻烦其他几位同仁。在编选与看校样过程中,我们对文章一般不做改动,只对姓名、地名、校名、书报名称及年份、引文(引诗)等做了必要的核实与订正。

《三集》所收文章,选自《温州读书报》2014年第2期(总201期)至2020年第12期(总284期),延续《瓯歌》《瓯歌二集》的风格与特色,堪称《温州读书报》的精华。依据文章内容,分为"追念师友""专栏集萃""书里书外""辑佚考订""籀园书声"等五组,其中"专栏集萃"包括夏里札记、禁书杂谭、我的第一本书、字里乾坤、图书馆纪行、百堂话书、振羽书话、旧书新语、我的签名本、温州老版本等十个专栏。

2014至2020年七年之间见报文章约八百八十篇,从中挑选一百五十篇,实在难以面面俱到,二百篇又肯定太厚,考虑之下,决定选一百八十篇。如今看来,多达七百页,还是偏厚,但不得不然。亦倩提出,因相应各书均已出版,序跋一概不收,而杨子恺《味镫存稿》虽已由家属编就,一时见书尚有困难,于是叶永烈《味镫存稿》序就作为特例收入本书。"追念师友"一组按照师长的出生年月编排,相比之下,杨子恺最年长,顺理成章成为卷首第一篇。我的第一本书专栏,因为要另外结集成书,只选了有限的五篇,以见一斑。限于篇幅,不少佳作不得不割爱,这是需要恳请诸位作者原谅的。也是这个原因,《温州读书报总篇目》(2014年2月号至2020年12月号)原先收入附录,排出版样一看,不料占三十七个页码之多,只好忍痛放弃。

武德运先生《怀念老友高信》谈到高信先生的书话写作,追求的是"着笔往昔,着眼现在,追求史料性和知识性与现实性的联姻"(本书一百五十九页),这其实也是《温州读书报》的初衷与宗旨,不仅仅为书香社会添砖加瓦,而且多多少少有助于读者做"清醒的存在者",做一个"明白人"。

二十年来,《温州读书报》编辑室及我本人,得到各地师友有形的、无形的大力支持,难以言表。最近七年,王春南、刘时觉、雷雨、马斗全、子张、周维强、徐宏图诸先生给我们写的文章均不下于二十篇,特别令人感动。南京王春南先生,不仅应邀开设"夏里札记"专栏,源源不断赐稿,而且将身边经盛鸿、赵映林、石湾、丁星等好多位先生发展成为我们的作者。维强兄的文章,翔实可读,本报公众号推送之后,很快为商务印书馆、中华书局聚珍文化、钱锺书研究等公众号转发。向继东先生的文章虽然不是很多,但别具一格,发人深省,尤其是《谭其骧的儒学观》一文刊出之后,受到北京、广州、杭州等地读者的好评,社会反响很大。此外,复旦大学教授李天纲先生长年关注温州历史文化事业,这次百忙之中为《瓯歌三集》撰写序言,古道可风。借此机会向不遗余力给予帮助的各位师友,表示我们衷心的谢忱。

套用一位老作者的话,《瓯歌三集》也许迟了一点,但"迟饭是好饭"(董国和先生语,见本书二百五十八页)。但愿《瓯歌三集》与前两集一样,没有让诸位失望。

卢礼阳
2021 年 7 月 13 日

图书在版编目(CIP)数据

《温州读书报》文选. 瓯歌三集 / 温州市图书馆编；卢礼阳主编. —上海：文汇出版社，2021.11
（籀园书系）
ISBN 978-7-5496-3640-2

Ⅰ.①温… Ⅱ.①温… ②卢… Ⅲ.①社会科学—文集 Ⅳ.①C53

中国版本图书馆 CIP 数据核字（2021）第 174419 号

籀园书系

瓯歌三集
——《温州读书报》文选

温州市图书馆 编
主 编／卢礼阳
编 辑／章亦倩 何 泽 鲁方平 王 昉 潘奔奔
责任编辑／鲍广丽
封面装帧／薛 冰

出版发行／**文汇**出版社
  上海市威海路 755 号
  （邮政编码 200041）
经 销／全国新华书店
排 版／南京展望文化发展有限公司
印刷装订／启东市人民印刷有限公司
版 次／2021 年 11 月第 1 版
印 次／2021 年 11 月第 1 次印刷
开 本／890×1240 1/32
字 数／583 千字
印 张／22.625

ISBN 978-7-5496-3640-2
定 价／88.00 元